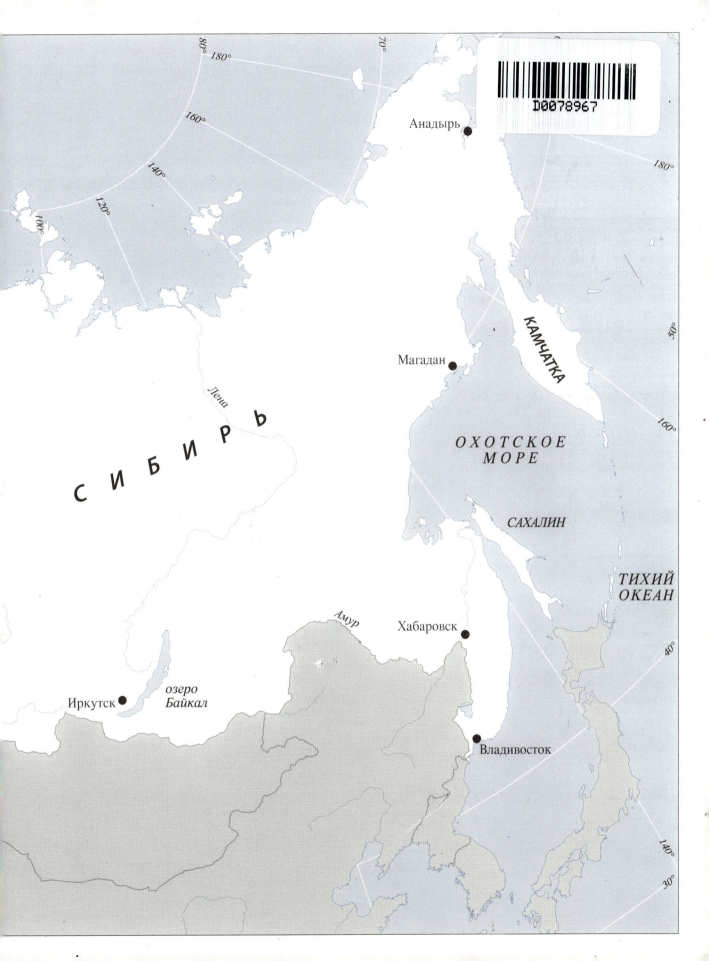

Анадырь

КАМЧАТКА

Магадан

ОХОТСКОЕ МОРЕ

САХАЛИН

ТИХИЙ ОКЕАН

Лена

С И Б И Р Ь

Амур

Хабаровск

Иркутск

озеро Байкал

Владивосток

180°

160°

140°

120°

100°

80°

70°

180°

50°

160°

40°

140°

30°

ТРОЙКА

A Communicative Approach
to Russian Language, Life, and Culture

MARITA NUMMIKOSKI

WILEY

John Wiley & Sons, Inc.

VICE PRESIDENT AND EXECUTIVE PUBLISHER	Jay O'Callaghan
DIRECTOR, WORLD LANGUAGES	Magali Iglesias
ASSOCIATE DIRECTOR OF MARKETING	Jeffrey Rucker
SENIOR PRODUCTION EDITOR	William A. Murray
ASSISTANT EDITOR	Lisha Perez
SENIOR PHOTO EDITOR	Mary Ann Price
SENIOR MEDIA EDITOR	Lynn Pearlman
MEDIA PRODUCTION SPECIALIST	Margarita Valdez
DIRECTOR, CREATIVE SERVICES	Harry Nolan
SENIOR DESIGNER/COVER DESIGN	Jim O'Shea
COVER IMAGE	©TIMURA/Shutterstock

This book was set in 12/14 Minion Pro by PreMedia Global and printed and bound by Quad/Graphics.

This book is printed on acid free paper. ∞

Founded in 1807, John Wiley & Sons, Inc. has been a valued source of knowledge and understanding for more than 200 years, helping people around the world meet their needs and fulfill their aspirations. Our company is built on a foundation of principles that include responsibility to the communities we serve and where we live and work. In 2008, we launched a Corporate Citizenship Initiative, a global effort to address the environmental, social, economic, and ethical challenges we face in our business. Among the issues we are addressing are carbon impact, paper specifications and procurement, ethical conduct within our business and among our vendors, and community and charitable support. For more information, please visit our website: www.wiley.com/go/citizenship.

Evaluation copies are provided to qualified academics and professionals for review purposes only, for use in their courses during the next academic year. These copies are licensed and may not be sold or transferred to a third party. Upon completion of the review period, please return the evaluation copy to Wiley. Return instructions and a free of charge return shipping label are available at: www.wiley.com/go/returnlabel. If you have chosen to adopt this textbook for use in your course, please accept this book as your complimentary desk copy. Outside of the United States, please contact your local representative.

ISBN: 978-0-470-64632-8
BRV ISBN: 978-0-470-92091-6

Printed in the United States of America

10 9 8 7 6 5

Acknowledgments

I would like to thank Magali Iglesias, Director of World Languages at John Wiley & Sons, for undertaking the enormous task of preparing the second edition of *Troika*. With her personal encouragement and direction, and with the help of the enthusiastic staff at Wiley, this lengthy project has finally been accomplished. Lisha Perez, Assistant Editor of World Languages, has been involved in every step of the endeavor, and I am grateful to her for all the support she has provided me.

I thank all of the Russian language students at the University of Texas at San Antonio who have used multiple pilot versions of the new edition and offered me constant feedback on the process. A special recognition goes to the group of students who agreed to be filmed for the cultural video components and several still photos in Moscow and St. Petersburg.

Martha Williams filmed all the cultural segments and interviews in Russia and provided numerous photos for the *Troika* project. I would also like to acknowledge the people who participated in the video interviews: Dr. Andrei Bogomolov from Moscow Lomonosov State University, Ekaterina Bulanova and Svetlana Bychko from the Center of Russian Language and Culture at Moscow Lomonosov State University, and my assistants Svetlana Maltseva-Smith and Tamara Perepechenova from the University of Texas at San Antonio.

I would also like to thank Svetlana Maltseva-Smith for creating the drafts for the Блог Анны Степаниной sections and for providing extensive editorial help in the initial rounds of the process.

My heartfelt thanks go to Tamara Perepechenova for her many suggestions regarding the manuscript, her diligent proofreading, and for all her help in compiling various *Troika* ancillaries.

Finally, I am grateful to all the wonderful people involved in the final stages of the *Troika* project: Howard Stern, Lead Editor and Post Producer at NKP Media; the production team at PreMediaGlobal; Bill Murray, Production Editor at John Wiley & Sons; Maruja Malavé, Associate Editor at John Wiley & Sons; María Hernández, Valentina Iepuri, and Elizaveta Temidis.

I would also like to thank the loyal users of *Troika*, who over the years have continued to provide valuable insights and suggestions. For their candid observations and creative ideas, I wish to thank the following reviewers for this edition:

James E. Augerot, *University of Washington*; Tatiana Baeva, *University of Texas at Arlington*; Irina Belodedova, *New York University*; Masha Belyavski-Frank, *DePauw University*; Nadezda Berkovich, *University of Illinois at Urbana-Champaign*; James Bernhardt, *Northern Virginia Community College*;

Christina Bethin, *Stony Brook University, State University of New York*; Arna Bronstein, *University of New Hampshire*; Galina Buchina, *American University*; Charles Byrd, *University of Georgia*; Julie A. Cassiday, *Williams College*; William J. Comer, *University of Kansas*; Annalisa Czeczulin, *Johns Hopkins University*; Andriy Danylenko, *Pace University*; Lisa Di Bartolomeo, *West Virginia University*; Irina Dolgaleva, *Tidewater Community College, Virginia Beach*; Robert O. Efird, *Virginia Polytechnic Institute and State University*; Elisabeth Elliott, *Northwestern University*; Elena Farkas, *University of Alaska*; Aleksandra Fleszar, *University of New Hampshire*; Curt Ford, *University of South Carolina*; Arlene Forman, *Oberlin College*; Sandra Freels, *Portland State University*; Alyssa Gillespie, *University of Notre Dame*; Laura Goering, *Carleton College*; Anneta Greenlee, *New York University*; Valentina Iepuri, *University of Mississippi*; Irina Ivliyeva, *Missouri University of Science and Technology*; Katya Kats, *Skidmore College*; Ingrid Kleespies, *University of Florida*; Laura Kline, *Wayne State University*; Ekaterina Korsunsky, *New York University*; Alexandra Kostina, *Rhodes College*; Elena Kostoglodova, *University of Colorado*; Jasna Krizanec, *Forest Park Community College*; James Levine, *George Mason University*; Joseph Liro, *Austin Community College, Rio Grande Campus*; Lisa C. Little, *University of California, Berkeley*; Nancy Loncke, *Santa Monica College*; Michael Long, *Baylor University*; Jonathan Ludwig, *Rice University*; Svitlana Malykhina, *University of Massachussets, Boston*; Gerald McCausland, *University of Pittsburgh*; Katia McClain, *University of California, Santa Barbara*; Nicole Monnier, *University of Missouri*; Joseph Mozur, *University of South Alabama*; Aned Muniz, *Grossmont College*; Tatyana Munsey, *Roanoke College*; Jamilya Nazyrova, *Ohio University*; Katya Nemtchinova, *Seattle Pacific University*; Alexander Ogden, *University of South Carolina*; Natalia Olshanskaya, *Kenyon College*; Nadya Peterson, *Hunter College of City University of New York*; Nancy Petrov, *Tufts University, Medford Campus*; Ludmila Pokatilova, *Colorado State University*; Elena Prokhorova, *College of William and Mary*; Alfia Rakova, *Dartmouth College*; Marina Richaud, *American University*; Benjamin Rifkin, *The College of New Jersey*; Marc Robinson, *St. Olaf College*; Robert Romanchuk, *Florida State University*; Cynthia Ruder, *University of Kentucky*; Valeria Sajez, *Lafayette College*; Valentina Sanders, *University at Buffalo, State University of New York*; Ekaterina Schnittke, *Pasadena City College*; Kristine Shmakov, *Portland Community College*; Catherine Spitzer, *Saint Anselm College*; Julia Titus, *Yale University*; Edward Vajda, *Western Washington University*; Zhanna Vernola, *University of Maryland, College Park*; Rachick Virabyan, *University of Oklahoma*; Valeriya Voronina, *Flathead Valley Community College*; Ronald Walter, *University of Minnesota*; Adam Weiner, *Wellesley College*.

Preface

Troika is a communicative introductory Russian text that emphasizes language proficiency in all four skills of speaking, reading, listening, and writing. *Troika* also serves as an introduction to Russian life and culture.

New to the Second Edition

Several updates were made to the cultural notes and to the main text material to reflect changes in Russia today. Some exercises were replaced with new ones and the sequence of the material within the chapters was adjusted slightly. The opening photographs were replaced with new ones.

At the request of some reviewers, a few thematically appropriate verbs were added to the beginning chapters. Some grammatical topics are now introduced earlier, but their main treatment remains in the original chapters.

A new section on the use of cases was added to the Grammar Reference, and the case ending charts on the back endpapers are now given in the standard Russian order.

In the student activities manual, the exercises were adjusted accordingly, and new sections called Блог Анны Степаниной were added.

The second edition now includes two separate video programs and an expanded audio program, vocabulary flashcards with audio, Power-Point presentations, self-tests, online grammar exercises, and an enhanced Instructor's Companion Site.

Unique Features of Troika

- The syllabus of *Troika* is based on topics and communicative situations that gradually increase in complexity. The topics are sequenced according to a feasible order of grammar presentation.

- Grammar is taught as a necessary tool for communication, not as a goal in itself. The chapters cover all points of grammar relevant to the topics, but avoid presenting grammar that cannot be substantiated by the topics. Still, *Troika* contains all the grammatical structures typically introduced in an elementary Russian textbook.

- The textbook is student oriented, and the topics introduce material that students can easily relate to. The leading idea of *Troika* is that, from the very beginning, students need to be able to talk about something real, instead of simply memorizing dialogues.

- Culture is both intertwined in the material itself and presented in separate cultural notes. *Troika* aims at comparing and contrasting cultures, rather than presenting the target culture only. Information is given about famous people, facts, geography, traditions, and history of the country, and students are asked to give the corresponding information about their own country.
- Readings are placed within the topics, rather than in separate sections.
- Illustrations in *Troika* are humorous and cater to the needs of visual learners.
- Highlighted information boxes stand out from the rest of the text and serve as conversation guidelines for students.

The Complete Program

The Textbook

The introductory chapter teaches the alphabet, pronunciation, and cursive writing. Thereafter, each of the eighteen chapters in *Troika* is divided as follows: opening page, topic presentation with several functional subtitles, Chapter Review, Extra, Word Building, Grammar, and Vocabulary.

Each chapter presents a main theme and subthemes, which include the basic vocabulary and structure needed for discussion. The conversational structures are organized in highlighted boxes that contain the core structural information. Notes under the information boxes refer to the corresponding section in the Grammar, in which the material is discussed in detail. The information boxes are followed by various oral activities, most of which are intended to be led by the teacher first, and then completed by students as pair work. Many of these exercises are in the third-person format, which allows for maximum practice of the material.

Readings

Readings appear where they are most applicable to the theme. They also serve as a break from the routine of oral activities.

Dialogues and monologues are based on the chapter vocabulary, with only a few glossed vocabulary items. They can be used for all-class discussion, questions and answers, or retelling, revising, and summarizing.

Writing Activities

Writing activities are in the student activities manual, and therefore the topic presentation section does not specify writing activities. However, the teacher can opt to assign several of the oral activities as written work.

Chapter Review

The Chapter Review lists the conversational structures with which the students should be familiar. In addition, the Chapter Review includes roleplays and group activities based on the entire chapter.

Extra Sections

The Extra section does not appear in each chapter. It contains authentic or slightly modified readings with accompanying questions.

Word Building

The Word Building section deals with roots, prefixes, suffixes, and other aspects of Russian word formation relevant to the chapter.

Grammar

The Grammar contains detailed explanations to the information boxes in the topic presentation section. To maximize the classroom time allocated for communication practice, grammar is intended to be self-instructional. In practice, however, a varying amount of grammar instruction may be necessary in the classroom, depending on the level of the students and on the teacher's preferred teaching style. All the exercises are direct drill-type applications of the grammar topics explored in the chapter. They are also available as self-correcting online exercises.

Vocabulary

The Vocabulary is organized by categories, which helps students to recognize the parts of speech while providing a quick review of the vocabulary in the chapter. Vocabulary learned in previous chapters reappears frequently throughout the book. The core vocabulary of the chapter is boldfaced. In this edition, the vocabulary is also available as audio flashcards.

End Matter

The end matter of *Troika* consists of a grammar reference, glossaries, indexes, and ending charts.

- ◆ **Grammar Reference.** This section presents information in chart form about numbers, indefinite pronouns and adverbs, the relationship between location and direction, prepositions and their cases, and time expressions. A new section on the use of cases was added to this edition.
- ◆ **Russian-English and English-Russian Glossaries.** *Troika* also has helpful Russian-English and English-Russian glossaries to help students master vocabulary.

- **Verb Reference.** *Troika's* verb reference has notes on aspect pairs and translations for the verbs that are introduced in the book, as well as other thematic elements.

- **Indexes.** The grammar index lists the grammatical topics and is cross-referenced to the corresponding sections in the Grammar within the chapters. The Index by Topic and Function has separate sections for cultural differences and proper behavior, cultural information, skills, categories of vocabulary, language functions, and language topics. The Index by Topic and Function can also be used as an overall review of the book.

- **Ending Charts.** The ending charts are located on the back endpapers of *Troika* for easy reference. Some charts are presented in a simplified form, and it is assumed that students have studied the rules for selecting the correct ending in the corresponding Grammar sections. The spelling rules are also on the back endpapers.

 ## Book Companion Site

www.wiley.com/college/nummikoski

This site includes a wealth of resources and practice opportunities related to the content of each chapter in *Troika*.

For the Student

- **Audio Program.** The audio program includes recordings of the pronunciation exercises in the prelesson of the textbook and recordings of selected readings in the main text. The audio program also includes recordings of the listening comprehension exercises in the student activities manual. Each chapter has an extensive oral practice component. These oral exercises emphasize production, rather than repetition, and gradually move from either/or questions to questions requiring more creative answers.

- **Interactive Grammar Activities.** The grammar activities in the textbook are also available on the Companion Site as self-correcting online exercises.

- **Self-Tests.** These are 15–20 item multiple-choice quizzes that cover the main material of the chapters.

- **Typing Tutor Exercises.** These exercises help students learn to type using a Russian homophonic keyboard.

- **Vocabulary Flashcards.** Each chapter comes with a complete set of vocabulary flashcards with audio.

For the Instructor

- **Textbook and Activities Manual Answer Keys.** Detailed answer keys and instructor annotations are available to the instructor.
- **Activities Manual Audio Script.** The script is available for all recordings of the Activities Manual text.
- **Chapter Exams and Answer Keys.** There are eighteen exams covering the material presented in each chapter.
- **Test Bank.** A test bank allows instructors to create their own customized exams.
- **PowerPoint Presentations.** Each chapter comes with an interactive multimedia-based presentation program. It includes graphics, photos, text, sound, and explanation screens. It is intended as a tool for the teacher to use in the classroom for presentation of new material and for communication practice.
- **Image Gallery and Art PowerPoints.** All the images in the text are available in an online gallery.
- **Sample Syllabi.** There are sample syllabi available to help instructors design their courses with *Troika*.
- **Suggestions for Online Courses.** Many users of *Troika* have inquired about suggestions for teaching with the text in hybrid or online courses.

Video Program

Troika has two sets of videos, interview videos and cultural videos. Both are available for Instructors and Students. The interview videos are authentic interviews with Russians. There are eighteen interviews, one for each chapter in *Troika*. The interview videos are accompanied by exercises. The cultural videos are a travelogue of an American student group in Moscow and St. Petersburg. There are nine cultural videos on such topics as the Kremlin, student housing, and the university. The video program also includes video scripts and guidelines for the instructor.

Laboratory Audio

The accompanying audio to the Activities Manual includes listening comprehension exercises.

Respondus Test Bank

Through the Instructor Companion Site, instructors can also create their own customized, computerized exams online. Grades are recorded in the online grade book.

Quia Electronic Activities Manual with Create-Your-Own Voice Activities

Quia offers an electronic version of the Activities Manual. In this convenient and engaging online format, students receive immediate feedback on most exercises and have all the audio and video material they need at just a click away. *Troika*'s Quia Electronic Activities Manual also offers create-your-own voice activities.

New to this edition of *Troika,* instructors can create their own voice activities for their students for both individual and partnered tasks. For each new activity, instructors can include a written prompt and have the option to insert audio, images, or other files into the question prompt.

The Quia Electronic Activities Manual can be accessed from any computer with an Internet connection.

Symbols Used in Troika

 Listening   Book Companion Site

 Pairs   Quia

 Group   Video

 Writing

Abbreviations

acc.	accusative	*interj.*	interjection (e.g., *Oh!*)
adj.	adjective	*M, m.*	masculine
adv.	adverb	*N, n.*	neuter
collect num.	collective number	*nom.*	nominative
colloq.	colloquial	*Pl., pl.*	plural
dat.	dative	*poss.*	possessive pronoun
gen.	genitive	*prep.*	prepositional
imp.	imperative	*sg.*	singular
impf.	imperfect	*soft adj.*	soft adjective
instr.	instrumental	*subst. adj.*	substantivized adjective

Contents

Acknowledgments   iii
Preface   v

Ру́сский алфави́т

The Alphabet   1
Notes on Pronunciation   5
Writing Russian   11

Уро́к 1   Как вас зову́т?   15

THEMES

- Introducing people
- Asking yes-or-no questions
- Describing people with adjectives of nationality and quality
- Asking someone's name
- Inquiring about someone's profession
- Greeting people

CULTURE

- Russian first names and last names
- Introductions
- Formal and informal address
- Professions and gender
- Introduction to famous Russians
- Addressing teachers

STRUCTURES

- Omission of the verb *to be*
- Gender of nouns: Introduction
- Intonation in questions
- Negative sentences
- Adjective agreement: Introduction
- Object forms of personal pronouns
- Formal and informal address
- *Who?* questions
- Professions and gender
- Formal and informal greetings
- Adverbs

Урóк 2 Вы говори́те по-ру́сски? 37

THEMES

- Describing foreign language skills
- Introducing family members, friends, and teachers
- Making compliments

CULTURE

- The Russian language around the world
- Grandparents
- Russian families
- Patronymics
- Boyfriends and girlfriends

STRUCTURES

- Personal pronouns: Subject and object forms
- Verb conjugation: Groups I and II
- Negative sentences
- Intonation in questions
- Conjunctions и, а, and но
- Adverbs versus adjectives: хорóший/хорошó
- Possessive pronouns: Masculine and feminine
- Nouns of nationality
- Adjective agreement: Masculine and feminine

Урóк 3 Что у вас есть? 67

THEMES

- Naming things
- Describing things with adjectives
- Asking for and expressing opinions
- Talking about possessions
- Describing the size of your family

CULTURE

- Russian-language periodicals
- Russian cars
- Borzoi – the Russian greyhound

STRUCTURES

- Gender of nouns
- Adjective agreement
- Что э́то? versus Что такóе?
- Possessive pronouns
- Verbs ду́мать and знать
- Dependent clauses
- Equivalents of the verb *to have*: у меня́ есть
- Omission of есть
- Accusative case: Preview

Урóк 4 Где здесь пóчта? 93

THEMES

- Describing your city
- Asking for directions
- Expressing location
- Describing things in the plural
- Describing your house or apartment

CULTURE

- Moscow
- St. Petersburg
- Russian housing
- Inside an apartment

STRUCTURES

- Personal pronouns
- Demonstrative pronouns этот and тот
- Verbs находиться, называться, and звать (зовýт)
- Prepositional case of singular nouns
- Nominative plural of nouns
- Nominative plural of adjectives
- Plural of possessive and demonstrative pronouns

Урóк 5 Где вы живёте? 125

THEMES

- Describing your country
- Expressing location
- Making comparisons
- Telling where you live and used to live

CULTURE

- Physical and political geography of Russia, former USSR republics, and Europe
- St. Petersburg
- Countryside

STRUCTURES

- Prepositional case of nouns (with в, на, and о)
- Comparative of adjectives
- Superlative of adjectives
- Prepositional case of adjectives: в каком / в какóй
- Nouns with numerals (год, гóда, лет)
- Time expressions: давнó, скóлько лет, всю жизнь
- Past tense of verbs: Introduction

Уро́к 6   Вы рабо́таете и́ли у́читесь?   153

THEMES

- Talking about working and going to school
- Filling out applications
- Talking about work and study schedules

CULTURE

- Professions: Prestige and gender
- Calendars
- Acronyms

STRUCTURES

- The verb рабо́тать
- Negative sentences
- The verb учи́ться
- Prepositional case (singular): Adjectives, and possessive and demonstrative pronouns
- Prepositional case of personal pronouns
- Prepositional case (plural): Nouns
- Prepositional case (plural): Adjectives, and possessive and demonstrative pronouns
- Time expressions: Days of the week and *(For) How many hours?*

Уро́к 7   Что вы де́лаете ка́ждый день?   185

THEMES

- Telling time
- Discussing mealtimes
- Talking about daily activities
- Saying where you are going
- Expressing frequency of actions

CULTURE

- Moscow time
- Time zones
- Russian mealtimes
- Household chores

STRUCTURES

- Time expressions: Hours and the nouns вре́мя and час
- Verbs за́втракать, обе́дать, and у́жинать
- Time expressions: *At what time*
- Reflexive verbs
- Conjugation of verbs
- Accusative case: Inanimate nouns
- Expressing direction: в/на + accusative
- Time expressions: Frequency of actions
- Verbs of motion: идти́ versus ходи́ть

Уро́к 8   Вы лю́бите класси́ческую му́зыку?   219

THEMES

- Talking about literature and art
- Expressing emphasis and preference
- Talking about sports
- Talking about music

CULTURE

- Russian team names
- The role of hockey in Russia
- Famous athletes
- Traditional Russian folk music
- Famous composers

STRUCTURES

- Accusative of personal pronouns: Review
- Accusative of adjectives and possessive and demonstrative pronouns (inanimate)
- Emphasis and preference
- Syntax
- The verb игра́ть: Games
- Conjugation of verbs with the suffix -ова-/-ева-
- The verb игра́ть: Musical instruments

Уро́к 9   Что вы лю́бите де́лать в свобо́дное вре́мя?   247

THEMES

- Talking about the seasons
- Talking about free-time activities
- Discussing past activities
- Telling about your vacation

CULTURE

- Picking berries and mushrooms
- Swimming in the winter
- Where Russians spend their vacation
- Russian souvenirs

STRUCTURES

- Syntax: The noun вре́мя and the seasons
- Time expressions: Seasons
- Verb + verb constructions: я люблю́/уме́ю пла́вать
- Impersonal constructions: мо́жно
- Past tense of verbs
- Verbs of motion: ходи́л and е́здил
- Time expressions: *How long* (две неде́ли) and *How long ago* (два го́да наза́д)
- Relative pronoun кото́рый

Уро́к 10   Где вы у́читесь?   281

THEMES

- Talking about places to study
- Talking about college-level studies
- Talking about languages
- Talking about admission procedures, teachers, and course work
- Discussing student accommodations
- Discussing secondary education

CULTURE

- Education in Russia
- Colleges and divisions
- Majors and year levels
- Getting into a university
- Different kinds of exams
- Russian grading system
- Good-luck wishes
- Dormitories
- Secondary education

STRUCTURES

- Prepositional case: Review
- Ordinal numbers
- Изуча́ть versus учи́ться and занима́ться
- Nouns with parallel modifiers
- Ру́сский язы́к versus по-ру́сски
- The genitive case (singular): Nouns, adjectives, and possessive and demonstrative pronouns
- Substantivized adjectives

Уро́к 11   Где мо́жно купи́ть икру́?   313

THEMES

- Talking about eating and drinking
- Counting money
- Talking about things you have and do not have
- Comparing quantities and measurements
- Comparing prices
- Shopping for food

CULTURE

- Russian food stores
- Russians and money
- Metric system
- Russian caviar

STRUCTURES

- Verbs есть, пить, продава́ть, and купи́ть
- Genitive case:
  - With numerals
  - To express possession: у Ива́на есть/был
  - With negatives: у нас нет/не́ было
  - To express absence: Ива́на нет до́ма
  - With quantity and measurement: буты́лка молока́, 200 г колбасы́, ско́лько, мно́го, ма́ло, бо́льше, ме́ньше
- Syntax:
  - Accusative versus nominative
  - Дорого́й/до́рого and дешёвый/дёшево

Уро́к 12   Что мы бу́дем де́лать в суббо́ту?   343

THEMES

- Describing past activities
- Describing future activities
- Talking about TV and movie schedules
- Making invitations
- Talking on the telephone
- Going to the theater

CULTURE

- Telephone etiquette

STRUCTURES

- Verbal aspect: Overview
- Verbal aspect in the past tense
- Verbal aspect in the consecutive action
- Verbal aspect in the future tense
- Verbs of motion
- Animate accusative (singular)

Уро́к 13   Что ей подари́ть?   381

THEMES

- Buying presents
- Asking for advice and making decisions
- Discussing likes and dislikes
- Planning for parties and making invitations
- Discussing ages and dates of birth
- Talking about holidays
- Expressing congratulations and wishes

CULTURE

- Giving gifts
- Birthday parties
- Visiting Russian homes
- Russian holidays
- Julian and Gregorian calendars

STRUCTURES

- Dative case: Overview
- Verbs подари́ть and дать
- The possessive pronoun свой
- Dative case: Personal pronouns; singular and plural of nouns, adjectives, and possessive and demonstrative pronouns
- Verbs помога́ть, предлага́ть, and сове́товать
- The verb нра́виться
- The preposition к
- Age expressions
- Verbs роди́ться and умере́ть
- Time expressions: Days, months, and years

Уро́к 14   Кака́я за́втра бу́дет пого́да?   425

THEMES

- Talking about the weather
- The Russian view of nature
- Discussing weather-related activities

CULTURE

- The climate of Russia
- Nature and the seasons
- The White Nights
- «Уж не́бо о́сенью дыша́ло»
- Climatic zones and animals

STRUCTURES

- Syntax: impersonal versus noun + adjective constructions: сего́дня хо́лодно/холо́дная пого́да
- Irregular comparative of adjectives and adverbs
- Emphasis with намно́го
- Impersonal constructions/ physical and emotional conditions: мне жа́рко, нам ве́село
- Necessity with на́до
- *If* clauses: future
- Syntax: тако́й versus так
- Soft adjectives

Уро́к 15   Куда́ вы пое́дете ле́том?   453

THEMES

- Making travel plans
- Packing your suitcase
- Discussing modes of transportation and travel routes
- Arriving at your destination
- Making requests

CULTURE

- The resort of Sochi
- Transportation in Russia
- Hotels and dormitories
- The writer Anton Chekhov

STRUCTURES

- Conditional mood
- Genitive plural of nouns, adjectives, and possessive and demonstrative pronouns
- Animate accusative: Plural
- Time expressions: че́рез две неде́ли, на три дня
- The short adjective ну́жен
- Verbs of motion with prefixes: пое́хать/пойти́; уе́хать/уйти́; прие́хать/ прийти́
- Imperative

Уро́к 16   Где мы бу́дем обе́дать?   497

THEMES

- Talking about food
- Table manners and setting the table
- Deciding where to eat and drink
- Making reservations
- Ordering food

CULTURE

- Typical Russian ingredients and dishes
- Recipes for salads
- How food is served
- Home entertainment
- At the restaurant
- Toasting

STRUCTURES

- Instrumental case of nouns, adjectives, and possessive, demonstrative, and personal pronouns
- Substantivized adjectives
- Short adjectives

Уро́к 17   Каки́е у вас пла́ны на бу́дущее?   535

THEMES

- Talking about your plans and interests
- Discussing love and marriage
- Discussing family plans

CULTURE

- Typical professions
- Wedding ceremonies and traditions
- Birth of a child
- Popular names

STRUCTURES

- Use of the instrumental case with стать, быть, рабо́тать, интересова́ться, занима́ться, and the short adjective дово́лен
- The verb поступа́ть/*поступи́ть
- хоте́ть + что́бы
- The reciprocal pronoun друг дру́га
- Verbs жени́ться and вы́йти за́муж
- Feminine nouns ending in a soft sign

Уро́к 18 Как вы себя́ чу́вствуете? 569

THEMES

- Describing your physical appearance
- Complaining about your health
- Making health recommendations
- Expressing feelings and empathy
- Going to the doctor

CULTURE

- Health care in Russia
- Folk medicine
- The Russian bathhouse – ба́ня

STRUCTURES

- Syntax: Expressing resemblance or similarity with похо́ж and тако́й же
- The reflexive pronoun себя́
- Impersonal constructions хо́чется and спи́тся
- Impersonal constructions with на́до, ну́жно, мо́жно, and нельзя́

Grammar Reference   597

Verb Conjugations   609

Russian-English Glossary   623

English-Russian Glossary   646

Grammar Index   668

Index by Topic and Function   670

Photo Credits   676

Рýсский алфавńт

The Russian alphabet was devised by a monk, St. Cyril, who was born in Thessaloniki, Greece, around A.D. 827. The Russian alphabet is now called *Cyrillic* in honor of St. Cyril.

РУССКИЙ АЛФАВИТ					
Letter	**English spelling**	**Approximate sound**	**Letter**	**English spelling**	**Approximate sound**
А а	a	father	Р р	r	pero (Spanish)
Б б	b	bad	С с	s	sad
В в	v	very	Т т	t	stain
Г г	g	gun	У у	u	boom
Д д	d	door	Ф ф	f	far
Е е	e, ye	yet	Х х	kh	loch
Ё ё	yo	New York	Ц ц	ts	cats
Ж ж	zh	measure	Ч ч	ch	child
З з	z	zoo	Ш ш	sh	shine
И и	i	eel	Щ щ	shch	fresh cheese
Й й	y	boy	ъ	(hard sign)	(no sound)
К к	k	ski	ы	i	hill
Л л	l	lock	ь	(soft sign)	(no sound)
М м	m	man	Э э	e	set
Н н	n	noise	Ю ю	yu	university
О о	o	or	Я я	ya	yard
П п	p	spin			

1. The Cyrillic alphabet is relatively easy to read. Try to read the following list of American states in Russian.

1. Техáс
2. Монтáна
3. Колорáдо
4. Оклахóма
5. Алабáма
6. Миннесóта
7. Аризóна
8. Индиáна
9. Калифóрния
10. Флорúда

> Note: Unstressed o is pronounced [a] or [ə]. See the section Notes on Pronunciation for details.

There are 33 characters in the Cyrillic alphabet, some of which are the same as in English.

SAME AS ENGLISH						
Russian letter	А а	Е е	К к	М м	О о	Т т
English equivalent	a	e	k	m	o	t

2. Read the following Russian words.

1. том
2. кот
3. áтом
4. мáма
5. тéма

FAMILIAR LOOKING, BUT DIFFERENT SOUNDING					
Russian letter	В в	Н н	Р р	С с	У у	Х х
English equivalent	v	n	r	s	u	kh

3. Read the following American first names.

1. Скотт
2. Марк
3. Анна
4. Ванéсса
5. Терéса
6. Хуáн

DIFFERENT LOOKING, BUT FAMILIAR SOUNDING			
Russian letter	Б б	Г г	Д д	З з
English equivalent	b	g	d	z
Russian letter	И и	Л л	П п	Ф ф
English equivalent	i	l	p	f

4. Read some more American first names.

1. Рóберт
2. Тим
3. Грег
4. Крис
5. Адáм
6. Кéлли
7. Лúнда
8. Пáтрик
9. Лиз
10. Тúффани

5. The following Russian words sound very much like English.

1. At home children have a ма́ма and па́па.
2. In your room you have a ла́мпа and ра́дио.
3. A teenager's best friend is the телефо́н.
4. To get money you go to a банк.
5. When your car is broken you may need to take a такси́.
6. At the zoo you can see a флами́нго, a тигр, and a зе́бра.

6. Can you recognize the following musical instruments?

1. гита́ра
2. бас-гита́ра
3. саксофо́н
4. кларне́т
5. тромбо́н

INTERESTING *S*-SOUNDS	
Ж ж zh	has the approximate sound of *s* in *pleasure, usually*. Жа́нна is a girl's name. Жира́ф is an animal you might see at the zoo. You can read a журна́л. The person who writes in one is a журнали́ст.
Ц ц ts	sounds like the last two letters in *cats*. An African insect that causes sleeping disease is called a цеце́ fly. When Russian children want to see clowns they go to the цирк.
Ч ч ch	looks like the number 4. It is pronounced like *ch* in **child**. The Russian spelling of the name Charlie is Ча́рли.
Ш ш sh	is pronounced like *sh* in **shine**. All Russian children over six years of age go to a шко́ла.
Щ щ shch	looks like the previous letter with a tail. It is pronounced like the combination of *sh* and *ch* in *fresh cheese*. The famous Russian red beet soup is called борщ.

7. Russians spell English names the way they are pronounced. For instance, *Chelsea* would be spelled Че́лси in Russian. Try to match the English names with the corresponding Russian spellings.

1. Чарлз — Jim
2. Джон — Sean
3. Шон — Michelle
4. Шёрон — Charlotte
5. Джим — Charles
6. Джеф — John
7. Ша́рлот — Sharon
8. Мише́л — Jeff

THE YO-, YU-, YA- GROUP	
Ё ё yo	looks like the letter *e* with dots on. It is pronounced like *yo* in *New York*. The two dots on top are optional and are used mainly in language textbooks. The syllable with ё is always stressed. A Russian Christmas tree is a ёлка.
Ю ю yu	looks like the number 10. It is pronounced *yu*, as in *yule*. Russians also have a sense of ю́мор *(humor)*.
Я я ya	looks like a backwards *r*. It has the sound of *ya*, as in *yard*. Ягуа́р is a large cat and also a make of car.

8. When the letters **ё, ю,** or **я** are not at the beginning of the word, the sound resembles *o, u,* and *a*, respectively. Listen to the recording and imitate the speaker's pronunciation of the following Russian names in which these letters appear in different positions.

1. Алёша
2. Фёдор
3. Юра
4. Юлия
5. Катю́ша

6. Андрю́ша
7. Яков
8. Яша
9. Со́ня
10. Ко́ля

ADDITIONAL SOUNDS	
Й й y	И кра́ткое, short *i,* looks like **и** with a hat on. It is pronounced like the letter *y* in *boy*. In Теха́с you can often see a ковбо́й *(cowboy)*. И кра́ткое is often used in combination with other vowels, for example: ай, ей, ий, ой, уй, ый The hat on top of the letter **й** is *not* optional, unlike the dots on the letter **ё**.
ы i	looks as though it is formed of two parts. It sounds like the letter *i* in *hill*. This letter never starts a word. телеви́зор**ы** *televisions* телефо́н**ы** *telephones*
Э э e	Е оборотно́е, the "backwards *e*" is pronounced like the *e* in *set*. It is used mostly at the beginning of a word. If your first name starts with an [e] sound, you should use this letter. Элино́р Эрин Эрик Эли́забет

9. Listen to the recording and imitate the speaker's pronunciation of the following Russian words.

ма́йка	*T-shirt*	изве́стный	*famous*
канаре́йка	*canary*	телеви́зоры	*televisions*
музе́й	*museum*	фру́кты	*fruit*
ру́сский	*Russian*	ры́ба	*fish*
плохо́й	*bad*	э́то	*this*
пожа́луй	*perhaps*	Эсто́ния	*Estonia*

SPELLING SIGNS

ь   Мя́гкий знак *(soft sign)* does not have a sound of its own. It is a spelling sign indicating that the preceding consonant is *soft*, or *palatalized* (more about this in the Notes on Pronunciation). Ольга is a common first name for women. Do not confuse the soft sign with the letters **в, б,** and **ы**.

ъ   Твёрдый знак *(hard sign)* is sometimes used as a separating sign between the prefix and the stem of a word. Very few words have this sign.

---

10. Listen to the recording and imitate the speaker's pronunciation of the following Russian words.

Ольга	*Olga*
писа́тель	*writer*
письмо́	*letter*
большо́й	*big*
въезд	*entrance* (hard sign)

Notes on Pronunciation

Word Stress

The stress may fall on any syllable in a word. To help students pronounce Russian correctly, the stressed syllable is marked with an accent on the vowel. You can see the accent marks in textbooks, but not in materials intended for native speakers. Russians do not normally write the accents. In this textbook, the stress is marked *except* in monosyllabic words, and when the stress falls on a capital letter.

о́пера	(stress on the first syllable)
актри́са	(stress on the second syllable)
телефо́н	(stress on the third syllable)

The syllable with **ё** is always stressed, and therefore no accent mark is needed.

ёлка (stress on the first syllable)

берёза (stress on the second syllable)

Note: Do not confuse the accent mark on **и** with the letter **й**. The hat is part of **й** and should *always* be written, whereas the accent on **и** is optional. Compare the following:

карандаши́ (optional accent mark on the letter **и**)

музе́й (**й** in a stressed syllable preceded by another vowel. The stress mark on **е** is optional, but the hat on **й** is required)

The stressed syllable is *pronounced with greater emphasis* than the unstressed syllable(s). The vowel in the stressed syllable is slightly longer and more distinct than in unstressed syllables.

Pronunciation of <u>o</u>, <u>a</u>, <u>e</u>, and <u>я</u> in Stressed and Unstressed Positions

<u>o</u> in a stressed syllable	<u>o</u> in an unstressed syllable

[o]*
 	
он
 	
до́ма
	[a] in a position right before a stressed syllable
	    зову́т
	    она́
	
	[ə] in other unstressed positions
	    хорошо́
	    профе́ссор

* Notice that the Russian letter o does not have the *u*-glide, as in the English word *home.*

<u>a</u> in a stressed syllable	<u>a</u> in an unstressed syllable

[a]
ма́ма
	[a] in a position right before a stressed syllable
	    маши́на
	[ə] in other unstressed positions
	    су́мка

1. Listen to the recording and imitate the speaker's pronunciation of the following words.

<u>o</u> in the stressed syllable

приро́да *nature*

го́ры *mountains*

марафо́н *marathon*

<u>o</u> in the unstressed syllable

гора́ *mountain*

пока́ *bye*

до свида́ния *good-bye*

соба́ка *dog*

o in different positions

плóхо   *badly*

плохóй   *bad*

хорошó   *well*

погóда   *weather*

порóда   *breed*

городá   *cities*

бородá   *beard*

голосá   *voices*

e in a stressed syllable	e in an unstressed syllable
[e] газéта	[i] рекá

2. Listen and repeat.

e in the stressed syllable

студéнт   *student*

спортсмéнка   *athlete* f.

профéссор   *professor*

e in the unstressed syllable

Техáс   *Texas*

метрó   *subway*

америкáнский   *American*

я in stressed syllables	я in unstressed syllables
[ya]	[yə] at the end of the word рýсская
ярко	[yi] at the beginning of a word **я**зы́к
	[i] in other unstressed positions дéс**я**ть

3. Listen and repeat.

я in the stressed syllable

я́блоко   *apple*

мая́к   *lighthouse*

я́сно   *clearly*

unstressed я at the beginning

яйцó   *egg*

янвáрь   *January*

unstressed я at the end of a word

Англия   *England*

хорóшая   *good*

плохáя   *bad*

unstressed я in other positions

дéвять   *nine*

пятилéтка   *five-year plan*

Hard and Soft Consonants

Most Russian consonants have a soft (palatalized) and a hard (nonpalatalized) variant and, therefore, two different pronunciations. The palatalized consonants are pronounced with tongue high and forward in the mouth.

A consonant is hard *before* the following:	а	э	о	у	ы	ø (before another consonant)
A consonant is soft *before* the following:	я	е	ё	ю	и	ь

4. Listen to the recording and repeat the following words.

ле́нта	(soft *l*)
ла́мпа	(hard *l*)
па́ста	(hard *s*)
письмо́	(soft *s*)
аллига́тор	(hard *r*)
Игорь	(soft *r*)

5. Listen to the pronunciation of the hard and soft variants of the following consonants. Repeat after the recording.

consonant	hard	soft	
л	ла́мпа	ле́нта	(**е** follows)
з	зонт	газе́та	
л	ла́мпа	лёд	(**ё** follows)
т	том	тётя	
р	рок	тури́ст	(**и** follows)
л	Ла́ра	и́ли	
н	Анна	Та́ня	(**я** follows)
т	Тама́ра	Ка́тя	
т	Ту́ла	Катю́ша	(**ю** follows)
с	су́мка	сюрпри́з	
л	Во́лга	Ольга	(soft sign follows)
с	па́ста	письмо́	

The Letters е, ё, я, and ю at the Beginning of Words or After Another Vowel

The letters **e**, **ё**, **я**, and **ю** start with a distinct *y*-sound at the beginning of a word and after another vowel.

6. Listen and repeat.

Beginning of word
е́сли
Екатери́на
Еле́на
ёлка
ёжик
я́сно
Я́ша
Ю́ра
Юпи́тер

After another vowel
краси́вее
её
ру́сская
слу́шаю

7. Listen and repeat. After a consonant, the letters **е**, **ё**, **я**, and **ю** have a vowel sound only.

Ле́на
Алёша
Та́ня
Катю́ша

8. Listen and repeat. Notice the difference between the letters **э** and **е**.

э	е
Э́рика	Еле́на
э́то	е́сли

If your name is Eric, Elizabeth, Elinor, or the like, the Russian spelling should start with an Э; otherwise, your name will be mispronounced.

Voiced and Voiceless Consonants

The distinction between voiced and voiceless consonants exists in many languages, including English (*b/p, v/f, d/t*, etc.). Twelve Russian consonants can be arranged into voiced and voiceless pairs.

voiced	б	в	г	д	ж	з
voiceless	п	ф	к	т	ш	с

Words *ending in a voiced consonant* are pronounced with the corresponding *voiceless* consonant. A native Russian with a typical Russian accept might say in English

> I'm goin**k** to a meetin**k**.

or: I'm hungry. I want some foo**t**.

9. Listen to the devoicing of consonants in the following words. The actual pronunciation is given in brackets. Repeat after the recording.

клу**б**	[...п]
Ивано́**в**	[...ф]
дру**г**	[...к]
го́ро**д**	[...т]
му**ж**	[...ш]
га**з**	[...с]

Consonant assimilation takes places in consonant clusters containing both voiced and voiceless consonants. The second consonant in the cluster determines the quality of the first one.

10. Listen and repeat. If the second consonant is voiced, the first one is pronounced voiced.

отде́л [аддел]
вокза́л [вагзал]

If the second consonant is voiceless, the first one is pronounced voiceless.

Кавка́з [кафкас]
ло́жка [лошка]

Cursive Writing Chart

Printed	Italics	Cursive	
А а	*А а*	*А а*	
Б б	*Б б*	*Б б*	
В в	*В в*	*В в*	Lowercase *в* is a tall letter.
Г г	*Г г*	*Г г*	Lowercase *г* has rounded corners.
Д д	*Д д*	*Д д*	
Е е	*Е е*	*Е е*	
Ё ё	*Ё ё*	*Ё ё*	
Ж ж	*Ж ж*	*Ж ж*	
З з	*З з*	*З з*	Uppercase *З* looks like the number 3.
И и	*И и*	*И и*	
Й й	*Й й*	*Й й*	The "hat" is required.
К к	*К к*	*К к*	Lowercase *к* is a short letter.
Л л	*Л л*	*Л л*	This letter has a hook in front.
М м	*М м*	*М м*	This letter has a hook in front.
Н н	*Н н*	*Н н*	
О о	*О о*	*О о*	
П п	*П п*	*П п*	
Р р	*Р р*	*Р р*	Lowercase *р* is not closed.
С с	*С с*	*С с*	
Т т	*Т т*	*Т т*	Lowercase *т* often has a line on top to distinguish it from *ш*.
У у	*У у*	*У у*	Uppercase *У* does not extend below the line.
Ф ф	*Ф ф*	*Ф ф*	
Х х	*Х х*	*Х х*	
Ц ц	*Ц ц*	*Ц ц*	The tail on this letter is very small.
Ч ч	*Ч ч*	*Ч ч*	Lowercase *ч* has sharp corners.
Ш ш	*Ш ш*	*Ш ш*	Lowercase *ш* often has a line under it to distinguish it from *т*.
Щ щ	*Щ щ*	*Щ щ*	The tail on this letter is very small.
Ъ	*ъ*	*ъ*	This letter has a square top.
Ы	*ы*	*ы*	
Ь	*ь*	*ь*	Do not confuse the soft sign with the letter *в*.
Э э	*Э э*	*Э э*	Do not confuse with *З*.
Ю ю	*Ю ю*	*Ю ю*	
Я я	*Я я*	*Я я*	This letter has a hook in front.

Notes on Cursive Writing

1. Letters *и, п, т,* and *к* are connected to the top. The left-side downward stroke needs to stay intact.

   папа, панда, нет, спорт, как, актриса, артист

2. The Russian letter д looks like this in cursive: *д*   *да, куда*

3. Notice the difference between the letters г *г* (rounded corners) and ч *ч* (sharp corners).

   друг, город   *чек, конечно*

4. The upper case *У* does not extend below the line, unlike the lower case *у*.

   Университет   *тут, студент*

5. The letter *ц* has a very small tail: *цеце, пицца*

6. *в* and *б* are the only tall letters.

   август, вас   *банан, зебра*

7. The soft sign is a small letter that looks like the number "six." Do not confuse it with the letter *в*.

   ь   *день, писатель, очень*

8. The letter *ы* looks like the soft sign with an extra line.

   мы, вы, рыба, макароны

9. Э has a circular shape with a line in the middle, whereas the upper-case *З* looks like the number "three."   *Зина*
   Это

   Since the word это is one of the first words you will learn, make sure that you learn to write it correctly.

   это, это, это

10. The letters *л*, *м*, and *я* have a "hook" in the front only.

   или, если, балерина, мама, спортсмен,
   композитор, русская, американская, Оля,
   меня

   Меня зовут Таня.

11. Do not confuse the letter и with й. The и краткое (й) often appears after another vowel: ай, ей, ий ой, уй, ый. The "hat" on the letter is **required**.

   майка, канарейка, русский, ковбой,
   здравствуй, добрый, известный

   Pay special attention to words with one и:

   по-русски (no "hat")

   but: *русский*

   Also, do not confuse a stress mark on и (used in your textbook) with the letter й.

   крокоди́л

   Leave the stress marks out in cursive. *крокодил*

12. The letter *ш* ends with a downward stroke. Do not confuse it with the English "w."

   ш   шапка,   карандаш

Урóк 1 (Пéрвый урóк)
Как вас зовýт?

THEMES

- Introducing people
- Asking yes-or-no questions
- Describing people with adjectives of nationality and quality
- Asking someone's name
- Inquiring about someone's profession
- Greeting people

CULTURE

- Russian first names and last names
- Introductions
- Formal and informal address
- Professions and gender
- Introduction to famous Russians
- Addressing teachers

STRUCTURES

- Omission of the verb *to be*
- Gender of nouns: Introduction
- Intonation in questions
- Negative sentences
- Adjective agreement: Introduction
- Object forms of personal pronouns
- Formal and informal address
- *Who?* questions
- Professions and gender
- Formal and informal greetings
- Adverbs

Владúмир Высóцкий − э́то извéстный рýсский артúст.

Introducing People

Кто э́то?	Э́то президе́нт.

1.1 Omission of the Verb *to be*
1.2 Gender of Nouns: Introduction

А э́то кто?

The words арти́ст and арти́стка imply a performing artist only, not a painter, sculptor, etc.

арти́стка   арти́ст

акте́р   актри́са

А э́то профе́ссор.

Это студе́нт и студе́нтка.

Это спортсме́н
и́ли спортсме́нка?

Asking Yes-or-No Questions

Это арти́стка?	Да, э́то арти́стка. Нет, э́то спортсме́нка. Нет, э́то не арти́стка, а спортсме́нка.

1.3 Intonation in Questions
1.4 Negative Sentences

1. **Это актёр?** Make up minidialogues using the names of famous artists, actors, athletes, and presidents. You can start off with the ideas below.

Model: George Washington/actor

S1: Джордж Вáшингтон – актёр?

S2: Нет, президéнт.

or: Нет, Джордж Вáшингтон не актёр, а президéнт.

1. Abraham Lincoln/actor   **3.** Brad Pitt/artist
2. Barbra Streisand/athlete   **4.** Julia Roberts/professor

Describing People with Adjectives of Nationality and Quality

Кто это?	Это **хорóший рýсский** артúст. Это **хорóшая рýсская** артúстка.

1.5 Adjective Agreement

Это **хорóший рýсский** артúст.

Это **плохóй рýсский** артúст.

Это **хорóшая рýсская** артúстка?

Это **англúйский** турúст?

Adjectives of nationality

рýсский	рýсская
америкáнский	америкáнская
англúйский	англúйская
канáдский	канáдская

Adjectives of quality

хорóший	хорóшая
неплохóй	неплохáя
плохóй	плохáя
извéстный	извéстная

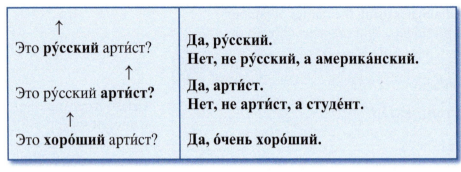

↑ Это **ру́сский** арти́ст?	**Да, ру́сский.** **Нет, не ру́сский, а америка́нский.**
↑ Это ру́сский **арти́ст?**	**Да, арти́ст.** **Нет, не арти́ст, а студе́нт.**
↑ Это **хоро́ший** арти́ст?	**Да, о́чень хоро́ший.**

1.3 Intonation

2. Это хоро́шая арти́стка.

A. The following chart names participants of a Russian-American cultural exchange program. Introduce the participants to your friend in Russian.

Model: Ле́на – хоро́шая ру́сская арти́стка.

	American group		**Russian group**	
athletes:	Сюза́нна	Марк	Та́ня	Юра
artists:	Кэ́ти	Джон	Ле́на	Бо́ря
actors:	Ли́нда	Эндрю	Ка́тя	Гри́ша
students:	Лиз	Пол	Ната́ша	И́горь

B. Your friend does not seem to have a very good memory. Practice questions and answers according to the model.

S1: Ле́на – **спортсме́нка?**

S2: Нет, Ле́на арти́стка.

S1: Ле́на – **америка́нская** арти́стка?

S2: Нет, Ле́на ру́сская арти́стка.

3. Это изве́стный арти́ст. Names of foreign celebrities are often seen in Russian newspapers. Read the following names. What are their professions and nationalities? What do you think of them?

Model: Том Круз – (э́то) хоро́ший/изве́стный америка́нский актёр.

1. Элтон Джон
2. Джа́нет Дже́ксон
3. Джордж Буш
4. Кэ́ти Холмс
5. Джон Ле́ннон

6. Анджели́на Джоли́
7. Хью Грант
8. Мадо́нна
9. Ро́нальд Ре́йган
10. Майк Ма́йэрс

Asking Someone's Name

RUSSIAN FIRST NAMES			
MALE		**FEMALE**	
Full Name	**Nickname**	**Full Name**	**Nickname**
Алекса́ндр	Са́ша	Алекса́ндра	Са́ша
Евге́ний	Же́ня	Евге́ния	Же́ня
Алексе́й	Алёша	Алла	*
Андре́й	Андрю́ша	Анна	Аня
Бори́с	Бо́ря	Валенти́на	Ва́ля
Валенти́н	Ва́ля	Ве́ра	*
Ви́ктор	Ви́тя	Екатери́на	Ка́тя
Влади́мир	Воло́дя, Во́ва	Еле́на	Ле́на
Гео́ргий	Жо́ра, Го́ша	Ири́на	Ира
Григо́рий	Гри́ша	Лари́са	Ла́ра
Ива́н	Ва́ня	Мари́на	*
Игорь	*	Мари́я	Ма́ша
Макси́м	*	Наде́жда	На́дя
Михаи́л	Ми́ша	Ната́лья	Ната́ша
Никола́й	Ко́ля	Ни́на	*
Оле́г	*	Ольга	Оля
Серге́й	Серёжа	Светла́на	Све́та
Юрий	Юра	Софи́я	Со́ня
		Татья́на	Та́ня

*These names do not have a special nickname form.

	его́		**Его́**
Как	**её**	**зову́т?**	**Её** **зову́т...**
	их		**Их**

1.6 Object Forms of Personal Pronouns

Unlike American first names, Russian full names are exclusively either masculine or feminine. Some *nicknames*, however, can be both male and female, e.g., Са́ша and Же́ня.

Его́ is pronounced [yivó].
Её is pronounced [yiyó].

Как **его́** зову́т?
Его́ зову́т Серге́й.

Как **её** зову́т?
Её зову́т Ле́на.

Как **их** зову́т?
Их зову́т Юра и Ка́тя.

Russian First Names

Russian names change with a person's age. For example, if, according to an official birth certificate, a child's name is Алекса́ндр, he may be called Са́шенька (endearing form) throughout his life by his mother. When he goes to school he is called Са́ша (nickname) by his teachers and new friends. When friends get to know him better he will probably be known as Са́шка. Children and adults sometimes use the -ка ending as a form of approval among close friends. In higher grades teachers may use his full name, Алекса́ндр, or his last name only. His friends still call him Са́ша or, less frequently now, Са́шка. When he is ready to enter the adult world, he will be called Алекса́ндр Петро́вич (full name and patronymic, derived from his father's name) by his colleagues, only to be called Са́шенька again, occasionally, by his future wife.

The same applies to women's names. Еле́на becomes Ле́ночка in the home environment and Ле́на (sometimes Ле́нка) at school. At work she will be called Еле́на Петро́вна, and at home, Ле́ночка, by her husband.

| Са́шенька | Са́ша | Са́шка | Алекса́ндр Петро́вич | Са́шенька |

4. **Как его́ зову́т? Как её зову́т? Как их зову́т?**

A. Which question would you ask to get the following responses?
Его́/её/их зову́т...

1. – Ва́ня. **3.** – Ми́ша. **5.** – Ира и Ла́ра.

2. – Ма́ша. **4.** – Ко́ля. **6.** – Нет, не Та́ня, а Со́ня.

B. Find out who your classmate is thinking about.

S1: Кто э́то? **S1:** Это **ру́сский** арти́ст? **S1:** Как **его́** зову́т?

S2: Это **арти́ст**. **S2:** Нет, э́то америка́нский арти́ст. **S2:** Его́ зову́т...

Как тебя́ зову́т?	Меня́ зову́т Аня.
Как вас зову́т?	Меня́ зову́т Анна Па́вловна. / Меня́ зову́т Анна.
Очень прия́тно.	Очень прия́тно.

1.7 Formal and Informal Address

Introductions

Russian children and teenagers often introduce themselves with their first names (nickname) only, for example, Cáша, Натáша. Adults use their full first names and patronymics (father's name), for example Алексáндр Петрóвич, Натáлья Петрóвна. When talking to foreigners, most of whom do not have patronymics, Russians sometimes omit their own patronymics as well. Omitting patronymics, however, does not necessarily imply informal form of address. Thus, the question *What is your name?* would still be Как вас зовýт?

---

5. **Óчень прия́тно.** Explain the reason for formal and informal address in each of the pictures and for the omission of the patronymic in picture (c).

(a) − **Как тебя́ зовýт?**
  − **Меня́ зовýт Волóдя.**
    А тебя́?
  − **Лéна.**

(b) − **Как вас зовýт?**
  − **Меня́ зовýт Ива́н Ива́нович. А вас?**
  − **Анна Па́вловна.**
  − **Óчень прия́тно.**

(c) − **Меня́ зовýт Елéна.**
    А вас как?
  − **Майкл.**
  − **Óчень прия́тно.**

6. **Как вас зовýт? or Как тебя́ зовýт?**

   A. Which question would you use when addressing

   1. a small child
   2. your new teacher
   3. a new classmate
   4. your friend's mother
   5. a teenager

   B. Introduce yourself to your classmates, as in picture (c) or (a).

Russian Last Names

Many Russian last names (фами́лия) have two different forms, masculine and feminine. If a man's last name is Ивано́в, his wife's last name is Ивано́ва. Their children are also Ивано́в (sons) and Ивано́ва (daughters).

Some last names have adjective forms with the feminine ending in **-ая**.

Masculine	Feminine
Пу́шкин	Пу́шкин**а**
Чéхов	Чéхов**а**
Достоéвск**ий**	Достоéвск**ая**
Толст**óй**	Толст**áя**

7. Как его фами́лия? Как её фами́лия? Read the following names and determine their gender. What would their spouses' last names be?

Б.А. Га́лкин   Н.В. Ара́кова   М.И. Ги́блова   Б.С. Неча́ев

Inquiring About Someone's Profession

Кто тако́й Анато́лий Ка́рпов?	**Это изве́стный ру́сский шахмати́ст.**
Кто така́я Анна Па́влова?	**Это изве́стная ру́сская балери́на.**

1.8 *Who?* Questions

1. хоккеи́ст

2. шахмати́ст

5. пиани́ст композа́тор

3. писа́тель поэ́т

A Russian astronaut (астрона́вт) is called a cosmonaut (космона́вт).

Балери́на is female only. The word for a male dancer is танцо́р.

6. профе́ссор

7. космона́вт астрона́вт

4. балери́на

1.9 Professions and Gender

8. Hall of Fame.

A. Here are some famous Russians. Have conversations according to the model.

S1: Кто тако́й Га́рри Каспа́ров?

S2: Это изве́стный ру́сский шахмати́ст.

or: **S1:** Кто така́я А́нна Па́влова?

S2: Это изве́стная ру́сская балери́на.

шахмати́ст:	Га́рри Каспа́ров, Анато́лий Ка́рпов
писа́тель:	Фёдор Достое́вский, Лев Толсто́й
поэ́т:	Алекса́ндр Пу́шкин, А́нна Ахма́това
композитор:	Пётр Чайко́вский, Серге́й Рахма́нинов
космона́вт:	Ю́рий Гага́рин, Валенти́на Терешко́ва
балери́на, танцо́р:	А́нна Па́влова, Михаи́л Бары́шников
арти́ст/ка:	Влади́мир Высо́цкий, А́лла Пугачёва

B. Continue with your own questions. Add these three professions to your list:

футболи́ст/ка   баскетболи́ст/ка   тенниси́ст/ка

Это Ю́рий Гага́рин.

Greeting People

	Formal	Informal
MEETING *any time*	Здра́вствуйте!	Здра́вствуй! Приве́т!
morning	До́брое у́тро!	До́брое у́тро!
day	До́брый день!	До́брый день!
evening	До́брый ве́чер!	До́брый ве́чер!
LEAVING *any time*	До свида́ния! Всего́ хоро́шего!	Пока́!
night	Споко́йной но́чи!	Споко́йной но́чи!

Здра́вствуй! is used to address one person informally.

Здра́вствуйте! is used to address
• more than one person (formally or informally)
• one person formally

1.10 Formal and Informal Greetings

Addressing Teachers

If your teacher is native Russian, he or she is usually addressed with first name and patronymic: Алекса́ндр Петро́вич, Ни́на Петро́вна. Otherwise, you may use the words господи́н (*Mr.*) or госпожа́ (*Ms.*) and the last name: господи́н Смит, госпожа́ Го́мез. In this case it is also possible to use the words профе́ссор or до́ктор with the last name, for example, профе́ссор Смит or до́ктор Го́мез.

9. Здра́вствуйте!

A. In how many different ways can the missing captions be filled with greetings?

Анна Па́вловна
Ви́ктор Петро́вич

Ната́ша
Ни́на Бори́совна

Ни́на Бори́совна
де́ти (*children*)

Юра
Ка́тя

B. How would you . . .

1. greet your teacher in the morning
2. greet your best friend in the afternoon
3. say good-bye to a friend
4. say good night to your friend's mother
5. say good-bye to your professor
6. greet your friend's father
7. greet all your classmates as a group
8. greet your friend and his grandfather

Как дела́?	Спаси́бо, хорошо́. А у тебя́? / А у вас?
То́же хорошо́.	

Как дела́? *How are you?* (literally: *How are things?*) is an informal greeting.

1.10 Formal and Informal Greetings
1.11 Adverbs

Как дела́?

отли́чно   о́чень хорошо́   хорошо́   непло́хо   пло́хо

10. Как дела́? Practice greeting your friends. How many different variations can you make?

S1: Здра́вствуй, _____ !

S2: _____, _____. Как дела́?

S1: Спаси́бо, _____. А у тебя́?

S2: _____.

> Men usually shake hands when they meet, whereas women just nod their heads. Men should not initiate a handshake with women.

Chapter Review

A. *You should now be able to . . .*

1. ask who somebody is
2. ask and answer yes-or-no questions about some professions, nationality, and quality
3. ask someone's name using formal and informal address
4. respond to an introduction
5. differentiate between masculine and feminine last names
6. inquire about someone's profession if the name is known
7. greet people formally and informally at different times of day
8. say good-bye formally and informally
9. wish someone good night
10. inquire informally how someone is doing

QUIA

BCS

For self-tests and additional practice, please go to the Book Companion Site, available at www.wiley.com/college/nummikoski

B. *Introductions.* Introduce five famous Americans in various professions.

C. *Famous Russians.* What are the professions of the following famous Russians?

1. Анато́лий Ка́рпов
2. Пётр Чайко́вский
3. Анна Па́влова
4. Валенти́на Терешко́ва
5. Анна Ахма́това
6. Влади́мир Высо́цкий
7. Лев Толсто́й
8. Дми́трий Шостако́вич
9. Алекса́ндр Пу́шкин
10. Михаи́л Бары́шников

D. *Situations.*

1. *At a restaurant with live music.* Tell your Russian friend that you think the performing artist (female) is pretty good. Then find out the singer's nationality and name.
2. You have been assigned to host a Russian visitor in your city. Get acquainted with the person. Do not forget the greeting.
3. Ask a little girl what her name is and then introduce yourself. Greet her first.
4. *In the hallway.* Greet your Russian friend and ask how he or she is doing. Then say good-bye.

E. *Interview Video.* Как вас зову́т?

Word Building

Russian Last Names

Russian last names are formed in different ways.

From first names

Ива́н	Ивано́в	Пётр	Петро́в
Рома́н	Рома́нов	Михаи́л	Миха́йлов
Никола́й	Никола́ев		

From names of professions

кузне́ц (*blacksmith*)	Кузнецо́в
портно́й (*tailor*)	Портно́й
пло́тник (*carpenter*)	Пло́тников
виноку́р (*liquor distiller*)	Виноку́ров

From animals

за́яц (*hare*)	За́йцев
медве́дь (*bear*)	Медве́дев
волк (*wolf*)	Во́лков

A. Give examples of American last names from each group. In your opinion, which group has the least number of American last names?

B. Match the following last names with the drawings.

Чайко́вский	Петухо́в
Аку́лов	Орло́в
Ка́рпов	Ко́шкин

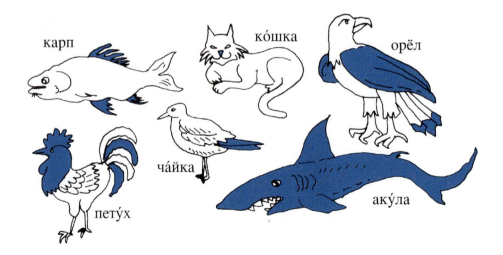

карп ко́шка орёл

ча́йка

пету́х аку́ла

ГРАММАТИКА

1.1 Omission of the Verb *to be*

The present tense of the verb *to be* (*am, is, are*) is seldom used as a linking verb in Russian. Also, there are *no articles* (*a, an,* or *the*) in Russian.

Кто	э́то?		Это	президе́нт.
Who is	*this?*		*This is*	*a/the president.*

In sentences where both the subject and predicate are *nouns*, a dash is often used to denote the omission of the verb *to be*.

	Алла Пугачёва	—	арти́стка.
	Alla Pugachova	*is*	*an artist.*
but:	Это арти́стка.	(pronoun + noun)	
	This is an artist.		

1.2 Gender of Nouns: Introduction

Russian nouns have one of three genders: *masculine, feminine,* and *neuter.* Masculine nouns usually end in a consonant, and feminine nouns in the vowel **a** (sometimes spelled **я**). Neuter nouns, which end in the vowels **o** or **e**, will be introduced in Chapter 3.

Some names of professions have distinct masculine and feminine forms.

Male	Female	
арти́ст	арти́стка	*(performing) artist*
актёр	актри́са	*actor*

For other professions the *masculine* form is used both for males and females.

Male	Female	
президе́нт	президе́нт	*president*
компози́тор	компози́тор	*composer*

1.3 Intonation in Questions

Compare the following.

Это арти́ст.	(statement)
Это арти́ст?	(question)

In these sentences, the only visible difference between a statement and a question is the punctuation.

In oral language, questions that do not use a question word (*who, what, where,* etc.) have a special intonation pattern that *emphasizes the stressed syllable of the most important word in the question.*

                      ↑

Алла Пугачёва – **спортсме́нка?**   Нет, Алла Пугачёва – **арти́стка.**
*Is Alla Pugachova an **athlete?***   *No, Alla Pugachova is an **artist.***

            ↑

Это ру́сский **арти́ст?**   Нет, это ру́сский **студе́нт.**
*Is this a Russian **artist?***   *No, this is a Russian **student.***

  ↑

Это **ру́сский** арти́ст?   Нет, это **америка́нский** арти́ст.
*Is this a **Russian** artist?*   *No, this is an **American** artist.*

1.4 Negative Sentences

A negative answer to a yes-or-no question starts with the word **нет.** A negative within the sentence is **не.**

Это президе́нт?   **Нет**, э́то **не** президе́нт.
Is this the president?   *No, this is not the president.*

You can also use the construction **не... а** (*not . . . but*).

       Это **ру́сский** арти́ст?   Нет, **не** ру́сский, **а** америка́нский.
or: Нет, э́то **не** ру́сский арти́ст, **а**
                                      америка́нский.
or: Нет, э́то **не** ру́сский, **а** америка́нский
                                      арти́ст.

1.5 Adjective Agreement: Introduction

Adjectives agree with the noun in gender.

Masculine	Feminine	
изве́стн-**ый** арти́ст	изве́стн-**ая** арти́стка	*a famous artist*
ру́сск-**ий** арти́ст	ру́сск-**ая** арти́стка	*a Russian artist*
плох-**о́й** арти́ст	плох-**а́я** арти́стка	*a bad artist*

The endings for masculine adjectives are **-ый, -ий,** or **-ой.** Dictionaries and glossaries usually list adjectives in their masculine forms only. Adjectives that end in **-ой** have the stress on the *ending.*

         плох**о́й**   плох**а́я**
but: хоро́ший   хоро́шая

Упражнёния

1. Fill in the adjective endings.

1. хорóш_____ америкáнск_____ студéнт
2. хорóш_____ канáдск_____ студéнтка
3. плох_____ америкáнск_____ актрúса
4. извéстн_____ англúйск_____ артúстка
5. рýсск_____ турúстка
6. извéстн_____ канáдск_____ спортсмéн
7. хорóш_____ рýсск_____ актёр
8. америкáнск_____ турúст
9. плох_____ студéнт
10. хорóш_____ англúйск_____ артúст

2. A. Read the questions using the correct intonation. Then answer the questions in complete sentences using the information in the chart.

Name	Nationality	Profession
Anna	Russian	actress
Ivan	Russian	athlete
John	Canadian	actor
Sarah	American	student
Mark	American	artist

1. Áнна – спортсмéнка?
2. Áнна – америкáнская актрúса?
3. Ивáн – артúст?
4. Ивáн – канáдский спортсмéн?
5. Джон – канáдский артúст?
6. Сáра – рýсская студéнтка?
7. Марк – рýсский артúст?

B. Write complete sentences based on the chart. Add one adjective of quality in each sentence.

Model: Áнна – хорóшая рýсская актрúса.

1.6 Object Forms of Personal Pronouns

To ask a person's name, or to give a person's name, you need the (direct) *object forms* of personal pronouns (*me, you, him, her, us, you, them*).

	Как егó зовýт?	Егó зовýт Марк.
literally:	*How him they call?*	*Him they call Mark.*
	What is his name?	*His name is Mark.*

Singular			Plural		
меня́	*me*	(first person)	нас	*us*	(first person)
тебя́	*you*	(second person)	вас	*you*	(second person)
его́/её	*him/her*	(third person)	их	*them*	(third person)

> Note on pronunciation:
> его́ is pronounced [yivó]
> её is pronounced [yiyó]

Упражне́ние

3. Его́, её, их. Your Russian friend Larisa is showing you her class picture. How would you inquire about the names of various students? Consult the box on page 19 for male and female names.

Your questions	Larisa's answers
_____	Игорь.
_____	Аня.
_____	Ка́тя.
_____	Воло́дя.
_____	Ира и Ле́на.
_____	Ма́ша
_____	Оля.
_____	Ми́ша.
_____	Са́ша и Юра.

1.7 Formal and Informal Address

There are two forms of address in Russian: *formal* (second-person plural) and *informal* (second-person singular). The informal forms are used among friends and family members, as well as when addressing young children. Adults normally use the formal form when they first meet. When they know each other better, they may switch into informal address. Foreigners should address Russian adults with the formal form until the Russians suggest the use of the informal form instead.

The second-person plural serves two purposes.

Как **вас** зову́т?
- to address more than one person (both formally and informally)
- to address one person formally

The second-person singular serves only one purpose.

Как **тебя́** зову́т?
- to address one person informally

Упражнéния

4. Как тебя́ зову́т? or **Как вас зову́т?** Which question would you use to inquire about the names of the following Russians?

Your questions	Their answers
_____	Игорь Игоревич.
_____	Сáша.
_____	Натáлья Петрóвна.
_____	Волóдя.
_____	Ира и Лéна.
_____	Тáня.
_____	Ивáн Петрóвич.
_____	Сáша и Юра.

5. Supply the missing pronouns меня́, тебя́, егó, её, нас, вас, их.

1. Как _____ зову́т? Меня́ зову́т Алексéй Ивáнович.

   А _____ как зову́т? Сергéй Петрóвич.

2. _____ зову́т Андрéй? Нет, его́ зову́т Анатóлий.

3. Как _____ зову́т? Их зову́т Пéтя и Юра.

4. _____ зову́т Миша? Нет, меня́ зову́т Гриша.

5. Как _____ зову́т? Натáша? Нет, её зову́т не Натáша, а Лариса.

1.8 *Who?* Questions

If you know a person's name and want a more detailed description, you often start the question with **кто такóй** (masc.) or **кто такáя** (fem.).

Кто такóй Юрий Гагáрин?	Юрий Гагáрин – это рýсский космонáвт.
Who is Yuri Gagarin?	*Yuri Gagarin is a Russian cosmonaut.*
Кто такáя Алла Пугачёва?	Алла Пугачёва – это рýсская артистка.
Who is Alla Pugachova?	*Alla Pugachova is a Russian performing artist.*

Use the **кто такóй/кто такáя** construction only when the person's name is included in the question. Use the word **кто** alone for any other questions with *who*.

Кто это?	Это Алла Пугачёва.
Who is this?	*This is Alla Pugachova.*

Упражнéние

6. Кто такóй? Кто такáя? or Кто э́то? Supply the missing questions.

1. Анатóлий Кáрпов – э́то рýсский шахматúст.
2. Э́то Мáя Плисéцкая.
3. Татья́на Толстáя – э́то рýсский писáтель.
4. Э́то Антóн Пáвлович Чéхов.
5. Пýшкин – э́то рýсский поэ́т.
6. Владúмир Высóцкий – э́то рýсский артúст.

1.9 Professions and Gender

For some professions, separate forms for masculine and feminine are used quite frequently, for example, артúст/артúстка. For other professions, the masculine form can be used to refer to women, even if a feminine form exists.

	Masculine	**Feminine**
Optional:	космонáвт	космонáвтка
	пианúст	пианúстка
	писáтель	писáтельница
	поэ́т	поэтéсса
	хоккеúст	хоккеúстка
	шахматúст	шахматúстка
No separate feminine form:	дóктор	дóктор
	композúтор	композúтор
	президéнт	президéнт
	профéссор	профéссор
Different feminine form:	танцóр	балерúна

Note: If a masculine noun is used to refer to a woman, the adjectives also take the masculine form.

Татья́на Толстáя – хорóш**ий** писáтель.	(both masculine)
Tatyana Tolstaya is a good writer.	

Валентúна Терешкóва – извéстн**ый** космонáвт.	(both masculine)
Valentina Tereshkova is a famous cosmonaut.	

but:	Лéна – хорóш**ая** пианúст**ка.**	(both feminine)
	Lena is a good pianist.	

1.10 Formal and Informal Greetings

The form **здра́вствуйте** serves two purposes:

- to address more than one person (both formally and informally)
- to address one person formally

Здра́вствуй is used to address one person informally.

Как дела́? literally means *How are things?* The question **А у тебя́?** means *And with you?* Use these lines only when meeting friends.

Упражне́ние

7. **A.** List all possible ways to greet

  1. a friend in the morning
  2. your teacher in the afternoon
  3. your fellow students in the evening

  B. List all the ways to say good-bye to

  1. a friend at night
  2. your teacher in the afternoon

1.11 Adverbs

Adverbs are parts of speech that answer the question *How?* Some adverbs can be formed by adding **-о** to the adjective stem.

Stem	Masc. adjective	Fem. adjective	Adverb	
хоро́ш-	хоро́ший	хоро́шая	хорошо́	*well*
плох-	плохо́й	плоха́я	пло́хо	*badly*

Vocabulary

Note: The core vocabulary is **boldfaced**.

Nouns

актёр, актри́са	*actor, actress*	господи́н	*Mr.*
арти́ст/ка	*artist*	госпожа́	*Ms.*
астрона́вт	*astronaut*	**де́ти**	*children*
балери́на	*ballerina*	до́ктор	*doctor (in titles)*
баскетболи́ст/ка	*basketball player*	**компози́тор**	*composer*

космона́вт	*cosmonaut*
пиани́ст/ка	*pianist*
писа́тель	*writer*
поэ́т	*poet*
президе́нт	*president*
профе́ссор	*professor*
спортсме́н/ка	*athlete*
студе́нт/ка	*student*
танцо́р	*dancer*
тенниси́ст/ка	*tennis player*
тури́ст/ка	*tourist*
футболи́ст/ка	*soccer player*
хоккеи́ст/ка	*ice-hockey player*
шахмати́ст/ка	*chess player*

Adjectives
Of nationality

америка́нский	*American*
англи́йский	*English*
кана́дский	*Canadian*
ру́сский	*Russian*

Other adjectives

изве́стный	*famous*
неплохо́й	*not bad*
плохо́й	*bad*
хоро́ший	*good*

Adverbs

как	*how*
неплохо́	*not badly*
отли́чно	*excellent*
о́чень	*very*
пло́хо	*badly*
хорошо́	*well*

Pronouns
Personal pronouns

меня́ *acc.*		*me*
тебя́ *acc.*		*you* (sg.)
его́ *acc.* [yivó]		*him*
её *acc.* [yiyó]		*her*
нас *acc.*		*us*
вас *acc.*		*you* (pl.)
их *acc.*		*them*

Other pronouns

кто	*who*
кто тако́й, кто така́я	*who*
э́то	*this is*

Phrases
Farewells

Всего́ хоро́шего! [vsivó kharóshevə]	*All the best!*
До свида́ния!	*Good-bye!*
Пока́!	*Good-bye! See you later!*

Greetings

До́брое у́тро!	*Good morning!*
До́брый ве́чер!	*Good evening!*
До́брый день!	*Good day! Hello!*
Здра́вствуй/те!	*Hello!*
Как дела́?	*How are things? How are you?*
А у тебя́?	*And (with) you?*
Приве́т!	*Hi!*
Споко́йной но́чи!	*Good night!*

Introductions

Как вас зову́т?	*What is your name?*
Как тебя́ зову́т?	
Очень прия́тно!	*Nice to meet you!*

Other

а	*and, but*
да	*yes*

и	*and*
и́ли	*or*
не	*not (negative within a sentence)*
нет	*no*
спаси́бо	*thank you*
то́же	*also*

Уро́к 2 (Второ́й уро́к)
Вы говори́те по-ру́сски?

THEMES

- Describing foreign language skills
- Introducing family members, friends, and teachers
- Making compliments

CULTURE

- The Russian language around the world
- Grandparents
- Russian families
- Patronymics
- Boyfriends and girlfriends

STRUCTURES

- Personal pronouns: Subject and object forms
- Verb conjugation: Groups I and II
- Negative sentences
- Intonation in questions
- Conjunctions и, а, and но
- Adverbs versus adjectives: хоро́ший/хорошо́
- Possessive pronouns: Masculine and feminine
- Nouns of nationality
- Adjective agreement: Masculine and feminine

Ка́тя – ру́сская. Она́ говори́т по-ру́сски и по-англи́йски.

Describing Foreign Language Skills

↑ **Ви́ктор говори́т по-ру́сски?** ↑ **Ли́нда понима́ет по-ру́сски?**	**Да, он говори́т по-ру́сски.** **Нет, она́ не понима́ет по-ру́сски.**

2.1 Personal Pronouns: Subject and Object Forms   2.2 Verb Conjugation: Groups I and II
2.3 Negative Sentences   2.4 Intonation in Questions

**Ви́ктор говори́т по-ру́сски,
а Ли́нда не понима́ет.**

понима́|ть (I)

я	понима́ю	мы	понима́ем
ты	понима́ешь	вы	понима́ете
он, она́	понима́ет	они́	понима́ют

говор|и́ть (II)

я	говорю́	мы	говори́м
ты	говори́шь	вы	говори́те
он, она́	говори́т	они́	говоря́т

по-ру́сски   по-францу́зски   по-англи́йски   по-неме́цки   по-япо́нски   по-испа́нски   по-кита́йски

1. Кто говори́т по-ру́сски? А по-кита́йски?

A. Look at the pictures. What language does each student speak? Who does not understand him or her?

Model: Анна говори́т по-ру́сски. Пьер не понима́ет **её**.

B. The students in the pictures do not understand each other's languages. Explain the situation according to the model.

Model: Анна говори́т по-ру́сски. Она́ не понима́ет по-францу́зски.

C. Practice questions and answers with a partner.

S1: Анна говори́т по-францу́зски?

S2: Нет, она́ не говори́т по-францу́зски.

or: **S1:** Анна понима́ет по-францу́зски?

S2: Нет, она́ не понима́ет по-францу́зски.

> Ка́тя говори́т по-ру́сски, по-францу́зски **и** по-англи́йски, **но** она́ не говори́т по-япо́нски.

2.5 Conjunctions и, а, and но

2. А вы? How about your language skills? Comment on each of the languages.

Model: Я говорю́ по-англи́йски и по-ру́сски, но я не говорю́ по-францу́зски.

Как	ты говори́шь вы говори́те	по-англи́йски?	Я говорю́ по-англи́йски	свобо́дно. о́чень хорошо́. хорошо́. непло́хо. немно́го. чуть-чуть.

2.6 Adverbs Versus Adjectives

↑ Вы **хорошо́** говори́те по-ру́сски?	Да, хорошо́. Нет, не о́чень хорошо́.

2.4 Intonation in Questions

> Чуть-чуть (*just a tiny bit*) is a commonly used colloquial expression that is more positive than пло́хо (*badly, poorly*).

3. Как они́ говоря́т по-ру́сски?

A. The following chart shows the language abilities of various people. Discuss the chart with a partner, describing which languages each person speaks and how well.

S1: На́дя свобо́дно говори́т по-ру́сски, хорошо́ по-англи́йски и немно́го по-неме́цки.

S2: Ганс непло́хо говори́т…

	по-ру́сски	по-англи́йски	по-испа́нски	по-францу́зски	по-неме́цки
На́дя	свобо́дно	хорошо́		?	немно́го
Ганс	непло́хо		?	хорошо́	свобо́дно
Ве́ра	свобо́дно				
Джон	немно́го	свобо́дно	хорошо́	?	непло́хо
Са́ша	свобо́дно	чуть-чуть	?	немно́го	непло́хо
Ро́берт	чуть-чуть	немно́го	?	свобо́дно	?
Ка́рлос	немно́го	о́чень хорошо́	свобо́дно	немно́го	?
Сте́фани		свобо́дно			

B. Ask questions about the language ability of the people in the chart.

S1: На́дя говори́т по-ру́сски?

S2: Да, она́ говори́т по-ру́сски свобо́дно.

or: **S1:** Ве́ра говори́т по-испа́нски?

S2: Нет, она́ не говори́т по-испа́нски. Она́ говори́т **то́лько** по-ру́сски.

C. Ask questions to find out who speaks which languages.

S1: Кто говори́т по-неме́цки?

S2: На́дя, Ганс, Джон и Са́ша говоря́т по-неме́цки.

D. Let's add some more verbs. Ask about the languages with a question mark. Invent your own responses.

зна|ть (I) *to know*   **ду́ма|ть** (I) *to think*   **чита́|ть** (I) *to read*

S1: Как Ганс говори́т по-испа́нски?

S2: **Я не зна́ю,** как он говори́т по-испа́нски.

or: **Я ду́маю, что** он понима́ет по-испа́нски о́чень хорошо́, но **чита́ет** о́чень пло́хо.

E. Challenge. Combine the verbs говори́ть, понима́ть, чита́ть, знать, and ду́мать in a description of an individual person's language skills.

Model: На́дя говори́т по-ру́сски свобо́дно. Она́ не говори́т по-испа́нски, а по-неме́цки она́ говори́т немно́го, но понима́ет и чита́ет о́чень хорошо́. Я не зна́ю, как она́ говори́т по-францу́зски, но я ду́маю, что она́ понима́ет чуть-чу́ть.

Ру́сский язы́к в ми́ре *The Russian Language Around the World*

Russian belongs to the East Slavic branch of the Indo-European language family, along with Ukrainian and Belorussian. It is the fifth most widely spoken language in the world (about 278 million speakers) and the largest native language in Europe. About 164 million people speak Russian as their primary language. Russian is also one of the six official languages of the United Nations.

There are large Russian-speaking communities even in the United States, especially in the Northeast and on the West Coast. One of the most famous enclaves is Brighton Beach in New York, also known as Little Odessa, since many of its earlier immigrants came from Odessa, Ukraine.

Диало́ги

A. Listen to the two dialogues and estimate the age and social status of the conversants.

Алексе́й:	Ты говори́шь по-испа́нски?
Бори́с:	Да, немно́го.
Алексе́й:	А по-неме́цки?
Бори́с:	Нет, я не говорю́ по-неме́цки, но немно́го понима́ю.

Та́ня:	Вы говори́те по-англи́йски?
А́нна Па́вловна:	Да, говорю́. А ты по-англи́йски говори́шь?
Та́ня:	Нет, я говорю́ то́лько по-ру́сски.

B. Answer the questions based on the dialogues.

1. Бори́с хорошо́ говори́т по-испа́нски?
2. Как он понима́ет по-неме́цки?
3. А́нна Па́вловна говори́т по-англи́йски?
4. Та́ня то́же говори́т по-англи́йски?

4. Ты говори́шь? or Вы говори́те?

A. Which form would you use when addressing the following people? Finish the questions with a language of your choice.

1. a little boy
2. a fellow student
3. your professor
4. your grandmother
5. your friend's grandfather
6. a waiter in a Russian restaurant

B. Find out about the language skills of your teacher and fellow students. Use the following as a starting point.

Ты говори́шь по-...?   Вы говори́те по-...?

Ты хорошо́ говори́шь по-...? Вы хорошо́ говори́те по-...?

Ты понима́ешь по-...?   Вы понима́ете по-...?

Как ты...?   Как вы...?

Меня́ зову́т Ни́на

Здра́вствуйте. Меня́ зову́т Ни́на Ле́бедева. Я студе́нтка. Я ру́сская, но я неплохо понима́ю по-англи́йски. Я чита́ю по-англи́йски о́чень хорошо́, но **ещё ме́дленно** говорю́. Я **та́кже** немно́го понима́ю по-неме́цки, но о́чень пло́хо говорю́. А по-ру́сски я, **коне́чно**, говорю́ свобо́дно.

A. Answer the questions based on the text.

1. Как её зову́т?
2. Она́ америка́нская студе́нтка?
3. Как она́ чита́ет по-англи́йски?
4. Она́ говори́т по-англи́йски **бы́стро** или **ме́дленно**?
5. Она́ понима́ет по-неме́цки? А по-францу́зски?
6. Она́ пло́хо говори́т по-ру́сски?

B. Retell the story in the third person.

Model: Её зову́т Ни́на. Она́ студе́нтка...

C. One student assumes the role of Nina. Other students ask questions.

D. Make a similar story about yourself.

Introducing Family Members

Это	мой твой его́ её наш ваш их	па́па.	Это	моя́ твоя́ его́ её на́ша ва́ша их	ма́ма.

2.7 Possessive Pronouns: Masculine and Feminine

Это мой па́па и я.

На́ша семья́

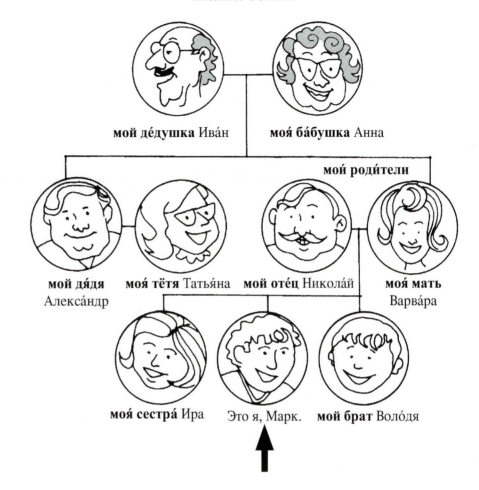

Это мой **муж** Ива́н. Это мой **сын** Алекса́ндр и его́ **жена́** Татья́на. А э́то Варва́ра, моя́ **дочь** и её муж Никола́й. А э́то их **де́ти**. Это мой **внук** Воло́дя и моя́ **вну́чка** Ира. А вот э́то мой внук Марк.

> Мой роди́тели, *my parents*, is a plural form, which will be discussed in Chapter 4. Do not confuse the form мои́ (plural) with мой (singular).

мой де́душка Ива́н   **моя́ ба́бушка** Анна

мои́ роди́тели

мой дя́дя Алекса́ндр   **моя́ тётя** Татья́на   **мой оте́ц** Никола́й   **моя́ мать** Варва́ра

моя́ сестра́ Ира   Это я, Марк.   **мой брат** Воло́дя

5. Family relations.

A. What is the relationship between the pairs of people in the picture?

Model: Алекса́ндр и Татья́на   **Это муж и жена́.**

1. Алекса́ндр и Варва́ра
2. Анна и Варва́ра
3. Ива́н и Марк
4. Никола́й и Марк

5. Анна и Ира
6. Ива́н и Анна
7. Варва́ра и Ира
8. Воло́дя и Никола́й

B. Introduce everybody in the picture as . . .

1. Mark's relatives

Model: **Это Марк. Это его́ сестра́ Ира, э́то его́...**

2. Ira's relatives
3. Ira's and Volodya's relatives
4. your relatives; pretend to be one of the people in the bottom row
5. your and your siblings' relatives

Grandparents

Russian babushkas (grandmothers) are pillars of the society; they hold families together, take care of grandchildren, and very often work outside the home to supplement their small pensions. You can see babushkas everywhere – in public transportation, carrying food; in museums, guarding invaluable treasures; sweeping streets, and so on. Many babushkas feel it is their responsibility to educate the younger generation. They are quick to voice aloud their disapproval of anything and anybody slightly beyond their range of acceptance.

Men have a lower life expectancy than women: about 65 years. Thus grandmothers tend to have a more visible role in society than do grandfathers. If the grandfather is alive, however, he usually takes part in rearing grandchildren, much like the grandmother.

Это ба́бушка и внук.

— Анна Серге́евна, это **ваш** сын?
— Да, это мой сын.

— Ира и Ле́на, это **ва́ша** ба́бушка?
— Да, это **на́ша** ба́бушка.

6. Твой/твоя́ or ваш/ва́ша?

A. How would you ask . . .

1. your teacher if the little girl with her is her daughter
2. your friend if the man in the picture is his father
3. your friend's grandmother if the man in the picture is her husband
4. Ira and Lena if the man in the picture is their grandfather
5. Nina Pavlovna if the little boy in the picture is her grandson
6. Sasha and Masha if the girl in the picture is their sister

B. Just curious . . . Ask your friend if his or her . . .

1. mother is an actress
2. father is a writer
3. sister is a student
4. aunt speaks Chinese
5. brother understands German
6. grandfather speaks French
7. grandmother speaks English
8. uncle understands Japanese

Russian Families

Many Russian families have only one child, although recent economic incentives seem to be slowly reversing that trend. In a traditional Russian family, men are expected to be the main breadwinners (кормилец), whereas women play the traditional roles of a mother and wife. In addition, two (or more) generations sometimes live in the same household.

Adult children often live with their parents longer than in Western countries, and sometimes continue to receive financial support (and unsolicited advice) from the parents even after they move out.

Divorce is rather common, and many children are raised by a single mother. Russians do not remarry as frequently as do Westerners, but if they do, the children usually call their new parents мама or папа, or, if the relationship is more distant, by the first name and patronymic (e.g., Анна Петровна, Сергей Иванович). The Russian words мачеха (*stepmother*) and отчим (*stepfather*) have somewhat negative connotations and are not frequently used.

7. Наша семья. Draw a picture of your extended family and introduce them to your classmates. You may also want to bring photographs to class and have a classmate ask questions about them.

stepmother	жена моего отца	*stepbrother*	брат по отцу/ брат по матери
stepfather	муж моей матери		
		ex-wife	бывшая жена
stepsister	сестра по отцу/ сестра по матери	*ex-husband*	бывший муж

8. Это моя семья. Read the four texts and match them with the corresponding pictures. Then pick a picture and introduce everyone as your relatives.

1. Здра́вствуйте. Меня́ зову́т Алексе́й. Это моя́ жена́ Ната́лья, а э́то её ма́ма и ба́бушка. А вот э́то я.

2. Меня́ зову́т Лари́са. Это моя́ ма́ма. Её зову́т Тама́ра. А э́то моя́ ба́бушка Анна и я.

3. Это на́ша семья́: моя́ ма́ма Еле́на, мой па́па Серге́й, моя́ сестра́ На́стя и мой брат Са́ша. А вот э́то я, Ма́ша.

4. Меня́ зову́т Воло́дя. А э́то на́ша семья́: мой оте́ц Ю́рий, моя́ ма́ма Татья́на и мой де́душка Ива́н. А вот э́то я.

a.  b.

c. d.

Patronymics

Russians have three names: a first name (и́мя), a patronymic (о́тчество), and a last name (фами́лия). The patronymic is formed from the father's first name by adding -ович or -евич for males and -овна or -евна for females.

Thus, Петро́вич is "son of Peter" and Петро́вна is "daughter of Peter." In formal situations, Russians address each other with name and patronymic: Здра́вствуйте, Ива́н Андре́евич! До свида́ния, Татья́на Па́вловна!

father's first name	son's patronymic	daughter's patronymic
Ива́н	Ива́нович	Ива́новна
И́горь	И́горевич	И́горевна
Серге́й	Серге́евич	Серге́евна

9. Tracing family members. Brothers Sergei, Pavel, Anton, and Alexander Ivanov gather once a year for a family reunion, but their children have a hard time remembering who belongs to whom. Each father has one son and one daughter. Draw a line to connect these sibling pairs.

Ната́лья Серге́евна Ивано́ва   Влади́мир Анто́нович Ивано́в
Алекса́ндра Алекса́ндровна Ивано́ва   Серге́й Па́влович Ивано́в
Ни́на Анто́новна Ивано́ва   Игорь Серге́евич Ивано́в
Ольга Па́вловна Ивано́ва   Алексе́й Алекса́ндрович Ивано́в

Introducing Friends and Teachers

Although the feminine noun преподава́тельница exists, the masculine form is commonly used as a general term for the profession.

Это мой
друг Юра.

Это моя́
подру́га Ка́тя.

Это мой
профе́ссор,
до́ктор Смит.

Это мой
преподава́тель,
Анна Серге́евна.

Boyfriends and Girlfriends

There are no direct Russian equivalents for the nouns *boyfriend* and *girlfriend*. The noun **подру́га** usually refers to a female friend of a female. A man can introduce his girlfriend as **моя́ де́вушка** (literally, *my girl*), and a woman can introduce her boyfriend as **мой друг** (*my friend*), or **мой молодо́й челове́к** (*My young man*).

Джон – американский студент.	Он **американец.**
Мэри – американская студентка.	Она **американка.**

2.8 Nouns of Nationality

он	**она**
русский	русская
американец	американка
канадец	канадка

10. Кто они по национальности?

A. What do you think is the nationality of the following people?

1. Наташа Крылова
2. Джон Смит
3. Пьер Шевал
4. Джейн Филд
5. Миша Кошкин
6. Николь Дюбар

B. How would you ask the following in Russian?

1. Is your friend Russian?
2. Is your uncle American?
3. Is your mother Canadian?
4. Is your teacher American?

11. Introductions.

A. Read the following two dialogues and fill in the missing parts. Who are the participants in these situations and what do you think their nationality is?

1.

Ма́ргарет:	Это мой брат Джон. Это мой преподава́тель, Анто́н Па́влович.
Анто́н Па́влович:	Очень прия́тно. Ваш брат по-ру́сски понима́ет?
Ма́ргарет:	Нет, _____.

2.

Ни́на:	Ба́бушка, это моя́ подру́га Нико́ль. Это моя́ ба́бушка, Анна Серге́евна.
Анна Серге́евна:	Очень прия́тно. Нико́ль, вы по-ру́сски говори́те?
Ни́на:	Нет, она́ не _____. Она́ _____.

B. What is the relationship between the following participants in the preceding dialogues (e.g., brother and sister, husband and wife)?

1. Ма́ргарет и Джон
2. Анто́н Па́влович и Ма́ргарет
3. Ни́на и Анна Серге́евна
4. Нико́ль и Ни́на

C. Translate the following introductions.

You are talking to . . .	Saying . . .
Серге́й	This is my friend Stephanie and her mother. Stephanie is Canadian.
Анна Петро́вна	This is my mother (name). She doesn't speak Russian. She is American.
Анна Петро́вна	This is my teacher, professor Smith. He is American, but he speaks Russian really well. And this is my girlfriend Alla. She is Russian.

Making Compliments

Твой Ваш	брат о́чень **симпати́чный.**
Твоя́ Ва́ша	сестра́ о́чень **симпати́чная.**

2.9 Adjective Agreement: Masculine and Feminine

— Кто э́то?
— Э́то мой друг Са́ша.
— **Он о́чень симпати́чный.**

— Э́то твоя́ сестра́?
— Да, э́то моя́ сестра́.
— **Она́ о́чень краси́вая.**

— Э́то ва́ша сестра́?
— Нет, э́то на́ша ма́ма.
— **Она́ о́чень молода́я.**

он	она́
симпати́чный	симпати́чная
краси́вый	краси́вая
молодо́й	молода́я

12. Твоя́ ма́ма о́чень краси́вая.

A. Your friend is showing you some family pictures. Respond to the following statements according to the model.

Model: Он о́чень симпати́чный. Она́ о́чень симпати́чная.

or: Твой брат о́чень симпати́чный. Твоя́ сестра́ о́чень симпати́чная.

1. Э́то мой брат Игорь.

2. Э́то моя́ сестра́ Анна.

3. Э́то моя́ ба́бушка.

4. Э́то мой па́па.

5. Э́то мой друг Серге́й.

B. Having met your friend's relatives, how would you tell your friend that his or her . . .

1. grandfather is very young
2. sister is very beautiful
3. brother looks (is) nice
4. mother looks (is) very young
5. uncle is very good-looking
6. grandmother looks (is) nice

13. Фотогра́фия. Bring in pictures or draw a sketch of your family and have conversations according to the model.

S1: Кто э́то? Твоя́ сестра́?

S2: Ну что ты?!¹ Это моя́ ма́ма.

S1: Твоя́ ма́ма о́чень краси́вая!

S2: Спаси́бо. А э́то моя́ сестра́.

S1: Она́ то́же о́чень краси́вая. Как её зову́т?

S2: Ната́ша. А э́то её муж Серге́й.

S1: Он о́чень симпати́чный! А э́то кто?

S2: Это мой брат Юра.

S1: Интере́сно.

¹ *Oh, come on!* Что is pronounced [што].

Петро́вы

Это семья́ Петро́вых:¹ мать Ольга Анто́новна и оте́ц Серге́й Никола́евич. А э́то де́душка – Петро́в Никола́й Алекса́ндрович. А вот де́ти: Ле́на и Ми́ша. Серге́й Никола́евич – профе́ссор. Он свобо́дно говори́т по-англи́йски и по-францу́зски. Его́ жена́ по-англи́йски не говори́т, а по-францу́зски она́ говори́т непло́хо. Де́душка говори́т то́лько по-ру́сски, а де́ти, Ле́на и Ми́ша, немно́го понима́ют по-англи́йски, но ещё пло́хо говоря́т. До́ма² они́, коне́чно, говоря́т по-ру́сски.

¹ the Petrov family

² at home

A. Fill in the names of the people in the story.

	First name	Patronymic	Last name
Grandfather:			
Father:			
Mother:			
Daughter:			
Son:			

B. Answer the questions in Russian.

1. Никола́й Алекса́ндрович – оте́ц О́льги и́ли Серге́я?
2. Де́душка говори́т по-англи́йски?
3. Кто говори́т по-францу́зски?
4. Как Серге́й Никола́евич говори́т по-англи́йски?
5. Де́ти то́же говоря́т по-францу́зски?
6. Они́ говоря́т до́ма по-англи́йски?

C. **Challenge.** Assume the role of Lena or Misha and retell the story in the first person.

Model: Это моя́ семья́. Это моя́ мать О́льга...

Chapter Review

A. *You should now be able to . . .*

1. describe what language(s) people speak and understand and how well
2. introduce members of your extended family
3. ask questions about other people's family relationships
4. describe how people are related
5. introduce your friends and teachers
6. describe people with (some) nouns of nationality
7. make compliments with adjectives of quality

For self-tests and additional practice, please go to the Book Companion Site, available at www.wiley.com/college/nummikoski

B. *Photograph.* Two students are looking at a family picture. Reenact their conversation, using the following cues.

Student A showing a family photo:	Student B asking questions:	
Say that it is your family.	*Point to one woman and ask if it's his/her mother.*	
No. It's your grandmother.	*Make a compliment.*	
Say thanks. Introduce your brother and his wife Susan.	*Ask if his wife is American.*	
Yes, she is, but she speaks fluent Russian.	*Are these their children?*	
Yes. Show their son and daughter in the picture.	*What are their names?*	
Give the children's names.	*Do the children speak English?*	
Not much. They understand a little bit.	*Make a general compliment.*	(Очень интере́сно.)

C. *Interview.* Interview three classmates about the language skills of their extended families. What languages do they know? How well do they know them? Then report your findings to the class.

D. *Interview Video.* Вы говори́те по-англи́йски?

Word Building

The forms **по-ру́сски, по-англи́йски,** and so on are adverbs that mean literally *in the Russian way, in the English way.* You can form them from many adjectives derived from proper nouns. Among other things, they are used with the verbs **понима́ть** and **говори́ть** to denote the language spoken or understood.

Which of the following are real languages? Correct the sentences on the right as appropriate.

Noun	Adjective	Adverb
Аме́рика	америка́нский	Джон говори́т по-америка́нски.
Англия	англи́йский	Чарлз говори́т по-англи́йски.
Теха́с	теха́сский	Ма́ргарет говори́т по-теха́сски.
Кана́да	кана́дский	Николь говори́т по-кана́дски.
Ме́ксика	мексика́нский	Хуа́н говори́т по-мексика́нски.

Although not all these words can be used to describe language skills, they can be used in other ways. For instance, you can sometimes see these forms on restaurant menus.

сала́т по-моско́вски	*salad à la Moscow*
котле́ты по-ки́евски	*cutlets à la Kiev (chicken Kiev)*

Create some more menu items using the preceding list of adverbs and the words given. Which of your creations would you like to eat?

суп *soup*   бифште́кс *beefsteak*   сала́т *salad*   аку́ла *shark*

ГРАММАТИКА

2.1 Personal Pronouns: Subject and Object Forms

In Chapter 1 you learned the *direct object* forms of personal pronouns (*me, you, him,* etc.). In this lesson you will learn the *subject* forms. Notice that the subject and object forms of the second-person singular are identical in English but not in Russian.

		Subject		Object	
singular	1st person	**я**	*I*	меня́	*me*
	2nd person	**ты**	*you*	тебя́	*you*
	3rd person	**он/она́**	*he/she*	его́/её	*him/her*
plural	1st person	**мы**	*we*	нас	*us*
	2nd person	**вы**	*you*	вас	*you*
	3rd person	**они́**	*they*	их	*them*

Упражне́ние

1. Supply the missing subject forms of personal pronouns.

1. Меня́ зову́т Ли́за. _____ студе́нтка.
2. Это Алексе́й. _____ спортсме́н.
3. Это Ма́ша. _____ арти́стка.
4. Алекса́ндр Петро́вич, _____ профе́ссор? Да, _____ профе́ссор.
5. Как тебя́ зову́т? _____ студе́нтка?
6. Это Валенти́на Терешко́ва. _____ ру́сский космона́вт.

2.2 Verb Conjugation: Groups I and II

Dictionaries and vocabularies list verbs by the *infinitive,* the basic form. Most infinitives end in **-ть.** Russian verbs are *conjugated,* which means that each person has a different form. Modern English has lost different forms for verb conjugation, except for the third-person singular (*I speak, he/she speaks*). Many languages, however, have different forms for different persons.

Russian verbs fall into one of two conjugation groups. Whether a certain verb belongs to the first or second conjugation group is usually predictable, but sometimes has to be learned.

The endings are added to the *present tense stem* of the verb. Examine the conjugation chart carefully. Memorizing the endings for both groups enables you to conjugate any regular Russian verb.

- The first-person singular has the same ending [u], spelled **-ю** or **-у** in both conjugation groups.
- The vowel in second-person singular through second-person plural endings is **-e** in the first conjugation and **-и** in the second conjugation.
- The third-person plural ends in [ut], spelled **-ют** or **-ут** in the first conjugation and in [at], spelled **-ят** or **-ат** in the second conjugation.

group	I		II	
infinitive	понима́|ть		говор|и́ть	
stem	понима́-		говор-	
sg. 1st pers.	я понима́**ю**	**ю/у***	я говор**ю́**	**ю/у***
2nd pers.	ты понима́**ешь**	**ешь**	ты говор**и́шь**	**ишь**
3rd pers.	он/она́ понима́**ет**	**ет**	он/она́ говор**и́т**	**ит**
pl. 1st pers.	мы понима́**ем**	**ем**	мы говор**и́м**	**им**
2nd pers.	вы понима́**ете**	**ете**	вы говор**и́те**	**ите**
3rd pers.	они́ понима́**ют**	**ют/ут***	они́ говор**я́т**	**ят/ат***

*The second spelling variant is less common. All verbs in this lesson are spelled with the first form.

Упражне́ния

2. If you memorize the endings for the two conjugation groups you will be able to conjugate any regular verb you encounter. Use the ending chart to come up with the following phrases.

1. ду́ма|ть (I) *to think*
   I think / he thinks / we think
2. зна|ть (I) *to know*
   I know / she knows / they know
3. смотр|е́ть (II) *to watch*
   we watch / they watch / I watch
4. чита́|ть (I) *to read*
   we read / I read / you *(pl.)* read
5. слу́ша|ть (I) *to listen*
   I listen / you *(sg.)* listen / they listen

3. Fill in the missing verb endings. Translate the resulting sentences.

1. Джон не говор_____ по-ру́сски.
2. Ты чита_____ по-кита́йски?
3. Она́ понима́_____ тебя́?
4. Мы не зна́_____ его́.

5. Он нас не понима_____.

6. Лёна и Нина говор_____ по-английски.

7. Вы говор_____ по-немецки?

8. Я дума_____, что они меня не слуша_____.

9. Я не понима_____ тебя.

10. Ты говор_____ по-испански?

2.3 Negative Sentences

Negative sentences are formed by adding **не** in front of the verb.

Я **не** понимаю по-китайски.
I do not understand Chinese.

Мы **не** говорим по-японски.
We do not speak Japanese.

Упражнёние

4. Finish the sentences using the appropriate forms (subject and object) of personal pronouns. Replace proper names by pronouns where applicable.

   Model: Я понимаю тебя, а ты не понимаешь меня.

   1. Она понимает его, а он...

   2. Ты понимаешь меня, а я...

   3. Мы понимаем вас, а вы...

   4. Они понимают её, а она...

   5. Вы понимаете меня, а я...

   6. Он понимает тебя, а...

   7. Она понимает нас, а...

   8. Я понимаю тебя, а...

   9. Игорь и Лёна понимают меня, а...

   10. Алексей понимает её, а...

2.4 Intonation in Questions

Yes-or-no questions differ from statements by intonation. The expected answer depends on which part of the question is emphasized.

Виктор говорит по-русски.   (statement)
Victor speaks Russian.

$\uparrow$

Ви́ктор **говори́т** по-ру́сски?　　　Да, **говори́т**.
*Does Victor **speak** Russian?*　　　*Yes, he does.* (literally, *Yes, speaks.*)

$\uparrow$

Ви́ктор говори́т **по-ру́сски**?　　　Да, **по-ру́сски**.
*Does Victor speak **Russian**?*　　　*Yes, he does.* (literally, *Yes,*
　　　　　　　　　　　　　　　　　　　　Russian.)

$\uparrow$

Ви́ктор **хорошо́** говори́т по-ру́сски?　Да, **хорошо́**.
*Does Victor speak Russian **well**?*　　*Yes, he does.* (literally, *Yes, well.*)

Упражне́ния

5. Give short answers to the following questions. Do not forget to conjugate the verbs as appropriate.

Model:　Ли́нда **понима́ет** по-англи́йски?　　Да, **понима́ет**.

or:　　Ли́нда понима́ет **по-англи́йски**?　　Да, **по-англи́йски**.

1. Игорь говори́т **по-кита́йски**?
2. Вы **говори́те** по-неме́цки?
3. Ты **понима́ешь** по-францу́зски?
4. Ле́на и Ми́ша говоря́т **по-испа́нски**?
5. Ты **говори́шь** по-англи́йски?

6. Write the missing questions for the following answers.

1. Да, я говорю́ по-ру́сски.
2. Нет, Ли́за не понима́ет по-францу́зски.
3. Да, мы понима́ем по-англи́йски.
4. Нет, Са́ша и Ми́ша не говоря́т по-япо́нски.
5. Нет, мы не говори́м по-неме́цки.

7. Ты or вы? How would you ask . . .

1. a little boy if he speaks Russian
2. a waitress if she speaks English
3. Professor Pavlov if he understands you
4. your friend Lena if she speaks German well

2.5 Conjunctions *and* and *but*

Russian has three conjunctions that are often confused

и	*and*	parallel
а	*and/but*	slight contrast, often starts a question
но	*but*	stark contrast

Compare the following:

Лёна **и** Ми́ша говоря́т по-ру́сски.
Lena and Misha speak Russian.

Лёна говори́т по-ру́сски **и** по-англи́йски.
Lena speaks Russian and English.

Меня́ зову́т Мари́я. **А** вас как зову́т?
My name is Maria. And what is your name?

Я говорю́ по-ру́сски. **А** вы?
I speak Russian. And you?

Я говорю́ по-ру́сски хорошо́, **а** по-англи́йски пло́хо.
I speak Russian well and/but English poorly.

Я хорошо́ понима́ю по-англи́йски, **но** о́чень пло́хо говорю́.
I understand English well, but speak very poorly.

Упражне́ние

8. Fill in **и, а,** or **но**.

1. Я хорошо́ говорю́ по-ру́сски _____ по-англи́йски.

2. Лёна хорошо́ понима́ет по-неме́цки, _____ о́чень пло́хо говори́т.

3. Я говорю́ по-кита́йски. _____ вы?

4. Алёша _____ Оля говоря́т по-францу́зски.

5. Профе́ссор Во́дкин говори́т по-ру́сски, по-испа́нски _____ по-неме́цки.

2.6 Adverbs Versus Adjectives

In this chapter you will learn some adverbs that answer the question **Как?** (*How?*). Whereas adjectives agree with the noun in gender (masculine, feminine, or neuter), *adverbs* have *one form* only. You can form adverbs from many adjectives by adding -**о** to the stem. Pay attention to the stress shift in some pairs.

Adjectives		Adverbs	
хоро́ш-ий	*good*	хоро́ш-**о́**	*well*
плох-о́й	*bad, poor*	пло́х-**о**	*badly, poorly*
свобо́дн-ый	*free*	свобо́дн-**о**	*freely, fluently*

Это **ру́сский** арти́ст.   (*What kind* of artist? – Russian.)
   adjective

Она́ **хорошо́** говори́т по-ру́сски. (*How* does she speak? – Well.)
   adverb

Как ты говори́шь по-неме́цки?   Я говорю́ по-неме́цки **хорошо́**.

Упражне́ния

9. Fill in the adverb or adjective endings. Remember that adjectives agree with the noun they modify, whereas adverbs have one form only.

1. Ле́на хоро́ш___ актри́са. Она́ говори́т по-францу́зски о́чень хоро́ш___.

2. Алёша плох___ говори́т по-неме́цки. Он плох___ студе́нт.

3. Воло́дя о́чень хоро́ш___ студе́нт. Он говори́т по-францу́зски свобо́дн___.

4. Ли́за плох___ студе́нтка. Она́ плох___ понима́ет по-англи́йски.

5. Ми́ша хоро́ш___ понима́ет по-япо́нски. Он хоро́ш___ студе́нт.

10. How do they speak or understand? Write the missing *How?* questions.

   Model: Я пло́хо понима́ю по-неме́цки.
        Как ты понима́ешь по-неме́цки?

1. Она́ свобо́дно говори́т по-францу́зски.

2. Я непло́хо говорю́ по-неме́цки.

3. Мы о́чень пло́хо понима́ем по-япо́нски.

4. И́горь немно́го понима́ет по-кита́йски.

5. Они́ немно́го понима́ют по-испа́нски.

6. Ты хорошо́ говори́шь по-ру́сски.

7. Вы непло́хо говори́те по-англи́йски.

8. Са́ша о́чень пло́хо говори́т по-францу́зски.

9. Они́ немно́го говоря́т по-неме́цки.

10. Я пло́хо понима́ю по-испа́нски.

2.7 Possessive Pronouns: Masculine and Feminine

The *possessive* pronouns *my, your* (sg.), *our,* and *your* (pl.) agree with the noun they modify. The third-person pronouns *his, her,* and *their* have one form only, identical to the object form of personal pronouns.

Это **мой (твой, наш, ваш)** брат.   (The pronoun modifies the masculine noun брат.)

Это **моя́ (твоя́, на́ша, ва́ша)** сестра́.   (The pronoun modifies the feminine noun сестра́.)

but: Это **его́ (её, их)** брат.   (Same form for masculine and feminine.)
Это **его́ (её, их)** сестра́.

		Possessive pronouns			Personal pronouns			
		masculine	feminine		subject forms		object forms	
sg.	1st pers.	**мой**	**моя́**	*my*	я	*I*	меня́	*me*
	2nd pers.	**твой**	**твоя́**	*your*	ты	*you*	тебя́	*you*
	3rd pers.	его́/её	его́/её	*his/her*	он/она́	*he/she*	его́/её	*him/her*
pl.	1st pers.	**наш**	**на́ша**	*our*	мы	*we*	нас	*us*
	2nd pers.	**ваш**	**ва́ша**	*your*	вы	*you*	вас	*you*
	3rd pers.	их	их	*their*	они́	*they*	их	*them*

Упражне́ния

11. Supply the missing possessive pronouns.

1. _____ (*my*) ба́бушка
2. _____ (*your,* sg.) па́па
3. _____ (*my*) дя́дя
4. _____ (*his*) сестра́
5. _____ (*your,* pl.) брат

6. _____ (*her*) дочь
7. _____ (*their*) сын
8. _____ (*our*) тётя
9. _____ (*my*) жена́
10. _____ (*your,* formal) муж

12. Write the questions for the following responses.

Model: Да, э́то моя́ ма́ма.   **Это твоя́ ма́ма?**
Нет, э́то мой де́душка.   **Это твой па́па?**

1. Да, э́то на́ша ба́бушка.
2. Нет, э́то моя́ сестра́.
3. Да, э́то моя́ дочь.

4. Да, это его́ сын.

5. Нет, э́то мой брат.

6. Да, э́то наш де́душка.

7. Нет, э́то её муж.

8. Да, э́то моя́ сестра́.

9. Нет, э́то их ба́бушка.

10. Нет, э́то мой дя́дя.

13. Я, меня́, or мой? Fill in the missing possessive or personal pronouns.

1. Это я. _____ говорю́ по-ру́сски. _____ зову́т Еле́на. Это _____ па́па и _____ ма́ма.

2. Это ты. _____ говори́шь по-англи́йски? Как _____ зову́т? Это _____ сестра́? _____ брат понима́ет по-неме́цки?

3. Это она́. _____ зову́т Ольга. _____ говори́т по-ру́сски. Я хорошо́ понима́ю _____. А э́то _____ брат Ко́ля.

4. Это мы. _____ зову́т Ганс и Гре́та. _____ говори́м по-неме́цки. _____ ма́ма и _____ па́па то́же говоря́т по-неме́цки.

5. Это вы. _____ говори́те по-кита́йски? Как _____ зову́т? Это _____ дочь? А э́то кто? _____ сын?

6. Это они́. _____ неплохо́ говоря́т по-францу́зски. _____ зову́т Ли́за и Ми́ша. _____ не говоря́т по-англи́йски. _____ де́душка хорошо́ говори́т по-неме́цки.

2.8 Nouns of Nationality

Most nationalities have separate noun and adjective forms. For the adjective *Russian,* however, there is no separate noun. *Adjectives* of nationality are used to modify nouns. *Nouns of nationality* are used *independently.*

Мадо́нна – **америка́нская** арти́стка. Она́ **америка́нка.**
              adjective   noun   noun

Adjective		Noun	
ру́сский	*Russian* (m.)	ру́сский	*a Russian man*
ру́сская	*Russian* (f.)	ру́сская	*a Russian woman*
америка́нский	*American* (m.)	америка́нец	*an American man*
америка́нская	*American* (f.)	америка́нка	*an American woman*
кана́дский	*Canadian* (m.)	кана́дец	*a Canadian man*
кана́дская	*Canadian* (f.)	кана́дка	*a Canadian woman*

Упражнéние

14. Fill in nouns or adjectives of nationality (the first letter is given) and languages as appropriate.

1. Пьер к_____. Он говорит по-_____ и по-_____. Он
   к_____ студéнт.

2. Сергéй р_____. Он говорит по-_____. Он р_____ артист.

3. Лариса р_____ актриса. Её мáма тóже р_____.

4. Джон а_____ студéнт. Он а_____. Он говорит по-_____.

5. Сюзáнна а_____. Онá говорит по-_____. Онá а _____
   артистка.

6. Николь к_____. Онá к_____ студéнтка. Онá говорит
   по-_____ и по-_____.

2.9 Adjective Agreement: Masculine and Feminine

Remember that adjectives agree with the noun they modify. Adjectives can be divided into two groups based on their stress: *stem stressed* (**-ый/ -ий**) and *end stressed* (**-ой**). If the adjective is end stressed (**-ой**), the feminine (as well as neuter and plural) endings are also stressed. In the stem-stressed adjectives, the choice between the endings **-ый** and **-ий** is determined by a spelling rule:

Spelling Rule 1:	After **к, г, х, ж, ч, ш,** and **щ,** write **и,** not **ы.**

Spelling rule 1 applies to many other situations that you will encounter. It helps to memorize the rule now.

	Masculine		Feminine
stem-stressed	рýсский	(sp. rule – к)	рýсская
	америкáнский	(sp. rule – к)	америкáнская
	хорóший	(sp. rule – ш)	хорóшая
	извéстный		извéстная
	красивый		**красивая**
	симпатичный		**симпатичная**
end-stressed	плохóй		плохáя
	молодóй		**молодáя**

Adjectives new to you are boldfaced.

15. Fill in the correct adjective endings.

1. краси́в_____ актри́са
2. молод_____ ма́ма
3. симпати́чн_____ преподава́тель
4. изве́стн_____ балери́на
5. симпати́чн_____ друг
6. молод_____ де́душка
7. краси́в_____ арти́ст
8. симпати́чн_____ актри́са
9. молод _____ па́па
10. изве́стн _____ компози́тор

Vocabulary

Note: The core vocabulary is **boldfaced**.

Nouns

Family

ба́бушка	*grandmother*
брат	*brother*
внук	*grandson*
вну́чка	*granddaughter*
де́душка	*grandfather*
де́ти	*children*
дочь	*daughter*
дя́дя	*uncle*
жена́	*wife*
ма́ма	*mother, mom*
мать	*mother*
муж	*husband*
оте́ц	*father*
па́па	*father, dad*
роди́тели *(pl.)*	*parents*
семья́	*family*
сестра́	*sister*
сын	*son*
тётя	*aunt*

Nationalities

америка́нец	*American (m.)*
америка́нка	*American (f.)*
кана́дец	*Canadian (m.)*
кана́дка	*Canadian (f.)*
ру́сский	*Russian (m.)*
ру́сская	*Russian (f.)*

Other nouns

де́вушка	*girl*
друг	*friend (m.)*

подру́га	friend (f.)	она́	she
преподава́тель	teacher (college level)	мы	we
		вы	you (pl.)
фотогра́фия	photograph	они́	they

Adjectives

краси́вый	beautiful
молодо́й	young
симпати́чный	nice (looking)

Adverbs
Languages

по-англи́йски	in English
по-испа́нски	in Spanish
по-кита́йски	in Chinese
по-неме́цки	in German
по-ру́сски	in Russian
по-францу́зски	in French
по-япо́нски	in Japanese

Quality

немно́го	a little
пло́хо, непло́хо	badly, not badly
свобо́дно	fluently
хорошо́, нехорошо́	well, not well
чуть-чуть	just a little

Pronouns
Personal

я	I
ты	you (sg.)
он	he

Possessive

мой, моя́	my
твой, твоя́	your (sg.)
его́	his
её	her
наш, на́ша	our
ваш, ва́ша	your (pl.)
их	their

Verbs

говор|и́ть (II) говорю́, говори́шь, говоря́т	to speak
ду́ма|ть (I) ду́маю, ду́маешь, ду́мают	to think
зна|ть (I) зна́ю, зна́ешь, зна́ют	to know
понима́|ть (I) понима́ю, понима́ешь, понима́ют	to understand
слу́ша|ть (I) слу́шаю, слу́шаешь, слу́шают	to listen

чита́|ть (I)	to read	ме́дленно	slowly
чита́ю,		но	but
чита́ешь,		Ну что́ ты!	Oh, come on!
чита́ют		та́кже	also, in addition (one person doing or being something else)

Other

бы́стро	fast	то́лько	only
до́ма	at home	что	here: that
ещё	still		
и	and		
интере́сно	interesting		
коне́чно	of course		

Уро́к 3 (Тре́тий уро́к)
Что у вас есть?

THEMES

- Naming things
- Describing things with adjectives
- Asking for and expressing opinions
- Talking about possessions
- Describing the size of your family

CULTURE

- Russian-language periodicals
- Russian cars
- Borzoi – the Russian greyhound

STRUCTURES

- Gender of nouns
- Adjective agreement
- Что э́то? versus Что тако́е?
- Possessive pronouns
- Verbs ду́мать and знать
- Dependent clauses
- Equivalents of the verb *to have*: у меня́ есть
- Omission of есть
- Accusative case: Preview

Борза́я – э́то ру́сская соба́ка.

Naming Things

Что э́то?	Это **журна́л.**

Кни́га is the generic word for *a book.*

3.1 Gender of Nouns

кни́га

журна́л

газе́та

уче́бник

рома́н

слова́рь

письмо́

Describing Things with Adjectives

Это	**како́й** журна́л? **кака́я** газе́та? **како́е** письмо́?	Это	**ру́сский** журна́л. **ру́сская** газе́та. **ру́сское** письмо́.

3.2 Adjective Agreement

Other adjectives

америка́нский	неме́цкий
кана́дский	францу́зский
мексика́нский	италья́нский
англи́йский	япо́нский
испа́нский	кита́йский

Russian-Language Newspapers

Newspapers have undergone great changes since the breakup of the Soviet Union. Numerous new publications have appeared, from serious business journals to sensational tabloids.

«Пра́вда» (literally, *the truth*) is the main voice of the Communist Party of the Russian Federation (and of the former Soviet Union).

Among other popular newspapers are «Аргуме́нты и фа́кты», «Коммерса́нт», «Комсомо́льская пра́вда», «Моско́вский комсомо́лец», and «Speed-Инфо́».

Что тако́е «А́нна Каре́нина»?	Э́то ру́сский рома́н.

3.3 Что э́то? Versus Что тако́е?

1. Что тако́е «Пра́вда»? Ask your partner questions according to the model.

S1: Что тако́е «Пра́вда»?

S2: Э́то газе́та.

S1: Кака́я э́то газе́та?

S2: Э́то ру́сская газе́та.

рома́н	газе́та	журна́л
«Война́ и мир» «А́нна Каре́нина» «Ти́хий Дон»	«Пра́вда» «Аргуме́нты и фа́кты» «Изве́стия»	«Огонёк» «Ито́ги» «Про́филь»
Moby Dick *Scarlet Letter* *Grapes of Wrath*	*New York Times* *Wall Street Journal* *USA Today*	*Time* *Cosmopolitan* *People*
Madame Bovary *Don Quixote* *Faust*	*Le Monde* *Die Welt* *London Times*	*Stern* *Le Figaro*

2. Электро́ника. Look at the electronic equipment below. Which ones would you find in the audio department? Link all of them to the appropriate departments.

Медиамаркет купить

Интернет-магазин
(495) 888-88-73

Найти

АУДИО   ВИДЕО   ТЕЛЕВИЗОРЫ
ФОТО   КОМПЬЮТЕРЫ   ТЕЛЕФОНИЯ

Blue ray пле́ер   ноутбу́к

DVD пле́ер   при́нтер

mp3 пле́ер   ра́дио

видеока́мера   стереосисте́ма

дома́шний кинотеа́тр   телеви́зор

компью́тер   телефо́н

моби́льный телефо́н (моби́льник)   фотоаппара́т

New adjectives

большо́й	ма́ленький
но́вый	ста́рый
интере́сный	ску́чный
дорого́й	дешёвый

Это **ста́рая** ру́сская **маши́на.**

99 970 руб

Это **большо́й, дорого́й** телеви́зор.

17 990 руб

Это **ма́ленький, дешёвый** телеви́зор.

You can also make an opposite of many adjectives by adding не-, e.g., небольшо́й, неинтере́сный, недорого́й, некраси́вый. Such adjectives are considered somewhat less strong than the true opposites.

Ру́сская маши́на «Ла́да»

«Ла́да» is probably the most famous Russian car abroad. It is the brand name of the АвтоВАЗ (Во́лжский автомоби́льный заво́д) car manufacturer in the city of Tolyatti. The original model was essentially a Fiat made under an Italian license. In the Soviet Union, Lada was called «Жигули́» (after a mountain range).

---

3. Ассоциа́ции. *Associations.* With what would you associate the following brand names? Describe them with as many adjectives as you can.

Model: **Ферра́ри** – э́то ма́ленькая, дорога́я, италья́нская маши́на.

1. Ла́да
2. Макинто́ш
3. Но́киа[1]
4. Тойо́та
5. Фольксва́ген
6. Кэ́нон
7. Со́ни
8. *Continue with your own items.*

[1]фи́нский

А э́то моя́ **ко́шка** Му́рка.

Это моя́ **соба́ка.** Её зову́т Ла́йка.

Борза́я

Борза́я (*borzoi*) is a Russian greyhound. Borzois were loyal companions of Russian aristocrats, who used the dogs for hunting rabbits, foxes, and wolves. They received their name from the old Slavic word бо́рзый (*swift*).

---

4. Что тако́е доберма́н? Describe the following dogs with as many adjectives as possible.

S1: Что тако́е доберма́н?

S2: Это больша́я, симпати́чная, неме́цкая соба́ка.

ротве́йлер	пу́дель
ко́ккер-спание́ль	шна́уцер
сиби́рский ха́ски	борза́я
лабрадо́р ретри́вер	бульдо́г
чихуа́хуа	

Чей э́то моби́льник?	Это **мо́й / твой / его́ / её / наш / ваш / их**	моби́льник.
Чья э́то кни́га?	Это **моя́ / твоя́ / его́ / её / на́ша / ва́ша / их**	кни́га.
Чьё э́то письмо́?	Это **моё / твоё / его́ / её / на́ше / ва́ше / их**	письмо́.

3.4 Possessive Pronouns

5. Чей э́то моби́льник? You are moving in with a group of students and some items got all mixed up. Have conversations according to the model.

S1: Чей э́то моби́льник? Э́то твой моби́льник?

S2: Да, э́то мой моби́льник. / Нет, э́то его́ моби́льник.

Lost item	Follow-up question	Owner
моби́льник	your . . . (*sg.*)	my . . .
ко́шка	his . . .	her . . .
ноутбу́к	her . . .	our . . .
видеока́мера	your . . . (*pl.*)	their . . .
фотоаппара́т	their . . .	his . . .
письмо́	our . . .	your . . . (*sg.*)
(*your questions*)		

Asking For and Expressing Opinions

Как ты ду́маешь, вы ду́маете,	«Пра́вда» – интере́сная газе́та?	Да, **по-мо́ему**, интере́сная. Нет, **не о́чень** интере́сная. **(Я) не зна́ю.** **Мо́жет быть.**

You can also express agreement and disagreement with the phrases **Я (не) согла́сен** (masc.) and **Я (не) согла́сна** (fem.).

По-мо́ему, **Я ду́маю, что** «Война́ и мир» – интере́сный рома́н. **Я зна́ю, что**		Да, э́то **пра́вда.** Нет, э́то **непра́вда.** **По-мо́ему,** э́то...

3.5 Verbs ду́мать and знать
3.6 Dependent Clauses

6. Как ты ду́маешь?

A. Ask a classmate about his or her opinion concerning specific brands, breeds, titles, etc. in the following categories. Then agree or disagree.

S1: Как ты ду́маешь, *People* – э́то интере́сный журна́л?

S2: Да, по-мо́ему, э́то хоро́ший и интере́сный журна́л.

S1: Да, э́то пра́вда. / А по-мо́ему, э́то плохо́й и ску́чный журна́л.

журна́л   газе́та   рома́н   маши́на   соба́ка   компью́тер

B. *Student 1*: Express your opinion about some people in the professions given. Start your sentences with any of the expressions listed.
Student 2: Agree or disagree.

S1: По-мо́ему, Достое́вский о́чень хоро́ший писа́тель.

S2: Да, э́то пра́вда. / Я согла́сен/согла́сна. / Я не зна́ю. / Мо́жет быть.

professions		
По-мо́ему...	писа́тель	профе́ссор
Я ду́маю, что...	актёр	актри́са
Я зна́ю, что...	компози́тор	астрона́вт
	арти́стка	космона́вт
		(your items)

Talking About Possessions

	меня́	меня́
	тебя́	тебя́
Что у	**него́ / неё есть?**	**У него́ / неё есть** собáка.
	нас	нас
	вас	вас
	них	них

3.7 Equivalents of the Verb *to have:* у меня́ есть

Это мой брат Сáша. **У него́ есть** но́вый **мотоци́кл.**

Это тётя Алла. **У неё есть** стáрый **велосипе́д.**

А э́то Ни́на и Лéна. **У них есть** краси́вая **ло́шадь.**

У	**тебя** ↑ **есть** соба́ка? **вас**		Да, **есть.** Да, у **меня́ есть** соба́ка. Нет. / У меня́ нет.
Кака́я у	**тебя́** соба́ка? **вас**		**У меня́ ру́сская** соба́ка.
У	**тебя́** ↑ **больша́я** соба́ка? **вас**		Да, **больша́я.** Да, **у меня́ больша́я** соба́ка.

3.8 Omission of есть

7. **Что у них есть?** Look at the pictures and answer the questions.

1. Это Са́ша и Игорь. **Что у них есть? Кака́я у них** маши́на? Это но́вая маши́на? Дорога́я?

2. Это Ми́ша. **Что у него́ есть?** У него́ **больша́я** соба́ка? А ко́шка **у него́ есть?**

3. Это Ната́ша и Андре́й. **Что у них есть?** Како́й мотоци́кл?

4. Это профе́ссор Никола́ев. **Что у него́ есть?**

5. Это Анна. **Что у неё есть?**

6. Это Игорь. **Что у него́ есть? Кака́я у него́** ло́шадь?

Colors			
бе́лый	*white*	се́рый	*gray*
чёрный	*black*	жёлтый	*yellow*
кра́сный	*red*	ора́нжевый	*orange*
ро́зовый	*pink*	зелёный	*green*
си́ний	*blue*	кори́чневый	*brown*
голубо́й	*light blue*	фиоле́товый	*purple*

8. Что у вас есть?

A. Ask a classmate ten questions about his or her possessions (car, laptop, cell phone, video camera, horse, cat, etc.). Get a detailed description, including colors, when applicable.

S1: У тебя́ есть соба́ка?

S2: Да, есть. / Нет, у меня́ нет.

S1: Кака́я соба́ка?

S2: Больша́я, чёрная, неме́цкая соба́ка.

B. Have conversations with your partner using the information below. Student 1 starts with the boldfaced items.

S1: У тебя́ есть ко́шка?

S2: Да, есть.

S1: Кака́я ко́шка?

S2: У меня́ больша́я, се́рая ко́шка.

S1: А у меня́ есть соба́ка.

S2: Кака́я соба́ка?

S1: Ма́ленькая бе́лая соба́ка.

Student 1 has:	Student 2 has:
small white dog	big grey **cat**
cheap old bicycle	new red American **car**
old black Japanese car	expensive Japanese **motorcycle**
(continue with your items)	*(continue with your items)*

9. Кака́я краси́вая соба́ка! *What a beautiful dog!*

Student 1: You are showing your friend some pictures.

Student 2: React with surprise and then make a comment of your choice.

S1: Это мой брат Са́ша. А э́то его́ соба́ка.

S2: У него́ есть соба́ка? Кака́я краси́вая соба́ка!!!

S1: Это моя́ ко́шка Ми́лли.

S2: _____? _____!!!

S1: Это моя́ сестра́ Ната́ша. А э́то её мотоци́кл.

S2: _____? _____!!!

S1: Это Ни́на и Ле́на. А э́то их ло́шадь.

S2: _____? _____!!!

Describing the Size of Your Family (Including Pets)

У вас есть **бра́тья и́ли сёстры?**	Да, есть. У меня́ есть **два бра́та** и **одна́ сестра́**. Нет. Я **еди́нственный ребёнок**.
У вас есть **де́ти?**	Да, есть. У меня́ **две до́чери** и **оди́н сын**. Нет. У меня́ нет.

У меня́ есть...				
Masc.	**оди́н**	**два**	**три, четы́ре**	**пять (and over)**
	брат	бра́та	бра́та	бра́тьев
	сын	сы́на	сы́на	сынове́й
Fem.	**одна́**	**две**	**три, четы́ре**	**пять (and over)**
	сестра́	сёстры	сёстры	сестёр
	дочь	до́чери	до́чери	дочере́й
	соба́ка	соба́ки	соба́ки	соба́к
	ко́шка	ко́шки	ко́шки	ко́шек

Nouns with numerals require special grammatical forms that will be explained later. For the time being, memorize the information you need to describe your own family.

When talking about your family members, you may also want to use the following:

Моего́ па́пу (отца́) зову́т...
Моего́ (мла́дшего/ста́ршего) бра́та/сы́на/дру́га/му́жа зову́т...

Мою́ ма́му зову́т...
Мою́ мла́дшую/ста́ршую сестру́/дочь/подру́гу/жену́ зову́т...

The boldfaced phrases are in the accusative (object) case, like **Меня́** зову́т... For now, memorize the phrases you need.

3.9 Accusative Case: Preview

10. У вас больша́я семья́?

A. Find the correct phrases you need and describe the size of your own family.

B. Find out how many sisters and brothers (children, etc.) your classmates have. Use the questions in the information box on page 76.

На́ша семья́

Меня́ зову́т Ни́на. Моя́ фами́лия Ле́бедева. На́ша семья́ больша́я: у меня́ есть ма́ма, па́па, два бра́та и одна́ сестра́. Мою́ сестру́ зову́т Ната́ша. Она́ за́мужем (у неё есть муж). Её му́жа зову́т Валенти́н. Он журнали́ст. Он о́чень симпати́чный. У них есть де́ти: сын Ми́ша и дочь Ира.

Мой ста́рший[1] брат Серге́й то́же журнали́ст. Он ещё не[2] жена́т, но у него́ есть де́вушка. Её зову́т Та́ня. Мой мла́дший[3] брат Са́ша студе́нт. Он ду́мает, что сча́стье[4] – э́то мотоци́кл. У него́ есть но́вый япо́нский мотоци́кл, о́чень дорого́й.

У нас есть соба́ка и ко́шка. На́ша соба́ка о́чень больша́я, чёрно-бе́лая, и, по-мо́ему, краси́вая. Её зову́т Ла́йка. Я её о́чень люблю́[5]. На́ша ко́шка ма́ленькая и се́рая. Её зову́т Му́рка.

Маши́на у нас ста́рая, но па́па хо́чет[6] купи́ть[7] но́вую маши́ну, неме́цкую и́ли япо́нскую.

[1] older (cf. ста́рый) / [2] not yet
[3] younger
[4] happiness
[5] love, like
[6] wants / [7] to buy

A. Отве́тьте на вопро́сы.

1. У неё ма́ленькая семья́?
2. Как зову́т её сестру́?
3. У Ната́ши есть муж? Как его́ зову́т?
4. Валенти́н – профе́ссор?
5. Де́ти у них есть? Как их зову́т?
6. Как зову́т ста́ршего бра́та Ни́ны?
7. У него́ есть жена́?
8. Са́ша то́же журнали́ст?

9. У него́ есть маши́на?
10. Како́й у него́ мотоци́кл?
11. Кака́я у них соба́ка?
12. Как её зову́т?
13. А ко́шка у них кака́я?
14. Как её зову́т?
15. Кака́я у них маши́на?
16. Как вы ду́маете, что тако́е сча́стье?

B. One student (or the teacher) assumes the role of Nina. Other students ask questions.

C. Make up a similar story about yourself.

Chapter Review

A. *You should now be able to . . .*

1. ask what something is
2. ask and answer questions about quality, size, age, price, color, and interest value of things
3. describe things with adjectives of nationality
4. ask for and express opinions
5. respond to an expression of opinion
6. ask and answer questions about what someone has
7. ask and answer questions about what kind of items someone has
8. describe the size of your family

For self-tests and additional practice, please go to the Book Companion Site, available at www.wiley.com/college/nummikoski

B. *Directed Dialogue.* You are interviewing a visitor from Russia. A fellow student or your teacher can play the role of the visitor. Find out . . .

1. what the visitor's name is
2. what languages he or she speaks
3. if the visitor is a professor (yes)
4. if the visitor has a spouse (yes)
5. what the spouse's name is
6. if the spouse is also a professor
7. if the spouse speaks English
8. if they have children (yes, son and daughter)
9. what the names of the children are
10. if their daughter speaks English
11. if their son is a student
12. if they have a car (yes) and what kind
13. if they have a dog or a cat (a dog) and what kind
14. what the name of the dog is

Report the results of the interview in the third person.

Model: Его зову́т Серге́й Ива́нович Ка́рпов.
Её зову́т Татья́на Па́вловна Ка́рпова.

C. *Interview Video.* Что у вас есть?

Word Building

Suffix -ск-

Some proper nouns can be made into adjectives by adding the suffix -**ск**-, and the adjective ending. Slight modifications of the stem may also occur.

nouns	adjectives	nouns	adjectives
Теха́с	теха́сский	Ки́ев	ки́евский
Нью-Йо́рк	нью-йо́ркский	Калифо́рния	калифорни́йский
Москва́	моско́вский	Монреа́ль	монреа́льский
Петербу́рг	петербу́ргский		

Make up new titles for newspapers using the adjectives just listed and the following nouns.

газе́та журна́л курье́р *courier* пра́вда сло́во *word*

«Теха́сская пра́вда», ...

Combining Adjectives

Two adjectives can sometimes be combined with a hyphen. In this construction, the first adjective takes a shorter form: stem + the vowel **-о**.

чёрный + бе́лый = чёрно-бе́лый *black and white*

У меня́ есть чёрно-бе́лая ко́шка.

У него́ есть чёрно-бе́лый телеви́зор.

ру́сский + англи́йский = ру́сско-англи́йский *Russian-English* (e.g., dictionary)

Note: The adjective англи́йский has a shorter stem: **англ-**

а́нгло-ру́сский слова́рь *English-Russian dictionary*

Look at the advertisement for a computerized dictionary. Combine any two adjectives to make as many two-language dictionary titles as possible. What kind of dictionaries do you have?

ЭЛЕКТРОННЫЙ СЛОВАРЬ
НА ВОСЬМИ ЯЗЫКАХ

АНГЛИЙСКИЙ
ФРАНЦУЗСКИЙ
ИТАЛЬЯНСКИЙ
ИСПАНСКИЙ
НЕМЕЦКИЙ
ПОЛЬСКИЙ
РУССКИЙ
ГОЛЛАНДСКИЙ

3200 руб.

84000 слов

ГРАММАТИКА

3.1 Gender of Nouns

There are three genders in Russian: masculine, feminine, and neuter. You have already learned some masculine and feminine nouns (e.g., артист/артистка, брат/сестра). When the gender of the noun cannot be determined by its meaning alone (natural gender), it can be determined by the noun *ending*. Nouns ending in a *consonant* or **-й** are masculine, nouns ending in **-а** or **-я** are feminine, and those ending in **-о** or **-е** are neuter. Words that end in a soft consonant (written with the soft sign **-ь**) can be masculine or feminine. Their gender has to be memorized. Word lists and dictionaries give the gender for such nouns.

словарь (m.)   *dictionary*
лошадь (f.)   *horse*

	Masculine		**Feminine**		**Neuter**	
hard stem	журнал	**-ø**	книга	**-а**	письмо	**-о**
soft stem	музей словарь	**-й** **-ь**	тётя лошадь	**-я** **-ь**	упражнение	**-е**

Note: Some animate nouns (including familiar forms of first names) that end in **-а** or **-я** are *masculine*.

    наш   папа/дедушка/дядя/Миша/Коля
but: **наша**   мама/бабушка/тётя/Маша/Таня

Упражнение

1. Define the grammatical gender of the following nouns.

1. журнал		**8.** кошка
2. правда		**9.** принтер
3. письмо		**10.** телефон
4. телевизор		**11.** радио
5. книга		**12.** газета
6. машина		**13.** роман
7. велосипед		**14.** собака

3.2 Adjective Agreement

As you already know, adjectives agree with the nouns they modify. So far you have learned the masculine and feminine forms of adjectives. In this lesson, you will learn the *neuter* form.

Это ру́сский журна́л. (The adjective agrees with a masculine noun.)
Это ру́сская газе́та. (The adjective agrees with a feminine noun.)
Это ру́сское письмо́. (The adjective agrees with a neuter noun.)

	Masc.		**Fem.**		**Neuter**	
stem stressed	ру́сский изве́стный	-ий* -ый*	ру́сская изве́стная	-ая	ру́сское изве́стное	-ое
end stressed	плохо́й молодо́й **какой**	-ой	плоха́я молода́я **кака́я**	-а́я	плохо́е молодо́е **како́е**	-о́е

*The choice between the endings -ый and -ий is determined by Spelling Rule 1.

Spelling Rule 1:	After к, г, х, ж, ч, ш, щ, write и, not ы.

Note: Two adjectives have special forms that will be discussed in detail later. For now, they have to be memorized.

Masculine	Feminine	Neuter		
хоро́ший	хоро́шая	хоро́шее *good*	(See Spelling Rule 3 in grammar 6.4)
си́ний	си́няя	си́нее *blue*	(See soft adjectives in grammar 14.7)

Упражне́ния

2. Glossaries and dictionaries usually list adjectives only in the masculine form. You can deduce the feminine and neuter forms from the masculine. Use the nouns and adjectives provided to come up with the following drinks.

италья́нский	вино́ *wine*	бе́лый	*white*
кита́йский	во́дка *vodka*	чёрный	*black*
мексика́нский	пи́во *beer*	кра́сный	*red*
ру́сский	чай *tea*		
францу́зский	шампа́нское *champagne*		

1. Mexican beer	4. Chinese black tea
2. Russian vodka	5. French champagne
3. French red wine	6. Italian white wine

3. Use each adjective on the left with each noun on the right.

Model: америка́нский рома́н, америка́нская газе́та…

1.	америка́нский	рома́н
2.	неме́цкий	газе́та
3.	хоро́ший	письмо́
4.	ру́сский	телеви́зор
5.	англи́йский	маши́на
6.	испа́нский	слова́рь
7.	япо́нский	кни́га
8.	францу́зский	ра́дио
9.	мексика́нский	соба́ка
10.	кана́дский	журна́л

4. Write the missing *What kind?* questions.

Model: Это ру́сский журна́л.   **Это како́й журна́л?**

1. Это америка́нская газе́та.
2. Это ру́сское письмо́.
3. Это италья́нский журна́л.
4. Это япо́нский фотоаппара́т.
5. Это францу́зский рома́н.
6. Это неме́цкое ра́дио.
7. Это кита́йская газе́та.
8. Это англи́йский слова́рь.
9. Это америка́нский компью́тер.
10. Это япо́нская стереосисте́ма.

5. Answer the questions using the opposite descriptions. You should be familiar with the new adjectives *old, new, big,* and so on at this point.

Model: Это плоха́я газе́та?   **Нет, э́то хоро́шая газе́та.**

1. Это ста́рая кни́га?	6. Это но́вое письмо́?
2. Это интере́сный рома́н?	7. Это краси́вая кни́га?
3. Это дорого́е ра́дио?	8. Это дорого́й компью́тер?
4. Это большо́й телеви́зор?	9. Это но́вый журна́л?
5. Это ма́ленькая стереосисте́ма?	10. Это плохо́е ра́дио?

3.3 Что э́то? Versus Что тако́е?

In Chapter 1 you learned the difference between the following questions:

Кто э́то? *Who is this?*	(a general question when no proper noun is present)
Кто тако́й Юрий Гага́рин? *Who is Yuri Gagarin?* Кто така́я Алла Пугачёва? *Who is Alla Pugachova?*	(a question when the proper name is present and further clarification is needed)

The same basic rule applies to the questions **Что э́то?** and **Что тако́е?**

Что э́то? *What is this?*	(a general question when no proper noun is present)
Что тако́е «Со́ни»? *What is a Sony?*	(a question when the proper name or brand name is present and further clarification is needed)

Упражне́ние

6. Ask the corresponding questions using Что э́то? or Что тако́е?

1. «Тайм» – э́то америка́нский журна́л.

2. Это компью́тер.

3. Это журна́л.

4. «Пра́вда» – э́то ру́сская газе́та.

5. «Война́ и мир» – э́то ру́сский рома́н.

3.4 Possessive Pronouns

In Chapter 2 you learned the masculine and feminine forms of possessive pronouns. In this lesson you will learn the corresponding *neuter forms* and a new question word (also called *interrogative pronoun*) **чей?** (*whose?*). Like the other possessive pronouns, **чей** agrees with the noun it modifies.

Чей э́то журна́л? *Whose magazine is this?*	Это **мой** журна́л. *It is my magazine.*	(чей agrees with a masculine noun)
Чья э́то кни́га? *Whose book is this?*	Это **моя́** кни́га. *It is my book.*	(чья agrees with a feminine noun)
Чьё э́то ра́дио? *Whose radio is this?*	Это **моё** ра́дио. *It is my radio.*	(чьё agrees with a neuter noun)

The new forms are boldfaced in the chart.

Possessive pronouns				Personal pronouns			
masc.	**fem.**	**neuter**		**subject**	**forms**	**object**	**forms**
мой	моя́	**моё**	*my*	я	*I*	меня́	*me*
твой	твоя́	**твоё**	*your*	ты	*you*	тебя́	*you*
его́/её	его́/её	**его́/её**	*his, her*	он/она́	*he/she*	его́/её	*him/her*
наш	на́ша	**на́ше**	*our*	мы	*we*	нас	*us*
ваш	ва́ша	**ва́ше**	*your*	вы	*you*	вас	*you*
их	их	**их**	*their*	они́	*they*	их	*them*
чей	**чья**	**чьё**	*whose*				

Упражне́ния

7. Write questions and answers according to the model. Be sure to use the right form of the pronouns.

> **Model:** журна́л/мой   **Чей э́то журна́л?**   **Э́то мой журна́л.**

1. ра́дио/мой
2. кни́га/наш
3. слова́рь/твой
4. моби́льник/его́
5. газе́та/ваш
6. письмо́/её
7. стереосисте́ма/мой
8. телеви́зор/наш
9. компью́тер/твой
10. видеока́мера/их

8. This exercise includes all three forms: *I, me, my,* etc. Pay close attention to which form is needed.

1. _____ говорю́ по-ру́сски. _____ подру́га не говори́т по-ру́сски. Она́ не понима́ет _____.

2. _____ не о́чень хорошо́ говори́шь по-англи́йски. Я не понима́ю _____. А _____ брат по-англи́йски говори́т?

3. Э́то И́горь. А э́то _____ брат Серге́й. _____ говори́т по-англи́йски хорошо́. Я _____ понима́ю.

4. Э́то Ле́на. А э́то _____ сестра́. _____ зову́т Ната́ша. _____ по-англи́йски говори́т о́чень хорошо́. Я _____ понима́ю.

5. Э́то мы. _____ говори́м по-неме́цки. Вы _____ понима́ете? А э́то _____ ба́бушка и _____ де́душка.

6. Кто э́то? _____ сестра́? Да, э́то на́ша сестра́. _____ по-англи́йски говори́те? Да, мы говори́м по-англи́йски. _____ нас понима́ете? Да, мы _____ понима́ем.

7. Э́то Ми́ша и Ле́на. _____ говоря́т по-ру́сски. Мы _____ понима́ем. _____ роди́тели (*parents*) то́же говоря́т по-ру́сски.

3.5 Verbs ду́мать and знать

Ду́ма|ть (*to think*) and **зна́|ть** (*to know*) were already introduced in Chapter 2. They are regular first-conjugation verbs.

Упражне́ния

9. Fill in the endings. Refer to Chapter 2, grammar section 2.2 if necessary.

я ду́ма_____	я зна́_____
ты ду́ма_____	ты зна́_____
он/она́ ду́ма_____	он/она́ зна́_____
мы ду́ма_____	мы зна́_____
вы ду́ма_____	вы зна́_____
они́ ду́ма_____	они́ зна́_____

10. Я зна́ю её, а она́ не зна́ет меня́. Finish the sentences with the opposite idea.

> **Model:** Я зна́ю её, **а она́ не зна́ет меня́.**

1. Я зна́ю его́, ...
2. Она́ зна́ет вас, ...
3. Ты зна́ешь их, ...
4. Он зна́ет тебя́, ...
5. Мы зна́ем вас, ...
6. Вы зна́ете меня́, ...

3.6 Dependent Clauses

Question words (**кто, что, како́й, как, чей,** and others) can be used in both independent and dependent clauses.

A. Independent

Кто э́то?	*Who is this?*
Что э́то?	*What is this?*
Кака́я э́то кни́га?	*What kind of book is this?*
Как ты говори́шь по-ру́сски?	*How do you speak Russian?*
Чья э́то газе́та?	*Whose newspaper is this?*

B. Dependent

Я не зна́ю, **кто** говори́т по-кита́йски.	*I do not know who speaks Chinese.*
Ты зна́ешь, **что** э́то?	*Do you know what this is?*
Он не зна́ет, **кака́я** э́то кни́га.	*He does not know what kind of book this is.*
Мы не зна́ем, **как** ты говори́шь по-ру́сски.	*We do not know how you speak Russian.*
Они́ не зна́ют, **чья** э́то газе́та.	*They do not know whose newspaper it is.*

In addition, the word **что** is used as the conjunction *that* between clauses. The English language often omits the conjunction in these sentences.

Я ду́маю, **что** борза́я – э́то краси́вая соба́ка.
*I think (**that**) (the) borzoi is a beautiful dog.*

Я зна́ю, **что** ты говори́шь по-ру́сски.
*I know (**that**) you speak Russian.*

Упражне́ния

11. Say that *you* do not know the answer to the following questions.

Model: Кто говори́т по-япо́нски? **Я не зна́ю, кто говори́т по-япо́нски.**

1. Что э́то?
2. Како́й э́то журна́л?
3. Чья э́то кни́га?
4. Кто не понима́ет меня́?
5. Чьё э́то письмо́?

12. Они́ ду́мают, что... Write complete sentences using the words given.

Model: Анна / ду́мать / борза́я / краси́вый / соба́ка **Анна ду́мает, что борза́я – э́то краси́вая соба́ка.**

1. Серге́й / ду́мать / «Ла́да» / хоро́ший / маши́на
2. мы / ду́мать / «Огонёк» / интере́сный / журна́л
3. моя́ сестра́ / ду́мать / доберма́н / краси́вый / соба́ка
4. я / ду́мать / Чайко́вский / хоро́ший / компози́тор
5. Да́ша и Са́ша / ду́мать / «Аргуме́нты и фа́кты» / хоро́ший / газе́та

13. Как по-ру́сски?

1. Do you know what his name is?
2. Does she know who this is?
3. Do they know what my name is?
4. Does Sasha know whose car this is?
5. Do you know what kind of book this is?
6. Do you know that Lada is a Russian car?
7. I know that she speaks English very well.
8. We know that his sister does not understand Spanish.
9. He knows that I do not speak Chinese.
10. Does Sergei know how well my brother speaks German?

3.7 Equivalents of the Verb *to have*

You have so far learned to express possession with possessive pronouns *my, your, his,* and so on. You can also express possession in another way.

	У меня́	есть	маши́на.	*I have a car.*
literally:	*By me*	*there is*	*a car.*	

Compare the two ways to express possession.

This is my/your . . . dog.	*I/you . . . have a dog.*
Это моя́ соба́ка.	**У меня́ есть** соба́ка.
Это твоя́ соба́ка.	**У тебя́ есть** соба́ка.
Это его́ соба́ка.	**У него́ есть** соба́ка.
Это её соба́ка.	**У неё есть** соба́ка.
Это на́ша соба́ка.	**У нас есть** соба́ка.
Это ва́ша соба́ка.	**У вас есть** соба́ка.
Это их соба́ка.	**У них есть** соба́ка.

Note: The third-person pronouns **его́, её,** and **их** add an extra consonant, **н**, after the preposition **у**: у <u>н</u>его́, у <u>н</u>её, у <u>н</u>их.

Упражне́ния

14. Write complete sentences, according to the model.

Model: мы/большо́й/соба́ка → **У нас есть больша́я соба́ка.**

1. они́/ста́рый/ло́шадь (f.)
2. она́/но́вый/велосипе́д
3. я/большо́й/соба́ка
4. ты/но́вый/дорого́й/маши́на
5. мы/хоро́ший/слова́рь
6. вы/ма́ленький/ко́шка
7. он/япо́нский/видеока́мера
8. я/неме́цкий/ра́дио
9. мы/дорого́й/стереосисте́ма
10. она́/но́вый/ру́сский/газе́та

15. Rewrite the sentences using the other way of expressing possession.

Model: У меня́ есть соба́ка. → **Это моя́ соба́ка.**
Это её сестра́. → **У неё есть сестра́.**

1. У меня́ есть ра́дио.
2. Это его́ мотоци́кл.
3. У них есть моби́льник.
4. Это на́ша ко́шка.
5. У вас есть компью́тер.
6. Это её ло́шадь.
7. У нас есть маши́на.
8. Это моя́ соба́ка.
9. Это ваш телеви́зор.
10. У тебя́ есть велосипе́д.
11. Это твоя́ кни́га.
12. У него́ есть слова́рь.
13. У неё есть мотоци́кл.
14. Это их соба́ка.
15. У вас есть ра́дио.

3.8 Omission of есть

When you *ask* about the *existence* of something, the word **есть** is used. The answer to such a question starts with *yes* or *no*. Similarly, if you make a *statement* about the existence of something or somebody, **есть** is included in the sentence. If, on the other hand, you already know that a person has something, but you want to find out more details, **есть** is omitted. Compare the following statements and question-and-answer pairs.

with есть (first time introducing the topic)

У меня́ **есть** маши́на.		(statement about existence)
У меня́ **есть** но́вая маши́на.		(statement about existence)
У тебя́ **есть** маши́на?	Да, **есть**.	(question and answer about
	Да, у меня́ есть маши́на.	existence)

without есть (when the existence of the item is already known)

У тебя́ **хоро́шая** маши́на?	Да, **хоро́шая**.	(question and answer about quality)
Кака́я у тебя́ маши́на?	У меня́ **хоро́шая** маши́на.	(question and answer about quality)

Note: Negative statements or answers in complete sentences require grammatical structures that are beyond the scope of this lesson. For now, if you do not have the thing mentioned, answer simply Нет, or Нет, у меня нет.

У тебя́ есть мотоци́кл?	**Нет**.

Упражне́ния

16. Write the questions that elicited the answers provided.

Model: Да, у меня́ есть маши́на. **У тебя́ есть маши́на?**

1. Да, у меня́ есть соба́ка.
2. Да, у него́ есть ло́шадь.
3. Да, у нас есть моби́льник.
4. Да, у неё есть телефо́н.
5. Да, у них есть ко́шка.

17. Write your follow-up questions to the statements.

Model: У меня́ есть маши́на. **Кака́я у тебя́ маши́на?**

1. У меня́ есть соба́ка.
2. У нас есть ло́шадь.
3. У них есть мотоци́кл.
4. У него́ есть видеока́мера.
5. У неё есть компью́тер.
6. У меня́ есть велосипе́д.
7. У нас есть слова́рь.
8. У него́ есть ра́дио.
9. У нас есть ко́шка.
10. У неё есть уче́бник.

3.9 Accusative Case: Preview

The Russian language, like Latin and German, has a *case system*. This means that nouns, adjectives, and pronouns have different forms depending on their function in the sentence. So far you have learned the basic form, *the nominative case*. The **object** of a Russian sentence requires the *accusative case*.

Меня зовýт... /	**Моегó отцá** зовýт... /	**Мою́ мáму** зовýт...
literally: *They call **me***	*They call **my father***	*They call **my mother***
object	object	object

Он хóчет купи́ть **нóвый телеви́зор.**	Я люблю́ **мою́ собáку**.
He wants to buy ___ ***a new TV.***	*I love* ___ ***my dog***.
object	object

You will learn the endings of the accusative case in Chapter 7, grammar point 7.6 (nouns), and in Chapter 8, grammar point 8.2 (adjectives and possessive pronouns). For now, consult the following table.

masculine	nom.	мой нóвый телеви́зор
inanimate	**acc.**	**(no change)**
masculine	nom.	мой нóвый друг / мой стáрший брат
animate	**acc.**	мо**егó** нó**вого** дрýг**а** / мо**егó** стáр**шего** брáт**а**
feminine	nom.	моя́ нóвая маши́на / моя́ большáя собáка
(all)	**acc.**	мо**ю́** нóв**ую** маши́н**у**/ мо**ю́** больш**у́ю** собáк**у**

Vocabulary

Note: The core vocabulary is **boldfaced.**

Nouns

Printed matter

газéта	*newspaper*
журнáл	*magazine*
кни́га	*book*
письмó	*letter*
ромáн	*novel*
словáрь *m.*	*dictionary*
учéбник	*textbook*

Electronics

видеокáмера	*camcorder*
домáшний кинотеáтр	*home theater*
компью́тер	*computer*
моби́льник	*cell phone*
ноутбýк	*laptop computer*
плéер	*player*
при́нтер	*printer*
рáдио	*radio*

стереосисте́ма	stereo system	мексика́нский	Mexican
телеви́зор	television	**неме́цкий**	German
телефо́н	telephone	**францу́зский**	French
фотоаппара́т	camera	**япо́нский**	Japanese

Vehicles

велосипе́д	bicycle
маши́на	car
мотоци́кл	motorcycle

Pets

ко́шка	cat
ло́шадь *f.*	horse
соба́ка	dog

Other nouns

война́	war
вопро́с	question
де́вушка	girl, young woman, girlfriend
де́ти *pl.*	children
мир	peace
пра́вда	truth
ребёнок	child
сча́стье [ща́стье]	happiness

Adjectives

Of origin

англи́йский	English
испа́нский	Spanish
италья́нский	Italian
кана́дский	Canadian
кита́йский	Chinese

Colors

бе́лый	white
голубо́й	light blue
жёлтый	yellow
зелёный	green
кори́чневый	brown
кра́сный	red
ора́нжевый	orange
ро́зовый	pink
се́рый	grey
си́ний, -яя, -ее	blue
фиоле́товый	purple
чёрный	black

Other

большо́й	big, large
дешёвый	cheap
дорого́й	expensive
еди́нственный	only, sole, one and only
интере́сный	interesting
како́й	what, what kind
краси́вый	beautiful
ма́ленький	little, small
мла́дший	younger
но́вый	new
ску́чный	boring
ста́рший	older
ста́рый	old
хоро́ший, -ая, -ее	good

Pronouns

мой, моя́, моё	*my*
твой, твоя́, твоё	*your (sg.)*
его́	*his*
её	*her*
наш, на́ша, на́ше	*our*
ваш, ва́ша, ва́ше	*your (pl.)*
их	*their*
чей, чья, чьё	*whose*

Verbs

ду́ма|ть (I)	*to think*
есть	*there is, there are*
зна|ть (I)	*to know*
люб|и́ть (II)	*to like, to love*
люблю́	
лю́бишь	
лю́бят	
купи́ть	*to buy*

хоте́ть	*to want*
хочу́, хо́чешь, хо́чет	
хоти́м, хоти́те, хотя́т	

Other

ещё не	*not yet*
жена́т	*married (of a man)*
за́мужем	*married (of a woman)*
мо́жет быть	*maybe, perhaps*
отве́тьте на вопро́сы	*answer the questions*
по-мо́ему	*in my opinion*
я согла́сен, я согла́сна	*I agree*
у меня́ есть	*I have*
что	*what*
что *conj.*	*that*
что тако́е	*what is*

Уро́к 4 (Четвёртый уро́к)
Где здесь по́чта?

THEMES

- Describing your city
- Asking for directions
- Expressing location
- Describing things in the plural
- Describing your house or apartment

CULTURE

- Moscow
- St. Petersburg
- Russian housing
- Inside an apartment

STRUCTURES

- Personal pronouns
- Demonstrative pronouns э́тот and тот
- Verbs находи́ться, называ́ться, and звать (зову́т)
- Prepositional case of singular nouns
- Nominative plural of nouns
- Nominative plural of adjectives
- Plural of possessive and demonstrative pronouns

Э́то на́ши студе́нты в Москве́.

Describing Your City

Это го́род.

дом / зда́ние

парк

це́рковь

у́лица

КНИГИ

универма́г

пло́щадь

магази́н

| сле́ва | пря́мо | спра́ва |

Asking For Directions

Скажи́те,	рестора́н «Баку́»?	Он
пожа́луйста, где	по́чта?	Она́ там, спра́ва.
Извини́те,	кафе́ «Тро́йка»?	Оно́
Спаси́бо.		Пожа́луйста.

4.1 Personal Pronouns

- Скажи́те, пожа́луйста, где здесь по́чта?
- Она́ там, спра́ва.
- Спаси́бо.
- Пожа́луйста.

 **ресторан**

кафе

библиотека

 **музей**

 банк

туалет

 аптека

 **университет**

 театр

 гостиница

 кинотеатр

 стадион

больница

налево ↔ **направо**

прямо

ШКОЛА № 36

– Скажите, пожалуйста, школа номер 36 **далеко?**
– Нет, **недалеко/близко. Идите прямо, а потом направо.**
– Спасибо.
– Пожалуйста.

СТАНЦИЯ МЕТРО
ПРОСПЕКТ ВЕРНАДСКОГО

– Извините, пожалуйста, где **метро?**
– Оно **здесь рядом**, слева.
– Спасибо.
– Пожалуйста.

1. Это Тверска́я у́лица.

Гости́ницы: Национа́ль, Риц-Ка́рлтон

Рестора́ны
и кафе́: Ла Канти́на, Арти́стико, Макдо́налдс

Апте́ки: Фармако́н

Теа́тры: Теа́тр и́мени М.Н. Ермо́ловой, МХАТ

Магази́ны: Дие́та, Босс, Global USA

Ба́нки: Мост-Банк

You are driving your friend around Moscow in the area shown on the map. You are just entering Tverskaya Street from Manezh Square. Explain to your friend what is on the right and left. Before you start, examine the symbols on the map.

Model: Это Тверска́я у́лица. Сле́ва гости́ница «Национа́ль» и гости́ница «Риц-Ка́рлтон». Спра́ва...

2. Извини́те, пожа́луйста. You came out at the Охо́тный ряд metro station and you are now facing Tverskaya Street. Ask a passer-by politely for directions to the locations on the map.

S1: Скажи́те, пожа́луйста, где апте́ка «Фармако́н»?

S2: Там, спра́ва.

S1: Спаси́бо.

S2: Пожа́луйста.

or:

S1: Извини́те, пожа́луйста, рестора́н «Арти́стико» далеко́?

S2: Нет, недалеко́. Иди́те пря́мо, а пото́м напра́во.

S1: Спаси́бо.

S2: Пожа́луйста.

Мане́жная пло́щадь

Tverskaya Street and the surroundings are constantly changing. Stores and restaurants come and go, but the statue of Yuri Dolgoruki, the founder of Moscow, is still standing on Tverskaya Square. Other establishments that have weathered the changing times are hotel Национа́ль and Госуда́рственная Ду́ма, the lower house of the Russian Parliament.

Санкт-Петербу́рг

The city of St. Petersburg was built by Czar Peter the Great as **окно́ в Евро́пу,** a window to the west (literally: Europe). Construction of the city began in 1703 and was conducted according to the architectural plans devised by Peter. St. Petersburg was the capital of the Russian empire from 1712 until the spring of 1918, when the revolutionary government declared Moscow the capital of the new Soviet Russia.

The original Germanic name of the city, Санкт-Петербу́рг (1703–1914) was russified to Петрогра́д (1914–1924), and renamed Ленингра́д after Lenin's death in 1924. The original name Санкт-Петербу́рг was restored in 1991. Nowadays the city is sometimes called simply Пи́тер.

Это Дворцо́вая пло́щадь и Зи́мний дворе́ц, где нахо́дится музе́й Эрмита́ж.

	э́тот парк?	Ле́тний сад.
Как называ́ется	э́та у́лица?	Не́вский проспе́кт.
	э́то зда́ние?	Зи́мний дворе́ц.

4.2 Demonstrative Pronouns
4.3 Verbs находи́ться, называ́ться, and звать (зову́т)

3. Как называ́ется э́та у́лица? Your friend is driving you around St. Petersburg. He or she is a little quiet and does not volunteer information about the sights (unlike most Russians). Point to various buildings, churches, and streets, and find out what they are called.

> **S1:** Как называ́ется э́тот музе́й?
>
> **S2:** Это Эрмита́ж.

Category	Name
1. музе́й	Эрмита́ж
2. гости́ница	«Асто́рия»
3. парк	Ле́тний сад
4. у́лица	Не́вский проспе́кт
5. зда́ние	Иса́акиевский собо́р
6. рестора́н	«Садко́»
7. пло́щадь	Дворцо́вая пло́щадь

Эта гости́ница называ́ется «Асто́рия».

Как называ́ется э́тот магази́н?

4. Check your skills.

A. How would you . . .

1. ask politely for directions to different places

2. give directions using *there, here, straight ahead, right, left, far,* and *near*

3. thank a person for information

4. accept thanks

5. ask about the name of a street or building

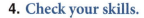 **B.** Designate different parts of the classroom as a store, library, etc. One student asks for directions, and the others guide the student to go straight, left, etc.

Expressing Location

Где Сáша?	Он **в** магазúне.
Где Лúза?	Онá **в** музéе.
Где Лéна?	Онá **в** шкóле.
Где Андрéй?	Он **на** пóчте.

4.4 Prepositional Case of Singular Nouns

The preposition **в** (*in*) is used for all nouns introduced so far in this lesson except the following: **на** пóчте, **на** стадиóне, **на** ýлице, and **на** плóщади. Refer to the grammar section for further details.

5. Где онú? All these tourists are visiting different places. Where are they now?

S1: Где Игорь?

S2: Он в магазúне «Мелóдия».

	кто	где		кто	где
1.	Аня	библиотéка	**5.**	Лáра	стадиóн (на)
2.	Натáша	магазúн «Сувенúры»	**6.**	Лéна	музéй
3.	Серёжа	гостúница «Астóрия»	**7.**	Мúтя	аптéка
4.	Волóдя	ресторáн «Бакý»	**8.**	Андрéй	теáтр

Describing Things in the Plural

Masculine		Feminine		Neuter	
ресторáн	ресторáн**ы**	шкóла	шкóл**ы**	письмó	пúсьм**а**
универмáг	универмáг**и**	библиотéка	библиотéк**и**	здáние	здáн**ия**
музéй	музé**и**	плóщадь	плóщад**и**		
словáрь	словар**ú**				

4.5 Nominative Plural of Nouns

Это турúст.   А э́то турúст**ы**.

6. Катего́рии. *Categories.* What do the following names represent?

Model: «Хи́лтон» и «Хо́лидей Инн» – э́то гости́ниц**ы**.

1. *Time* and *Newsweek*
2. Hyatt Regency and Marriott
3. *New York Times* and *San Francisco Chronicle*
4. Harvard and Yale
5. «А́нна Каре́нина» и «Война́ и мир»
6. «Пра́вда» и «Аргуме́нты и фа́кты»
7. «Асто́рия» и «Европе́йская» (hotels)
8. Ле́тний сад и Миха́йловский сад (parks)
9. «Садко́» и «Зи́мний сад» (restaurants)

7. Что у них есть?

A. What do you think they sell in stores with the following signs? List all items in the plural.

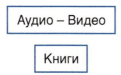

B. Make category headings for internet advertisements for the following items. Continue with your own items.

1. telephones
2. computers
3. cameras
4. bicycles
5. motorcycles

Каки́е э́то	рестора́ны? шко́лы? зда́ния?	Э́то	но́в**ые** рестора́ны. ма́леньк**ие** шко́лы. больш**и́е** зда́ния.

4.6 Nominative Plural of Adjectives

Какие это туристы?
Это америка́нские тури́сты.

◆8. **Что у вас есть?**

A. You were assigned to write a Russian-language travel brochure for your city. Using the words below as a starting point, brainstorm some catchy phrases to be used in the brochure.

Model: У нас есть краси́вые, зелёные па́рки, ...

какие		что	
ма́ленькие	зелёные	магази́ны	музе́и
дороги́е	больши́е	у́лицы	теа́тры
но́вые	недороги́е	тури́сты	рестора́ны
ста́рые	хоро́шие	пло́щади	гости́ницы
интере́сные	краси́вые	па́рки	университе́ты

B. You are at a Moscow bookstore. Ask if they have the items listed. They do not, and the clerk always suggests something else.

S1: У вас есть япо́нские журна́лы?

S2: Нет, но у нас есть кита́йские журна́лы.

1. American magazines
2. German dictionaries
3. new Russian newspapers
4. American novels
5. French books

ГУМ

ГУМ—Гла́вный универса́льный магази́н (*Main Department Store*)—is actually an upscale shopping mall, not a department store. In the Soviet times it was called Госуда́рственный (*state*) универса́льный магази́н. Its original name, Ве́рхние торго́вые ряды́ (*Upper Trading Rows*) reflects the architectural design of the structure, built in the 1890's.

Москва́

Москва́ – это о́чень ста́рый го́род. Юрий Долгору́кий основа́л[1] э́тот го́род в 1147-ом году́. Кремль (1) – это се́рдце[2] Москвы́. Там нахо́дятся ста́рые зда́ния, интере́сные музе́и и краси́вые це́ркви. Кра́сная пло́щадь (2) – это са́мая изве́стная пло́щадь в Росси́и. Кста́ти[3], сло́во[4] «кра́сный» ра́ньше[5] зна́чило[6] *beautiful*, а не *red*. На Кра́сной пло́щади нахо́дится Храм Васи́лия Блаже́нного (3) – изве́стная во всём ми́ре[7] це́рковь. Сле́ва от Кра́сной пло́щади нахо́дится большо́е кра́сное зда́ние – Истори́ческий музе́й (4). ГУМ (5) – гла́вный[8] универса́льный[9] магази́н – это большо́й ста́рый универма́г с[10] о́чень краси́вой архитекту́рой. Недалеко́ от[11] Кра́сной пло́щади нахо́дится Большо́й теа́тр (6).

На Тверско́й у́лице нахо́дятся хоро́шие магази́ны, гости́ницы, рестора́ны и кафе́.

[1]founded

[2]heart

[3]by the way / [4]word

[5]earlier / [6]meant

[7]in the whole world

[8]main / [9]universal

[10]with / [11]from

A. Отве́тьте на вопро́сы.

1. Кто основа́л Москву́?

2. Каки́е зда́ния нахо́дятся в Кремле́?

3. Почему́ (*why*) Кра́сная пло́щадь «кра́сная»?

4. Что тако́е ГУМ?

5. Где нахо́дится Большо́й теа́тр?

B. Find the places mentioned on the map of Moscow on page 103.

C. Пра́вда или непра́вда? Correct the statements if necessary.

1. Юрий Долгору́кий – это се́рдце Москвы́.

2. В Кремле́ нахо́дятся краси́вые це́ркви.

3. ГУМ – это ста́рый университе́т.

4. Храм Васи́лия Блаже́нного – это це́рковь.

5. Истори́ческий музе́й – это бе́лое зда́ние.

6. Большо́й теа́тр нахо́дится на Кра́сной пло́щади.

9. Это Кра́сная пло́щадь.

A. Look at the map. Explain in Russian what is on the right, on the left, and straight ahead, if you are . . .

   1. standing in the middle of Red Square facing St. Basil's Cathedral

   2. standing in the middle of Red Square facing the Historical Museum

B. Point to various buildings and ask your classmates to name them.

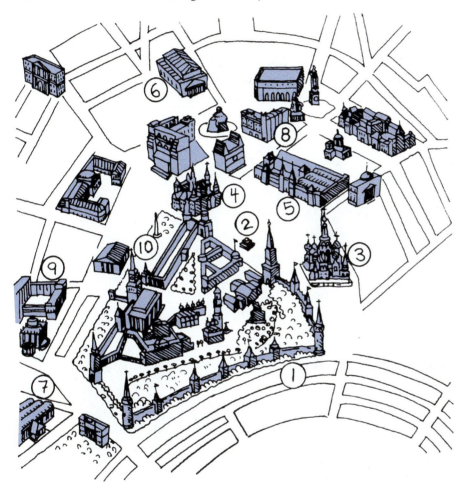

Москва́

Кра́сная пло́щадь (2): Кремль (1), Храм Васи́лия Блаже́нного (3)

универма́ги: ГУМ (5)

теа́тры: Большо́й теа́тр (6)

музе́и: Истори́ческий музе́й (4), Музе́й им. А.С. Пу́шкина (7)

гости́ницы: Метропо́ль (8)

библиоте́ки: библиоте́ка им. Ле́нина (9)

па́рки: Алекса́ндровский сад (10)

Кра́сная пло́щадь

Since the times of Ivan III (fifteenth century), **Кра́сная пло́щадь** (*Red Square*) has been the scene for public events, from executions to demonstrations, processions, and parades. On the southwest side, Red Square is bounded by the **Кремль** (*the Kremlin*), originally a fortress, but later a residence of monarchs and patriarchs, as well as the seat of the Russian government.

Храм Васи́лия Блаже́нного (*St. Basil's Cathedral*), Russia's most famous landmark, is located at the south end of Red Square. It was built in the 1550s during Ivan the Terrible's reign to celebrate the final liberation of the Russian state from the Tatars. After Ivan's death, a small chapel was added to the cathedral. This chapel enclosed the tomb of a saint called Васи́лий. Soon thereafter, the whole cathedral became known as St. Basil's.

Most of the northeast side of Red Square is occupied by **ГУМ**, the most famous shopping mall in Moscow.

 Москва́ – столи́ца Росси́и.

Э́то Кра́сная пло́щадь. Пря́мо Храм Васи́лия Блаже́нного, спра́ва Кремль, а сле́ва универма́г «ГУМ».

Describing Your House or Apartment

Это но́вые и ста́рые кварти́ры в Москве́.

Кварти́ра

Most city dwellers live in apartments; houses are virtually nonexistent in big cities. Apartments located in downtown areas are usually older and more spacious, but in Soviet times they were often turned into **коммуна́льные кварти́ры** (*communal apartments*), shared by several families. Each family had a room or two for itself, with a common kitchen and bathroom. Nowadays many communal apartments have been bought by private owners and restored to their original condition.

Apartment buildings in suburbs used to be colossal concrete blocks, with little variation in architectural design, but in recent years there has been a surge in new construction of high-priced upscale apartment complexes.

When describing the size of an apartment, Russians usually count all rooms except for the kitchen, toilet, and bathroom. Thus, the apartment can be an одноко́мнатная (*one-room*) двухко́мнатная (*two-room*), трёхко́мнатная (*three-room*) кварти́ра and so on. The area is expressed in square meters, counting only the main rooms. Overall, apartments are small by Western standards.

Да́ча

Many Russians have a summer house in the countryside. These dachas are usually very modest and rarely have modern conveniences, such as bathrooms and running water. During the warmer months, Russians often spend the weekends at the dacha tending to their vegetable gardens or simply enjoying the peace and quiet of the countryside. Grandparents and children typically stay at the dacha for extended periods in the summer.

Это да́чи.

Общежи́тие

Dormitories are only for students from other cities or countries. Local students usually live with their parents.

Где вы живёте?	Я живу́	в до́ме. в кварти́ре. в общежи́тии. на да́че.

ЖИТЬ

я живу́	мы живём
ты живёшь	вы живёте
он/она́ живёт	они́ живу́т

На́ши друзья́
Игорь и Алла живу́т на да́че.

Эти студе́нты живу́т в общежи́тии.

Мой роди́тели живу́т в кварти́ре.

4.7 Plural of Possessive and Demonstrative Pronouns

А вы?

• Где вы живёте?

• Ва́ши роди́тели живу́т в до́ме и́ли в кварти́ре?

• Ва́ши друзья́ живу́т в общежи́тии?

10. Где они́ живу́т?

A. Practice questions and answers according to the model.

S1: Где живу́т Ми́ша и Лёна?

S2: Они́ живу́т в кварти́ре.

	дом	кварти́ра	да́ча	общежи́тие
Ми́ша и Лёна		X		
Ната́ша	X			
Анна Серге́евна		X		
Воло́дя				X
Петро́вы			X	

B. Find out where your fellow students live. Do most of them live in houses, apartments, or residence halls? How about you?

В кварти́ре

Since many apartments are very small, the rooms may serve several purposes. The living room doubles as a formal dining room and/or parents' bedroom. Thus, Russians often call this room simply **больша́я ко́мната**. Kitchens are also small, but, nevertheless, typical places for entertaining close friends. In traditional Russian apartments the **туале́т** and the **ва́нная** (*bathroom*) are separate: the former contains the toilet bowl only, and the latter a bathtub and sink.

Russian apartments do not have full carpeting. Instead, they have wood or linoleum floors with rugs of different sizes. In addition, certain oriental (Bukharan, etc.) rugs may be hung on the walls. If the family is religious, an icon, ико́на (a religious image painted on wood), may stand in a special icon corner on a shelf.

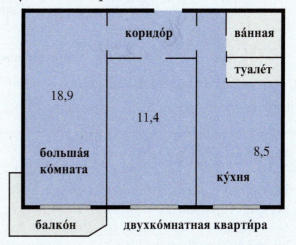

большáя кóмната

потолóк

стенá

картúна

окнó

дверь

крéсло

лáмпа

дивáн

стол

ковёр

На стенé висúт картúна.

На столé стоúт лáмпа.

На полý лежúт ковёр.

In Russian, things either hang, stand, or lie in the room. Use the singular forms (висúт, стоúт, лежúт) with a singular subject and the corresponding plural forms (вися́т, стоя́т, лежа́т) with a plural subject.

пол

мáленькая кóмната

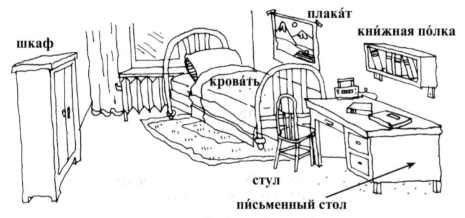

плакáт

книжная пóлка

шкаф

кровáть

стул

письменный стол

11. Где лежúт ковёр? Ask and answer questions about the two pictures.

Где висúт/стоúт/лежúт...? or Что висúт/стоúт/лежúт на ...?

Новострóйки

In recent years, some developers have started catering to wealthier Russians by building elite suburban villages, **посёлки**, with townhouses, **таунхáусы,** and detached houses, **коттéджи**, especially around Moscow.

In these types of houses, rooms are typically labeled for their use: **гостúная** (*living room*), **столóвая** (*dining room*), **дéтская** (*children's room*), **спáльня** (*bedroom*), **кабинéт** (*office*), etc.

12. Как ты живёшь? Draw a floor plan of your family's house or apartment and explain the drawing to your classmate. Include the furnishings in all rooms.

пе́рвый эта́ж

Гара́ж 27.54

3.62
1.38
4.87

Гардеро́б

Холл 7.11   2.27

Ку́хня 6.87

Кабине́т 15.42

Гости́ная 17.16

Терра́са 13.2

второ́й эта́ж

2.27

Де́тская 14.26

Ва́нная 7.13

Холл 24.34

Ва́нная 6.54

Кабине́т 15.42

Спа́льня 39.25

Как живёт Ната́ша?

Меня́ зову́т Ната́ша. Я живу́ с роди́телями на ю́ге[1] Москвы́, на проспе́кте[2] Верна́дского. Ря́дом метро́, хоро́шие магази́ны, рестора́ны и краси́вый парк. На́ша кварти́ра на шесто́м этаже́ в большо́м, но́вом двенадцатиэта́жном зда́нии. Это двухко́мнатная кварти́ра, не о́чень больша́я, но краси́вая.

[1]south
[2]avenue

Вот на́ша ку́хня. А э́то на́ша больша́я ко́мната. Спра́ва стои́т кни́жный шкаф. На по́лках кни́ги, а на ни́жней[3] по́лке стереосисте́ма. Ря́дом с кни́жным шка́фом стои́т телеви́зор. На телеви́зоре стои́т ма́ленькая ла́мпа. Сле́ва большо́й дива́н-крова́ть и кре́сло. Ря́дом с дива́ном стои́т ма́ленький сто́лик. На стене́ вися́т большо́й ковёр из Узбекиста́на и ста́рая краси́вая карти́на. На полу́ лежи́т большо́й кра́сный ковёр.

[3]lower

А э́то моя́ ко́мната. У меня́ в ко́мнате стоя́т крова́ть, пи́сьменный стол и стул. На стене́ вися́т кни́жные по́лки, а на столе́ стои́т мой компью́тер. На крова́ти лежи́т моя́ соба́ка Ла́йка.

A. Answer the questions in English.

1. Where is Natasha's apartment located?
2. How many floors are there in the building?
3. On which floor does she live?
4. How does she probably get downtown from her apartment?
5. How many rooms are there in the apartment?
6. How many people are in Natasha's family?
7. Where do you think her parents sleep?

B. Correct the false statements.

1. Наташа живёт в ста́ром зда́нии.
2. Их кварти́ра нахо́дится на пя́том этаже́.
3. В кварти́ре три ко́мнаты и ку́хня.
4. На полу́ лежи́т краси́вая карти́на.
5. Телеви́зор виси́т на стене́.
6. Их соба́ка лежи́т на полу́.

 C. Work in small groups to draw a sketch of Natasha's apartment. One student is the "artist," and the others give instructions in Russian.

Chapter Review

A. *You should now be able to . . .*

1. describe the location of buildings
2. ask for and give directions to a place
3. thank somebody and respond to a thank you
4. inquire about the name of something
5. say where people are
6. describe things in the plural with adjectives
7. say whether you live in a house, apartment, or residence hall
8. describe the furnishings of your house or apartment

For self-tests and additional practice, please go to the Book Companion Site, available at www.wiley.com/college/nummikoski

B. *Helicopter Tour.* You and a Russian visitor rented a helicopter for an easy sight-seeing tour of your city. Explain what is on the right, on the left, and straight ahead while you are flying past all the important landmarks. Make your narrative as interesting as possible.

C. *Hollywood Home.* Pretend to be a famous movie star. Give a Russian visitor a tour of your mansion.

 D. *Interview Video.* Где вы живёте?

 E. *Cultural Video.* Москва́.

A. For Sale and Wanted. Examine the advertisements and find out the following.

1. Which of the sales advertisements are not for housing?
2. Which For Sale advertisement would you call to buy a TV?
3. Which houses or apartments for sale are not located in Moscow?
4. Which of the houses or apartments is probably the largest? Smallest?
5. Which one would you buy?

B. Match the Wanted advertisements with the closest possible For Sale advertisement.

Продаю (*For Sale*)		Куплю (*Wanted*)
1. Продаю 2-комнатную квартиру. Тел. 203-62-83.	6. Продается комната 16 кв.м в двухкомнатной квартире. Тел. 287-98-67.	A. Большую квартиру в Москве. Тел. 323-67-53.
2. Продаю добермана. Тел. 158-87-67.	7. Продаю щенков мини-шнауцера. Тел. 232-98-58.	B. Куплю квартиру на Южном берегу Крыма. Тел. 342-01-81.
3. Большую дачу на берегу Балтийского моря. 35 км от Петербурга. Тел. 238-78-46.	8. Дом в Крыму с садом, на берегу Азовского моря. Тел. 56-4-89.	C. Куплю дачу недалеко от Петербурга. Тел. 224-98-66.
4. Цветной телевизор «Восток». Тел. 234-78-95.		D. Куплю большую собаку. Тел. 122-45-22.
5. Продаю большую квартиру в центре. Тел. 129-64-56.		

Word Building

Roots

A root is a simple linguistic base (a fragment of a word) from which words are derived by phonetic change, additions, or both. Knowing the basic root may help you understand other related words. Some simple words can also be a basis for word derivation. In the following two examples, the first one shows derivation from a word (гость), the second from a root (прав-).

гость	*guest*	**прав-**	*truth, right*	спра́ва	*on the right*
гости́ница	*hotel*	пра́во	*right*	пра́вда	*truth*
гостеприи́мный	*hospitable*	напра́во	*to the right*	пра́вило	*rule*
гости́ная	*living room, guest room*			пра́вильно	*correctly*

Here are some more vocabulary items from this chapter. Connect the words in the top row to the words they are derived from.

универма́г	спа́льня	общежи́тие	ва́нная		столо́вая
стол	жить	магази́н	спать	*to sleep*	ва́нна *bathtub*

ГРАММАТИКА

4.1 Personal Pronouns

You have already learned that the personal pronouns **он** (*he*), **она́** (*she*), and **они́** (*they*) refer to animate masculines and feminines. The same forms are used to refer to masculine and feminine *inanimate* nouns. The pronoun **оно́** refers to neuter nouns. The forms **он/она́/оно́/они́** replace the noun they refer to and agree with it in gender and number.

Где мой **журна́л**?	**Он** здесь.	*Where is my magazine?* **It** *is here.*
Где моя́ **кни́га**?	**Она́** там.	*Where is my book?* **It** *is there.*
Где моё **ра́дио**?	**Оно́** здесь.	*Where is my radio?* **It** *is here.*
Где мои́ **кни́ги**?	**Они́** там.	*Where are my books?* **They** *are there.*

Note: Since **он/она́/оно́/они́** are replacer pronouns, the noun they refer to is *not* present in the same sentence.

Это мой **мотоци́кл.**	**Он** дорого́й.	*This is my motorcycle.* **It** *is expensive.*
Это мой **оте́ц.**	**Он** профе́ссор.	*This is my father.* **He** *is a professor.*

Another noun *can* be present in the sentence.

Это моя́ **подру́га** Ната́ша. **Она́** о́чень симпати́чная **де́вушка**.
This is my friend Natasha. **She** *is a very nice girl.*

Это (not a replacer pronoun) is used when the *same noun is repeated* in the second sentence.

Это Тверска́я **у́лица. Это** о́чень больша́я **у́лица**.
This is Tverskaya Street. **It** *is a very big* **street**.

Это твоя́ **кни́га?** Нет, **э́то** не моя́ **кни́га**.
Is this your book? No, **it/this** *is not my* **book**.

Это твой **оте́ц?** Да, **э́то** мой **оте́ц**.
Is this your father? Yes, **it/this** *is my* **father**.

Упражне́ние

1. Fill in **он/она́/оно́/они́** or **э́то**.

1. Вы не зна́ете, где здесь по́чта? _____ там, пря́мо.
2. Где здесь туале́т? _____ там, спра́ва.
3. Это твоя́ маши́на? Нет, _____ не моя́ маши́на.
4. Где гости́ница «Национа́ль»? _____ там, пря́мо.

5. Где здесь банк? _____ там, сле́ва.

6. Это Тверска́я у́лица. _____ о́чень больша́я у́лица.

7. Это мой слова́рь? Нет, _____ не твой слова́рь.

8. Ты зна́ешь, где моё ра́дио? Нет, я не зна́ю, где _____.

9. Это моя́ соба́ка. _____ больша́я.

10. Это Изма́йловский парк. _____ о́чень краси́вый парк.

4.2 Demonstrative Pronouns

Compare the following.

Это но́вый рестора́н.	**Этот рестора́н** но́вый.
This is a new restaurant.	*This restaurant is new.*
Это ста́рая гости́ница.	**Эта гости́ница** ста́рая.
This is an old hotel.	*This hotel is old.*
Это большо́е зда́ние.	**Это зда́ние** большо́е.
This is a big building.	*This building is big.*

In the right column, *this* is a demonstrative pronoun that modifies the noun and therefore agrees with it in gender (masculine, feminine, or neuter).

Упражне́ние

2. Rewrite the sentences using the demonstrative pronoun **э́тот/э́та/э́то**.

Model: Это но́вый рестора́н.   **Этот рестора́н но́вый.**

1. Это больша́я библиоте́ка.
2. Это но́вый стадио́н.
3. Это ма́ленькая у́лица.
4. Это краси́вая це́рковь.
5. Это интере́сный музе́й.
6. Это но́вое зда́ние.
7. Это дорого́й универма́г.
8. Это ста́рое письмо́.
9. Это но́вая шко́ла.
10. Это хоро́ший магази́н.

If you compare two different items, you need another demonstrative pronoun **тот/та/то** (*that*).

Этот телеви́зор большо́й, а **тот** (телеви́зор) ма́ленький.
*This TV is big, but **that** one is small.*

Эта маши́на дорога́я, а **та** (маши́на) дешёвая.
*This car is expensive, but **that** one is cheap.*

Это письмо́ ста́рое, а **то** (письмо́) но́вое.
*This letter is old, but **that** one is new.*

3. Compare the two items according to the model.

Model: маши́на/дорого́й/дешёвый   **Эта маши́на дорога́я, а та маши́на дешёвая.**

1. магази́н/хоро́ший/плохо́й
2. зда́ние/большо́й/ма́ленький
3. библиоте́ка/ма́ленький/большо́й
4. дом/но́вый/ста́рый
5. парк/краси́вый/некраси́вый
6. письмо́/но́вый/ста́рый
7. гости́ница/хоро́ший/плохо́й
8. университе́т/большо́й/ма́ленький
9. апте́ка/но́вый/ста́рый
10. ра́дио/хоро́ший/плохо́й

> Remember: хоро́ш**ий**, хоро́ш**ая**, хоро́ш**ее.**

4.3 Verbs находи́ться, называ́ться, and звать (зову́т)

А. Находи́ться. **Находи́ться** (*to be located*) is a reflexive verb, hence the ending **-ся.** You will learn more about reflexive verbs later. **Находи́ться** belongs to the second conjugation group and is most often used in the third-person singular and plural.

Где нахо́д**ится** по́чта?
Where is the post office located?

Кремль и Кра́сная пло́щадь нахо́д**ятся** в Москве́.
The Kremlin and Red Square are located in Moscow.

In this lesson, the use of **нахо́дится/нахо́дятся** is optional. You should, however, recognize this verb.

В. Называ́ться Versus звать (зову́т). Like находи́ться, the verb **называ́ться** (*to be called*) is used primarily in the third-person forms, referring to *inanimate* objects. This verb belongs to the first conjugation group.

Как называ́**ет**ся э́та у́лица?
What is this street called? (What is the name of this street?)

Как называ́**ют**ся э́ти зда́ния?
What are these buildings called? (What are the names of these buildings?)

Зову́т, from звать (*to call*), is used when referring to *animate* objects.

Как тебя́ зову́т?
How do they call you? (What is your name?)

Упражне́ния

4. Fill in **нахо́дится**, **называ́ется**, or **зову́т**.

1. Э́та у́лица _____ Охо́тный Ряд.
2. Где _____ библиоте́ка?
3. Как _____ э́то зда́ние?
4. Его́ _____ И́горь.
5. Как _____ э́та це́рковь?
6. Стадио́н _____ далеко́.
7. Как _____ э́та у́лица?
8. Как вас _____?
9. Где _____ Кремль?
10. Э́то большо́е зда́ние _____ ГУМ.

5. Как называ́ется…? Ask questions according to the model. Remember to use the correct forms of demonstrative pronouns.

Model: у́лица   **Как называ́ется э́та у́лица?**

1. парк
2. библиоте́ка
3. зда́ние
4. це́рковь
5. музе́й

4.4 Prepositional Case of Singular Nouns

In this lesson you will learn the *prepositional case* of nouns. The prepositional case is used with the prepositions **в** (*in, at*) and **на** (*on, at*) *to express location.*

Где Сáша?	Он **в** библиотéк**e.**
Where is Sasha?	*He is at the library.*

The prepositional case ending is added to the noun *in place of* the nominative case ending. The prepositional case ending is **-e** for most nouns.

	Nominative	Prepositional
Masculine	парк	пáрк**e**
	музé-й	музé**e**
	словáр-ь	словарé
Feminine	аптéк-а	аптéк**e**
	спáльн-я	спáльн**e**
	плóщад-ь	плóщад**и** (See note 1)
	цéрк(о)в-ь	цéркв**и** (See notes 1 and 2)
	Россú-я	Россú**и** (See note 3)
Neuter	письм-ó	письм**é**
	мóр-е	мóр**e**
	здáни-е	здáни**и** (See note 3)

Note 1: Feminine nouns ending in the soft sign have the ending **-и** in the prepositional case.

> плóщадь − на плóщад**и** *on the square*
> кровáть − в кровáт**и** *in bed*

Note 2: Some nouns lose the vowel in the last syllable when endings are added.

Note 3: Nouns ending in **-я** and **-e**, preceded by an **и**, have the ending **-и** in the prepositional case.

> стáнция − на стáнци**и**   *at the station*
> общежúтие − в общежúти**и**   *in the residence hall*

A few masculine (mostly one-syllable) nouns have an ending **-ý** in the prepositional with the prepositions **в** and **на** (expressing location). In this lesson there are three nouns of this type.

> пол − на пол**ý**   *on the floor*
> сад − в сад**ý**   *in the garden*
> шкаф − в шкаф**ý**   *in the closet*

SIMPLIFIED RULE FOR THE PREPOSITIONAL SINGULAR OF NOUNS (SG.)	
M, F, N	-е
Exceptions: feminines ending in -ь feminines ending in -ия neuters ending in -ие	-и

Preposition в or на? The basic meaning of the two prepositions is the following.

в (*in*)	на (*on*)
в кни́ге *in the book*	на кни́ге *on the book*
в письме́ *in the letter*	на письме́ *on the letter*

The English translation can also be *at* for either one of the prepositions.

в теа́тре   *at the theater*   на стадио́не   *at the stadium*

The preposition **в** is generally used with enclosed places with boundaries, whereas **на** is used with events and activities covering an entire area. Sometimes, however, the use of **в** or **на** has to be memorized.

в библиоте́ке   *at the library*   на конце́рте   *at the concert*
в шко́ле   *at school*   на стадио́не   *at the stadium*
в университе́те   *at the university*   на да́че   *at the summer house*
                                                     на по́чте   *at the post office*
                                                     на у́лице   *in the street*

Упражне́ние

6. Answer the questions in complete sentences, using personal pronouns and the prepositional case with the preposition **в** or **на**.

Model: Где Ната́ша? (рестора́н)   **Она́ в рестора́не.**

1. Где И́горь? (библиоте́ка)
2. Где Ма́ша и Ле́на? (апте́ка)
3. Где Серге́й? (банк)
4. Где твоя́ сестра́? (шко́ла)
5. Где И́ра? (университе́т)
6. Где Ли́за и Ма́ша? (да́ча)
7. Где Ната́ша? (музе́й)
8. Где тури́ст? (гости́ница)
9. Где Ви́ктор? (стадио́н)
10. Где твоя́ соба́ка? (у́лица)

4.5 Nominative Plural of Nouns

You have so far learned the *singular* forms of nouns (the nominative and prepositional cases). In this lesson, you will learn the *nominative plural* of nouns.

Чайко́вский и Рахма́нинов – э́то компози́тор**ы.**
Tchaikovsky and Rachmaninoff are composers.

Singular			Plural	
Masculine				
hard stem	ресторá**н**	-ø	ресторá**ны**	**-ы**
	универмá**г***	-ø	универмá**ги***	**-и***
soft stem	музé**й**	-й	музé**и**	**-и**
	словá**рь**	-ь	словар**и́**	**-и**
Feminine				
hard stem	шкó**ла**	-а	шкó**лы**	**-ы**
	библиотé**ка***	-а	библиотé**ки***	**-и***
soft stem	спá**льня**	-я	спá**льни**	**-и**
	плó**щадь**	-ь	плó**щади**	**-и**
Neuter				
hard stem	письм**ó**	-о	пи́**сьма**	**-а**
soft stem	здá**ние**	-е	здá**ния**	**-я**

*The choice between the letters **ы** and **и** is determined by Spelling Rule 1.

Spelling Rule 1:	After **к, г, х, ж, ч, ш,** and **щ** write **и**, not **ы.**

SIMPLIFIED RULE FOR THE NOMINATIVE PLURAL OF NOUNS	
M, F	**-ы/и**
N	**-а/я**

Some nouns have a shifting stress. Such changes are given in dictionaries and glossaries.

Singular	Plural	
письмо́	пи́сьма	*letter*
окно́	о́кна	*window*
сестра́	**сёстры**	*sister*
жена́	жёны	*wife*

A few nouns have *irregular* plural endings. Dictionaries and glossaries note these irregularities. At this point, you should recognize the following. The most important ones are boldfaced.

Singular	Plural	
го́род	города́	*city*
дом	дома́	*house*
ве́чер	вечера́	*evening*
профе́ссор	профессора́	*professor*
брат	**бра́тья**	*brother*
друг	**друзья́**	*friend*
муж	мужья́	*husband*
сын	сыновья́	*son*
стул	сту́лья	*chair*
ребёнок	**де́ти**	*child/children*
челове́к	**лю́ди**	*person/people*
дочь	до́чери	*daughter*
мать	ма́тери	*mother*

Some nouns have a *fleeting vowel,* that is, they lose (or add) a vowel when an ending is added.

Singular	Plural	
от**е́**ц	отц**ы́**	*father*
це́рк**о**вь	це́ркви	*church*
америка́н**е**ц	америка́нцы	*American*
кана́д**е**ц	кана́дцы	*Canadian*

Some nouns are *indeclinable,* that is, they do not change their form.

Singular	Plural	
ра́дио	ра́дио	*radio*
кафе́	кафе́	*café*
метро́	метро́	*subway*

Упражне́ние

7. Write the singular words in the plural and vice versa. This exercise does not contain irregular forms.

1. masculines

магази́н, _____

_____, словари́

бар, _____

_____, ба́нки

теа́тр, _____

_____, рестора́ны

универма́г, _____

музе́й, _____

_____, преподава́тели

писа́тель, _____

2. feminines

шко́ла, _____

_____, библиоте́ки

у́лица, _____

апте́ка, _____

_____, пло́щади

ло́шадь, _____

3. neuters

письмо́, _____

_____, о́кна

зда́ние, _____

4.6 Nominative Plural of Adjectives

Unlike the singular forms, the adjective endings in the (nominative) *plural* are the same for masculine, feminine, and neuter.

	Singular	Plural
Masculine **Feminine** **Neuter**	но́в**ый**, хоро́ш**ий**, больш**о́й** но́в**ая**, хоро́ш**ая**, больш**а́я** но́в**ое**, хоро́ш**ее**, больш**о́е**	но́в**ые**, хоро́ш**ие**,* больш**и́е***

*Spelling Rule 1 is applied.

SIMPLIFIED RULE FOR THE NOMINATIVE PLURAL OF ADJECTIVES	
Pl.	**-ые/ие***

*Spelling Rule 1 is applied.

Упражнения

8. Write the corresponding questions.

Model: У меня красивые кошки. **Какие у тебя кошки?**

1. У меня большие собаки.
2. У нас красивые парки.
3. У него старые машины.
4. У них хорошие книги.
5. У неё дорогие лошади.

6. У нас маленькие дети.
7. У него молодые родители.
8. У меня симпатичные друзья.
9. У неё маленькие братья.
10. У них новые студенты.

9. Write complete sentences in the plural.

Model: мы/большой/собака **У нас есть большие собаки.**

1. она/большой/собака
2. мы/маленький/кошка
3. они/хороший/телевизор
4. я/новый/книга
5. он/старый/письмо

6. я/интересный/газета
7. она/красивый/лошадь
8. он/дорогой/компьютер
9. мы/русский/журнал
10. они/японский/машина

4.7 Plural of Possessive and Demonstrative Pronouns

You have so far learned the three singular forms of possessive and demonstrative pronouns. As with adjectives, the plural form is the same for masculine, feminine, and neuter.

Masculine	Feminine	Neuter	Plural
мой	моя	моё	**мои**
твой	твоя	твоё	**твои**
его/её	его/её	его/её	**его/её**
наш	наша	наше	**наши**
ваш	ваша	ваше	**ваши**
их	их	их	**их**
чей	чья	чьё	**чьи**
этот	эта	это	**эти**
тот	та	то	**те**

Note 1: Notice the difference between the masculine singular **мой**, **твой** (with и кра́ткое) and the plural **мои́**, **твои́** (without и кра́ткое) with a stress on the final **и.** In textbooks, the stressed syllables have an accent mark on the vowel, which should not be confused with the "hat" of и кра́ткое.

мой оте́ц (hat required)   мои́ роди́тели (accent mark optional)

твой друг (hat required)   твои́ друзья́ (accent mark optional)

Note 2: Third-person forms **его́** (*his*), **её** (*her*), and **их** (*their*) remain the same in all four forms, including the plural.

Singular		**Plural**	
Это его́		Это его́	
Это её	соба́ка.	Это её	соба́ки.
Это их		Это их	

Упражне́ние

10. Rewrite the sentences in the plural. This exercise contains some of the most important irregular nouns (marked with an asterisk).

Model: Мой брат* понима́ет   **Мои́ бра́тья понима́ют**
        по-ру́сски.   **по-ру́сски.**

1. Мой преподава́тель говори́т по-ру́сски.
2. Эта у́лица краси́вая.
3. Этот магази́н о́чень дорого́й.
4. Это зда́ние но́вое.
5. Ва́ша ко́мната больша́я.
6. Твоя́ подру́га симпати́чная.
7. Наш ру́сский друг* хорошо́ понима́ет по-испа́нски.
8. Этот журна́л интере́сный.
9. Моя́ сестра́* живёт в общежи́тии.
10. На́ша ко́шка ма́ленькая.

Vocabulary

Note: The core vocabulary is **boldfaced**.

Nouns

In the city

апте́ка	*drugstore*
банк	*bank*
библиоте́ка	*library*
больни́ца	*hospital*
го́род	*city*
гости́ница	*hotel*
дом	*house*
зда́ние	*building*
кафе́ *indecl.*	*café*
кинотеа́тр	*cinema*
магази́н	*store*
метро́ *indecl.*	*subway*
музе́й	*museum*
парк	*park*
пло́щадь *f.*	*square*
по́чта	*post office*
проспе́кт	*avenue*
рестора́н	*restaurant*
сад	*garden*
стадио́н	*stadium*
теа́тр	*theater*
у́лица	*street*
универма́г	*department store*
университе́т	*university*
це́рковь *f.*	*church*
шко́ла	*school*

Housing

балко́н	*balcony*
ва́нная	*bathroom*
гара́ж	*garage*
гости́ная	*living room*
да́ча	*dacha, summer house*
дверь *f.*	*door*
де́тская	*children's room*
кабине́т	*office*
кварти́ра	*apartment*
ко́мната	*room*
коридо́р	*corridor*
ку́хня	*kitchen*
общежи́тие	*residence hall*
окно́	*window*
пол	*floor*
потоло́к	*ceiling*
спа́льня	*bedroom*
стена́	*wall*
столо́вая	*dining room*
туале́т	*toilet*
эта́ж	*floor, level*

Furnishings

дива́н	*sofa*
ико́на	*icon*
карти́на	*painting*
ковёр	*rug*

кре́сло	armchair	пото́м	then
крова́ть f.	bed	пря́мо	straight ahead
ла́мпа	lamp	ря́дом	close by
плака́т	poster	сле́ва	on the left
по́лка	shelf	спра́ва	on the right
стол	table	там	there
стул	chair		
шкаф	cabinet		

Prepositions

в + prep.	in, at
на + prep.	on, at

Adjectives

пи́сьменный	writing (adj.)
~стол	writing desk
кни́жный	book (adj.)
~ая по́лка	bookshelf
~ый шкаф	bookcase

Verbs

виси́т, вися́т	is/are hanging
жить (I), живу́, живёшь, живу́т	to live
лежи́т, лежа́т	is/are lying
называ́ется, называ́ются	is/are called
нахо́дится, нахо́дятся	is/are located
стои́т, стоя́т	is/are standing

Pronouns

он, она́, оно́, они́	he/she/it/they
тот, та, то, те	that/those
э́тот, э́та, э́то, э́ти	this/these

Phrases

иди́|те	go
извини́|те	excuse me
пожа́луйста	please, you're welcome
скажи́|те	say, tell

Adverbs

бли́зко	near
где	where
далеко́	far
здесь	here
нале́во	to the left
напра́во	to the right

Уро́к 5 (Пя́тый уро́к)
Где вы живёте?

THEMES

- Describing your country
- Expressing location
- Making comparisons
- Saying where you live and used to live

CULTURE

- Physical and political geography of Russia, former USSR republics, and Europe
- St. Petersburg
- Countryside

STRUCTURES

- Prepositional case of nouns (with в, на, and о)
- Comparative of adjectives
- Superlative of adjectives
- Prepositional case of adjectives: в како́м / в како́й
- Nouns with numerals (год, го́да, лет)
- Time expressions: давно́, ско́лько лет, всю жизнь
- Past tense of verbs: Introduction

Санкт-Петербу́рг нахо́дится на се́веро-за́паде Росси́и.

Geographical Terminology

штат
Кана́да
Се́верная Аме́рика
го́род
Сан-Франци́ско →
США
страна́
Ме́ксика
Южная Аме́рика

о́зеро
го́ры
река́
полуо́стров
о́стров
контине́нт
океа́н
мо́ре

The following nouns have a stress shift in the plural: страна́–стра́ны, гора́–го́ры, река́–ре́ки, мо́ре–моря́, о́зеро–озёра. In addition, two nouns have irregular plural endings: го́род–города́ and (полу)о́стров–(полу)острова́.

США [сэ-шэ-а] – Соединённые Шта́ты Аме́рики

⬥ **1. Катего́рии.**

  A. Define the following geographical names.

  Model: США – э́то страна́.

1. Африка	5. Австра́лия	8. Флори́да
2. Орего́н	6. Росси́я	9. Ло́ндон
3. Миссиси́пи	7. Амазо́нка	10. Ку́ба
4. Эри (*Erie*)		

  B. Make up short dialogues according to the model.

  S1: США – э́то контине́нт?   **S1:** Кака́я страна́?

  S2: Нет, э́то страна́.   **S2:** Больша́я, краси́вая страна́.

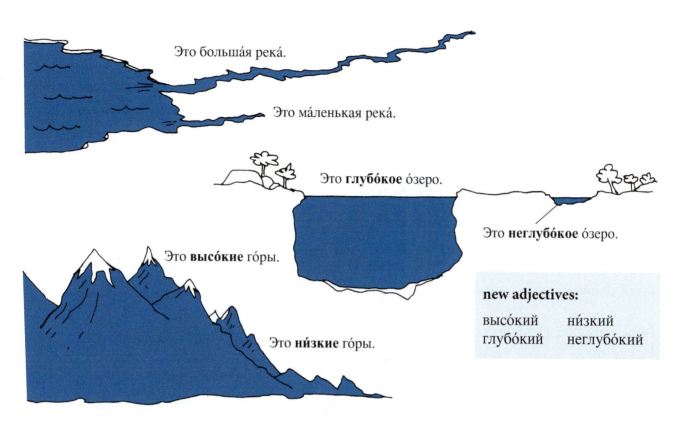

Это больша́я река́.

Это ма́ленькая река́.

Это **глубо́кое** о́зеро.

Это **неглубо́кое** о́зеро.

Это **высо́кие** го́ры.

Это **ни́зкие** го́ры.

new adjectives:	
высо́кий	ни́зкий
глубо́кий	неглубо́кий

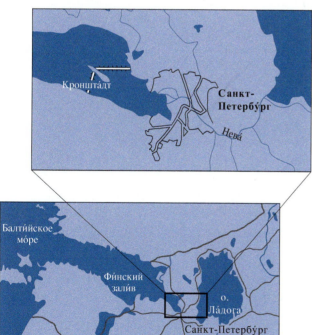

Кроншта́дт

Санкт-Петербу́рг

Нева́

Балти́йское мо́ре

Фи́нский зали́в

о. Ла́дога

Санкт-Петербу́рг

Где на ка́ртах?

- го́род Санкт-Петербу́рг
- о́зеро Ла́дога
- река́ Нева́
- Балти́йское мо́ре
- Фи́нский зали́в
- о́стров Кроншта́дт

Нева́ – э́то больша́я река́?

А у вас?

- Миссиси́пи – э́то больша́я и́ли ма́ленькая река́?
- А река́ Гудзо́н?
- Аппала́чи – э́то высо́кие или ни́зкие го́ры?
- Озеро Эри – э́то глубо́кое и́ли неглубо́кое о́зеро?

Points of the compass

Где нахо́дится ваш штат?	**На се́вере.** На се́веро-восто́ке. **На восто́ке.** На ю́го-восто́ке. **На ю́ге.** На ю́го-за́паде. **На за́паде.** На се́веро-за́паде.

5.1 Prepositional Case of Nouns (with в, на, and о)

2. На се́вере и́ли на ю́ге?

A. Каки́е шта́ты нахо́дятся на се́вере США?

А на ю́ге?

На восто́ке?

На ю́го-восто́ке?

На за́паде?

На се́веро-за́паде?

На се́веро-восто́ке?

B. Где нахо́дятся э́ти города́?

1. Миннеа́полис
2. Сан-Франци́ско
3. Сан-Дие́го
4. Ба́тон-Ру́ж
5. Атла́нта

6. Вашингто́н
7. Бо́стон
8. Да́ллас
9. Нью-Йо́рк
10. Лас-Ве́гас

3. Аля́ска – э́то большо́й штат на се́вере. Read the following place names located on or close to the North American continent. Then describe them, including at least one descriptive adjective and the approximate location. Use the new adjectives глубо́кий or высо́кий where appropriate.

Model: Аля́ска – э́то большо́й штат на се́вере.

1. Аппала́чи
2. Се́верная Кароли́на
3. По́ртленд / Орего́н
4. Пуэ́рто-Ри́ко
5. Ю́жная Дако́та
6. Гудзо́н *(Hudson)*
7. Юката́н
8. Но́вый Орлеа́н
9. Яма́йка
10. Флори́да

Making Comparisons

| Мой го́род | краси́вее, чем | твой го́род. |
| Штат Аля́ска | бо́льше, чем | Аризо́на. |

5.2 Comparative of Adjectives

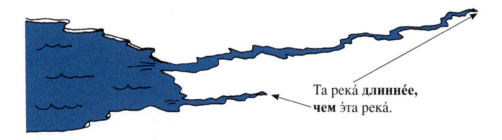

Та река́ **длинне́е, чем** э́та река́.

	comparatives		comparatives
большо́й	**бо́льше**	ни́зкий	**ни́же**
ма́ленький	**ме́ньше**	ста́рый	**старе́е**
дли́нный *long*	**длинне́е**	хоро́ший	**лу́чше**
коро́ткий *short*	**коро́че**	краси́вый	**краси́вее**
глубо́кий	**глу́бже**	интере́сный	**интере́снее**
высо́кий	**вы́ше**		

4. Геогра́фия США.

A. Фа́кты и мне́ния. *Facts and opinions.* Answer the questions.

1. Како́й го́род бо́льше: Нью-Йо́рк и́ли Де́нвер?
2. Кака́я река́ длинне́е: Миссиси́пи и́ли Гудзо́н?
3. Како́й штат интере́снее: Калифо́рния и́ли Айо́ва?
4. Како́й штат ме́ньше: Род-Айленд и́ли Флори́да?
5. Како́й го́род краси́вее: Сан-Дие́го и́ли Нью-Йо́рк?

B. Continue the list of questions using the following items.

1. Аппала́чи   Скали́стые го́ры (*Rockies*)
2. Теха́с   Се́верная Кароли́на
3. Лос-Анджелес   Бо́стон
4. Аля́ска   Южная Дако́та

C. Как ты ду́маешь? Ask a partner's (or your teacher's) opinion about the beauty or interest value of the following places. Use the comparatives интере́снее, краси́вее, or лу́чше.

Model: Нью-Йо́рк   Вашингто́н

S1: Как ты ду́маешь, како́й го́род краси́вее: Нью-Йо́рк и́ли Вашингто́н?

or: Как вы ду́маете, ...

S2: По-мо́ему, Вашингто́н краси́вее, чем Нью-Йо́рк.

1. Аля́ска   Аризо́на
2. Аме́рика   Кана́да
3. Сан-Дие́го   Чика́го
4. Бо́стон   Да́ллас
5. Ме́ксика   США
6. Вашингто́н   Атла́нта
7. Флори́да   Миннесо́та
8. Майа́ми   Лас-Ве́гас

Озеро Байка́л — э́то **са́мое глубо́кое** о́зеро в ми́ре.

> Аля́ска – э́то **са́мый большо́й штат**   в Аме́рике.
>
> Росси́я – э́то **са́мая больша́я страна́**   в ми́ре.
>
> Байка́л – э́то **са́мое глубо́кое о́зеро**   в ми́ре.
>
> Кавка́зские го́ры – э́то **са́мые высо́кие го́ры**   в Росси́и.

5.3 Superlative of Adjectives

5. **Са́мая больша́я страна́.** Answer the questions based on the chart.

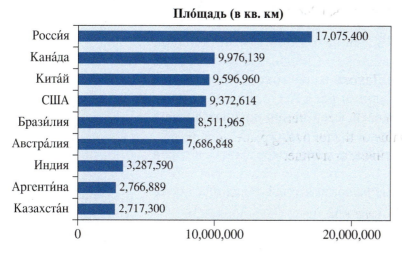

Пло́щадь (в кв. км)

Росси́я	17,075,400
Кана́да	9,976,139
Кита́й	9,596,960
США	9,372,614
Брази́лия	8,511,965
Австра́лия	7,686,848
Индия	3,287,590
Аргенти́на	2,766,889
Казахста́н	2,717,300

0   10,000,000   20,000,000

1. Кака́я страна́ са́мая больша́я в ми́ре?
2. Каки́е стра́ны бо́льше, чем США?
3. Кака́я страна́ в Южной Аме́рике са́мая больша́я?
4. Кака́я страна́ в Се́верной Аме́рике са́мая больша́я?
5. Кака́я страна́ в Азии бо́льше, чем США?

6. **Фа́кты и мне́ния.**

A. Make up a geography quiz using the items listed.

Model: Как называ́ется   са́мый / са́мая / са́мое / са́мые ...

большо́й	страна́	в ми́ре
высо́кий	штат	в Аме́рике
глубо́кий	го́род	*(in your state)*
хоро́ший	го́ры	
дли́нный	о́зеро	
	река́	
	зда́ние	

B. Find out what your classmates think about different cities and states.

Model: Как ты ду́маешь, како́й штат   са́мый интере́сный в
                               како́й го́род   Аме́рике?

C. You are invited to give a lesson on the geography of the United States to Russian schoolchildren. Show them the location of all possible landmarks, cities, states, and the like, and give some interesting facts and opinions.

Что вы зна́ете о Росси́и?

5.1 (E) Preposition **o**

Росси́я – э́то са́мая больша́я страна́ в ми́ре. На се́вере кли́мат аркти́ческий, а на ю́ге субтропи́ческий.

На се́вере – Ледови́тый океа́н. Здесь нахо́дится са́мый большо́й о́стров в Росси́и – Но́вая Земля́. На восто́ке – Сиби́рь, где теку́т[1] са́мые дли́нные ре́ки: Обь, Енисе́й и Ле́на. Далеко́ на восто́ке – Ти́хий океа́н, полуо́стров Камча́тка, о́стров Сахали́н и река́ Аму́р. Владивосто́к – э́то са́мый большо́й го́род на восто́ке. На ю́ге Сиби́ри нахо́дятся го́род Ирку́тск и о́зеро Байка́л, са́мое глубо́кое о́зеро в ми́ре.

На се́веро-за́паде нахо́дятся Балти́йское мо́ре, о́зеро Ла́дога и го́род Санкт-Петербу́рг.

На ю́ге – Кавка́зские го́ры, са́мые высо́кие го́ры в Росси́и, а та́кже Чёрное мо́ре и Каспи́йское мо́ре.

[1]flow

Russia is a transcontinental country. The Ural Mountains divide Russia into two continents: Europe and Asia. The area east of the Ural Mountains is also known as Siberia.

The endangered Siberian tiger is also called the Amur tiger after its habitat around the Amur river in the Far East.

A. Отве́тьте на вопро́сы.

1. Како́й на се́вере кли́мат? А на ю́ге?

2. Са́мые больши́е города́ нахо́дятся на за́паде и́ли на восто́ке? А са́мые дли́нные ре́ки?

3. Что тако́е Байка́л?

4. Каки́е моря́ нахо́дятся на ю́ге?

B. Ask five more questions based on the text.

C. Find all the places listed here on the map on the front endpapers of this book.

моря́ и озёра	ре́ки	го́ры	острова́	полуострова́
Чёрное мо́ре	Дон	Ура́льские го́ры	Но́вая Земля́	Камча́тка
Каспи́йское мо́ре	Во́лга	(Ура́л)	Сахали́н	
Балти́йское мо́ре	Обь	Кавка́зские го́ры		
Ледови́тый океа́н	Енисе́й	(Кавка́з)		
о́зеро Байка́л	Ле́на			
Ти́хий океа́н	Аму́р			
Ла́дога				

7. Ка́рта Росси́и. Describe the following places with an adjective, and give their approximate location on the map.

Model: Во́лга – э́то больша́я река́ на ю́ге Росси́и.

1. Ле́на
2. Кавка́зские го́ры
3. Но́вая Земля́
4. Камча́тка
5. Байка́л
6. Аму́р
7. Сахали́н
8. Енисе́й

8. Географи́ческие фа́кты.

A. Look at the captions on the charts. Based on your knowledge of the adjectives дли́нный, глубо́кий, and высо́кий, what do you think the nouns длина́, глубина́, and высота́ mean?

САМЫЕ БОЛЬШИЕ ОСТРОВА	
Назва́ние	Пло́щадь в тыс. кв. км
1. Но́вая Земля́	82,6
2. Сахали́н	77,0

САМЫЕ ВЫСОКИЕ ГОРЫ	
Назва́ние го́рной страны́	Высота́ са́мой высо́кой верши́ны
1. Большо́й Кавка́з	5633 (Эльбру́с)
2. Ура́льские го́ры	1883

САМЫЕ БОЛЬШИЕ РЕКИ	
Назва́ние	Длина́ реки́ в км
1. Обь-Ирты́ш	5413
2. Аму́р	4420
3. Ле́на	4265
4. Енисе́й	4129
5. Во́лга	3690

САМЫЕ БОЛЬШИЕ ОЗЁРА		
Назва́ние	Пло́щадь в тыс. кв. км	Са́мая больша́я глубина́ в м
1. Каспи́йское мо́ре	424,0	980
2. о́зеро Байка́л	31,5	1741
3. о́зеро Ла́дога	18,4	225

The Caspian Sea is classified as a lake because it has no outlet.

B. **Отве́тьте на вопро́сы.**

1. Как называ́ется са́мое большо́е о́зеро в Росси́и?
2. А са́мое глубо́кое о́зеро?
3. Како́е о́зеро глу́бже: Ла́дога и́ли Каспи́йское мо́ре?
4. Како́е о́зеро ме́ньше: Каспи́йское мо́ре и́ли о́зеро Байка́л?
5. Как называ́ется са́мый большо́й о́стров?
6. Как называ́ется са́мая дли́нная река́?
7. Кака́я река́ длинне́е: Ле́на и́ли Во́лга?
8. Каки́е го́ры вы́ше: Кавка́зские и́ли Ура́льские го́ры?

C. Working in pairs, ask each other more questions about the charts.

В какóй странé?	В Амéрике / в США / в Росси́и.
В какóм штáте?	В Оклахóме / в Калифóрнии.
В какóм гóроде?	В Пари́же / в Москвé.

5.4 Prepositional Case of Adjectives: в какóм / в какóй

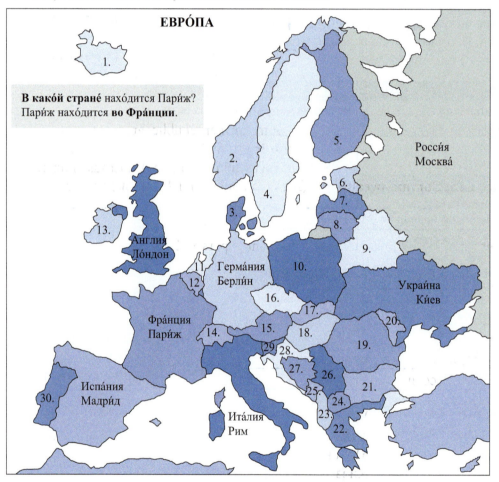

ЕВРÓПА

В какóй странé нахóдится Пари́ж?
Пари́ж нахóдится во Фрáнции.

Росси́я
Москвá

Áнглия
Лóндон

Гермáния
Берли́н

Украи́на
Ки́ев

Фрáнция
Пари́ж

Испáния
Мадри́д

Итáлия
Рим

странá	столи́ца	странá	столи́ца	странá	столи́ца
1. Исла́ндия	Рейкья́вик	11. Голла́ндия	Амстердáм	21. Болгáрия	Софи́я
2. Норвéгия	Осло	12. Бéльгия	Брюссéль	22. Грéция	Афи́ны
3. Дáния	Копенгáген	13. Ирлáндия	Дýблин	23. Албáния	Тирáна
4. Швéция	Стокгóльм	14. Швейцáрия	Берн	24. Македóния	Скóпье
5. Финля́ндия	Хéльсинки	15. Австрия	Вéна	25. Черногóрия	Подгóрица
6. Эстóния	Тáллинн	16. Чéхия	Прáга	26. Сéрбия	Белгрáд
7. Лáтвия	Ри́га	17. Словáкия	Братислáва	27. Бóсния	Сарáево
8. Литвá	Ви́льнюс	18. Вéнгрия	Будапéшт	28. Хорвáтия	Зáгреб
9. Беларýсь	Минск	19. Румы́ния	Бухарéст	29. Словéния	Любля́на
10. Пóльша	Варшáва	20. Молдóва	Кишинёв	30. Португáлия	Лиссабóн

9. Где в Европе? Quiz a classmate on European geography.

> **S1:** В какой стране находится Лондон?
>
> **S2:** В Англии.
>
> and: **S1:** Как называется **столица России?**
>
> **S2:** Москва.

Столица России, *capital of Russia* (genitive case). Similarly: all countries ending in -ия. But: Литва – Литвы, Молдова – Молдовы, Польша – Польши, Беларусь – Беларуси.

Союз Советских Социалистических Республик, СССР (1917–1991)

Although the former Soviet Union consisted of fifteen separate republics, it was often regarded as a single entity with respect to politics and international relations. The breakup of the Soviet Union has given the former republics a new historical, political, and economic significance in the world. The early attempts to create an alliance called **CIS, Commonwealth of Independent States**, (**СНГ, Содружество Независимых Государств**) between some of the former Soviet republics did not result in a strong union.

Some former republics are often categorized according to their geographical location in the Baltics (**Прибалтика**), the Caucasus Mountains (**Кавказ**), or Central Asia (**Средняя Азия**).

Find the following former republics on the map on the front endpapers and answer the questions.

- Какие бывшие республики находятся в Прибалтике? (3)
- На Кавказе? (3)
- В Средней Азии? (5)

бывшая республика / страна	столица
1. Российская Федерация, Россия	Москва
2. Эстония	Таллинн
3. Латвия	Рига
4. Литва	Вильнюс
5. Беларусь	Минск
6. Украина	Киев
7. Молдова	Кишинёв
8. Грузия	Тбилиси
9. Армения	Ереван
10. Азербайджан	Баку
11. Казахстан	Астана
12. Узбекистан	Ташкент
13. Туркменистан	Ашхабад
14. Кыргызстан	Бишкек
15. Таджикистан	Душанбе

10. Города́.

A. Using the map of Russia on the front endpapers, arrange the cities on the chart in two groups based on their location.

в Евро́пе   в Азии

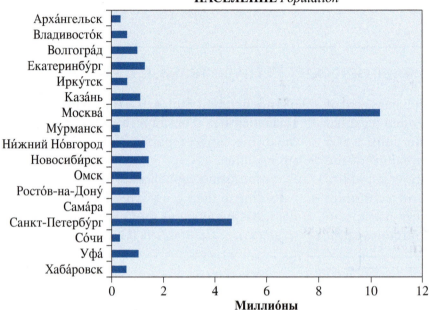

НАСЕЛЕ́НИЕ *Population*

B. Answer the questions based on the chart. Refer to the map of Russia on the front endpapers for location.

1. Каки́е города́ нахо́дятся далеко́ на се́вере?
2. Како́й го́род са́мый се́верный?
3. Каки́е города́ нахо́дятся в Сиби́ри?
4. Како́й го́род нахо́дится на берегу́... (*on the coast*) Чёрного мо́ря? Ти́хого океа́на? Ледови́того океа́на?
5. Како́й го́род бо́льше: Ирку́тск или Му́рманск?
6. Како́й го́род са́мый большо́й?
7. Како́й го́род ме́ньше: Санкт-Петербу́рг йли Новосиби́рск?
8. Како́й го́род нахо́дится на реке́ Дон?
9. Како́й го́род нахо́дится на реке́ Во́лга?
10. Како́й го́род нахо́дится недалеко́ от о́зера Байка́л?

Saying Where You Live and Used to Live

В како́м го́роде вы живёте?	Я живу́ в Москве́.

5.4 Prepositional Case of Adjectives: в како́м / в како́й

Вы **давно́** живёте в Москве́? **Ско́лько лет** вы живёте в Москве́?	**1 год.** **2 (3, 4) го́да.** **5 (6, 7…) лет.** **Всю жизнь.**

5.5 Nouns with Numerals (год, го́да, лет)
5.6 Time Expressions: давно́, ско́лько лет, всю жизнь

Ра́ньше	**я / ты /он** **я / ты / она́** **мы / вы / они́**	**жил** **жила́** **жи́ли**	в Омске.

5.7 Past Tense of Verbs: Introduction

А вы?

- В како́м го́роде вы живёте?
- Вы давно́ живёте там?
- А где вы жи́ли ра́ньше?
- В како́м го́роде живу́т ва́ши роди́тели?
- Ско́лько лет они́ живу́т там?
- А где живу́т ва́ши бра́тья и сёстры / ба́бушки / де́душки?

11. В какой стране и в каком городе?

A. Have short conversations with your classmate according to the model.

S1: В какой стране живёт Саша?

S2: Он живёт в России.

S1: В каком городе?

S2: В Москве.

S1: Сколько лет он живёт в Москве? / Он давно живёт в Москве?

S2: Девять лет. **А раньше он жил ...**

кто	страна	город	сколько лет
1. Борис	Россия	Санкт-Петербург	4
2. Джон	Канада	Торонто	21
3. Сюзанна	Англия	Лондон	8
4. Мария	Испания	Барселона	24
5. Линда	США	Бостон	12
6. Марк и Пол	Франция	Париж	1
7. Улрика	Германия	Гамбург	5
8. Наташа	Украина	Одесса	всю жизнь

B. Get together in groups of four students. Each student selects a character from section A. Find out where they all are from, what languages they speak, where their home cities are located, what their cities are like, and how long they have lived there. Also find out where they lived before.

12. Кто где живёт? *Who lives where?* Read the statements and match the cities with the correct people.

Новосибирск	Иркутск	Екатеринбург
Санкт-Петербург	Сочи	Москва
Мурманск	Владивосток	Ростов-на-Дону
Архангельск		

1. **Нина:** Мой город находится очень далеко на севере, недалеко от Финляндии.

2. **Сергей:** Я живу в Сибири. Мой город находится на берегу реки Обь.

3. **Воло́дя:** Мой го́род о́чень краси́вый. Он нахо́дится недалеко́ от о́зера Байка́л.

4. **Ма́ша:** Мой го́род большо́й. Он нахо́дится на берегу́ Балти́йского мо́ря, на се́веро-за́паде.

5. **Лари́са:** Я живу́ на берегу́ Чёрного мо́ря.

6. **Андре́й:** Мой го́род нахо́дится о́чень далеко́ на восто́ке, на берегу́ Ти́хого океа́на.

7. **Ле́на:** Мой го́род са́мый большо́й в Росси́и и, по-мо́ему, са́мый краси́вый.

8. **Алёша:** Мой го́род нахо́дится на ю́ге, на берегу́ реки́ Дон.

9. **Гри́ша:** Я живу́ далеко́ на се́вере на берегу́ Ледови́того океа́на.

10. **Ната́ша:** Мой го́род нахо́дится на Ура́ле.

Где лу́чше жить: в дере́вне[1] и́ли в го́роде?

[1]countryside

Меня́ зову́т Васи́лий Васи́льевич Ры́бкин. Я всю жизнь живу́ в дере́вне. Вся[2] моя́ семья́ живёт здесь: и де́ти, и вну́ки.

[2]all

По-мо́ему, в дере́вне жить лу́чше, чем в го́роде. Почему́?[3] Потому́, что[4] у нас есть свои́[5] дома́, есть река́ и лес, чи́стый во́здух[6] и тишина́.[7] Жить в дере́вне споко́йно.[8]

[3]why / [4]because

[5]our own / [6]clean air / [7]quiet

[8]peaceful

Меня́ зову́т Ле́на Орло́ва. Я ду́маю, что жить в дере́вне ску́чно. Я всю жизнь живу́ в большо́м го́роде, в Москве́. У нас там хоро́шая, но́вая кварти́ра. Мои́ роди́тели ра́ньше жи́ли в дере́вне, а тепе́рь уже́[9] 25 лет живу́т в Москве́.

[9]already

Я ду́маю, что жить в большо́м го́роде интере́снее, чем в дере́вне. У нас есть хоро́шие теа́тры, клу́бы, рестора́ны, магази́ны. И, са́мое гла́вное,[10] лю́ди[11] в го́роде намно́го[12] интере́снее, чем в дере́вне.

[10]the main thing / [11]people / [12]a lot

В дере́вне.

A. Ответьте на вопросы.

1. Василий Васильевич давно живёт в деревне?
2. У Василия Рыбкина есть дети?
3. Василий живёт в квартире?
4. Василий думает, что жить в деревне скучно?
5. Родители Лёны тоже живут в деревне?
6. Лёна давно живёт в Москве?
7. Почему (*why*) Лёна думает, что жить в городе интереснее, чем в деревне?

B. Факт или мнение?

1. Люди в городе интереснее, чем в деревне.
2. В городе есть театры, рестораны и магазины.
3. В деревне есть река и лес.
4. Лёна всю жизнь живёт в Москве.
5. В деревне чистый воздух.
6. В деревне жить спокойно.

C. По-моему. Make a list of items you believe are typical of the two locations (good schools, universities, rivers, forest, restaurants, people, etc.). Then defend your opinion.

Model: По-моему, в... интереснее жить, потому что там есть...

в городе: в деревне:

Chapter Review

A. *You should now be able to...*

1. describe landmarks using: geographical terminology
   adjectives (long/short, high/low, deep/shallow)
   points of the compass
2. explain the location of landmarks, cities, states, and countries
3. compare two items regarding their size, age, quality, and interest value
4. express your opinion about the relative value of something
5. ask and answer questions about the ranking of more than two items (superlative)
6. ask and answer questions about: what country, state, and city you live in
   how many years you have lived in a place
   where you used to live

For self-tests and additional practice, please go to the Book Companion Site, available at www.wiley.com/college/nummikoski

B. *Interview.* Interview a classmate. Find out where his or her parents and other relatives live and how long they have lived there. Where did they live before? Then report the results of your interview.

	parents	siblings	grandparents	other relatives
city:				
state:				
length of time:				

C. *Roleplay.* You are sitting in an airplane on the way to Moscow. Get acquainted with the person sitting next to you (played by a classmate). Introduce yourselves and find out everything possible about each other, including. . .

1. where you live and how long you have lived there
2. the location of your city (state, north / south)
3. the size of the city
4. interesting places in the city

D. *Geography Review.* Quiz a friend on world geography according to the models. Substitute other places for the boldfaced terms.

1. В како́м шта́те нахо́дится **Лос-Анджелес?**
2. **Калифо́рния** нахо́дится на се́вере США?
3. Что тако́е **Байка́л?** Где нахо́дится **Байка́л?**
4. Как называ́ется **са́мый большо́й го́род в ми́ре?**

E. *Show and Tell.* Pretend that you are promoting tourism to a country or state of your choice. Show on a map its location, bordering states and countries, the capital, rivers, mountains, and so on. Be sure to include several adjectives to describe the size, beauty, and interest value of the items you mention.

F. *Interview Video.* Факт и́ли мне́ние?

G. *Cultural Video.* Санкт-Петербу́рг – го́род Петра́ I.

Word Building

The noun **мир** has two basic meanings: *world* and *peace*. It appeared in МИ́РУ МИР! *Peace to the World!* (literally, *To the world, peace.*), which was a common slogan in Soviet days. In addition, **мир** was the name of a Russian space station and part of the title of Leo Tolstoy's famous novel «Война́ и мир» (*War and Peace*).

Остров is an *island*. The prefix **пол(у)** means *half*. Therefore, **полуо́стров** is a half-island, or peninsula. Incidentally, the word *peninsula* is formed in the same way, from the Latin words **paene** (*almost*) and **insula** (*island*).

The Russian for *east* is **восто́к**. In addition, **восто́к** was the name of a series of Russian spaceships. Yuri Gagarin's spacecraft was **Восто́к-1**. The word **восто́к** also appears in **Владивосто́к**, a city on the east coast of Russia. **Влади-** comes from the verb **владе́ть** (*to rule*), so Владивосто́к is the *ruler of the east*.

A variation of the Russian word for a city (**-град**) appeared in the names of some Soviet cities: Петрогра́д, Ленингра́д, Волгогра́д (Stalingrad 1925–1961), Калинингра́д. The full word **го́род** appears in Но́вгород (literally, *new city*), a city in central Russia with a history spanning more than a thousand years.

Many names of Russian cities, especially those in Siberia, end in the suffix **-ск**. These cities are usually relatively young. Among them are Му́рманск, Арха́нгельск, Омск, Томск, Ирку́тск, Новосиби́рск, and Хаба́ровск. One of them, Свердло́вск, has been renamed with its original Germanic name Екатеринбу́рг.

Match the English with the corresponding Russian words. Some items were discussed in this section, whereas others relate to the vocabulary of Chapter 5.

world war	столи́чная
the ruler of the world	большинство́
Bolshevik	Влади́мир
half a year	Да́льний Восто́к
minority	меньшинство́
majority	мирова́я война́
capital vodka	большеви́к
Far East	полго́да

ГРАММАТИКА

5.1 Prepositional Case of Nouns (with в, на, and о)

The prepositional case, as you learned in Chapter 4, is used to express location with the prepositions **в** and **на** and the ending **-е.** In this lesson, the prepositional case is used in the following new constructions:

A. Points of the compass. Notice the preposition **на** in this construction.

на се́вер**е**	*in the north*
на восто́к**е**	*in the east*
на ю́г**е**	*in the south*
на за́пад**е**	*in the west*

B. Names of places. You have already learned that nouns ending in -ия or -ие and feminines ending in a soft sign have exceptional prepositional case endings. Many place names fall into these categories. Place names consisting of letter abbreviations are not declined.

		Ending
Feminines ending in -**ия:**		**-и**
Англия	в Англи**и**	
Россия́	в Росси́**и**	
Feminines ending in a soft sign:		**-и**
Сиби́рь	в Сиби́р**и**	
Белару́сь	в Белару́с**и**	
Abbreviations:		none
США	в США	

C. Foreign names of places. If the foreign word ends in a consonant, the Russian ending **-е** is usually added. Geographical names ending in **-е, -и, -о, -у,** and in a stressed **-а** are not declined.

	Да́ллас	в Да́лас**е**
	Вашингто́н	в Вашингто́н**е**
but:	Сан-Франци́ско	в Сан-Франци́ск**о** (no ending)
	Перу́	в Перу́ (no ending)

D. The preposition **в** becomes **во** in front of nouns beginning with two consonants, the first one of which is **в** or **ф.**

Фра́нция	**во** Фра́нции
Владивосто́к	**во** Владивосто́ке

E. In addition to the prepositions **в** and **на,** the prepositional case is used with the preposition **о** (*about*).

| Что ты зна́ешь **о** Ло́ндоне? | *What do you know **about** London?* |
| Я говорю́ **о** дру́ге. | *I'm talking **about** (my) friend.* |

The preposition **о** becomes **об** if followed by a vowel.

| Что вы зна́ете **об** Африке? | *What do you know about Africa?* |

The question words **кто** and **что** become **о ком** (*about whom*) and **о чём** (*about what*) in the prepositional case.

| **О ком** ты говори́шь? | *Whom are you talking about?* |
| **О чём** ты ду́маешь? | *What are you thinking about?* |

Упражне́ния

1. Finish the sentences.

> **Model:** Да́ллас нахо́дится (Техас).   **в Теха́се**

1. Кана́да нахо́дится (се́вер).
2. Сан-Франци́ско – э́то большо́й го́род (за́пад).
3. Теха́с нахо́дится (юг).
4. Нью-Йо́рк нахо́дится (се́веро-восто́к).
5. Ло́ндон нахо́дится (Англия).
6. Варша́ва нахо́дится (По́льша).
7. Га́мбург нахо́дится (Герма́ния).
8. Енисе́й – э́то больша́я река́ (Сиби́рь).
9. Минск нахо́дится (Белару́сь).
10. Я живу́ (США).

2. Write complete sentences according to the model. Pay attention to adjective agreement.

> **Model:** Во́лга / большо́й / река́ / Росси́я
> Во́лга – это больша́я река́ в Росси́и.

1. Эри / большо́й / о́зеро / Аме́рика
2. Теха́с / большо́й / штат / юг

144

3. Аппала́чи / ни́зкий / го́ры / восто́к

4. Санкт-Петербу́рг / краси́вый / го́род / се́веро-за́пад

5. Сахали́н / дли́нный / о́стров / восто́к

6. Байка́л / глубо́кий / о́зеро / Сиби́рь

7. Но́вая Земля́ / большо́й / о́стров / се́вер

8. Владивосто́к / интере́сный го́род / восто́к

9. Рим / ста́рый / го́род / Ита́лия

10. Се́на (*Seine*) / большо́й / река́ / Фра́нция

3. **Где они́ живу́т?** Write complete sentences according to the model.

   Model: Ле́на / Москва́   **Ле́на живёт в Москве́.**

   1. Дени́с и Ми́ша / Оде́сса

   2. моя́ сестра́ / Ло́ндон

   3. вы / Пари́ж

   4. я / Торо́нто

   5. ты / Лос-Анджелес

   6. Ната́ша / Владивосто́к

   7. Ни́на и Ли́за / Ирку́тск

   8. Серге́й / Минск

   9. э́ти студе́нты / Санкт-Петербу́рг

   10. мы / Чика́го

4. Answer the questions in complete sentences.

   Model: О чём ты говори́шь? (Росси́я)   **Я говорю́ о Росси́и.**

   1. О чём вы говори́те? (Москва́)

   2. О ком говори́т Лари́са? (Ива́н)

   3. О чём ты ду́маешь? (семья́)

   4. О ком они́ говоря́т? (профе́ссор)

   5. О чём вы ду́маете? (Росси́я)

   6. О чём говори́т профе́ссор? (А́фрика)

   7. О ком ду́мает Ольга? (Игорь)

   8. О ком ду́мают э́ти студе́нтки? (Серге́й и Воло́дя)

   9. О чём говоря́т твои́ друзья́? (Украи́на)

   10. О чём ты говори́шь? (геогра́фия)

5. Write the corresponding questions.

> **Model:** Он говори́т о Лари́се.   **О ком он говори́т?**
> Он говори́т о Москве́.   **О чём он говори́т?**

1. Я ду́маю о Серге́е.
2. Они́ ду́мают о шко́ле.
3. Мы говори́м о президе́нте.
4. Я говорю́ об Украи́не.
5. Мы ду́маем о ба́бушке.

5.2 Comparative of Adjectives

You have so far learned the masculine, feminine, neuter, and plural forms of adjectives. To compare two items, you need the *comparative* form. The regular formation of the comparative is to add the suffix **-ee** to the adjective stem.

	comparative
краси́в-ый *beautiful*	краси́вее *more beautiful*
интере́сн-ый *interesting*	интере́снее *more interesting*
дли́нн-ый *long*	длинне́е *longer*
ста́р-ый *old*	старе́е *older*

Some comparative forms are irregular.

большо́й *big*	**бо́льше** *bigger* (also, *more*)
ма́ленький *little*	**ме́ньше** *smaller* (also, *less*)
высо́кий *tall, high*	**вы́ше** *taller, higher*
коро́ткий *short*	**коро́че** *shorter*
глубо́кий *deep*	**глу́бже** *deeper*
ни́зкий *low*	**ни́же** *lower*

Some comparatives are formed from a different stem.

хоро́ший *good*	**лу́чше** *better*

> The form **старе́е** is used when comparing inanimate nouns. **Ста́рше** is used when comparing people: Моя́ сестра́ ста́рше, чем твоя́ сестра́.

Note 1: These comparative forms *do not* agree with the noun; they have one independent form only.

Этот штат		тот штат.
Эта маши́на	**бо́льше, чем**	та маши́на.
Это зда́ние		то зда́ние.
Эти го́ры		те го́ры.

Note 2: These comparatives *cannot* be immediately *followed* by a noun.

Аля́ска бо́льше, чем Теха́с.

Note 3: These comparatives can also be used to compare adverbs.

хорошо́   *well*   лу́чше   *better*

Мой брат говори́т по-францу́зски **лу́чше,** чем я.

Упражне́ния

6. Compare the following items according to the model.

| **Model:** моя́ маши́на / твоя́ маши́на / хоро́ший | **Моя́ маши́на лу́чше, чем твоя́ маши́на.** |

1. моя́ соба́ка / его́ соба́ка / большо́й
2. мой го́род / твой го́род / интере́сный
3. э́то о́зеро / то о́зеро / глубо́кий
4. Колора́до / Аля́ска / ма́ленький
5. э́та река́ / та река́ / дли́нный
6. э́ти го́ры / те го́ры / высо́кий
7. Росси́я / США / большо́й
8. э́тот университе́т / тот университе́т / ста́рый
9. по-мо́ему / Бо́стон / Да́ллас / краси́вый
10. моя́ маши́на / твоя́ маши́на / хоро́ший

7. Which one is more beautiful (better, etc.)? Write the questions.

| **Model:** Нью-Йо́рк / Да́ллас / большо́й | **Како́й го́род бо́льше: Нью-Йо́рк и́ли Да́ллас?** |

1. Теха́с / Колора́до / краси́вый
2. Нью-Йо́рк / Лос-Анджелес / большо́й
3. Миссиси́пи / Амазо́нка / дли́нный
4. Форд / БМВ / хоро́ший
5. Сти́вен Кинг / Джон Сте́йнбек / интере́сный
6. Аппала́чи / Ура́льские го́ры / высо́кий
7. Яма́йка / Ку́ба / большо́й
8. Москва́ / Санкт-Петербу́рг / ста́рый
9. США / Кана́да / ма́ленький
10. Хи́лтон / Хо́лидей Инн / хоро́ший

5.3 Superlative of Adjectives

To compare more than two items, the *superlative* (the best, the longest, the most beautiful, etc.) is used. The superlative is formed by adding the adjective **са́мый** (*the most*) before the adjective + noun phrase. The adjective **са́мый** agrees with the noun it modifies.

Москва́ – э́то **са́мый большо́й го́род** в Росси́и.
Moscow is the biggest city in Russia.

Обь – э́то **са́мая дли́нная река́** в Росси́и.
The Ob is the longest river in Russia.

Байка́л – э́то **са́мое глубо́кое о́зеро** в ми́ре.
Baikal is the deepest lake in the world.

Кавка́зские го́ры – э́то **са́мые высо́кие го́ры** в Росси́и.
The Caucasus Mountains are the highest mountains in Russia.

Упражне́ние

8. Form questions in Russian to find out the following information.

Model: the biggest city in Russia   **Как называ́ется са́мый большо́й го́род в Росси́и?**

1. the highest mountain in the world
2. the biggest state in America
3. the biggest country in the world
4. the deepest lake in the world
5. the oldest city in Russia
6. the biggest island in the world
7. the longest river in Africa
8. the tallest building in Moscow
9. the most interesting city in America
10. the best country in the world
11. the most beautiful state in America
12. the biggest lake in America
13. the best university in Russia
14. the most famous church in Moscow
15. the biggest island in Russia

5.4 Prepositional Case of Adjectives: в како́м / в како́й

Adjectives agree with the noun they modify not only in gender and number but also in case. In this lesson you will need the prepositional case of the adjective **како́й**. The prepositional case of adjectives is discussed in detail in Chapter 6. For the time being, memorize the following three questions.

В како́м го́роде? *In what city?* (with the masculine noun **го́род**)
В како́м шта́те? *In what state?* (with the masculine noun **штат**)
В како́й стране́? *In what country?* (with the feminine noun **страна́**)

Note: In Russian, the preposition always *precedes* the word(s) it modifies. In colloquial English, the preposition can be at the end of the sentence. Compare the following:

*What city do you live **in**?*   ***In** what city do you live?*
В како́м го́роде ты живёшь?   **В** како́м го́роде ты живёшь?

Упражне́ние

9. Write the corresponding questions.

Model: Озеро Байка́л нахо́дится в Росси́и.   **В како́й стране́ нахо́дится о́зеро Байка́л?**

1. Я живу́ в Оде́ссе.
2. Мой брат живёт в Герма́нии.
3. Они́ живу́т во Владивосто́ке.
4. Сан-Дие́го нахо́дится в Калифо́рнии.
5. Мои́ роди́тели живу́т в Ирку́тске.
6. Мы живём в Аме́рике.
7. Да́ллас нахо́дится в Теха́се.
8. Президе́нт США живёт в Вашингто́не.
9. Минск нахо́дится в Белару́си.
10. Кремль нахо́дится в Москве́.

5.5 Nouns with Numerals

To express the *amount of time* in years, the nominative singular (**год**) is used after 1 and all compound numbers ending in 1. The genitive singular (**го́да**) is used after 2, 3, and 4 and all compound numbers ending in 2, 3, or 4. The genitive plural (**лет**) is used after numbers 5 and higher, as well as with the question word **ско́лько** (*how many*).

1	**год**
2, 3, 4	**го́да**
5, 6, …	**лет**

Note: In compound numbers, the choice of **год / гóда / лет** depends on the last *word,* not on the figure itself.

21 (двáдцать **одúн**) **год**   but: 11 (одúннадцать) **лет**
32 (трúдцать **два**) **гóда**   12 (двенáдцать) **лет**
44 (сóрок **четы́ре**) **гóда**   14 (четы́рнадцать) **лет**

Упражнéние

10. Fill in год / гóда / лет.

21 _____   14 _____   32 _____   18 _____
11 _____   23 _____   101 _____   13 _____
 5 _____   33 _____   48 _____   44 _____

5.6 Time Expressions: давнó, скóлько лет, всю жизнь

To express an action that started in the past and is still going on, the *present tense* is used. **Давнó** (*for a long time*) is not a question word. You can ask:

Ты **давнó** живёшь в Москвé?
*Have you been living in Moscow **for a long time?***

Or you can use a question word скóлько (*how many*).

Скóлько лет ты живёшь в Москвé?
***(For) how many years** have you been living in Moscow?*

The expression **всю жизнь** (*all [one's] life*) refers to the subject of the sentence and does not require the possessives *my, your,* and so on.

Я всю жизнь живý в Дáлласе.
I have lived in Dallas all my life.

Мой дéдушка всю жизнь живёт в Иркýтске.
My grandfather has lived in Irkutsk all his life.

Упражнéние

11. How would you ask . . .

1. Anton Pavlovich how long he has been living in Moscow?
2. your friend Sasha how long his parents have been living in Odessa?
3. your friend Natasha how long she has been living in Vladivostok?
4. Sergei if he has lived in Murmansk long?
5. Anna Pavlovna if she has lived in Irkutsk long?

5.7 Past Tense of Verbs: Introduction

The past tense of verbs is formed from the infinitive. Take off the infinitive ending -ть, and add the past tense endings.

-л	(for masculines: я / ты / он)
-ла	(for feminines: я / ты / она́)
-ло	(for neuters: оно́)
-ли	(for plurals and formal address: мы / вы / они́)

ду́ма-ть	Я ду́мал, что ты ра́ньше жил в Ло́ндоне. (a man addressing another male)
говори́-ть	Ба́бушка не говори́ла по-англи́йски. (a feminine noun as subject)
жи-ть	Игорь Серге́евич, где вы жи́ли ра́ньше? (one person addressed formally)
лежа́-ть	Письмо́ лежа́ло на полу́. (a neuter noun as subject)

See Chapter 9, grammar point 9.5 for more details.

Vocabulary

Note: The core vocabulary is **boldfaced**.

Nouns

Geographical terminology

гора́, *pl.* **го́ры**	*mountain*
го́род, *pl.* **города́**	*city*
зали́в	*gulf*
ка́рта	*map*
контине́нт	*continent*
мир	*world*
мо́ре, *pl.* **моря́**	*sea*
о́зеро, *pl.* **озёра**	*lake*
океа́н	*ocean*
о́стров, *pl.* **острова́**	*island*
полуо́стров, *pl.* полуострова́	*peninsula*
река́, *pl.* **ре́ки**	*river*
респу́блика	*republic*
столи́ца	*capital*

страна́, *pl.* **стра́ны**	*country*
штат	*state*

Points of the compass

восто́к	*east*
за́пад	*west*
се́вер	*north*
юг	*south*

Other nouns

бе́рег (на берегу́)	*coast*
во́здух	*air*
год, го́да, лет	*year, years*
дере́вня	*countryside, village*
жизнь *f.*	*life*
кли́мат	*climate*

клуб	club
лес	forest
лю́ди pl.	people
мне́ние	opinion
тишина́	quiet, silence
факт	fact

Adjectives

аркти́ческий	arctic
бы́вший	former
восто́чный	east(ern)
высо́кий	tall
глубо́кий	deep
дли́нный	long
за́падный	west(ern)
коро́ткий	short
ни́зкий	low
са́мый	the most
се́верный	north(ern)
субтропи́ческий	subtropical
чи́стый	clean
ю́жный	south(ern)

Comparatives

бо́льше	bigger, more
вы́ше	higher, taller
длинне́е	longer
глу́бже	deeper
интере́снее	more interesting
краси́вее	more beautiful
лу́чше	better
ме́ньше	smaller, less
ни́же	lower
старе́е, ста́рше	older

Adverbs

давно́	for a long time
почему́	why

потому́ что	because
ско́лько	how much, how many
споко́йно	(it is) peaceful
тепе́рь	now
уже́	already

Prepositions

о + prep.	about

Verbs

жить (I) — to live
живу́, живёшь, живу́т
past tense: **жил, жила́, жи́ло, жи́ли**

Proper Names

Азия	Asia
Аме́рика	America
Балти́йское мо́ре	the Baltic Sea
Кавка́з	Caucasus
Кавка́зские го́ры	Caucasus Mountains
Каспи́йское мо́ре	Caspian Sea
Ледови́тый океа́н	Arctic Ocean
Москва́	Moscow
Росси́я	Russia
Санкт-Петербу́рг	St. Petersburg
Сиби́рь f.	Siberia
США	U.S.A.
Ти́хий океа́н	Pacific Ocean
Ура́л	Urals
Ура́льские го́ры	Ural Mountains
Чёрное мо́ре	Black Sea

Other

всю жизнь	all one's life
свой	one's own
чем	than

Уро́к 6 (Шесто́й уро́к)
Вы рабо́таете и́ли у́читесь?

THEMES

- Talking about working and going to school
- Filling out applications
- Talking about work and study schedules

CULTURE

- Professions: Prestige and gender
- Calendars
- Acronyms

STRUCTURES

- The verb рабо́тать
- Negative sentences
- The verb учи́ться
- Prepositional case (singular): Adjectives, and possessive and demonstrative pronouns
- Prepositional case of personal pronouns
- Prepositional case (plural): Nouns
- Prepositional case (plural): Adjectives, and possessive and demonstrative pronouns
- Time expressions: Days of the week and *(For) How many hours?*

Эта студе́нтка рабо́тает в ру́сском рестора́не.

Кто вы по профéссии? Где вы рабóтаете?	Я врач. Я рабóтаю в больни́це.
Кто ваш отéц по профéссии? Где он рабóтает?	Он инженéр. Он рабóтает в компáнии «Газпрóм».

The English equivalents of Кто вы/Кто ваш отéц по профéссии? can also be "What do you do?" and "What does your father do?"

6.1 The Verb рабóтать

рабóтать

я рабóтаю	мы рабóтаем
ты рабóтаешь	вы рабóтаете
он/онá рабóтает	они́ рабóтают

профéссия	мéсто рабóты	профéссия	мéсто рабóты
учи́тель/ница	шкóла	фéрмер	фéрма (на)
преподавáтель профéссор	университéт институ́т	продавéц/ продавщи́ца	магази́н
библиотéкарь	библиотéка	журнали́ст	газéта
врач медсестрá/ медбрáт зубнóй врач ветеринáр	больни́ца поликли́ника	экономи́ст дирéктор бизнесмéн мéнеджер программи́ст секретáрь бухгáлтер юри́ст	фи́рма óфис бюрó
архитéктор строи́тель	óфис стрóйка (на)	официáнт/ка бармéн	ресторáн бар
инженéр механи́к	фáбрика (на) завóд (на)	домохозя́йка домрабóтница ня́ня писáтель перевóдчик	дóма
учёный математик фи́зик хи́мик лаборáнт	институ́т лаборатóрия		

Did you know that the English word *robot* is derived from the Slavic root робот-, meaning *to work*?

No preposition is needed in дóма (*at home*). The corresponding phrase with a preposition, в дóме, means *in the house*.

Престижные профессии

In the Soviet Union, prestige was equated not with the highest salary, but rather with the intellectual level of the profession. Thus, professors, scientists, writers, and actors were held in much higher esteem than were people in business or law. Engineering, although not of the highest prestige, was another popular career choice for Soviet men and women. Interestingly, many political leaders of the Soviet era were engineers by training, except for Lenin and Gorbachev, who were lawyers.

With the fall of the Soviet Union, the attitudes towards financial gain changed drastically, and business and law quickly became the most popular career choices for new high school graduates, while enrollments in engineering programs dropped to an all-time low. Now the future **экономисты, финансисты,** and **юристы** may find it difficult to find a job in the oversaturated market, whereas **инженеры** will again be in high demand.

Женские профессии

Soviet women played an active role in the job market. They worked in factories and construction sites, as well as in professions requiring an advanced degree. In fact, over 60% of the Soviet engineers and 65% of doctors were women. Russian women today are interested in the same professions as men and often delay marriage and childbearing until they have established themselves in their chosen career. On the other hand, **домохозяйка** has become a welcome option for some well-to-do families. The increasing personal wealth has also revived the need for a **домработница** and a **няня.**

1. **А как думают родители?** Below are the results of a survey asking about parents' career preferences for their children. Examine the table and answer the questions below.

Юрист, экономист, финансист – 23%	Профессор, ученый, преподаватель – 6%
Программист, IT-специалист – 21%	Фермер – 6%
Врач – 19%	Школьный учитель – 5%
Бизнесмен – 16%	Политик, министр – 5%
Инженер – 13%	Социолог, политолог, маркетолог – 4%
Военный, офицер – 13%	Священник (priest) – 1%
Директор банка – 11%	Другое – 6%
Спортсмен – 10%	Затруднились ответить – 12%
Артист, художник – 8%	
Писатель, журналист – 8%	Source: Левада-центр apsc.ru

1. Какие профессии популярны **и** в США, **и** в России?

2. А только в России?

2. **Кто где работает?** Quiz a classmate about different professions according to the two models. Pay attention to the word order in the responses.

S1: Где работает **учитель**?

S2: Учитель работает в школе.

and: **S1:** Кто работает **в ресторане**?

S2: В ресторане работает официант.

Твой де́душка **ещё** рабо́тает?
Нет, он **уже́** на пе́нсии.

Он **нигде́ не** рабо́тает. Он безрабо́тный.
Как вы ду́маете, кто он по профе́ссии?
Где он **рабо́тал** ра́ньше?

6.2 Negative Sentences

3. Где они́ рабо́тают?

A. Have conversations with a partner according to the model. For items 7 and 8, also ask where the people used to work.

S1: Кто **Ива́н Ива́нович** по профе́ссии?

S2: Он **матема́тик.**

S1: Где он рабо́тает?

S2: Он рабо́тает **в институ́те.**

S1: Ско́лько лет он там рабо́тает?

S2: Он рабо́тает там **2 го́да.**

кто	профе́ссия	ме́сто рабо́ты	ско́лько лет
1. Ната́лья Ива́новна	преподава́тель	университе́т	4
2. Серге́й Андре́евич	экономи́ст	фи́рма «Экспре́сс»	6
3. Анна Па́вловна	инжене́р	заво́д	12
4. Ива́н Анто́нович	строи́тель	стро́йка	3
5. Ни́на Игоревна	врач	больни́ца	22
6. Андре́й Никола́евич	перево́дчик	до́ма	11
*7. Вита́лий Васи́льевич	хи́мик	нигде́/безрабо́тный	1
*8. Еле́на Серге́евна	учи́тель	нигде́/на пе́нсии	2

B. Find out what your classmates' relatives do for a living. Use the dialogue in A as a model. Ask your teacher for other professions if you need them.

4. Рекла́ма. *Advertisement.*

A. You are working in a company looking for more employees. Which ad in column A would you contact if you were looking for . . .

1. a specialist in computer graphics
2. a person to help you set up a branch office in Rome
3. a field correspondent for your magazine
4. an advertising agent

A. Ищу работу. *Looking for employment*
Предлагаю услуги рекламного агента. За справками обращаться yuri.voikov@mail.ru.
Профессиональный переводчик итальянского языка ищет интересную работу. Тел. 467-98-67.
Профессиональный фотохудожник. Фото- и компьютерная графика. Тел. 350-87-45.
Журналист с многолетним опытом работы на радио и в прессе ищет работу в качестве корреспондента по Саратову. Тел. 8-926-366-9853.
Немецкий язык школьникам и студентам. Т. (495) 301-9176.

Б. Приглашаем на работу. *Employment opportunities*
Интеллигентные пенсионерки, москвички до 62 лет, приглашаются для сопровождения детей из школ и д/с. Работа по 3–4 часа в день. З/п 6000–10000 руб. в месяц. Т. 585-5140.
Учитель немецкого языка, договорная. РОСТ, центр образования.
Официант. Васабико, сеть ресторанов. От 8000 до 20000 руб. Требования к кандидату: девушка 17–25 лет, образование не ниже среднего, возможно без опыта работы. Т. 8-963-694-9962.
Приглашаю на работу рекламных агентов. Тел. 8-916-723-2470.

B. Which one of the ads in column A can be matched with an ad in column Б?

C. Which ones of the announcements in column Б do not conform to the Equal Opportunity laws of the United States?

D. Pretend that you just got hired by one of the companies below.

* В како́й компа́нии вы рабо́таете?
* Кто вы?

Офис-менеджер Компания: Меркури Лимитед.
Оператор call-центра Компания: Пони Экспресс
Курьер Компания: Евразия, Инвестиционно-Промышленная Группа
Телемаркетолог Компания: Симбат тойз
Официант Компания: Чако-Гриль, ресторан
Бармен Компания: СпортЛайнКлаб, ООО
IT Аналитик Компания: РОСНО, Российское страховое народное общество
Секретарь Компания: Ланви
Продавец-консультант Компания: Комус
Финансовый консультант Компания: СберФонд РЕСО, НПФ

В как**ом** университе́те рабо́тает
Анто́н Па́влович?

В как**о́й** шко́ле рабо́тает
Дави́д Фёдорович?

Он рабо́тает в
медици́нск**ом**
университе́те.

Он рабо́тает в
музыка́льн**ой**
шко́ле.

6.4 Prepositional Case of Adjectives (A)

5. В како́м университе́те? В како́й шко́ле?

A. Where do these people work? Practice questions and answers
according to the model.

S1: Где рабо́тает Андре́й?

S2: В университе́те. / В шко́ле.

S1: В како́м университе́те? / В како́й шко́ле?

S2: В большо́м университе́те. / В ма́ленькой шко́ле.

и́мя	ме́сто рабо́ты
Ка́рлос	мексика́нский рестора́н «Сомбре́ро»
Ле́на	музыка́льная шко́ла но́мер 1
Андре́й	америка́нский медици́нский центр
Анна	Большо́й теа́тр
Бори́с	Бе́лый дом
Лари́са	центра́льная больни́ца
Ири́на	францу́зский магази́н «Шане́ль»
Джон	городска́я библиоте́ка
Ни́на	торго́вый центр «Уни́вер Си́ти»
Вале́рий	Ру́сский музе́й

B. Interview two or three classmates. Find out whether they work or not.
If they do, ask what kind of place they work in. Your classmates should
describe the places with at least two adjectives. Also find out where they
worked before.

Ка́тя у́чится в Моско́вском госуда́рственном университе́те и́мени М. В. Ломоно́сова.

Это **МГУ,** Моско́вский госуда́рственный университе́т и́мени М. В. Ломоно́сова.

В како́м университе́те ты **у́чишься?** вы **у́читесь?**	Я **учу́сь** в Моско́вском университе́те.
В како́й шко́ле **у́чится** твой брат? ваш	Он **у́чится** в музыка́льной шко́ле.

6.3 The Verb учи́ться
6.4 Prepositional Case (Singular): Adjectives and Possessive and Demonstrative Pronouns
6.5 Prepositional Case of Personal Pronouns

учи́ться

я учу́сь	мы у́чимся
ты у́чишься	вы у́читесь
он/она́ у́чится	они́ у́чатся

А вы?
- В како́м университе́те вы у́читесь?
- Это хоро́ший университе́т?
- Большо́й и́ли ма́ленький?
- **Госуда́рственный** и́ли **ча́стный?**
- Но́вый и́ли ста́рый?

6. **Как вы ду́маете, где они́ у́чатся?** Match the list of universities on the right with the correct student. Then make short dialogues according to the model.

S1: В како́м го́роде живёт Ле́на? / В како́м шта́те . . .

S2: Она́ живёт в Москве́.

S1: В како́м университе́те она́ у́чится?

S2: Она́ у́чится в Моско́вском университе́те.

Са́ша живёт в Москве́.	Ста́нфордский университе́т
Дени́с и Лиа́на живу́т в Ки́еве.	Теха́сский университе́т
Джон живёт в шта́те Массачу́сетс.	Га́рвардский университе́т
Мари́са и Дуэ́йн живу́т в Теха́се.	Моско́вский университе́т
Кэ́ти живёт в Калифо́рнии.	Ки́евский университе́т

7. Где они́ рабо́тают? Где у́чатся их де́ти? Match the people with the places of employment. If they have children, continue the dialogues as shown below. (There are no absolute correct answers.)

S1: Как вы ду́маете, где рабо́тает Алексе́й?

S2: Я ду́маю, что он рабо́тает в медици́нском це́нтре.

S1: А где у́чится его́ сын?

S2: Он у́чится в музыка́льной шко́ле.

Алла, арти́стка	**1.** Всеросси́йский банк
Анато́лий, продаве́ц	**2.** ру́сско-америка́нская шко́ла № 6
Валенти́н, экономи́ст (дочь)	**3.** автосало́н «Криста́л Мо́торс»
Вита́лий, ветерина́р	**4.** Де́тская городска́я клини́ческая больни́ца № 1
Ири́на, инжене́р (сын)	**5.** Моско́вский инжене́рно-физи́ческий институ́т
Ни́на, врач (сын и дочь)	**6.** Моско́вский госуда́рственный лингвисти́ческий университе́т
Ната́лья, профе́ссор	**7.** ночно́й клуб «Хулига́н»
Серге́й, учи́тель	**8.** Ветклини́ка «Центр»

Где рабо́тают официа́нты?	Они́ рабо́тают в рестора́н**ах**.
ветерина́ры?	в ветерина́рн**ых** кли́ник**ах**.
лабора́нты?	в медици́нск**их** лаборато́ри**ях**.

6.6 Prepositional Case (Plural): Nouns
6.7 Prepositional Case (Plural): Adjectives and Possessive and Demonstrative Pronouns

8. В рестора́нах? В шко́лах?

A. Make short dialogues using the following professions, already given in the plural.

S1: Где рабо́тают профессора́?

S2: Они́ рабо́тают в университе́тах.

1. учителя́	**5.** учёные	**8.** библиоте́кари
2. фе́рмеры	**6.** секретари́	**9.** журнали́сты
3. продавцы́	**7.** медсёстры	**10.** строи́тели
4. официа́нты		

B. Find out your partner's preferences about places to study and work. Use the prepositional plural, as in the model.

Model: Как ты дýмаешь, где лýчше учи́ться: в больши́х университéтах и́ли в мáленьких университéтах?

		большóй/мáленький	шкóла
лýчше	учи́ться	чáстный/госудáрственный	университéт
интерéснее	рабóтать	нóвый/стáрый	магази́н
		мексикáнский/францýзский	ресторáн

Filling Out Applications

АНКЕТА
Фами́лия: *Тихонова*
Имя: *Людмила*
Отчество: *Петровна*

- Как её фами́лия?
- Как её и́мя и óтчество?

семéйное положéние *marital status*	
жéнщина *woman*	**мужчи́на** *man*
не зáмужем *single*	хóлост *single*
зáмужем *married*	женáт *married*
разведенá *divorced*	разведён *divorced*

9. Кто хóлост? Кто женáт? Discuss the marital status of the following people.

S1: Алексéй женáт?

S2: Нет, он хóлост.

	single	married	divorced
Алексéй	x		
Лари́са	x		
Сергéй		x	
Волóдя			x
Тáня		x	
Мáша			x

10. Анкéты. *Applications.*

A. The following people are coming to visit your university. In order to place them with appropriate host families, you need to get some information about them. Look at the first form and answer the questions. Then ask similar questions about the other three forms.

1. Как егó фамúлия?
2. Как егó úмя и óтчество?
3. Он женáт?
4. В какóм гóроде он живёт?

5. Какóй у негó áдрес?
6. Кто он по профéссии?
7. Где он рабóтает?

> Pay attention to the way addresses are written: city, street, house number, apartment number.

Фамúлия: Клúмов
Имя и óтчество: Валéрий Борúсович
Семéйное положéние: женáт
Áдрес: г. Санкт-Петербýрг, ул. Рáзина, д. 1, кв. 23
Профéссия: экономúст
Мéсто рабóты: Балтúйский банк

Фамúлия: Антóнова
Имя и óтчество: Ольга Ивáновна
Семéйное положéние: разведенá
Áдрес: г. Владивостóк, ул. Востóчная, д. 2, кв. 9
Профéссия: преподавáтель математики
Мéсто рабóты: Дальневостóчный университéт

Фамúлия: Симакóв
Имя и óтчество: Антóн Сергéевич
Семéйное положéние: хóлост
Áдрес: г. Тольятти, ул. Лáрина, д. 6, кв. 17
Профéссия: инженéр
Мéсто рабóты: Вóлжский автозавóд

Фамúлия: Смирнóва
Имя и óтчество: Анна Пáвловна
Семéйное положéние: не зáмужем
Áдрес: г. Москвá, ул. Вавúлова, д. 3, кв. 45
Профéссия: перевóдчик
Мéсто рабóты: фúрма «Транс-Хелп»

B. How would you fill out the form for yourself? Ask and answer questions as above.

Talking About Work and Study Schedules

Какóй сегóдня день?	Сегóдня понедéльник.

The word сегóдня is pronounced [севóдня].

АПРЕЛЬ					
понедéльник	1	8	15	22	29
втóрник	2	9	16	23	30
средá	3	10	17	24	
четвéрг	4	11	18	25	
пя́тница	5	12	19	26	
суббóта	6	13	20	27	
воскресéнье	7	14	21	28	

Notice that the first day of the week is Monday, not Sunday. The days of the week are not capitalized.

Когдá вы рабóтаете?	Я рабóтаю	в понедéльник. во втóрник. в срéду. в четвéрг. в пя́тницу. в суббóту. в воскресéнье.

6.8 Time Expressions: Days of the Week

у́тром   днём   вéчером   нóчью

Вы рабóтаете кáждый день?	Нет, тóлько в пя́тницу вéчером.

Скóлько часóв	в день в недéлю	вы рабóтаете?	1 час. 2 (3, 4) часá. 5 (6, 7, ...) часóв.

Also:
полчасá *0.5 hrs*
полторá часá *1.5 hrs*
2 с половúной часá *2.5 hrs*
5 с половúной часóв *5.5 hrs*

6.8 Time Expressions: *(For) How Many Hours?*

Вы рабóтаете и́ли у́читесь? 163

11. Когда́ они́ рабо́тают? Утром, днём и́ли ве́чером? Ско́лько часо́в?
Отве́тьте на вопро́сы.

1. Ле́на рабо́тает ка́ждый день? Нет, она́ рабо́тает **в понеде́льник у́тром, во вто́рник ве́чером, ...**

2. Когда́ рабо́тает И́горь?

3. Ско́лько часо́в рабо́тает Алексе́й в сре́ду?

4. Кто рабо́тает в четве́рг? Когда́?

5. Ско́лько часо́в в неде́лю рабо́тает Юра?

Make up five more questions about the chart and ask a partner to answer them.

Russians often use a 24-hour clock.

	пн.	вт.	ср.	чт.	пт.	сб.	вс.
8–11	Ле́на	И́горь	Алексе́й	Ле́на	Лари́са	Же́ня	Юра
11–17	Юра	Алексе́й	Лари́са	Же́ня	Ле́на	И́горь	И́горь
17–21	И́горь	Ле́на	Юра	Лари́са	Же́ня	Алексе́й	Ле́на

12. Вы рабо́таете ка́ждый день? Find out which of your classmates work. How many hours per week? Who works the most hours?

Дава́йте познако́мимся!

A. For each story, find the following information: the number of family members, marital status of the head of the household, professions and/or place of work or study. Then summarize the stories according to the model.

шко́льник, шко́льница *student (in a secondary school)*

Model: Оля шко́льница. Она́ у́чится в деся́том кла́ссе. Её ма́ма...

1. Меня́ зову́т Оля. Я учу́сь в шко́ле, в деся́том кла́ссе. Мы с ма́мой живём в двухко́мнатной кварти́ре, недалеко́ от це́нтра Москвы́. Моя́ ма́ма рабо́тает в магази́не, а па́па рабо́тает в ба́нке. Он с на́ми не живёт. Мои́ роди́тели разведены́.

2. Меня́ зову́т Ди́ма. Я учу́сь в специа́льной шко́ле англи́йского языка́. Моя́ ма́ма экономи́ст, а па́па инжене́р. Моя́ сестра́ Та́ня мла́дше меня́ на четы́ре го́да. Она́ у́чится в шесто́м кла́ссе.

3. Меня́ зову́т Еле́на. Я врач-педиа́тр и рабо́таю в поликли́нике № 23. У меня́ есть оди́н сын, Ко́ля. Он ещё у́чится в шко́ле. С на́ми живёт мой оте́ц. Он не рабо́тает. Он уже́ на пе́нсии.

164 Уро́к 6

4. Меня́ зову́т Алексе́й. Я студе́нт вече́рнего отделе́ния Моско́вского университе́та. Я та́кже рабо́таю в фи́рме «Мираком» 20 часо́в в неде́лю (обы́чно в понеде́льник, вто́рник и пя́тницу). Моя́ жена́ рабо́тает в шко́ле.

B. Group Activity. One student assumes the role of Оля, Ди́ма, etc. in each story. Other students ask questions.

Chapter Review

A. *You should now be able to . . .*

1. say what a person's profession is, where a person works and how long he or she has worked there
2. say that a person is unemployed or retired
3. say where a person is studying
4. say in what kinds of places students normally work
5. ask and answer questions about last name, first name, and patronymic; marital status; and address
6. ask what day of the week it is and respond
7. say on which days and for how many hours you work

For self-tests and additional practice, please go to the Book Companion Site, available at www.wiley.com/college/nummikoski

B. *Roleplay.* You are planning to invite several of your Russian friend's relatives to visit you in the summer. You need some biographical data in order to fill out some immigration paperwork. Ask your friend (played by a classmate) to give you the information you need on the phone.

You will need their full names, marital status, complete addresses, and their employment information, including length of employment.

C. *Directed Dialogue.* Get acquainted with a young Russian (played by a classmate). Find out the following information and modify your questions depending on the person's answers.

Where do your parents work? How long have they worked there?
Where do you study?
Is it a big or small university? Private or state university?
Do you work? Where?
Do you work every day? How many hours per week?
Are you married?
Do you have brothers or sisters? What do they do?
Are they married? Do they have children? Pets?

D. *Interview Video.* Где вы рабо́таете?

E. *Cultural Video.* Моско́вский Госуда́рственный университе́т – МГу.

Word Building

Adjectives From Nouns

In the English language, nouns can sometimes function as adjectives. Thus, *theater school* can become a *school theater* just by reversing the word order. In Russian, however, the modifier has to be an adjective not only by function, but also by form.

театра́льная шко́ла	*theater school*
шко́льный теа́тр	*school theater*

Adjectives are formed from nouns by adding various suffixes, such as -ск- and -(ль)н-, to the stem.

noun	adjective	noun	adjective
-ск-		**-(ль)н-**	
медици́на	медици́нский	ветерина́р	ветерина́рный
университе́т	университе́тский	шко́ла	шко́льный
го́род	городско́й	футбо́л	футбо́льный
-(ль)н-		центр	центра́льный
секре́т	секре́тный	му́зыка	музыка́льный
культу́ра	культу́рный	теа́тр	театра́льный

Combine these adjectives with the nouns that follow to make as many new places of employment as possible.

Model: музыка́льная шко́ла, футбо́льный институ́т

шко́ла	институ́т	теа́тр
больни́ца	центр	библиоте́ка

Acronyms

Acronyms of all kinds were abundant during the Soviet era. These were usually names of government offices, businesses, and political organizations. Among the political acronyms were комсомо́л (Коммунисти́ческий Сою́з Молодёжи, *Young Communist League*), колхо́з (коллекти́вное хозя́йство, *collective farm*), and компа́ртия (Коммунисти́ческая па́ртия, *Communist party*). Among company acronyms were Интури́ст (Иностра́нный тури́ст, *foreign tourist*), Госпла́н (госуда́рственный план, *state planning ministry*), Госба́нк (госуда́рственный банк, *state bank*), and hundreds of others.

ГРАММАТИКА

6.1 The Verb рабо́тать

Рабо́тать is a regular first-conjugation verb. Write the endings here.

рабо́тать

я рабо́та_____

ты рабо́та_____

он/она́ рабо́та_____

мы рабо́та_____

вы рабо́та_____

они́ рабо́та_____

In this lesson you will learn to say *where* people work. For the time being, do not attempt to use expressions such as "My brother *works as an engineer* in a factory." Instead, you can say the following.

> Мой брат инжене́р. Он рабо́тает на заво́де.
> *My brother is an engineer. He works in a factory.*

When you inquire about a person's profession, you can say:

Кто она́ по профе́ссии?	or Кто она́?
Кто твоя́ мать по профе́ссии?	Кто твоя́ мать?

Notice the difference between the questions

Кто э́то?	and Кто он? Кто она́?
Who is this/he/she?	*What is he/she? What is his/her profession?*
	(What does he/she do?)

Упражне́ния

1. Fill in the verb **рабо́тать** in the correct form.

1. Где ты _____?
2. Я _____ в больни́це.
3. А где _____ твой оте́ц?
4. Он _____ на заво́де.
5. Мы _____ в рестора́не.
6. Анна Петро́вна, где вы _____?
7. Я уже́ давно́ _____ в э́той шко́ле.
8. Ле́на и И́горь то́же _____ здесь.
9. Мой роди́тели не _____.
10. Где _____ твоя́ сестра́?

2. Кто где рабо́тает? Write complete sentences with the words given. Remember to use the prepositional case and the correct preposition. **На** is given where applicable; otherwise, use the preposition **в**.

> **Model:** я/рестора́н   **Я рабо́таю в рестора́не.**

1. мы/больни́ца
2. моя́ ба́бушка/музе́й
3. Ли́за и Воло́дя/фе́рма/на
4. вы/стро́йка/на/?
5. мой брат/до́ма (no prep.)

6. я/лаборато́рия
7. ты/поликли́ника/?
8. моя́ ма́ма/шко́ла
9. твой оте́ц/заво́д/на/?
10. э́тот студе́нт/магази́н

3. Write the corresponding questions.

> **Model:** Моя́ ма́ма профе́ссор.   **Кто твоя́ ма́ма по профе́ссии?**

1. Мой оте́ц врач.
2. Моя́ ма́ма? Она́ рабо́тает в больни́це.
3. Нет, она́ то́же врач.
4. Нет, не о́чень давно́. Она́ рабо́тает там то́лько два го́да.
5. Я программи́ст.
6. Я рабо́таю в фи́рме «Заря́».
7. Нет, не о́чень больша́я.
8. Да, моя́ сестра́ рабо́тает.
9. В фи́рме «Экспре́сс». Она́ бухга́лтер.
10. Три го́да.

6.2 Negative Sentences

The negatives *nowhere, nobody,* and so on are formed with the prefix **ни-**. The Russian language uses a *double negative* in complete sentences; the verb is preceded by another negation, **не**.

кто	*who*	**никто́**	*nobody*	
где	*where*	**нигде́**	*nowhere*	
что	*what*	**ничего́**	*nothing*	(pronounced [ничево́]; this word does not follow the basic rule for formation)

Здесь **никто́ не** говори́т по-япо́нски.
Nobody speaks Japanese here.

Я **нигде́ не** рабо́таю.
I do not work anywhere.

Где ты рабо́таешь? **Нигде́**.   (not a complete sentence)
Where do you work? Nowhere.

Я **ничего́ не** зна́ю о Сиби́ри.
I do not know anything about Siberia.

Упражне́ние

4. Answer the questions in the negative in complete sentences.

> **Model:** Где ты рабо́таешь?   **Я нигде́ не рабо́таю.**
> Что ты зна́ешь об Аля́ске?   **Я ничего́ не зна́ю об Аля́ске.**

1. Где рабо́тает твой де́душка?
2. Анна и Ле́на, что вы зна́ете об Аме́рике?
3. Где рабо́тают твои́ роди́тели?
4. Кто здесь говори́т по-кита́йски?
5. Что ты ду́маешь об э́том (*about this*)?

6.3 The Verb учи́ться

Учи́ться is a reflexive verb, hence the longer endings in the conjugated forms. You will learn more about reflexive verbs in Chapter 7. For the time being, memorize the endings. The verb **учи́ться** is used to denote *the place* of study, either expressed or implied.

Где вы у́читесь?   Я учу́сь в университе́те.
Where do you study?   *I study at a university.*

Вы рабо́таете и́ли у́читесь?   Я учу́сь.
Do you work or study?   *I study.*

The verb **учи́ться** is also used to refer to the *quality* of studying.

> Он хорошо́ у́чится.
> literally: *He studies well. (i.e., He is a good student.)*

Pay attention to the shift in stress from the ending in the first-person singular *to the stem* in the other present-tense forms.

учи́ться

я учу́сь	мы у́чимся
ты у́чишься	вы у́читесь
он/она́ у́чится	они́ у́чатся

5. Fill in the missing verb endings.

1. Мой брат уч_____ в университе́те.
2. Где вы уч_____?
3. Мы уч_____ в медици́нском университе́те.
4. Ты давно́ уч_____ в Моско́вском университе́те?
5. Нет, неда́вно. Я уч_____ там то́лько два го́да.
6. Где уч_____ Лари́са и Ми́тя?
7. Они́ уч_____ в Ки́евском университе́те.

6.4 Prepositional Case (Singular): Adjectives and Possessive and Demonstrative Pronouns

A. Adjectives. Adjectives agree with the *nouns* they modify, not only in gender and number (како́й/кака́я/како́е/каки́е) but also *in case*. In Chapter 5 you learned to ask:

В как**о́м** го́род**е** ты живёшь?
In what city do you live?

В как**о́й** стран**е́** ты живёшь?
In what country do you live?

In these examples, the adjectives are in the prepositional case along with the nouns they modify. Examine the following.

Я рабо́таю в больш**о́м**, хоро́ш**ем** рестора́не.
I work in a big, good restaurant.

(adjectives agree with the masculine noun **рестора́н)**

Моя́ сестра́ рабо́тает в хоро́ш**ей**, но́в**ой** больни́це.
My sister works at a good, new hospital.

(adjectives agree with the feminine noun **больни́ца)**

Я живу́ в больш**о́м** зда́нии.
I live in a big building.

(adjective agrees with the neuter noun **зда́ние)**

<table>
<tr><td colspan="2" align="center">SIMPLIFIED RULE FOR THE PREPOSITIONAL
SINGULAR OF ADJECTIVES</td></tr>
<tr><td align="center">M, N</td><td align="center">-ом/ем*</td></tr>
<tr><td align="center">F</td><td align="center">-ой/ей*</td></tr>
</table>

*The choice between the endings -ом/ем and -ой/ей is determined by Spelling Rule 3.

Spelling Rule 3:	After **ж, ч, ш, щ,** and **ц,** write **о** in stressed singular endings, and **е** in unstressed singular endings.

больш**о́й**   больш-**о́м**
больш**а́я**   больш-**о́й**
but:
хоро́ший   хоро́ш-**ем**
хоро́шая   хоро́ш-**ей**

Упражне́ние

6. Finish the sentences with the correct form of the words in parentheses.

1. Америка́нский президе́нт рабо́тает в (Бе́лый дом).
2. Мой па́па рабо́тает на (большо́й заво́д).
3. Лари́са рабо́тает в (ма́ленькая шко́ла).
4. Са́ша рабо́тает в (медици́нский институ́т).
5. Ка́рлос рабо́тает в (кита́йский рестора́н).
6. Учёные рабо́тают в (хоро́шая лаборато́рия).
7. Моя́ ма́ма рабо́тает в (но́вая библиоте́ка).
8. Мы живём в (высо́кое зда́ние).
9. Эта балери́на рабо́тает в (Большо́й теа́тр).
10. Врач рабо́тает в (но́вая поликли́ника).
11. Этот журнали́ст рабо́тает в (моско́вская газе́та).
12. Мой дя́дя рабо́тает на (больша́я фе́рма).
13. Мои́ друзья́ Ми́ша и Юра живу́т в (ма́ленький го́род).
14. Мои́ ба́бушка и де́душка живу́т в (краси́вый, ста́рый дом).
15. Мы живём на (Пу́шкинская у́лица).

B. Possessive and demonstrative pronouns. Examine the following sentences.

В э́том магази́не рабо́тают студе́нты.
There are students working in this store.

Мой брат рабо́тает в э́той больни́це.
My brother works in this hospital.

В ва́шем до́ме есть гара́ж?
Is there a garage in your house?

В мое́й ко́мнате стои́т большо́й телеви́зор.
There is a big TV in my room.

Note: The third-person possessives **его́, её,** and **их** are not declined.

В его́ ко́мнате стои́т большо́й телеви́зор.
There is a big TV in his room.

POSSESSIVE AND DEMONSTRATIVE PRONOUNS: PREPOSITIONAL SINGULAR	
Masc./Neuter	**Fem.**
моём/твоём	**мое́й/твое́й**
на́шем/ва́шем	**на́шей/ва́шей**
э́том/том	**э́той/той**

Упражне́ние

7. Complete the sentences with the correct form of the words in parentheses.

1. Мы живём на (э́та у́лица).
2. В (наш го́род) есть хоро́шие университе́ты.
3. Ско́лько лет ты у́чишься в (э́тот университе́т)?
4. В (ва́ша библиоте́ка) есть ру́сские кни́ги?
5. В (на́ша лаборато́рия) рабо́тают ру́сские учёные.
6. В (э́то зда́ние) есть лифт (*elevator*)?
7. В (моя́ ко́мната) больши́е о́кна.
8. Ты ничего́ не зна́ешь о (мой го́род).
9. В (ваш университе́т) есть хоро́шая библиоте́ка?
10. На (ва́ша у́лица) есть магази́ны?

C. Какой? *What/which? What kind?* The adjective **какой** can be used to inquire about a *name* or about *quality*. For instance, the following question can be answered in two ways.

В **каком** го́роде ты живёшь?	Я живу́ **в Москве́**. (indicating the name of the city)
	or: Я живу́ в **большо́м** го́роде. (indicating quality)

Note: The adjective **какой** has to be used in questions in which *what* is followed by a noun. Thus, questions such as *What city? What university?* and so on require the use of **какой** (not **что**). Compare the following examples.

> Что э́то?
> ***What** is this?* (no noun following)

but: Это како́й го́род?
> ***What city** is this?* (followed by a noun)

and: В како́м го́роде ты живёшь?
> ***In what city** do you live?* (followed by a noun)

Упражне́ния

8. Write questions using **какой (кака́я, како́е)** in the prepositional case.

Model:	Я живу́ в **Калифо́рнии.**	**В како́м шта́те ты живёшь?**
	Ло́ндон нахо́дится в **Англии.**	**В како́й стране́ нахо́дится Ло́ндон?**

1. Я живу́ в **Кана́де.**
2. Кра́сная пло́щадь нахо́дится в **Москве́.**
3. Я рабо́таю в **музыка́льной** шко́ле.
4. Остин нахо́дится в **Теха́се.**
5. Флори́да нахо́дится в **США.**
6. Он рабо́тает в **большо́м** зда́нии.
7. Мой па́па рабо́тает в **медици́нском** университе́те.
8. Мы живём в **ма́ленькой** кварти́ре.
9. Я учу́сь в **Моско́вском** университе́те.
10. Ле́на у́чится в **бале́тной** шко́ле.

9. Addresses. Write the questions and supply the missing words in the answers.

Model: г. Москва́, ул. Тверска́я, д. 13, кв. 14.

В како́м го́роде вы живёте?	Я живу́ в Москве́.
На како́й у́лице?	На Тверско́й у́лице.
В како́м до́ме?	В до́ме но́мер 13.
В како́й кварти́ре?	В кварти́ре но́мер 14.

1. г. Санкт-Петербу́рг, ул. Звёздная, д. 2, кв. 42.

_____ Я живу́ в Санкт-Петербу́рге.

_____ На Звёздн_____ у́лиц_____.

_____ _____ но́мер 2.

_____ _____ но́мер 42.

2. г. Му́рманск, ул. Садо́вая, д. 3, кв. 12.

_____ Я живу́ _____.

_____ На Садо́в_____ у́лиц_____.

_____ _____ но́мер 3.

_____ _____ но́мер 12.

10. Finish the sentences with the preposition **о** (*about*) and the prepositional case. Remember that the preposition **о** becomes **об** when followed by a vowel sound.

Model: **Я говорю́ об э́том го́роде.**
Я говорю́ о на́шей соба́ке.

1. Мы говори́м (моя́ ма́ленькая соба́ка).
2. Я ничего́ не зна́ю (э́тот университе́т).
3. Что ты зна́ешь (мой брат Ива́н)?
4. Серге́й ничего́ не зна́ет (мой краси́вый го́род).
5. Мы ничего́ не зна́ем (твоя́ но́вая жена́).
6. Они́ говоря́т (наш но́вый профе́ссор).
7. Я ду́маю (на́ша рабо́та).
8. Ру́сские мно́го (*a lot*) зна́ют (на́ша краси́вая страна́).
9. Что вы зна́ете (э́та музыка́льная шко́ла)?
10. Я ничего́ не зна́ю (твой но́вый муж).

11. Write the appropriate **како́й** questions for each of the following answers.

Model: Они́ говоря́т о Ло́ндоне.   **О како́м го́роде они́ говоря́т?**
Мы говори́м о Росси́и.   **О како́й стране́ мы говори́м?**

1. Я говорю́ о Кана́де.
2. Он говори́т о Москве́.

3. Мы говори́м об Орего́не.
4. Она́ говори́т о Моско́вском университе́те.
5. Они́ говоря́т о Во́лге.
6. Он говори́т о Байка́ле.
7. Мы говори́м о газе́те «Аргуме́нты и фа́кты».
8. Я говорю́ о рома́не «Анна Каре́нина».
9. Они́ говоря́т о Чёрном мо́ре.
10. Мы говори́м об Англии.

6.5 Prepositional Case of Personal Pronouns

You have so far learned the nominative (subject) and accusative (object) case forms of personal pronouns, as well as the nominative case forms of the question words **кто** and **что**. We will now add the *prepositional* case forms.

О ком она́ говори́т? Она́ говори́т **о тебе́.**
Who is she talking about? She is talking about you.

О чём ты ду́маешь?
What are you thinking about?

Что ты зна́ешь о Лари́се? Я ничего́ не зна́ю **о ней.**
What do you know about Larisa? I do not know anything about her.

Что вы зна́ете о Му́рманске? Мы ничего́ не зна́ем **о нём.**
What do you know about Murmansk? We do not know anything about it.

PREPOSITIONAL CASE OF PERSONAL PRONOUNS

Nom.	я	ты	он	она́	оно́	мы	вы	они́
Prep.	мне	тебе́	нём	ней	нём	нас	вас	них

Note: The preposition о becomes **о́бо** before the form **мне**: о́бо мне́ (*about me*).

QUESTION WORDS (INTERROGATIVE PRONOUNS)

Nom.	кто	что
Prep.	ком	чём

12. О ком они́ говоря́т и́ли ду́мают? Write complete sentences according to the model.

Model: я/ты/говори́ть   **Я говорю́ о тебе́, и ты говори́шь о́бо мне́.**

1. он/она́/ду́мать
2. мы/вы/говори́ть
3. я/ты/ду́мать
4. я/он/говори́ть
5. она́/они́/ду́мать

13. Answer the questions with the negative **ничего́** (*nothing*), replacing the nouns with pronouns where applicable. Remember the double negative.

Model: Что ты зна́ешь об Африке?   **Я ничего́ не зна́ю о ней.**

1. Что ты зна́ешь о́бо мне́?
2. Что вы зна́ете о Серге́е?
3. Что они́ зна́ют о тебе́?
4. Что вы зна́ете о рома́не «Ти́хий Дон»?
5. Что ты зна́ешь об э́том писа́теле?
6. Что они́ зна́ют о моём бра́те?
7. Что она́ зна́ет о твое́й сестре́?
8. Что он зна́ет об э́том университе́те?
9. Что вы зна́ете о Росси́и?
10. Что ты зна́ешь о моём го́роде?

14. Write the questions with **о ком** or **о чём**.

Model: Я говорю́ о Лари́се.   **О ком ты говори́шь?**
Он говори́т о Кавка́зе.   **О чём он говори́т?**

1. Мы говори́м о Серге́е.
2. Они́ ду́мают о́бо мне́.
3. Он говори́т о Лари́се.
4. Мы ду́маем о тебе́.
5. Они́ говоря́т о космона́вте Гага́рине.
6. Она́ ду́мает о Воло́де.
7. Я говорю́ о Нью-Йо́рке.
8. Она́ говори́т о Москве́.

6.6 Prepositional Case (Plural): Nouns

The endings for the prepositional plural are the same for all genders.

Студе́нты ча́сто рабо́тают в рестора́нах.
Students often work in restaurants.

Ру́сские студе́нты живу́т в общежи́тиях и́ли на кварти́рах?
Do Russian students live in dorms or apartments?

	Nominative Sg.		Prepositional Pl.	
Masc.				
hard stem	рестора́н	-ø	рестора́нах	-ах
soft stem	музе́й	-й	музе́ях	-ях
	слова́рь	-ь	словаря́х	-ях
Fem.				
hard stem	шко́ла	-а	шко́лах	-ах
soft stem	спа́льня	-я	спа́льнях	-ях
	пло́щадь	-ь	площадя́х	-ях
Neuter				
hard stem	письмо́	-о	пи́сьмах	-ах
soft stem	зда́ние	-е	зда́ниях	-ях

SIMPLIFIED RULE FOR THE PREPOSITIONAL PLURAL OF NOUNS	
Pl.	**-ах/ях**

Nouns with irregular nominative plurals have irregular prepositional plurals.

nom. sg		nom. pl.	prep. pl.
друг	*friend*	друзья́	друзья́х
брат	*brother*	бра́тья	бра́тьях
челове́к	*person*	лю́ди	лю́дях
ребёнок	*child*	де́ти	де́тях

Упражнéние

15. Complete the sentences with the prepositional plural and an appropriate preposition.

1. Официáнты рабóтают (ресторáн).

2. Учителя́ рабóтают (шкóла).

3. Медсёстры рабóтают (больни́ца).

4. Библиотéкари рабóтают (библиотéка).

5. Эти учёные рабóтают (музéй).

6. Мы говори́м (лóшадь).

7. Я ничегó не зна́ю (собáка и кóшка).

8. Кóля и Лéна говоря́т (учи́тель).

9. Каки́е студéнты живу́т (общежи́тие)?

6.7 Prepositional Case (Plural): Adjectives and Possessive and Demonstrative Pronouns

As with nouns, the prepositional plural endings for modifiers are the same for all genders. Examine the following sentences.

Что вы знáете об **э́тих** ру́сск**их** композú́тор**ах**?
What do you know about these Russian composers?

Где интерéснее жить: в больши́х, нó**вых** городáх и́ли в мáленьк**их**, стáр**ых** городáх?
Where is it more interesting to live, in big new cities or in small old cities?

О чём интерéснее говори́ть: о **егó** проблéм**ах** и́ли о **мои́х** проблéм**ах**?
What is more interesting to talk about, his problems or mine?

Remember that the third-person possessives егó, её, and их are not declined.

SIMPLIFIED RULE FOR THE PREPOSITIONAL PLURAL OF ADJECTIVES	
Pl.	**-ых/их***

*Spelling Rule 1 is applied.

POSSESSIVE AND DEMONSTRATIVE PRONOUNS: PREPOSITIONAL PLURAL		
Masc./Neuter	**Fem.**	**Pl.**
моём/твоём	моей/твоей	**моих/твоих**
нашем/вашем	нашей/вашей	**наших/ваших**
этом/том	этой/той	**этих/тех**

Упражнения

16. Answer the question *in the plural* for the topics listed.

   Model: О ком/чём вы говорите?
   Мы говорим о моих подругах, о наших…

1. моя подруга
2. наша бабушка
3. его русский друг
4. наша большая собака
5. твой новый профессор
6. наш русский студент
7. этот русский писатель
8. известный русский композитор
9. хороший российский университет
10. эта русская артистка
11. интересная профессия
12. это высокое здание
13. его проблема
14. их квартира
15. наше общежитие

17. Finish the sentences with the words in parentheses.

1. Я ничего не знаю о _____ (*Russian dogs*).
2. Мы говорим о _____ (*old cars*).
3. Они говорят о _____ (*my Russian friends*).
4. Я думаю о _____ (*my parents*).
5. В _____ (*our cities*) есть большие универмаги.
6. В _____ (*American apartments*) есть балконы?
7. Лена и Лиза говорят об _____ (*these students*).

8. Что вы зна́ете о _____ (*our universities*)?

9. Они́ ничего́ не зна́ют об _____ (*American schools*).

10. Кто живёт в _____ (*these buildings*)?

6.8 Time Expressions

A. Days of the week. To say *on Monday, on Tuesday,* and so on, you need the preposition **в** and the *accusative case,* which will be discussed in detail in Chapter 7.

Words ending in **-a** have the ending **-y** in this function.

	Когда́?	*When?*
среда́	в сре́ду	*on Wednesday*
пя́тница	в пя́тницу	*on Friday*
суббо́та	в суббо́ту	*on Saturday*

The following days do not differ from the nominative case form in this function.

	Когда́?	*When?*
понеде́льник	в понеде́льник	*on Monday*
вто́рник	**во** вто́рник	*on Tuesday*
четве́рг	в четве́рг	*on Thursday*
воскресе́нье	в воскресе́нье	*on Sunday*

The expressions *in the morning, in the daytime,* and so on *do not require a preposition.*

у́тро	у́тром	*in the morning*
день	днём	*in the daytime, in the afternoon*
ве́чер	ве́чером	*in the evening*
ночь	но́чью	*at night*

These expressions can be combined with the days of the week.

в суббо́ту у́тром	*on Saturday morning*
в понеде́льник ве́чером	*on Monday evening*

Упражнéние

18. Look at the chart and answer the questions that follow in complete sentences.

When?	Mon.	Tue.	Wed.	Thur.	Fri.	Sat.	Sun.
morning	Lena		Sasha	Sergei	Sasha	Sergei	Sasha
afternoon		Sergei	Lena		Lena		Lena
evening	Sergei	Sasha	Sergei	Sasha		Lena	Sergei

    1. Когдá рабóтает Лéна?

    2. Когдá рабóтает Сáша?

    3. Когдá рабóтает Сергéй?

B. (For) How many hours? You have already learned to say how many *years* you have lived and worked in a place. You will now learn to say how many *hours* a day or week you work.

1	2, 3, 4	5, 6, ... скóлько	
год	гóда	лет	*years*
час	**часá**	**часóв**	*hours*

Скóлько **часóв в день** вы рабóтаете? Я рабóтаю **вóсемь часóв в день.**

How many hours per day do you work? I work eight hours per day.

Америкáнцы обы́чно рабóтают **40 часóв в недéлю.**
Americans usually work 40 hours per week.

The forms **в день** (*per day*) and **в недéлю** (*per week*) are time expressions with the accusative case (like the days of the week). For the time being, memorize these two expressions.

Упражне́ние

19. How many hours per day or week do these people work? Decide which form (per day or week) would be the most appropriate and write complete sentences according to the model.

Model: Еле́на/4   **Еле́на рабо́тает 4 часа́ в день.**
Серге́й/25   **Серге́й рабо́тает 25 часо́в в неде́лю.**

1. Ле́на/22
2. Алексе́й/8
3. моя́ ма́ма/13
4. профе́ссор Во́дкин/35
5. мой брат/4
6. я/21
7. Воло́дя и Ни́на/3
8. вы/1
9. мы/34
10. ты/6

Vocabulary

Note: The core vocabulary is **boldfaced**.

Nouns

Professions

архите́ктор	*architect*
барме́н	*bartender*
библиоте́карь	*librarian*
бизнесме́н	*businessman*
бухга́лтер	*bookkeeper*
ветерина́р	*veterinarian*
врач	*physician*
дире́ктор	*director*
домохозя́йка	*housewife*
домрабо́тница	*maid*
журнали́ст	*journalist*
зубно́й врач	*dentist*
инжене́р	*engineer*
лабора́нт	*laboratory technician*
матема́тик	*mathematician*
медсестра́/медбра́т	*nurse*
ме́неджер	*manager*
меха́ник	*mechanic*
ня́ня	*nanny*
официа́нт/ка	*waiter/waitress*
перево́дчик	*translator*
писа́тель *m.*	*writer*
преподава́тель *m.*	*teacher*
программи́ст	*programmer*
продаве́ц, *pl.* **продавцы́**	*salesman*
продавщи́ца	*saleswoman*

профе́ссия, по профе́ссии	profession, by profession		

профе́ссия,
  по профе́ссии | profession,
  by profession

секрета́рь *m.* | secretary

стро́итель *m.* | construction worker

учёный, *pl.* учёные | scientist

учи́тель *m.*,
  pl. учителя́ | teacher (elementary,
  secondary school)

учи́тельница | teacher

фе́рмер | farmer

фи́зик | physicist

хи́мик | chemist

шко́ль/ник, -ница | student (in
  elementary and
  secondary school)

экономи́ст | economist

юри́ст | lawyer

Places

бар | bar

бюро́ *indecl.* | bureau

до́ма | at home

заво́д (на) | factory, plant

институ́т | institute

компа́ния | company

лаборато́рия | laboratory

о́фис | office

поликли́ника | health clinic

стро́йка (на) | construction site

фа́брика (на) | factory (light
  industry)

фе́рма (на) | farm

фи́рма | company

центр
  торго́вый центр | center
  shopping center

шко́ла | school (elementary
  and secondary)

Days of the week

понеде́льник | Monday

вто́рник | Tuesday

среда́ | Wednesday

четве́рг | Thursday

пя́тница | Friday

суббо́та | Saturday

воскресе́нье | Sunday

Other nouns

а́дрес | address

безрабо́тный | unemployed

день *m.*
  в день | day
  per day

же́нщина | woman

и́мя *n.* | first name

ме́сто | place

мужчи́на | man

неде́ля
  в неде́лю | week
  per week

о́тчество | patronymic

пе́нсия
  на пе́нсии | pension
  retired

положе́ние | status

рабо́та (на) | job, work

рекла́ма | advertisement

фами́лия | last name

час, часа́, часо́в | hour

Adjectives

городско́й | city

госуда́рственный | state, public

же́нский | women's, female

медици́нский | medical

музыка́льный | musical

прести́жный	prestigious	иногда́	sometimes
центра́льный	central	ка́ждый день	every day
ча́стный	private	когда́	when
		но́чью	at night

Verbs

рабо́та	ть (I)	to work
учи́ться (II)	to study
учу́сь,	
у́чишься,	
у́чатся	

обы́чно	usually
полови́на, с полови́ной	half
полтора́ часа́	one and one half hours
полчаса́	half an hour
сего́дня	today
ско́лько часо́в	how many hours
у́тром	in the morning

Other vocabulary

Marital status

жена́т	married (of a man)
за́мужем	married (of a woman)
не за́мужем	single (of a woman)
разведён, разведена́ разведены́	divorced
хо́лост	single (of a man)

Other

и...и	both . . . and
ещё	still
нигде́	nowhere
ничего́	nothing
уже́	already
уже не́	not any more

Time expressions

| ве́чером | in the evening |
| днём | in the afternoon |

THEMES

- Telling time
- Discussing mealtimes
- Talking about daily activities
- Saying where you are going
- Expressing frequency of actions

CULTURE

- Moscow time
- Time zones
- Russian mealtimes
- Household chores

STRUCTURES

- Time expressions: Hours and the nouns врéмя and час
- Verbs зáвтракать, обéдать, and ýжинать
- Time expressions: *At what time*
- Reflexive verbs
- Conjugation of verbs
- Accusative case: Inanimate nouns
- Expressing direction: в/на + accusative
- Time expressions: Frequency of actions
- Verbs of motion: идти versus ходить

Лю́ди гуля́ют в Алексáндровском садý.

Telling Time

Ско́лько сейча́с вре́мени?
 	
Кото́рый час?
	Сейча́с **час**.
	       два **часа́**.
	       пять **часо́в**.

7.1 Time Expressions: Hours and the Nouns вре́мя and час

Сейча́с **час**.   Сейча́с три **часа́**.   Сейча́с во́семь **часо́в**.   Сейча́с де́вять три́дцать.

Кремлёвские кура́нты и моско́вское вре́мя

The chimes of the huge clock on the Savior Tower on Red Square give the citizens of Moscow the official time. The chimes also mark many special events, such as the New Year, when thousands of Muscovites gather on Red Square to celebrate. The presidential address is broadcast to Red Square closely coordinated with the strikes of the Кремлёвские кура́нты.

Моско́вское вре́мя – восемна́дцать часо́в.

1. Кото́рый час?

A. Look at the map below. What is the time difference between your city and Moscow? If you wanted to call your friend in Moscow between 7 P.M. and 9 P.M. local time, what time would it be in your city?

B. Éсли (*If*) в Ло́ндоне сейча́с 12 часо́в дня, кото́рый час в Москве́? А во Владивосто́ке? В Ана́дыре?

Кото́рый час в ва́шем го́роде, когда́ в Москве́ 3 часа́ дня?

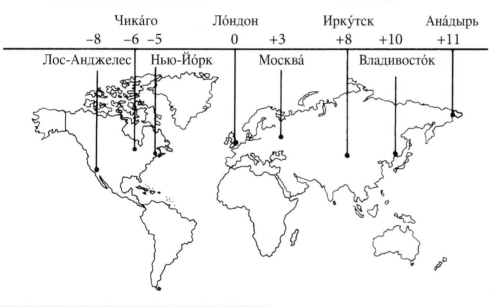

СЕВЕРНАЯ АМЕРИКА   **РОССИЯ**

Чика́го   Ло́ндон   Ирку́тск   Ана́дырь
−8   −6 −5   0   +3   +8   +10   +11
Лос-Анджелес   Нью-Йо́рк   Москва́   Владивосто́к

Discussing Mealtimes

За́втрак, обе́д и у́жин

There are three main meals in a day. За́втрак (*breakfast*) is typically rather heavy and may include fried eggs and potatoes, sausages, bread and butter, cheese, porridge, tea, or coffee. Обе́д (*midday meal, lunch, dinner*), between 12 P.M. and 3 P.M., ranges from a light "lunch" to a full three-course meal, depending on the person. У́жин (*supper*) is usually served between 6 P.M. and 9 P.M. In recent years, many restaurants have started offering a би́знес-ланч from 12 to 5 P.M., followed by an обе́д in the evening.

Рестора́н «Метрополь»
За́втрак ежедне́вно с 7:00 до 10:30
Би́знес-ланч с 12:00 до 15:00
Обе́д ежедне́вно с 19:00 до 24:00

Переры́в на обе́д
13:00–14:00

	завтракаешь?	завтракаю **в 7 часо́в**.
Во ско́лько ты **Когда́**	обе́даешь?	Я обе́даю **в 3 часа́**.
	у́жинаешь?	у́жинаю **в 8.30** (во́семь три́дцать).
Во ско́лько вы за́втракаете?		Я **никогда́ не** за́втракаю.

Russians often express time with a period, not with a colon.

7.2 Verbs за́втракать, обе́дать, and у́жинать
7.3 Time Expressions: *At What Time?*

Это **за́втрак**. Са́ша **за́втракает**.

Это **обе́д**. В воскресе́нье **вся** семья́ **обе́дает вме́сте**. Как вы ду́маете, они́ обе́дают **бы́стро** и́ли **ме́дленно**?

Это **у́жин.** Во ско́лько **у́жинает** Са́ша?

А вы?

- Во ско́лько вы за́втракаете?
- Вы за́втракаете бы́стро или ме́дленно?
- Во ско́лько вы обе́даете?
- Ва́ша семья́ обе́дает вме́сте?

2. Во ско́лько они́ за́втракают?

A. When do the following people eat their meals?

S1: Во ско́лько за́втракает (обе́дает/у́жинает) Ди́ма?

S2: Он за́втракает в 7 часо́в.

	Ди́ма	Андре́й	Та́ня	Оля	Воло́дя	Же́ня
за́втрак	7.00	8.00	—	7.30	6.30	8.30
обе́д	2.00	5.00	6.00	1.00	3.00	5.30
у́жин	7.30	10.00	9.30	8.00	8.30	

B. Interview three classmates and find out when they eat their meals. Report the results to the class.

Talking About Daily Activities

Во ско́лько вы **встаёте**?	Я **встаю́** в 6.30.
Во ско́лько вы **ложи́тесь спать**?	Я **ложу́сь спать** в 11 часо́в.

7.4 Reflexive Verbs

лож|и́ться (II)	
я ложу́сь	мы ложи́мся
ты ложи́шься	вы ложи́тесь
он/она́ ложи́тся	они́ ложа́тся

встава́ть (I)	
я встаю́	мы встаём
ты встаёшь	вы встаёте
он/она́ встаёт	они́ встаю́т

сп|ать (II)	
я сплю	мы спим
ты спишь	вы спи́те
он/она́ спит	они́ спят

Она́ **встаёт** в семь часо́в.

Ни́на **ложи́тся спать** в оди́ннадцать часо́в.

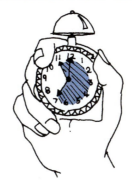

Ско́лько часо́в она́ **спит**? Она́ спит во́семь часо́в.

Это **ра́но** у́тром.   Это **по́здно** ве́чером.

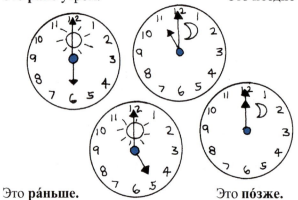

Это **ра́ньше**.   Это **по́зже**.

Как по-ва́шему?

• Ложи́ться спать в 11 часо́в ве́чера – э́то ра́но
  и́ли по́здно?
• Вы ложи́тесь спать ра́ньше и́ли по́зже?
• Встава́ть в 7 часо́в утра́ – э́то ра́но?
• Вы встаёте ра́ньше, чем в 7 часо́в? Или
  мо́жет быть по́зже?

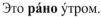 **3. Во ско́лько они́ встаю́т? Во ско́лько они́ ложа́тся спать?**

A. Some people need more sleep than others. Examine the chart and
answer the questions that follow.

	Воло́дя	Ни́на	Оля	Ле́на	Гри́ша
ложи́тся спать	11.00	12.30	12.00	10.30	10.00
встаёт	7.00	6.30	8.00	5.30	5.00

  1. Кто ра́но встаёт?

  2. Кто по́здно ложи́тся спать?

  3. Кто ложи́тся спать ра́ньше: Воло́дя и́ли Ни́на?

  4. Во ско́лько ложи́тся спать Ле́на? А Гри́ша?

  5. Кто встаёт по́зже: Оля и́ли Ле́на?

  6. Во ско́лько встаёт Ни́на? А Воло́дя?

  7. Ско́лько часо́в спит Воло́дя но́чью?

  8. А Ни́на ско́лько часо́в спит?

  9. Кто спит бо́льше: Гри́ша и́ли Оля?

  10. Кто спит ме́ньше: Оля и́ли Ни́на?

B. Find out when your classmates go to bed and when they get up.
Who sleeps the least?

Что он **де́лает**?	Он чита́ет	рома́н. газе́ту. письмо́. кни́ги.

7.5 Conjugation of Verbs
7.6 Accusative Case: Inanimate Nouns

Что она́ де́лает? Она́...

сиди́т на дива́не

чита́ет газе́ту

сиди́т на полу́

смо́трит телеви́зор

стои́т на полу́

говори́т по телефо́ну

лежи́т в крова́ти

слу́шает му́зыку

принима́ет душ

одева́ется

раздева́ется

гото́вит за́втрак

мо́ет посу́ду

убира́ет кварти́ру

стира́ет

> The verb **гуля́ть** has no direct equivalent in English. It implies walking for pleasure and can be translated as *to be out walking, to play hooky, to have a good time,* etc.

А что де́лают студе́нты?

Са́ша **занима́ется.**

Оля де́лает уро́ки. Она́ **пи́шет упражне́ние.**

Этот студе́нт никогда́ не занима́ется. Днём он спит, а но́чью **гуля́ет.**

7.5 Conjugation of Verbs

4. Ивано́вы. *The Ivanov family.*

    A. Create sentences by selecting one item from each column.

        S1: Что де́лает па́па?

        S2: Он лежи́т на дива́не и спит.

ма́ма			спит
па́па		на полу́	де́лает уро́ки
ко́шка		на дива́не	говори́т по телефо́ну
соба́ка	сиди́т	на столе́	слу́шает му́зыку
сын Ми́тя	стои́т	на сту́ле	смо́трит телеви́зор
дочь Ле́на	лежи́т	на крова́ти	чита́ет газе́ту
ба́бушка		на ку́хне	обе́дает
де́душка			гото́вит обе́д
			занима́ется
			пи́шет письмо́

    B. В общежи́тии. Continue asking similar questions about various students.

5. Распоря́док дня. *Daily schedule.*

    A. Here are three days from Sasha's weekly schedule. Discuss his activities using the question formats given, changing the boldfaced phrases.

    Что он де́лает **в понеде́льник у́тром (в 7 часо́в)**?

    Во ско́лько он **обе́дает во вто́рник**?

	понеде́льник (пн.)	вто́рник (вт.)	среда́ (ср.)
7.00	встаёт, принима́ет душ, одева́ется, гото́вит за́втрак	спит	спит
8.00	за́втракает		встаёт, принима́ет душ, одева́ется, за́втракает
9.00	**идёт в университе́т**[1]	встаёт, одева́ется	убира́ет кварти́ру
10.00	слу́шает ле́кцию	идёт в университе́т	идёт в университе́т
11.00		слу́шает ле́кцию	слу́шает ле́кцию
12.00	пи́шет рефера́т[2] в компью́терной лаборато́рии	обе́дает	
13.00	обе́дает	занима́ется в компью́терной лаборато́рии	обе́дает
14.00	чита́ет кни́гу, слу́шает му́зыку		пи́шет рефера́т в компью́терной лаборато́рии
15.00			слу́шает ле́кцию

[1] goes to the university

[2] paper

	понеде́льник (пн.)	вто́рник (вт.)	среда́ (ср.)
16.00	**идёт домо́й**[3]	гуля́ет	спит в библиоте́ке
17.00	спит		занима́ется в библиоте́ке
18.00	гото́вит у́жин, у́жинает	идёт домо́й	идёт домо́й
19.00	мо́ет посу́ду, стира́ет	у́жинает	гото́вит у́жин, у́жинает
20.00	смо́трит телеви́зор	де́лает уро́ки	гуля́ет
21.00	говори́т по телефо́ну	смо́трит телеви́зор	
22.00	де́лает уро́ки, слу́шает му́зыку	раздева́ется, ложи́тся спать, чита́ет кни́гу	смо́трит телеви́зор, говори́т по телефо́ну
23.00	раздева́ется, ложи́тся спать	спит	де́лает уро́ки
24.00	спит		раздева́ется, ложи́тся спать

[3]goes home

B. Choose a day in Sasha's calendar and make a continuous story. Add extra information as appropriate. Use the linking words at right in your story.

сснача́ла

пото́м

наконе́ц

Я **сижу́** на дива́не **и смотрю́** телеви́зор.

7.5 Conjugation of Verbs

6. Что вы де́лаете у́тром?

A. Assume the role of Sasha and have conversations as in activity 5.

S1: Что ты де́лаешь **в понеде́льник у́тром (в во́семь часо́в)?**

S2: В во́семь часо́в я за́втракаю.

and: **S1:** Во ско́лько ты **обе́даешь во вто́рник?**

S2: Во вто́рник я обе́даю в 12 часо́в.

B. Working with a partner, compare your typical daily schedules. Give the time when appropriate. Remember to use the linking words.

Утром я...

Днём я...

Вечером я...

Ночью я...

7. Здравствуй, это бабушка! Grandmother calls every night to ask how things are going.

Лена:	Алло!
Бабушка:	Лена? Это бабушка.
Лена:	Здравствуй, бабушка! Как дела?
Бабушка:	Спасибо, хорошо. Папа уже дома?
Лена:	Нет, он ещё на работе.[1]
Бабушка:	А вы что там делаете?
Лена:	Мама готовит ужин, а Митя смотрит телевизор.
Бабушка:	А ты что делаешь?
Лена:	Я занимаюсь. У меня завтра[2] экзамен.[3]
Бабушка:	А Сашенька? Он что делает?
Лена:	Он уже спит.
Бабушка:	Ну, хорошо. Спокойной ночи, Леночка.
Лена:	Спокойной ночи, бабушка.

[1]at work

[2]tomorrow / [3]exam

A. Ответьте на вопросы.

1. У Лены есть братья или сёстры? Сколько?
2. Кто старше: Лена или Саша?
3. Как вы думаете, который час?
4. Почему (*why*) Лена занимается?
5. Что делает Митя, когда мама готовит ужин?
6. Как вы думаете, бабушка уже на пенсии?

B. Make up a similar dialogue using other activities.

> Когда́ я за́втракаю, я **всегда́** чита́ю газе́ту.
> Я **никогда́ не** смотрю́ телеви́зор, когда́ я у́жинаю.

Useful time expressions	
100%	**всегда́** *always*
	обы́чно *usually*
	ча́сто *often*
	иногда́ *sometimes*
	ре́дко *seldom*
0%	**никогда́** *never*

8. Когда́ я принима́ю душ, я иногда́...

A. Answer the questions using the time expressions above.

Вы слу́шаете му́зыку, когда́ вы занима́етесь?

Вы смо́трите телеви́зор, когда́ вы за́втракаете?

А ваш брат/ва́ша сестра́?

B. Describe other activities that you and your family members do (or do not do) simultaneously. Use the verbs given as a starting point and continue with your own ideas.

Model: Когда́ я де́лаю уро́ки, я иногда́ (or: никогда́ не) ...

води́ть маши́ну[1] (вожу́, во́дишь)
де́лать уро́ки
занима́ться
принима́ть душ
у́жинать
слу́шать ле́кцию
сиде́ть на уро́ке ру́сского
  языка́ (сижу́, сиди́шь)

говори́ть по моби́льнику
писа́ть СМС (пишу́, пи́шешь)
смотре́ть телеви́зор
просма́тривать веб-са́йты
слу́шать му́зыку
спать (сплю, спишь)

[1]to drive

> SMS or СМС [esemés] is a text message.

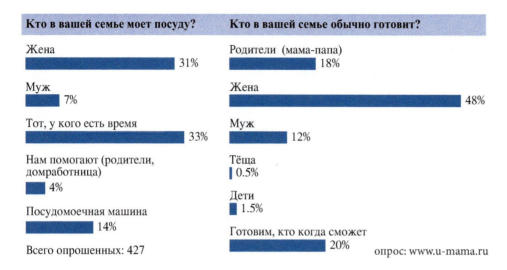

Кто в вашей семье моет посуду?	Кто в вашей семье обычно готовит?

Жена — 31%

Муж — 7%

Тот, у кого есть время — 33%

Нам помогают (родители, домработница) — 4%

Посудомоечная машина — 14%

Всего опрошенных: 427

Родители (мама-папа) — 18%

Жена — 48%

Муж — 12%

Тёща — 0.5%

Дети — 1.5%

Готовим, кто когда сможет — 20%

опрос: www.u-mama.ru

- Кто обы́чно мо́ет посу́ду в росси́йских се́мьях? А кто гото́вит?
- Мужья́ ча́сто мо́ют посу́ду?
- В росси́йских се́мьях обы́чно есть посудомо́ечная маши́на?

9. Как ча́сто? Using the time expressions *always, usually,* etc., state how often the people in the survey perform the following tasks.

	мо́ет посу́ду	гото́вит
жена́		
муж		
де́ти		
домрабо́тница, роди́тели		

10. А кто у вас...?

A. Ask a classmate or your teacher questions about household chores in his or her family.

Кто у вас обы́чно стира́ет? Кто посу́ду мо́ет? А кто убира́ет?

Кто в ва́шей семье́ обы́чно гото́вит у́жин? А за́втрак?

B. All family members are different. Ask questions of your choice using as many verbs from this lesson as possible. Ask your classmates or your teacher.

Кто у вас никогда́ не...

Кто у вас бо́льше/лу́чше...

C. Complain about your roommate.

Мой сосе́д/моя́ сосе́дка по ко́мнате...

Saying Where You Are Going

Куда́	ты **идёшь**? вы **идёте**?	**Я иду́** в университе́т. в библиоте́ку. в кино́. на рабо́ту. на ле́кцию. на заня́тия. **домо́й**.
		Я никуда́ не иду́.

7.7 Expressing Direction: в/на + Accusative

идти́

я иду́	мы идём
ты идёшь	вы идёте
он/она́ идёт	они́ иду́т

Заня́тия (*classes*) is the plural of заня́тие.

The verb идти́ implies going *on foot* only.

Куда́ они́ иду́т?

Анна идёт **на заня́тия.**

Пе́тя идёт **домо́й.**

Игорь идёт **на рабо́ту.**

Ли́за идёт **в библиоте́ку.**

Оля и ба́бушка иду́т **в па́рк.**

11. Куда́ они́ иду́т? What a busy day! Where are these people going?

S1: Куда́ идёт Са́ша?

S2: Он идёт в библиоте́ку.

кто	куда́	кто	куда́
ма́ма	магази́н	тури́ст	рестора́н
ба́бушка и соба́ка	парк	де́душка	це́рковь
студе́нтка	библиоте́ка	Ко́ля	апте́ка
Ли́за и Ле́на	университе́т	На́дя	по́чта (на)
Серге́й	шко́ла	Ни́на и Ди́ма	никуда́
И́горь	рабо́та (на)	па́па	домо́й

12. Куда́ ты идёшь? Read the dialogue. Then act it out by changing where you are going.

S1: Приве́т!

S2: Приве́т! Как дела́?

S1: Норма́льно.[1] А у тебя́ как?

S2: То́же ничего́.[2] Куда́ ты идёшь?

S1: В библиоте́ку.

S2: Прекра́сно.[3] Я то́же иду́ в библиоте́ку. Идём вме́сте![4]

S1: Хорошо́.

[1]okay

[2]okay

[3]great / [4]Let's go together!

Бу́дни на́шей жи́зни: часть пе́рвая[1]

[1]the days of our lives: part one

Расска́зывает Воло́дя, студе́нт, 19 лет, живёт в общежи́тии:

Встаю́ я в во́семь часо́в утра́, бы́стро принима́ю душ и иду́ на заня́тия. В де́сять часо́в я за́втракаю в университе́тской столо́вой[2], а пото́м опя́ть[3] иду́ на заня́тия. В два я обе́даю в столо́вой, пото́м иду́ в библиоте́ку занима́ться. В библиоте́ке я занима́юсь два часа́, а пото́м, часо́в в пять[4], иду́ в кино́[5] с друзья́ми. По́сле кино́ мы и́ли гуля́ем по го́роду[6], и́ли прово́дим[7] вре́мя в общежи́тии. Е́сли у меня́ ско́ро[8] экза́мен, я ещё иду́ в библиоте́ку занима́ться, а е́сли нет, иду́ в фи́тнес-зал[9] трениро́ваться. С девяти́ до двена́дцати я обы́чно смотрю́ телеви́зор и́ли чита́ю кни́ги. Спать я иду́ в двена́дцать, е́сли сосе́ди по ко́мнате то́же иду́т, а е́сли нет, мы гуля́ем до утра́.

[2]cafeteria

[3]again

[4]around 5 o'clock / [5]кинотеа́тр

[6]in the city / [7]spend

[8]soon

[9]fitness center (room)

A. Ответьте на вопросы.

1. Что делает Володя в восемь часов утра?
2. Во сколько он завтракает? Где?
3. Во сколько он обедает? Где?
4. Куда он идёт после обеда?
5. Сколько часов он занимается в библиотеке?
6. Что он делает в пять часов?
7. Что он делает после кино?
8. Он часто занимается в библиотеке?
9. Что он делает вечером, если он не идёт в библиотеку?
10. Что он делает, если соседи по комнате не идут спать?
11. Как вы думаете, Володя иногда **опаздывает** (*is late*) на занятия? Почему?

B. Describe in Russian how Volodya's schedule differs from your daily schedule.

Expressing Frequency of Actions

Как часто	вы смотрите телевизор?	Каждое утро. Каждый день. Каждый вечер. Каждую ночь. Каждую пятницу.	
Сколько раз в день (в неделю)		Раз 2,3,4 раза 5,6,7,... раз	в день. в неделю. в месяц. в год.

7.8 Time Expressions: Frequency of Actions

Сергей убирает квартиру **раз в год.**

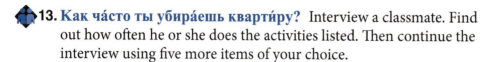

13. Как ча́сто ты убира́ешь кварти́ру? Interview a classmate. Find out how often he or she does the activities listed. Then continue the interview using five more items of your choice.

clean the house/apartment   watch TV

do the laundry   make dinner

read novels

Как ча́сто вы **хо́дите** на заня́тия?	Я **хожу́** на заня́тия 5 раз в неде́лю.

7.9 Verbs of Motion: идти́ Versus ходи́ть

ходи́ть

я хожу́	мы хо́дим
ты хо́дишь	вы хо́дите
он/она́ хо́дит	они́ хо́дят

The verb ходи́ть implies going *on foot* only.

Дми́трий **хо́дит** на заня́тия 6 раз в неде́лю.

14. Как ча́сто? Ско́лько раз?

A. Discuss how often these students go to the places listed.

S1: Как ча́сто Серёжа хо́дит на заня́тия?

S2: Он хо́дит в университе́т 5 раз в неде́лю.

	Серёжа	Та́ня	Сюза́нна	Ро́берт
на заня́тия	5/неде́лю	6/неде́лю	3/неде́лю	2/неде́лю
в библиоте́ку	5/неде́лю	2/ме́сяц	4/неде́лю	1/ме́сяц
в кино́	2/ме́сяц	1/ме́сяц	4/ме́сяц	1/неде́лю
в рестора́н	1/ме́сяц	2/ме́сяц	6/ме́сяц	2/неде́лю
фи́тнес-клуб	3/год	3/ме́сяц	5/неде́лю	—

B. Find out how often your classmates go to the following places.

S1: Ско́лько раз в неде́лю ты хо́дишь на заня́тия?

or: Как ча́сто ты хо́дишь на заня́тия?

S2: Я хожу́ на заня́тия 3 ра́за в неде́лю.

магази́н	библиоте́ка	рабо́та (на)
кино́	фи́тнес-клуб	
университе́т	рестора́н	

15. Ты ча́сто хо́дишь в кино́? You meet a friend on the street. Your friend wants to know where you are going and how often you go there.

S1: Приве́т, _____!

S2: Приве́т, _____. Как дела́?

S1: _____. А у тебя́?

S2: _____. Куда́ ты идёшь?

S1: Я иду́ в/на _____.

S2: Ты ча́сто хо́дишь в/на _____?

S1: Нет/да, _____.

Бу́дни на́шей жи́зни: часть втора́я[1]

[1]the days of our lives: part two

Расска́зывает Ида Кли́мова, 32 го́да, экономи́ст, рабо́тает в магази́не «Де́тский мир»:

Я встаю́ ка́ждое у́тро в шесть часо́в, принима́ю душ и одева́юсь. Пото́м я гото́влю за́втрак для[2] му́жа и сы́на. В семь три́дцать сын идёт в шко́лу. Я бы́стро за́втракаю, и в во́семь часо́в я уже́ иду́ на рабо́ту. Рабо́таю я во́семь часо́в. По доро́ге[3] домо́й я бы́стро захожу́ в магази́н за проду́ктами[4]. До́ма я гото́влю у́жин, и когда́ муж прихо́дит домо́й, мы все у́жинаем, обы́чно в шесть три́дцать. По́сле[5] у́жина я мо́ю посу́ду и убира́ю немно́го. В де́вять часо́в сын ложи́тся спать. Я ещё немно́го смотрю́ телеви́зор и в де́сять три́дцать я сама́[6] ложу́сь спать.

[2]for
[3]on the way
[4]to buy groceries
[5]after
[6]myself

Расска́зывает Вале́рий Кли́мов, 35 лет, врач, рабо́тает в поликли́нике но́мер 23:

Я встаю́ в шесть три́дцать, умыва́юсь[1] и одева́юсь. В семь я смотрю́ но́вости по телеви́зору. В семь три́дцать я за́втракаю, а в во́семь я иду́ на рабо́ту. Я рабо́таю весь день[2], а в шесть часо́в ве́чера я уже́ до́ма.

[1]wash
[2]all day

Вéчером я читáю газéты и́ли смотрю́ телеви́зор. В шесть три́дцать мы ýжинаем. Пóсле ýжина я смотрю́ телеви́зор и́ли помогáю[3] сы́ну дéлать урóки. Сын идёт спать часóв в дéвять. Я ещё немнóго читáю, а в дéсять три́дцать я ужé сплю.

³help

A. Отвéтьте на вопрóсы.

1. Кто встаёт рáньше: муж и́ли женá? Во скóлько?
2. Что дéлает муж, когдá женá готóвит зáвтрак?
3. Кто зáвтракает рáньше: сын и́ли егó отéц?
4. Во скóлько муж идёт на рабóту?
5. Скóлько часóв в день рабóтает женá?
6. Что дéлает женá по дорóге домóй?
7. Что дéлает женá дóма пóсле рабóты, когдá муж читáет газéты?
8. Во скóлько они́ обы́чно ýжинают?
9. Что дéлает женá пóсле ýжина? А муж?
10. Во скóлько ложи́тся спать сын? А муж и женá?

B. В суббóту. Working with a partner, discuss how the Klimovs do things differently on Saturday. What time does the wife get up? And the husband? Who cleans the house? Who cooks? Do they go somewhere? Modify as many activities as you can.

Then compare your stories with other classmates. Whose story was the most realistic? Whose was the most idealistic? From whose point of view?

Chapter Review

A. *You should now be able to . . .*

1. tell time and ask somebody what time it is
2. ask and answer questions about the time when some activities take place, including eating, going to bed, getting up, doing household chores, and various other daily activities
3. compare activities with the adverbs *later* and *earlier*
4. state the relative frequency of activities (always, sometimes, etc.)
5. ask and answer questions about where somebody is going
6. ask and answer questions about how often certain things are done, and how often you go to different places

For self-tests and additional practice, please go to the Book Companion Site, available at www.wiley.com/college/nummikoski

B. Roleplay. A Russian exchange student (played by a classmate) is visiting your university. Compare your weekly schedules, pointing out all the differences in your daily habits, including the frequency of activities.

The Russian visitor lives in a dorm, goes to class every day, studies a lot, goes to the theater, reads a lot, is not employed, and eats most meals at a student cafeteria.

You are a typical American student. You do your homework on the bed, watch TV and listen to music while you study, eat breakfast and other meals in front of the TV, and so on.

C. Interview Video. Что вы делаете каждый день?

Word Building

Reflexive Verbs

Transitive verbs can take a direct object, whereas intransitive verbs cannot. A group of intransitive verbs is formed by adding the reflexive particle **-ся** to the corresponding transitive verbs. In these reflexive verbs, the action is "reflected" back to the person performing it.

одевать *to dress somebody*	одеваться *to dress oneself*
раздевать *to undress somebody*	раздеваться *to undress oneself*
мыть *to wash somebody or something*	мыться *to wash oneself*

Roots

мы-   *wash*
мыло   *soap*
мыть посуду   *to do the dishes* (from **посуда,** *dish*)
мыть голову   *to wash one's hair* (from **голова,** *head*)
мыться   *to wash oneself*

тер/тир/тр-   *rub*
трение   *friction*
стирать   *to do laundry*

What do you think the following two household appliances might be?

стиральная машина   посудомоечная машина

A popular Russian tongue twister includes words with the root **мы-**. Try to say it as fast as you can.

Мама мыла Милу мылом, Мила мыло уронила.
Mother washed Mila with soap, Mila dropped the soap.

ГРАММАТИКА

7.1 Time Expressions

A. Hours. The word **сейча́с** means *now*. Do not confuse it with the word **час** (*hour*). **Это** is *not* used in these time expressions.

> Сейча́с (оди́н) час.
> *Now it is one o'clock.*

The words **час, часа́, часо́в** are used with full hours.

> 1 час   2,3,4 часа́   5,6,7,... часо́в

Orally, fractions of the hour can be expressed in two ways: by adding both the words *hour* and *minute* to the numbers or by leaving them out entirely.

> Сейча́с 8.30.   you say: во́семь **часо́в** три́дцать **мину́т**
> *It is 8:30.*   or: во́семь три́дцать

You should use the second variant at this point.

B. The nouns вре́мя and час. Вре́мя (genitive sg.: вре́мени) is a *neuter* word.

> моско́вск**ое** вре́мя   мо**ё** вре́мя
> *Moscow time*   *my time*

Ско́лько сейча́с вре́мени? is a colloquial way to inquire about time. **Кото́рый час?** is a more formal expression.

   The plural of **час, часы́**, also means *clock* or *watch*. Notice that the adjectives modifying **часы́** are in the plural as well.

> Как**и́е** больш**и́е** часы́!   У вас краси́в**ые** часы́.
> *What a big clock!*   *You have a beautiful watch.*

7.2 Verbs за́втракать, обе́дать, and у́жинать

The verbs **за́втракать** (*to eat breakfast*), **обе́дать** (*to eat lunch/dinner*), and **у́жинать** (*to eat supper*) are regular first-conjugation verbs. The corresponding nouns are **за́втрак, обе́д,** and **у́жин.** Supply the missing endings on the following page.

за́втракать	обе́дать	у́жинать
я за́втракаю	я обе́да_____	я у́жина_____
ты за́втракаешь	ты обе́да_____	ты у́жина_____
он/она́ за́втракает	он/она́ обе́да_____	он/она́ у́жина_____
мы за́втракаем	мы обе́да_____	мы у́жина_____
вы за́втракаете	вы обе́да_____	вы у́жина_____
они́ за́втракают	они́ обе́да_____	они́ у́жина_____

7.3 Time Expressions: *At What Time?*

Когда́? (*When?*) is a more general question than **Во ско́лько?** (*At what time?*). Giving the time in the answer requires the preposition **в,** followed by a specific time.

Во ско́лько ты за́втракаешь?
At what time do you eat breakfast?

Я за́втракаю **в** во́семь часо́в.
I eat breakfast at eight o'clock.

Когда́ ты обе́даешь?
When do you eat lunch?

Я обе́даю **в** два три́дцать.
I eat lunch at two thirty.

The negative answer to the question **Когда́?** is **никогда́** (*never*). Remember that the Russian language uses the double negative.

Когда́ вы у́жинаете?
When do you eat supper?

Мы **никогда́ не** у́жинаем.
We never eat supper.

Упражне́ние

1. Answer the questions in complete sentences using the information given.

1. Когда́ вы у́жинаете? (*7:30*)
2. Во ско́лько ты за́втракаешь? (*eight o'clock*)
3. Анна и Ка́тя, во ско́лько вы обе́даете? (*one o'clock*)
4. Во ско́лько обе́дают э́ти студе́нты? (*three o'clock*)
5. Во ско́лько за́втракает твоя́ сестра́? (*never*)

7.4 Reflexive Verbs

Reflexive verbs add the particle **-ся,** an abbreviation of the reflexive pronoun **себя́** (*self*), to the end of all verbal forms. The particle has two variant forms: **-ся** after a consonant (including the soft sign) and **-сь** after a vowel sound. In Chapter 6 you learned the second-conjugation verb **учи́ться** (*to study, to be a student*). In this lesson, you learn one more second-conjugation reflexive verb (**ложи́ться**) and three first-conjugation verbs, **занима́ться**, **одева́ться**, and **раздева́ться**. Supply the missing endings on the following page.

уч|и́ть|ся (II)
to study

я уч-у́-**сь**   (-**сь** after the vowel **у**)
ты у́ч-ишь-**ся**
он/она́ у́ч-ит-**ся**
мы у́ч-им-**ся**
вы у́ч-ите-**сь**   (-**сь** after the vowel **е**)
они́ у́ч-ат-**ся**

занима́|ть|ся (I) here:
to do schoolwork, to study

я занима́-ю-**сь**   (-**сь** after the vowel **ю**)
ты занима́-ешь-**ся**
он/она́ занима́-ет-**ся**
мы занима́-ем-**ся**
вы занима́-ете-**сь**   (-**сь** after the vowel **е**)
они́ занима́-ют-**ся**

лож|и́ть|ся (II)
to lie down

я лож＿＿＿＿
ты лож＿＿＿＿
он/она́ лож＿＿＿＿
мы лож＿＿＿＿
вы лож＿＿＿＿
они́ лож＿＿＿＿

одева́|ть|ся (I)
to get dressed

я одева́＿＿＿＿
ты одева́＿＿＿＿
он/она́ одева́＿＿＿＿
мы одева́＿＿＿＿
вы одева́＿＿＿＿
они́ одева́＿＿＿＿

раздева́|ть|ся (I)
to get undressed

я раздева́＿＿＿＿
ты раздева́＿＿＿＿
он/она́ раздева́＿＿＿＿
мы раздева́＿＿＿＿
вы раздева́＿＿＿＿
они́ раздева́＿＿＿＿

Note: The verbs **учи́ться** and **ложи́ться** also have Spelling Rule 2 applied to the first (**у**, not **ю**) and last forms (**ат**, not **ят**):

Spelling Rule 2:	After **к, г, х, ж, ч, ш, щ,** and **ц,** write **а** and **у,** never **я** or **ю.**

Во ско́лько ты ложи́шься спать?
At what time do you go to bed?
(literally, *lie down to sleep*)

Я ложу́сь спать в 11 часо́в.
I go to bed at 11:00.

Ве́чером мы занима́емся в библиоте́ке.
In the evening we study at the library.

Утром мы одева́емся, а ве́чером раздева́емся.
We get dressed in the morning and undressed in the evening.

Упражне́ние

2. Fill in the verb endings.

1. Они́ занима́＿＿＿＿ в библиоте́ке.
2. В 8 часо́в я занима́＿＿＿＿.
3. Са́ша никогда́ не занима́＿＿＿＿.
4. Ты занима́＿＿＿＿ у́тром и́ли ве́чером?
5. Где вы занима́＿＿＿＿?

6. Я занима_____ дóма.

7. Мы занима_____ в библиотéке.

8. Утром мы одевá_____.

9. Вéчером мы раздевá_____.

10. Оля одевá_____.

11. Где ты одевá_____, в спáльне и́ли в вáнной (*in the bathroom*)?

12. Я одевá_____ в вáнной.

13. Вéчером я раздевá_____ и лож_____ спать.

14. Во скóлько вы лож_____ спать?

15. Мы лож_____ спать в 12 часóв.

7.5 Conjugation of Verbs

A. First-conjugation verbs

дéла|ть	*to do*	**мыть**	*to wash*
читá|ть	*to read*	я мóю	
принимá|ть	*to take* (e.g., a shower)	ты мóешь	
слýша|ть	*to listen*	он/онá мóет	
стирá|ть	*to do laundry*	мы мóем	
убирá|ть	*to clean* (e.g., the apartment)	вы мóете	
гуля|ть	*to walk, to stroll*	они́ мóют	

встa|вáть	*to get up*	**писáть**	*to write*
я встаю́		я пишý	
ты встаёшь		ты пи́шешь	
он/онá встаёт		он/онá пи́шет	
мы встаём		мы пи́шем	
вы встаёте		вы пи́шете	
они́ встаю́т		они пи́шут	

B. Second-conjugation verbs

смотр|éть	*to watch, to look*	**сто|я́ть**	*to stand*
я смотрю́		я стою́	
ты смóтришь		ты стои́шь	
он/онá смóтрит		он/онá стои́т	
мы смóтрим		мы стои́м	
вы смóтрите		вы стои́те	
они́ смóтрят		они́ стоя́т	

The verbs in the first column are regular first-conjugation verbs.

Мыть has a vowel change in the stem.

Вставáть has a shorter present tense stem than expected: **вста-**, instead of **вставá-**. The verb has the stress on the endings.

Писáть has a consonant change in all conjugated forms and a shifting stress: on the ending in the infinitive and the first person; on the stem in the other forms.

Смотрéть has a shifting stress: on the ending in the infinitive and the first person; on the stem in the other forms.

сп|ать *to sleep*	готóв|ить *to prepare*
я сплю	я готóвлю
ты спишь	ты готóвишь
он/онá спит	он/онá готóвит
мы спим	мы готóвим
вы спи́те	вы готóвите
они́ спят	они́ готóвят

Спать and готóвить have an extra letter **л** in the first person.

сид|éть *to sit, to be sitting*	леж|áть *to lie, to be lying*
я **сижу́**	я лежу́
ты сиди́шь	ты лежи́шь
он/онá сиди́т	он/онá лежи́т
мы сиди́м	мы лежи́м
вы сиди́те	вы лежи́те
они́ сидя́т	они́ леж**á**т

Сидéть has a consonant change in the first person, as well as Spelling Rule 2 applied (**у** not **ю**).

Лежáть, like ложи́ться and учи́ться, has Spelling Rule 2 applied to the first and last persons.

Упражнéние

3. Rewrite the sentences using the verbs in parentheses in the correct form.

1. Что ты (дéлать)?
2. Я (читáть) газéту.
3. Мой брат (сидéть) на полу́ и ничегó не (дéлать).
4. Где вы (читáть) газéты?
5. Мы (читáть) газéты дóма.
6. Мои́ роди́тели (сидéть) на дивáне и (смотрéть) телеви́зор.
7. Я (лежáть) на кровáти и (слу́шать) му́зыку.
8. Кто там (слу́шать) рáдио?
9. Джон и Ли́нда (сидéть) на кровáти и (слу́шать) рок-му́зыку.
10. Вéчером я (смотрéть) телеви́зор.
11. Во скóлько ты (вставáть) в воскресéнье?
12. Ты чáсто (смотрéть) телеви́зор?
13. Что ты (писáть)?
14. Я (писáть) упражнéние.
15. Ты (сидéть) и́ли (стоя́ть), когдá ты говори́шь по телефóну?
16. Я (вставáть) в 8 часóв.
17. Ты (спать)? Нет, я не (спать).
18. Моя́ кóшка (лежáть) на полу́ и (спать).
19. В суббóту мы (гуля́ть) в пáрке.
20. Я (готóвить) обéд, а мой брат (мыть) посу́ду.

7.6 Accusative Case: Inanimate Nouns

You have so far learned two case forms: the *nominative* (the case of the subject) and the *prepositional* (the case of location). In this lesson, you will learn the *accusative case*, the case of the *direct object*.

A. Finding the direct object. Action verbs, such as *to read, to speak, to listen,* are often followed by a *direct object.* The object of a sentence answers the question *What?* or *Whom?*

I subject	*read* verb	**a book**. object	(Read *what?*—A book.)
Lena subject	*likes* verb	**art**. object	(Likes *what?*—Art.)
Igor subject	*met* verb	**Tanya**. object	(Met *whom?*—Tanya.)
Tanya subject	*reads* verb	*in the library.*	(Reads *what?*—no object)

In *interrogative* sentences (questions), the question word itself can be the object.

What *do* object	*you* subject	*collect?* verb	(Collect *what?*—response)
What *did* object	*he* subject	*read?* verb	(Read *what?*—response)

Упражне́ние

4. Underline the verb once and the direct object twice. Some sentences do not have an object.

1. I like music.
2. I can see you.
3. Do you know this song?
4. Sasha is writing a letter.
5. Can you hear me?
6. Close the door!
7. I don't know this song.
8. Where did they meet?
9. Have you already done the dishes?
10. What are you reading?

11. My brother is a good hockey player.

12. Where did he go?

13. My grandfather died two years ago.

14. What kind of ice cream do you like?

15. I bought new jeans at the mall.

B. **The form of the object.** The direct object of a Russian sentence is in the *accusative* case. Review the following examples. Only the *feminine* nouns have an ending different from the nominative case.

Я принима́ю **душ**.　　　　　　(masculine noun as the direct object)
I am taking a shower.

Па́па чита́ет **газе́ту**.　　　　　(feminine noun as the direct object)
Father is reading a newspaper.

Ба́бушка слу́шает **ра́дио**.　　　(neuter noun as the direct object)
Grandmother is listening to the radio.

Ле́на де́лает **уро́ки**.　　　　　(plural noun as the direct object)
*Lena is doing homework
(literally lessons).*

The following endings apply to *inanimate* nouns. Animate nouns will be discussed in Chapter 12.

Nominative		Accusative		
Masc.				
рома́н	—	рома́н		(identical to the nom. sg.)
музе́й	-й	музе́й		
слова́рь	-ь	слова́рь		
Fem.				
кни́га	-а	кни́гу	**-у**	(**а** changes to **у**)
лаборато́рия	-я	лаборато́рию	**-ю**	(**я** changes to **ю**)
пло́щадь	-ь	пло́щадь		(identical to the nom. sg.)
Neuter				
письмо́	-о	письмо́		(identical to the nom. sg.)
зда́ние	-е	зда́ние		
Pl.				
журна́лы	-ы	журна́лы		(identical to the nom. pl.)
кни́ги	-и	кни́ги		
пи́сьма	-а	пи́сьма		
зда́ния	-я	зда́ния		

<table>
<tr><td colspan="2">**SIMPLIFIED RULE FOR THE ACCUSATIVE CASE OF INANIMATE NOUNS**</td></tr>
<tr><td>**M, N**</td><td>= nom.</td></tr>
<tr><td>**F** **а**
    я
    ь</td><td>→ **у**
→ **ю**
= nom.</td></tr>
<tr><td>**Pl.**</td><td>= nom.</td></tr>
</table>

Упражне́ния

5. Complete the sentences with the words in parentheses.

1. Я чита́ю (кни́га).
2. Когда́ ты принима́ешь (душ)?
3. Ольга смо́трит (телеви́зор).
4. Ма́ма пи́шет (письмо́).
5. Мы чита́ем (журна́л).
6. Са́ша слу́шает (му́зыка).
7. Они́ слу́шают (ра́дио).
8. Па́па чита́ет (газе́та).
9. Студе́нт де́лает (уро́ки).
10. Студе́нты чита́ют (кни́ги).

6. Write complete sentences with the following words.

1. Лиа́на/мыть/посу́да
2. мы/гото́вить/за́втрак
3. профе́ссор Смит/писа́ть/кни́га
4. я/смотре́ть/телеви́зор
5. мы/писа́ть/упражне́ние
6. вы/слу́шать/му́зыка
7. я/убира́ть/ко́мната
8. Оля/принима́ть/душ
9. я/гото́вить/у́жин
10. они́/чита́ть/журна́л

7.7 Expressing Direction: в/на + Accusative

You have already learned to express *location* with the prepositions **в** or **на** and the prepositional case. To express *direction, movement to a location,* the same prepositions **в** and **на** are used with the *accusative* case. Compare the following:

Где? *Where (at)?* **в/на** + *prep.*	**Куда́?** *Where (to)?* **в/на** + *acc.*
Са́ша в библиоте́ке. *Sasha is at the library.*	Са́ша идёт **в библиоте́ку**. *Sasha is going to the library.*
Игорь на стадио́не. *Igor is at the stadium.*	Игорь идёт **на стадио́н**. *Igor is going to the stadium.*

Где? *Where (at)?* **в/на** + *prep.*	**Куда?** *Where (to)?* **в/на** + *acc.*
Ма́ма на рабо́те.	Ма́ма идёт **на рабо́ту**.
Mother is at work.	*Mother is going to work.*
Студе́нты на ле́кции.	Студе́нты иду́т **на ле́кцию**.
The students are at a lecture.	*The students are going to a lecture.*

Note: The choice between the prepositions **в** and **на** remains the same: if you use **в** to express location, you use **в** for direction; if you use **на** for location, you use **на** for direction.

The following constructions *do not have* a *preposition*:

Ба́бушка **до́ма**.	Ба́бушка идёт **домо́й**.
Grandmother is at home.	*Grandmother is going home.*

идти́ (I) *to go*

я иду́	мы идём
ты идёшь	вы идёте
он/она́ идёт	они́ иду́т

> The verb идти́ (*to go*) implies *going on foot* only. It has a stress on the endings (like жить: живу́, живёшь, etc.) Notice also the stressed infinitive ending -**ти́.**

Упражне́ния

7. Rewrite the sentences to say that (or ask if) the people are on their way to the location.

Model: Студе́нт в университе́те. **Студе́нт идёт в университе́т.**

1. Са́ша в о́фисе.
2. Студе́нты в университе́те.
3. Вы на рабо́те?
4. Па́па в магази́не.
5. Ма́ма до́ма.
6. Серге́й в рестора́не.
7. Де́ти в шко́ле.
8. Ты в па́рке?
9. Тури́сты в гости́нице.
10. Ната́ша на ле́кции.
11. Ба́бушка в апте́ке.
12. Соба́ка на у́лице.
13. Ле́на и Ми́ша в кино́.
14. Я в музе́е.
15. Студе́нты в лаборато́рии.

8. Write the corresponding questions with **где** or **куда́.**

Model: Серге́й на заво́де. **Где Серге́й?**
Ма́ма идёт домо́й. **Куда́ идёт ма́ма?**

1. Я иду́ в библиоте́ку.
2. Па́па на рабо́те.
3. Андре́й идёт на рабо́ту.
4. Мы идём в бар.
5. Мы в магази́не.
6. Студе́нты в университе́те.
7. Мы идём на ле́кцию.
8. Ни́на идёт в парк.
9. Я до́ма.
10. Я иду́ в шко́лу.

7.8 Time Expressions: Frequency of Actions

The expressions *every morning, every Friday,* and the like are in the accusative case. Accusative of adjectives is discussed in detail in Chapter 8. For the time being, memorize the following patterns.

Masc.	ка́ждый день	(accusative = nominative)
Fem.	ка́ждую суббо́ту	(accusative = **-ую** for adjectives and **-y** for nouns)
Neuter	ка́ждое у́тро	(accusative = nominative)

Once, twice, three times, and so on are expressed as follows:

(1) раз   2,3,4 ра́за   5,6,7,… раз

> The word оди́н is often dropped here: раз (*once*).

To say how many times a day (week, month, year) you do something, use the preposition **в** with the accusative case.

Ско́лько раз?   *How many times (a day, etc.)?*
в день
в неде́лю (from неде́ля, *week*)
в ме́сяц
в год

Упражне́ние

9. How would you say . . .

1. every Saturday
2. every day
3. every year
4. every Sunday
5. every Wednesday
6. every Tuesday
7. every week

8. every Friday
9. five times a week
10. three times a day
11. twice a year
12. once a month
13. seven times a week

The adverbs of frequency **ча́сто, иногда́,** and so on usually precede the verb in the sentence, whereas the position of longer expressions (**ка́ждый день, 2 ра́за в неде́лю,** etc.) is determined by the speaker.

Я **ча́сто** смотрю́ телеви́зор ве́чером.
I often watch TV in the evening.

Я чита́ю газе́ты **ка́ждое у́тро**.
I read newspapers every morning.

or: **Ка́ждое у́тро** я чита́ю газе́ты.

Упражне́ние

10. How would you say that . . .

1. you often read books in the evening
2. you usually watch TV when you eat breakfast
3. your father always reads the newspaper in the morning
4. your brother seldom does (his) homework
5. your parents sometimes get up very early

7.9 Verbs of Motion: идти́ Versus ходи́ть

Идти́ and **ходи́ть** are *verbs of motion*. Both imply walking, that is, not using a vehicle. **Идти́** is a *unidirectional* verb; it describes motion to *one direction at a given time*. **Ходи́ть** is a *multidirectional* verb; it implies *movement to a location and back (a round trip)*.

Unidirectional	Multidirectional
идти́	**ходи́ть**
1. movement to one direction at a given time Я иду́ в библиоте́ку. *I am on my way to the library.* Моя́ дочь идёт в шко́лу. *My daughter is going to school.* (She is on her way to school at the moment.)	1. movement to a location and back (round trip, back and forth) Са́ша хо́дит по ко́мнате. *Sasha is walking back and forth in the room.* Моя́ дочь хо́дит в шко́лу. *My daughter goes to school.* (She is old enough to attend school.)
	2. repeated action Я хожу́ в библиоте́ку ка́ждый день. *I go to the library every day.*
	3. ability to move Мой сын уже́ хо́дит. *My son can already walk.* (i.e., He has already learned to walk.)
	4. manner of movement Пти́цы лета́ют, а лю́ди хо́дят. *Birds fly and people walk.*

Note 1: Repeated action always implies a round-trip. (For example, you cannot go to a place a second time unless you leave the place first.)

Note 2: Sentences with multidirectional verbs often include adverbs that imply a round-trip or repeated action, such as *often, sometimes, every day*, etc.

ход|и́ть (II)	*to go, to walk*
я **хожу́**	мы хо́дим
ты хо́дишь	вы хо́дите
он/она́ хо́дит	они́ хо́дят

Ходи́ть is a second-conjugation verb with a consonant change in the first person.

Упражне́ния

11. Ask if these people often go to the places mentioned.

Model: Я иду́ на заня́тия.   **Ты ча́сто хо́дишь на заня́тия?**

1. Ли́за идёт в парк.
2. Ле́на и На́дя иду́т в магази́н.
3. Мы идём на стадио́н.
4. Серге́й идёт в библиоте́ку.
5. Я иду́ на рабо́ту.
6. Па́па идёт на по́чту.
7. Де́ти иду́т в шко́лу.
8. Мы идём в рестора́н.
9. Я иду́ в лаборато́рию.
10. Та́ня идёт на уро́ки.

12. Build complete sentences according to the model.

Model: **Я хожу́ в библиоте́ку ка́ждое у́тро.**

person	place	frequency
1. we	work	every day
2. I	store	every Friday
3. you (*sg.*)	library	sometimes
4. Larisa	class(es)	five times a week
5. my parents	movies	once a month
6. you (*pl.*)	restaurant	twice a week
7. students	university	every morning
8. Sasha	work	every Saturday
9. grandmother	clinic	three times a week
10. my dog	park	every morning at 7:00

13. Supply the verbs **ходи́ть** or **идти́** in the correct form.

1. Ты ча́сто _____ в кино́?
   Да, я _____ в кино́ раз в неде́лю.

2. Здра́вствуйте, Анна Петро́вна! Куда́ вы _____?
   Я _____ в библиоте́ку.
   Вы ча́сто _____ в библиоте́ку?
   Да, я _____ туда́ (*there*) ка́ждую суббо́ту.

3. Моя́ дочь уже́ больша́я. Она́ уже́ _____ в шко́лу.

4. Воло́дя и Ли́за, приве́т! Вы куда́ _____?
   Мы _____ в парк.
   Вы _____ туда́ ка́ждый день?
   Нет, то́лько в суббо́ту и в воскресе́нье.

5. Смотри́! (*Look!*) Анна и Ле́на _____ на заня́тия.
   А что? (*So what?*) А они́ не _____ на заня́тия ка́ждый день?
   Нет, они́ ка́ждую ночь гуля́ют, а на заня́тия они́ _____ раз в неде́лю.

Vocabulary

Note: The core vocabulary is **boldfaced**.

Nouns
Time-related nouns

вре́мя *n.*	time
(gen. sg. **вре́мени**)	
ме́сяц	month
неде́ля	week
переры́в	break
раз, ра́за	time (counting)

Meals

за́втрак	breakfast
обе́д	lunch, dinner
у́жин	supper

Other nouns

веб-са́йт	website
душ	shower
заня́тие (на)	class
кино́ *indecl.*	cinema
концерт (на)	concert
ле́кция (на)	lecture
му́зыка	music
посу́да	dish(es)
посудомо́ечная маши́на	dishwasher
рабо́та (на)	work
распоря́док дня	daily schedule
СМС	SMS (short message service), text message

сосе́д/ка по ко́мнате	*roommate*	
столо́вая *subst. adj.* (в столо́вой)	*cafeteria*	
упражне́ние	*exercise*	
уро́к	*lesson*, also: *homework*	
фи́тнес-зал	*fitness center, room*	
фи́тнес-клуб	*fitness club*	
часы́ *pl. only*	*watch*	

Adjectives

ка́ждый	*every*
моско́вский	*Moscow*
росси́йский	*Russian (referring to the country and its citizens)*

Adverbs

Of time

всегда́	*always*
ежедне́вно	*every day*
иногда́	*sometimes*
наконе́ц	*finally*
обы́чно	*usually*
опя́ть	*again*
по́здно	*late*
по́зже	*later*
пото́м	*then*
ра́но	*early*
ра́ньше	*earlier*
ре́дко	*seldom*
сейча́с	*now*
снача́ла	*at first*
ча́сто	*often*

Other adverbs

бы́стро	*fast*
вме́сте	*together*
домо́й	*(to) home*
куда́	*where (to)*
ме́дленно	*slowly*
никогда́	*never*
никуда́	*(to) nowhere*
норма́льно	*okay*
почему́	*why*
прекра́сно	*wonderful*

Verbs

води́ть (II) вожу́, во́дишь, во́дят	*to drive*
вста|ва́ть (I) **встаю́, встаёшь, встаю́т**	*to get up*
гото́в|ить (II) гото́влю, гото́вишь, гото́вят	*to prepare*
гуля́|ть (I)	*to be out playing, walking, strolling*
де́ла|ть (I)	*to do*
за́втрака|ть (I)	*to eat breakfast*
занима́|ться (I) **занима́юсь, занима́ешься, занима́ются**	*to study, to do homework*
идти́ (I) **иду́, идёшь, иду́т**	*to go, to be going (on foot)*

лежа́ть (II)	*to lie*	слу́ша|ть (I)	*to listen*
лежу́,		смотр|е́ть (II)	*to watch*
лежи́шь,		смотрю́,	
лежа́т		смо́тришь,	
ложи́ться (II)	*to lie down*	смо́трят	
ложу́сь,		сп|ать (II)	*to sleep*
ложи́шься,		сплю,	
ложа́тся		спишь,	
мыть (I)	*to wash*	спят	
мо́ю,		стира́|ть (I)	*to do laundry*
мо́ешь,		сто|я́ть (II)	*to stand*
мо́ют		стою́,	
обе́да|ть (I)	*to eat lunch/dinner*	стои́шь,	
одева́|ться (I)	*to get dressed*	стоя́т	
одева́юсь,		тренирова́ться (I)	*to train, to exercise*
одева́ешься,		убира́|ть (I)	*to clean*
одева́ются		у́жина|ть (I)	*to eat supper*
опа́здыва|ть (I)	*to be late for*	умыва́|ться (I)	*to wash (oneself)*
в/на + асс.		ход|и́ть (II)	*to go*
писа́ть (I)	*to write*	хожу́,	
я пишу́		хо́дишь,	
ты пи́шешь		хо́дят	
он/она́ пи́шет		чита́|ть (I)	*to read*
мы пи́шем			
вы пи́шете			
они пи́шут			

Other

Во ско́лько?	*At what time?*
вся семья́	*the whole family*
Кото́рый час?	*What time is it?*
ноль *m.*	*zero*
по телеви́зору	*on TV*
по телефо́ну	*on the telephone*
Ско́лько сейча́с вре́мени?	*What time is it?*

помога́|ть (I)   *to help*
принима́|ть (I)   *to take (e.g., a shower)*
проводи́ть (II)   *to spend (time)*
  провожу́,
  прово́дишь,
  прово́дят
просма́трива|ть (I)   *to browse*
раздева́|ться (I)   *to get undressed*
  раздева́юсь,
  раздева́ешься,
  раздева́ются
сиде́ть (II)   *to sit*
  сижу́,
  сиди́шь,
  сидя́т

THEMES

- Talking about literature and art
- Expressing emphasis and preference
- Talking about sports
- Talking about music

CULTURE

- Russian team names
- The role of hockey in Russia
- Famous athletes
- Traditional Russian folk music
- Famous composers

STRUCTURES

- Accusative of personal pronouns: Review
- Accusative of adjectives and possessive and demonstrative pronouns (inanimate)
- Emphasis and preference
- Syntax
- The verb игра́ть: Games
- Conjugation of verbs with the suffix -ова-/-ева-
- The verb игра́ть: Musical instruments

В э́том магази́не продаю́т балала́йки, скри́пки, бараба́ны. А ещё что?

Talking About Literature and Art

Литерату́ра

классическая литерату́ра
совреме́нная литерату́ра
фанта́стика
детекти́вы
ска́зки

поэ́зия

Иску́сство

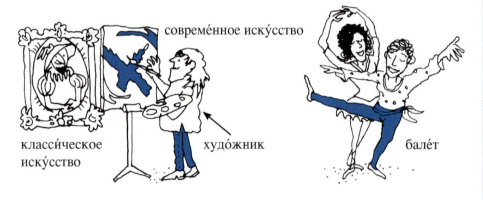

совреме́нное иску́сство

классическое
иску́сство

худо́жник

бале́т

> Notice that some genres use an adjective + noun construction, whereas фанта́стика, детекти́вы (pl.), and поэ́зия are nouns, which are *not* followed by the word литерату́ра.

> The adjective совреме́нный (*contemporary*) comes from the noun вре́мя (*time*) (cf. Ско́лько вре́мени?) and the prefix со- (*with*). The English word *contemporary* is formed the same way from the Latin words tempus (*time*) and con (*with*).

1. Катего́рии. Assign the famous people to the appropriate categories.

Фёдор Достое́вский
Винсе́нт Ван Гог
Ага́та Кри́сти
Эрне́ст Хемингуэ́й
Михаи́л Бары́шников
Эмили Ди́кинсон
Рёмбрандт
Олдос Ха́ксли
Сальвадо́р Дали́
Лев Толсто́й
До́ктор Сьюз

писа́тель
худо́жник
поэ́т
танцо́р

класси́ческая литерату́ра
совреме́нная литерату́ра
де́тская литерату́ра
фанта́стика
детекти́вы
поэ́зия
класси́ческое иску́сство
совреме́нное иску́сство
бале́т

Какóй балéт		класси́ческий балéт.
Каку́ю литерату́ру	ты **лю́бишь?**	**Я люблю́** класси́ческую литерату́ру.
Какóе иску́сство	вы **лю́бите?**	класси́ческое иску́сство.
Каки́е ромáны		класси́ческие ромáны.

8.1 Accusative of Personal Pronouns: Review
8.2 Accusative Case of Adjectives and Possessive and Demonstrative
Pronouns (Inanimate)

люби́ть

я люблю́	мы лю́бим
ты лю́бишь	вы лю́бите
он/онá лю́бит	они́ лю́бят

- Вы **лю́бите читáть** ромáны?
- Каку́ю литерату́ру вы лю́бите?
- Каку́ю литерату́ру вы **читáли** в шкóле? Класси́ческую? Совремéнную? Поэ́зию?
- Вы лю́бите поэ́зию? **Кто ваш люби́мый поэ́т?**
- Вы читáли **ру́сские скáзки?**
- Вы лю́бите читáть **детекти́вы?** А **фантáстику?**

> If you want to say what you like **to do**, the second verb stays in the infinitive: e.g., я люблю́ читáть. See 9.3 for details.

✦2. **Каку́ю литерату́ру они́ лю́бят?** Some of the people below like Russian literature only, while others like foreign literature, too. The last column on the right includes foreign authors.

S1: Каку́ю литерату́ру лю́бит Андрéй?

S2: Он лю́бит ру́сскую и америкáнскую класси́ческую литерату́ру.

S1: А кто егó люби́мые писáтели / люби́мый писáтель?

S2: Егó люби́мые писáтели – Толстóй и Стéйнбек.

кто	литерату́ра	писáтель / поэ́т	
Андрéй	класси́ческая литерату́ра	Лев Толстóй	Джон Стéйнбек
Ни́на	совремéнная литерату́ра	Ви́ктор Пелéвин	—
Тáня	поэ́зия	Мари́на Цветáева	Рóберт Фрост
Ди́ма	фантáстика	—	Дж. К. Рóулинг
Алла	детекти́вы	Бори́с Аку́нин	Агáта Кри́сти
Лéна	скáзки	Алексáндр Пу́шкин	—
Серёжа	дéтская литерату́ра	Корнéй Чукóвский	—

Expressing Emphasis and Preference

Вы лю́бите иску́сство?	Да, **коне́чно**. Я о́чень люблю́ иску́сство, **осо́бенно** класси́ческое. Не о́чень. Я **бо́льше** люблю́ литерату́ру.	Коне́чно is often pronounced [коне́шно].

8.3 Emphasis and Preference

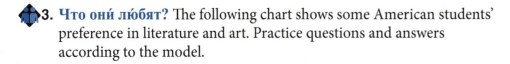 **3. Что они́ лю́бят?** The following chart shows some American students' preference in literature and art. Practice questions and answers according to the model.

S1: **Каку́ю литерату́ру** лю́бит Ли́нда?

S2: Она́ лю́бит класси́ческую литерату́ру, осо́бенно ру́сскую.

S1: **А како́е иску́сство** она́ лю́бит?

S2: Она́ лю́бит класси́ческое иску́сство, осо́бенно францу́зское.

person	literature	art
1. Linda	classical (Russian)	classical (French)
2. Mark	sci-fi (American)	modern (Russian)
3. Andrea	detective novels (Russian)	modern (Spanish)
4. Amy	modern (American)	modern (French)
5. Scott	classical poetry (English)	classical (Italian)
6. Robert	classical (Russian)	modern (American)

4. Диало́г. Practice the dialogue with a partner, making as many changes as possible.

S1: Ты лю́бишь класси́ческую литерату́ру?

S2: Да, коне́чно, осо́бенно ру́сскую.

S1: А «Анну Каре́нину» ты чита́л/а?

S2: Нет, ещё не чита́л/а.

S1: А совреме́нное иску́сство ты лю́бишь?

S2: Нет, не о́чень. Я бо́льше люблю́ класси́ческое иску́сство. Я не понима́ю совреме́нное иску́сство.

S1: А по-мо́ему, совреме́нное иску́сство о́чень интере́сное.

Talking About Sports

Вы лю́бите **спорт?**	Да, я о́чень люблю́ спорт, осо́бенно хокке́й.
Како́й вид спо́рта вы лю́бите?	Я люблю́ хокке́й.

The Russian word for *sports* is singular: спорт. Вид спо́рта is translated as *type/kind of sports.*

Ви́ды спо́рта

бейсбо́л – бейсболи́ст

америка́нский футбо́л – футболи́ст

хокке́й – хоккеи́ст

волейбо́л – волейболи́стка

фигу́рное ката́ние – фигури́стка

те́ннис – тенниси́стка

футбо́л – футболи́ст

Футбо́л is *soccer*. The sport called *football* in the United States is америка́нский футбо́л.

Са́мые популя́рные ви́ды спо́рта в ми́ре. The following world rankings are based on participation, not spectatorship. Russian ranks are in parentheses.

1. Лёгкая атле́тика *track and field:* ходьба́ *walking,* бег *running* (4)
2. Футбо́л (1)
3. Пла́вание *swimming,* да́йвинг (5)
4. Йо́га, пила́тес
5. Велосипе́дный спорт
6. Баскетбо́л (3)
7. Волейбо́л (2)
8. Аэро́бика (10)
9. Те́ннис
10. Бодиби́лдинг
11. Гольф
12. Спорти́вные та́нцы
13. Лы́жный спорт *skiing* (6)
14. Борьба́, бокс (11), дзюдо́ (12), карата́ (15), джи́у-джи́тсу
15. Насто́льный те́ннис (7), ша́хматы (8), спорти́вный тури́зм (9), хокке́й (13)

- Како́й вид спо́рта са́мый популя́рный в ми́ре? А в Росси́и?
- Каки́е ви́ды спо́рта не о́чень популя́рны в Росси́и?
- Каки́е ви́ды спо́рта популя́рны то́лько в Росси́и?
- Каки́е ви́ды спо́рта популя́рны в ва́шей стране́?
- А как по-ва́шему, ша́хматы – э́то спорт?
- Каки́е ви́ды спо́рта вы лю́бите? А каки́е не лю́бите?
- Вы **лю́бите смотре́ть** америка́нский футбо́л? На стадио́не? По телеви́зору?

5. Известные российские спортсмены.

1. Find out what field the following athletes represent. What are the main accomplishments of each person?

2. From the articles listed, find the Russian equivalents for the following phrases: *world champion, European champion, Olympic champion*

3. What honorary title do most of the athletes hold?

КАБАЕВА Алина Маратовна (р. 1983) – российская гимнастка, заслуженный мастер спорта (художественная гимнастика, 1999). Абсолютная чемпионка России (1999–2001, 2006), Европы (1998–2000, 2002, 2004). Абсолютная чемпионка мира (1999, 2003). Победитель Игр XXVIII Олимпиады в Афинах (2004).

ПЛЮЩЕНКО Евгений Викторович (р. 1982) – российский фигурист, олимпийский чемпион 2006 года, трёхкратный чемпион мира и шестикратный чемпион Европы. Заслуженный мастер спорта России.

АРШАВИН Андрей Сергеевич (р. 1981) – российский футболист, заслуженный мастер спорта России (2008). Один из основных игроков национальной команды России. С февраля 2009 года является игроком лондонского «Арсенала». До этого девять лет играл за санкт-петербургский «Зенит».

ДЕМЕНТЬЕВА Елена Вячеславовна (р. 1981) – российская теннисистка, олимпийская чемпионка 2008 года в одиночном разряде. Заслуженный мастер спорта России. С 1996 года Елена тренируется в ЦСКА. За период с 2003 по 2008 год Елена выиграла 10 турниров серии WTA в одиночном разряде.

КРАМНИК Владимир Борисович (р. 1975) – российский шахматист, международный гроссмейстер, абсолютный чемпион мира по шахматам в 2006–2007 гг., 14-й чемпион мира по классическим шахматам в 2000–2008 гг.

ТРЕТЬЯК Владислав Александрович (р. 1952) – советский хоккеист, вратарь. В период с 1969 по 1984 годы защищал ворота ЦСКА и сборной Советского Союза. Трёхкратный олимпийский чемпион (1972, 1976, 1984), 10-кратный чемпион мира (1970, 1971, 1973–1975, 1978, 1979, 1981–1983), 9-кратный чемпион Европы (1970, 1973–1975, 1978, 1979 и 1981–1983). Лучший хоккеист XX века по версии Международной федерации хоккея. Заслуженный мастер спорта СССР (1971). С 2006 года – президент Федерации хоккея России.

Adapted from http://ru.wikipedia.org

6. Кто такой...? Make a list of famous male and female athletes using the following categories. How many names do your classmates recognize?

S1: Кто такой/кто такая (name of athlete)?

S2: Это известный американский фигурист/известная американская фигуристка.

футболисты	бейсболисты	баскетболисты
теннисисты	фигуристы	

вратарь

Это баскетбо́льная, бейсбо́льная, футбо́льная и́ли хоккейная **кома́нда?**

А у вас?

- В ва́шем го́роде есть хоккейная кома́нда? Как она́ называ́ется?
- А ещё каки́е кома́нды есть в ва́шем го́роде? А в ва́шем университе́те?

Как называ́ются ру́сские кома́нды?

There are no interscholastic sports in Russia as there are in the United States. Sports teams are supported by clubs, such as Спарта́к, Дина́мо, Локомоти́в, СКА (Спорти́вный Клуб Армии), and ЦСКА (Центра́льный Спорти́вный Клуб Армии). Clubs with these names exist in many cities and represent several different sports.

7. Как по-ва́шему?

1. Кто са́мый хоро́ший баскетболи́ст в Аме́рике? А футболи́ст?
2. Кака́я ва́ша люби́мая футбо́льная кома́нда?
3. **За** каку́ю баскетбо́льную кома́нду вы **боле́ете**?
4. Кака́я баскетбо́льная кома́нда са́мая хоро́шая в Аме́рике?
5. А са́мая хоро́шая футбо́льная кома́нда?
6. Как вы ду́маете, кто са́мая изве́стная фигури́стка в Аме́рике?
7. Каки́е тенниси́сты и тенниси́стки са́мые изве́стные в Аме́рике? Кто са́мый хоро́ший?

8.4 Syntax

Во что ты игра́ешь? вы игра́ете?	Я игра́ю в	те́ннис. хокке́й. футбо́л. ша́хматы.

8.5 The Verb игра́ть: Games

Во что игра́ет На́дя?
Она́ игра́ет **в** те́ннис.

Во что игра́ют де́душка и дя́дя Ко́ля?
Они́ игра́ют **в** ша́хматы.

Use игра́ть for games only. For some other sports, you can use the verb занима́ться with the instrumental case: занима́ться пила́тес**ом** (masc. nouns), йо́г**ой** (fem. nouns). Ask your teacher for the specific forms you need. See 16.1 for the instrumental case.

А вы?

- Во что вы игра́ете?
- Вы хорошо́ игра́ете? Вы давно́ игра́ете?
- Вы **лю́бите игра́ть** в волейбо́л?
- Во что вы **игра́ли** в шко́ле?
- Вы игра́ете в ша́хматы?

8. Кто во что игра́ет? Как ча́сто?

A. Examine the weekly sports schedules for Slava, Mitya, Lena, and Natasha and answer the following questions.

1. Когда́ Сла́ва игра́ет в баскетбо́л?
2. Ско́лько раз в неде́лю Сла́ва игра́ет в футбо́л?
3. Во что игра́ет Ми́тя во вто́рник?
4. Когда́ Ми́тя игра́ет в хокке́й?
5. Во что игра́ет Ле́на? Ско́лько раз в неде́лю?
6. Ната́ша игра́ет в те́ннис то́лько в понеде́льник?

	пн.	вт.	ср.	чт.	пт.	сб.	вс.
Сла́ва	баскетбо́л	футбо́л	баскетбо́л	футбо́л		футбо́л	
Ми́тя	хокке́й	ша́хматы	хокке́й	хокке́й	хокке́й		
Ле́на	волейбо́л	волейбо́л	ша́хматы		волейбо́л		ша́хматы
Ната́ша	те́ннис		те́ннис			те́ннис	те́ннис

B. Make up four more questions and ask a partner to answer them.

Шáй-бý! Шáй-бý!

Хоккéй – это óчень популя́рный спорт, осóбенно в сéверных стрáнах – в Канáде, США, Скандинáвии и, конéчно, в Росси́и. Сбóрная[1] комáнда бы́вшего СССР – многокрáтный[2] чемпиóн ми́ра и Олимпи́йских игр. Сегóдня росси́йские хоккеи́сты игрáют не тóлько в свои́х клу́бах (Динáмо, ЦСКА), но и в профессионáльных комáндах рáзных[3] стран, а сáмые лу́чшие хоккеи́сты игрáют в национáльной комáнде Росси́и на чемпионáте ми́ра и на Олимпи́йских и́грах. Когдá игрáют в хоккéй, болéльщики[4] на стадиóне кричáт[5]: «Шáй-бý! Шáй-бý!»

[1]national / [2]multiple

[3]different

[4]fans / [5]yell

Шáй-бý! is a cheer used to support a hockey team. The expression comes from the word шáйба (*puck*). Although the literal meaning refers to hockey games only, the same cheer is sometimes also heard at soccer games. Russian teams do not usually have cheerleaders.

Отвéтьте на вопрóсы.

1. В каки́х стрáнах хоккéй осóбенно популя́рный спорт?
2. Сбóрная комáнда бы́вшего СССР – э́то хорóшая комáнда?
3. Где игрáют росси́йские хоккеи́сты сегóдня?
4. Где игрáют сáмые лу́чшие хоккеи́сты?
5. Что кричáт болéльщики на стадиóне?
6. Как вы ду́маете, какóй вид спóрта сáмый популя́рный в Амéрике?
7. А в Áнглии? В Испáнии?
8. Какóй вид спóрта в Амéрике не популя́рный?

9. Интервью́. Interview a classmate using the following English questions as a guideline. Add more questions of your choice.

1. Do you like sports? Which ones?
2. Do you prefer soccer or American football?
3. Which basketball team do you root for?
4. What (sport) do you play?
5. How often do you play it? How well? How long have you been playing it?
6. Do you play tennis? Chess?
7. What did you play at school?
8. Do you like to watch American football on TV?

классическая музыка

рок-музыка

джаз

Наро́дная му́зыка (literally, *folk music*) can be broadly defined as any traditional music from folk sources, for example "On Top of Old Smokey."

певи́ца

поп-му́зыка

певе́ц

о́пера

наро́дная му́зыка

10. Катего́рии. Into which categories would you put the following artists, composers, or songs?

П.И. Чайко́вский		класси́ческая му́зыка
Мадо́нна	композ́итор	поп-му́зыка
Луча́но Паваро́тти	певе́ц / певи́ца	рок-му́зыка
Алла Пугачёва	пе́сня	наро́дная му́зыка
Серге́й Рахма́нинов		джаз
"On Top of Old Smokey"		о́пера
(continue with your own items)		

11. Изве́стные ру́сские рок-гру́ппы. Below are some entries from the Hall of Fame of Russian rock music. For each group, find out when it was founded and what type of music they play (reggae, hard rock, folk rock, folk music, new wave, etc.).

«Ага́та Кри́сти» – российская рок-группа, ставшая известной в середине 90-х годов. На протяжении своего существования творчество группы пересекается со многими направлениями рока, в т.ч. арт-рок, психоделик-рок, готик-рок, однако из всех заметно преобладает пост-панк. **«Кино́»** – одна из самых популярных советских рок-групп	1980-х годов, лидером которой был Виктор Цой. Музыка «Кино», написанная по преимуществу Виктором Цоем, близка к стилистике пост-панка и новой волны. **«Аква́риум»** – одна из старейших российских рок-групп. Лидер «Аквариума» Борис Гребенщиков (также известный как *БГ*) является участником коллектива с самого	момента его основания в 1972 году. Жанры: русский рок, фолк-рок, регге́й. **«Али́са»** – русская рок-группа, образованная в 1983 году. Лидер и автор большинства песен «Алисы» – вокалист Константин Кинчев. Жанры: новая волна, хард-рок, христианский рок. Adapted from http://ru.wikipedia.org

Каку́ю му́зыку вы лю́бите?	Я люблю́ класси́ческую му́зыку.

- Каку́ю му́зыку вы лю́бите?
- Кака́я ва́ша люби́мая рок-гру́ппа?
- Вы ча́сто слу́шаете му́зыку? Где и когда́?
- Вы лю́бите **петь**? Вы хорошо́ **поёте**?
- А **танцева́ть** вы лю́бите? Вы хорошо́ **танцу́ете**?

8.6 Conjugation of Verbs with the Suffix -ова-/-ева-

12. Каку́ю му́зыку ты лю́бишь? Find out more about a classmate's music preferences by selecting one item from each column.

S1: Каку́ю му́зыку ты бо́льше лю́бишь: о́перу и́ли джаз?

S2: Я бо́льше люблю́ о́перу.

о́пера	джаз
класси́ческая му́зыка	поп-му́зыка
ру́сская наро́дная му́зыка	ру́сская класси́ческая му́зыка
америка́нская рок-му́зыка	ру́сская рок-му́зыка
джаз	класси́ческая му́зыка

Музыка́льные инструме́нты

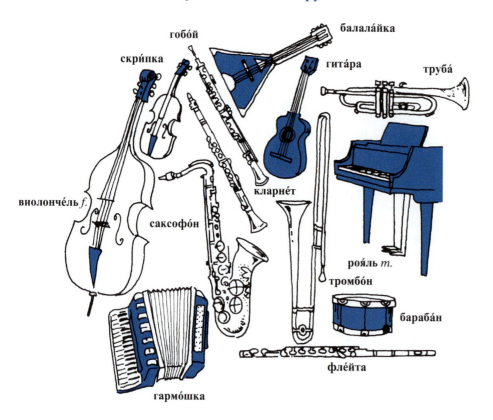

гобо́й

балала́йка

скри́пка

гита́ра

труба́

виолонче́ль *f.*

саксофо́н

кларне́т

роя́ль *m.*

тромбо́н

бараба́н

гармо́шка

флейта

- Како́й инструме́нт вы лю́бите? Како́й не лю́бите?
- На каки́х инструме́нтах обы́чно игра́ют музыка́нты рок-гру́ппы?

На како́м инструме́нте вы игра́ете?	Я игра́ю **на балала́йке.**

8.7 The Verb игра́ть: Musical Instruments

Это роя́ль.
Ма́ма игра́ет
на роя́ле.

Это кларне́т.
Карл игра́ет
на кларне́те.

Это бараба́ны.
Серге́й игра́ет
на бараба́нах.

There are several words for *piano*. Роя́ль is a *grand piano*. An upright model is пиани́но. In musical notation the word often becomes фортепья́но. The player of the instrument is a пиани́ст/ка.

The word бараба́н is often used in the plural: бараба́ны. Уда́рные is another common word for percussion instruments.

The nouns for most players are derived from the corresponding instrument by adding the suffix **-ист:** кларнети́ст, флейти́ст, гитари́ст, etc. (an exception is скрипа́ч, *violinist*). The corresponding feminine forms add another suffix, **-ка:** гитари́стка, скрипа́чка, etc.

A popular Russian tongue twister involving the clarinet plays with the consonants **к, л,** and **р**: Карл у Кла́ры укра́л кора́ллы, Кла́ра у Ка́рла укра́ла кларне́т. (*Carl from Clara stole corals. Clara from Carl stole a clarinet.*)

Note the prepositional plural: бараба́ны – на бараба́нах.

А вы?

- На каком инструменте вы играете?
- Вы хорошо играете? Давно?
- Ваши родители играют на каком-нибудь[1] музыкальном инструменте? А ваши братья и сёстры?

[1]any

или:

- На каком музыкальном инструменте вы играли раньше?
- Вы хорошо играли?
- Сколько лет вы играли?

13. Фолк-рок группа «Коробейники». Look at the information about the group and answer the questions.

1. На каких инструментах играют музыканты этой группы?
2. Кто написал (*wrote*) музыку и слова?
3. Кто поёт?

> Музыка и слова: Борис Юсов
> Аранжировка участников ансамбля
>
> Борис Юзов: вокал, гитара
> Андрей Мельников: виолончель, вокал
> Игорь Бернов: балалайка, тромбон
> Сергей Романов: флейты, вокал
> Александр Титов: бас-гитара, вокал
> Игорь Федорко: саксофоны, труба
> Олег Тарасов: скрипки, вокал
> Пётр Беляев: барабаны

14. Интервью. You were asked to interview young Russians regarding their musical likes and talents for your university website. Here are the results of the first interviews. Recreate the transcript of your questions. Your classmates will assume the role of the Russians.

name	music preference	instrument	singing	dancing
Olya K.	classical	violin	no	yes
Mitya V.	American rock	guitar	yes	no
Sergei S.	Russian rock	drums	yes	yes
Alla P.	Russian folk music	balalaika	yes	no
Misha	opera	N/A	yes	yes

♪ Ру́сская му́зыка

Ру́сские о́чень лю́бят наро́дную му́зыку. Са́мые популя́рные наро́дные пе́сни[1]: «Кали́нка», «Катю́ша», «Эй, у́хнем», «Вече́рний звон» и «Подмоско́вные вечера́». Са́мый изве́стный наро́дный инструме́нт – э́то балала́йка. ^{1}songs

Са́мый изве́стный класси́ческий компози́тор – Пётр Ильи́ч Чайко́вский (1840–1893). Чайко́вский – а́втор о́перы «Евге́ний Оне́гин», бале́тов «Лебеди́ное о́зеро», «Спя́щая краса́вица» и «Щелку́нчик». Бале́т «Щелку́нчик» о́чень популя́рен в Аме́рике, осо́бенно среди́[2] дете́й. ^{2}among

Други́е[3] изве́стные ру́сские компози́торы: Серге́й Рахма́нинов (1873–1943), Дми́трий Шостако́вич (1906–1975), Серге́й Проко́фьев (1891–1953), Моде́ст Му́соргский (1839–1881) и Никола́й Ри́мский-Ко́рсаков (1844–1908). ^{3}other

Э́то ру́сский наро́дный орке́стр.

Отве́тьте иа вопро́сы.

1. «Кали́нка» – э́то наро́дная пе́сня и́ли о́пера?
2. А «Евге́ний Оне́гин»?
3. Как называ́ется са́мый изве́стный ру́сский наро́дный инструме́нт?
4. Кто тако́й Моде́ст Му́соргский?
5. Что тако́е «Лебеди́ное о́зеро»?
6. Как по-англи́йски «Спя́щая краса́вица»? (спать, краси́вый)
7. Како́й бале́т Чайко́вского са́мый популя́рный в Аме́рике?
8. Как называ́ется э́тот бале́т по-англи́йски?
9. Как вы ду́маете, америка́нцы лю́бят наро́дную му́зыку?
10. А каки́е америка́нские наро́дные пе́сни вы зна́ете?
11. Каки́е инструме́нты типи́чны (*typical*) для мексика́нской му́зыки?
12. Что вы зна́ете о му́зыке други́х стра́н?

Chapter Review

A. *You should now be able to . . .*

1. say what kind of literature, art, or music you like
2. express your preference
   for one kind in particular
   of one kind over another
3. say what kind of sports and teams you like
4. say what sports or musical instruments you play
5. say what your favorite teams or music groups are

B. *Directed Dialogue.* Get together in groups of three or four. Find out the following information about your classmates. Take notes and be prepared to report to the rest of the class.

1. what kind of literature they like
2. favorite author and/or novel
3. favorite sport
4. favorite teams in various sports
5. favorite players
6. what they play, how well, and for how long
7. what kind of music they like
8. favorite group, artist, and/or composer
9. what instruments they play, how well, and for how long
10. if their family members have any special talents in sports or music

C. *Trivia Quiz.* Кто такóй/кто такáя/что такóе...

1. Гáрри Каспáров
2. Сергéй Рахмáнинов
3. Владислáв Третьяк
4. «Евгéний Онéгин»
5. Дмúтрий Шостакóвич
6. Казимúр Малéвич
7. «Лебедúное óзеро»
8. Алла Пугачёва
9. Борúс Гребенщикóв
10. «Калúнка»
11. Ильá Рéпин
12. Пётр Чайкóвский
13. Борúс Акýнин
14. Корнéй Чукóвский

 D. *Interview Video.* Литератýра, спорт и мýзыка.

 E. *Cultural Video.* Москóвский Кремль.

Word Building

Roots

игр- *game, play*

игрáть   *to play*

вы́играть   *to win*

вы́игрыш   *winning, prize*

проигрáть   *to lose*

игрá   *game*

Олимпúйские úгры   *Olympic games*

игрóк   *player*

игрýшка   *toy*

люб- *love, like*

любúть   *to love, to like*

любúмый   *favorite*

любúтель   *lover, amateur (in hobbies)*

любóвник, любóвница   *lover (in relationships)*

любóвь   *love*

Любóвь   *woman's name*

Люба   *familiar form of* Любóвь

ГРАММАТИКА

8.1 Accusative Case of Personal Pronouns: Review

The verb **люби́ть** (*to like, to love*) is a regular second-conjugation verb with an extra **л** in the first-person singular. Pay attention also to the stress shift from the ending to the stem.

люби́ть

я люблю́	мы лю́бим
ты лю́бишь	вы лю́бите
он/она́ лю́бит	они́ лю́бят

You have already learned the subject (nominative case) and object (accusative case) forms of personal pronouns. Review the following forms.

nominative		accusative	
я	*I*	меня́	*me*
ты	*you*	тебя́	*you*
он	*he*	его́	*him*
она́	*she*	её	*her*
оно́	*it*	его́	*it*
мы	*we*	нас	*us*
вы	*you*	вас	*you*
они́	*they*	их	*them*

Упражне́ние

1. Finish the sentences in the negative according to the model.

Model: Я люблю́ тебя́, **а ты меня́ не лю́бишь.**

1. Она́ лю́бит его́, а...
2. Мы лю́бим вас, а...
3. Они́ лю́бят нас, а...
4. Мы лю́бим тебя́, а...
5. Ты лю́бишь её, а...
6. Вы лю́бите их, а...
7. Он лю́бит её, а...
8. Я люблю́ вас, а...
9. Мы лю́бим их, а...
10. Они́ лю́бят меня́, а...

8.2 Accusative Case of Adjectives and Possessive and Demonstrative Pronouns (Inanimate)

In Chapter 7 you learned the accusative case of inanimate nouns.

Я чита́ю журна́л / газе́ту / письмо́ / кни́ги.

Review the simplified rule for the inanimate accusative.

M, N		= nom.
F	а я ь	→ -у → -ю = nom.
Pl.		= nom.

Упражне́ние

2. Write complete sentences according to the model.

Model: я/литерату́ра   **Я люблю́ литерату́ру.**

1. Оля/литерату́ра
2. я/детекти́вы
3. Са́ша/фанта́стика
4. вы/бале́т/?
5. они́/иску́сство

6. мы/о́пера
7. твой па́па/поэ́зия/?
8. твоя́ сестра́/литерату́ра/?
9. я/маши́ны
10. ты/компью́теры/?

You have already learned that adjectives, as well as possessive and demonstrative pronouns, agree with the noun they modify, that is, they are in the same case form as the corresponding nouns. Review the following examples. *Notice that the nominative and accusative forms are identical for masculine, neuter, and plural phrases. Feminine phrases, on the other hand have a special form.* Pay attention also to the rhyming effect of feminine endings.

	Nominative	Accusative
Masc.	**Како́й** э́то **бале́т?** Это **класси́ческий бале́т.** Это **мой журна́л.** **Этот журна́л** но́вый.	**Како́й бале́т** ты лю́бишь? Я люблю́ **класси́ческий бале́т.** Я чита́ю **мой журна́л.** Я чита́ю **э́тот жу́рнал.**
Fem.	**Кака́я** э́то **литерату́ра?** Это **ру́сская литерату́ра.** Это **моя́ ко́мната.** **Эта ко́мната** ма́ленькая.	**Каку́ю литерату́ру** ты лю́бишь? Я люблю́ **ру́сскую литерату́ру.** Я убира́ю **мою́ ко́мнату.** Я убира́ю **э́ту ко́мнату.**

Neuter	**Како́е** э́то **иску́сство?** Это **ру́сское иску́сство.** Это **твоё письмо́.** **Это письмо́** дли́нное.	**Како́е иску́сство** ты лю́бишь? Я люблю́ **ру́сское иску́сство.** Я чита́ю **твоё письмо́.** Я чита́ю **э́то письмо́.**
Pl.	**Каки́е** э́то **кни́ги?** Это **ру́сские кни́ги.** Это **ва́ши пи́сьма.** **Эти рома́ны** дли́нные.	**Каки́е кни́ги** ты лю́бишь? Я люблю́ **ру́сские кни́ги.** Я чита́ю **ва́ши пи́сьма.** Я люблю́ **э́ти рома́ны.**

Note: Adjective modifiers for feminine nouns ending in **-ь** also have the ending **-ую**. Possessive and demonstrative pronouns change accordingly.

nominative	accusative
Кра́сная пло́щадь	**Кра́сную** пло́щадь
мо**я́** крова́ть	мо**ю́** крова́ть
э́та пло́щадь	**э́ту** пло́щадь

SIMPLIFIED RULE FOR THE INANIMATE ACCUSATIVE OF ADJECTIVES	
M, N	= nom.
F	**-ую**
Pl.	= nom.

POSSESSIVE AND DEMONSTRATIVE PRONOUNS: INANIMATE ACCUSATIVE			
Masc.	**Fem.**	**Neuter**	**Pl.**
мой/твой (= nom.)	**мою́/твою́**	моё/твоё (= nom.)	мои́/твои́ (= nom.)
наш/ваш (= nom.)	**на́шу/ва́шу**	на́ше/ва́ше (= nom.)	на́ши/ва́ши (= nom.)
э́тот (= nom.)	**э́ту/ту**	э́то (= nom.)	э́ти (= nom.)

Упражнёния

3. Complete the sentences using the words in parentheses.

> **Model:** Я люблю (рýсская литератýра).   **Я люблю рýсскую литератýру.**

1. Вы любите (рýсская класси́ческая литератýра)?
2. Ты лю́бишь (америка́нские детекти́вы)?
3. Вы лю́бите (рýсская фанта́стика)?
4. Я люблю́ (англи́йская поэ́зия).
5. Твой отéц лю́бит (францýзское искýсство)?
6. Лéна лю́бит (совремéнная литератýра).
7. Ты лю́бишь (совремéнный балéт)?
8. Ми́ша лю́бит (рýсские ска́зки).
9. Вы лю́бите (рýсское искýсство)?
10. Моя́ ма́ма лю́бит (англи́йская литератýра).

4. The verbs чита́ть and слýшать also need the accusative case. Answer the questions using the adjectives in parentheses. Notice that the adjectives are given in the masculine form.

> **Model:** Какýю кни́гу ты чита́ешь?   **Я чита́ю рýсскую кни́гу.**
>   (рýсский)

1. Како́й журна́л чита́ет Са́ша? (америка́нский)
2. Какýю газéту вы чита́ете? (францýзский)
3. Какýю кни́гу они́ чита́ют? (рýсский)
4. Како́е письмо́ чита́ет ба́бушка? (дли́нный)
5. Какýю мýзыку ты слýшаешь? (испа́нский)
6. Каки́е ска́зки чита́ет Ди́ма? (рýсский)

5. Answer the questions in complete sentences using the information in parentheses. Where applicable, replace nouns by the personal pronouns **он, она́,** and **они́.**

> **Model:** Какýю литератýру лю́бит Сергéй? (класси́ческая литератýра)
>   **Он лю́бит класси́ческую литератýру.**

1. Какýю литератýру лю́бит Воло́дя? (рýсская литератýра)
2. Лари́са то́же лю́бит рýсскую литератýру? (францýзская литератýра)
3. Како́й рома́н чита́ет Ната́ша? (америка́нский рома́н)
4. Та́ня лю́бит фанта́стику? (англи́йская поэ́зия)

5. Каку́ю литерату́ру лю́бит ба́бушка? (ру́сская класси́ческая поэ́зия)

6. Каку́ю му́зыку лю́бит Ми́ша? (америка́нская рок-му́зыка).

7. Како́е иску́сство лю́бит дя́дя Ко́ля? (совреме́нное иску́сство)

8. А каки́е ска́зки лю́бит Ма́ша? (наро́дные ска́зки)

9. Каки́е кни́ги лю́бит Гри́ша? (ста́рые ру́сские кни́ги)

10. Каки́е маши́ны лю́бит Игорь? (ма́ленькие япо́нские маши́ны)

6. Write the corresponding questions using **како́й.**

| Model: | Ле́на лю́бит **совреме́нную** литерату́ру. | **Каку́ю литерату́ру лю́бит Ле́на?** |

1. Серге́й и Ле́на чита́ют **класси́ческую** поэ́зию.

2. Я люблю́ **ма́ленькие италья́нские** маши́ны.

3. Мой брат лю́бит **совреме́нное** иску́сство.

4. Ма́ша и Ми́ша лю́бят **класси́ческую** му́зыку.

5. Мы чита́ем **америка́нскую** газе́ту.

6. Ди́ма лю́бит **фанта́стику.**

7. Я люблю́ **совреме́нный** бале́т.

8. Мы слу́шаем **ру́сскую** му́зыку.

9. Мой па́па лю́бит **ста́рые** маши́ны.

10. Моя́ сестра́ чита́ет **францу́зские** рома́ны.

7. Put the words in parentheses in the correct form.

1. Мы убира́ем (на́ша кварти́ра).

2. Я чита́ю (твоё письмо́).

3. Я хорошо́ зна́ю (моя́ страна́).

4. Я о́чень люблю́ (э́тот го́род).

5. Я ча́сто хожу́ в (э́та библиоте́ка).

6. Мы чита́ем (ва́ши пи́сьма).

7. Как ча́сто ты убира́ешь (твоя́ ко́мната)?

8. Я о́чень люблю́ (э́та кни́га).

9. Мы о́чень ре́дко хо́дим в (э́тот рестора́н).

10. Мой брат хо́дит в (э́та шко́ла).

8.3 Emphasis and Preference

Очень (*very*) can be used to emphasize certain verbs, such as *to like*.

Я **о́чень** люблю́ фанта́стику.
I like science fiction very much (a lot).

Очень can also be used in negative sentences:

Я **не о́чень** люблю́ детекти́вы.
I don't like detective novels very much.

or in short answers:

Ты лю́бишь фанта́стику?	Да, о́чень.	Нет, не о́чень.
	Yes, a lot.	*No, not much.*

Preference can be expressed with the verb **люби́ть** and the adverb **бо́льше** (*more*).

Я **бо́льше** люблю́ поэ́зию.
*I like poetry **more**.* or: *I prefer poetry.*

8.4 Syntax

Notice the difference between the following two questions.

Кака́я		твоя́ люби́мая футбо́льная кома́нда**?**
What	*is*	*your favorite football team?*
subject	linking verb	predicate

Каку́ю футбо́льную кома́нду			ты	лю́бишь?
Which football team		*do*	*you*	*like?*
object			subject	action verb

In the first example, which contains the linking verb *to be* in English, the *nominative case* is used in both the subject and the predicate parts of the question.

The second example includes the action verb **люби́ть**. The question phrase *which football team* is the object of the sentence and, therefore, in the *accusative case*. When talking about sports teams, you can also use the verb **болé|ть (I)** (*to root for, to be fan of*) with the preposition **за** + accusative. За каку́ю кома́нду ты боле́ешь? Я боле́ю за «Арсена́л».

8. A. Rewrite the questions using the verb любить.

   1. Какáя твоя́ люби́мая америкáнская баскетбóльная комáнда?

   2. Какáя твоя́ люби́мая хоккéйная комáнда?

   3. Какáя вáша люби́мая америкáнская бейсбóльная комáнда?

   4. Какáя твоя́ люби́мая америкáнская рок-грýппа?

   B. Write complete sentences.

   1. я/болéть за/нáша университéтская комáнда.

   2. Мúша/болéть за/англи́йский футбóльный клуб «Арсенáл».

8.5 The Verb игрáть: Games

When the verb **игрáть** (*to play*) refers to playing *games,* it is used with the *preposition* **в** and the *accusative case.*

   Сáша игрáет **в футбóл**. *Sasha plays football.*

Some games are in the accusative *plural.*

   игрáть в **шáхматы**   *to play chess*
   игрáть в **кáрты**   *to play cards*

The question *What do you play?* also requires the preposition **в** (spelled **во**).

   Во чтó ты игрáешь?   *What (game) do you play?*

Упражнéние

9. Write questions according to the model.

   Model: Лéна игрáет в тéннис.   **Во чтó игрáет Лéна?**

   1. Сáша игрáет в шáхматы.

   2. Я игрáю в баскетбóл.

   3. Мы игрáем в кáрты.

   4. Мúша игрáет в футбóл.

   5. Кáтя и Игорь игрáют в тéннис.

8.6 Conjugation of Verbs with the Suffix -ова- and -ева-

The conjugated forms of verbs with the suffix **-ова-** and **-ева-** replace the suffix with **-у-** The infinitive and the past tense forms (which you will learn in Chapter 9) will retain the original suffix.

> **Я танцу́ю**. *I dance, I am dancing.*
> but: Я люблю́ **танцева́ть**. *I like to dance.*

рис-**ова́**-ть	*to draw*	танц-**ева́**-ть	*to dance*
рис-**у́**-ю		танц-**у́**-ю	
рис-**у́**-ешь		танц-**у́**-ешь	
рис-**у́**-ют		танц-**у́**-ют	

Упражне́ние

10. Supply the verbs in the correct form.

1. Худо́жник (рисова́ть) портре́т.
2. Сего́дня (танцева́ть) моя́ люби́мая балери́на.
3. Ты лю́бишь (танцева́ть)?
4. Что вы (рисова́ть)?
5. Ты лю́бишь (рисова́ть)?
6. В ночно́м клу́бе мы (слу́шать) му́зыку и (танцева́ть).

8.7 The Verb игра́ть: Musical Instruments

When the verb **игра́ть** refers to playing *musical instruments*, it is used with the *preposition* **на** and the *prepositional case*.

> Ли́за игра́ет **на** гита́ре.   *Liza plays (on) the guitar.*

The question also has the **на** + prepositional construction.

> **На** како́м инструме́нте ты игра́ешь?
> *(On) what instrument do you play?*

or: **На** чём ты игра́ешь?
> *(On) what do you play?*   (from **что,** *what*)

Упражне́ния

11. На како́м инструме́нте они́ игра́ют? Write complete sentences.

Model: Ди́ма/гита́ра   **Ди́ма игра́ет на гита́ре.**

1. Ли́за/скри́пка
2. я/бараба́н
3. Оля и Са́ша/роя́ль
4. ты/гобо́й
5. мы/гармо́шка
6. вы/балала́йка

12. Write questions about sports and music according to the model.

Model: Ле́на игра́ет на фле́йте. **На како́м инструме́нте игра́ет Ле́на?**

or: **На чём игра́ет Ле́на?**

Серге́й игра́ет в хокке́й. **Во что́ игра́ет Серге́й?**

1. Я игра́ю в ша́хматы.
2. Моя́ ма́ма игра́ет на роя́ле.
3. Да́ша и Са́ша игра́ют в волейбо́л.
4. Мы игра́ем на скри́пке.
5. Мои́ роди́тели игра́ют в те́ннис.
6. Ко́ля игра́ет на балала́йке.
7. Мои́ друзья́ игра́ют на фле́йте.
8. На́ши студе́нты игра́ют в бейсбо́л.
9. Ру́сские студе́нты игра́ют в футбо́л.
10. Мой дя́дя игра́ет на саксофо́не.

Vocabulary

Note: The core vocabulary is **boldfaced**.

Nouns

Musical instruments

балала́йка	*balalaika*
бараба́н	*drum*
виолонче́ль *f.*	*cello*
гармо́шка	*accordion*
гита́ра	*guitar*
гобо́й	*oboe*
кларне́т	*clarinet*
пиани́но *indecl.*	*piano*
роя́ль *m.*	*grand piano*

саксофо́н	*saxophone*
скри́пка	*violin*
тромбо́н	*trombone*
труба́	*trumpet*
фле́йта	*flute*

Musicians

гитари́ст/ка	*guitarist*
пиани́ст/ка	*pianist*
скрипа́ч/ка	*violinist*
флейти́ст/ка	*flutist*

Other music vocabulary

бале́т	*ballet*
джаз	*jazz*
инструме́нт	*instrument*
му́зыка	*music*
о́пера	*opera*
орке́стр	*orchestra*
певе́ц, певи́ца	*singer*
пе́сня	*song*
рок-гру́ппа	*rock group*
рок-му́зыка	*rock music*

Sports

америка́нский футбо́л	*football*
атле́тика	*athletics*
аэро́бика	*aerobics*
баскетбо́л	*basketball*
бег	*running*
бейсбо́л	*baseball*
бодиби́лдинг	*bodybuilding*
бокс	*boxing*
волейбо́л	*volleyball*
гимна́стика	*gymnastics*
гольф	*golf*
да́йвинг	*diving*
дзюдо́	*judo*
йо́га	*yoga*
карата́	*karate*
пла́вание	*swimming*
те́ннис	*tennis*
футбо́л	*soccer*

ходьба́	*walking*
хокке́й	*hockey*
ша́хматы	*chess*

Sports players

бейсболи́ст/ка	*baseball player*
волейболи́ст/ка	*volleyball player*
врата́рь *m.*	*goalkeeper*
гимна́ст/ка	*gymnast*
тенниси́ст/ка	*tennis player*
фигури́ст/ка	*figure skater*
хоккеи́ст/ка	*hockey player*
шахмати́ст/ка	*chess player*

Other sports vocabulary

вид спо́рта	*kind (category) of sport*
кома́нда	*team*
спорт	*sport*
ша́йба	*puck*

Art and literature

балери́на	*ballerina*
бале́т	*ballet*
детекти́вы *pl.*	*detective novels*
иску́сство	*art*
литерату́ра	*literature*
поэ́зия	*poetry*
ска́зка	*fairy tale*
танцо́р	*dancer*
фанта́стика	*science fiction*
худо́жник	*artist, painter*

Adjectives

Sports-related

баскетбо́льный	*basketball*
бейсбо́льный	*baseball*
велосипе́дный	*bicycle*
лы́жный	*ski(ing)*
спорти́вный	*sport*
футбо́льный	*football*
хокке́йный	*hockey*

Other adjectives

де́тский	*children's*
класси́ческий	*classical*
лёгкий	*light*
люби́мый	*favorite*
наро́дный	*folk*
насто́льный	*table*
популя́рный	*popular*
совреме́нный	*modern, contemporary*

Verbs

игра́|ть (I)	*to play*
~ **в** + *acc.*	*to play a game*
~ **на** + *prep.*	*to play an instrument*
люб|и́ть (II)	*to like, to love*
люблю́,	
лю́бишь,	
лю́бят	
петь (I)	*to sing*
пою́,	
поёшь,	
пою́т	
рис|ова́|ть (I)	*to draw*
рису́ю,	
рису́ешь,	
рису́ют	
танц|ева́|ть (I)	*to dance*
танцу́ю,	
танцу́ешь,	
танцу́ют	

Other

бо́льше	*more*
коне́чно	*of course*
осо́бенно	*especially*

THEMES

- Talking about the seasons
- Talking about free-time activities
- Discussing past activities
- Telling about your vacation

CULTURE

- Picking berries and mushrooms
- Swimming in the winter
- Where Russians spend their vacation
- Russian souvenirs

STRUCTURES

- Syntax: The noun вре́мя and the seasons
- Time expressions: Seasons
- Verb + verb constructions: я люблю́/уме́ю пла́вать
- Impersonal constructions: мо́жно
- Past tense of verbs
- Verbs of motion: ходи́л and е́здил
- Time expressions: *How long* (две неде́ли) and *How long ago* (два го́да наза́д)
- Relative pronoun кото́рый

Студе́нты е́здили в Ясную Поля́ну.

Talking About the Seasons

Како́е э́то вре́мя го́да?

> Pay attention to the stress shift in the accusative: зима́ – зи́му.

Это **зима́.**
Ди́ма лю́бит зи́му.

Это **весна́.**
Алла лю́бит весну́.

Это **ле́то.**
Серёжа лю́бит ле́то.

Это **о́сень.**
Ната́ша лю́бит о́сень.

9.1 Syntax: The Noun вре́мя and the Seasons

А вы?

- Како́е вре́мя го́да вы лю́бите?
- Како́е вре́мя го́да вы не лю́бите?

Когда́ вы игра́ете в те́ннис?	**Зимо́й.** **Весно́й.** **Ле́том.** **Осенью.**

9.2 Time Expressions: Seasons

1. **Что они́ де́лают о́сенью?** Look at the yearly activity schedule for two Russian schoolchildren, Tanya (Т) and Yura (Ю). Ask a partner . . .

   1. who plays soccer
   2. if that child plays soccer in summer
   3. when Yura plays hockey
   4. when Yura plays the violin
   5. who plays chess and when
   6. what Tanya does in summer

7. if Tanya plays basketball in the fall
8. if the children play volleyball in winter
9. what Yura does in the fall
10. what the children do in spring

óсенью	зимóй	веснóй	лéтом
футбóл (Ю) шáхматы (Т) скрúпка (Ю)	хоккéй (Ю) шáхматы (Т) скрúпка (Ю)	баскетбóл (Т) шáхматы (Т) скрúпка (Ю)	волейбóл (Ю, Т) тéннис (Ю) шáхматы (Т) скрúпка (Ю)

Talking About Free-Time Activities

Ягоды и грибы́

Although free-time activities in Russia and Western countries tend to be similar for the most part, one activity is more typical in Russia than in the West: picking berries and mushrooms. Russians love nature, clean air, forests with aromatic birch trees. Since most city dwellers live in high-rise apartment buildings with minimal greenery around them, weekend trips **зá город** (*to the countryside*) provide a welcome change of pace. Picking berries and mushrooms is a popular autumn activity. Berries are plentiful and include черни́ка (*blueberry*), земляни́ка (*wild strawberry*), клю́ква (*cranberry*), and мали́на (*raspberry*) for most of the **тайга́** (forest zones covering areas south of the Arctic Circle), and брусни́ка (*lingonberry*) and моро́шка (*cloudberry*) further north in the **ту́ндра**. Berries are preserved or deep-frozen and eaten as dessert or jam during cold winter months. Avid mushroom pickers can recognize dozens of edible varieties, as well as several poisonous ones. Mushrooms are usually dried or pickled for the winter.

Анна любит **собира́ть** в лесу́ **я́годы** и **грибы́.**

Что они любят делать?

ката́ться на лы́жах **ката́ться на во́дных лы́жах** **ката́ться на конька́х** **ката́ться на ро́ликах**

ката́ться на ло́дке **ката́ться на па́русной ло́дке** **ката́ться на ка́тере**

бе́гать

е́здить верхо́м **пла́вать в бассе́йне** **лови́ть ры́бу**

Что вы лю́бите де́ла**ть** в свобо́дное вре́мя?	Я люблю́ пла́ва**ть**.

9.3 Verb + Verb Constructions: я люблю́/уме́ю пла́вать

Ты **уме́ешь** пла́ва**ть**? Вы **уме́ете**	Да, **уме́ю**, но я не люблю́ пла́ва**ть**.

А вы?

- Что вы лю́бите де́лать в свобо́дное вре́мя?
- Вы лю́бите бе́гать? Где вы бе́гаете?
- Вы уме́ете пла́вать? Вы хорошо́ пла́ваете?
- Вы уме́ете е́здить верхо́м?

- А ката́ться на конька́х и́ли лы́жах вы уме́ете?
- А на сноубо́рде?
- Вы уме́ете ката́ться на во́дных лы́жах?

2. Что они́ лю́бят де́лать? The following people were asked about their favorite free-time activities for summer and winter. Look at the results and practice questions and answers according to the model.

S1: Что лю́бит де́лать **На́дя ле́том?**

S2: Ле́том она́ лю́бит собира́ть я́годы.

S1: А что она́ лю́бит де́лать зимо́й?

S2: Зимо́й она́ лю́бит ката́ться на лы́жах.

	ле́том	зимо́й
1. Игорь	ката́ться на во́дных лы́жах	игра́ть в хокке́й
2. Ле́на	пла́вать в о́зере	пла́вать в бассе́йне
3. Андре́й	бе́гать в па́рке	ката́ться на сноубо́рде
4. Ири́на	е́здить верхо́м	ката́ться на конька́х
5. Воло́дя	ката́ться на ло́дке и лови́ть ры́бу	сиде́ть до́ма и игра́ть в компью́терные и́гры

3. Что они́ уме́ют де́лать?

A. Some activities require special skills. Look at the table and answer the questions.

1. Са́ша уме́ет игра́ть в ша́хматы? А Та́ня?
2. Что уме́ет де́лать Андре́й? А Оля?
3. Кто уме́ет ката́ться на ро́ликах?
4. Кто уме́ет игра́ть на гита́ре?
5. Та́ня уме́ет е́здить верхо́м?
6. Кто не уме́ет пла́вать?

	Са́ша	Та́ня	Андре́й	Дени́с	Оля	Ле́на
игра́ть в ша́хматы	✓				✓	
пла́вать	✓		✓	✓	✓	
ката́ться на конька́х	✓	✓			✓	✓
е́здить верхо́м			✓			✓
ката́ться на лы́жах	✓	✓		✓	✓	
ката́ться на ро́ликах			✓			✓
игра́ть на гита́ре		✓		✓	✓	
води́ть маши́ну	✓	✓		✓		✓
е́здить на велосипе́де	✓	✓	✓	✓		✓
танцева́ть		✓		✓		✓

B. Ask a partner about his or her **skills and preferences** using the items in the table. Then continue with your own items.

S1: Ты уме́ешь игра́ть в ша́хматы?

S2: Да, уме́ю (но не люблю́). / Нет, не уме́ю. А ты?

S1: Я то́же (не) уме́ю. / А я (не) уме́ю.

Где здесь **мо́жно** пла́вать?

9.4 Impersonal Constructions: мо́жно

А у вас?

- Где в ва́шем го́роде мо́жно пла́вать зимо́й? В о́зере? В реке́? То́лько в бассе́йне? А ле́том где мо́жно пла́вать?
- Где в ва́шем го́роде мо́жно лови́ть ры́бу?
- А где мо́жно собира́ть я́годы и грибы́?
- В ва́шем шта́те мо́жно ката́ться на лы́жах?

Где мо́жно пла́вать зимо́й?

Оди́н из экстрема́льных ви́дов спо́рта в Росси́и – это моржева́ние, пла́вание в о́зере и́ли реке́ зимо́й. В Санкт-Петербу́рге лю́ди пла́вают в реке́ Неве́ кру́глый год[1] – да́же[2] когда́ ря́дом снег[3] и температу́ра во́здуха[4] ми́нус 10 гра́дусов (−10°C). Во мно́гих города́х есть специа́льные места́[5], где мо́жно пла́вать зимо́й. Температу́ра воды́[6] обы́чно ни́же, чем плюс 4 гра́дуса (+4°C).

Моржи́ – лю́ди, **кото́рые**[7] лю́бят пла́вать в холо́дной воде́, ча́сто говоря́т, что моржева́ние уси́ливает[8] иммуните́т и снима́ет[9] стресс.

The term моржева́ние comes from морж (*walrus*).

[1]year-round / [2]even / [3]snow
[4]air
[5]places / [6]water

[7]who
[8]strengthens / [9]reduces

9.8 Relative Pronoun кото́рый

A. Отве́тьте на вопро́сы.

1. Что тако́е моржева́ние?
2. Где обы́чно пла́вают лю́ди в Санкт-Петербу́рге?
3. Кака́я мо́жет быть температу́ра во́здуха? А температу́ра воды́?
4. Кто таки́е «моржи́»?
5. Как по-ва́шему: что тако́е «холо́дная вода́»? 22 гра́дуса? 18 гра́дусов? 10 гра́дусов?
6. Вы лю́бите пла́вать в холо́дной воде́?
7. Где вы бо́льше лю́бите пла́вать: в мо́ре, в о́зере, в реке́ и́ли в бассе́йне? То́лько ле́том?

°C	°F
+22	72
+18	64
+10	50
+4	39
−10	14

B. Факт и́ли мне́ние?

1. Моржева́ние уси́ливает иммуните́т и снима́ет стресс.
2. Моржи́ пла́вают в холо́дной воде́.

4. Интервью́. Interview two classmates. Find out . . .

1. what they like to do during different seasons
2. how often they are involved in each of the activities
3. if they can swim, and if yes, when and where they do
4. if they can ice-skate / ski
5. if they like horseback riding / fishing

<aside>
Review the following time expressions.
1 раз (2,3,4 ра́за/ 5,6... раз) в день/неде́лю/ме́сяц/год.
</aside>

Что вы лю́бите де́лать в свобо́дное вре́мя?

Джим:	Ната́ша, что вы лю́бите де́лать в свобо́дное вре́мя?
Ната́ша:	В свобо́дное вре́мя? Я о́чень люблю́ проводи́ть вре́мя на све́жем[1] во́здухе.[2] Ле́том я люблю́ гуля́ть в па́рке, о́сенью собира́ть я́годы и грибы́ в лесу́, а зимо́й ката́ться на лы́жах.
Джим:	Где вы ката́етесь на лы́жах? Здесь в го́роде?
Ната́ша:	Нет, у нас есть да́ча недалеко́ от Москвы́. Мы обы́чно там ката́емся.
Джим:	А на конька́х в Москве́ мо́жно ката́ться?
Ната́ша:	Коне́чно мо́жно, да́же[3] на Кра́сной пло́щади. Но са́мое популя́рное ме́сто для ката́ния – э́то Парк Го́рького. Моя́ дочь там ката́ется почти́[4] ка́ждую суббо́ту.
Джим:	А что лю́бит де́лать ваш муж? Он то́же лю́бит собира́ть я́годы и грибы́ и ката́ться на лы́жах?
Ната́ша:	Нет, не о́чень. Он бо́льше лю́бит лови́ть ры́бу. Кру́глый год[5] – и ле́том, и зимо́й.

[1]fresh / [2]air

[3]even

[4]almost

[5]year-round

A. Отве́тьте на вопро́сы.

1. Как и где Ната́ша проводи́т свобо́дное вре́мя? А её дочь?
2. Что лю́бит де́лать её муж?

B. Да и́ли нет?

1. Ната́ша лю́бит проводи́ть вре́мя на све́жем во́здухе.
2. О́сенью она́ ло́вит ры́бу.
3. Они́ ката́ются на лы́жах в го́роде.
4. В Москве́ мо́жно ката́ться на конька́х.
5. Ната́ша лю́бит ката́ться на конька́х зимо́й.
6. Её дочь ката́ется на конька́х на да́че.
7. Её муж лю́бит лови́ть ры́бу ле́том.

C. Assume the role of the interviewer and ask Natasha more questions. Your teacher or a fellow student will play the role of Natasha.

Discussing Past Activities

Вчера	я, ты, он	был дóма / рабóтал / занимáлся.
	я, ты, онá	былá дóма / рабóтала / занимáлась.
	мы, вы, онú	бы́ли дóма / рабóтали / занимáлись.

9.5 Past Tense of Verbs

Что онú дéлали в суббóту?

Андрéй был в библиотéке. Он там рабóтал.

Натáша былá дóма и занимáлась.

Ларúса и Сергéй бы́ли в кинó, где онú смотрéли нóвый фúльм.

There is no word for *weekend* in Russian. Instead, Russians refer to these days separately (в суббóту, в воскресéнье) or call them выходны́е (дни), *days off*, literally, *resting days*. The English word уикéнд (уик-э́нд) is sometimes used.

5. Что онú дéлали вчерá?

A. Here are some of the activities that Misha and Katya were involved in yesterday.

S1: Что дéлал Мúша вчерá у́тром?

S2: Утром он игрáл в тéннис и занимáлся.

кто	у́тром	днём	вéчером
Мúша	игрáть в тéннис занимáться	слу́шать му́зыку спать	гуля́ть смотрéть телевúзор
Кáтя	бéгать рабóтать	занимáться гуля́ть	читáть ромáн спать

The verb спать has a stress shift in the feminine form: спалá (but: спáли).

B. Как вы ду́маете? Что дéлал Сергéй? Что дéлала Нúна? What do you think the people below did yesterday? Ask and answer questions based on the following information.

1. Сергéй лю́бит компью́терные úгры.

2. Нúна лю́бит классúческую литерату́ру.

3. Кáтя и Андрéй лю́бят америкáнские фúльмы.

C. А вы? In which of these activities were you involved yesterday? In which were you not involved?

6. Что вы де́лали в суббо́ту? Ask a partner if he or she engaged in any of the following activities on Saturday. If yes, ask a few follow-up questions, such as where, at what time, and for how many hours (Ско́лько часо́в?).

S1: Ты е́здил(а) верхо́м в суббо́ту?

S2: Да, е́здил(а). / Нет, не е́здил(а). А ты?

S1: Я то́же. / Я то́же не е́здил(а). / А я (не) е́здил(а).

е́здить верхо́м	бе́гать	занима́ться
игра́ть в те́ннис	игра́ть на роя́ле	чита́ть кни́ги
ката́ться на лы́жах	рабо́тать	игра́ть в компью́терные и́гры
пла́вать		

не́ был
не была́
не́ было
не́ были

9.5 Past Tense of Verbs (быть)

7. Не́ был и не была́. Look at the chart and have conversations according to the model. First ask about a location that will result in a negative answer. Pay attention to the word stress in the negatives. Then correct the location and select the appropriate activities from the list below.

S1: Ди́ма был вчера́ в кино́?

S2: Нет, не́ был. Он был на стадио́не.

S1: Что он там де́лал?

S2: Он игра́л в футбо́л.

кто	где
1. Ди́ма	стадио́н (на)
2. Све́та и Ма́ша	кино́
3. Та́ня	бассе́йн
4. Серге́й	библиоте́ка
5. Алла	лес (в -у́)
6. Ви́ктор	да́ча (на)
7. Аня	клуб
8. Воло́дя	парк

гуля́ть, занима́ться, игра́ть в футбо́л, лови́ть ры́бу, пла́вать, смотре́ть фильм, собира́ть грибы́, танцева́ть

Серге́й был **в** магази́не.	Он **ходи́л в** магази́н.
Ната́ша была́ **на рабо́те.**	Она́ **ходи́ла на** рабо́ту.
Ли́за и Ле́на бы́ли **на** о́зере.	Они́ **ходи́ли на** о́зеро.

9.6 Verbs of Motion: Round-trips on Foot: ходи́ть

Серге́й **ходи́л в магази́н.**

8. Куда́ ходи́ли студе́нты?

A. What places did the American students visit while in St. Petersburg? When?

S1: Куда́ они́ ходи́ли в понеде́льник?

S2: В понеде́льник они́ ходи́ли в Исаа́киевский собо́р и...

пн.	Исаа́киевский собо́р	чт.	Каза́нский собо́р
	Петропа́вловская кре́пость	пт.	Алекса́ндро-Не́вская ла́вра
вт.	Ле́тний сад		Марии́нский теа́тр
	ру́сско-америка́нская шко́ла	сб.	магази́н «Дом Кни́ги»
ср.	Ру́сский музе́й		вы́ставка (на) *exhibit*
	рестора́н «Садко́»	вс.	Эрмита́ж

B. Почему́ Джон не ходи́л в Ру́сский музе́й? A few students skipped the required excursions. Where did they go instead? What did they do there?

ночно́й клуб «Хулига́н»   кино́   интерне́т-кафе́

Talking About Your Vacation

На да́че

Ки́ра:

    На́ша да́ча нахо́дится недалеко́ от Санкт-Петербу́рга, на берегу́[1] ма́ленького о́зера. Мы, как мно́гие ру́сские, о́чень лю́бим проводи́ть вре́мя на да́че и иногда́ отдыха́ем там всё ле́то. Там мо́жно ката́ться на ло́дке, пла́вать, лови́ть ры́бу. Мо́жно гуля́ть по ле́су и слу́шать пе́ние[2] птиц[3]. В ию́ле мо́жно собира́ть черни́ку[4], а в а́вгусте грибы́.

    По суббо́там мы обы́чно хо́дим в ба́ню[5], а по́сле[6] ба́ни про́сто[7] сиди́м на берегу́ о́зера и разгова́риваем[8]. Иногда́ мы разво́дим костёр[9] и все сиди́м у костра́ и слу́шаем, как Серге́й игра́ет на гита́ре. У нас на да́че нет телеви́зора и́ли интерне́та. Есть то́лько кни́ги.

[1]shore

[2]singing / [3]of birds
[4]blueberry

[5]bathhouse / [6]after / [7]simply
[8]chat
[9]fire

Мы сиди́м у костра́ и слу́шаем, как Серге́й игра́ет на гита́ре.

A. Это непра́вда! Mark doesn't like the simple lifestyle at summer houses. When telling his foreign roommates about the visit, he changed some facts. Compare Mark's account with Kira's story and correct the discrepancies.

    Марк: У них есть большо́й ка́тер, и я ка́ждый день ката́лся на во́дных лы́жах. Вода́ в о́зере была́ о́чень холо́дная! По вечера́м мы все обы́чно смотре́ли телеви́зор.

    Вы: У них есть ло́дка, а не ка́тер. Марк ката́лся на...

B. Я был/а́ на да́че. Read the story again and describe all the activities that you were involved in when you visited Kira's summer house. Invent some more.

Где лю́бят отдыха́ть ру́сские?

Отпуск (*vacation*; the corresponding word for school and university breaks is **кани́кулы**) is the time to get out of the city. In addition to vacationing at a **да́ча,** foreign resort destinations have become increasingly popular, especially among the more affluent people.

Some of the most popular destinations are **Ту́рция** (*Turkey*), **Кипр** (*Cyprus*), and **Еги́пет** (*Egypt*). They are sometimes less expensive than the domestic resorts on the Black Sea coast, such as **Со́чи.**

Ле́том Джон был **в** Росси́и. Ни́на была́ **в** Москве́.	Ле́том он **е́здил в** Росси́ю. Она́ **е́здила в** Москву́.

9.6 Verbs of Motion: Round-trips: **е́здить**

Ле́том Джон е́здил в Росси́ю.

9. Куда́ они́ е́здили? These were the vacation destinations for the people in the pictures. Answer the following questions.

Пари́ж/Фра́нция   Ло́ндон/Англия   Ма́лага/Испа́ния   Му́рманск/Росси́я

1. В каку́ю страну́ они́ е́здили? /В како́й стране́ они́ бы́ли?

2. В како́й го́род они́ е́здили? /В како́м го́роде они́ бы́ли?

3. Как вы ду́маете, когда́ они́ бы́ли в э́тих города́х: ле́том, о́сенью, зимо́й и́ли весно́й?

4. Как они́ проводи́ли вре́мя в э́тих города́х?

(обе́дать в хоро́ших рестора́нах, ходи́ть в магази́ны/музе́и, танцева́ть, пла́вать, ката́ться на..., говори́ть по-...)

Та́ня   Ли́нда   Воло́дя   Лари́са

Когда́ вы бы́ли в Оде́ссе?	Я был/а́ там **два го́да наза́д.**
Ско́лько вре́мени вы бы́ли там? **Как до́лго**	Я был/а́ там **две неде́ли.**

9.7 Time Expressions: *How long* and *How long ago*

Ско́лько вре́мени? / Как до́лго?			Когда́?
1	2, 3, 4	5, 6, ...	
день (одну́) неде́лю ме́сяц год	дня (две) неде́ли ме́сяца го́да	дней неде́ль ме́сяцев лет	... наза́д

Other important time expressions

ра́ньше   *before*

в про́шлом году́   *last year*

А вы?

- В каки́х стра́нах вы бы́ли? Когда́? Ско́лько вре́мени?
- Вы бы́ли в Росси́и?
- В каки́х шта́тах США вы бы́ли? Когда́?
- Куда́ вы е́здили в про́шлом году́?

10. Ско́лько лет наза́д? Как до́лго? Vladimir Ivanovich is a world traveler who has visited a different country every year. The number after the country name denotes how many years ago he went there; the other number indicates the time spent in each city.

A. Answer the questions.

В каки́е стра́ны он е́здил?

В каки́х города́х он был?

B. Have short conversations according to the model.

S1: Когда́ он е́здил в Аме́рику?

S2: 2 го́да наза́д.

S1: Ско́лько вре́мени он был в Нью-Йо́рке?

S2: В Нью-Йо́рке он был две неде́ли.

S1: А ско́лько вре́мени он был в Оклахо́ма-Си́ти?...

Ско́лько лет наза́д?	Ско́лько вре́мени?	
Аме́рика (2)	Нью-Йо́рк (2 нед.) Миннеа́полис (3 дн.)	Оклахо́ма-Си́ти (1 нед.) По́ртленд (5 дн.)
Кана́да (1)	Галифа́кс (2 мес.) Ванку́вер (5 дн.)	Виннипе́г (2 дн.)
Фра́нция (5)	Пари́ж (6 нед.)	Ни́цца (4 дн.)
Герма́ния (3)	Бонн (1 дн.) Фра́нкфурт (3 нед.)	Берли́н (6 дн.)
Испа́ния (6)	Мадри́д (2 нед.)	Барсело́на (1 дн.)
Ита́лия (4)	Рим (6 мес.)	Вене́ция (2 мес.)

11. Visitor ID card. The ID card shown belongs to an American student. Answer the following questions.

1. Как её зову́т?

2. В какой го́род она́ е́здила?

3. Ско́лько лет (или ме́сяцев) наза́д э́то бы́ло?

4. Ско́лько вре́мени она́ была́ там?

5. Она́ жила́ в общежи́тии и́ли в гости́нице?

6. В како́м университе́те она́ учи́лась?

ФОТО

временно
ПРОПУСК
Общежитие
для иностранных граждан

Санкт-Петербургского
государственного университета
экономики и финансов

ФИО _Сара Гонзалес_

№ комнаты _203_
Дата _4-7. 06. 10_
Подпись _____

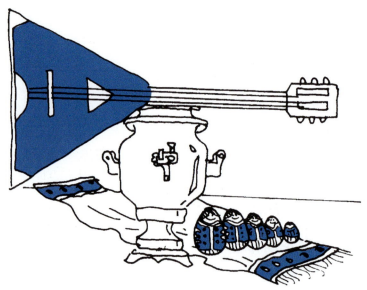

Мы **купи́ли** ру́сские сувени́ры.

🎵 Где вы бы́ли ле́том?

A Russian-language newspaper in the U.S. found out that Professor Smith takes a group of students to Moscow every summer. Read the following excerpt of the interview.

Профе́ссор Смит:	Как обы́чно, мы жи́ли в общежи́тии, так как[1] гости́ницы в Москве́ о́чень дороги́е.
Журнали́ст:	Кака́я у вас была́ програ́мма?
Профе́ссор Смит:	У студе́нтов бы́ли уро́ки ру́сского языка́ по утра́м четы́ре ра́за в неде́лю, а по́сле[2] обе́да мы обы́чно ходи́ли на экску́рсии. А по вечера́м студе́нты гуля́ли по го́роду, ходи́ли в клу́бы, на конце́рты, в рестора́ны, ну и де́лали уро́ки – иногда́. Все студе́нты хоте́ли купи́ть сувени́ры – матрёшки, самова́ры, меховы́е ша́пки[3] – и поэ́тому[4] мы не́сколько[5] раз е́здили в Вернисаж, так как це́ны[6] там ни́же, чем на Арба́те. Одна́ студе́нтка, **кото́рая** о́чень лю́бит ру́сскую наро́дную му́зыку, купи́ла балала́йку.
Журнали́ст:	А за́ город[7] вы е́здили?

[1]because

[2]after

[3]fur hats / [4]therefore
[5]a few / [6]prices

[7]out of town

Профе́ссор Смит:	Да, мы е́здили в Ясную Поля́ну.
Журнали́ст:	Это далеко́! Как до́лго туда́[8] е́хать?
Профе́ссор Смит:	На авто́бусе часа́ три и́ли бо́льше. А на́ши студе́нты не о́чень лю́бят е́здить на авто́бусе! Но студе́нтка, **кото́рая** купи́ла балала́йку, игра́ла на балала́йке и пе́ла, так что бы́ло о́чень шу́мно[9] и ве́село[10]. В Ясной Поля́не всё бы́ло о́чень интере́сно: берёзовая алле́я[11], дом, **в кото́ром** Толсто́й жил и рабо́тал, и да́же[12] его́ моги́ла[13]. Мы провели́ там часо́в пять. Студе́нты гуля́ли, мно́го фотографи́ровали, и на обра́тном пути́[14] все спа́ли. Никто́ уже́ не пел. Уста́ли[15], коне́чно.

[8]there

[9]noisy
[10]fun
[11]birch alley
[12]even / [13]grave

[14]return trip
[15]were tired

9.8 Relative Pronoun кото́рый

A. **Отве́тьте на вопро́сы.**

1. Почему́ они́ жи́ли в общежи́тии?
2. Что де́лали студе́нты в Москве́?
3. Каки́е сувени́ры они́ купи́ли?
4. Они́ бы́ли то́лько в Москве́?

B. Professor Smith made the interviewer's task too easy. Re-enact the situation where Professor Smith gives the information in small increments. Also ask for clarification for points that he did not explain. Start with the following questions:

1. Where did you live?
2. How many times a week did the students go to classes?
3. What did you usually do after lunch?

Ру́сские сувени́ры

Matryoshkas are by far the best-known Russian souvenirs. These wooden dolls are based on Japanese stacking dolls introduced to Russia in the late nineteenth century. Russians were intrigued by the Japanese dolls because Russians already had wooden Easter eggs with smaller eggs inside. The Russian version of the stacking doll was named Matryoshka, a nickname for Matryona, a popular name for peasant women of the time.

The **самова́р** ("self-cooker") used to have a central place in the Russian household, but now it is mostly a decoration or a souvenir. The samovar was used for boiling water for tea. The original samovars were heated by a charcoal fire; modern ones are electric.

Это матрёшки и самова́р.

Chapter Review

A. *You should now be able to . . .*

1. say which season(s) you prefer
2. tell what activities you like to do and during which seasons you do them
3. say what you can and cannot do
4. say when and where certain activities can be done
5. describe what you did, where you were, and where you went (using appropriate past-time references)
6. say how long and how long ago you did something

B. *Hobbies and Free Time.* Interview two classmates and find out about their free-time activities. Ask what they like to do, when, where, and how often. Also find out what they do not like or cannot do, or what they did before but do not do any more.

C. *Sunday Plans.* Call a friend and ask what he or she did on Sunday. Then explain how you spent your Sunday.

D. *Roleplay I.* Get together in groups of three or four students. Each of you had a wonderful summer vacation. You want to make sure that your story is better than anybody else's. Compare your vacations by bragging about where you went, how long you were there, what you did, and what you bought.

QUIA
BCS

For self-tests and additional practice, please go to the Book Companion Site, available at www.wiley.com/college/nummikoski

E. Roleplay II. You are interviewing applicants for a position at an international organization. You need to find out as much as possible about the applicant's background. Use the following checklist and take notes. Be prepared to explain to the class why the applicant is (not) suitable for the position.

Countries visited? Why? When?   Foreign language skills?
For how long?   University education?
Former places of residence?   Former employment?
How long?

F. Interview Video. Что вы лю́бите де́лать в свобо́дное вре́мя?

G. Cultural Video. Изма́йловский парк и Вернисӝж.

Word Building

The verb **ката́ть** literally means *to roll* or *to slide something*. You can roll or slide *yourself* on various things:

	на конька́х	*on skates*	на тро́йке	*in a troika*
ката́ться	на лы́жах	*on skis*	на ка́тере	*in a motorboat*
	на са́нках	*in a sled*	на ло́дке	*in a rowboat*

Като́к is a place for sliding (*ice-skating rink*).

The verb **е́здить** (*to ride*) is used in similar phrases, and sometimes both **ката́ться** and **е́здить** can be used.

	на тро́йке	*in a troika*
е́здить	на велосипе́де	*on a bicycle*
	на ло́шади (or верхо́м)	*on a horse*

Верхо́м, as in **е́здить верхо́м,** comes from **верх** (*up, high*). So, you are actually "riding up high" without any reference to a horse.

The following words or phrases all relate to the sports terminology in this chapter. Match the Russian and English columns.

бегу́н	*downhill (mountain) skiing*
лы́жный спорт	*swimming*
горнолы́жный спорт	*runner*
конькобе́жный спорт	*skiing*
нае́здник	*fishing trip*
пла́вание	*swimmer*
пловец́	*speed skating*
рыба́лка	*rider*

ГРАММАТИКА

9.1 Syntax

A. The noun вре́мя (*time*)

You have already seen the form **вре́мени,** the genitive case form of **вре́мя,** used in the expression Ско́лько сейча́с вре́мени? (*What time is it?*) In this lesson the noun *time* will be used in two expressions.

вре́мя го́да   *season* (*pl.* времена́ го́да)

and: свобо́дное вре́мя   *free time, leisure time*

Вре́мя го́да and **времена́ го́да** literally mean *time(s) of year.* Unlike other nouns ending in **-я, вре́мя** is a *neuter* noun and therefore the adjective qualifiers are also in the neuter form. Questions and answers about favorite seasons can be formed in two ways.

1. Как**о́е**   тво**ё** люби́м**ое** вре́мя го́да?
    Which   *is*   *your favorite season?*
                 linking verb *to be*

    Мо**ё** люби́м**ое** вре́мя го́да – **весна́.**

2. Как**о́е** вре́мя го́да   ты   лю́бишь?
    Which season   *do you*   *like?*
    object   subject   verb

    Я   люблю́   **весну́.** (accusative case)
    subject   verb   object

Свобо́дное вре́мя (*free time, leisure time*) is used in the following constructions.

1. With the preposition **в** and the accusative case (identical to the nominative).

    Что ты лю́бишь де́лать **в свобо́дное вре́мя?**
    What do you like to do in (your) free time?

2. With the verb проводи́ть (*to spend*).

    Как ты прово́дишь свобо́дное вре́мя?
    How do you spend (your) free time?

B. The seasons

Осень (*fall, autumn*) is a feminine noun ending in a soft sign (like ло́шадь and пло́щадь). Remember that the accusative case of such nouns is identical to the nominative case, but the modifying adjective is in the regular feminine accusative form **-ую.**

Я люблю́ **ру́сскую** осень.   *I like Russian fall.*

Упражне́ния

1. Make complete sentences using the following cues.

> **Model:** Са́ша/люби́ть/весна́   **Са́ша лю́бит весну́.**

1. Серге́й/люби́ть/ру́сская зима́
2. они́/люби́ть/весна́
3. ты/люби́ть/о́сень/?
4. я/не/люби́ть/моско́вское ле́то
5. мы/люби́ть/золота́я (*gold-colored*) о́сень

2. Ask the questions that elicited the following answers.

1. Моё люби́мое вре́мя го́да – зима́.
2. Я люблю́ весну́.
3. Нет, я не люблю́ ле́то.
4. Анна лю́бит о́сень.
5. Да, Са́ша лю́бит зи́му.

9.2 Time Expressions: Seasons

No preposition is needed in the Russian expressions for *in winter, in spring,* and so on. The forms **зимо́й, весно́й, ле́том,** and **о́сенью** are formed in the same way as **у́тром, днём, ве́чером,** and **но́чью,** which you learned in Chapter 6. All these expressions are in the instrumental case, which you will learn later. See 16.1 for details.

что (*what*)	**когда́** (*when*)
зима́	зимо́й
весна́	весно́й
ле́то	ле́том
о́сень	о́сенью

Упражне́ние

3. Write both the questions with *When?* and the answers according to the model.

> **Model:** Ле́на/игра́ть в   **Когда́ Ле́на игра́ет в волейбо́л?**
> волейбо́л (весна́)   **Она́ игра́ет в волейбо́л весно́й.**

1. Са́ша/игра́ть в те́ннис (о́сень)
2. вы/рабо́тать (ле́то)
3. твой брат/игра́ть в хокке́й (зима́)
4. ты/игра́ть в бейсбо́л (весна́)
5. Ни́на и Та́ня/игра́ть в баскетбо́л (зима́)

9.3 Verb + Verb Constructions

When two verbs follow each other in the sentence (e.g., I *like to sleep,* I *want to read,* I *hate to go*), the second verb is in the *infinitive* form.

Я	люблю	**говори́ть**	по-ру́сски.
I	*like*	*to speak*	*Russian.*
	conjugated verb	infinitive	

Я	уме́ю	**пла́вать.**	
I	*can (know how to)*	*swim.*	
	conjugated verb	infinitive	

but: **Я говорю́** по-ру́сски.   (**говори́ть** is the main verb)
         Я хорошо́ **пла́ваю.**   (**пла́вать** is the main verb)

The verb **уме́ть** (*to know how*) is a regular first-conjugation verb. Do not mistake the **-ee-** for a long vowel; there is a syllable line between the two vowels.

уме́|ть (I)

я уме́ю	мы уме́ем
ты уме́ешь	вы уме́ете
он/она́ уме́ет	они́ уме́ют

Упражне́ния

4. How would you say that . . .

1. you like swimming
2. you don't like horseback riding
3. you can't ice-skate
4. your sister likes speaking French
5. your brother likes to play football

5. How would you ask Victor if . . .

1. he can ski
2. he likes roller skating
3. he can play the piano
4. his parents know how to water-ski
5. his sister likes to play chess

6. The verbs **собира́ть, пла́вать,** and **бе́гать** are regular first-conjugation verbs. Notice that there is only one main verb in these sentences. How do you say that . . .

1. you collect old books
2. your sister swims well
3. your brother collects Russian classical music
4. you run in the park

7. Mixed Practice.

A. Write the corresponding questions. Notice that some sentences have two verbs.

Model: Да, я уме́ю ката́ться   **Ты уме́ешь ката́ться**
на конька́х.   **на конька́х?**

1. Да, я люблю́ бе́гать.
2. Нет, я не уме́ю пла́вать.
3. Да, мой брат о́чень хорошо́ пла́вает.
4. Нет, я не уме́ю е́здить верхо́м.
5. Да, я собира́ю почто́вые ма́рки (*stamps*).

B. The boldfaced words are the short answers to the questions asked. Write the questions according to the model.

Model: Мы собира́ем **кни́ги.**   **Что вы собира́ете?**
Мы собира́ем **ста́рые** кни́ги.   **Каки́е кни́ги вы**
собира́ете?

1. Мой па́па собира́ет **кни́ги.**
2. Он собира́ет **ру́сские** кни́ги.
3. Я собира́ю **ста́рые кни́ги.**
4. Я люблю́ **пла́вать.**
5. Я пла́ваю **в бассе́йне.**

9.4 Impersonal Constructions: мо́жно

Мо́жно (*it is possible, one can, one may*) + *the infinitive* is used in impersonal questions with or without question words.

Где мо́жно пла́вать зимо́й?   *Where can one swim in winter?*
Когда́ здесь мо́жно лови́ть ры́бу?   *When can one fish here?*
Здесь мо́жно ката́ться на конька́х? *Can (may) one ice-skate here?*

Упражне́ние

8. How would you ask . . .

1. if one can ski here
2. where one can swim in summer
3. when one can ride a horse here
4. where one can ice-skate in this city
5. when one can pick berries here
6. if fishing is allowed here
7. if swimming is allowed in this lake

9.5 Past Tense of Verbs

A. Basic rules. The past tense of verbs is formed as follows. Start with the *infinitive*, take off the infinitive ending **-ть,** and add the past-tense endings.

-л	(for masculines: я/ты/он)
-ла	(for feminines: я/ты/она́)
-ло	(for neuters: оно́)
-ли	(for plurals and formal address: мы/вы/они́)

Examples:

Вчера́ ве́чером я смотре́л телеви́зор.   (a man speaking)
I watched TV last night.

Что ты де́ла**ла** в суббо́ту?   (a woman addressed informally)
What did you do on Saturday?

Письмо́ лежа́**ло** на полу́.   (a neuter noun)
The letter was lying on the floor.

Ната́ша и Игорь, что вы де́ла**ли** вчера́?   (several people addressed)
Natasha and Igor, what did you do yesterday?

Влади́мир Ива́нович, где вы жи́**ли** ра́ньше?   (one person addressed formally)
Vladimir Ivanovich, where did you live before?

Note 1: Watch out for verbs that have a consonant or vowel change in the conjugated form (of the present tense). Remember that the past tense is formed from the *infinitive*. Some verbs have a stress shift in the feminine form.

present tense	infinitive	past tense
он смо́трит	смотре́ть	он **смотре́л**
он спит	спать	он **спал** / она́ спала́ / они́ спа́ли
он живёт	**жить**	он **жил** / она́ жила́ / они́ жи́ли

Note 2: The formal form is the same as the plural.

Аня и **Ми́тя**, что **вы** де́лали вчера́?
Anya and Mitya, what did you do yesterday?

Алексе́й Петро́вич, что **вы** де́лали в Герма́нии?
Aleksei Petrovich, what did you do in Germany?

B. **Past tense of the verb быть.** Although the present-tense forms of the verb *to be* are usually omitted, the past tense always needs to be expressed. The verb **быть** has a stress shift in the feminine form. In the negative, the stress is on **не,** except for the feminine form.

я/ты/он	был	не́ был
я/ты/она́	была́	не была́
оно́	бы́ло	не́ было
мы/вы/они́	бы́ли	не́ были

Ле́на, где **ты** была́ вчера́?
Lena, where were you yesterday?

In the following sentences the *day of the week* is the subject. Its gender determines the form of the verb.

Вчера́ был **понеде́льник.**   *Yesterday was Monday.*
Вчера́ была́ **суббо́та.**   *Yesterday was Saturday.*
Вчера́ бы́ло **воскресе́нье.**   *Yesterday was Sunday.*

Упражне́ния

9. Put the verbs in parentheses in the past tense.

1. Что _____ (де́лать) Ивано́вы вчера́? Утром Игорь Ивано́в _____ (чита́ть) газе́ту, когда́ _____ (за́втракать), а пото́м он _____ (смотре́ть) телеви́зор.

2. Его́ жена́ Анна то́же _____ (чита́ть) газе́ту, когда́ она́ _____ (за́втракать). По́сле (*after*) за́втрака она́ _____ (убира́ть) кварти́ру.

3. Де́ти Ле́на и Воло́дя _____ (за́втракать) в 10 часо́в. Пото́м они́ _____ (смотре́ть) телеви́зор. Днём де́ти _____ (игра́ть) в те́ннис, а роди́тели _____ (быть) в кино́, где они́ _____ (смотре́ть) но́вый францу́зский фильм.

4. Вéчером Лéна _____ (бéгать) в пáрке, а Волóдя _____ (сидéть) дóма и _____ (слýшать) мýзыку. Пóсле обéда они _____ (игрáть) в кáрты, а потóм _____ (смотрéть) телевúзор.

5. В 11 часóв Ивáновы ужé _____ (спать).

10. **Где они бы́ли?** Write complete sentences according to the model.

Model: Ивáн/парк   **Ивáн был в пáрке.**

1. мáма/дóма	**6.**	онá/университéт
2. Игорь/магазúн	**7.**	студéнты/библиотéка
3. я/стадиóн (на)	**8.**	Волóдя/шкóла
4. мой родúтели/теáтр	**9.**	мы/ресторáн
5. где/Нúна/?	**10.**	вы/аптéка/?

11. Continue the statements based on the information given in the first sentence.

1. Сегóдня втóрник. Вчерá _____

2. Сегóдня суббóта. Вчерá _____

3. Сегóдня четвéрг. Вчерá _____

4. Сегóдня понедéльник. Вчерá _____

5. Сегóдня воскресéнье. Вчерá _____

C. **Past tense of reflexive verbs.** The past tense of reflexive verbs is formed in the same way as that of regular verbs. The reflexive endings -**ся** or -**сь** are reattached to the past-tense forms.

infinitive		past tense	
занимá | ть | ся	я/ты/он	занимáлся	**ся** after a consonant
	я/ты/онá	занимáлась	**сь** after a vowel
	онó	занимáлось	**сь** after a vowel
	мы/вы/они	занимáлись	**сь** after a vowel

12. Add the verb endings in the past tense.

1. Вчера́ Юра не занима́_____.
2. Он весь день (*all day*) ката́_____ на лы́жах.
3. А его́ сестра́ Та́ня занима́_____ в библиоте́ке.
4. Та́ня и Ната́ша занима́_____ весь день.
5. А ве́чером Та́ня ката́_____ на конька́х.
6. Мой оте́ц учи́_____ в Моско́вском университе́те.
7. Когда́ Ле́на учи́_____ в шко́ле, она́ жила́ в Москве́.
8. Ле́том мы ката́_____ на во́дных лы́жах.
9. Ната́ша, ты занима́_____ в библиоте́ке вчера́?
10. Ива́н Петро́вич, вы учи́_____ в Ки́евском университе́те?

9.6 Verbs of Motion: Round-Trips

A. Round-trips on foot: ходи́ть. So far you have learned to use the verb **ходи́ть** for repeated trips in the present tense. Remember that **ходи́ть** implies walking only.

to go repeatedly (*and come back*)	ходи́ть ходжу́ хо́дишь хо́дят	Я ка́ждый день хожу́ в университе́т. *I go to the university every day.*

In this lesson, you will learn to use the *past tense* of **ходи́ть,** which can often be translated as *went* in English.

went and came back	ходи́л ходи́ла ходи́ли	Утром я ходи́ла в магази́н. *I went to the store in the morning.* (Now I am back at home.)

As in English, going to places can be expressed in two ways in the past tense.

1. With the verb *to be.*

   Где был Са́ша? Он был **в** магази́н**е.**   (**в/на** + the prepositional
   *Where was Sasha? He was **at** the store.*   case for location)

2. With the verb *to go.*

   Куда́ ходи́л Са́ша? Он ходи́л   (**в/на** + the accusative
   в магази́н.   case for direction)
   *Where did Sasha go? He went **to** the store (and came back).*

13. Rewrite the sentences using the verb **ходи́ть** and making all other necessary changes.

> **Model:** Лари́са была́ в шко́ле.   **Лари́са ходи́ла в шко́лу.**

1. Бори́с был на стадио́не.
2. Лёна и Ли́за бы́ли в па́рке.
3. Дёдушка был в апте́ке.
4. Ната́ша была́ в библиоте́ке.
5. Студёнты бы́ли в музе́е.
6. Тури́сты бы́ли в Кремле́.
7. Серге́й был в рестора́не.
8. Та́ня была́ в шко́ле.
9. Мой брат был в больни́це.
10. Ива́н был на о́зере.

14. Write the corresponding questions with **где** or **куда́**.

> **Model:** Игорь был в музе́е.   **Где был Игорь?**
> Игорь ходи́л в музе́й.   **Куда́ ходи́л Игорь?**

1. Та́ня ходи́ла в музе́й.
2. Мой брат был на стадио́не.
3. Ива́н ходи́л в магази́н.
4. Студёнты бы́ли в университе́те.
5. Ба́бушка ходи́ла в библиоте́ку.
6. Серге́й был в па́рке.
7. Анна и Ни́на бы́ли в лесу́.
8. Ми́ша ходи́л в рестора́н.
9. Я ходи́ла в теа́тр.
10. Мы бы́ли в шко́ле.

B. Round-trips by vehicle: е́здить. Since **ходи́ть** implies round-trips by walking, a different verb, **е́здить,** is needed for round-trips that involve longer distances, hence implying or specifying the use of vehicles. Here, too, round-trips can be expressed in two ways.

1. Using the verb *to be*.

   Где вы бы́ли ле́том? Мы бы́ли **в** Москве́.
   *Where were you in the summer? We were **in** Moscow.*

2. Using the verb *to go* (*by vehicle*).

   Куда́ вы е́здили ле́том? Мы е́здили **в** Москву́.
   *Where did you go in the summer? We went **to** Moscow.*

Упражнéния

15. Rewrite the sentence according to the model.

Model: Лéна былá в Мúнске. **Лéна éздила в Минск.**
Лéна éздила в Минск. **Лéна былá в Мúнске.**

1. Úгорь был в Одéссе.
2. Лéна былá в Парúже.
3. Сергéй éздил в Лóндон.
4. Натáша былá в Нью-Йóрке.
5. Ивáн Ивáнович был в Мадрúде.
6. Джон был в Санкт-Петербýрге.
7. Мы éздили в Кúев.
8. Нáдя и Алла бы́ли в Мýрманске.
9. Мой друзья́ бы́ли в Иркýтске.
10. Тáня éздила в Новосибúрск.

16. Rewrite the sentences using a round-trip verb. In some sentences both **ходúть** and **éздить** are possible.

1. Лéтом мой родúтели бы́ли в Москвé.
2. Лéна, где ты былá лéтом? В Москвé?
3. Утром я был в библиотéке.
4. Где былá мáма ýтром? Онá былá в магазúне.
5. Натáлья Ивáновна, где вы бы́ли лéтом?

9.7 Time Expressions: *How Long* **and** *How Long Ago*

You have so far learned several time expressions using numerals (1 год, 2/3/4 гóда, 5 лет, etc.). Examine the following chart and examples.

Скóлько врéмени? / Как дóлго?			Когдá?
1 день (однý) недéлю мéсяц год	2, 3, 4 дня (две) недéли мéсяца гóда	5, 6, … дней недéль мéсяцев лет	… назáд

Ско́лько вре́мени вы бы́ли в Москве́?
"How much time" were you in Moscow?

Я был в Москве́ **две неде́ли.** (*Note:* no preposition)
*I was in Moscow **for** two weeks.*

Как до́лго вы бы́ли в Москве́?
How long were you in Moscow?

Когда́ вы бы́ли в Москве́?
When were you in Moscow?

Я был в Москве́ **две неде́ли наза́д.**
*I was in Moscow two weeks **ago.***

Упражне́ние

17. How would you say the following?

1. eight years ago
2. for twenty-one days
3. two months ago
4. for a week
5. eleven days ago

6. for three months
7. seven months ago
8. for two years
9. three weeks ago
10. for six months

9.8 Relative Pronoun кото́рый

The relative pronoun **кото́рый** (*who, which, that*) is used as a connector between two parts of a sentence. Кото́рый is a regular adjective by form (cf. но́вый, но́вая, но́вое, но́вые), and it agrees with the noun it modifies in gender and number.

The case of кото́рый depends on its function in the sentence. In the following sentences, кото́рый is the *subject* of the relative clause (nominative).

Мой брат, **кото́рый** живёт в Колора́до, лю́бит ката́ться на лы́жах.
*My brother, **who** lives in Colorado, likes to ski.*

На́ша да́ча, **кото́рая** нахо́дится недалеко́ от Москвы́, о́чень ста́рая.
*Our summer house, **which** is located near Moscow, is very old.*

Моржи́ – э́то лю́ди, **кото́рые** лю́бят пла́вать в о́зере зимо́й.
*Walruses are people **who (that)** like to swim in a lake in the winter.*

In this sentence, кото́рый is the *direct object* of the clause (accusative). It refers to балала́йка; hence, the feminine form.

Э́то балала́йка, **кото́рую** моя́ студе́нтка купи́ла.
*This is the balalaika **that** my student bought.*

In this sentence, кото́рый expresses *location* (в + prepositional). It refers to дом; hence, the masculine form.

Э́то дом, **в кото́ром** Толсто́й жил.
*This is the house, **in which** (where) Tolstoy lived.*

Упражнéние

18. Supply the missing forms of котóрый in the nominative case. Pay
attention to the gender and number.

Мой брат Марк, _____ был в Россúи лéтом, купúл там
интерéсный сувенúр – рýсскую балалáйку. Сначáла он éздил в
Москвý, а потóм в Нóвгород, _____ нахóдится недалекó от
Санкт-Петербýрга. В Нóвгороде у негó есть друзья́, _____
бы́ли в Амéрике три гóда назáд и неплóхо говоря́т по-англúйски.
Óльга, _____ учúлась в университéте в Калифóрнии, сейчáс
рабóтает в музыкáльной шкóле. Её муж Игорь, _____ рабóтает
в магазúне «Мелóдия», óчень хорошó игрáет на балалáйке. А сейчáс
Марк ýчится игрáть на балалáйке. Мои́ родúтели, _____ óчень
лю́бят рýсскую нарóдную мýзыку, тóже игрáют на егó балалáйке.

Vocabulary

Note: The core vocabulary is **boldfaced.**

Nouns

Seasons and time

веснá	spring
врéмя n.	time
(pl. **временá**)	
врéмя гóда	season
свобóдное врéмя	free time, leisure time
зимá	winter
лéто	summer
óсень f.	fall, autumn

Hobbies and collections

почтóвые мáрки pl.	stamps

Souvenirs

матрёшка	Russian nesting doll
самовáр	samovar

сувенúр	souvenir
шáпка	cap, hat

Other nouns

бáня	bath-house
бéрег, на берегý	coast, on the coast
водá, acc. **вóду**	water
вóздух	air
гриб	mushroom
кáтер	motorboat
костёр	campfire
лес (в лесý)	forest
лóдка	boat
лю́ди	people
мéсто, pl. местá	place
могúла	grave
ры́ба	fish
снег	snow
ценá, pl. цéны	price

черни́ка	blueberry	ловить (I)	to catch
я́года	berry	ловлю́,	
		ло́вишь,	
		ло́вят	
		~ ры́бу	to fish

Adjectives

друго́й	other	**отдыха́|ть (I)**	to rest
кото́рый	who, which, that	**пла́ва|ть (I)**	to swim
мехово́й	fur	проводи́ть (II)	to spend (time)
мно́гие *pl. only*	many	провожу́,	
настоя́щий	real	прово́дишь,	
па́русный	sail	прово́дят	
свобо́дный	free	разгова́рива|ть (I)	to chat
специа́льный	special	**собира́|ть (I)**	to collect
холо́дный	cold	**уме́|ть (I)**	to be able, to know how

Verbs

бе́га|ть (I)	to run	фотографи́р|ова|ть (I)	to take photos
быть	to be	фотографи́рую,	
е́здить	to go, to travel by vehicle (round-trip)	фотографи́руешь, фотографи́руют	

Adverbs

е́здить верхо́м	to ride on horseback	ве́село	fun
		не́сколько	some, a few
ката́|ться (I)	to roll, to ride	**почему́**	why
ката́юсь,		почти́	almost
ката́ешься,		**поэ́тому**	therefore
ката́ются		про́сто	simply
~ на во́дных лы́жах	to water-ski	туда́	(to) there
~ на ка́тере	to ride a motorboat	шу́мно	noisy
~ на конька́х	to ice-skate		

Time Expressions

~ на ло́дке	to ride in a rowboat	**в про́шлом году́**	last year
~ на лы́жах	to ski	**весно́й**	in spring
~ на ро́ликах	to roller-skate	**вчера́**	yesterday
~ на сноубо́рде	to snowboard	**до́лго**	for a long time
купи́ть	to buy	**зимо́й**	in winter

ле́том	*in summer*	**мо́жно**	*one can/may; it is possible*
наза́д	*ago*		
о́сенью	*in fall*	так как	*because*
ра́ньше	*before, earlier*	я уста́л/а	*I was tired*
		мы уста́ли	*we were tired*

Other

да́же	*even*
за́ город	*out of town*

Уро́к 10 (Деся́тый уро́к)
Где вы у́читесь?

THEMES

- Talking about places to study
- Talking about college-level studies
- Talking about languages
- Talking about admission procedures, teachers, and course work
- Discussing student accommodations
- Discussing secondary education

CULTURE

- Education in Russia
- Colleges and divisions
- Majors and year levels
- Getting into a university
- Different kinds of exams
- Russian grading system
- Good-luck wishes
- Dormitories
- Secondary education

STRUCTURES

- Prepositional case: Review
- Ordinal numbers
- Изуча́ть versus учи́ться and занима́ться
- Nouns with parallel modifiers
- Ру́сский язы́к versus по-ру́сски
- The genitive case (singular): Nouns, adjectives, and possessive and demonstrative pronouns
- Substantivized adjectives

Это студе́нты Санкт-Петербу́ргского госуда́рственного университе́та эконо́мики и фина́нсов.

Где вы у́читесь?	Я учу́сь	**в** университе́т**е**.
		в медици́нск**ом** институ́т**е**.
		в консервато́р**ии**.

10.1 Prepositional Case: Review

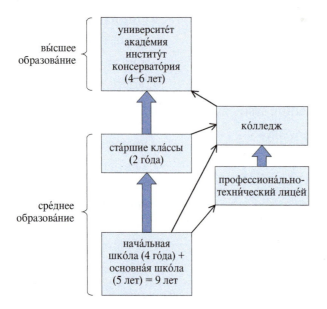

Образова́ние в Росси́и

Mandatory education is nine years, equivalent to the U.S. junior high school. Two additional years complete the secondary education (**по́лное сре́днее образова́ние**), which is equivalent to a high school education in the United States.

Профессиона́льно-техни́ческий лице́й is a vocational school. A **ко́лледж** provides professional training roughly equivalent to that provided by a two-year college in fields such as nursing and mechanics. **Университе́т, институ́т** (and sometimes **акаде́мия**) are higher education institutions, also known as **вуз** (from **вы́сшее уче́бное заведе́ние**). The **консервато́рия** trains future music professionals, such as pianists, composers, and conductors.

1. Где они́ у́чатся?

A. Which ones of the following schools are higher education establishments?

Медицинский колледж №5 Департамента здравоохранения города Москвы	Московский институт экономики, менеджмента и права (МИЭМП)	Московский государственный институт международных отношений[1] (МГИМО)
Санкт-Петербургский государственный политехнический университет	Московский политехнический колледж №2	Российская Академия предпринимательства[2]
Профессиональный лицей моды и дизайна	Московская государственная консерватория имени П.И. Чайковского	

[1]international relations

[2]entrepreneurship

B. Как вы ду́маете, где они́ у́чатся?

кто	бу́дущая[3] профе́ссия	кто	бу́дущая профе́ссия
Ми́тя	автомеха́ник	Ни́на	космето́лог
Ле́на	инжене́р	Алла	медсестра́
Ми́ша	скрипа́ч	Серге́й	бизнесме́н
Анна	экономи́ст	Валенти́н	диплома́т

[3]future

Talking About College-Level Studies

Вы́сшее образова́ние

Russian universities are divided into **факульте́ты,** which are somewhere between a college and a division in size. Each **факульте́т** specializes in its own area of study, such as mathematics, physics, and philology (languages and literature). A **факульте́т** is divided into smaller units called **отделе́ние** (*division*), where each subject area forms a **ка́федра** (*discipline, department*), for example ка́федра англи́йского языка́.

Students select a concentration called **специа́льность,** which is the approximate equivalent of a major in U.S. universities. Traditionally, university programs last five years, leading to a title **специали́ст.** While some programs continue to award five-year degrees, many more have adopted a four-year **бакала́вр** degree, followed by a two-year degree leading to the title of a **маги́стр.** The (post)-graduate degree is called **аспиранту́ра.**

В как**о́м** университе́те вы у́читесь?	Я учу́сь **в** Теха́сск**ом** университе́те.

На како́**м ку́рсе** вы у́читесь?	Я учу́сь **на**	пе́рв**ом** втор**о́м** тре́ть**ем** четвёрт**ом** (пя́т**ом**)	ку́рсе.
	Я учу́сь **в магистрату́ре**. Я учу́сь **в аспиранту́ре**. Я **аспира́нт/ка**.		

Кака́я у вас специа́льность?	**Моя́ специа́льность** – ру́сская литерату́ра.

Many names of U.S. universities can be formed with the suffix -ск-: Ста́нфордский университе́т, etc. Or the proper name can be left as is: Университе́т «Три́нити».

10.2 Ordinal Numbers

предме́ты

англи́йский язы́к	коммуника́ция	междунаро́дные отноше́ния	фи́зика
антрополо́гия	компью́терная те́хника	ме́неджмент	филоло́гия
архитекту́ра	лингви́стика	политоло́гия	филосо́фия
биоло́гия	литерату́ра	психоло́гия	фина́нсы
журнали́стика	матема́тика	социоло́гия	хи́мия
исто́рия	медици́на	стра5нове́дение	эконо́мика
			юриспруде́нция

А вы?

- В како́м университе́те вы у́читесь?
- На како́м вы ку́рсе?
- Кака́я у вас специа́льность?

Что вы **изуча́ете?**	Я изуча́ю ру́сскую литерату́ру.

10.3 Изуча́ть Versus учи́ться and занима́ться

А вы?

- Что вы изуча́ете?
- Каки́е предме́ты вы лю́бите/не лю́бите?
- Како́й предме́т, по-ва́шему, са́мый интере́сный? А са́мый **тру́дный**?

2. На каком факультете? Here are some common факультеты in Russian universities. What is the main subject of study in each one? Have conversations according to the model.

S1: Какой предмет изучают на математическом факультете?

S2: На математическом факультете изучают математику.

and

S1: На каком факультете изучают математику?

S2: На математическом факультете.

Математический факультет	Исторический факультет
Физический факультет	Экономический факультет
Химический факультет	Философский факультет
Биологический факультет	

3. Кто где учится? Your friend had interviewed some Russian students visiting your university, but she accidentally mixed up some of the information. Recreate all the interviews based on her remaining notes. There is one extra item.

Философический факультет includes languages, literatures, and linguistics. Do not confuse it with the философский факультет.

Вы:	В каком университете вы учитесь?
Женя:	Я учусь в Московском университете.
Вы:	На каком факультете?
Женя:	На филологическом.
Вы:	Какая у вас специальность?
Женя:	Моя специальность _____.
Вы:	На каком курсе вы учитесь?
Женя:	На третьем курсе.

	Женя	Наташа	Марина	Гриша
унив.	Московский	Дальневосточный	Омский	
фак.	филологический			
спец.		океанология	статистика	
курс	3	4	2	1

геологический   философия
исторический   математический
история США   русский язык и литература
Киевский

4. Игровы́е ситуа́ции. You have just arrived in Russia and are now attending a welcome party for foreign students. Get acquainted with as many people as possible. In addition to the basic introductions, find out about the following.

1. name of their university
2. their specialty
3. their year level
4. what subjects they are studying

Talking About Languages

Како́й **иностра́нный** язы́к вы изуча́ли в шко́ле?	В шко́ле я изуча́л ру́сский язы́к.
Како́й ваш **родно́й** язы́к?	Мой родно́й язы́к англи́йский.

Каки́е языки́ вы зна́ете?	Я зна́ю ру́сский и испа́нский языки́.
Вы хорошо́ говори́те по-испа́нски?	Непло́хо.

10.4 Nouns with Parallel Modifiers
10.5 Ру́сский язы́к Versus по-ру́сски

Кита́йский язы́к тру́дный?	Да, тру́дный, **намно́го трудне́е**, чем ру́сский.

The word намно́го (*much, a lot*) is used to emphasize comparisons: намно́го трудне́е (*much more difficult*).

англи́йский	испа́нский	ру́сский	ара́бский
неме́цкий	францу́зский	украи́нский	япо́нский
	италья́нский	по́льский	кита́йский
	португа́льский	че́шский	коре́йский

А вы?

- Како́й ваш родно́й язы́к?
- Каки́е иностра́нные языки́ вы зна́ете? Как хорошо́?
- Како́й язы́к вы изуча́ли в шко́ле? Ско́лько лет?
- Как вы ду́маете, како́й язы́к са́мый тру́дный в ми́ре?
- А како́й язы́к трудне́е: испа́нский и́ли ру́сский язы́к?
- Ара́бский и́ли ру́сский язы́к?

5. Как по-вашему? Compare the languages using the comparative forms given.

	труднее
намного	красивее
	интереснее

S1: Какой язык труднее: французский или немецкий?

S2: По-моему, французский язык намного труднее, чем немецкий.

французский	немецкий
китайский	испанский
японский	русский
арабский	английский

6. Какие языки они знают? Ask a partner questions about the chart. Change the boldfaced parts in the model questions.

Model:
1. Какие иностранные языки знает **Пол?**
2. Сколько лет **Пол** изучал **английский** язык?
3. Где **Пол** изучал **английский** язык?
4. Как ты думаешь, **Пол** хорошо знает **английский** язык?

Paul	Gianna	Stefan	Nicole
English 8 yrs, school	German 1 yr, university	Russian 8 yrs, school	Chinese 2 yrs, university
German 5 yrs, school	French 6 yrs, school	French 1 mo, university	Japanese 2 mo, school
		English 2 yrs, school	

7. Интервью. Interview two classmates. Find out . . .

1. what language(s) they are studying now
2. what language(s) they studied before
3. where and how many years they studied the(se) language(s)
4. how well they speak the language(s)
5. what language(s) their parents know and how well

Как поступи́ть в университе́т

While the emergence of private universities and professional schools has made higher education accessible to more students than before, the **ко́нкурс** (*competition*) into the most prestigious universities remains very high. Students are selected based on their high school exit exam (**ЕГЭ́**, еди́ный госуда́рственный экза́мен) scores and/or entrance exams (**вступи́тельные экза́мены**). Parents often hire private tutors (**репети́торы**) to help their children prepare for the entrance exams.

Some state universities still offer **бюдже́тные места́** (tuition-free slots paid from the government budget) for students with the highest exam scores. Students whose entrance scores are slightly below the cutoff line for scholarships will be offered admission **на контра́ктной осно́ве** (на комме́рческой / договóрной осно́ве) (*on a contract basis*). These students pay the full cost of tuition.

Students apply for admission to a specific **факульте́т,** and they start immediately with the required course work in their факульте́т. The program is very rigorous and allows for relatively few electives. Instruction is theoretical, with less student-professor interaction than in U.S. universities. Russians are often surprised at the relaxed atmosphere of U.S. universities.

Поступи́ть в МГУ о́чень тру́дно.

А вы?

- В како́й университе́т в Аме́рике тру́дно **поступи́ть**?
- А в ваш университе́т тру́дно бы́ло поступи́ть?
- Ско́лько лет наза́д вы поступи́ли в э́тот университе́т?

ЦЕНТР РУ́ССКОГО ЯЗЫКА́ И КУЛЬТУ́РЫ

Ни́на Петро́вна **преподаёт** ру́сский язы́к.
Она́ преподава́тель ру́сск**ого** язык**а́**.

Ни́на Петро́вна − преподава́тель ру́сск**ого** язык**а́**.
Анато́лий Серге́евич − преподава́тель англи́йск**ой** литерату́р**ы**.

10.6 The Genitive Case (Singular): Nouns, Adjectives, and Possessive and
Demonstrative Pronouns
10.7 Syntax

Ка́тя − студе́нтка
четвёрт**ого** ку́рс**а**.

8. **Как по-друго́му?** Rephrase the following statements using the words
student or *teacher*.

Model: Алла у́чится на пе́рвом ку́рсе.
Алла − студе́нтка пе́рвого ку́рса.

1. Ле́на у́чится на второ́м ку́рсе.
2. Анто́н Па́влович преподаёт журнали́стику.
3. Алексе́й у́чится на экономи́ческом факульте́те.
4. Бори́с Никола́евич преподаёт филосо́фию.
5. Оля у́чится в Моско́вском университе́те.

9. Что они преподают? First translate the business cards, paying close attention to the use of the genitive case. Then discuss in Russian what the people might teach. What would some of their titles be? (e.g., teacher of Chinese literature, dean of the chemistry department, etc.)

Р. Т. Абрамович профессор ИНСТИТУТ СТРАН АЗИИ И АФРИКИ Кафедра китайской филологии	И. Ф. Волков декан, профессор ХИМИЧЕСКИЙ ФАКУЛЬТЕТ Кафедра органической химии
Е. А. Климова доцент ФАКУЛЬТЕТ ПСИХОЛОГИИ Клиническая психология	Н. И. Лебедева старший преподаватель ФАКУЛЬТЕТ МЕЖДУНАРОДНОГО БИЗНЕСА Кафедра маркетинга и рекламы
А. К. Кукушкин доцент ИСТОРИЧЕСКИЙ ФАКУЛЬТЕТ Кафедра археологии	Л. М. Гусарова профессор ФИЛОЛОГИЧЕСКИЙ ФАКУЛЬТЕТ Отделение теории и практики перевода

ʕ Ирина, студентка МГУ

Я учусь на факультете иностранных языков и в этом году заканчиваю второй курс. Изучаю английский и испанский языки, историю Англии, Испании и Америки, литературу, межкультурную коммуникацию и многие другие предметы. Все предметы у нас обязательные[1].

Стипендию я не получаю[2], потому что учусь на контрактной основе. Деньги[3] мне дают родители. Я сама пока не работаю, но у меня есть друзья, которые подрабатывают, например, дают уроки английского языка.

[1]required
[2]receive
[3]money

A. Да или нет?

1. Ирина – студентка второго курса.
2. Она учится на филологическом факультете.
3. Её специальность – немецкий язык.
4. Ирина получает деньги от родителей.
5. Её друзья работают.

B. What questions would you have asked Irina in order to come up with this story?

Профе́ссор чита́ет ле́кцию,
а студе́нты слу́шают.

Ната́ша пи́шет
дипло́мную рабо́ту.

Серге́й чита́ет **докла́д.**

OTHER SCHOOL-RELATED VOCABULARY		
семе́стры *semesters*	**кани́кулы** *holidays*	**зада́ния** *assignments*
осе́нний семе́стр весе́нний семе́стр се́ссия *exam period*	зи́мние кани́кулы ле́тние кани́кулы	сочине́ние *essay* упражне́ние *exercise* дома́шнее зада́ние *homework* докла́д *presentation* дипло́мная рабо́та *thesis*
экза́мены *exams*	**заня́тия** *classes*	**отме́тки** *grades*

контро́льная рабо́та *quiz*
экза́мен
   у́стный ~ *oral exam*
   пи́сьменный ~
     written exam
	заня́тие *session, class*
	уро́к *lesson, class*
	ле́кция *lecture*
	семина́р *seminar*
		5 пятёрка *A*
		4 четвёрка *B*
		3 тро́йка *C*
		2 дво́йка D (*failing grade*)
		зачёт *credit*

Серёжа: Привет, Нина! Ты куда идёшь?

Нина: Привет, Серёжа! Я иду на занятия. У меня экзамен.

Серёжа: Ах, вот как! (*Oh, I see.*) **Ни пуха ни пера!**

Нина: **К чёрту!**

Профессор: **Желаю вам удачи!**

Студенты: Спасибо.

Ни пуха ни пера! is a wish for good luck approximately equivalent to *Break a leg!* The literal translation, *Neither down nor feather(s)*, was originally a hunter's wish for good luck. The response to Ни пуха ни пера! is a superstitious К чёрту! (*[Go] to the devil!*). A more neutral wish of good luck is Желаю вам удачи (*I wish you success*).

Университет

В русских университетах есть два семестра: осенний и весенний. Длина семестра – 4 месяца. Зимние каникулы – 1 месяц, а летние – 2,5 (два с половиной) месяца. Во время летних каникул студенты обычно работают. В конце[1] каждого семестра есть сессия – период экзаменов. Обычно сессия длится[2] один месяц. Студенты сдают и устные, и письменные экзамены. Письменные экзамены обычно длинные: студенты много пишут. На устном экзамене профессор даёт студенту билет, где 1–3 вопроса, и студент потом отвечает на вопросы билета. Билет, например, может быть такой:

[1] at the end
[2] lasts

Русская литература:

1. **Тема любви в романе А.С. Пушкина «Евгений Онегин».**

2. **Женские характеры в романе Л.Н. Толстого «Война и мир».**

3. **Тема революции в поэме В.В. Маяковского «Хорошо!».**

Ответьте на вопросы.

1. Какие есть семестры в русских университетах?
2. Сколько месяцев длится[1] один семестр?   [1]lasts
3. Что делают студенты во время летних каникул?
4. Письменные экзамены короткие?
5. Как по-вашему, этот устный экзамен по русской литературе трудный?

А как у вас?

- В вашем университете есть семестры или четверти (*quarters*)? А летний семестр есть?
- Сколько недель длятся зимние каникулы?
- Что делают американские студенты летом: учатся или работают?
- У вас есть устные экзамены?
- Какие экзамены вы больше любите: устные или письменные?
- У вас часто бывают контрольные работы?
- А экзамены часто бывают?
- Вы любите длинные письменные экзамены?
- Вы любите писать сочинения?
- Вы любите читать доклады?

Discussing Student Accommodations

В общежитии

Only students whose parents do not live in the same city may live in university dormitories. The entrance to the dorm is often monitored by an **охра́нник** (*security guard*), who will check your **про́пуск** (*ID card*) carefully every time you enter the building. In some dorms, the documents are checked by a **дежу́рный/ дежу́рная** (*floor monitor, person on duty*) instead.

10.8 Substantivized Adjectives

Где вы живёте?	Я живу́	в общежи́тии. в кварти́ре. до́ма **с роди́телями***.
	Я **снима́ю**	кварти́ру. ко́мнату.

*with my parents

10. Где лу́чше жить?

A. Find out what the following students think about living in a dorm. Underline the phrases that relate to the pros and cons they mention. Where do you think these students actually live?

Ири́на: Студе́нтам, кото́рые живу́т в общежи́тии, наве́рное[1], трудне́е, потому́ что им на́до[2] занима́ться дома́шним хозя́йством самостоя́тельно[3], а э́то занима́ет о́чень мно́го вре́мени. Мне хорошо́ жить с роди́телями.

Мириа́н: В общежи́тии бо́льше самостоя́тельности и свобо́ды[4]. Отрица́тельная сторона́[5] – стеснённые усло́вия прожива́ния[6], хотя́[7] я ду́маю, что в общежи́тии интере́снее, и мне ли́чно здесь о́чень хорошо́.

Андре́й: В общежи́тии им на́до занима́ться дома́шним хозя́йством. По-мо́ему, с роди́телями лу́чше.

Ки́ра: Я всю жизнь живу́ с роди́телями и чу́вствую себя́ прекра́сно.

[1]probably
[2]they must
[3]independently

[4]freedom
[5]negative side
[6]cramped living conditions /
[7]although

B. **А как по-ва́шему?** Express your opinion about your living arrangements (dorm, apartment, with parents) compared with the other options. As a group, make a list of the pros and cons of each option as stated by your classmates. Also consider the following in your discussions:

Где вы обе́даете? В столо́вой? Это до́рого?

Вы лю́бите са́ми (*yourself*) гото́вить?

Useful vocabulary

почему́ *why*
ти́хо/ти́ше *quiet, quieter*
до́рого/доро́же *expensive, more expensive*

потому́ что *because*
шу́мно/бо́лее шу́мно *noisy, noisier*
дёшево, деше́вле *cheap, cheaper*

В како́м кла́ссе у́чится ваш брат?	Он у́чится **в девя́том** кла́ссе.

кла́ссы

1 пе́рвый	**7** седьмо́й
2 второ́й	**8** восьмо́й
3 тре́тий (-ьем)	**9** девя́тый
4 четвёртый	**10** деся́тый
5 пя́тый	**11** оди́ннадцатый
6 шесто́й	**12** двена́дцатый (США)

- Ва́ши бра́тья и́ли сёстры ещё у́чатся в шко́ле?
- В како́м кла́ссе?

Шко́ла в Росси́и

Ру́сские де́ти иду́т в шко́лу в шесть и́ли семь лет. Обы́чно они́ у́чатся в шко́ле оди́ннадцать лет.

Уче́бный год начина́ется пе́рвого сентября́ и конча́ется тридца́того ма́я. С пе́рвого кла́сса ученики́ изуча́ют матема́тику, чте́ние и письмо́, а со второ́го кла́сса иностра́нный язы́к. Прово́дятся та́кже заня́тия по му́зыке, иску́сству и физкульту́ре.

В 5–9 кла́ссах ученики́ изуча́ют а́лгебру, геоме́трию, фи́зику, неоргани́ческую хи́мию, биоло́гию, ру́сский язы́к, литерату́ру, исто́рию, геогра́фию, иностра́нный язы́к, му́зыку и физкульту́ру.

В ста́рших кла́ссах шко́льники продолжа́ют[1] изуча́ть часть[2] э́тих предме́тов, а та́кже выбира́ют[3] но́вые предме́ты. В оди́ннадцатом кла́ссе ученики́ сдаю́т выпускны́е[4] экза́мены (Еди́ный госуда́рственный экза́мен, ЕГЭ). Все ученики́ сдаю́т матема́тику и ру́сский язы́к, а те ученики́, кото́рые хотя́т поступи́ть в университе́т, сдаю́т экза́мены и по други́м предме́там.

[1]continue / [2]part, portion
[3]select
[4]exit

Отве́тьте на вопро́сы.

- Ско́лько лет у́чатся в шко́ле ру́сские де́ти?
- Каки́е предме́ты они́ изуча́ют и в каки́х кла́ссах?
- Что тако́е ЕГЭ? Каки́е предме́ты обяза́тельные?

А как в Аме́рике?

Using the text above as a model, explain in Russian how the typical American schools differ (or not) from the Russian ones.

Chapter Review

A. You should now be able to . . .

1. say where (university and department) a person is studying
2. say what you study and what your specialty is
3. compare school subjects and express your preference
4. say what year level you are in
5. compare different languages as to their difficulty, interest value, etc.
6. say which foreign languages you know, have studied, and where, when, and how long you studied them
7. say who teaches different subjects
8. ask about a person's native language
9. compare student accommodations
10. understand the Russian grading system
11. wish a person good luck on an exam and respond to such a wish
12. say what subjects you took in high school, what grade level, and for how long

For self-tests and additional practice, please go to the Book Companion Site, available at www.wiley.com/college/nummikoski

B. Roleplay.

Get together in groups of three to four students. Each student assumes the role of an exchange student from a different country. Compare the education system in your countries, using the following questions as a guideline. Add any other questions as needed.

1. Where are you studying?
2. How long have you been studying there?
3. What kind of place is it (size, quality, price, etc.)?
4. In what department (факультёт) are you studying?
5. What year are you?
6. What subjects are you studying?
7. What is your native language?
8. Which languages are you studying now, and which have you studied before? Where and for how many years?
9. What is your major?
10. What subject do you like best?
11. Who teaches that subject?
12. Do you live in a dorm or an apartment?
13. What subjects did you take in school and for how many years?
14. What subjects did you like best in school?

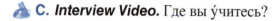

C. **Interview Video.** Где вы у́читесь?

D. **Cultural Video.** Общежи́тие на проспе́кте Верна́дского.

TEACHERS AND STUDENTS AT ALL LEVELS			
institution	шко́ла	университе́т	аспиранту́ра
number of years	11	4–6	2–4
teachers	преподава́тель учи́тель/ница	профе́ссор доце́нт преподава́тель	профе́ссор доце́нт
teachers refer to each other as . . .	колле́га	колле́га	колле́га
students	шко́ль|ник, -ница уче|ни́к, -ни́ца	студе́нт/ка	аспира́нт/ка
students refer to each other as . . .	однокла́ссник	одноку́рсник	
levels	класс (в)	курс (на)	
students get on graduation	аттеста́т	дипло́м	дипло́м
degrees / titles	выпускни́к	специали́ст (5 лет) бакала́вр (4 го́да) маги́стр (2 го́да)	кандида́т нау́к* (3–4 года)

*The terminal degree is called до́ктор нау́к. It often means over 10 years of dedicated research activity beyond the кандида́т нау́к.

Word Building

Roots

пис- *write*

писа́ть *to write*

писа́тель *writer*

письмо́ *letter*

пи́сьменный экза́мен *written exam*

пи́сьменный стол *desk*

ук-, уч- *study*

нау́ка *science*

нау́чный *scientific*

учёный *scientist*

уче́ние *learning*

учи́лище *school, institute*

учи́тель *teacher*

учи́ться *to study at a place*

уче́бник *textbook*

изуча́ть *to study a subject*

учени́к *pupil (m.)*

учени́ца *pupil (f.)*

уче́бный год *school year*

Many Russian proverbs (**посло́вицы**) have to do with learning. Try to match the following with the corresponding English translations.

Уче́нье – свет, а неуче́нье – тьма.

Повторе́ние – мать уче́нья.

Кто хо́чет мно́го знать, тому на́до ма́ло спать.

Нау́ка не пи́во, в рот не вольёшь.

Век живи́ – век учи́сь (а умри́ дурако́м).

Учи́ други́х – и сам поймёшь.

Repetition is the mother of learning.

Teach others and you will understand.

Live a century, learn a century (and die a fool).

The one who wants to know a lot has to sleep little.

Learning is light, ignorance is darkness.

Science is not beer, you cannot pour it into your mouth.

ГРАММАТИКА

10.1 Prepositional Case: Review

Remember that adjectives agree with the nouns they modify in gender, case, and number.

Я учу́сь в педагоги́ческ**ом** институ́т**е**.
I study at the teacher training institute.

Мой брат у́чится в музыка́льн**ой** шко́л**е**.
My brother studies at the music school.

Серге́й у́чится в медици́нск**ом** ко́лледж**е**.
Sergei studies at the nursing school.

Remember also that the prepositional case for nouns ending in **-ия** and **-ие** is **-ии**.

Ма́ша у́чится в консервато́ри**и**.
Masha studies at the conservatory.

Before doing the exercises, review the conjugation of the verb **учи́ться**. Remember that Spelling Rule 2 is applied to the first (**у**, not **ю**) and last (**ат**, not **ят**) forms of the paradigm.

я учу́сь	мы у́чимся
ты у́чишься	вы у́читесь
он/она́ у́чится	они́ у́чатся

Упражне́ния

1. Write complete sentences with the following words.

Model: я/политехни́ческий университе́т → **Я учу́сь в политехни́ческом университе́те.**

1. я/медици́нский ко́лледж
2. они́/Ки́евский университе́т
3. мы/консервато́рия
4. вы/педагоги́ческий институ́т
5. моя́ дочь/бале́тная шко́ла

2. Write the questions with **где.** Notice that some sentences are in the past tense.

> **Model:** Мы у́чимся в Моско́вском   **Где вы у́читесь?**
>   университе́те.

1. Я учу́сь в Теха́сском университе́те.
2. Они́ у́чатся в МГУ.
3. Мой друг у́чится в консервато́рии.
4. Мы у́чимся в медици́нском институ́те.
5. Моя́ сестра́ учи́лась в Новосиби́рском университе́те.
6. Моя́ мать учи́лась в те́хникуме.
7. Наш оте́ц учи́лся в педагоги́ческом институ́те.
8. Мы учи́лись в шко́ле 2 го́да наза́д.

10.2 Ordinal Numbers

Ordinal numbers are regular adjectives and therefore agree with the noun they modify.

Э́то мой пе́рвый раз в Москве́.
This is my first time in Moscow.

Я учу́сь **на** пе́рв**ом** ку́рс**е.**
I study at the first-year level. (I am a first-year student.)

Са́ша у́чится **на** тре́ть**ем** ку́рс**е.**
Sasha is a third-year student.

Note: The adjective **тре́тий** has exceptional case forms. See the back endpapers for the complete declension.

Упражне́ние

3. Write out the sentences according to the model.

> **Model:** Ле́на/2   **Ле́на у́чится на второ́м ку́рсе.**

1. я/3
2. они́/2
3. мы/5
4. ты/4
5. он/1

10.3 Изуча́ть Versus учи́ться and занима́ться

A. The verb **учи́ться** (*to be a student*) is used in the following two constructions.

    1. To denote a *place* of study, that is, where you are a student.

        Где ты у́чишься?   Я учу́сь **в** университе́т**е**.

                                     на филологи́ческом факульте́т**е**.

                                     на пе́рвом ку́рс**е**.

    2. To express *how* one studies.

        Как ты у́чишься? Я учу́сь **хорошо́**.

B. The verb **изуча́ть** is used when you want to say what *subjects* you are taking. Notice that the subjects taken are the *object* of the sentence and, therefore, in the *accusative* case.

    В университе́те я изуча́ю ру́сский язы́к, матема́тик**у** и исто́ри**ю**.
    At the university I study the Russian language, mathematics, and history.

C. The verb **занима́ться** literally means *to be occupied with*, but is often used in the meaning *to do homework, to study.* This verb *cannot* take a direct object in the accusative case.

    Что ты де́лаешь?   Я занима́юсь.
    What are you doing?   *I am doing my homework.*

    Я занима́юсь в библиоте́ке
       ка́ждый ве́чер.
    I study in the library every night.

Упражне́ния

4. Fill in **учи́ться, занима́ться,** or **изуча́ть** in the correct present-tense form.

    1. Ле́на _____ матема́тику.

    2. Мой брат _____ на филологи́ческом факульте́те.

    3. Мы _____ астроно́мию.

    4. Ве́чером я _____ в библиоте́ке.

    5. Я _____ ру́сский язы́к.

    6. Мы _____ на пе́рвом ку́рсе.

    7. Са́ша и Алла _____ францу́зский язы́к.

    8. Мои́ друзья́ _____ в медици́нском ко́лледже.

    9. Вы обы́чно _____ у́тром и́ли ве́чером?

    10. Где вы _____?

5. Write complete sentences in the present tense according to the model. Remember to put the object in the accusative case.

Model: Алла/матема́тика   **Алла изуча́ет матема́тику.**

1. Серге́й/фи́зика и астроно́мия
2. Ната́ша и Ле́на/биоло́гия
3. мы/ру́сская грамма́тика
4. ты/францу́зский язы́к?
5. я/ру́сская литерату́ра
6. моя́ сестра́/медици́на
7. Андре́й/психоло́гия
8. вы/эконо́мика
9. мой брат/класси́ческое иску́сство
10. Ма́ша и Лари́са/англи́йский язы́к

10.4 Nouns with Parallel Modifiers

When two parallel modifiers refer to the same noun, the noun is usually in the plural, while the modifiers remain in the singular.

Я зна́ю **ру́сский язы́к** и **англи́йский язы́к**. =
Я зна́ю ру́сск**ий** и англи́йск**ий** язык**и́**.

10.5 Ру́сский язы́к Versus по-ру́сски

The forms **по-ру́сски, по-англи́йски,** and so on, are normally used with the following verbs.

говори́ть	*to speak*	Я говорю́ **по-ру́сски.**
чита́ть	*to read*	Я чита́ю **по-неме́цки.**
писа́ть	*to write*	Я хорошо́ пишу́ **по-англи́йски.**

The corresponding questions are **На како́м языке́?** or, in the plural, **На каки́х языка́х?**

На како́м языке́ говори́т ваш друг?   Он говори́т по-кита́йски.
На каки́х языка́х вы говори́те?   Я говорю́ по-ру́сски и
                                                                по-англи́йски.

With other verbs, the forms **ру́сский язы́к**, **англи́йский язы́к**, and the like are used.

Я изуча́ю **ру́сский язы́к.**	*I study (the) Russian (language).*
Я зна́ю **ру́сский язы́к.**	*I know (the) Russian (language).*
Я люблю́ **францу́зский язы́к.**	*I like (the) French (language).*

The corresponding questions are **Како́й язы́к?** or, in the plural **Каки́е языки́?**

Како́й язы́к вы изуча́ете?	Я изуча́ю испа́нский язы́к.
Каки́е языки́ вы зна́ете?	Я зна́ю испа́нский и англи́йский языки́.

Note: The verb **понима́ть** (*to understand*) can be used with both constructions.

Я понима́ю **по-кита́йски.**   and   Я понима́ю **кита́йский язы́к.**

Упражне́ние

6. Fill in the missing words.

1. Вы говори́те _____ (*Polish*)?
2. Мы хорошо́ зна́ем _____ (*French*).
3. Мой брат изуча́ет _____ (*Spanish*).
4. Я зна́ю _____ (*English, Russian, and German*).
5. Ле́на хорошо́ чита́ет _____ (*Arabic*).
6. Мой оте́ц не понима́ет _____ (*Ukrainian*).
7. Я пло́хо пишу́ _____ (*English*).
8. Я люблю́ _____ (*Russian*).
9. Мы не говори́м _____ (*Chinese*).
10. Са́ша изуча́ет _____ (*Japanese*).

10.6 Genitive Case (Singular): Nouns, Adjectives, and Possessive and Demonstrative Pronouns

You have so far learned three of the six cases: nominative (the case of the subject), accusative (the case of the direct object), and prepositional (the case of location). The main function of the *genitive case* is to express *possession, belonging to something or somebody.* Compare the English translations in the following examples.

Это маши́на мо**его́** ру́сск**ого** дру́г**а** Макси́м**а**.
*This is my Russian friend Maxim's car. (the car **of** my Russian friend Maxim).*

Это ка́рта За́падн**ой** Евро́п**ы**.
*This is the map **of** Western Europe.*

Это ка́федра ру́сск**ого** язык**а́**.
*This is the Russian language department (the department **of** the Russian language).*

GENITIVE SINGULAR OF NOUNS					
Nominative			**Genitive**		
Masc.					
рома́н	Ива́н	-ø	рома́**на**	Ива́**на**	**-а**
музе́й	Серге́й	-й	музе́**я**	Серге́**я**	**-я**
слова́рь	Игорь	-ь	словар**я́**	Игор**я**	**-я**
Fem.					
маши́на	Алла	-а	маши́**ны**	Аллы	**-ы**
кни́га	Ма́ша	-а	кни́г**и***	Ма́ш**и***	**-и***
тётя	Та́ня	-я	тёт**и**	Та́н**и**	**-и**
лаборато́рия	Мари́я	-я	лаборато́ри**и**	Мари́**и**	**-и**
пло́щадь		-ь	пло́щад**и**		**-и**
Neuter					
письмо́		-о	письм**а́**		**-а**
зда́ние		-е	зда́н**ия**		**-я**

*Spelling Rule 1 is applied.

SIMPLIFIED RULE FOR THE GENITIVE SINGULAR OF NOUNS	
M, N	**-а/я**
F	**-ы/и***

*Spelling Rule 1 is applied.

SIMPLIFIED RULE FOR THE GENITIVE SINGULAR OF ADJECTIVES	
M, N	**-ого/его***
F	**-ой/ей***

*Spelling Rule 3 is applied.

GENITIVE SINGULAR OF POSSESSIVE AND DEMONSTRATIVE PRONOUNS	
Masc./Neuter	**Fem.**
моего́/твоего́	**мое́й/твое́й**
на́шего/ва́шего	**на́шей/ва́шей**
э́того/того́	**э́той/той**

Examples of Sp. Rule 3:
M, N: большо́й-большо́**го**, but хоро́ший-хоро́ш**его**.
F: больша́я-больш**о́й**, but хоро́шая-хоро́ш**ей**.

Note 1: The letter **г** in the endings **-ого** and **-его** is pronounced as **в**.

Note 2: его (*his*), **её** (*her*), and **их** (*their*) are not declined.

Note 3: Last names with adjective endings are declined as adjectives.

nominative	genitive		
Толсто́й	Толсто́го	рома́ны Толсто́го	*Tolstoy's novels*
Достое́вский	Достое́вского	жизнь Достое́вского	*Dostoevsky's life*
Чайко́вский	Чайко́вского	му́зыка Чайко́вского	*Tchaikovsky's music*

A. Using the genitive case to express possession.

Это кни́га мо**его́** бра́т**а** Игор**я**.
This is my brother Igor's book (the book of my brother Igor).

Это уче́бник э́т**ого** но́в**ого** студе́нт**а**.
This is this new student's textbook (the textbook of this new student).

Это маши́на мо**е́й** сестр**ы́** Ната́ш**и**.
This is my sister Natasha's car (the car of my sister Natasha).

Note: Masculine nouns ending in **-а/я** (па́па, де́душка, дя́дя, and some nicknames) are declined as feminines. Their modifiers, however, are in the masculine form.

Это маши́на мо**его́** па́п**ы**.   *This is my father's car.*

Это соба́ка мо**его́** дру́г**а** Воло́д**и**.   *This is my friend Volodya's dog.*

Many sentences denoting possession are preceded by the question *Whose?* **Чей?** which was introduced in Chapter 3.

Masc.	**Чей** э́то **каранда́ш?**	Это каранда́ш Ива́н**а**.
	Whose pencil is this?	*It is Ivan's pencil.*
Fem.	**Чья** э́то **ру́чка?**	Это ру́чка Игор**я**.
	Whose pen is this?	*It is Igor's pen.*
Neuter	**Чьё** э́то **письмо́?**	Это письмо́ Ле́н**ы**.
	Whose letter is this?	*It is Lena's letter.*
Pl.	**Чьи** э́то **кни́ги?**	Это кни́ги Та́н**и**.
	Whose books are these?	*They are Tanya's books.*

7. Write questions and answers according to the model.

> **Model:** кни́га/мой брат   **Чья э́то кни́га? Это кни́га моего́ бра́та.**

учебник   *textbook*   каранда́ш   *pencil*   ру́чка   *pen*
портфе́ль *m.*   *briefcase*   су́мка   *purse*

1. каранда́ш/э́тот студе́нт
2. уче́бник/э́та но́вая студе́нтка
3. ру́чка/мой брат Серге́й
4. письмо́/моя́ ба́бушка
5. кни́га/мой профе́ссор
6. портфе́ль/моя́ учи́тельница
7. соба́ка/Воло́дя
8. ко́шка/мой де́душка
9. маши́на/моя́ сестра́ Та́ня
10. велосипе́д/мой друг Ди́ма
11. ра́дио/наш друг Игорь
12. компью́тер/моя́ подру́га Ма́ша
13. дом/наш преподава́тель
14. ло́шадь/э́тот ковбо́й
15. су́мка/моя́ ма́ма

B. **Using the genitive case to modify a noun with another noun or noun phrase.** In English, the modifier can be *before* or *after* the noun it modifies. In Russian, the modifier is *after* the main noun.

a ***Russian language***   *teacher*   преподава́тель ру́сск**ого**
     modifier   main noun   язык**а́**

a *teacher*   ***of the Russian language***   преподава́тель ру́сск**ого**
     main noun   modifier   язык**а́**

Note: The following are some mistakes commonly made by American students.

> *John Smith is a Russian teacher.*
> Джон Смит – ~~ру́сский преподава́тель~~.   (He is not
> should be: преподава́тель ру́сского языка́.   Russian by
>   nationality.)

> *We have a Russian Club.*
> У нас есть ~~ру́сский клуб~~.   (The club is
> should be: клуб ру́сского языка́.   not Russian
>   by origin.)

Упражне́ние

8. Translate the following phrases by combining vocabulary items from the two lists below. Underline the main noun first.

1. dean of the philology department
2. school of classical ballet
3. department of psychology
4. history teacher
5. Russian language institute
6. a first-year student
7. division of applied mathematics
8. a textbook on British literature
9. a professor of modern art
10. a French language club
11. Tchaikovsky's music
12. Tolstoy's novels

му́зыка	Толсто́й
рома́ны	Чайко́вский
институ́т	англи́йская литерату́ра
преподава́тель	ру́сский язы́к
профе́ссор	исто́рия
уче́бник	прикладна́я (*applied*) матема́тика
клуб	психоло́гия
студе́нт	класси́ческий бале́т
ка́федра	филологи́ческий факульте́т
факульте́т	пе́рвый курс
дека́н (*dean*)	совреме́нное иску́сство
шко́ла	францу́зский язы́к

10.7 Syntax

Notice the difference between the following two constructions.

Я	изуча́ю	матема́тик**у**.	*I study mathematics.*
subject	verb	object (= accusative case)	

Моя́ специа́льность – матема́тика.	*My major is mathematics.*
subject	predicate (= nominative case)

Some sentences can have a combination of cases.

Она́ изуча́ет исто́ри**ю** ру́сск**ого** иску́сств**а**.
            acc.   gen.
She is studying the history of Russian art.

Я чита́л поэ́зи**ю** Пу́шкин**а**.
     acc.   gen.
I (have) read Pushkin's poetry.

9. How would you say that you . . .

1. study the history of the Russian language
2. have read Tolstoy's novels (Толсто́й)
3. like Tchaikovsky's music (Чайко́вский)
4. understand the grammar of the Russian language (грамма́тика)
5. have not studied the geography of Europe (геогра́фия/Евро́па)

10. Write the words in parentheses in the correct form.

1. Я учу́сь в (Моско́вский университе́т), на (второ́й курс).
2. Я студе́нт (филологи́ческий факульте́т).
3. Моя́ специа́льность – (лингви́стика).
4. Я изуча́ю (англи́йский язы́к), (англи́йская литерату́ра), (психоло́гия), (матема́тика) и (исто́рия).
5. Мой друг Серге́й у́чится на (физи́ческий факульте́т).
6. Он уже́ на (пя́тый курс).
7. Он изуча́ет (фи́зика), (матема́тика) и (астроно́мия).
8. Его́ специа́льность – (а́томная фи́зика).
9. Сестра́ (Серге́й) – студе́нтка (четвёртый курс) (филологи́ческий факульте́т).
10. Её специа́льность – (класси́ческая филоло́гия).

10.8 Substantivized Adjectives

Substantivized adjectives are *adjectives by form* and *nouns by function*. They are *declined as adjectives*. You have encountered the following adjectives previously.

ва́нная	*bathroom*	Я принима́ю душ в ва́нн**ой**.
гости́ная	*living room*	В гости́н**ой** стоя́т дива́н, стол и стул.

Дежу́рный/дежу́рная (*receptionist, person on duty*) and столо́вая (*cafeteria, dining room*) are introduced in this lesson.

Мы обе́даем в столо́в**ой**.   *We eat dinner in the dining room.*

Note: The core vocabulary is **boldfaced.**

Nouns

Subjects

антрополо́гия	*anthropology*
архитекту́ра	*architecture*
биоло́гия	*biology*
геогра́фия	*geography*
геоме́трия	*geometry*
журнали́стика	*journalism*
исто́рия	*history*
коммуника́ция	*communication*
компью́терная те́хника	*computer science*
лингви́стика	*linguistics*
литерату́ра	*literature*
матема́тика	*mathematics*
медици́на	*medicine*
междунаро́дные отноше́ния	*international relations*
ме́неджмент	*management*
нау́ка	*science*
океаноло́гия	*marine science*
письмо́	*writing*
политоло́гия	*political science*
предме́т	*subject*
психоло́гия	*psychology*
социоло́гия	*sociology*
стати́стика	*statistics*
страноведе́ние	*area studies*
физкульту́ра	*physical education*
филоло́гия	*philology (language and literature)*
филосо́фия	*philosophy*

фина́нсы	*finance*
фи́зика	*physics*
хи́мия	*chemistry*
чте́ние	*reading*
эконо́мика	*economics*
юриспруде́нция	*law*
язы́к	*language*

Grades and exams

дво́йка	*D (a failing grade)*
зачёт	*credit*
контро́льная рабо́та	*quiz*
отме́тка	*grade*
пятёрка	*A*
се́ссия	*exam period*
тро́йка	*C*
четвёрка	*B*
экза́мен	*exam*

Places, levels and activities

акаде́мия	*academy*
аспиранту́ра	*(post) graduate program*
вуз (вы́сшее уче́бное заведе́ние)	*higher education institution*
заня́тие	*class session*
ка́федра	*department*
класс	*class*
консервато́рия	*conservatory*
ко́лледж	*in Russia: junior college*
курс	*year level*

лице́й	*lyceum*
ле́кция	*lecture*
магистрату́ра	*master's program*
отделе́ние	*division*
семина́р	*seminar*
те́хникум	*technical college*
учи́лище	*vocational college*
факульте́т	*department*

Students and teachers

аспира́нт/ка	*graduate student*
бакала́вр	*bachelor's degree*
выпускни́к	*high school graduate*
доце́нт	*docent, assistant professor*
кандида́т	*candidate*
колле́га	*colleague*
маги́стр	*master's degree*
однокла́ссник	*classmate (in schools)*
одноку́рсник	*classmate (at universities)*
репети́тор	*tutor*
специали́ст	*specialist*
уче|ни́к, -ни́ца	*pupil*
шко́ль|ник, -ница	*schoolboy, -girl*

Other school-related nouns

аттеста́т	*diploma (high school)*
биле́т	*ticket*
вопро́с	*question*
дипло́м	*diploma (university)*
дипло́мная рабо́та	*thesis*
докла́д	*presentation, paper*

ЕГЭ́ (еди́ный госуда́рственный экза́мен)	*high school exit exam*
зада́ние	*assignment*
кани́кулы *pl.*	*school holidays*
ко́нкурс	*competition*
образова́ние	*education*
про́пуск	*ID card*
семе́стр	*semester*
сочине́ние	*essay*
специа́льность	*specialty, major*
упражне́ние	*exercise*

People

автомеха́ник	*auto mechanic*
дежу́рный/дежу́рная	*person on duty*
диплома́т	*diplomat*
космето́лог	*cosmetologist*
охра́нник	*security guard*
скрипа́ч	*violinist*

Other nouns

де́ньги *pl.*	*money*
че́тверть *f.*	*quarter*

Adjectives
Departments and schools

биологи́ческий	*biology*
госуда́рственный	*state*
геологи́ческий	*geology*
истори́ческий	*history*
математи́ческий	*mathematics*
медици́нский	*medical*
физи́ческий	*physics*

филологи́ческий	*philology (language and literature)*
филосо́фский	*philosophy*
хими́ческий	*chemistry*
экономи́ческий	*economics*

Languages

ара́бский	*Arabic*
иностра́нный	*foreign*
коре́йский	*Korean*
по́льский	*Polish*
португа́льский	*Portuguese*
родно́й	*native*
украи́нский	*Ukrainian*

Numerals

пе́рвый	*first*
второ́й	*second*
тре́тий	*third*
четвёртый	*fourth*
пя́тый	*fifth*
шесто́й	*sixth*
седьмо́й	*seventh*
восьмо́й	*eighth*
девя́тый	*ninth*
деся́тый	*tenth*
оди́ннадцатый	*eleventh*
двена́дцатый	*twelfth*

Seasons

весе́нний	*spring, vernal*
зи́мний	*winter*
ле́тний	*summer*
осе́нний	*fall, autumn*

Other adjectives

бу́дущий	*future*
вы́сший	*higher*
вступи́тельный	*entrance*
выпускно́й	*exit*
друго́й	*other*
контра́ктный	*contract*
обяза́тельный	*required, compulsory*
пи́сьменный	*written*
по́лный	*full*
ста́рший	*older;* here: *higher*
студе́нческий	*student*
тру́дный, трудне́е	*difficult, more ~*
у́стный	*oral*
уче́бный	*study*

Verbs

быва́|ть (I)	*to be (frequently)*
выбира́|ть (I)	*to choose*
да|ва́ть	*to give*
даю́,	
даёшь,	
даю́т	
изуча́|ть (I)	*to study a subject*
конча́|ться (I)	*to end*
начина́|ться (I)	*to begin*
отвеча́|ть (I)	*to answer*
писа́ть (I)	*to write*
пишу́,	
пи́шешь,	
пи́шут	
получа́|ть (I)	*to receive*
поступи́ть (II)	*to get in (a school, university)*

препода|ва́ть (I)	*to teach*
преподаю́,	
преподаёшь,	
преподаю́т	
проводи́ться (II)	here: *to conduct*
продолжа́|ть (I)	*to continue*
снима́|ть (I)	*to rent*
уч|и́ться (II)	*to study at a place*
учу́сь,	
у́чишься,	
у́чатся	
чу́вств|ова|ть (I) себя́	*to feel*
чу́вствую,	
чу́вствуешь,	
чу́вствуют	

Expressions

Ни пу́ха ни пера́!	*Good luck!*
К чёрту!	*Go to hell!*
Жела́ю тебе́/	*I wish you luck!*
вам уда́чи!	

Other

дёшево, деше́вле	*cheap, cheaper*
до́рого, доро́же	*expensive, more ~*
кро́ме	*except*
ли́чно	*personally*
намно́го	*a lot more (with comparatives)*
наприме́р	*for example*
по-друго́му	*in another way*
потому́ что	*because*
почему́	*why*
с роди́телями	*with parents*
са́м, сама́, са́ми	*-self*
себя́	*oneself*
ти́хо/ти́ше	*quiet, quieter*
тру́дно	*difficult*
хотя́	*although*
шу́мно/бо́лее шу́мно	*noisy, noisier*

Урок 11 (Одиннадцатый урок)
Где можно купить икру?

THEMES

- Talking about eating and drinking
- Counting money
- Talking about things you have and do not have
- Comparing quantities and measurements
- Comparing prices
- Shopping for food

CULTURE

- Russian food stores
- Russians and money
- Metric system
- Russian caviar

STRUCTURES

- Verbs есть, пить, продавать, and купить
- The genitive case
  - With numerals
  - To express possession: у Ивана есть/был
  - With negatives: у нас нет/нé было
  - To express absence: Ивана нет дома
  - With quantity and measurement: бутылка молока, 200 г колбасы, сколько, много, мало, больше, меньше
- Syntax
  - Accusative versus nominative
  - Дорогой/дорого and дешёвый/дёшево

Здесь можно купить продукты.

Talking About Eating and Drinking

Мя́со, пти́ца

ку́рица
я́йца, *sg.* яйцо́
ры́ба
колбаса́
ве́тчина
чёрная/кра́сная икра́

Моло́чные проду́кты

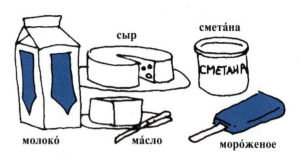

сыр
смета́на
молоко́
ма́сло
моро́женое

Напи́тки

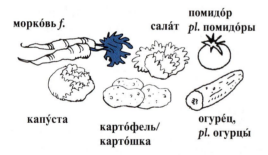

шампа́нское
во́дка
пи́во
вино́

чай
ко́фе
лимона́д
сок
минера́льная вода́

Óвощи

морко́вь *f.*
сала́т
помидо́р *pl.* помидо́ры
капу́ста
карто́фель/ карто́шка
огуре́ц, *pl.* огурцы́

Фру́кты

апельси́н, *pl.* апельси́ны
я́блоко, *pl.* я́блоки
виногра́д
бана́н, *pl.* бана́ны

Хлеб

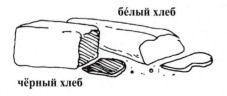

бе́лый хлеб
чёрный хлеб

Сла́дкое

джем
шокола́д
торт

Нина **ест** мороженое.

Серёжа **пьёт** молоко.

А вы?

- Что вы лю́бите/не лю́бите есть/пить?
- Что вы обы́чно пьёте у́тром?
- Вы еди́те фру́кты ка́ждый день? Каки́е?
- Что вы е́ли вчера́? А что вы пи́ли?

11.1 Verbs есть and пить

есть *to eat*	**пить** *to drink*
я ем	я пью
ты ешь	ты пьёшь
он/она́ ест	он/она́ пьёт
мы еди́м	мы пьём
вы еди́те	вы пьёте
они́ едя́т	они́ пьют
past tense:	*past tense:*
ел, е́ла, е́ли	пил, пила́, пи́ли

Где купи́ть проду́кты?

There are fewer large supermarkets in Russia than in the United States. Instead, you can find convenient 24-hour grocery stores on almost every street corner and around metro stations. Some of these stores retain their traditional names, such as **гастроно́м, универса́м,** or simply **проду́кты,** while others are called **суперма́ркет.** In addition, there are small stands (**ларёк,** *pl.* **ларьки́**) along the streets, which sell grilled food, snacks, and drinks.

A **ры́нок** is a farmers' market, which is a popular place for buying fresh fruit, vegetables, flowers, and many other things.

Что здесь **продаю́т**?

11.2 Verbs продава́ть and купи́ть

Что мо́жно **купи́ть на ры́нке**?

1. Ты хо́чешь ры́бу? You and your friend are at the store deciding what to buy. You do not seem to like the same things at all. Go through all the different departments of a grocery store, using the following dialogues as a model.

S1: Ты хо́чешь ры́бу? / Дава́й ку́пим[1] ры́бу!

[1]let's buy

S2: Я не ем ры́бу. / Я не люблю́ ры́бу. / Я не хочу́ ры́бу.

or:

S1: Дава́й ку́пим кра́сное вино́!

S2: Нет, спаси́бо. Я не пью кра́сное вино́. У меня́ аллерги́я. Дава́й лу́чше ку́пим пи́во.

Counting Money

Numbers 100–1000s

100	сто
200	две́сти
300	три́ста
400	четы́реста
500	пятьсо́т
600	шестьсо́т
700	семьсо́т
800	восемьсо́т
900	девятьсо́т
1000	ты́сяча
2000	две ты́сячи
3000, 4000	три, четы́ре ты́сячи
5000, 6000, ...	пять, шесть, ... ты́сяч

Де́ньги

Whereas Americans do not normally discuss their personal finances with outsiders, Russians do not hesitate to ask how much you earn and how much your house or car cost. On the other hand, Russians tend to be less materialistic when it comes to providing services to other people. Friends and relatives frequently help with money and do not expect to be paid for babysitting or other small tasks.

Paying with cash (**плати́ть нали́чными**) is common, especially at farmers' markets, although credit cards (**креди́тные ка́рточки**) are usually accepted at grocery stores.

Ско́лько у вас де́нег?		У меня́...
1	**2, 3, 4**	**5, 6, 7, ...**
ру́бль копе́йка до́ллар цент	рубля́ копе́йки до́ллара це́нта	рубле́й **копе́ек** до́лларов це́нтов
У меня́ **два до́ллара пятьдеся́т пять це́нтов.**		

11.3 Genitive Case: (C) With Numerals

Ско́лько у вас де́нег?

Ско́лько у	Ива́на Игоря Ле́ны Та́ни твоего́ бра́та твое́й сестры́	де́нег?

11.3 Genitive Case: (D) У кого́ есть

– **У кого́ бо́льше/ме́ньше де́нег**: у Ива́на и́ли у Ле́ны?
– У Ива́на.
– **На** ско́лько бо́льше/ме́ньше?
– У Ива́на **на** 5 рубле́й бо́льше/ме́ньше, **чем** у Ле́ны.

The form де́нег is the genitive plural of the noun де́ньги (*money*). The plural forms are explained in detail in Chapter 15.

Note the feminine form of numbers 1 and 2: одна́ копе́йка, две копе́йки.

Notice that amounts including two different units do not have the conjunction и between dollars and cents: *two dollars fifty-five cents.*

When comparing two items, the preposition **на** is used to denote the exact difference in quantities.

2. Ско́лько у них де́нег?

A. Practice questions and answers about money. Use the amounts in both columns.

S1: Ско́лько у Ма́рка де́нег?

S2: У Ма́рка 43 рубля́.

A	B
Марк 43 р.	Ле́на 51 р.
Игорь 221 р.	Воло́дя 223 р.
Ири́на 293 р.	Лари́са 300 р.
Ольга 400 р.	Андре́й 150 р.
Ната́ша $43.25	Та́ня $54.75
Серёжа $691.25	Ма́ша $692.75

B. Compare the amounts in columns A and B.

S1: У кого́ бо́льше де́нег: у Ма́рка и́ли у Ле́ны?

S2: У Ле́ны.

S1: На ско́лько бо́льше?

S2: На 8 рубле́й бо́льше.

Talking About Things You Have and Do Not Have

У вас есть	холоди́льник? микроволно́вка?	Да, у нас есть холоди́льник. Да, у нас есть микроволно́вка.
		Нет, у нас **нет** холоди́льника. Нет, у нас **нет** микроволно́вки.

11.3 Genitive case: (F) Nonexistence or Absence

плита́   холоди́льник

3. У нас ничего нет!!! You just arrived at your furnished rental apartment in Moscow and some of the things promised were missing. The landlord (played by your classmate) is trying to offer an alternative.

Вы: Извините, но у нас нет микроволновки.

Хозяин: Ну, да! Кажется нет[1]. Но у вас есть плита. Очень хорошая, новая плита.

    [1]So it seems!

things missing		alternatives offered	
микроволновка	*microwave oven*	плита	*stove*
кофеварка	*coffeemaker*	тостер	*toaster*
пылесос	*vacuum cleaner*	веник и совок	*broom and dustpan*
чайник	*tea kettle*	самовар	*samovar*
морозильник	*freezer*	холодильник	*refrigerator*
посудомоечная машина	*dishwasher*	стиральная машина	*washer*

> Микроволновка is a colloquial variant for микроволновая печь.

4. В холодильнике ничего нет!!!

A. Your refrigerator is half empty. You have only every other item on the following checklist. Go over the list with a partner according to the model. Then review the list a second time and switch around the items you have.

S1: Лимонад есть?

S2: Да, есть. / Нет, лимонада нет.

лимонад ✓	немецкое пиво	мясо
чёрная икра	масло	ветчина
курица	швейцарский сыр	рыба
минеральная вода	колбаса	апельсиновый сок
молоко	чёрный хлеб	красная икра
русская водка	мороженое	шоколад
сметана	зелёный чай	капуста
красное вино	джем	салат

> **Мороженое** is a substantivized adjective in the neuter form, hence the genitive ending **-ого**. **Шампанское** (*champagne*) is declined the same way: **шампанского**.

B. Which items do you have in your refrigerator? Which ones don't you have?

Model: У меня есть... / У меня нет...

| У них | был рýсский шоколáд.
былá крáсная икрá.
бы́ло рýсское пи́во. | У них **не́ было** | шве́дск**ого** шоколá**да**.
чёрной икры́.
неме́цк**ого** пи́**ва**. |

Remember that the stress is on the negative не, not on было: **не́** было.

11.3 Genitive Case: (E) Possession in the Past Tense; (G) Nonexistence and Absence in the Past Tense

5. Икры́ не́ было! While at the supermarket, you had to make some adjustments to your original shopping list. Discuss the situation with your partner. *Note:* Remember to use the accusative case with the verb купи́ть.

S1: Икру́ ты купи́л/а?

S2: Да, но чёрной икры́ не́ было. Былá то́лько крáсная.
or:
Нет, ... не́ было. Был... то́лько...

intended items	substitutions
чёрный хлеб	бе́лый хлеб
ры́ба	мя́со
бе́лое вино́	крáсное вино́
шве́дский шоколáд	рýсский шоколáд
ветчинá	колбасá
неме́цкое пи́во	рýсское пи́во
зелёный чай	чёрный чай

Comparing Quantities and Measurements

The Metric System

Russians use the metric system for measurements. Since most food items are prepackaged, you rarely need to specify the weight or volume. The exception may be the delicatessen section of a food store, where prices of cheeses, sausages, salads, etc. are usually displayed in kilograms. The farmers' market is another place where items are sold by weight or volume. Consult the following chart for approximate equivalents.

Metric	American	Typical items
1 kg (1000 g)	2 lb	meat, apples, oranges, potatoes
1/2 kg (500 g)	1 lb	sausage, ham
250 g	1/2 lb	cheese
1 l	1 qt	milk

1	2, 3, 4	5, 6, 7, ...
грамм (г) килогра́мм (кг) литр (л)	гра́мма килогра́мма ли́тра	гра́мм(ов) килогра́мм(ов) ли́тров
1/2 кг 1/2 л	полкило́ пол-ли́тра	
килогра́мм мя́с**а** 250 гра́ммов сы́р**а** 1 литр молок**а́**		

The forms **гра́ммов** and **килогра́ммов** are often replaced by **грамм** and **килогра́мм**, especially in spoken language.

11.3 Genitive Case: (H) With Words of Quantity and Measurement

Это ба́нка чёрн**ой** икр**ы́**.
Ни́на купи́ла ба́нк**у** чёрн**ой** икр**ы́**.

11.4 Syntax: Accusative Versus Nominative

6. **Что купи́ла Ни́на?** Discuss Nina's purchases with a partner. Decide which container goes with each item.

Model: Ни́на купи́ла ба́нк**у** колумби́йск**ого** ко́фе, ба́нк**у**...

колумби́йский ко́фе	апельси́новый джем
чёрная икра́	францу́зский сыр
чёрный хлеб	зелёный чай
молоко́	ру́сский шокола́д

Ко́фе is an indeclinable *masculine* noun (not neuter).

7. Что купи́л Ми́ша в суперма́ркете? Here is Misha's shopping list. Discuss with a partner what he was supposed to buy and what he bought instead. Use containers or weights in your discussions as appropriate. Make as many changes as possible.

Model: Грузи́нского ча́я не́ было. Он купи́л ма́ленькую па́чку кита́йского зелёного ча́я.

> грузинский чай
> красное вино-франц.
> канадский сыр
> масло
> апельсиновый джем
> кофе
> колбаса — 300 г
> мясо — 1 кг
> шоколад
> чёрная икра

8. Диало́ги

A. Your Russian roommate wants to cook a meal for you. You offer to go to the store to buy some necessary ingredients.

> мясо 600 г
> рис 800 г
> лук 250 г
> морковь 650 г
> масло растительное 300 г
> соль и специи — по вкусу
> *(ссылка 1001.recept.com)*

Та́ня:	Дава́й пригото́вим[1] плов!	[1]let's make
Вы:	Плов? Что тако́е плов?	
Та́ня:	Плов — э́то традицио́нное узбе́кское блю́до.	
Вы:	А что ну́жно[2] купи́ть?	[2]need
Та́ня:	Мя́со, морко́вь и лук.	

Вы:	Сколько мя́са?
Та́ня:	Ну, полкило́, наве́рное[3], бу́дет доста́точно[4]. И полкило́ морко́ви. Но купи́ килогра́мм, на вся́кий слу́чай[5].
Вы:	Это всё?
Та́ня:	Рис у нас уже́ есть. Посмо́трим... Да, купи́ ещё буты́лку расти́тельного[6] ма́сла.
Вы:	Каку́ю буты́лку?
Та́ня:	Ну, небольшу́ю таку́ю. И мо́жет быть ещё помидо́ры и огурцы́.
Вы:	Это то́же для[7] пло́ва?
Та́ня:	Ну, нет. Это на сала́т. И **возьми́** ещё буты́лку кра́сного вина́.
Вы:	Како́го?
Та́ня:	Како́го хо́чешь. Я не зна́ю, како́е у них есть.
Вы:	Хорошо́.

[3]probably / [4]enough
[5]just in case

[6]vegetable

[7]for

> **Возьми́!**, the imperative form from **взять** (*to take*) is sometimes used instead of **Купи́!** from **купи́ть** (*to buy*).

B. Write down your shopping list, including the quantities needed.

C. Now it is your turn. Offer to prepare a meal and send your roommate to the store.

	мно́го	**ма́ло**	
Ешьте		ры́бы и	мя́са.
	бо́льше	**ме́ньше**	

11.3 Genitive Case: (H) With Words of Quantity and Measurement

9. Ва́ше здоро́вье – в ва́ших рука́х. *Your Health Is in Your Hands.*
Working with a partner, discuss which items you should eat or drink less and which ones you should eat or drink more. You can also comment on whether you are willing to change your habits.

Model: По-мо́ему, лу́чше есть бо́льше ры́бы и ме́ньше мя́са.
(Но я не люблю́ ры́бу!)

ры́ба/мя́со	чёрный хлеб/бе́лый хлеб
сыр/молоко́	вода́/ко́ка-ко́ла
во́дка/пи́во/вино́/вода́	чай/ко́фе/сок
икра́/ры́ба	ма́сло/маргари́н

10. Квашеная капуста[1] лучше, чем суши. This is an excerpt of an
article that appeared in the «Комсомольская правда» a few years ago.
Read it and correct the statements below, if necessary.

[1] sauerkraut

– Традиционная русская кухня лучше для нас, – говорит
кандидат медицинских наук, сотрудник Московской медицинской
академии Владимир Василенко. – Щи[2], каша[3], чёрный хлеб, два раза
в неделю – рыба, плюс квашеная капуста, в которой содержится
больше витамина С, чем в лимоне. А фаст-фуд и суши-бары, к
сожалению[4], разрушают[5] хорошую традицию семейного обеда.
Дети сидят в Макдоналдсе за гамбургерами, их родители едят суши,
а дедушки-бабушки дома сидят...

[2] cabbage soup / [3] porridge

[4] unfortunately / [5] break

http://www.kp.ru/daily/24098.3/325487/
15.05.2008 Никита Миронов

1. Владимир Василенко рекомендует традиционную русскую
   кухню.
2. Чёрный хлеб можно есть каждый день.
3. Он рекомендует есть мясо два раза в неделю.
4. В квашеной капусте меньше витамина С, чем в лимоне.
5. Русские дети любят фаст-фуд и суши.

• А как вы думаете, почему бабушки и дедушки сидят дома?

Comparing Prices

Сколько стоит капуста?
Она **стоит** 60 рублей.
Сколько стоят помидоры?
Они **стоят** 300 рублей.

Pay careful attention to
the stress in the forms
стóит and **стóят** (*to
cost*). They should not
be confused with the
forms **стоит** and **стоят**
(stress on the last
syllable) from the verb
стоять (*to stand*).

• А сколько стоит цветная
  капуста (*cauliflower*)?
• Как вы думаете, картошка
  стоит больше или меньше,
  чем помидоры?

Ба́нка чёрной икры́ сто́ит 300 до́лларов.	Это **до́рого**!
	Это **сли́шком до́рого**!
Ба́нка кра́сной икры́ сто́ит 10 до́лларов.	Это **дёшево**.

Чёрная икра́ **намно́го доро́же, чем** кра́сная икра́.
Кра́сная икра́ **намно́го деше́вле, чем** чёрная икра́.

11.5 Syntax: Adjectives дорого́й and дешёвый

11. Это сли́шком до́рого!

A. Your Russian friend asked you to compile a list of food prices from U.S. stores. Discuss the results of your survey. A classmate will assume the role of the Russian.

S1: Ско́лько сто́ит ба́нка ко́ка-ко́лы?

S2: Она́ сто́ит шестьдеся́т це́нтов.

S1: Это недо́рого./Это дёшево.

A	B
ба́нка ко́ка-ко́лы $.60	ба́нка пи́ва $1.00
буты́лка мексика́нского пи́ва $1.20	буты́лка неме́цкого пи́ва $1.40
америка́нский сыр $3.00	швейца́рский сыр $6.50
буты́лка апельси́нового со́ка $1.20	буты́лка минера́льной воды́ $.80
бе́лый хлеб $1.23	чёрный хлеб $1.25
па́чка ча́я $2.55	ба́нка ко́фе $3.55

B. Continue the discussion by comparing the prices of column A with those of column B.

S1: Что деше́вле/доро́же: ба́нка ко́ка-ко́лы и́ли ба́нка пи́ва? **На** ско́лько?

S2: Ба́нка ко́ка-ко́лы **на** со́рок це́нтов деше́вле/доро́же, чем ба́нка пи́ва.

12. Сколько стоит икра?

A. Examine the caviar prices and find out how the price is determined by the following factors:

color of caviar

type of fish

size of can

metal can (ж[елéзная]/б[áнка]) versus glass jar (ст[еклянная] бáнка)

севрюга *stellate sturgeon* (*Acipenser Stellatus*)
осетрина *sturgeon*
лосóсь *salmon*

Код	Фото	Наименование товара	Цена	Купить
309	🎦	Икра чёрная севрюжья 113 г ст.банка	**8999.00**	
310	🎦	Икра красная лососевая зернистая 140 г ж/б Россия	**129.00**	
311	🎦	Икра чёрная осетровая зернистая 113 г ст.банка	**4959.00**	
312	🎦	Икра красная лососевая 140 г ж/б Россия	**179.00**	
313	🎦	Икра красная зернистая 600 г ст.банка Новинка!	**1169.00**	
314	🎦	Икра чёрная осетровая 56,8 г ст.банка Россия	**1799.00**	

B. Working with a partner, discuss in Russian the various options and decide which one would be the best deal. Which one would you buy and why?

Shopping for Food

Дéвушка! Молодóй человéк!	Мне, пожáлуйста, буты́лку воды́.

Дéвушка (fem.) and молодóй человéк (masc.) are polite ways to address a salesperson. Actual exchanges between the salesperson and client, however, are often fragments of sentences devoid of extra courtesy. The items you ask for are in the accusative case, since they are direct objects of the complete sentence.

13. Диалóги. Practice the dialogues with a partner, changing the items and quantities as applicable.

1. **Кулинари́я в супермáркете:**

Вы:	Мне, пожáлуйста, вот э́тот кусóк сы́ра.
Дéвушка:	Какóй кусóк? Вот э́тот?
Вы:	Нет, тот, слéва.
Дéвушка:	Ещё что?
Вы:	Вот э́ту колбасý...
Дéвушка:	Скóлько?
Вы:	Ну, три́ста грáммов.
Дéвушка:	Нарéзать[1]?
Вы:	Да, пожáлуйста.

[1]to slice

2. **Кулинари́я в супермáркете:**

Вы:	Скóлько стóит э́тот салáт?
Дéвушка:	**Винегрéт**? 400 рублéй.
Вы:	Ой, э́то сли́шком дóрого!
Дéвушка:	Это цена́ за килогрáмм.
Вы:	А-а, за килогрáмм! Ну, тогдá 250 грáммов, пожáлуйста.
Дéвушка:	Что ещё?
Вы:	Икрá у вас есть?
Дéвушка:	Есть крáсная. Чёрной нет.
Вы:	А скóлько стóит крáсная икрá?
Дéвушка:	Каку́ю бáнку вы хоти́те? 140 грáммов? Онá стóит 179 рублéй.
Вы:	А побóльше есть?
Дéвушка:	235 грáммов. Стекля́нная бáнка. 519 рублéй.
Вы:	Ну, нет. Я возьму́ мáленькую бáнку.
Дéвушка:	Пожáлуйста.

The ingredients of **винегрéт** usually include beets, carrots, potatoes, and pickles.

3. Гриль – на у́лице:

Вы:	Одну́ ку́рицу, пожа́луйста.
Продаве́ц:	Каку́ю хоти́те? Вот э́ту?
Вы:	Хорошо́.
Продаве́ц:	А лава́ш?
Вы:	Это что тако́е?
Продаве́ц:	Это хлеб.
Вы:	А-а, э́то почти́ как мексика́нская торти́лья! Да, пожа́луйста.

4. На ры́нке:

Вы:	Помидо́ры, пожа́луйста.
Мужчи́на:	Каки́е вам?
Вы:	Вот э́ти больши́е. Три. И огурцы́.
Мужчи́на:	Ско́лько?
Вы:	Два.
Мужчи́на:	150... Ой, у вас 50 рубле́й не **найдётся**?
Вы:	Нет.

You wouldn't happen to have 50 rubles? Salespeople at markets often do not have change. How much money did you hand him in this dialogue?

5. На у́лице:

Вы:	Буты́лку воды́, пожа́луйста.
Же́нщина:	Каку́ю?
Вы:	Вот э́ту, большу́ю.
Же́нщина:	Пожа́луйста. 50 рубле́й.

14. Матема́тика. Solve the math problems. (*Note:* The ruble amounts given here do not reflect real prices.)

1. У Са́ши бы́ло де́сять рубле́й. Он купи́л па́чку ча́я и ба́нку ко́фе и получи́л[1] оди́н рубль сда́чи[2]. Ко́фе сто́ит в два ра́за бо́льше, чем чай. Ско́лько сто́ит ба́нка ко́фе? Ско́лько сто́ит па́чка ча́я?

[1]received / [2]change

2. У Ната́ши де́сять рубле́й. У Серге́я в два ра́за бо́льше, чем у Ната́ши, а у Андре́я на два рубля́ ме́ньше, чем у Серге́я. Ско́лько рубле́й у Андре́я?

3. Па́па купи́л буты́лку францу́зского вина́, буты́лку грузи́нского вина́ и буты́лку шампа́нского. Грузи́нское вино́ сто́ит де́сять рубле́й, а францу́зское на пять рубле́й доро́же. Шампа́нское сто́ит в два ра́за бо́льше, чем францу́зское вино́. Ско́лько сто́или его́ поку́пки?

Chapter Review

A. You should now be able to . . .

1. say what you like and do not like to eat and drink
2. ask and explain where specific items are sold
3. say how much money you have
4. say how much more or less money you have than somebody else
5. ask and answer questions about items you have, have had, and will have
6. ask and answer questions about items you do not have, have not had, and will not have
7. shop for food using correct quantities or containers
8. compare quantities and measures
9. ask and explain how much things cost
10. compare and express opinions about prices
11. address a salesperson politely
12. ask for items at a store

For self-tests and additional practice, please go to the Book Companion Site, available at www.wiley.com/college/nummikoski

B. Roleplay. *Several groups of two students each.*

You are an exchange student in Russia. Your refrigerator is half empty. Working with your roommate (played by another student) make a shopping list of the things needed for the weekend. Since you have very little money, decide with your roommate how you are going to share the cost of items. You may want to buy some things at the farmers' market and others at the grocery store, including the deli department. Your teacher or other students assume the role of salespeople in these places.

C. Interview Video. Что вы лю́бите есть?

Word Building

Roots

-куп- *buy*

купи́ть   *to buy, to purchase*

покупа́ть   *to buy, to be buying*

покупа́тель   *buyer*

поку́пка   *purchase*

Ско́лько сто́или его́ поку́пки?   *How much did his purchases cost?*

-прода- *sell*

продава́ть   *to sell, to be selling*

прода́ть   *to sell*

продаве́ц   *salesman*

продавщи́ца   *saleswoman*

прода́жа   *sale*

в прода́же   *for sale, in stock*

Сего́дня в прода́же све́жий лосо́сь.   *Today for sale—fresh salmon.*

распрода́жа   *sale, clearance sale*

про́дан   *sold out*

Все биле́ты уже́ про́даны.   *All tickets are already sold out.*

ГРАММАТИКА

11.1 Verbs есть and пить

The verb **есть** (*to eat*) is an irregular verb. Learn the conjugation carefully. This verb is not related semantically to the verb form **есть**, as in **у меня есть**. The present tense conjugations for both **есть** and **пить** (*to drink*) are given on page 315. The past-tense forms are as follows.

	есть *to eat*	**пить** *to drink*
past tense:	ел, éла, éло, éли	пил, пилá, пи́ло, пи́ли

Утром я обы́чно **пью** чай, а сего́дня у́тром я **пилá** ко́фе.

Я **ем** фру́кты ка́ждый день. Вчерá я **éла** апельси́ны и я́блоки.

Remember that when you say what you *like* to eat and drink, the main verb is in the *infinitive*.

	Я пью молокó.	*I drink milk.*
but:	Я люблю́ **пить** молокó.	*I like to drink milk.*

Упражне́ние

1. Write complete sentences using one word or phrase from each column. Make at least two sentences in the past tense.

1. мой брат	(не) люби́ть	пить	вóдка
2. я	никогдá	есть	мя́со
3. мы	иногдá		икрá
4. мои́ роди́тели	ре́дко		фру́кты
5. вы	чáсто		моро́женое
6. моя́ сестрá	обы́чно		лимонáд
7. ты	вчерá		óвощи
8. Игорь	в суббо́ту		пи́во
9. Тáня			
10. Ле́на и Ди́ма			

11.2 Verbs продавáть and купи́ть

The verb **продавáть** (*to sell, to be selling*), like other verbs ending in -**вать** preceded by да-, зна-, or ста-, drops -**ва**- from the present-tense stem. The past tense, however, retains the suffix -**ва**-: продавáл.

Бáбушка **продаёт** óвощи на ры́нке.

Grandmother sells vegetables at the market.

Что здесь **продаю́т**?

What do they sell here?

The verb **купи́ть** (*to buy, to have bought*) adds the consonant -**л** in the first-person form (like the verb **люби́ть**). **Купи́ть** is a *perfective aspect* verb (more about this in Chapter 12). It means that the *conjugated* forms denote the *future*, not the present tense. You will also encounter the command (imperative) form **купи́/те** in this lesson.

За́втра я **куплю́** но́вую су́мку́.	*Tomorrow I **will buy** a new purse.*
Когда́ ты **ку́пишь** но́вую маши́ну?	*When **will** you buy a new car?*
Я **купи́ла** бана́ны и апельси́ны.	*I bought bananas and oranges.*
Где мо́жно **купи́ть** икру́?	*Where can one buy caviar?*
Купи́, пожа́луйста, хлеб!	*Please buy (some) bread.*

про-да-ва́-ть (I)	купи́ть (II)
я продаю́	я куплю́ *I will buy*, etc.
ты продаёшь	ты ку́пишь
он/она́ продаёт	он/она́ ку́пит
мы продаём	мы ку́пим
вы продаёте	вы ку́пите
они́ продаю́т	они́ ку́пят

Упражне́ние

2. Supply the correct verb form.

1. Когда́ ты _____ (*will buy*) но́вый слова́рь?

2. Я _____ (*will buy*) его́ в суббо́ту.

3. Что вы _____ (*are selling*)?

4. Я _____ (*am selling*) о́вощи и фру́кты.

5. Вчера́ ма́ма была́ в магази́не и _____ (*bought*) проду́кты.

6. Где вы _____ (*did buy*) фру́кты: на ры́нке и́ли в магази́не?

7. Что _____ (*do they sell*) в э́том магази́не?

8. У нас есть молоко́? Нет. Ле́на _____ (*will buy*) его́ ве́чером.

9. Когда́ вы _____ (*will buy*) икру́?

10. Где мо́жно _____ (*buy*) фру́кты?

11.3 Genitive Case

In Chapter 10 (grammar section 10.6) you learned the basic use and endings of the genitive case. Review the information if necessary.

SIMPLIFIED RULE FOR THE GENITIVE SINGULAR OF NOUNS	
M, N	-а/я
F	-ы/и*

*Spelling Rule 1 is applied.

SIMPLIFIED RULE FOR THE GENITIVE SINGULAR OF ADJECTIVES	
M, N	-ого/его*
F	-ой/ей*

*Spelling Rule 3 is applied.

This lesson expands on the various uses of the genitive.

A. To express possession (see Chapter 10).

Это собáка моегó брáта.   *This is my brother's dog.*

B. To connect modifier nouns to the main noun (see Chapter 10).

Áнна Сергéевна – преподавáтель рýсского языкá.
Anna Sergeyevna is a teacher of the Russian language. (i.e., a Russian teacher)

C. With numerals 2 and higher. You have already learned that nouns with numerals have different case forms, such as **год, гóда,** and **лет.** The case of the noun is determined by the numeral. Thus, the noun is in the *nominative singular after the numeral 1* and after any compound numeral ending in 1 when pronounced. The noun is in the *genitive singular after the numerals 2, 3, and 4,* as well as after any compound numerals ending in 2, 3, or 4 when pronounced. Nouns *after numerals 5 and higher are in the genitive plural.* The endings for the genitive plural are discussed in detail in Chapter 15. For now, you have to memorize the forms needed.

1 (21, 31, ...) Nom. Sg.	2, 3, 4, ... (22, 23, 24, ...) Gen. Sg.	5, 6, 7, ... (25, 26, 27, ...) Gen. Pl.
год	гóда	лет
час	часá	часóв
рубль **дóллар** **цéнт**	**рубля́** **дóллара** **цéнта**	**рублéй** **дóлларов** **цéнтов**

Note: Remember that the numerals 11, 12, and 13 require the genitive plural form, since they do not end in 1, 2, or 3 when pronounced.

У меня 2**1** (два́дцать оди́н) до́ллар / цент / рубль.

but: У меня 1**1** (оди́ннадцать) до́лла**ров** / це́нт**ов** / рубл**е́й**.

У него́ 2**3** (два́дцать три) до́лла**ра** / це́нт**а** / рубл**я́**.

but: У него́ 1**3** (трина́дцать) до́лла**ров** / це́нт**ов** / рубле́й.

D. **In the construction У кого́ есть?** *(Who has?).* In Chapter 3 (grammar section 3.7) you learned to express possession like this:

У	меня́	есть	кни́га.	
By	*me*	*there is*	*a book.*	*(I have a book.)*

У is a preposition used with the *genitive* case (**меня́** is the genitive case of the personal pronoun **я**). If the personal pronoun is replaced by a noun or a noun phrase, the noun and its modifiers must be in the genitive case, too.

У Ива́**на** есть маши́на.	*Ivan has a car.*
У мо**его́** бра́т**а** есть но́вый мотоци́кл.	*My brother has a new motorcycle.*
У мо**е́й** сестр**ы́** Лари́с**ы** есть ко́шка.	*My sister Larisa has a cat.*
У **кого́** есть слова́рь?	*Who has a dictionary?*

QUESTION WORDS (INTERROGATIVE PRONOUNS)

Nom.	кто	что
Gen.	**кого́**	**чего́**

POSSESSIVE PRONOUNS

	Masc./Neuter		Fem.	
Nom.	мой/моё	твой/твоё	моя́	твоя́
Gen.	**моего́**	**твоего́**	**мое́й**	**твое́й**
Nom.	наш/на́ше	ваш/ва́ше	на́ша	ва́ша
Gen.	**на́шего**	**ва́шего**	**на́шей**	**ва́шей**

Упражнёния

3. Write complete sentences according to the model.

> **Model:** моя́ сестра́/но́вая соба́ка   **У мое́й сестры́ есть но́вая соба́ка.**

1. мой ру́сский друг Серге́й/но́вая маши́на
2. моя́ сестра́ Ма́ша/ма́ленькая ко́шка
3. твоя́ тётя Ната́ша/но́вый дом?
4. твой друг Ива́н/но́вые лы́жи?
5. наш брат/но́вый велосипе́д
6. Оля/но́вая кни́га
7. моя́ подру́га Ли́за/но́вый моби́льник
8. на́ша ба́бушка/краси́вая да́ча
9. ваш дедушка/но́вый телеви́зор?
10. Са́ша/дорого́й компью́тер

4. Write complete sentences according to the model. Remember to put rubles, dollars and cents in the correct form as indicated in section C. Remember also that there is no conjunction **и** between dollars and cents.

> **Model:** Марк/2 р.   **У Ма́рка 2 рубля́.**
> Ли́за/$5.32   **У Ли́зы 5 до́лларов 32 це́нта.**

1. Воло́дя/5 р.
2. Та́ня/$2.28
3. Серёжа/32 р.
4. Ольга/ $11.22
5. Ната́ша/1 р.
6. Ни́на/ $26.34
7. Андре́й/26 р.
8. Игорь/$32.10
9. Алла/11 р.
10. Ви́ктор/$21.31

E. Possession in the past tense. Remember that in the construction **у кого́ есть?** (e.g., у Игоря есть маши́на), the thing possessed is the subject of the sentence. To express possession in the *past tense,* you need the past tense of the verb **быть** (*to be*), which agrees with the subject (the thing possessed) in gender and number.

> У Ната́ш**и был** велосипе́д.   (masculine noun велосипе́д
> *Natasha had a bicycle.*   as subject)
> literally: *By Natasha there was a*
>   *bicycle.*

У Андре́**я была́** соба́ка.
Andrei had a dog.
literally: *By Andrei there was a dog.*

(feminine noun соба́ка as subject)

У мо**е́й** сестр**ы́ бы́ло** ра́дио.
My sister had a radio.
literally: *By my sister there was a radio.*

(neuter noun ра́дио as subject)

У Ни́**ны бы́ли** но́вые коньки́.
Nina had new skates.
literally: *By Nina there were new skates.*

(plural noun коньки́ as subject)

Упражне́ние

5. Write complete sentences in the past tense.

Model: Ле́на/ко́шка **У Ле́ны была́ ко́шка.**

1. Валенти́н/коньки́
2. Оля/маши́на
3. мой брат Серге́й/ста́рый велосипе́д
4. Ли́за/компью́тер
5. де́душка/ста́рое ра́дио
6. моя́ подру́га Та́ня/лы́жи
7. мой друг Андре́й/жена́
8. я/ма́ленькая соба́ка
9. Ива́н/ло́шадь (*f.*)
10. Игорь/япо́нский мотоци́кл

F. To express nonexistence or absence. In earlier lessons, you learned the following question-and-answer pair.

У тебя́ есть соба́ка?   **Нет.** (short answer, only for negative)

A negative answer with a *complete* sentence requires the *genitive* case: не + есть = нет + gen.

У тебя́ есть телеви́зор?	Нет, у меня́ **нет** телеви́зора.
У Ли́зы есть кни́га?	Нет, у неё **нет** кни́ги.
У вас есть молоко́?	Нет, у нас **нет** молока́.

Упражнéния

6. Answer the questions in the negative. Replace the names with the corresponding personal pronouns.

Model: У Ивáна есть мотоцѝкл?   **Нет, у негó нет мотоцѝкла.**
У Ларѝсы есть кóшка?   **Нет, у неё нет кóшки.**

1. У Игоря есть собáка?
2. У бáбушки есть мотоцѝкл?
3. У вас есть рýсская машѝна?
4. У Лѝзы есть муж?
5. У Анны есть сестрá?

6. У Мáши и Натáши есть брат?
7. У дéдушки есть дáча?
8. У Вѝктора есть женá?
9. У тебя́ есть словáрь?
10. У вас есть лóшадь?

7. Pretend that you are working in a store. Today you are out of everything the customer asks for.

Model: У вас есть чёрная икрá?   **Нет, сегóдня у нас нет чёрной икры́.**

1. У вас есть швéдский (*Swedish*) шоколáд?
2. У вас есть китáйский чай?
3. У вас есть минерáльная водá?
4. У вас есть немéцкая колбасá?
5. У вас есть морóженое? (declined as an adjective)
6. У вас есть францýзский сыр?
7. У вас есть крáсное винó?
8. У вас есть францýзское шампáнское? (declined as an adjective)
9. У вас есть чёрный хлеб?
10. У вас есть немéцкое пѝво?

8. Write the corresponding questions.

Model: Нет, у Ларѝсы нет сестры́.   **У Ларѝсы есть сестрá?**

1. Нет, у Игоря нет собáки.
2. Нет, у меня́ нет квартѝры.
3. Нет, у Лéны нет рýсско-англѝйского словаря́.
4. Нет, у Сáши нет рýсской машѝны.
5. Нет, у Тáни нет млáдшего (*younger*) брáта.

The genitive case can also express the *absence* of something or somebody.

Кого́ нет на уро́ке?	На уро́ке **нет** Ма́рка, Ле́ны и Та́ни.
Who is absent?	*Mark, Lena, and Tanya are absent.*
literally: *There is no who in class?*	*In class, there is no Mark, Lena, and Tanya.*

Упражне́ние

9. Answer the questions using the words in parentheses.

Model: Кого́ нет в кла́ссе? **В кла́ссе нет преподава́теля.**
(преподава́тель)

1. Кого́ нет до́ма? (ма́ма)
2. Чего́ нет в магази́не? (чёрная икра́)
3. Чего́ нет в гараже́? (маши́на)
4. Кого́ нет на уро́ке? (мой друг Игорь)
5. Кого́ нет на рабо́те? (Анто́н Па́влович)

G. Nonexistence in the past tense. To express nonexistence and absence in the *past tense,* the negative **нет** is replaced by **не́ было** + *genitive.* Examine the following question-and-answer pairs carefully. Notice that in the question the verb **быть** agrees with the subject (nominative case) in gender and number. The negative response, however, has *no nominative case,* and therefore, you use the neuter form **не́ было** regardless of gender (or number).

У тебя́ был телеви́зор?	Нет, у меня́ **не́ было** телеви́зора.
У Ли́зы была́ кни́га?	Нет, у неё **не́ было** кни́ги.
У вас бы́ло молоко́?	Нет, у нас **не́ было** молока́.

Упражне́ние

10. Write questions and answers according to the model.

Model: Лари́са/соба́ка **Ра́ньше у Лари́сы была́ соба́ка?**
Нет, у неё никогда́ не́ было соба́ки.

1. Ба́бушка/велосипе́д
2. Серге́й/япо́нская маши́на
3. Игорь/мотоци́кл
4. Ле́на/кварти́ра
5. Ива́н/да́ча

H. **With words of quantity and measurement.** The genitive case is used after nouns of measurement and quantity (containers, packages, weight, and volume) and with the words **ско́лько, мно́го, ма́ло, бо́льше**, and **ме́ньше.**

буха́нка чёрн**ого** хле́б**а**
   a loaf of black bread
ба́нка кра́сн**ой** икр**ы́**
   a can of red caviar
килогра́мм мя́с**а**
   one kilogram of meat
литр молок**а́**   *one liter of milk*

ско́лько вин**а́**
   how much wine
мно́го ма́сл**а**   *a lot of butter*
ма́ло икр**ы́**   *little caviar*
бо́льше шокола́д**а**
   more chocolate
ме́ньше ветчин**ы́**   *less ham*

Упражне́ние

11. Supply the correct forms of the words in parentheses. Notice that this exercise contains forms of the verb **есть** (*to eat*), not to be confused with the phrase **у меня́ есть.**

1. Ско́лько (молоко́) в э́той буты́лке?
2. Я ем бо́льше (шокола́д), чем мой брат.
3. На́до есть бо́льше (ры́ба) и ме́ньше (мя́со).
4. Мой па́па ест о́чень ма́ло (сыр).
5. Кто ест бо́льше (моро́женое): ты и́ли твой брат?
6. Я пью мно́го (вода́).

11.4 Syntax: Accusative Versus Nominative

Notice the difference between the following sentences.

У меня́ есть ба́нк**а** чёрной икры́.   (ба́нка is the subject of the sentence)

Я купи́ла ба́нк**у** чёрной икры́.   (ба́нка is the direct object of the sentence)

Упражне́ние

12. Answer the questions using the words in parentheses.

1. Что купи́ла Ле́на? (буты́лка/лимона́д)
2. Что есть у Ива́на? (ба́нка/джем)
3. Что есть у Та́ни? (буха́нка/чёрный хлеб)
4. Что купи́л Ди́ма? (па́чка/ру́сский чай)
5. Что есть у На́ди? (литр/молоко́)
6. Что купи́л па́па? (буты́лка/шампа́нское)
7. Что купи́ла Ли́за? (коро́бка/ру́сский шокола́д)
8. Что есть у Аллы? (ба́нка/кра́сная икра́)

11.5   Syntax: Adjectives дорогóй and дешёвый

The adverbs **дóрого** and **дёшево** are used independently, without a noun, to express an opinion about a price. The adjective forms are used to modify nouns. Study the following examples.

	Это **дорогáя** машúна.	(the adjective modifies the noun
	This is an expensive car.	машúна)
or:	Эта машúна **дешёвая**.	(predicate adjective)
	This car is cheap!	
but:	Это **дóрого**!	(no noun)
	That is expensive!	
	Это **дёшево**!	
	That is cheap!	

The word **слúшком** (*too*) can be used to emphasize both adjectives and adverbs.

Эта машúна **слúшком** дорогáя.	*This car is too expensive.*
Это **слúшком** дóрого!	*This is too expensive.*

Дорóже (*more expensive*) and **дешéвле** (*cheaper*) are independent comparative forms. Do not use them to modify a noun.

Моя́ машúна **дорóже,** чем твоя́ машúна.
My car is more expensive than your car.

To modify a noun, you have to use the adverb **бóлее** and the main adjective instead.

У меня́ **бóлее дорогáя** машúна, чем у тебя́.
I have a more expensive car than you (have).

Упражнéние

13. Compare column A with column B. What is the price difference between the items?

Model: **Этот велосипéд на 100 дóлларов дешéвле, чем тот велосипéд.**

	A	B
велосипéд	$150	$250
стереосистéма	$350	$400
словáрь	$23	$20
кнúга	$42	$43
рáдио	$79	$179

Vocabulary

Nouns

Food items

апельси́н	orange (fruit)
бана́н	banana
ветчина́	ham
винегре́т	Russian salad with beets, etc.
вино́	wine
виногра́д collect.	grapes
вода́	water
во́дка	vodka
джем	jam
икра́	caviar
капу́ста	cabbage
ква́шеная ~	sauerkraut
цветна́я ~	cauliflower
карто́фель m. collect. (карто́шка)	potatoes
ко́ка-ко́ла	Coca-Cola
колбаса́	sausage
ко́фе m.	coffee
ку́рица	chicken
лава́ш	flatbread
лимона́д	lemonade
лук	onion
маргари́н	margarine
ма́сло	butter, oil
расти́тельное ~	vegetable oil
молоко́	milk
морко́вь f., collect.	carrot
моро́женое subst. adj.	ice cream
мя́со	meat
о́вощи pl.	vegetables

огуре́ц, pl. **огурцы́**	cucumber
пи́во	beer
плов	pilaf
помидо́р	tomato
проду́кты pl.	produce
пти́ца	bird, poultry
рис	rice
ры́ба	fish
сала́т	salad
смета́на	sour cream
сок	juice
сыр	cheese
торт	cake
фрукт	fruit
хлеб	bread
чай	tea
шампа́нское subst. adj.	champagne
шокола́д	chocolate
я́блоко, pl. **я́блоки**	apple
яйцо́, pl. **я́йца**	egg

Stores

ларёк, pl. ларьки́	kiosk
кулинари́я	delicatessen
суперма́ркет	supermarket
гастроно́м	food store
ры́нок (на ры́нке)	farmers' market

Containers and measures

ба́нка	can, jar
буты́лка	bottle

буха́нка	*loaf*
грамм	*gram*
килогра́мм	*kilogram*
коро́бка	*box*
кусо́к	*piece*
литр	*liter*
паке́т	*carton*
па́чка	*package*
полкило́	*half a kilo*
пол-ли́тра	*half a liter*

Other Nouns

аллерги́я	*allergy*
ве́ник	*broom*
де́вушка	*young woman, girl*
де́ньги *pl. only* (*gen.* де́нег)	*money*
до́ллар	*dollar*
копе́йка	*kopeck*
кофева́рка	*coffeemaker*
креди́тная ка́рточка	*credit card*
микроволно́вая печь, микроволно́вка	*microwave oven*
морози́льник	*freezer*
напи́ток, *pl.* напи́тки	*drink*
плита́	*stove*
посудомо́ечная маши́на	*dishwasher*
пылесо́с	*vacuum cleaner*
ру́бль *m.*	*ruble*
сово́к	*dustpan*
стира́льная маши́на	*(clothes) washer*
то́стер	*toaster*
холоди́льник	*refrigerator*
цент	*cent*

ча́йник	*teakettle*
челове́к	*person*
молодо́й челове́к	*young man*

Adjectives

апельси́новый	*orange (fruit)*
грузи́нский	*Georgian (country)*
дешёвый, деше́вле	*cheap, cheaper*
дорого́й, доро́же	*expensive, more expensive*
колумби́йский	*Colombian*
минера́льный	*mineral*
моло́чный	*milk, milky*
моло́чные проду́кты	*dairy produce*
сла́дкий	*sweet*
стекля́нный (*from* стекло́)	*glass*
шве́дский	*Swedish*
швейца́рский	*Swiss*

Adverbs

бо́льше	*more*
дёшево	*cheap*
до́рого	*expensive*
доста́точно	*enough*
ма́ло	*little*
ме́ньше	*less*
мно́го	*a lot*
наве́рно(е)	*probably*
на́до	*must, need*
ну́жно	*need*
ско́лько	*how much*
сли́шком	*too (much, etc.)*
тогда́	*then, in that case*

Verbs

взять   *to take*
    возьму́,
    возьмёшь,
    возьму́т

есть   *to eat*
    ем, ешь, ест,
    еди́м, еди́те, едя́т;
    ел, е́ла, е́ли

купи́ть (II)   *to buy*
    куплю́,
    ку́пишь, ку́пят;
    купи́/те *imp.*

пить (I)   *to drink*
    пью, пьёшь, пьют;
    пил, пила́, пи́ли

прода|ва́ть (I)   *to sell*
    продаю́,
    продаёшь,
    продаю́т

сто́ить   *to cost*
    сто́ит, сто́ят

наре́зать   *to slice*

плати́ть   *to pay (with cash)*
    (нали́чными)

Other

на вся́кий слу́чай   *just in case*

Уро́к 12 (Двена́дцатый уро́к)
Что мы бу́дем де́лать в суббо́ту?

THEMES

- Describing past activities
- Describing future activities
- Talking about TV and movie schedules
- Making invitations
- Talking on the telephone
- Going to the theater

CULTURE

- Telephone etiquette

STRUCTURES

- Verbal aspect: Overview
- Verbal aspect in the past tense
- Verbal aspect in the consecutive action
- Verbal aspect in the future tense
- Verbs of motion
- Animate accusative (singular)

Дава́й встре́тимся в па́рке!

Describing Past Activities

Что ты де́лал вчера́?	Я весь день рабо́тал, а ве́чером смотре́л телеви́зор.
Когда́ Оля чита́ла кни́гу, Таня спала́.	

В четве́рг ве́чером в общежи́тии

Макси́м
Са́ша
Ната́ша
Та́ня
Оля

1. **В общежи́тии в 7 часо́в.**

A. Working with a partner, discuss what the students in the picture above were doing in the dormitory on Thursday evening. Compare the simultaneous activities of students within a room and in different rooms.

S1: Что де́лал Макси́м, когда́ Са́ша занима́лся?

S2: Когда́ Са́ша занима́лся, Макси́м спал.

B. What was happening in other rooms? Compare the simultaneous activities of these students. Remember to use the past tense.

кто	что де́лал/а	кто	что де́лал/а
На́дя	смотре́ть телеви́зор	Анна	убира́ть ко́мнату
Серге́й	писа́ть рефера́т	Ви́тя	мыть посу́ду
Ди́ма	лежа́ть на дива́не /слу́шать му́зыку	Ка́тя	стира́ть
Ири́на	гото́виться к экза́мену	Русла́н	гото́вить у́жин
Та́ня	игра́ть в компью́терные и́гры	Ма́ша	де́лать уро́ки

Оля **начала́ чита́ть** «Анну Каре́нину» в понеде́льник.

Она́ **чита́ла** весь день во вто́рник и в сре́ду.

В четве́рг она́, наконе́ц, **прочита́ла** её.

1. В четве́рг Серге́й **гото́вился** к экза́мену.

2. В пя́тницу студе́нты **сдава́ли** экза́мен. Экза́мен был о́чень тру́дный, но Серге́й хорошо́ **подгото́вился.** Как вы ду́маете, Серге́й **сдал** экза́мен и́ли нет?

12.1 Verbal Aspect: Overview
12.2 Verbal Aspect In the Past Tense: (A) Single Action

2. Звони́л / позвони́л.

A. Read the dialogue and analyze the use of aspect in the boldfaced verbs.

Днём Серге́й **позвони́л** Тама́ре и **сказа́л**, что он **сдал** экза́мен.

Серге́й: Приве́т, Тама́ра!

Тама́ра: Серге́й! Я тебе́[1] **звони́ла** у́тром. Где ты был? [1]you

Серге́й: **Сдава́л** экза́мен.

Тама́ра: Ну и как? **Сдал**?

Серге́й: **Сдал**. На пятёрку! А в про́шлом году́ я **получа́л** то́лько четвёрки!

Тама́ра: Ну ты молоде́ц!

> When you say that you call someone, you need the indirect object forms of pronouns мне *[to] me*, тебе́ *[to] you*, ему́ *[to] him*, ей *[to] her*, etc. See Chapter 13 for details.

B. Пра́вда и́ли непра́вда? Correct the false statements.

1. Тама́ра и Серге́й **говори́ли** по телефо́ну в пя́тницу у́тром.

2. Тама́ра **сказа́ла**, что она́ **звони́ла** ему́[2] у́тром. [2]him

3. Серге́й **получи́л** четвёрку на экза́мене.

4. Серге́й **сдал** экза́мен, потому́ что он хорошо́ **подгото́вился**.

5. Серге́й **гуля́л** весь день в четве́рг.

6. Серге́й всегда́ **получа́л** тро́йки на экза́менах.

За ско́лько вре́мени вы **на**писа́ли рефера́т?		Я **на**писа́л его **за**...
2, 3, 4 (две) мину́ты часа́	5, 6, 7, ... мину́т часо́в	**30 мину́т =** **полчаса́**

3. За ско́лько вре́мени? Discuss how long it took the students to finish their activities.

S1: За ско́лько вре́мени Ни́на сде́лала уро́ки?

S2: Она́ сде́лала уро́ки за 2 часа́.

кто	что	за ско́лько вре́мени
1. Ни́на	сде́лала уро́ки	2 часа́
2. Игорь	**вы́**мыл посу́ду	5 мину́т
3. Лари́са	приготóвила у́жин	15 мину́т
4. Са́ша	убра́л ко́мнату	полчаса́

	▶	▶	▶|
на́чал **начала́** **на́чали**	чита́ть писа́ть за́втракать обе́дать у́жинать де́лать гото́вить за́втрак гото́виться к экза́мену убира́ть мыть посу́ду принима́ть душ	чита́л писа́л за́втракал обе́дал у́жинал де́лал гото́вил гото́вился убира́л мыл посу́ду принима́л душ	**про**чита́л **на**писа́л **поза́**втракал **по**обе́дал **по**у́жинал **с**де́лал **при**гото́вил **под**гото́вился **убра́л** **вы́**мыл посу́ду **при́**нял душ

Когда́ Ми́ша **по**обе́дал, **По́сле того́ как**	он **на́чал** гото́виться к экза́мену. он **пошёл** в кино́. он **пое́хал** на да́чу.

По́сле того́ как (*after*) is a more specific way to express consecutive action than **когда́** (*when*).

12.2 Verbal Aspect In the Past Tense: (B) Consecutive Action

пойти́: пошёл, пошла́, пошли́

12.4 Verbs of Motion

4. В суббо́ту в общежи́тии.

A. The students in the dorm had just finished their previous activities. What did they begin *to do* next?

S1: Что на́чал де́лать Же́ня, когда́ он пообе́дал?

S2: Когда́ он пообе́дал, он на́чал мыть посу́ду.

		на́чал / начала́
Ми́ша	при́нял душ	гото́вить за́втрак
Макси́м	пригото́вил за́втрак	за́втракать
Та́ня	поза́втракала	убира́ть ко́мнату

B. Select a suitable activity to complete first, and then say where the following students *went* afterwards.

Model: По́сле того́ как Серге́й поза́втракал, он пошёл на стадио́н.
он пое́хал на да́чу.

1. Серге́й / стадио́н (на)

2. Алла и Ле́на / кино́

3. Ни́на / да́ча (на)

4. Ка́тя / библиоте́ка

5. Что де́лал Юра? Yura was working on his term paper on Saturday. Look at his schedule and answer the questions below. Pay close attention to the verbal aspect.

8–9	за́втрак
9	в библиоте́ку
10–13	в библиоте́ке (рефера́т)
13–14	обе́д в кафе́
14–18	в библиоте́ке (рефера́т гото́в[1]!!!) домо́й!!!

[1]ready

1. Что де́лал Юра в 8 часо́в?

2. Куда́ он пошёл, когда́ он поза́втракал?

3. Что он на́чал де́лать в 10 часо́в?

4. Что он де́лал в библиоте́ке в 12 часо́в?

5. Ско́лько часо́в он писа́л рефера́т до (*before*) обе́да?

6. Что он де́лал в 13.30?

7. Что он де́лал по́сле того́, как он пообе́дал?

8. Во ско́лько он написа́л рефера́т?

9. Когда́ он пошёл домо́й?

10. За ско́лько часо́в он написа́л рефера́т?

11. Как вы ду́маете, что он де́лал ве́чером? Куда́ он пошёл?

♪ Детекти́в Ню́хин

Детекти́в Ню́хин (whose last name, incidentally, comes from the verb **ню́хать**, *to sniff*) has been assigned to follow NN. Read the detective's report and answer the questions that follow. Pay close attention to the use of aspect. The most important new aspect pairs are given below.

The letters N and X are sometimes used in Russian literature to denote a place or person that the author does not wish to identify.

*за/звони́ть	*to ring*	встреча́ть / *встре́тить	*to meet*
встава́ть / *встать	*to get up*	пока́зывать / *показа́ть	*to show*
принима́ть / *приня́ть	*to take*	*по/смотре́ть	*to watch*
говори́ть / *сказа́ть	*to speak, to say*	открыва́ть / *откры́ть	*to open*
улыба́ться / *улыбну́ться	*to smile*	дава́ть / *дать	*to give*
брать / *взять	*to take*	*по/сиде́ть	*to sit*
класть / *положи́ть	*to put*	*по/звони́ть	*to call*
		*вы́/пить	*to drink*

В 6 часо́в NN ещё спал. В 6.30 зазвони́л буди́льник (*alarm clock*) и NN встал. Он пошёл в ва́нную, при́нял душ, а пото́м пошёл на ку́хню и на́чал за́втракать. Когда́ он за́втракал, зазвони́л телефо́н. NN до́лго говори́л по телефо́ну и ча́сто улыба́лся. Когда́ он поза́втракал, он на́чал чита́ть каку́ю-то иностра́нную газе́ту.

В 11 часо́в он, наконе́ц, прочита́л газе́ту. Он взял свой ноутбу́к и положи́л его́ в портфе́ль (*briefcase*). Пото́м он взял портфе́ль и пошёл в библиоте́ку. В библиоте́ке он два часа́ рабо́тал на своём компью́тере и ча́сто писа́л что́-то в ма́ленькую кни́жку.

В 13.20 NN вы́шел на у́лицу. Когда́ он шёл по у́лице, он встре́тил каку́ю-то же́нщину. Они́ пошли́ вме́сте в рестора́н «Ча́йка». В рестора́не они́ ти́хо (*quietly*) говори́ли о чём-то. Когда́ они́ пообе́дали, они́ пошли́ в кино́, где пока́зывали како́й-то иностра́нный фильм. Фильм они́ не смотре́ли, а всё вре́мя ти́хо говори́ли. Пото́м она́ откры́ла свою́ су́мку (*purse*) и дала́ NN небольшо́й спи́сок (*list*). NN положи́л его́ в портфе́ль.

This story contains several pronouns ending in -то: кто́-то and its instrumental case form кем-то (*somebody*), како́й-то (*some kind of*), что́-то and its prepositional case form чём-то (*something*). There is also an adverb of the same type in the story: куда́-то ([*to*] *somewhere*).

По́сле фи́льма они́ пошли́ в кафе́, где они́ сиде́ли весь ве́чер и пи́ли како́е-то францу́зское вино́. NN пока́зывал ей каки́е-то фотогра́фии. Она́ улыбну́лась и показа́ла ему́ каку́ю-то кни́гу. Она́ звони́ла куда́-то по моби́льнику, но ни с кем (*with nobody*) не говори́ла. По́здно ве́чером, когда́ они́ вы́пили вино́, они́ вы́шли на у́лицу. Там они́ взя́ли такси́ и пое́хали куда́-то. Так как (*because*) у меня́ не́ было маши́ны, я не смог (*could*) их пресле́довать (*follow*) да́льше (*further*). Они́ исче́зли (*disappeared*) в тёмную (*dark*) ночь...

A. Отве́тьте на вопро́сы.

1. Во ско́лько встал NN?

2. Что он де́лал, когда́ он за́втракал?

3. Что он на́чал де́лать, когда́ он поза́втракал?

4. Когда́ он пошёл в библиоте́ку?

5. Что он де́лал в библиоте́ке?

6. Кого́ он встре́тил на у́лице?

7. Что они́ де́лали в рестора́не?

8. Куда́ они́ пошли́, по́сле того́ как пообе́дали?

9. Что они́ де́лали в кинoза́ле?

10. Куда́ они́ пошли́ по́сле фи́льма?

11. Что они́ де́лали в кафе́?

12. Что они́ де́лали, когда́ они́ вы́пили вино́?

13. Почему́ детекти́в Ню́хин не смог пресле́довать их да́льше?

14. Как вы ду́маете, куда́ пое́хали NN и незнако́мая же́нщина?

B. Кто? Что? Почему́? There are still a lot of unanswered questions. Who are these people? Why was Ню́хин following them? What was in the photographs? Try to come up with as many more questions and answers as possible.

Describing Future Activities

Что	ты **бу́дешь** вы **бу́дете**	де́лать в суббо́ту?	**Я бу́ду отдыха́ть.**
Куда́	ты **пойдёшь** вы **пойдёте**	в суббо́ту?	**Я пойду́** на конце́рт.
Куда́	ты **пое́дешь** вы **пое́дете**	в суббо́ту?	**Я пое́ду** на да́чу.

Note that the *will go* forms do *not* need the helping verb бу́ду, бу́дешь, etc. See grammar section 12.3.

12.3 Verbal Aspect In the Future Tense
12.4 Verbs of Motion

пойти́

я пойду́	мы пойдём
ты пойдёшь	вы пойдёте
он/она́ пойдёт	они́ пойду́т

пое́хать

я пое́ду	мы пое́дем
ты пое́дешь	вы пое́дете
он/она́ пое́дет	они́ пое́дут

Pay close attention to the word stress in the two verbs: пойду́ versus пое́ду.

В суббо́ту

КОНЦЕРТНЫЙ ЗАЛ
КОНЦЕРТ
начало 18 час.
КОНТРОЛЬ

В ГОСТЯХ
ХОРОШО,
А ДОМА
ЛУЧШЕ.

Ве́чером Алла и Ле́на **пойду́т** на конце́рт.

Они́ **бу́дут** слу́шать му́зыку Чайко́вского.

Серге́й, Игорь, Ни́на и Та́ня **пойду́т** в клуб. Там они́ **бу́дут танцева́ть** и **петь пе́сни**. Серге́й **бу́дет** игра́ть на гита́ре.

А что бу́дет де́лать Са́ша ве́чером?
Каку́ю кни́гу он бу́дет чита́ть?
Каку́ю му́зыку слу́шать?

А вы?

- Что вы бу́дете де́лать в суббо́ту?
- Куда́ вы пойдёте и́ли пое́дете?
- А в воскресе́нье что вы бу́дете де́лать?

6. Что они́ бу́дут де́лать в воскресе́нье?

A. Working with a partner, discuss the students' plans for Sunday.

S1: Куда́ пойдёт Ни́на в воскресе́нье?

S2: Она́ пойдёт в теа́тр.

S1: Что она́ бу́дет там де́лать?

S2: Она́ бу́дет смотре́ть «Ча́йку» Че́хова.

1. Ни́на   в теа́тр   смотре́ть «Ча́йку» Че́хова
2. Окса́на и Андре́й   на като́к   ката́ться на конька́х
3. Ми́ша   в бассе́йн   пла́вать
4. Воло́дя   в парк   бе́гать

B. These students are not staying in the city.

1. Кто пое́дет **зá город**? А на о́зеро?
2. Что они́ бу́дут там де́лать?

> The phrase **зá город** (*out of town*) has the accent on the preposition **зá.**

Тама́ра   Русла́н

7. Пла́ны на суббо́ту.

A. What do you think the following people will be doing on Saturday afternoon and evening? Why?

1. Ли́за – шко́льница. Она́ о́чень лю́бит спорт.
2. Константи́н Ива́нович – дире́ктор шко́лы. Он лю́бит класси́ческую му́зыку.
3. Серге́й Па́влович – врач. Он жена́т. У него́ есть два сы́на.
4. Ко́ля – студе́нт пе́рвого ку́рса МГУ.
5. Анна Па́вловна – учи́тель ру́сского языка́ в седьмо́м кла́ссе «Б». Не за́мужем.
6. Воло́дя – шко́льник. Учится в деся́том кла́ссе.
7. Лари́са – аспира́нтка. Пи́шет диссерта́цию.
8. Ни́на Андре́евна – инжене́р. Она́ за́мужем. У неё есть дочь.

B. А вы? Interview a classmate to find out what he or she will be doing all day Saturday. Be very persistent. Что? Куда́? Когда́? Почему́? А пото́м?

Когда́ ты **ку́пишь** но́вый компью́тер? Когда́ ты **позвони́шь** ма́ме?	Я **куплю́** его́ за́втра. Я **позвоню́** ей ве́чером.
Ты уже́ прочита́л «Анну Каре́нину»?	Нет, я ещё чита́ю. / Нет, ещё не прочита́л.
А когда́ **прочита́ешь**?	Я, наве́рное, **прочита́ю** её за́втра.

12.3 Verbal Aspect In the Future Tense: (B) Perfective

8. Ты уже́ прочита́л статью́? You have a list of activities that you were supposed to complete. You are procrastinating and have not done anything yet. Your roommate is checking the current status of the list.

S1: Ты уже́ прочита́л статью́?

S2: Нет, ещё не прочита́л.

S1: А когда́ прочита́ешь?

S2: Я прочита́ю её по́сле обе́да.

things to be done	your estimate
1. прочита́ть статью́ (прочита́ю, прочита́ешь)	по́сле обе́да
2. написа́ть рефера́т (напишу́, напи́шешь)	за́втра
3. купи́ть но́вый моби́льник (куплю́, ку́пишь)	ве́чером
4. сде́лать уро́ки (сде́лаю, сде́лаешь)	по́сле э́того фи́льма

Когда́ я **куплю́** но́вый компью́тер, я **бу́ду** бо́льше писа́ть. Когда́ я **напишу́** э́тот рефера́т, я **позвоню́** тебе́. Когда́ я **сде́лаю** уро́ки, я **пойду́** в кино́.

12.3 Verbal Aspect In the Future Tense: (C) Consecutive Action

9. Когда́ я пригото́влю у́жин ... Finish the statements with your own ideas.

1. Когда́ я куплю́ соба́ку, я бу́ду...

2. Когда́ я сдам экза́мены, я пойду́ в/на...

3. Когда́ я куплю́ компью́тер, я пое́ду в/на...

4. Когда́ я сде́лаю уро́ки, я позвоню́ тебе́.

5. Когда́ я пригото́влю у́жин, я куплю́...

6. Когда́ я прочита́ю э́ту кни́гу,

352 Уро́к 12

Что сегодня **по телевизору**?	На канале «Россия-2» будет хоккей.
Во сколько **начинается** эта передача? Во сколько она **заканчивается**?	Она начинается в 22.25. Она заканчивается в 23.25.

Где?   Что?   Когда?

Кино   ТВ   Концерты   Клубы   Рестораны   Выставки   Театр

ТВ / Телепрограмма

Выберите дату | сегодня, ср 17 марта | время | Вечер | | Показать |

Первый канал	Россия-2	MTV
18:00 Новости	18.00 Вести.ru *Новости*	18.05 Следующий *Шоу*
18:20 Давай поженимся *Шоу*	18.10 Вести-спорт	18.30 Губка Боб Квадратные Штаны
19.10 След *Сериалы*	18.25 Скоростной участок *Спорт*	*Мультфильмы*
20.00 Пусть говорят *Шоу*	18.55 Волейбол. Чемпионат	19.00 Секс в большом городе
21.00 Время *Новости*	России. Мужчины	*Сериалы*
21.30 Семь жен одного холостяка.	20.45 Моя планета *Путешествия*	20.05 Университет *Сериалы*
6-я серия *Сериалы*	22.00 Вести.ru *Новости*	21.00 Проект Подиум *Шоу*
22.30 Среда обитания. Почему все	22.10 Вести-спорт	22.00 Секс в большом городе
так дорого? *Фильмы*	22.25 Хоккей России	*Сериалы*
23.30 Школа *Сериалы*	23.25 Моя планета *Путешествия*	23.35 Южный парк
0.00 Новости		*Мультфильмы*
		00.10 Гламурама *Шоу*

10. **Что мы будем делать сегодня вечером?** Look at the TV program and have conversations with a partner.

S1: Что мы будем делать сегодня вечером?

S2: Я не знаю. Что сегодня по телевизору?

S1: Ничего интересного. На канале MTV будет...

S2: Во сколько начинается эта передача?

S1: В ...

S2: А что тут ещё?

S1: ...

S2: Это (не)интересно!

Ты ужé **вѝдел** фильм «Алѝса»?	Нет, ещё не вѝдел.
В какóм кинотеáтре **идёт** фильм «Алѝса»?	В кинотеáтре «Пýшкинский».

11. Боевикѝ и мультфѝльмы. You decided to go to the movies instead.

S1: В кинотеáтре «Пýшкинский» идёт нóвый фильм «О чём говоря́т мужчѝны».

S2: Я ужé вѝдел э́тот фильм.

S1: А «Не брать живы́м» ты вѝдел?

S2: Нет, не вѝдел. Это что такóе?

S1: Это боевѝк.

S2: О-о, нет. Я не люблю́ боевикѝ. Что тут ещё?

S1: «Звёздные собáки». Мультфѝльм.

S2: Это ужé интерéснее. Во скóлько начинáются сеáнсы?

S1: В 15:15 и 17:15.

Кинотеáтр

Пушкинский

Дети, бесплатный wi-fi, интернет, wi-fi, сети кинотеатров
Входит в сеть кинотеатров <u>Каро Фильм</u>
(495) 545 05 05 Пушкинская пл., 2
м. Пушкинская
билеты 100-250 р.

<u>Не брать живым</u> Боевики, драматические фильмы, военные фильмы	10:00 14:30 19:00
<u>О чем говорят мужчины..</u> Комедии	12:30 17:00 21:30
<u>Звездные собаки: Белка и Стрелка 3D</u> Мультфильмы	11:00 15:15 17:15

Making Invitations

Давáй/те	**пойдём** **поéдем** **посмóтрим**	в теáтр/в ресторáн/в кинó. зá город/на дáчу/катáться на лы́жах. фильм «Алѝса». передáчу «Дóбрый вéчер, Москвá».
Ты (не) хóчешь	пойтѝ **со мнóй*** в кинó сегóдня вéчером? поéхать со мнóй на дáчу в суббóту?	

*with me

strong agreement	Хорошо́. **Дава́й/те.**
	Хорошо́. (С удово́льствием.)
agreement after hesitation	Ну, **ла́дно.**

| polite declining | (К сожале́нию) я не **могу́.** |
| less polite | Я не **хочу́.** |

excuses	У меня́ за́втра бу́дет экза́мен.
	Мне на́до занима́ться.
	У меня́ нет вре́мени/де́нег.
	У меня́ мно́го рабо́ты.
	Я о́чень **уста́л/а.**
	Я уже́ **ви́дел/а** э́тот фильм.
	Уже́ сли́шком по́здно.

| counterproposals | **Дава́й/те лу́чше** пойдём в кафе́. |

мочь

я могу́	мы мо́жем
ты мо́жешь	вы мо́жете
он/она́ мо́жет	они́ мо́гут

хоте́ть

я хочу́	мы хоти́м
ты хо́чешь	вы хоти́те
он/она́ хо́чет	они́ хотя́т

12. Дава́й!

A. Respond to the following suggestions. Get some more details before accepting or declining.

1. Дава́йте пойдём на бале́т за́втра ве́чером.

2. Ты хо́чешь пойти́ в кино́ ве́чером?

3. Дава́й пое́дем за́ город ката́ться на лы́жах.

4. Дава́й пое́дем за́ город в воскресе́нье. Бу́дем собира́ть я́годы.

B. Using part A as an example, invite your friend (played by a classmate) to the following places. Give some more details, including the time of the event.

1. на стадио́н

2. за́ город

3. на конце́рт

4. ката́ться на конька́х

5. на вы́ставку

6. лови́ть ры́бу

7. в рестора́н «Арба́т»

8. на да́чу

9. игра́ть в футбо́л

Talking on the Telephone

Russians often read telephone numbers as complete units: двести двадцать три – сорок пять – ноль семь.

Какой ваш номер телефона?	Мой номер (мобильника/домашнего телефона) 223-45-07.

Слушаю вас!

Russians usually answer the phone simply by saying **Да?!**, **Алло?!** or **Слушаю!** (*I am listening*).

When you call an office, school, a person's house phone, etc., you are expected to use the proper telephone etiquette. There are several ways of asking to talk to a person such as **Позовите, пожалуйста, Елену Ивановну/ Дениса Ивановича (к телефону).** Other possible phrases are short versions of the latter: **Елену Ивановну, пожалуйста** or **Можно Елену Ивановну?**

Можно	Марка, Игоря, Лену, Таню,	пожалуйста?	Минутку/Минуточку. Его нет (дома). Он пошёл на занятия. Её нет. Она пошла в кино.
Вы не знаете, когда он/она **придёт**?			Часов в шесть. Что-нибудь передать?
Передайте, пожалуйста, что **звонил** Игорь.			Хорошо. **Передам.**

12.5 Animate Accusative

13. Можно Сергея? Working with a partner, ask to talk to the people listed. The number in parentheses indicates the approximate time when they will return.

S1: Сергея можно?

S2: Его нет дома. Он пошёл на стадион.

S1: Вы не знаете, когда он придёт?

S2: Часов в восемь.

S1: Спасибо. Передайте, пожалуйста, что звонила Наташа.

S2: Хорошо, передам.

1. Иван Андреевич (2 ч.)
2. Володя (7 ч.)
3. Лариса Ивановна (10 ч.)
4. Мария Сергеевна (4 ч.)
5. Сергей Антонович (6 ч.)

Минутку and минуточку are fragments of the sentence Подождите минут(оч)ку (*Wait a minute*). Минут(оч)ка is the diminutive form of the noun минута (*minute*).

Approximations are expressed by reversing the word order: часов **в шесть** (*around 6:00*) instead of the normal в шесть часов (*at 6:00*).

14. Приглаше́ние. *Invitation.*

A. Read the dialogue and answer the questions that follow.

Ма́ма Ма́рка:	Алло́!
Пе́тя:	Мо́жно Ма́рка, пожа́луйста?
Ма́ма Ма́рка:	Мину́точку. Ма-арк!
Марк:	Да.
Пе́тя:	Приве́т, Марк. Это Пе́тя. Слу́шай, сего́дня ве́чером на стадио́не бу́дет матч «Спарта́к–Дина́мо». У меня́ есть два биле́та. Ты не хо́чешь пойти́ со мной?
Марк:	Коне́чно хочу́, но почему́ ты не позвони́л ра́ньше?!
Пе́тя:	Я звони́л тебе́ у́тром, но ты не отвеча́л.
Марк:	У меня́ не рабо́тал телефо́н.
Пе́тя:	Ну, пойдём?
Марк:	Ла́дно. Во ско́лько?
Пе́тя:	Матч начина́ется в семь три́дцать, но дава́й встре́тимся в семь.
Марк:	Где?
Пе́тя:	У гла́вного вхо́да. Хорошо́?
Марк:	Хорошо́, договори́лись!
Пе́тя:	Ну, до ве́чера тогда́.
Марк:	Пока́.

1. Куда́ пригласи́л (*invited*) Пе́тя Ма́рка?
2. В какой день бу́дет матч?
3. Почему́ Пе́тя звони́л Ма́рку так по́здно?
4. Во ско́лько начина́ется матч?
5. Где и когда́ они́ встре́тятся (*will meet*)?

B. Using the dialogue as a model, call a friend and invite him or her to one of the clubs here. Agree on the time and place to meet.

Где? Что? Когда?

Клубы ср. 17 марта

<u>ФМ Клуб</u> «Скрипт», Elektroshaman, Электроника, Инди	20:00
<u>Джаз Таун</u> Трио Евгений Джаз, рок	20:30
<u>Дума</u> DJ Карина Танцы	21:00
<u>Точка</u> «Страна идиотов» Рок, панк	18:00

15. Диало́ги. Read the series of dialogues and answer the questions at the end.

Лари́са звони́т Ле́не. Её ма́ма отвеча́ет.

Лари́са:	Здра́вствуйте! Мо́жно Ле́ну, пожа́луйста?
Ма́ма Ле́ны:	Её нет до́ма.
Лари́са:	А вы не зна́ете, когда́ она́ придёт?
Ма́ма Ле́ны:	То́чно не зна́ю. Мо́жет быть часо́в в 11. Что́-нибудь переда́ть?
Лари́са:	Пожа́луйста, переда́йте, что звони́ла Лари́са. Она́ зна́ет мой но́мер моби́льника.
Ма́ма Ле́ны:	Хорошо́, переда́м.

Лари́са отвеча́ет на свой моби́льник.

Лари́са:	Да?!
Ле́на:	Лари́са? Это Ле́на.
Лари́са:	Приве́т! Где ты была́ у́тром? Я тебе́ звони́ла.
Ле́на:	Я была́ в библиоте́ке. Занима́лась.
Лари́са:	А-а. Слу́шай, сего́дня ве́чером в Большо́м теа́тре идёт «Роме́о и Джулье́тта». Пойдём?
Ле́на:	Я сего́дня ника́к не могу́. У меня́ за́втра экза́мен. Мо́жет быть за́втра ве́чером?
Лари́са:	Я не зна́ю, что там идёт за́втра. Но я позвоню́ в ка́ссу и узна́ю. Ла́дно?

Лари́са звони́т в ка́ссу Большо́го теа́тра.

Же́нщина:	Театра́льная ка́сса.
Лари́са:	Скажи́те, пожа́луйста, кака́я бу́дет програ́мма за́втра ве́чером?
Же́нщина:	За́втра ве́чером? Бале́т «Жизе́ль».
Лари́са:	А биле́ты ещё есть?
Же́нщина:	Нет, все биле́ты уже́ про́даны.
Лари́са:	А во ско́лько начина́ется спекта́кль?
Же́нщина:	В семь три́дцать.
Лари́са:	Хорошо́, спаси́бо.
Же́нщина:	Не́ за что.

Лари́са звони́т Ле́не.

Ле́на:	Алло́!
Лари́са:	Ле́на! За́втра бу́дет «Жизе́ль». Но в театра́льной ка́ссе сказа́ли, что все биле́ты на за́втра уже́ про́даны.
Ле́на:	Ничего́. Ку́пим ли́шние биле́ты там, у теа́тра.
Лари́са:	Коне́чно! Дава́й тогда́ встре́тимся в семь часо́в у теа́тра. Ла́дно?
Ле́на:	Договори́лись. Тогда́ до за́втра.
Лари́са:	До за́втра. Пока́.

1. Почему́ Ле́ны не́ было до́ма, когда́ звони́ла Лари́са?
2. Куда́ хоте́ла Лари́са пригласи́ть Ле́ну?
3. Как Лари́са узна́ла, что́ бу́дет в теа́тре за́втра?
4. Где и когда́ они́ встре́тятся?
5. Почему́ они́ пойду́т в теа́тр, несмотря́ на то, что (*although*) все биле́ты уже́ про́даны?

Дава́й пойдём в теа́тр!

A. *You should now be able to . . .*

1. describe single activities in the past, present, and future
2. describe simultaneous and consecutive actions in the past, present, and future
3. use appropriate time expressions to say when a task will be completed
4. ask and answer questions about TV programs and movies (what is on, when the programs start and end
5. ask a friend out
6. accept and decline an invitation
7. make a counterproposal
8. ask for and give a telephone number
9. ask to talk to a person on the telephone
10. leave a message
11. end a telephone conversation

For self-tests and additional practice, please go to the Book Companion Site, available at www.wiley.com/college/nummikoski

B. *Directed Dialogue.* Create a dialogue with a classmate based on the guidelines below.

Student 1: You want to invite your friend Natasha to the theater, club, or a sports event, but she is not home. Ask when she will be back. Leave a message. Call again later and ask where she was. Make the invitation. Negotiating a suitable day is somewhat difficult, since your schedules do not match. Do not agree to your friend's counterproposal. Agree to find out where to get tickets, what they cost, and when the event starts. Then call the ticket office. After that, call your friend again and agree on the final details.

Student 2: Your schedule is very busy this week. Make all kinds of excuses, make a counterproposal, but do finally agree to your friend's suggestion. Make sure that you know exactly how much the tickets are and when and where to meet.

C. *Interview Video.* Что вы делаете в пятницу вечером?

Word Building

Verb Prefixes

Many perfective aspect verbs are formed by adding a prefix to the corresponding imperfective aspect verb. There are more than 20 different verb prefixes from which to choose, a challenge for nonnative learners of Russian. Generally, however, there is only one basic perfective prefix for each unprefixed imperfective verb, which makes an aspect pair. Dictionaries usually cross-reference the basic aspect pairs.

In addition to the basic perfective prefix, many unprefixed verbs can also take other prefixes. Adding other prefixes results in a modified perfective with a slightly different meaning. For example, the imperfective aspect verb писа́ть (*to write*) can take several prefixes, all of which give the new perfective verb a specific meaning.

1. Basic perfective: **на**писа́ть

2. Modified perfectives in which the prefix has a distinct meaning

до-	*to the end*	дописа́ть	*to write to the end*
над-	*above*	надписа́ть	*to write on top, to superscribe*
пере-	*again*	переписа́ть	*to write again, to rewrite*
под-	*under*	подписа́ть	*to underwrite, to sign*

3. Modified perfectives in which the basic meaning of the prefix is less distinct (idiomatic expressions)

записа́ть	*to write down, to record* (also: *to record audio or video*)
описа́ть	*to describe*
подписа́ться	*to subscribe*
прописа́ться	*to register place of residence*
расписа́ться	*to acknowledge receipt of something* (also: *to register a marriage*)
списа́ть	*to copy* (*exactly*)

ГРАММАТИКА

12.1 Verbal Aspect: Overview

Most Russian verbs have two separate forms, the *imperfective* and the *perfective aspects.* Together they form an *aspect pair.* Accordingly, starting with this lesson, most verbs listed in the vocabulary will have two forms. The perfective aspect will be marked with an asterisk in explanations and in the Vocabulary.

читá|ть (I)   and   *прочитá|ть (I)

All forms of the *imperfective* aspect of a verb (the infinitive and the present- and past-tense forms) denote *process, action only,* with no reference to result or to the action being finished. Such action can be habitual, repeated, or it can be continuous.

The *perfective* aspect verb, on the other hand, denotes a *one-time action* that *had or will have a result, was or will be finished.*

	IMPERFECTIVE ASPECT *(process, ongoing or repeated action)*	**PERFECTIVE ASPECT** *(result of a one-time action)*
Infinitive	Я хочý **читáть** кнúгу. *I want to read a/the book.* (I want to be involved in that action.)	Я хочý ***прочитáть** кнúгу. *I want to finish a/the book.* (I want to read the book and finish it. There will be a result.)
Present	Я **читáю** кнúгу. *I am reading a/the book.* (at the moment) Я чáсто **читáю** кнúги. *I often read books.* (in general, or repeatedly)	NO PRESENT TENSE
Future	Я **бýду** **читáть** кнúгу. *I will be reading a/the book.* (I will be involved in that action.)	Я ***прочитáю** кнúгу. *I will finish a/the book.* (I will read the book and finish it.)
Past	Я **читáл** кнúгу. *I was reading a book.* (I was involved in that action.) Я чáсто **читáл** кнúги. *I often read books./I used to read books.* (in general, or repeatedly)	Я ***прочитáл** кнúгу. *I finished the book.* (I read the book and finished it.)

Aspect Formation

Aspect pairs are formed in several ways. Sometimes you can predict the perfective aspect by seeing the imperfective aspect, and vice versa. For most verbs, however, you have to learn and memorize each form separately. The following are the most common ways to form aspect pairs.

A. **The perfective aspect adds a prefix.** In this type of formation, both aspects are conjugated in the same way.

по-	за́втракать	***по**за́втракать	*to eat breakfast*
	обе́дать	***по**обе́дать	*to eat lunch*
	у́жинать	***по**у́жинать	*to eat supper*
с-	де́лать	***с**де́лать	*to do*
вы-	стира́ть	***вы́**стирать	*to do laundry*
на-	писа́ть	***на**писа́ть	*to write*
при-	гото́вить	***при**гото́вить	*to prepare*
про-	чита́ть	***про**чита́ть	*to read*

B. **Stem change (and sometimes a stress shift) occurs in the aspect pair.** The conjugation of verbs in this category must be learned separately for each aspect.

-а-/-и-	получа́ть	*получи́ть	*to get*
-ыва-/-а-	пока́зывать	*показа́ть	*to show*
-ва-/-	продава́ть	*прода́ть	*to sell*
-и-/-	убира́ть	*убра́ть	*to clean*

Other stem changes:

принима́ть	*приня́ть	*to take* (a shower, medicine, etc.)
покупа́ть	*купи́ть	*to buy*
приглаша́ть	*пригласи́ть	*to invite*

C. **The aspect pair is formed from different verb stems.**

говори́ть	*сказа́ть	*to speak, to say*
брать	*взять	*to take*

12.2 Verbal Aspect in the Past Tense

A. **Single action in the past tense.** In your Russian lessons so far, you have used most of the verbs you have learned *in the present tense* (= imperfective aspect). You have also used the same verbs in the past tense, but most of them have dealt with activities in general, not the result. Therefore, all the verbs you have used so far, with the exception of **купи́ть,** have been *imperfective aspect verbs.*

For example:

> Что ты де́лаешь? – Я смотрю́ телеви́зор.   (present tense)
> *What are you doing? – I am watching TV.*

> Что ты де́лал вчера́? – Я смотре́л телеви́зор.   (past tense)
> *What did you do yesterday? I watched TV.*

The choice of imperfective or perfective aspect depends on what the speaker wants to express.

Use the imperfective aspect for . . .

1. **Action in general.**

> Вчера́ Андре́й **рабо́тал** в библиоте́ке.
> *Yesterday Andrei worked/was working in the library.*

> Ра́ньше я **игра́ла** на скри́пке.
> *I used to play the violin.*

Also, when you ask people if they have read a book, seen a film, etc., you are more likely to use the imperfective aspect. You are not asking if they finished the activity.

> Ты **чита́л** «Анну Каре́нину»?
> *Have you read Anna Karenina?*

> Ты **ви́дел** фильм «Брат»?
> *Have you seen the film Brother?*

2. **Repeated actions.** These sentences often include time expressions, such as **всегда́** (*always*), **ча́сто** (*often*), **обы́чно** (*usually*), **иногда́** (*sometimes*), **ка́ждый день** (*every day*), **всё вре́мя** (*all the time*), and so on.

> Ле́том я ча́сто **чита́л** кни́ги.
> *In the summer I often read books.*

3. **Duration of time.** These sentences often include time expressions such as **весь день** (*all day*), **до́лго** (*for a long time*), **три часа́** (*for three hours*), and so on.

> В суббо́ту я весь день **де́лал** уро́ки.
> *On Saturday I was doing homework all day long.*

> Я **гото́вил** у́жин два часа́.
> *I prepared supper for two hours.*

Use the perfective aspect when you want to emphasize the result, the completion of a one-time action. Perfective sentences may include words or phrases that imply completion, for example **наконе́ц** (*finally*), **уже́** (*already*), **в во́семь часо́в** (*at eight o'clock*), **за три часа́** (*in three hours*), and so on.

Серге́й ***позвони́л** Та́не. *Sergei called Tanya.*	There was a result. (they talked) — perfective aspect
but: Та́ня **звони́ла** Серге́ю. *Tanya called Sergei.*	Activity only, no result. (Sergei didn't answer.)
Студе́нты ***сда́ли** экза́мены. *The students passed the exams.*	There was a result.
but: Студе́нты **сдава́ли** экза́мены. *The students were taking (the) exams.*	Activity only, no result.

Вчера́ ве́чером я наконе́ц ***прочита́л** «Анну Каре́нину».
Last night I finally finished Anna Karenina.
but: Вчера́ ве́чером я **чита́л** «Анну Каре́нину».
　　Last night I read/was reading Anna Karenina.

Я ***написа́л** рефера́т **за** пять часо́в.
*I wrote the paper **in** five hours.*
but: Я **писа́л** рефера́т пять часо́в.
　　I wrote a/the paper for five hours.

Почему́ ты не де́лаешь уро́ки? – Я их уже́ **сде́лал**.
Why aren't you doing your homework? – I already finished it.

Note that the English translation of the perfective aspect can sometimes leave out the main verb of the Russian sentence.

Я ***прочита́л** кни́гу.	*I **finished** the book.* (i.e., reading)
Я ***написа́л** рефера́т.	*I **finished** the paper.* (i.e., writing)
Я ***поу́жинал**.	*I **finished** supper.* (i.e., eating)

Упражне́ния

1. Examine the following sentences and translate them into English.

　1. убира́ть/*убра́ть *to clean*

　　Что ты де́лал в суббо́ту? – Убира́л кварти́ру и стира́л.

　　Ско́лько вре́мени ты убира́л кварти́ру? – Я убира́л кварти́ру часа́ два.

　　– А я убра́л мою́ кварти́ру за час.

2. покупа́ть/*купи́ть *to buy*

Я встре́тила (*met*) Аллу на ры́нке. – Что она́ там де́лала? – Она́ покупа́ла проду́кты. – Что она́ купи́ла? – Она́ купи́ла о́вощи и фру́кты.

3. говори́ть/*сказа́ть *to speak, to say*

Ба́бушка всегда́ говори́ла «лу́чше по́здно, чем никогда́».

Извини́те, что вы сказа́ли?

4. за́втракать/*поза́втракать *to eat breakfast*

Ле́том на да́че мы обы́чно за́втракали ме́дленно.

Серге́й бы́стро поза́втракал и пошёл на заня́тия.

5. гото́вить/*пригото́вить *to prepare*

Ма́ма гото́вила у́жин два часа́. Па́па пригото́вил у́жин за 30 мину́т.

6. де́лать/*сде́лать *to do*

В четве́рг ве́чером Макси́м де́лал уро́ки три часа́.

В пя́тницу он сде́лал уро́ки за два часа́.

7. принима́ть/*приня́ть *to take* (*a shower*)

Я ра́ньше принима́л душ три ра́за в день. Вчера́ я при́нял душ то́лько у́тром.

8. опа́здывать/*опозда́ть *to be late*

Ле́на ре́дко опа́здывала на рабо́ту, но сего́дня у́тром она́ опозда́ла на полчаса́.

2. Select the correct aspect.

1. Вчера́ я весь день (чита́ла/*прочита́ла) кни́ги.
2. Ли́за (говори́ла/*сказа́ла), что она́ хо́чет купи́ть соба́ку.
3. В суббо́ту ве́чером я наконе́ц (чита́ла/*прочита́ла) «Войну́ и мир».
4. Вы (смотре́ли/*посмотре́ли) телеви́зор вчера́?
5. Где ты был? – В магази́не. – Покажи́ (*show*), что ты (покупа́л/*купи́л).
6. Сего́дня у́тром я (за́втракал/*поза́втракал) за пять мину́т.
7. В шко́ле я ча́сто (писа́ла/*написа́ла) стихи́ (*poems*).
8. Ты уже́ (писа́л/*написа́л) письмо́? – Нет, я ещё пишу́.
9. Ми́тя (де́лал/*сде́лал) уро́ки за полчаса́.
10. Ната́ша (де́лала/*сде́лала) уро́ки весь день в суббо́ту.

3. Select from the following list the correct *perfective* aspect verbs to complete the sentences in the past tense. Translate the sentences.

*прочита́ть   *пригото́вить   *сде́лать
*пообе́дать   *написа́ть

1. Вчера́ Ли́за весь день писа́ла сочине́ние. В 11 часо́в она́, наконе́ц, _____ его́.
2. Ты уже́ _____ «Войну́ и мир»? – Ещё нет. Я ещё чита́ю его́.
3. Почему́ Ле́на не де́лает уро́ки? – Она́ их уже́ _____.
4. Та́ня уже́ _____ за́втрак? – Ещё нет.
5. Вы уже́ _____? – Нет, мы ещё обе́даем.

4. Say that you have already finished the activity. The perfective aspect verb is given in parentheses.

Model: Ли́за де́лает уро́ки. А я уже́ сде́лала уро́ки.

1. Са́ша чита́ет «Ти́хий Дон». (прочита́ть)
2. Ма́ша обе́дает. (пообе́дать)
3. Ле́на гото́вит за́втрак. (пригото́вить)
4. Серге́й пи́шет сочине́ние. (написа́ть)
5. Мы чита́ем журна́лы. (прочита́ть)
6. Лари́са у́жинает. (поу́жинать)
7. Ми́ша и Та́ня де́лают уро́ки. (сде́лать)
8. Ни́на принима́ет душ. (приня́ть)
9. Ната́ша мо́ет посу́ду. (вы́мыть)
10. Ми́тя убира́ет ко́мнату. (убра́ть)

B. Simultaneous and consecutive action in the past tense. You have already learned to express **simultaneous** action as follows:

> Когда́ Са́ша занима́лся, Макси́м спал.
> *When Sasha was studying, Maksim was sleeping. / While Sasha studied, Maksim slept.*

Since these actions are taking place at the same time, *imperfective aspect* verbs are used.

Consecutive action can be combined in different ways.

1. The first action is finished and the second one started.

Когда́ я *поза́втракал, я на́чал чита́ть кни́гу.
After I had eaten breakfast, I began to read a book.

In the example above, the verb **нача́ть** (*to begin*) is followed by the *infinitive* of an *imperfective verb* (beginning of an action, no result).

2. The actions are completed one after the other.

Я *прочита́л газе́ту и *написа́л письмо́.
I read the paper and wrote a letter.

or: Когда́ (По́сле того́ как) я *прочита́л газе́ту, я *написа́л письмо́.
After I read the paper, I wrote a letter.

Когда́ (По́сле того́ как) Са́ша *сде́лал уро́ки, он *пошёл в кино́.
When Sasha had finished his homework, he went to the movies.

Когда́ (По́сле того́ как) студе́нты *сда́ли экза́мены, они́
*пое́хали домо́й.
When students had passed the exams, they went home.

The last two examples contain the verbs **пойти́** (*to go on foot*; **пошёл, пошла́, пошли́**) and **пое́хать** (*to go by vehicle*) in the past tense. Both verbs denote the action of *setting off* (completed action) to go to a destination. Refer to Section 12.4 for more details on verbs of motion.

Упражне́ния

5. Supply the missing verbs in the action chain.

В суббо́ту у́тром, по́сле того́ как я _____ (*had taken*) душ, я на́чал _____ (*to eat breakfast*). Когда́ я _____ (*had eaten breakfast*), я на́чал _____ (*to read*) газе́ту. По́сле того́ как я _____ (*had read*) газе́ту, я на́чал _____ (*to write*) рефера́т. Когда́ я _____ (*had written*) рефера́т, я на́чал _____ (*to prepare*) обе́д. По́сле того́ как я _____ (*had prepared*) обе́д, я на́чал _____ (*to eat lunch*). Когда́ я _____ (*had eaten lunch*), я _____ (*went [on foot]*) в библиоте́ку.

6. Answer the questions in complete sentences using the words in parentheses.

1. Что на́чал де́лать Серге́й, когда́ он сде́лал уро́ки? (смотре́ть телеви́зор)

2. Куда́ пошла́ Ма́ша, когда́ она́ написа́ла письмо́? (на/по́чта)

3. Куда́ пое́хал Юра, когда́ он поза́втракал? (на/о́зеро)

7. Write the corresponding questions. Begin your questions with the following:

Что на́чал/а́ де́лать...

Куда́ пошёл (пошла́, пошли́)...

Куда́ пое́хал/а...

1. Когда́ ма́ма вы́мыла посу́ду, она́ пошла́ на рабо́ту.
2. Когда́ Ли́за сде́лала уро́ки, она́ начала́ слу́шать му́зыку.
3. Когда́ Воло́дя пригото́вил обе́д, он на́чал обе́дать.
4. Когда́ И́горь написа́л рефера́т, он пошёл на заня́тия.
5. Когда́ Ни́на просну́лась (*woke up*), она́ начала́ гото́виться к экза́мену.
6. Когда́ Алла поза́втракала, она́ пое́хала за́ город.

12.3 Verbal Aspect in the Future Tense

The following is the basic rule about the use of aspects as applied to the future tense.

action in general; continuous, unfinished action; or repeated future action:	**imperfective future**
single action to be completed in the future:	**perfective future**

A. Imperfective future. The imperfective future consists of the conjugated form of the verb **быть** and the *infinitive* of an *imperfective aspect* verb.

я	бу́ду		
ты	бу́дешь		
он/она́	бу́дет	**чита́ть** кни́гу.	*I, you, . . . will be reading a*
мы	бу́дем		*book.*
вы	бу́дете		
они́	бу́дут		

Упражне́ния

8. Write complete sentences with the words given. Add prepositions where needed.

Model: Ни́на/слу́шать/му́зыка   **Ни́на бу́дет слу́шать му́зыку.**

1. я/чита́ть/кни́га
2. Серге́й/писа́ть/письмо́
3. мы/занима́ться/библиоте́ка
4. Ле́на и Са́ша/гуля́ть/парк
5. Лари́са/убира́ть/кварти́ра

6. вы/игра́ть/волейбо́л
7. ба́бушка/стира́ть
8. па́па/мыть/посу́да
9. ты/е́здить верхо́м
10. Воло́дя/слу́шать/му́зыка

9. Write the questions asking what the people will be doing.

Model: Ма́ша бу́дет чита́ть кни́гу.   **Что бу́дет де́лать Ма́ша?**

1. Оля бу́дет слу́шать му́зыку.
2. Я бу́ду занима́ться в библиоте́ке.
3. Мы бу́дем гуля́ть в па́рке ве́чером.
4. Они́ бу́дут чита́ть журна́лы.
5. Мой брат бу́дет спать.

B. Perfective future. Although the imperfective future is formed much as the future tense is formed in English (helping verb + the infinitive of the main verb), the perfective future is not. Instead, the *perfective future* is formed by *conjugating a perfective aspect verb* without the addition of a helping verb.

Я ***прочита́ю** кни́гу.	*I will read the book. (I will finish it.)*
За́втра я ***куплю́** но́вые джи́нсы.	*Tomorrow I will buy new jeans.*
Я ***пойду́** в кино́ ве́чером.	*I will go to the movies tonight.*
Я **пое́ду** в Москву́ в воскресе́нье.	*I will go to Moscow on Sunday.*

Упражнения

10. When will the activity be completed?

A. Answer the questions saying that you will complete the activities at the time indicated in parentheses.

Model: Ты уже́ купи́л/а молоко́? **Нет, ещё не купи́л/а. Я**
(за́втра) **куплю́ его́ за́втра.**

1. Ты уже́ прочита́л/а «Войну́ и мир»? (в суббо́ту)
2. Ты уже́ написа́л/а письмо́? (за́втра)
3. Ты уже́ купи́л/а проду́кты? (за́втра у́тром)
4. Ты уже́ сде́лал/а уро́ки? (ве́чером)

B. Answer the questions saying that these people will complete the activities at the time indicated.

1. Ва́ши роди́тели уже́ купи́ли но́вую маши́ну? (в пя́тницу)
2. Серге́й уже́ написа́л рефера́т? (ве́чером)

11. Write complete sentences in the future tense by selecting items from each column.

Model: Мы пойдём в кино́ в суббо́ту ве́чером.
Мы пое́дем на да́чу в суббо́ту у́тром.

мы		на о́зеро	в суббо́ту	
Ле́на и Ми́ша		за́ город	в воскресе́нье	
я	пойти́	в библиоте́ку	в понеде́льник	у́тром
вы	пое́хать	на заня́тия	в пя́тницу	днём
ты		на да́чу	во вто́рник	ве́чером
Ви́ктор		в кино́	в сре́ду	

C. Consecutive action in the future. As with the past tense, there are many ways to express consecutive action in the future tense.

Когда́ я *сде́лаю уро́ки, я **бу́ду смотре́ть** телеви́зор.
When I finish (my) homework, I will watch TV.

(The first action will be finished; the second will then start and continue for an unspecified time.)

Когда́ я *прочита́ю э́ту кни́гу, я *пойду́ на стадио́н.
When I finish this book, I will go to the stadium.

(The first action will be finished before setting off.)

Когда́ я *прочита́ю э́ту кни́гу, я *напишу́ письмо́.
When I finish this book, I will write a letter.

(Both actions will be finished, one after the other.)

12. Answer the questions using complete sentences.

> **Model:** Что ты бу́дешь де́лать, когда́ ты сде́лаешь уро́ки?
> (чита́ть рома́н)
> **Когда́ я сде́лаю уро́ки, я бу́ду чита́ть рома́н.**

1. Что ты бу́дешь де́лать, когда́ ты прочита́ешь э́тот рома́н? (смотре́ть телеви́зор)

2. Что бу́дет де́лать Ли́за, когда́ она́ сде́лает уро́ки? (писа́ть письмо́)

3. Что вы бу́дете де́лать ве́чером, когда́ вы поу́жинаете? (слу́шать му́зыку)

4. Что бу́дет де́лать Воло́дя, когда́ он напи́шет сочине́ние? (спать)

5. Что ты бу́дешь де́лать, когда́ ты пообе́даешь? (чита́ть журна́лы)

13. Answer the questions saying that the activity in parentheses has to be completed first.

> **Model:** Когда́ ты пойдёшь в библиоте́ку? (поза́втракать)
> **Я пойду́ в библиоте́ку, когда́ я поза́втракаю.**

1. Когда́ Са́ша пое́дет на стадио́н? (сде́лать уро́ки)

2. Когда́ вы пойдёте гуля́ть? (прочита́ть э́ту кни́гу)

3. Когда́ ты пое́дешь в Москву́? (купи́ть но́вую маши́ну)

4. Когда́ ты пойдёшь в кино́? (написа́ть э́то письмо́)

5. Когда́ Серге́й и Ле́на пое́дут за́ город? (пообе́дать)

12.4 Verbs of Motion

The verbs *пойти́ and *пое́хать are perfective aspect verbs of motion. The prefix по- denotes *setting off, beginning of a motion towards a destination.* In the following examples the verbs пойти́ and пое́хать are compared with the round-trip verbs ходи́ть and е́здить (from Chapter 9). Note that all four verbs can be translated as *went* in English.

A. Motion on foot.

Где Са́ша? – Он **пошёл** в магази́н.	(Sasha is not here.)
*Where is Sasha? – He **went** to the store.*	
Са́ша, где ты был у́тром? – Я **ходи́л** в магази́н.	(Sasha is now back.)
*Sasha, where were you in the morning? – I **went** to the store.*	

B. Motion in a vehicle.

Где Игорь? – Он **пое́хал** на да́чу.   (Igor is not here.)
*Where is Igor? He **went** to the summer house.*

Игорь, где ты был в суббо́ту? – Я **е́здил**   (Igor is now back.)
  на да́чу.
*Igor, where were you on Saturday? – I **went** to
  the summer house.*

See sections 12.2 and 12.3 on consecutive action and the perfective future for exercises with the verbs **пойти́** and **пое́хать**. The following chart sums up what you have learned so far about verbs of motion.

Unidirectional Verbs			
to be going at a given time	**идти́** иду́ идёшь иду́т	**е́хать** е́ду е́дешь е́дут	Куда́ ты идёшь? *Where are you going?* Он е́дет домо́й. *He is going home.*
was going, were going	шёл шла шли	е́хал е́хала е́хали	Куда́ ты шёл, когда́ я тебя́ ви́дел? *Where were you going when I saw you?* Маши́ны е́хали бы́стро. *The cars were going fast.*
will go	**пойти́** пойду́ пойдёшь пойду́т	**пое́хать** пое́ду пое́дешь пое́дут	Я пойду́ в кино́ ве́чером. *I will go to the movies tonight.* Ли́за пое́дет за́ город в суббо́ту. *Lisa will go out of town on Saturday.*
went, left, and hasn't returned yet	пошёл пошла́ пошли́	пое́хал пое́хала пое́хали	Са́ша до́ма? – Нет, он пошёл в кино́. *Is Sasha home? – No, he went to the movies.* Где Ми́тя? – Он пое́хал в Ки́ев. *Where is Mitya? – He went to Kiev.*

Multidirectional Verbs

to go repeatedly (and come back)	**ходи́ть** хожу́ хо́дишь хо́дят	**е́здить** е́зжу е́здишь е́здят	Я ка́ждый день хожу́ в университе́т. *I go to the university every day.* Ты ча́сто е́здишь в Москву́? *Do you often go to Moscow?*
went and came back	ходи́л ходи́ла ходи́ли	е́здил е́здила е́здили	Утром я ходи́ла в магази́н. *I went to the store in the morning.* Ле́том я е́здил в Москву́. *I went to Moscow in the summer.*

Упражне́ние

14. Supply the missing verbs. Consult the verb chart if necessary.

1. Приве́т, Пе́тя! У тебя́ но́вая маши́на? Куда́ ты _____ (*are going*)? – Я _____ (*am going*) на да́чу.

2. Ты ча́сто _____ (*go*) на да́чу? – Да, я _____ (*go*) туда́ ка́ждую суббо́ту.

3. Я _____ (*go*) в библиоте́ку ка́ждый день, а мой брат никогда́ не _____ (*goes*) в библиоте́ку.

4. В коридо́ре: Приве́т, Серге́й! Ты куда́ _____ (*are going*)? – Я _____ (*am going*) на заня́тия.

5. Где ты была́ у́тром, Ли́за? – Я _____ (*went*) в магази́н.

6. Игорь до́ма? – Нет, его́ нет до́ма. Он _____ (*went*) на стадио́н.

7. Ле́на, я ви́дел тебя́ на у́лице вчера́. Куда́ ты _____ (*were going*)? – Я _____ (*was going*) в магази́н. А ты, Ива́н? – Я _____ (*was going*) в кино́.

8. Игорь, вы куда́ _____ (*went*) ле́том? – Я _____ (*went*) в Со́чи, а моя́ сестра́ Анна _____ (*went*) в Москву́.

9. Юра, где ты был в суббо́ту? – Я _____ (*went*) на да́чу.

10. Андре́й Андре́евич сего́дня на рабо́те? – Нет, он _____ (*went*) во Владивосто́к.

12.5 Animate Accusative

Russian nouns can be divided into two categories: *animate* and *inanimate*. Animate nouns refer to people and animals (e.g., Сáша, мáма, писáтель, кóшка); inanimate nouns refer to places and things (Москвá, óзеро, спорт). You have so far learned to use the accusative case with inanimate noun phrases only. *Animate* noun phrases have a separate accusative form for the *masculine, identical to the genitive case*. The feminine accusative is the same for both animate and inanimate nouns. Review the following examples.

ACCUSATIVE CASE			
Masc.	**inanimate:**	Я люблю́ америкáнский футбóл.	(same as nominative)
	animate:	Я люблю́ твоегó брáта Ивáна. Позовúте, пожáлуйста, Игоря. Ты знáешь этого нóвого студéнта?	(same as genitive)
Fem.	**inanimate:**	Я люблю́ рýсскую мýзыку.	(special accusative ending)
	animate:	Я люблю́ твою́ млáдшую сестрý Ларúсу. Мóжно Тáню?	(special accusative ending)
Neuter	**inanimate:**	Марк пúшет длúнное письмó.	(same as nominative)

SIMPLIFIED RULE FOR THE ANIMATE ACCUSATIVE	
M	= **gen.** (adj.: **-ого/его**; nouns: **-а/я**)
F	= **inanim.** (adj.: **-ую**; nouns: **-у/ю**)

Note: Masculine names ending in **-а/я** are declined as feminines.

Лéна пригласúла Вúктора, Игоря, Мúшу и Волóдю в теáтр.
Lena invited Victor, Igor, Misha, and Volodya to the theater.

15. Кто кого́ лю́бит? Write sentences according to the model

Model: Ка́тя + Серге́й **Ка́тя лю́бит Серге́я, и Серге́й лю́бит Ка́тю.**

1. Ле́на + Са́ша
2. Та́ня + Юрий
3. Лари́са + Ми́тя
4. Оля + Андре́й
5. Ната́ша + Игорь

6. Ира + Дени́с
7. Ли́за + Воло́дя
8. Ни́на + Ми́ша
9. Анна + Ви́ктор
10. Со́ня + Алексе́й

16. Finish the sentences with the animate or inanimate accusative.

1. Я люблю́ (ру́сская литерату́ра).
2. Я не зна́ю (э́тот арти́ст).
3. Вчера́ я встре́тила (мой ру́сский друг Игорь).
4. Мы пригласи́ли в кино́ (Ива́н, Ле́на, Та́ня и Серге́й).
5. Мой друг не лю́бит (бале́т).
6. Ты зна́ешь (моя́ подру́га Ната́ша)?
7. Я встре́тила (твоя́ мла́дшая сестра́) в библиоте́ке.
8. Я не люблю́ (америка́нский футбо́л).
9. Я не зна́ю (э́та студе́нтка).
10. Ты зна́ешь (мой ста́рший брат Воло́дя)?
11. Как зову́т (твой мла́дший брат)?
12. (Моя́ ма́ма) зову́т Ни́на.

Vocabulary

Note: The core vocabulary is **boldfaced.**

Nouns

биле́т	*ticket*	като́к	*skating rink*
боеви́к	*action film*	**клуб**	*club*
буди́льник	*alarm clock*	**конце́рт**	*concert*
вход	*entrance*	**матч**	*game (sports event)*
вы́ставка	*exhibit*	мину́та	*minute*
кана́л	*channel*	мину́т(оч)ка *dim.*	*minute*
ка́сса	*here: box office*	**переда́ча**	*TV or radio broadcast*

пе́сня	*song*
полчаса́	*half an hour*
портфе́ль *m.*	*briefcase*
приглаше́ние	*invitation*
програ́мма	*program*
рефера́т	*report, paper*
сеа́нс	*show (in movie theaters)*
спи́сок	*list*
су́мка	*bag, purse*

Adjectives

гла́вный	*main*
дома́шний (-его) *soft. adj.*	*home*
ли́шний, ли́шняя, ли́шнее, ли́шние *soft. adj.*	*extra*
театра́льный	*theater*

Adverbs

до́лго	*for a long time*
ещё	*still*
ещё не	*not yet*
ника́к	*no way*
ти́хо	*quietly*
тогда́	*in that case*
то́чно	*exactly*
ужé	*already*

Pronouns

весь, вся, всё, все	*all*
весь день	*all day*
ему́, ей	*him, her (indirect object)*

тебе́	*you (indirect object)*
чтó-нибудь	*something*

Prepositions

за + *acc.*	*in, within (a period of time)*
пóсле + *gen.*	*after*
у + *gen.*	*by, at*

Verbs

The following verb paradigms reflect the usage in this chapter. For a complete listing, consult the verb glossary in the back of the book. Perfective verbs are marked with an asterisk.

брать (I)	*to take*
беру́, берёшь, беру́т	
*взять (I)	
возьму́, возьмёшь, возьму́т	
ви́деть (II) ви́жу, ви́дишь, ви́дят	*to see*
встреча́|ть(ся) (I)	*to meet*
*встре́тить(ся) (II) встре́чу(сь), встре́тишь(ся), встре́тят(ся), дава́й встре́тимся	*let's meet*
готóв|ить (II) готóвлю, готóвишь, готóвят *пригото́вить	*to prepare (dinner, etc.)*
готóв|иться к экза́мену *подгото́виться	*to prepare for an exam*

да|ва́ть (I)	to give		отвéчу, отвéтишь, отвéтят
*дать		отдыха́|ть (I)	to rest
дам, дашь, даст		открыва́|ть (I)	to open
дади́м, дади́те, даду́т		*откры́ть	
		откро́ю, откро́ешь, откро́ют	
дéла|ть (I)	to do		
*сдéлать		*переда́ть	to convey, to pass
éхать (I)	to go, to travel	*imp.* переда́й/те	
éду, éдешь, éдут		петь (I)	to sing
		пою́, поёшь, пою́т	
за́втрака|ть (I)	to eat breakfast		
*поза́втракать		писа́ть (I)	to write
зака́нчива|ться (I)	to end	пишу́, пи́шешь, пи́шут	
звон|и́ть (II)	to call on the telephone	*написа́ть	
звоню́, звони́шь, звоня́т		пить (I)	to drink
*позвони́ть		пью, пьёшь, пьют	
		*вы́пить	
класть	*See* положи́ть		
купи́ть *See* покупа́ть	to buy	*поéхать (I)	to go, to leave (by vehicle)
		поéду, поéдешь, поéдут	
мочь (I)	to be able to		
могу́, мо́жешь, мо́гут		*пойти́ (I)	to go, to leave (on foot)
past мог, могла́, могли́		пойду́, пойдёшь, пойду́т; *past* пошёл, пошла́, пошли́	
мыть (I)	to wash		
мо́ю, мо́ешь, мо́ют		*позови́/те *imp.*	call
*вы́мыть		пока́зыва|ть (I)	to show
*нача́ть	to begin (to do something)	*показа́ть (I)	
на́чал, начала́, на́чали		покажу́, пока́жешь, пока́жут	
начина́ться	to begin		
начина́ется, начина́ются		покупа́|ть (I)	to buy
		*купи́ть (II)	
обéда|ть (I)	to eat lunch	куплю́, ку́пишь, ку́пят	
*пообéдать			
опа́здыва|ть (I)	to be late	*полож|и́ть (II)	to put
*опозда́ть		положу́,	
отвеча́|ть (I)	to answer		
*отвéтить (II)			

поло́жишь, поло́жат (*imperf.* класть)	
получа́|ть (I) *получи́ть (II) получу́, полу́чишь, полу́чат	to receive
приглаша́|ть (I) *пригласи́ть (II) приглашу́, пригласи́шь, приглася́т	to invite
*прийти́ (I) приду́, придёшь, приду́т; *past* пришёл, пришла́, пришли́	to arrive (on foot)
принима́|ть (I) *приня́ть (I) приму́, при́мешь, при́мут; *past* при́нял, приняла́, при́няли	to take (e.g., a shower)
*просну́ться	to wake up
сда|ва́ть (экза́мен) (I) сдаю́, сдаёшь, сдаю́т	to take (an exam)
*сдать (экза́мен) сдам, сдашь, сдаст, сдади́м, сдади́те, сдаду́т	to pass (an exam)
смотр|е́ть (II) смотрю́, смо́тришь, смо́трят *посмотре́ть	to watch, to look
стира́|ть (I) *вы́стирать	to do laundry
танц|ева́|ть (I) танцу́ю,	to dance

танцу́ешь, танцу́ют	
убира́|ть (I) *убра́ть (I) уберу́, уберёшь, уберу́т	to clean
у́жина|ть (I) *поу́жинать	to eat supper
*узна́|ть (I)	to find out
улыба́|ться (I) *улыбну́ться	to smile
хоте́ть хочу́, хо́чешь, хо́чет, хоти́м, хоти́те, хотя́т	to want
чита́|ть (I) *прочита́ть	to read

Phrases

Всего́ хоро́шего!	All the best!
дава́й пойдём/ пое́дем	let's go
дава́й посмо́трим	let's watch
договори́лись	it's a deal
за́ город	out of town
к сожале́нию	unfortunately
ла́дно	all right
Мину́т(оч)ку!	Just a minute!
мне на́до	I have to
Молоде́ц!	Well done!
не́ за что	you are welcome, don't mention it
про́дан, про́дана, про́даны *short adj.*	sold out
с удово́льствием	with pleasure
со мно́й	with me
я уста́л/а	I am tired

Урóк 13 (Тринáдцатый урóк)
Что ей подарúть?

THEMES

- Buying presents
- Asking for advice and making decisions
- Discussing likes and dislikes
- Planning for parties and making invitations
- Discussing ages and dates of birth
- Talking about holidays
- Expressing congratulations and wishes

CULTURE

- Giving gifts
- Birthday parties
- Visiting Russian homes
- Russian holidays
- Julian and Gregorian calendars

STRUCTURES

- Dative case: Overview
- Verbs подарúть and дать
- The possessive pronoun свой
- Dative case: Personal pronouns; singular and plural of nouns, adjectives, and possessive and demonstrative pronouns
- Verbs помогáть, предлагáть, and совéтовать
- The verb нрáвиться
- The preposition к
- Age expressions
- Verbs родúться and умерéть
- Time expressions: Days, months, and years

Это ГУМ. Здесь мóжно купúть подáрки рóдственникам и друзья́м.

Пода́рки

Gift giving is often spontaneous and does not necessarily need an occasion. There are a few holidays, however, in which gifts play an essential part. One of these is **Но́вый год,** *New Year's,* a holiday that has adopted many nonreligious elements of Christmas. Another such holiday is International Women's Day, celebrated on March 8 (**Междунаро́дный же́нский день, Восьмо́е ма́рта**). On this day, men send cards to and buy flowers and gifts for all the important women in their lives (mothers, wives, sisters, grandmothers, aunts, girlfriends, etc.). Gifts are usually given for birthdays, also. Special parties for gift collecting, such as baby or bridal showers, are not typical of Russian culture. Contrary to U.S. traditions, the recipient is not expected to unwrap the gift immediately.

Цветы́

Flowers are given for every occasion and also without any particular reason (**про́сто так**). There are flower stalls everywhere: around metro stations, on street corners, and inside buildings.

пода́рок

А вы?

- К каки́м **пра́здникам** вы обы́чно **покупа́ете** пода́рки?
  Пода́рки **на**...

  - Рождество́ / Ха́нука
  - Но́вый год
  - Же́нский день

  - День Свято́го Валенти́на
  - День ма́тери
  - день рожде́ния

- Вы лю́бите де́лать пода́рки? Почему́ (нет)?
- А **получа́ть** пода́рки вы лю́бите?
- **От кого́** вы обы́чно получа́ете пода́рки?
- Вы лю́бите цветы́? Вы ча́сто покупа́ете цветы́?

Спортивные товары

тённисная ракётка

хоккёйная клюшка

мяч

коньки

лыжи

Ювелирные изделия

серёжки

кольцо

бусы

браслёт

цепочка

часы

кулон

Одёжда

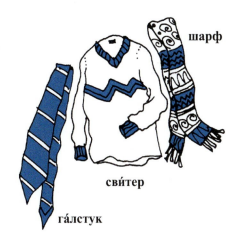

шарф

свитер

галстук

Игрушки

мишка

кубики

кукла

грузовик

самолёт

Конфёты

коробка конфёт

Парфюмёрия

духи
«Красная
Москва́»

- Какие подарки мы обычно покупаем бабушке/дёдушке/маме/папе?
- А маленькому мальчику?
- Маленькой дёвочке?
- А семнадцатилётней дёвушке?
- А пятнадцатилётнему юноше?
- Какие подарки, по-вашему, неоригинальны?
- Какие подарки дорогие?

13.1 Dative Case: Overview

Кому́?		
ему́	ей	им
Ива́ну Игорю Серге́ю	Ле́не Та́не	де́вушкам роди́телям

13.4 Dative Case Endings

Ле́на **подари́ла** Ива́ну кни́гу.
Ива́н **подари́л** Ле́не цветы́.

13.2 Verbs подари́ть and дать

1. День рожде́ния. What did these people buy each other for their birthdays?

S1: Что подари́ла Анна Ви́ктору?

S2: Она́ подари́ла ему́ кни́гу.

S1: А что подари́л Ви́ктор Анне?

S2: Он подари́л ей цветы́.

Кто?	Кому́?	Что?
Анна	Ви́ктор	кни́га
Ви́ктор	Анна	цветы́
Та́ня	Игорь	коро́бка конфе́т
Игорь	Та́ня	брасле́т
Ле́на	Серге́й	га́лстук
Серге́й	Ле́на	цепо́чка
Оля	Са́ша	сви́тер
Са́ша	Оля	серёжки
роди́тели	Андре́й	те́ннисная раке́тка
Андре́й	роди́тели	видеока́мера

Кому́?		Кому́?
своему́/моему́/твоему́/на́шему/ва́шему/э́тому	ру́сскому дру́гу ста́ршему бра́ту Игорю	мне тебе́ ему́, ей нам вам им себе́
свое́й/мое́й/твое́й/на́шей/ва́шей/э́той	ру́сской подру́ге Ле́не мла́дшей сестре́ Та́не	
свои́м/мои́м/твои́м/на́шим/ва́шим/э́тим	но́вым друзья́м ру́сским де́вушкам	

13.3 The Possessive Pronoun свой   13.4 Dative Case Endings

2. Подáрки на Нóвый год. What do you think Victor bought all the people on his list? Use the store signs as a clue for possible gift items for some of the people.

S1: Как ты дýмаешь, что купи́л Ви́ктор **своéй** дéвушке Кáте?

S2: Я дýмаю, что он купи́л **ей** сýмку.

1. дéвушка Кáтя
2. млáдший брат Макси́м
3. стáрший брат Андрéй
4. стáршая сестрá Ири́на
5. лýчший друг Игорь
6. роди́тели
7. нóвые америкáнские друзья́

Он дáрит **своéй дéвушке** цветы́.

Кто тебé подари́л э́ту кни́гу?	Ви́ктор.
От когó ты **получи́л** э́ту кни́гу?	**От** Ви́ктор**а** / Игор**я** / Лéн**ы** / Тáн**и**.

Notice that the verb **получи́ть** (*to receive*) requires the genitive case after the preposition **от** (*from*), not the dative.

3. День рождения. Svetlana's birthday was yesterday. What did her friends give her?

S1: От кого Светлана получила книгу?

S2: От Андрея.

что	от кого
книга	Андрей
цветы	Виктор
бутылка красного вина	Нина
коробка конфет	Валентин
серёжки	Надя
цепочка	Таня
браслет	Саша

4. Что подарили Диме на Новый год? Each one of the people listed bought little Dima a New Year's gift.

A. Look at the picture and decide which gift each person gave him.

S1: Что подарила ему бабушка?

S2: Я думаю, что бабушка подарила ему шарф.

бабушка	папа
дедушка	мама
тётя Алла	сестра
Игорь	брат

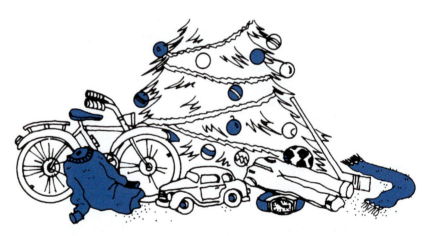

B. Practice the conversations again by saying from whom each gift was received.

S1: От кого Дима получил шарф?

S2: Я думаю, что он получил шарф от бабушки.

5. Что вы купи́ли? Кому́? You are souvenir shopping at the Верниса́ж market in Moscow. Here are some typical items that tourists buy there. What did you buy for all your friends and relatives back at home? What did you buy for yourself (себе́)?

кулóн из янтаря́

бу́сы из янтаря́

серёжки из янтаря́

браслéт из янтаря́

матрёшка

самовáр

меховáя ша́пка   *fur hat*

ку́кла в наро́дном костю́ме

деревя́нная лóжка   *wooden spoon*

Это Верниса́ж. Здесь тури́сты покупа́ют сувени́ры.

Янта́рь (*amber*), harvested from the bottom of the Baltic Sea, is one of the most popular materials for jewelry in Russia. It is molded into necklaces, bracelets, rings and brooches.

Asking for Advice and Making Decisions

Ка́тя **выбира́ет** пода́рки ро́дственникам.
В э́том магази́не большо́й **вы́бор**.

Asking for and giving . . .		
help:	**Помоги́/те мне** вы́брать пода́рок ма́ме.	Хорошо́. (С удово́льствием.)
suggestions:	Что **ты мо́жешь предложи́ть мне** купи́ть ма́ме? **вы мо́жете предложи́ть**	**Купи́/те** ей брасле́т. **Подари́/те**
advice:	Что **ты (*по)сове́туешь мне** купи́ть ма́ме? **вы (*по)сове́туете**	

13.5 Dative Case: помога́ть, предлага́ть, and сове́товать

6. Каки́е у них предложе́ния?

A. Larisa is looking for the perfect gift for Professor Smirnov and his wife. She consults her friends Nina and Sergei.

  1. Что сказа́ла Лари́са свои́м друзья́м Ни́не и Серге́ю?

  2. Что отве́тила (*answered*) Ни́на? А Серге́й?

  3. А каки́е у вас предложе́ния?

  4. Как вы ду́маете, что купи́ла Лари́са?

кто	предложе́ние Ни́ны	предложе́ние Серге́я
профе́ссор Смирно́в	кни́га по иску́сству	буты́лка хоро́шего вина́
жена́ профе́ссора Смирно́ва	цветы́	коро́бка конфе́т

B. You need to buy a gift for the following people. Ask several classmates for advice.

  1. An exchange student from Russia who is now leaving to go back.

  2. Your host family in Moscow during your trip next summer.

Discussing Likes and Dislikes

Мне	(не) **нра́вится**	э́тот пода́рок. э́та кни́га. э́то письмо́.
	(не) **нра́вятся**	э́ти кни́ги.

Ле́не **бо́льше** нра́вятся э́ти **мо́дные** дороги́е джи́нсы, чем те дешёвые.

13.6 Dative Case: (A) Present Tense of the Verb нра́виться

7. В универма́ге.

A. The following couples cannot agree on the items to buy for a relative. Explain the situation according to the model.

Model: Ива́ну нра́вится бе́лый сви́тер, а Анне нра́вится се́рый сви́тер.

Ива́н	бе́лый сви́тер	Анна	се́рый сви́тер
Игорь	си́ний га́лстук	Та́ня	жёлтый га́лстук
Андре́й	золото́й брасле́т	Ира	сере́бряный брасле́т
Са́ша	ро́зовый шарф	Ле́на	зелёный шарф
Серге́й	чёрные джи́нсы	Ка́тя	си́ние джи́нсы

B. Working in pairs, assume the roles of the people above. Then have conversations according to the model.

S1: Дава́й ку́пим ему́/ей вот э́тот бе́лый сви́тер. Он мне о́чень нра́вится.

S2: А мне бо́льше нра́вится э́тот се́рый сви́тер.

8. Что вам бо́льше нра́вится?

A. You are planning a surprise for your friend. Find out your friend's preferences concerning the following items.

S1: Кака́я му́зыка тебе́ бо́льше нра́вится: класси́ческая и́ли рок-му́зыка?

S2: Мне бо́льше нра́вится рок-му́зыка.

1. класси́ческая му́зыка и́ли рок-му́зыка
2. совреме́нное и́ли класси́ческое иску́сство
3. иностра́нная и́ли америка́нская литерату́ра
4. италья́нская и́ли мексика́нская ку́хня
5. шокола́дное и́ли вани́льное моро́женое
6. больши́е и́ли ма́ленькие соба́ки
7. ру́сские и́ли америка́нские фи́льмы
8. золоты́е и́ли сере́бряные серёжки

B. Based on your friend's preferences, mention some actions that could be taken.

Model: Я подарю́ ему́/ей кни́гу.
Мы бу́дем слу́шать рок-му́зыку.
Мы пойдём ве́чером в италья́нский рестора́н.

| Тебе́
Вам | понра́вился пода́рок?
понра́вилась кни́га?
понра́вилось моё письмо́?
понра́вились мои́ друзья́? | Очень | понра́вился.
понра́вилась.
понра́вилось.
понра́вились. |

13.6 Dative Case: (B) Past Tense of the Verb нра́виться

Ди́ме **бо́льше всего́**
понра́вился ми́шка.

9. Каки́е пода́рки им бо́льше всего́ понра́вились? The teenagers listed received several gifts for New Year's. Which gifts did they like the most? Why?

S1: Како́й пода́рок бо́льше всего́ понра́вился Сергéю?

S2: Ему́ бо́льше всего́ понра́вились коньки́.

S1: Почему́?

S2: Потому́ что он лю́бит ката́ться на конька́х.

1.	Андрéй	лы́жи
2.	Ири́на	видеока́мера
3.	Лéна	компью́тер
4.	Макси́м	те́ннисная ракéтка
5.	Анна	моби́льник
6.	Игорь	кни́га «Кулинари́я»
7.	Са́ша	велосипéд
8.	Та́ня	коньки́

Что подарить детям на Новый год?

Nina Alekseevna works in a toy store. Find out what she recommends for New Year's gifts this year.

Traditional role divisions are more accepted in Russian than in American culture.

Советует Нина Алексеевна, продавщица «Дома Игрушки»:

Самые лучшие подарки детям можно купить в московском «Доме Игрушки». В этом году игрушки, к сожалению, намного дороже, чем в прошлом году, но и выбор теперь другой[1]. Там, где раньше были велосипеды и самокаты[2], теперь стоят детские электромобили «Феррари». Рядом с[3] «Феррари» стоит «Муравей», тоже мини-автомобиль, но педальный, и намного дешевле. Если «Феррари» вам не по карману[4], лучше купить что-то[5] другое, так как детям такие педальные машины больше не нравятся.

Если ваши дети любят строить, у нас есть конструкторы и великолепные[6] модели самолётов и машин. Но лучше купить сначала самую простую[7] модель, так как самые сложные[8] модели обычно покупают для себя отцы. Маленьким мальчикам мы предлагаем трансформеры, которые складываются[9] или в танк, или в ракету, или даже в робота.

Девочкам очень нравятся куклы Барби, Бетти и Линда, которые, к сожалению, в этом году стоят намного дороже, чем в прошлом году. Будущим домохозяйкам очень нравятся игрушечные пылесосы[10] и стиральные машины.

Мальчикам всегда нравится «Набор полицейского»: пистолет и наручники. А всем будущим бизнесменам мы предлагаем маленькие кассовые аппараты.

Всем детям обычно нравятся мишки, хотя[11] в этом году лучше подарить большую, лохматую[12] игрушечную собаку.

[1]different
[2]scooter
[3]next to
[4]can't afford / [5]something
[6]wonderful
[7]simple / [8]complicated
[9]turn into
[10]vacuum cleaners
[11]although
[12]furry

A. Ответьте на вопросы.

1. Что такое «Муравей»?

2. Нина Алексеевна советует купить «Муравья»? Почему (нет)?

3. Кто обычно покупает сложные модели самолётов и машин? Кому?

4. Что в «Наборе полицейского»?

5. Что предлагает Нина Алексеевна купить будущим бизнесменам?

B. Pretend that you are buying gifts for children. Ask Nina Alekseevna questions about her recommendations.

Приходи́/те	ко мне в го́сти. к нам	Спаси́бо, (с удово́льствием)!
Я хоте́л/а бы пригласи́ть вас к нам в го́сти.		

13.7 Dative Case: The Preposition к

The conditional form хоте́л/а бы (*I would like*) is a more polite phrase than я хочу́ (*I want*). The use of the conditional is discussed in detail in Chapter 15.

Добро́ пожа́ловать!

хозя́ин хозя́йка гость

The phrase приходи́ть в го́сти comes from the noun гость (*guest*). It does not have a direct equivalent in English. A possible translation is *to (go) visit somebody*. Another form of this phrase is быть в гостя́х (*to be visiting somebody*).

В гостя́х в ру́сской семье́

When you are invited to a Russian home, it is customary to bring the host or hostess a small gift or a bouquet of flowers. Flowers are brought in odd numbers, 3, 5, and so on; an even number is for funerals. Expect to stay for the entire evening, as your hosts have most likely planned an elaborate dinner. Be prepared to eat a lot and please do taste everything that is offered.

День рожде́ния

Children's birthdays are usually observed with small parties in the home of the celebrant. Adults' birthdays, when they are observed, are either celebrated at home or in a restaurant. Gifts are usually given, but singing birthday songs is not as common as in the United States. Russians sometimes call the celebrants **имени́нник** and **имени́нница**, "*birthday boy/girl*." These terms originate from the Russian Orthodox tradition of celebrating name days (from the word и́мя, *name*) in addition to birthdays. In most cases, name day celebrations have now been merged with the celebration of birthday, but the original terms remain.

У Нины скоро будет день рождения.	Она пригласит	Виктора. Сергея. Машу. Таню.	Note that the verb приглашать/ *пригласить (*to invite*) takes the **direct** object (accusative case).
Кого она пригласит?			

 **10. Кого пригласить?**

A. This is a page from Tanya's notebook. Whom is she planning to invite to her birthday party?

Model: Она хочет пригласить Машу, ...

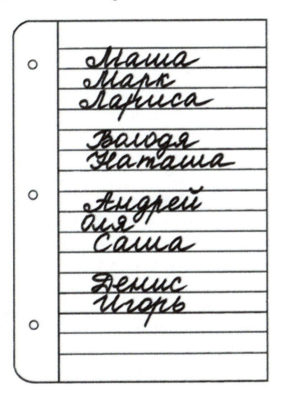

B. Tanya consulted you regarding the list, and you have some serious reservations about the compatibility of the group. Discuss the situation with Tanya.

Таня: Я хочу пригласить Машу.

Ты: По-моему, это нехорошая идея. Маша не нравится Ларисе. Лучше не приглашать Машу.

Таня: А может быть Ларису не приглашать?

Ты: Но мне нравится Лариса! ...

11. День рожде́ния Ната́ши.

A. Natasha sent her friends the following message. Read the message and relay the information to a friend who was supposed to get the invitation, but accidentally deleted the message before reading it. The friend intends to take his/her car.

Друзья мои!

Я хочу пригласить вас на торжество по случаю моего дня рождения. Празднование состоится 31-го января в пятницу в 20.00 в клубе «Рублёв» по адресу Чистопрудный бульвар, д. 25. Метро «Чистые пруды». Для тех, кто за рулём, лучше приезжать без машины. Веселее будет.

Наташа

B. Andrei and Liza talk about the upcoming party.

Андре́й: Ты слы́шала, что в пя́тницу бу́дет день рожде́ния Ната́ши?

Ли́за: Да, слы́шала. В клу́бе «Рублёв». Ты не зна́ешь, где э́то?

Андре́й: Клуб «Рублёв»? Говоря́т, он где́-то о́коло метро́ «Чи́стые пруды́».

Ли́за: А ты на маши́не не е́дешь?

Андре́й: Нет, лу́чше на метро́. А ты не зна́ешь, кто там ещё бу́дет?

Ли́за: Зна́ю. Она́ пригласи́ла свою́ сестру́ с му́жем, И́горя, Ле́ну, Та́ню, Лари́су, Ма́рка и Ю́ру. И нас, коне́чно.

Андре́й: А что ей подари́ть? Пода́рок на день рожде́ния—э́то ве́чная пробле́ма. Что ты сове́туешь ей подари́ть?

Ли́за: Я не зна́ю. Мо́жет быть про́сто цветы́?

Андре́й: Как оригина́льно! Я не люблю́ ходи́ть по магази́нам и покупа́ть пода́рки. Помоги́ мне, пожа́луйста.

Ли́за: Купи́ ей большу́ю коро́бку конфе́т и буты́лку хоро́шего вина́.

Андре́й: А е́сли ей не нра́вится шокола́д?

Ли́за: Ну, мо́жет быть CD тогда́? Кака́я му́зыка ей нра́вится?

Андре́й: Я не зна́ю.

Ли́за: Я зна́ю, что ра́ньше ей нра́вилась иностра́нная рок-му́зыка, а тепе́рь ей бо́льше нра́вится класси́ческая му́зыка. Но что и́менно, я не зна́ю.

Андре́й: Как ты ду́маешь, му́зыка Рахма́нинова ей нра́вится?

Ли́за: Ду́маю, что да.

Андре́й: Ну, ла́дно. Я поду́маю об э́том. Уви́димся в пя́тницу!

Ли́за: Пока́!

Отве́тьте на вопро́сы.

1. Кого́ пригласи́ла Ната́ша?
2. Что предложи́ла Ли́за купи́ть Ната́ше?
3. Как вы ду́маете, что купи́л Андре́й?
4. Continue with your own questions.

C. Tanya missed the party due to some unforeseen circumstances. She calls you the following day and wants to know all the details about the event. Create a dialogue between the two of you. Include at least the following in your conversation.

1. Почему́ Та́ни не́ было там? А кто там был?
2. Что подари́ли Ната́ше?
3. Како́й был торт? Большо́й, вку́сный?
4. Что вы е́ли и пи́ли?
5. Как до́лго вы бы́ли там? До утра́?
6. Что вы де́лали? Танцева́ли? Игра́ли?
7. Вам бы́ло ве́село?

С днём рожде́ния!

12. Мой день рожде́ния. Your birthday is coming up. Call a friend to discuss who should and should not be invited and why. Also agree on the time and place.

Discussing Ages and Dates of Birth

Ско́лько **тебе́/вам** лет?	**Мне** 21 год.
Ско́лько лет тво**ему́**/в**а́шему** ста́ршему бра́ту?	**Ему́** 23 го́да.
Ско́лько лет тво**е́й**/в**а́шей** ба́бушке?	**Ей** 65 лет.

13.8 Dative Case: Age Expressions

Мой брат **на** два го́да	**ста́рше** меня́.
	моло́же

You can compare two items by using the conjunction чем + nominative (ста́рше, чем Игорь/моло́же, чем я) or the genitive case instead of чем, as shown.

- Éсли не секре́т, ско́лько вам лет?
- Ско́лько лет в́ашему отцу́?
- А в́ашей ма́ме ско́лько лет?
- Ско́лько лет в́ашим бра́тьям и сёстрам?
- На ско́лько лет они́ ста́рше и́ли моло́же вас?

Что ей подари́ть? **395**

ORDINAL NUMBERS 1–100, 2000

1 пе́рвый	11 оди́ннадцатый	21 два́дцать пе́рвый
2 второ́й	12 двена́дцатый	30 тридца́тый
3 тре́тий (тре́тьем, тре́тьего)	13 трина́дцатый	40 сороково́й
4 четвёртый	14 четы́рнадцатый	50 пятидеся́тый
5 пя́тый	15 пятна́дцатый	60 шестидеся́тый
6 шесто́й	16 шестна́дцатый	70 семидеся́тый
7 седьмо́й	17 семна́дцатый	80 восьмидеся́тый
8 восьмо́й	18 восемна́дцатый	90 девяно́стый
9 девя́тый	19 девятна́дцатый	100 со́тый
10 деся́тый	20 двадца́тый	2000 двухты́сячный

В како́м году́	ты	**роди́лся?** **родила́сь?**	Я роди́лся Я родила́сь	в 1992-**ом** году́. (в ты́сяча девятьсо́т девяно́сто **второ́м** году́).
	вы	**родили́сь?**		
		роди́лся ваш сын?	Он роди́лся	в 2000-**ом** году́. (в двухты́сячном году́). в 2003-**ем** году́. (в **две ты́сячи тре́тьем** году́).

13.9 The Verb роди́ться
13.10 Time Expressions: Years

13. Ско́лько им лет? All the babies in the picture were born in different years. Answer the questions.

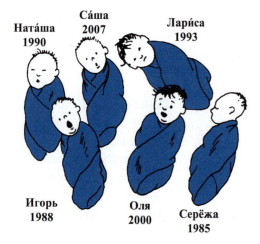

Ната́ша 1990
Са́ша 2007
Лари́са 1993
Игорь 1988
Оля 2000
Серёжа 1985

1. В како́м году́ они́ родили́сь?

2. Ско́лько им сейча́с лет?

3. Кто са́мый ста́рший?

4. Кто ста́рше: Игорь и́ли Ната́ша?

5. На ско́лько лет ста́рше?

6. На ско́лько лет Лари́са ста́рше Оли?

Дéдушка **ýмер** Бáбушка **умерлá** Онú **ýмерли**	в 2006-ом (в две тúсячи шестóм) годý.
Скóлько лет бúло дéдушке, когдá он ýмер?	**Емý бúло** 85 лет.

13.9 The Verb умерéть

14. Извéстные рýсские именá. When were these famous people born? When did they die? How old were they when they died?

S1: В какóм годý родúлся Чайкóвский?

S2: Он родúлся в тúсяча восемьсóт сороковóм годý.

S1: А когдá он ýмер?

S2 Он ýмер в тúсяча восемьсóт девянóсто трéтьем годý.

S1: Скóлько лет емý бúло, когдá он ýмер?

S2: Емý бúло пятьдесят три гóда.

Пётр Ильúч
Чайкóвский
1840–1893

Илья Ефúмович
Рéпин
1844–1930

Анна Андрéевна
Ахмáтова
1889–1966

Владúмир Ильúч
Лéнин
1870–1924

Лев Николáевич
Толстóй
1828–1910

Ме́сяцы

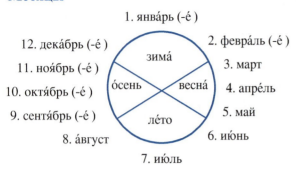

1. янва́рь (-é)
2. февра́ль (-é)
3. март
4. апре́ль
5. май
6. ию́нь
7. ию́ль
8. а́вгуст
9. сентя́брь (-é)
10. октя́брь (-é)
11. ноя́брь (-é)
12. дека́брь (-é)

зима́
о́сень
весна́
ле́то

- Как называ́ется второ́й ме́сяц го́да?
- А девя́тый?
- Как называ́ется пе́рвый ме́сяц весны́?
- А пе́рвый ме́сяц ле́та?
- А **после́дний** ме́сяц го́да?
- **В** како́м ме́сяце вы родили́сь?
- А ва́ши бра́тья и сёстры?

13.10 Time Expressions: Months

Когда́ **твой** **день рожде́ния?** **у тебя́**	**Мой** **день рожде́ния** три́дцать пе́рвого января́. **У меня́**
Когда́ **у твоего́ бра́та** день рожде́ния?	**У него́** день рожде́ния 26-го декабря́.

13.10 Time Expressions: Days, Months, and Years

15. Когда́ у Аллы день рожде́ния?

A. When do the following students have their birthdays?

S1: Когда́ у Аллы день рожде́ния?

S2: У неё день рожде́ния два́дцать пе́рвого ма́рта.

1. Алла (21.03)
2. Та́ня (08.08)
3. Лёна (13.05)
4. Са́ша (30.09)
5. Алексе́й (23.11)
6. Валенти́н (07.04)
7. И́горь (04.06)
8. Ли́за (02.01)
9. Ви́ктор (03.12)
10. Ни́на (25.02)

> Dates are expressed in the order day-month-(year).

B. Find out the birth dates of five of your classmates. Report the results to the class; have one student write the dates on the board in chronological order.

16. Анкéты. *Applications.* Working with a partner, ask and answer
questions about the chart, using the constructions below.

и́мя	Алексéй	Ири́на	Анна	Дми́трий
да́та рожде́ния	8.4.1990	21.9.1981	14.5.1995	9.11.1988
ме́сто рожде́ния	Му́рманск	Екатеринбу́рг	Москва́	Новосиби́рск

1. В како́м году́ / в како́м ме́сяце...

2. Ско́лько лет...? На ско́лько лет ста́рше/моло́же...?

3. Когда́ роди́лся...? Где роди́лся...?

4. Когда́... день рожде́ния?

Talking About Holidays

Ру́сские пра́здники

Many typical Soviet holidays, such as May Day (**Пéрвое мáя**) and the anniversary of the October Revolution (**День Октя́брьской револю́ции**, Nov. 7), lost their significance with the fall of communism. Only three holidays of the Soviet era remain: New Year's (**Нóвый год**), International Women's Day (**Междунарóдный жéнский день**), and Victory Day (**День Побéды**, May 9). At the same time, new holidays appeared, such as Russian Independence Day (**День Росси́и и́ли День незави́симости**, June 12), and National Unity Day (**День нарóдного еди́нства**, Nov. 4). Some Soviet holidays have been renamed or replaced. **День Совéтской Áрмии и Воéнно-морскóго флóта** (*Soviet Army-Navy Day*, Feb. 23), is now called **День защи́тника Отéчества** (*Day of the Defenders of the Motherland*) and **День Октя́брьской револю́ции** was replaced by **День примирéния и соглáсия** (*Day of National Harmony and Reconciliation*).

The celebration of **Нóвый год** includes lavish dinners, gift giving, and decorating a tree (**новогóдняя ёлка**). Whereas adults celebrate with food and champagne on New Year's Eve, children often have morning parties (**у́тренник**). Their festivities include dressing up as animals or as characters from fairy tales,

С Нóвым гóдом!

singing songs while walking around the **ёлка**, and receiving gifts from the Russian Santa Claus, **Дед Моро́з** (*Grandfather Frost*) and his helper **Снегу́рочка** (*Snow Maiden*). Both Дед Моро́з and Снегу́рочка were originally characters in folktales.

The **Па́сха** (*Easter*) celebration starts the night before Easter Sunday when worshipers bring their traditional Easter food to church to be blessed. The food includes Easter dessert, **па́сха**, sweet bread, **кули́ч**, and some Easter eggs. This is the night when attendance in churches is the highest. Near midnight the priest opens the door of the church and leads a procession of deacons, choir, and parishioners around the church three times (**кре́стный ход**). Decorated Easter eggs (**пи́санки**) are an important part of the traditional Easter celebration.

Христо́с воскре́с!

occasion	what we say	response
birthday	С днём рожде́ния!	Спаси́бо.
new house	С новосе́льем!	Спаси́бо.
New Year's	С Но́вым го́дом!	Вас то́же. / С Но́вым го́дом!
newborn child	С новорождённым!	Спаси́бо.
Women's Day	С пра́здником Восьмо́го ма́рта!	Спаси́бо. (to a female: Вас то́же.)
Christmas	С Рождество́м (Христо́вым)!	Вас то́же.
Easter	Христо́с воскре́с!	Вои́стину воскре́с!
any occasion	С пра́здником!	Вас то́же.

Julian and Gregorian Calendars

Although Russia implemented the Gregorian calendar, used in most countries, after the Revolution, the Russian Orthodox Church still uses the old Julian calendar, which is approximately 13 days behind the Gregorian calendar. This is why Russian Christmas and Easter are celebrated later than in other countries. It also explains why the October Revolution was celebrated on November 7 during the Soviet years: the original date, according to the Julian calendar, was October 25.

Ру́сские пра́здники

Расска́зывает Ира:

Мой люби́мый пра́здник – Но́вый год. К пра́зднику мы покупа́ем шампа́нское и торт, украша́ем[1] нового́днюю ёлку и гото́вим пода́рки. К нам прихо́дят ро́дственники, друзья́. Ро́вно в 12 часо́в бьют[2] часы́ на Спа́сской ба́шне Кремля́: мы все встаём, поднима́ем бока́лы[3] и поздравля́ем друг дру́га[4] с Но́вым го́дом. Обы́чно мы не спим всю ночь. Мы идём на нового́дний конце́рт, маскара́д[5] и т. д.[6]

Весно́й мы отмеча́ем Междунаро́дный же́нский день – Восьмо́е ма́рта. Мы да́рим пода́рки ма́ме, сестре́ и ба́бушке и поздравля́ем их с пра́здником. Но у мужчи́н то́же есть свой пра́здник – э́то День защи́тника Оте́чества,[7] 23-го февраля́.

Сле́дующий пра́здник – Пе́рвое ма́я. Это пра́здник весны́ и труда́.[8] В ма́е мы отмеча́ем и друго́й пра́здник – День побе́ды.[9] В э́тот день в 1945-ом году́ зако́нчилась Втора́я мирова́я война́. День Росси́и и́ли День незави́симости[10] – э́то но́вый госуда́рственный пра́здник. Его́ отмеча́ют 12-го ию́ня. Второ́й но́вый пра́здник, День наро́дного еди́нства,[11] отмеча́ют 4-го ноября́.

Правосла́вные[12] отмеча́ют и религио́зные пра́здники: Рождество́ 7-го января́ и Па́сху в апре́ле и́ли в ма́е. На Па́сху лю́ди пеку́т[13] пасха́льные куличи́ (хлеб), гото́вят кра́шенные[14] я́йца и хо́дят в це́рковь.

25-ое января́ – э́то Татья́нин день и́ли день студе́нта. В э́тот день студе́нты устра́ивают шу́мные вечери́нки.[15]

[1]decorate

[2]strike

[3]raise our glasses

[4]congratulate each other

[5]costume party / [6]etc.

[7]Day of the Defenders of the Motherland / [8]labor

[9]Victory Day

[10]Independence Day

[11]National Unity Day

[12]members of the Russian Orthodox Church / [13]bake

[14]dyed, colored

[15]parties

Отве́тьте на вопро́сы.

1. Как ру́сские отмеча́ют Но́вый год?
2. Каки́е у них пра́здники весно́й? Что вы узна́ли об э́тих пра́здниках?
3. Како́го числа́ правосла́вные отмеча́ют Рождество́?
4. Что тако́е Татья́нин день?

17. Когда́ отмеча́ют Но́вый год?

A. Here is a list of the most common Russian and U.S. holidays. Examine the chart and answer the questions that follow.

пра́здник	в Росси́и	в Аме́рике
Но́вый год	01.01	01.01
День Ма́ртина Лю́тера Ки́нга-мла́дшего		янва́рь
День Свято́го Валенти́на	(14.02)	14.02
День защи́тника Оте́чества	23.02	
Восьмо́е ма́рта	08.03	
Па́сха	апре́ль/май	март/апре́ль
Пе́рвое ма́я	01.05	
День ма́тери	ноя́брь	май
День Побе́ды	09.05	
День поминове́ния		май
День отца́		июнь
День незави́симости	12.06	04.07
День труда́	01.05	сентя́брь
Хэллоуи́н		31.10
День наро́дного еди́нства	04.11	
День благодаре́ния		ноя́брь
Рождество́	07.01	25.12

1. Како́го числа́ отмеча́ют День незави́симости в Аме́рике? А в Росси́и?
2. Каки́е пра́здники отмеча́ют то́лько в Аме́рике? То́лько в Росси́и?
3. Каки́е пра́здники лю́бят де́ти? Почему́?
4. Это пра́вда, что все америка́нские пра́здники – нерабо́чие дни?
5. К каки́м пра́здникам да́рят пода́рки в Аме́рике? А в Росси́и?

B. Какой это праздник? Read the descriptions and decide which American holidays they refer to. (The vocabulary is at the bottom of this section, just in case you need it.)

1. В этот день американцы устраивают большой праздничный обед: фаршированную индейку с клюквенным сиропом, картофельное пюре, сладкий картофель, кукурузу, а на десерт тыквенный пирог.

2. В этот день дети, одетые в костюмы и маски, ходят по улицам и просят сладости у людей.

3. В этот день американцы часто устраивают пикники или барбекю.

4. Это день влюблённых. Любимым людям дарят цветы, конфеты, воздушные шарики и специальные открытки – валентинки.

C. Ответьте на вопросы.

1. Какой ваш любимый праздник? Как и где вы обычно отмечаете его?

2. Ещё какие праздники вы отмечаете? Как?

Vocabulary: устраивать *organize*; фаршированный *stuffed*; индейка *turkey*; клюква *cranberry*; сладкий *sweet*; кукуруза *corn*; тыква *pumpkin*; просить *to ask*; сладости *sweets, candy*; воздушный шарик *balloon*; открытка *card*

Chapter Review

A. *You should now be able to . . .*

1. discuss buying and receiving gifts
2. ask for and give advice regarding gift giving
3. say what you like and dislike and to what degree
4. invite people to a party and accept invitations
5. receive guests
6. use days, months, and years to express when something happened or will happen
7. discuss dates of birth and death
8. express age
9. compare ages
10. say when and how certain holidays are celebrated
11. express congratulations and wishes for various occasions

For self-tests and additional practice, please go to the Book Companion Site, available at www.wiley.com/college/nummikoski

B. *Roleplay.*

Student 1: Your birthday is coming up. Decide with a friend whom to invite and then call the first person on your list. Let that person know what the occasion is, when and where it will be celebrated, and who else is coming. Then ask him or her to write down the list and call the next person.
Student 2: Help your friend make the plans.
Student 3: Call the next person on the list and explain the what, where, when, and who. Also discuss what you are going to buy.

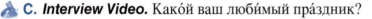 **C.** *Interview Video.* Какóй ваш люби́мый пра́здник?

 **D.** *Cultural Video.* Моско́вские магази́ны.

Word Building

Roots

да- *give*	**род-, рож-** *birth-, generating*
дать *to give*	роди́ть *to give birth*
прода́ть *to sell*	роди́ться *to be born*
подари́ть *to give as a gift*	рожде́ние *birth*
дар *gift, talent*	день рожде́ния *birthday*
пода́рок *gift, present*	да́та и ме́сто рожде́ния *date and place of birth*
одарённый *talented, gifted*	Рождество́ *Christmas*
да́тельный паде́ж *dative case* ("giving case")	новорождённый *newborn*
	роди́тели *parents ("ones who give birth")*
	ро́дственник *relative*
	ро́дина *motherland*
	ро́динка *birthmark*
	наро́д *nation*
	приро́да *nature*
	поро́да *breed (of dogs, etc.)*
	родно́й *native*
	родно́й язы́к *native language*
	роди́тельный паде́ж *genitive case ("generating case")*
	роди́льный дом *maternity ward ("birthing house")*

ГРАММАТИКА

13.1 Dative Case: Overview

You have so far learned that the *direct object* of a Russian sentence is in the *accusative case*. The *dative case* is needed to express the *indirect object* of a sentence. The indirect object answers the question *to whom, for whom* something is given, bought, said, and so on.

Я	купи́л	**ему́**	кни́гу.
I	*bought*	**him**	*a book.*
		indirect object	direct object
		dat.	**acc.**

Я	дал	кни́гу	**мое́й мла́дшей сестре́.**
I	*gave*	*the book*	*to my younger sister.*
		direct object	indirect object
		acc.	**dat.**

Sometimes there is no direct object in the sentence.

Я	пишу́	**тебе́.**
I	*am writing*	*to you.*
		indirect object
		dat.

Some of the most frequent verbs used with an indirect object (the dative case) are the following.

дава́ть/*дать *to give*	Дай **мне** кни́гу. *Give me the book.*
покупа́ть/*купи́ть *to buy*	Я купи́л **ма́ме** пода́рок. *I bought (my) mother a gift.*
дари́ть/*подари́ть *to give as present*	Я подари́ла **сестре́** цветы́. *I gave (my) sister flowers.*
*по/звони́ть *to telephone*	Ты уже́ звони́л **Игорю**? *Did you already call Igor?*
*сказа́ть *to say, to tell*	Она́ сказа́ла **ему́,** что она́ его́ лю́бит. *She told him that she loved him.*
расска́зывать/*рассказа́ть *to tell (a story)*	Я расскажу́ **ему́** всю исто́рию за́втра. *I will tell him the whole story tomorrow.*
пока́зывать/*показа́ть *to show*	Я покажу́ **тебе́** мои́ фотогра́фии за́втра. *I will show you my photos tomorrow.*
передава́ть/*переда́ть *to convey, to pass*	Переда́йте **ему́,** что звони́ла Та́ня. *Tell him that Tanya called.*

In addition, the dative case is used with many other verbs and constructions. This lesson covers use of the dative as follows:

1. with the verbs помога́ть (*to help*), предлага́ть (*to suggest*), and сове́товать (*to advise*) (section 13.5)
2. with the verb нра́виться (*to appeal*) (section 13.6)
3. with the preposition к (*to*) (section 13.7)
4. in age expressions (section 13.8)

13.2 Verbs *подари́ть and *дать

The Russian language has a separate verb for giving as a gift: дари́ть/*подари́ть. It is a regular second-conjugation verb. Giving in general is expressed with the verb дава́ть/*дать. The imperfective aspect verb дава́ть drops the syllable -ва- in the present-tense conjugated forms. The perfective aspect verb *дать is irregular. The imperative (command) form *Give!* is usually formed from the perfective aspect verb: Дай! and Да́йте!

да-ва́-ть

я даю́	мы даём
ты даёшь	вы даёте
он/она́ даёт	они́ даю́т

*дать

я дам	мы дади́м
ты дашь	вы дади́те
он/она́ даст	они́ даду́т
	imperative: да́й/те

Я *подарю́ ма́ме цветы́.	*I will give (my) mother flowers.*
Дед Моро́з **да́рит** де́тям игру́шки.	*Santa Claus gives children toys.*
Мой роди́тели ча́сто **даю́т** мне де́ньги.	*My parents often give me money.*
Я **дам** тебе́ э́ту кни́гу, когда́ я прочита́ю её.	*I will give you this book when I finish it.*

Упражне́ние

1. Supply the correct forms of the verbs **дава́ть** or **дать.**

   1. Е́сли ты _____ (*will give*) мне твою́ кни́гу, я _____ (*will give*) тебе́ мою́.
   2. Ма́ма _____ (*gave*) Ната́ше моро́женое.
   3. Ба́бушка всегда́ _____ (*gives*) мне апельси́ны и я́блоки.
   4. Когда́ твои́ роди́тели _____ (*will give*) тебе́ де́ньги?
   5. Ле́на, _____ (*give*) мне, пожа́луйста, э́тот слова́рь.
   6. Андре́й _____ (*gave*) мне свою́ руба́шку.
   7. Серге́й _____ (*will give*) мне ключ от кварти́ры (*key to the apartment*).

8. Ма́ма _____ (*gives*) Серёже де́ньги ка́ждую пя́тницу.

9. _____ (*give*) мне, пожа́луйста, две́сти грамм колбасы́.

10. Твои́ роди́тели _____ (*give*) тебе́ де́ньги ка́ждый день?

13.3 The Possessive Pronoun свой

The possessive pronoun **свой** (*one's own*) refers back to the subject of the sentence. It can be used *instead of* the pronouns **мой, твой, наш,** and **ваш** in sentences in which the possessives are not part of the subject. The declension of **свой** is similar to that of **мой.**

Я	взял	мою́/**свою́** кни́гу.	*I took my own book.*
Ты	взял	твой/**свой** слова́рь.	*You took your own dictionary.*
Мы	взя́ли	на́ши/**свои́** кни́ги.	*We took our own books.*
Вы	взя́ли	ва́ши/**свои́** словари́.	*You took your own dictionaries.*

In third-person forms, there is a difference in the meaning of the possessives **его́, её,** and **их,** and **свой.**

Он	взял	его́ гита́ру.	*He took his (somebody else's) guitar.*
		свою́ гита́ру.	*He took his own guitar.*
Она́	взяла́	её кни́гу.	*She took her (somebody else's) book.*
		свою́ кни́гу.	*She took her own book.*
Они́	взя́ли	их де́ньги.	*They took their (somebody else's) money.*
		свои́ де́ньги.	*They took their own money.*

Note: The possessive **свой** is not used in sentences where reference to the subject cannot be established.

Я не зна́ю, где моя́ кни́га.	*I do not know where my book is.*
Как зову́т твоего́ бра́та?	*What's your brother's name?*
Мое́й сестре́ 22 го́да.	*My sister is 22.*

Упражне́ние

2. Substitute the possessive pronoun **свой** where possible without changing the meaning of the sentence.

Model: Я купи́ла моему́ бра́ту шокола́д.
Я купи́ла своему́ бра́ту шокола́д.

Где твоя́ ма́ма?
Свой not possible.

Кто взял мою́ су́мку?
Свой not possible without changing the meaning.

Что ей подари́ть? **407**

1. Я люблю́ мою́ ко́шку.

2. Где живёт ваш брат?

3. Моя́ ма́ма хорошо́ игра́ет на роя́ле.

4. Ско́лько сто́ит твоя́ маши́на?

5. Что ты пода́ришь твоему́ ста́ршему бра́ту на Но́вый год?

6. Я не зна́ю, где моя́ кни́га.

7. Кто взял мой джи́нсы?

8. Вы уже́ получи́ли (*received*) ва́ши де́ньги?

9. Как зову́т твоего́ бра́та?

10. Ты уже́ купи́л пода́рок твое́й сестре́?

13.4 Dative Case Endings

Examine the following examples of the dative case.

Ли́нда купи́ла сво**ему́** ру́сск**ому** дру́г**у** Иго́р**ю** кни́гу.
Linda bought her Russian friend Igor a book.

Что ты подари́ла сво**е́й** но́в**ой** подру́г**е** Ната́ш**е**?
What did you give (as a gift) to your new friend Natasha?

Андре́й купи́л э́т**им** америка́нск**им** студе́нт**ам** сувени́ры.
Andrei bought these American students souvenirs.

DATIVE OF NOUNS						
Nominative			**Dative Singular**			**Dative Plural**	

Nominative			**Dative Singular**			**Dative Plural**	
Masc.							
арти́ст	Ива́н	—	арти́сту	Ива́ну	-у	арти́стам	-ам
музе́й	Серге́й	-й	музе́ю	Серге́ю	-ю	музе́ям	-ям
учи́тель	Игорь	-ь	учи́телю	Игорю	-ю	учителя́м	-ям
Fem.							
сестра́	Алла	-а	сестре́	Алле	-е	сёстрам	-ам
тётя	Та́ня	-я	тёте	Та́не	-е	тётям	-ям
ло́шадь		-ь	ло́шади		-и	лошадя́м	-ям
Neuter							
о́зеро		-о	о́зеру		-у	озёрам	-ам
зда́ние		-е	зда́нию		-ю	зда́ниям	-ям

Note 1: The dative case singular of nouns ending in -ия is -ии:
Мари́я – Мари́и

Note 2: The following nouns have irregular plural forms.

nom. sg.	nom. pl.	dat. pl.	
ребёнок	дѐти	дѐтям	*child*
друг	друзья́	друзья́м	*friend*
человѐк	лю́ди	лю́дям	*person*
брат	бра́тья	бра́тьям	*brother*
сосѐд	сосѐди	сосѐдям	*neighbor*

SIMPLIFIED RULE FOR THE DATIVE OF NOUNS	
M, N	-у/ю
F	-е[1]
Pl.	-ам/ям

SIMPLIFIED RULE FOR THE DATIVE OF ADJECTIVES	
M, N	-ому/ему[1]
F	-ой/ей[1]
Pl.	-ым/им[2]

[1]-и for feminines ending in -ь and -ия.

[1]Spelling Rule 3 is applied.
[2]Spelling Rule 1 is applied.

DATIVE OF POSSESSIVE AND DEMONSTRATIVE PRONOUNS		
Masc./Neuter	**Fem.**	**Pl.**
своему́/моему́/твоему́	своѐй/моѐй/ твоѐй	свои́м/мои́м/ твои́м
на́шему/ва́шему	на́шей/ва́шей	на́шим/ва́шим
э́тому/тому́	э́той/той	э́тим/тем

Note 1: The pronouns **его́** (*his*), **её** (*her*), and **их** (*their*) are not declined.

Note 2: Remember that masculine nouns ending in -**a** are declined as feminines. Their modifiers, however, are in the masculine form.

Ма́ма купи́ла мо**ему́** дѐдушк**е** сви́тер.
Джон купи́л сво**ему́** ру́сск**ому** дру́г**у** Са́ш**е** кни́гу.

DATIVE CASE OF PERSONAL PRONOUNS								
Nom.	я	ты	он	она́	оно́	мы	вы	они́
Dat.	мне	тебе́	ему́	ей	ему́	нам	вам	им

QUESTION WORDS (INTERROGATIVE PRONOUNS)		
Nom.	кто	что
Dat.	кому́	чему́

Упражне́ния

3. Answer the questions in complete sentences using the nouns in parentheses.

> **Model:** Кому́ ты ку́пишь пода́рки? (Анна)
> **Я куплю́ пода́рки Анне.**

1. Кому́ ты пода́ришь кни́гу? (Макси́м)
2. Кому́ ба́бушка купи́ла сви́тер? (Игорь)
3. Кому́ роди́тели купи́ли велосипе́д? (Ли́за)
4. Ле́на и Игорь, кому́ вы пода́рите э́ти цветы́? (Та́ня)
5. Кому́ ты ку́пишь торт? (Серге́й)

4. Write complete sentences with the words given. Use the perfective *future*.

> **Model:** я/подари́ть/свой ста́рший брат/кни́га
> **Я подарю́ своему́ ста́ршему бра́ту кни́гу.**

1. я/купи́ть/свой хоро́ший друг Игорь/га́лстук
2. Серге́й/купи́ть/э́тот но́вый студе́нт/слова́рь
3. мы/купи́ть/на́ша ру́сская подру́га Ле́на/коро́бка конфе́т
4. ма́ма/купи́ть/моя́ мла́дшая сестра́ Оля/ку́кла
5. ты/подари́ть/на́ша но́вая преподава́тельница/торт

6. я/подари́ть/э́тот но́вый профе́ссор/цветы́

7. Ви́ктор/купи́ть/наш па́па/те́ннисная раке́тка

8. я/купи́ть/свой мла́дший брат Са́ша/ми́шка

9. Ди́ма и Ле́на/купи́ть/э́та но́вая студе́нтка/браслет

10. они́/подари́ть/ваш де́душка/шарф?

5. Write complete sentences in the *past tense* by selecting one item from each column. Notice that both the indirect objects and the direct objects are in the *plural*.

Model: Мы купи́ли на́шим де́тям игру́шки.

мы		ру́сские студе́нты	игру́шки
я		э́ти ма́ленькие ма́льчики	серёжки
Ли́за	купи́ть	мой роди́тели	коньки́
они́	подари́ть	на́ши де́ти	но́вые джи́нсы
Серге́й		э́ти де́вушки	францу́зские духи́
ты		мой но́вые друзья́	кни́ги

6. Supply the correct form of the personal or interrogative pronoun.

1. Что купи́ла Ната́ша своему́ мла́дшему бра́ту? – Она́ купи́ла __ **ему́** __ ми́шку.

2. Что тебе́ подари́ть? – Подари́ _____ серёжки.

3. Ле́на подари́ла ма́ме кни́гу? – Нет, она́ подари́ла _____ духи́.

4. Что ты купи́л Ми́те и Ле́не? – Я купи́л _____ цветы́.

5. Что подари́ли де́ти роди́телям? – Они́ подари́ли _____ часы́.

6. Ма́ма, что ты купи́ла мне? – Я купи́ла _____ моро́женое.

7. А́нна и Ни́на, что вам подари́ть на Но́вый год? – Купи́те _____ игру́шки.

8. А́лла Серге́евна, я хочу́ подари́ть _____ э́ту кни́гу.

9. Ле́на, _____ ты купи́ла э́ту игру́шку? _____? – Нет, не тебе́, а твоему́ бра́ту. _____ я купи́ла кни́гу.

10. Ви́ктор, _____ ты купи́л шокола́д? Твое́й сестре́? – Нет, _____ я подарю́ цветы́, а шокола́д – э́то _____. – Ой, большо́е спаси́бо, Ви́ктор! Я о́чень люблю́ шокола́д.

13.5 Dative Case: Verbs помога́ть, предлага́ть, and сове́товать

The verbs **помога́ть** (*to help*), **предлага́ть** (*to suggest*), and **сове́товать** (*to advise, to give advice*) govern the dative case; that is, the person receiving the help, suggestion, or advice is in the *dative case*. The verbs are conjugated as follows.

помога́|ть (I)	**предлага́|ть (I)**	**сове́т|ова|ть (I)**
я помога́ю	я предлага́ю	я сове́тую
ты помога́ешь	ты предлага́ешь	ты сове́туешь
они́ помога́ют	они́ предлага́ют	они́ сове́туют

*помо́чь (I)	***предлож|и́ть (II)**	***посове́т|ова|ть (I)**
я помогу́	я предложу́	я посове́тую
ты помо́жешь	ты предло́жишь	ты посове́туешь
он/она́ помо́жет	они́ предло́жат	они́ посове́туют
мы помо́жем		
вы помо́жете		
они́ помо́гут		

past tense: помо́г, помогла́, помогли́

imperative: Помоги́/те

Я ка́ждый день помога́ю **ма́ме.**	*I help (my) mother every day.*
Помоги́те **свои́м роди́телям!**	*Help your parents!*
Ли́за предложи́ла **мне** купи́ть па́пе га́лстук.	*Lisa suggested (to me) that I buy Dad a tie.*
Я сове́тую **тебе́** купи́ть ему́ кни́гу.	*I advise you to buy him a book.*

Упражне́ния

7. Translate the following into Russian.

1. Whom are you helping?
2. I am helping my mother.
3. I will help you tomorrow.
4. I helped my sister choose presents.
5. Victor helped me prepare dinner.
6. Help me clean the room.
7. Help me select a present for my grandfather.
8. Sasha suggested (to me) that I buy my sister a bracelet.
9. What do you advise me to give my friend Sasha?
10. I advise you to buy him a new watch.

13.6 Dative Case: The Verb нра́виться

A. **Present tense.** You have so far learned to express liking with the verb **люби́ть.** Although the verbs **люби́ть** and **нра́виться** (*to appeal, to please*) are often used interchangeably, they do have differences as well. **Люби́ть** is a more general term, whereas **нра́виться** often refers to a single, specific item or incident. Compare the following:

Вообще́ я люблю́ францу́зские фи́льмы, но э́тот фильм мне не нра́вится.
In general, I like French films, but this one I do not like.

When using the verb **нра́виться,** the *thing or person liked* is the *subject of the sentence.* The *person who likes* is in the *dative* case. Compare the following sentences with the verbs **люби́ть** and **нра́виться,** both of which can be translated as *I like Russian music.*

Я	люблю́	ру́сскую му́зыку.
subject	verb	direct object
nom.		**acc.**

Мне	нра́вится	ру́сская му́зыка.
indirect object	verb	subject
dat.		**nom.**

literally: *Russian music appeals to me.*

Notice also that the verb **нра́виться** must agree with a plural subject.

Мне	нра́вятся	ру́сские фи́льмы.
indirect object	verb	subject
dat.		**nom.**

literally: *Russian films appeal to me.*

Упражне́ния

8. Write complete sentences with the words given.

    Model: Ива́н/э́тот фильм   **Ива́ну нра́вится э́тот фильм.**

   1. я/э́та му́зыка

   2. Игорь/рок-му́зыка

   3. мой брат/э́ти фи́льмы

   4. он/э́тот фильм

   5. моя́ ма́ма/э́тот го́род

   6. мой друг Андре́й/футбо́л

   7. ты/э́та пе́сня/?

   8. мой ста́рший брат/джаз

   9. мои́ друзья́/э́та маши́на

  10. твоя́ сестра́/мои́ пода́рки/?

  11. мы/францу́зские духи́

  12. ваш преподава́тель/э́ти но́вые студе́нты/?

  13. моя́ ру́сская подру́га Та́ня/наш университе́т

  14. вы/э́тот го́род/?

  15. мои́ роди́тели/мой пода́рок

9. Write both questions and answers according to the model. Use the corresponding personal pronoun in the answer.

    Model: Ле́на/наро́дная му́зыка   **Кака́я му́зыка нра́вится Ле́не?**
                                         Ей нра́вится наро́дная му́зыка.

   1. Серге́й/класси́ческая му́зыка

   2. Ната́ша/поп-му́зыка

   3. твоя́ ста́ршая сестра́/совреме́нное иску́сство

   4. э́ти ру́сские студе́нты/класси́ческая поэ́зия

   5. Воло́дя/хокке́й (вид спо́рта)

   6. Па́па/ста́рые маши́ны

   7. твоя́ сестра́/францу́зские рома́ны

   8. твои́ роди́тели/о́пера (му́зыка)

   9. твоя́ де́вушка Та́ня/золоты́е ко́льца

  10. ва́ши де́ти/игру́шки (пода́рки)

B. Past tense. Past-tense sentences are formed as follows. Remember that the verb agrees with the *thing liked*.

Мáме *понрáвил**ся** подáрок.   (agrees with a masculine noun)
Mother liked the gift.

Игорю *понрáвил**ась** кнѝга.   (agrees with a feminine noun)
Igor liked the book.

Бáбушке *понрáвил**ось** письмó.   (agrees with a neuter noun)
Grandmother liked the letter.

Сáше *понрáвил**ись** лы́жи.   (agrees with a plural noun)
Sasha liked the skis.

Упражнéния

10. Which present did these people like most of all? Write sentences in the past tense.

> **Model:** Игорь/лы́жи   **Игорю бóльше всегó понрáвились лы́жи.**

1. Сáша/конькѝ
2. Ленá/кýкла
3. Андрéй/велосипéд
4. моя́ сестрá/серёжки
5. Анна/тéннисная ракéтка
6. бáбушка/шарф
7. мой млáдший брат Сергéй/ самолёт
8. пáпа/часы́
9. моя́ подрýга Тáня/духѝ
10. нáши родѝтели/билéт на концéрт

11. Respond to your friend's statements by asking if the person in question *liked* the object of the activity.

> **Model:** Лéтом я éздил в Москвý.   **Тебé понрáвилась Москвá?**

1. Вчерá я был в кинó. (фильм)
2. В суббóту мы ходѝли в нáшу нóвую библиотéку.
3. Лéтом мы éздили в Лóндон.
4. Моя́ женá былá в Москвé зимóй.
5. Вчерá моя́ сестрá встрéтила твоегó дрýга Вѝктора.
6. Бáбушка получѝла моё письмó 2 дня назáд.
7. Мой брат получѝл нóвые конькѝ в подáрок.
8. Вчерá мы бы́ли на балéте. Мы смотрéли «Лебедѝное óзеро».

C. ***Понра́вился** or **нра́вился.** The *past tense of an imperfective aspect* can sometimes indicate *reversal of an action*. The imperfective aspect form **нра́вился** implies that one has stopped liking something that was liked before, whereas the perfective aspect from ***понра́вился** denotes that the liking started in the past is still going on.

Ра́ньше мне **нра́вилась** рок-му́зыка, а тепе́рь мне бо́льше
нра́вится класси́ческая му́зыка.
*I **used to** like rock music, but now I prefer classical music.*

Мне о́чень ***понра́вился** э́тот фильм.
I liked this film very much (and I still do).

Упражне́ние

12. Here is a list of some people's past and current likings. Write sentences according to the model.

Model: Ра́ньше Анне нра́вился волейбо́л, а тепе́рь ей бо́льше
нра́вится те́ннис.

кто	ра́ньше	тепе́рь
1. Анна	волейбо́л	те́ннис
2. Серге́й	фигу́рное ката́ние	хокке́й
3. Воло́дя	ша́хматы	пла́вание
4. Та́ня	рок-му́зыка	джаз
5. И́горь	америка́нские фи́льмы	францу́зские фи́льмы
6. Ле́на	те́ннис	гимна́стика

13.7 Dative Case: The Preposition к

In this lesson, the preposition **к** (*to, toward*) is used to denote *direction toward a person*. Compare the following.

	Я иду́ в шко́лу.	(**в** + *acc.*)
Куда́ ты идёшь?	*I am going to school.*	
Where are you going?	Я иду́ **к** Ле́не.	(**к** + *dat.*)
	*I am going to **Lena's.***	

Я ходи́ла **к** И́горю вчера́. *I went to Igor's (house, place) yesterday.*
Приходи́ **к нам** ве́чером. *Come and visit us in the evening.*
  (literally: Come to us...)

Note: The preposition **к** adds the vowel **о** with the first-person pronoun. Remember also that the third-person pronouns add the consonant **н** with prepositions.

dat.	к + dat.	
мне	ко мнé	*to me*
емý	к немý	*to him*
ей	к ней	*to her*
им	к ним	*to them*

Упражнéние

13. Finish the sentences with the prepositions **к** or **в** and the correct case.

1. Кудá ты идёшь? Я идý (Лиза).

2. Вчерá я ходил (библиотéка).

3. Где Мáша? Онá пошлá (врач).

4. Приходи (мы) вéчером!

5. Кудá идёт Сергéй? Он идёт (Андрéй).

6. Зáвтра Лиза поéдет (бáбушка) (дерéвня *countryside*).

7. Зáвтра я поéду (Москвá) (мои родители).

8. Лéтом мы éздили (Иркýтск) (нáши друзья).

9. Игорь и Лéна не мóгут пойти в кинó. (Они) приéхали гóсти.

10. Приходи (я)!

13.8 Dative Case: Age Expressions

Age is expressed as follows:

Скóлько	**тебé**	лет?	*How old are you?*
How many	*for you*	*years?*	
	dat.		

Скóлько лет тво**ему** брáту?	*How old is your brother?*
Скóлько лет тво**им** родителям?	*How old are your parents?*
Мо**éй** млáдш**ей** сестрé 21 год.	*My younger sister is 21.*
Мо**емý** стáрш**ему** брáту 23 гóда.	*My older brother is 23.*

Age expressions in the past and future tenses need the verb **быть.** In the past tense, the *neuter* form **бы́ло** is used with all numerals other than those ending in l when pronounced.

past tense:	Когдá мне **бы́ло** 10 лет, мне нрáвился баскетбóл.
	When I was ten. I used to like basketball.

but:	Когдá Сергéю был 21 год, он éздил в Амéрику.
	When Sergei was 21, he went to America.

future:	Мне скóро **бýдет** 20 лет.
	I will be 20 soon.

Упражнёние

14. How would you say the following?

1. I'm 25.

2. How old is he?

3. How old are you (formal)?

4. She's 22.

5. Are you 21?

6. How old is your younger brother?

7. How old is your grandmother?

8. My grandfather is 75.

9. How old are your parents?

10. My mother is 40 and my father is 42.

11. My brother will be 18 soon.

12. When my sister was 15, she liked rock music.

13.9 Verbs родúться and умерéть

You will need the verbs **родúться** (*to be born*) and **умерéть** (*to die*) mostly in the past tense. The verb **умерéть** has a shorter past-tense stem, **умер-**. The masculine form does not add an **-л**. Pay attention to the shifting stress.

родúться	***умерéть**
родúлся	ýмер
родилáсь	умерлá
родилóсь	ýмерло
родилúсь	ýмерли

13.10 Time Expressions: Days, Months, and Years

Time expressions answering the question *when?* with days, months, and years use the following combinations of cases.

month only	**В како́м** ме́сяце?	в январе́	**в** + *prep.*
year only	**В како́м** году́?	в 1996-**ом** году́ (в ты́сяча девятьсо́т девяно́сто шесто́м году́) в 2011-**ом** году́ (в две ты́сячи оди́ннадцатом году́)	**в** + *prep.*
month + year	Когда́?	в январе́ 1996-**го** го́да (... девяно́сто шесто́го го́да) в январе́ 2011-го го́да (две ты́сячи оди́ннадцатого го́да)	**в** + *prep./gen.*
day + month	**Како́го числа́**? Когда́?	2-го января́ (второ́го января́)	*gen.*
day + month + year	**Како́го числа́**? Когда́?	2-го января́ 1996-**го** го́да (второ́го января́ ... девяно́сто шесто́го го́да)	*gen./gen.*

П. И. Чайко́вский **роди́лся** 25-го апре́ля 1840-го го́да и **у́мер** 25-го октября́ 1893-го го́да.

P. I. Tchaikovsky was born on April 25, 1840, and died on October 25, 1893.

To ask about somebody's birthday you can use the verb **роди́ться** or the noun phrase **день рожде́ния.**

Когда́ ты **роди́лся?** Я **роди́лся** 24-го (два́дцать четвёртого) февраля́.

or: Когда́ **твой день рожде́ния?** **Мой день рожде́ния** 24-го февраля́.

or: Когда́ **у тебя́ день рожде́ния?** **У меня́ день рожде́ния** 24-го февраля́.

Упражнéние

15. Translate the following into Russian.

1. In what month was your brother born?
2. Who (always masc.) was born in June?
3. In what month is Washington's birthday?
4. In what year did Tchaikovsky die?
5. When is your birthday?
6. My sisters were born in November.
7. My birthday is in May.
8. My best friend's birthday is on April 2.
9. Grandmother was born in 1945.
10. Anna Akhmatova died on March 5, 1966.
11. My grandfather died in February 2008.
12. Lena was born on January 31, 1989.
13. Volodya was born in June 2002.
14. Larisa's birthday is November 2.
15. Natasha was born on September 30, 2000.

Vocabulary

Note: The core vocabulary is **boldfaced.**

Nouns

Gifts

браслéт	*bracelet*
бýсы	*necklace*
гáлстук	*necktie*
грузовúк	*truck*
духú *pl. only*	*perfume*
игрýшка	*toy*
клю́шка (хоккéйная)	*(hockey) stick*
кольцó, *pl.* **кóльца**	*ring*
кýбики	*building blocks*
кýкла	*doll*
кулóн	*pendant*

мúшка *m.*	*teddy bear*
мяч	*ball*
одéжда	*clothing*
подáр(о)к, *pl.* **подáрки**	*gift, present*
ракéтка (тéннисная)	*(tennis) racket*
самолёт	*airplane*
свúтер	*sweater*
серёжка	*earring*
сýмка	*bag, purse*
товáры	*goods*
спортúвные ~	*sporting goods*
цветы́, *sg.* цветóк	*flowers*
цепóчка	*chain*

часы́ *pl. only*	*watch*
шарф	*scarf*
ювели́рные изде́лия	*jewelry*
янта́рь *m.*	*amber*

Holidays and celebrations

вечери́нка	*party*
Восьмо́е ма́рта, Междунаро́дный же́нский день	*International Women's Day*
Дед Моро́з	*Grandfather Frost*
День незави́симости	*Independence Day*
День Побе́ды	*Victory Day*
день рожде́ния	*birthday*
ёлка	*fir tree*
имени́нн|ик, -ица	*person celebrating name day*
имени́ны	*name day*
маскара́д	*costume party*
Па́сха	*Easter*
Пе́рвое ма́я	*May Day*
пра́здник	*celebration, holiday*
Рождество́	*Christmas*
Снегу́рочка	*Snow maiden*
у́тренник	*morning party*

Months (all masc.)

янва́рь (в январе́)	*January*
февра́ль (-é)	*February*
март	*March*
апре́ль	*April*
май	*May*
ию́нь	*June*
ию́ль	*July*
а́вгуст	*August*
сентя́брь (-é)	*September*

октя́брь (-é)	*October*
ноя́брь (-é)	*November*
дека́брь (-é)	*December*

Other nouns

вы́бор	*selection, choice*
гость *m.*	*guest*
ходи́ть в го́сти	*to go for a visit*
быть в гостя́х	*to be visiting*
иде́я	*idea*
инде́йка	*turkey*
клю́ква	*cranberry*
кукуру́за	*corn*
ма́ска	*mask*
откры́тка	*card*
предложе́ние	*suggestion*
проблéма	*problem*
ро́дственник	*relative*
сиро́п	*sauce, syrup*
сла́дости *pl. only*	*sweets*
труд	*labor*
ты́ква	*pumpkin*
хозя́ин	*host*
хозя́йка	*hostess*
число́	*date, number*
ша́рик, возду́шный ~	*balloon*

Adjectives

вани́льный	*vanilla*
вку́сный	*delicious*
золото́й	*gold(en)*
-ле́тний, -ле́тняя, -ле́тнее, -ле́тние *soft adj.*	here: *-year-old*
пятиле́тний ма́льчик	*five-year-old boy*

международный	international
мла́дший	younger, youngest
мо́дный	fashionable
моло́же comp. of молодо́й	younger
оригина́льный	creative
после́дний, -яя, -ее, -ие soft adj.	last
пра́здничный	festive
религио́зный	religious
сере́бряный	silver
сла́дкий	sweet
ста́рше comp. of ста́рый	older
ста́рший	older, oldest
фарширо́ванный	stuffed
шокола́дный	chocolate

Adverbs

бо́льше всего́	most of all
вообще́	in general, generally
и́менно	exactly
ско́ро	soon

Pronouns

кому́ dat.	to whom, for whom
мне dat.	to me, for me
тебе́ dat.	to you, for you
ему́ dat.	to him, for him
ей dat.	to her, for her
нам dat.	to us for us
вам dat.	to you, for you
им dat.	for them
свой poss.	one's own
себе́ reflexive	for oneself

Prepositions

к + dat.	to, toward
от + gen.	from

Verbs

выбира́|ть (I)	to choose, to pick
*вы́брать (I) вы́беру, вы́берешь, вы́берут	
да|**ва́ть (I)** даю́, даёшь, даю́т *дать дам, дашь, даст, дади́м, дади́те, даду́т; imp. да́й/те	to give
дар|**и́ть (II)** дарю́, да́ришь, да́рят *подари́ть	to give as a present
нра́виться (II) нра́вится, нра́вятся *понра́виться	to like, to please
отмеча́|ть (I)	to celebrate
*поду́ма|ть (I)	to think (for a while)
поздравля́|ть (I)	to congratulate
покупа́ть (I) *куп|и́ть (II) куплю́, ку́пишь, ку́пят	to buy
получа́|ть (I) *получ|и́ть (II) получу́, полу́чишь, полу́чат	to get, to receive

помога|ть (I)	*to help, to aid*
*помо́чь (I)	
помогу́,	
помо́жешь,	
помо́гут;	
past **помо́г,**	
помогла́, помогли́;	
imp. **помоги́/те**	
*по/проси́ть	*to ask (for)*
*предлага́|ть (I)	*to suggest*
*предлож|и́ть (II)	
предложу́,	
предло́жишь,	
предло́жат	
приглаша́|ть (I)	*to invite*
*пригласи́ть (II)	
приглашу́,	
пригласи́шь,	
пригласи́т	
приходи́ть (II)	*to arrive*
прихожу́,	
прихо́дишь,	
прихо́дят;	
imp. **приходи́те**	
*роди́ться	*to be born*
роди́лся,	
родила́сь,	
родили́сь	
слы́ш|ать (II)	*to hear*
слы́шу, слы́шишь,	
слы́шат	

сове́т|ова|ть (I)	*to give advice, to advise*
сове́тую,	
сове́туешь,	
сове́туют	
*посове́товать	
украша́|ть (I)	*to decorate*
умира́|ть (I)	*to die, to pass away*
*умере́ть (I)	
умру́, умрёшь,	
умру́т;	
past **у́мер, умерла́,**	
у́мерли	
устра́ива|ть (I)	*to organize*

Phrases

Добро́ пожа́ловать!	*Welcome!*
С днём рожде́ния!	*Happy Birthday!*
С новосе́льем!	*On your new house!*
С новорождённым!	*On your new baby!*
С Но́вым го́дом!	*Happy New Year!*
С пра́здником!	*Happy holiday!*
С пра́здником Восьмо́го ма́рта!	*Happy Women's Day!*
С Рождество́м!	*Merry Christmas!*
Христо́с воскре́с!	*Happy Easter! (literally: Christ is risen!)*
Во́истину воскре́с!	*response to «Happy Easter» (Truly is risen!)*

Уро́к 14 (Четы́рнадцатый уро́к)
Кака́я за́втра бу́дет пого́да?

THEMES

- Talking about the weather
- The Russian view of nature
- Discussing weather-related activities

CULTURE

- The climate of Russia
- Nature and the seasons
- The White Nights
- «Уж не́бо о́сенью дыша́ло»
- Climatic zones and animals

STRUCTURES

- Syntax: impersonal versus noun + adjective constructions: сего́дня хо́лодно/холо́дная пого́да
- Irregular comparative of adjectives and adverbs
- Emphasis with намно́го
- Impersonal constructions/ physical and emotional conditions: мне жа́рко, нам ве́село
- Necessity with на́до
- *If* clauses: future
- Syntax: тако́й versus так
- Soft adjectives

Е́сли за́втра бу́дет хоро́шая пого́да, мы пое́дем в Петродворе́ц.

Talking About the Weather

Днём **свéтит** сóлнце.   Нóчью **свéтит** лунá.

The word **сóлнце** is pronounced [сонце].

Какáя сегóдня **погóда**?	Сегóдня хорóшая погóда. плохáя погóда.
Какáя вчерá **былá** погóда?	Вчерá **былá холóдная** погóда.
Какáя зáвтра **бýдет** погóда?	Зáвтра **бýдет тёплая** погóда.

In Russian, the weather can be **хорóшая, плохáя, прекрáсная** (*wonderful*), but not красúвая.

14.1 Syntax (A & B)

Сегóдня...
Вчерá бы́ло...
Зáвтра бýдет...

сóлнечно   óблачно   пáсмурно

Сегóдня...
Вчерá был/á...
Зáвтра бýдет...

жáрко
теплó
прохлáдно

хóлодно

     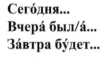

сúльный вéтер   морóз   грозá

Сегóдня идёт...
Вчерá шёл...
Зáвтра бýдет...

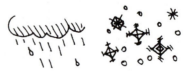

дождь   снег

When it is raining cats and dogs in English, Russian rain is being poured from a bucket: **Дождь льёт как из ведрá.**

1. Пого́да сего́дня, вчера́ и за́втра. With your partner, practice asking about the weather conditions in the following cities. Pay close attention to the Russian equivalents you need.

S1: Кака́я пого́да в Нью-Йо́рке сего́дня?

S2: Хоро́шая пого́да.

S1: А кака́я пого́да была́ вчера́?

S2: Вчера́ была́ плоха́я пого́да.

S1: А за́втра бу́дет кака́я пого́да?

S2: За́втра бу́дет хо́лодно.

	вчера́	сего́дня	за́втра
Нью-Йо́рк	bad weather	nice weather	cold
Да́ллас	sunny	cloudy	overcast
Чика́го	hot	warm	cold
Орла́ндо	sunny	windy	rainy
Москва́	rain	snow	frost
С-Петербу́рг	snow	rain	cool
Ло́ндон	overcast	thunderstorm	rain
Хе́льсинки	cool	cold	snow

Осенью ча́сто	**быва́ет**	хо́лодно.
		холо́дная пого́да.
	быва́ют	дожди́.

Осенью ча́сто **идёт** дождь.

14.1 Syntax (C)

- Кака́я сего́дня пого́да?
- А вчера́ кака́я была́ пого́да?
- Кака́я пого́да бу́дет за́втра?
- Кака́я пого́да в ва́шем го́роде зимо́й/весно́й/ле́том/о́сенью?
- В ва́шем го́роде ча́сто быва́ет хо́лодно?
- В ва́шем го́роде высо́кая вла́жность (*humidity*)?
- Вам нра́вится ле́то в ва́шем го́роде? Почему́ (нет)?
- Како́е вре́мя го́да вам бо́льше всего́ нра́вится: ле́то, о́сень, зима́ и́ли весна́? Почему́?

> Зимóй в Сибúри **намнóго** холоднéе, **чем** на берегý Чёрного мóря.

14.2 Comparative of Adjectives and Adverbs

			Opposites		
adjective	**adverb**	**comparative**	**adjective**	**adverb**	**comparative**
высóкий	высокó	вы́ше	нúзкий	нúзко	нúже
длúнный	(длúнно)	длиннéе	корóткий	кóротко	корóче
холóдный	**хóлодно**	**холоднéе**	**тёплый**	**теплó**	**теплéе**
			жáркий	**жáрко**	**жáрче**
тёмный	темнó	темнéе	я́ркий	я́рко	я́рче
			я́сный	я́сно	яснéе
			свéтлый	светлó	светлéе
сúльный	сúльно	сильнéе	слáбый	слáбо	слабéе

2. **Ассоциáции.** Which adjectives would you associate with the following nouns: **температýра; день; ночь; погóда; вéтер; лéто; сóлнце; дождь**?

   Model: высóкая температýра, нúзкая температýра, ...

3. **Когдá нóчи длиннéе?** Answer the following questions.

   1. Когдá нóчи длиннéе: зимóй úли лéтом? А дни?
   2. Где дни лéтом длиннéе: на сéвере úли на ю́ге?
   3. Где дни зимóй корóче: на сéвере úли на ю́ге?
   4. В какóм штáте зимóй холоднéе: на Аля́ске úли в Техáсе?
   5. В какóм гóроде зимóй теплéе: в Нью-Йóрке úли в Хью́стоне? Почемý?
   6. Где зимóй холоднéе: в Сибúри úли на Гавáйских островáх?

> The northern part of the globe is characterized by few hours of daylight in winter and, in contrast, long hours of daylight in summer.

4. Длиннее или короче? Compare the items in column A with those in column B using comparatives of the adjectives in the box.

Model: лето в Санкт-Петербурге / лето на берегу Чёрного моря

Лето в Санкт-Петербурге намного холоднее, чем на берегу Чёрного моря.

A	B
1. ночь	день
2. солнце	луна
3. зима на севере	зима на юге
4. лето на севере	лето на юге
5. климат в Аризоне	климат в Массачусетсе
6. ветер в городе Чикаго	ветер в городе Эль-Пасо
7. зима в Сибири	зима в нашем городе

Какая сегодня температура?	Сегодня	21 градус	тепла.
		22 градуса	мороза.
		25 градусов	

По Фаренгейту   **По Цельсию**

+4 градуса/
4 градуса тепла/
4 градуса выше нуля

нуль / ноль

−20 градусов/
20 градусов мороза/
20 градусов ниже нуля

Degrees above and below zero can be expressed in three ways: (1) using the words **плюс** and **минус**, (2) using the words **тепла** (*of warmth*) and **мороза** (*of frost*), and (3) using the expressions **выше нуля** (*above zero*) and **ниже нуля** (*below zero*).

5. Какáя там погóда?

A. The chart shows the weather conditions in various cities around the world. Answer the questions.

1. В какóм гóроде сегóдня сáмая высóкая температýра? А сáмая нúзкая?

2. В какúх городáх идёт дождь? А снег?

3. Где свéтит сóлнце? А где пáсмурно?

4. В какóм гóроде сегóдня теплéе: в Лóндоне úли в Москвé? На скóлько грáдусов теплéе?

5. Где сегóдня холоднéе: в Нью-Йóрке úли в Парúже? На скóлько грáдусов холоднéе?

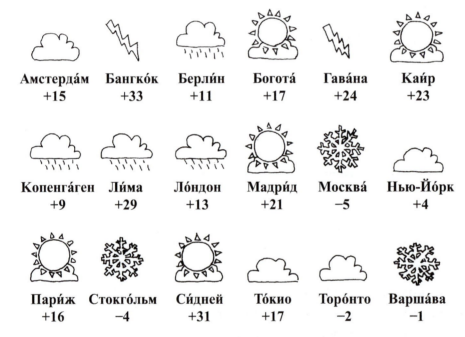

Амстердáм +15	Бангкóк +33	Берлúн +11	Боготá +17	Гавáна +24	Кáир +23
Копенгáген +9	Лúма +29	Лóндон +13	Мадрúд +21	Москвá −5	Нью-Йóрк +4
Парúж +16	Стокгóльм −4	Сúдней +31	Тóкио +17	Торóнто −2	Варшáва −1

B. Working with a partner, ask questions about the cities.

S1: Какáя сегóдня погóда в Амстердáме?

S2: В Амстердáме сегóдня пáсмурно. Температýра 15 грáдусов теплá.

6. Прогнóз погóды.

A. Look at the weather forecast and answer the following questions.

без *without*

осáдки *precipitation*

1. What city is the forecast for?

2. What dates is the forecast for?

3. Is precipitation to be expected on the first day of the forecast? How about the following days?

4. What are the direction and strength of the wind?

5. What is the range of temperatures on the first day? How about the following days?

B. How are the following expressed in the Russian text: *sleet, high temperature, above zero*?

Погода

В Москве и Московской области 26 марта в отдельных районах слабый дождь со снегом, ветер юго-восточный, 5–10 м/сек. Максимальная температура днём 3–5 градусов тепла, по области 1–6 градусов тепла, на дорогах местами гололедица. 27 и 28 марта без осадков, ветер юго-восточный, 5–10 м/сек, днём 2–7 градусов тепла.

---

7. Сре́дняя температу́ра в ра́зных города́х. Use the temperature chart to answer the questions. Refer to the map of Russia on the inside cover of the book for the location of the cities.

1. Где нахо́дятся э́ти города́?

2. Кака́я сре́дняя температу́ра в Москве́ зимо́й и ле́том?

3. Где сре́дняя температу́ра ни́же зимо́й: во Владивосто́ке и́ли в Санкт-Петербу́рге? На ско́лько гра́дусов ни́же?

4. Где ле́том тепле́е: в Москве́ и́ли в Санкт-Петербу́рге? Во Владивосто́ке и́ли в Москве́? На ско́лько гра́дусов тепле́е?

5. В како́м го́роде са́мая ни́зкая сре́дняя температу́ра зимо́й?

6. А в како́м го́роде са́мая высо́кая сре́дняя температу́ра ле́том?

	сре́дняя температу́ра	
го́род	зимо́й	ле́том
Москва́	–12°C	+18°C
Санкт-Петербу́рг	–9°C	+17°C
Со́чи	+6°C	+23°C
Ирку́тск	–20°C	+16°C
Владивосто́к	–14°C	+21°C

8. Диало́ги. Read the two dialogues and answer the questions that follow.

Ли́за звони́т Ми́те во Владивосто́к.

Ли́за: Кака́я у вас сего́дня пого́да?

Ми́тя: Хоро́шая пого́да. Со́лнце све́тит, ве́тра нет, температу́ра 22 гра́дуса тепла́. А вчера́ была́ плоха́я пого́да. Весь день шёл дождь и бы́ло хо́лодно.

Ли́за: У вас ча́сто идёт дождь?

Ми́тя: В а́вгусте почти́ ка́ждый день.

Марк и Ни́на разгова́ривают. Ни́на то́лько что верну́лась из Санкт-Петербу́рга.

Марк: Тебе́ понра́вился Санкт-Петербу́рг?

Ни́на: Да, о́чень понра́вился.

Марк: А пого́да там кака́я была́?

Ни́на: Дово́льно хо́лодно бы́ло. Ча́сто шёл дождь и́ли снег.

Марк: А температу́ра кака́я была́?

Ни́на: Ми́нус 10 – плюс 5 гра́дусов.

Марк: По Фаренге́йту?

Ни́на: Нет, по Це́льсию.

Марк: Ра́зве э́то хо́лодно?

Ни́на: Нет, не о́чень, но ве́тер был о́чень си́льный.

Марк: Тогда́ коне́чно.

> The word **ра́зве** does not have a direct equivalent in English. It expresses doubt or disbelief in something that was said and can be translated as *I wonder if . . .* or *You don't really mean that . . .*

1. Когда́ Ми́тя и Ли́за разгова́ривают: ле́том и́ли зимо́й?
2. Кака́я во Владивосто́ке пого́да?
3. Как вы ду́маете, когда́ Ни́на была́ в Санкт-Петербу́рге?
4. Кака́я там была́ пого́да?
5. Как вы ду́маете, Марк ру́сский? Почему́ (нет)?
6. Как вы ду́маете, Марк живёт на се́вере и́ли на ю́ге? Почему́?

9. Игровы́е ситуа́ции. Conduct the following dialogues with a classmate.

1. Your friend is spending a semester in Russia. Call him or her and compare the weather conditions today.
2. Your friend just returned from a trip. Find out where he or she was and how the weather was there. Then describe the weather conditions in your city while your friend was away.

Приро́да и времена́ го́да

Russian literature and music are full of descriptions of nature, and of trees in particular, often to the extent of boring a Western reader, who is unaccustomed to such detailed odes to nature. For Russians, nature is everywhere: it is in the white trunk of a **берёза** (*birch tree*), the symbol of Russian nature, and in the color of leaves in the fall. **Золота́я о́сень** (*golden fall*) is a phrase often heard, and it is also the name of a painting by the famous Russian landscape artist **Исаа́к Левита́н.**

The seasons are represented not only in art and in literature, but also in music. Tchaikovsky wrote a series of twelve lyric songs for the piano called **«Времена́ го́да»** (*The Four Seasons*), one for each month of the year. Each song reflects the feelings and emotions of people during that particular month.

Бе́лые но́чи refers to the time around the summer solstice, June 21, when the amount of continuous daylight ranges from a full 24 hours above the Arctic Circle to approximately 20 hours on the latitude of St. Petersburg. **«Бе́лые но́чи»** is also the name of a popular arts festival held in St. Petersburg during that time.

10. Уж не́бо о́сенью дыша́ло...

Here is an excerpt from Pushkin's novel-in-verse «Евге́ний Оне́гин».

1. Which season is it describing? Which month?
2. Find the adjective that describes the month.
3. What does it say about the length of the day?
4. How about the sun?
5. The Russian word for *a goose* is гусь. What does the poem say about the geese?
6. What is the general mood of the poem?

> "... Уж не́бо о́сенью дыша́ло,
> Уж ре́же со́лнышко блиста́ло,
> Коро́че станови́лся день,
> Лесо́в таи́нственная сень
> С печа́льным шу́мом обнажа́лась,
> Ложи́лся на поля́ тума́н,
> Гусе́й крикли́вых карава́н
> Тяну́лся к ю́гу: приближа́лась
> Дово́льно ску́чная пора́;
> Стоя́л ноя́брь уж у двора́..."
>
> *А.С. Пу́шкин, "Евге́ний Оне́гин", гл. 4*

Исаа́к Левита́н "Золота́я о́сень"

Discussing Weather-Related Activities

Тебе́ хо́лодно?	Нет, **мне** тепло́/жа́рко/хорошо́.

14.3 Impersonal Constructions

На у́лице, literally *in the street*, is also used in the meaning *outside*.

На у́лице хо́лодно.
Ле́не **на́до наде́ть пальто́.**

14.4 Necessity with на́до

Серге́ю жа́рко.
Ему́ **на́до снять ку́ртку.**

Что вам на́до де́лать, е́сли на у́лице о́чень хо́лодно? А е́сли на у́лице жа́рко?

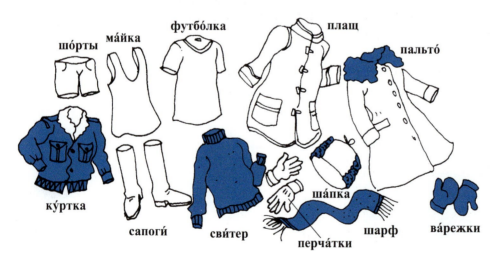

шо́рты ма́йка футбо́лка плащ пальто́

ку́ртка сапоги́ сви́тер перча́тки ша́пка шарф ва́режки

11. Что им на́до де́лать? These people are not properly dressed for the weather. What should they do?

Ка́тя	**Алла**	**Юра**	**ма́ма и Ди́ма**

Е́сли за́втра **бу́дет** хоро́шая пого́да,	мы **бу́дем игра́ть** в те́ннис.
	мы **пойдём** в зоопа́рк.
	мы **пое́дем** на пляж.

14.5 *If* Clauses

А вы?
- Что вы бу́дете де́лать в суббо́ту, е́сли бу́дет хоро́шая пого́да?
- А е́сли бу́дет плоха́я пого́да?

12. Куда́ они́ пойду́т? Куда́ они́ пое́дут? Where are these people going tomorrow if the weather is nice? Use the verb пойти́ for short distances and пое́хатъ for long distances.

S1: Куда пойдёт/пое́дет Са́ша, е́сли за́втра бу́дет хоро́шая пого́да?

S2: Е́сли за́втра бу́дет хоро́шая пого́да, он пойдёт/пое́дет на стадио́н.

1. Оля — парк (бли́зко)
2. Ни́на и Серёжа — пляж (далеко́)
3. ба́бушка и де́душка — да́ча (далеко́)
4. дя́дя Ва́ня — о́зеро (далеко́)
5. Ми́ша и Ле́на — зоопа́рк (бли́зко)

13. Если за́втра бу́дет...

A. It is the end of September in St. Petersburg. The weather is very unpredictable and can range from an Indian summer to snow. Larisa was asked what she would do tomorrow under the following eight weather conditions. Her answers were accidentally mixed up. Select the most logical answer for each condition. Also give recommendations for clothing when appropriate.

S1: Что бу́дет де́лать Лари́са, е́сли за́втра бу́дет тепло́?

S2: Е́сли за́втра бу́дет тепло́, она́ бу́дет гуля́ть в па́рке/она́ пойдёт в парк.

S1: Как ты ду́маешь, что ей на́до наде́ть?

S2: Ей на́до наде́ть джи́нсы и футбо́лку.

погода	её ответ (*her response*)
1. хо́лодно	убира́ть кварти́ру
2. дождь	зоопа́рк
3. жа́рко	ката́ться на лы́жах
4. со́лнечно	библиоте́ка
5. снег	сиде́ть до́ма и чита́ть
6. си́льный ве́тер	собира́ть грибы́
7. па́смурно	пляж
8. гроза́	ката́ться на па́русной ло́дке

B. Ask what your friend will be doing tomorrow under the weather conditions in part A.

Е́сли за́втра бу́дет	**така́я же** хоро́шая пого́да, **так же** тепло́,	
		как сего́дня, мы пойдём на пляж.
Е́сли за́втра **не** бу́дет	**така́я** плоха́я пого́да, **так** хо́лодно,	

14.6 Syntax: тако́й Versus так

14. Только если...

A. Your classmate and his or her friends will go to the following places only if the weather tomorrow compares favorably with the weather today.

S1: Вы за́втра пое́дете на да́чу?

S2: Да, пое́дем, но то́лько е́сли за́втра **не бу́дет так** хо́лодно, как сего́дня.

or: Да, пое́дем, но то́лько е́сли за́втра **бу́дет так же** тепло́, как сего́дня.

куда́ пойти́/пое́хать	за́втра
в бассе́йн	не бу́дет так хо́лодно
на стадио́н	бу́дет така́я же хоро́шая пого́да
за́ город	бу́дет так же тепло́
в зоопа́рк	не бу́дет та́кая плоха́я пого́да
на пляж	бу́дет так же жа́рко

B. Respond to the following statements by giving your conditions.

1. Дава́й пое́дем за́втра за́ город!

2. Дава́й пойдём за́втра в парк!

3. Дава́й пойдём ката́ться на конька́х за́втра!

4. Дава́й пойдём игра́ть в те́ннис за́втра!

Chapter Review

A. You should now be able to . . .

1. ask and answer questions about the weather, including the sun, wind, rain, snow, and temperature; in the past, present, and future

2. compare weather conditions in different places

3. express temperature in Celsius and Fahrenheit

4. describe the typical weather conditions of an area

5. express physical and emotional conditions concerning temperature; well-being; boredom and interest; fun

6. give advice about appropriate clothing

7. say how activities depend on the weather

8. say how activities relate to the current weather

For self-tests and additional practice, please go to the Book Companion Site, available at www.wiley.com/college/nummikoski

B. Roleplay. Pretend to be a weather forecaster. Using a weather map, explain the current weather conditions around the United States or Russia. Also make a forecast for the next few days.

C. **Dialogue.** Invite a friend to your да́ча this weekend. Your friend is wondering about the weather, because the forecast was a little vague. Discuss what you will do there under various weather conditions.

D. **Roleplay.** You live in a cold Russian city of your choice (Irkutsk, Novosibirsk, Vladivostok, Murmansk). Your classmate is a foreigner who lives in a warm climate. You are both at the Moscow airport waiting for a plane. Introduce yourself to the foreigner and compare the climates of your cities. Also discuss what leisure-time activities can be done in your climate.

 E. **Interview Video.** Ру́сская приро́да.

Extra

Природные зоны и животный мир России

Животные

The following texts describe the four main climatic zones in Russia: arctic, tundra, taiga, and steppe. Skim through the readings to find answers to the questions in English that follow. Do not try to understand every word.

Крайний север

Крайний север входит в состав ледяной зоны, в пределах которой находится Северный Ледовитый океан, его окраинные моря и острова.

В пределах ледяной зоны 23–176 суток длится полярная ночь, темнота которой несколько оживляется мерцанием звёзд и слабым светом луны. Морозы в центральных районах Арктики достигают –40°C, а на побережьях –30°C.

Полярная ночь постепенно сменяется полярным днём, продолжительностью 40–189 суток. Наступает короткое полярное лето с низким положением солнца над линией горизонта. Средняя

Other vocabulary: лёд, ледяно́й *ice, icy*; пти́ца *bird*; трава́ *grass*

Areas above the Arctic Circle have at least one day of complete darkness in winter (winter solstice, December 21) and one day of continuous daylight in summer (summer solstice, June 21). The number of these days increases gradually toward the North Pole, where there are 176 days of complete darkness and 189 days of continuous daylight.

температура воздуха в июле на морских побережьях достигает только +5...+9°C, а в центральных районах и того меньше: 0°...+2°C. Погода летом часто бывает ясная, но холодная.

К числу постоянных обитателей Крайнего севера относятся гренландский кит, северные дельфины, морж, тюлень и белый медведь.

1. The Arctic region does not include the mainland of Russia. What does it include instead?

2. "Polar Night" refers to the time in winter when the sun does not rise above the horizon at all. What is the range of the Polar Night in the Arctic regions?

3. What is the only source of light during Polar Nights?

4. What is the temperature in winter?

5. During Polar Days in the summer the sun does not set at all. What is the range of the Polar Day in the Arctic regions?

6. What is the weather like in the summer?

7. What animals live permanently in the Arctic?

Тундра и лесотундра

Тундра (вместе с лесотундрой) занимает 10% всей территории России. Климат тундры суровый: зима длится 6–8 месяцев, часты морозы, доходящие до −50°C, сильные холодные ветры.

Лето в тундре короткое и холодное. Средняя температура в июле не превышает +10°C. Заморозки бывают даже летом, а снег выпадает уже в августе.

Постоянных обитателей в тундре мало: лемминги, дикие северные олени и некоторые птицы.

1. How much of the territory in Russia does the tundra occupy?

2. How long does the winter last?

3. What is the weather like in winter?

4. What is the weather like in summer?

5. What animals live in the tundra?

се́верный оле́нь

Лесные полосы: тайга, смешанные и лиственные леса

Тайга – полоса сурового хвойного леса, состоящего из ели, сосны и других деревьев. В европейской части России тайга простирается от Карелии до Урала, далее тянется через всю Сибирь, включая Камчатку и Сахалин.

Климат тайги характеризуется тёплым и довольно влажным летом и прохладной, а местами холодной зимой. Температура воздуха летом нередко превышает +30°C; зимой морозы достигают −30...−50°C.

Животных в тайге много. К их числу могут быть отнесены: соболь, рысь, бурый медведь, волк, красная лиса, белка, заяц и ёж.

В лиственных лесах Дальнего Востока живёт самая крупная дикая кошка, обитающая в России – амурский тигр.

1. What areas of Russia does the taiga cover?
2. What is summer like in the taiga?
3. What about winter?
4. What animals live in the taiga?
5. What animal lives in the forests of the Far East?

Степь

Степь занимает территорию от Азовского моря до Южного Урала. Степи распространены также в Западной Сибири. Поверхность этой зоны покрыта в основном травами.

Средняя температура июля +22...+23,5°C (жара местами достигает +40°C). Погода стоит сухая и солнечная. Зима короче и теплее, чем в лесной зоне, с морозами −20...−30°C.

Типичные представители животного мира степи являются степной волк и сайгак (небольшая антилопа).

1. What areas of Russia does the steppe cover?
2. What is the main vegetation of the steppes?
3. What is the weather like in summer?
4. What is the weather like in winter?
5. What are some typical animals of the steppes?

Word Building

Roots

-хлад-, -холод- *cold*

хо́лод   *cold*
холоди́льник   *refrigerator*
охлади́ть   *to cool*
холо́дный   *cold*
прохла́дный   *cool*

-мороз- *frost*

Дед Моро́з   *Grandfather Frost*
морози́льник   *freezer*
моро́женое   *ice cream*
*за/моро́зить   *to freeze*

Soft Adjectives

Soft adjectives are formed with a suffix **-н(ь)-**. Most of them refer to time or place.

14.7 Soft Adjectives

Time

зи́мний   *winter(y)*
   Зи́мний дворе́ц   *Winter Palace (in St. Petersburg)*
весе́нний   *spring, springlike*
   весе́нний день   *spring day*
осе́нний   *autumnal*
   «Осе́нний марафо́н»   *Autumn Marathon (a Russian film)*
ле́тний   *summer(y)*
   Ле́тний сад   *Summer Garden (in St. Petersburg)*
у́тренний   *morning*
   у́тренняя переда́ча   *morning broadcast*
вече́рний   *evening*
   «Вече́рний звон»   *Evening Bell(s) (a Russian song)*

Place

спрéдний *middle*

   срéдняя температýра *average temperature*

   срéдняя шкóла *middle school (including high school)*

   Срéдняя Азия *Central Asia*

нѝжний *lower*

   Нѝжний Нóвгород *Nizhny Novgorod (a city in Russia)*

вéрхний *upper*

   Озеро Вéрхнее *Lake Superior*

дáльний *distant*

   Дáльний Востóк *Far East*

послéдний *last*

   послéдний пóезд *the last train*

крáйний *extreme*

   Крáйний Сéвер *the Far North*

Other Adjectives

сѝний *blue*

   сѝние джѝнсы *blue jeans*

лѝшний *extra*

   лѝшний билéт *extra ticket*

домáшний *home*

   домáшнее задáние *homework*

ГРАММАТИКА

14.1 Syntax

A. Weather conditions can be expressed using two different constructions.

1. *Adjective + noun constructions.* In these, the adjective agrees with the noun погóда (*weather*).

Сегóдня холóдн**ая погóда.**	*The weather is cold today.*
Вчерá был**á** холóдн**ая погóда.**	*The weather was cold yesterday.*
Зáвтра бýдет холóдн**ая погóда.**	*The weather will be cold tomorrow.*

2. *Impersonal constructions* with (predicative) *adverbs.* These constructions do not modify a noun. Notice also that the word **э́то** is not used (compare the English *it*).

Сегóдня хóлодн**о.**	*It is cold today.*
Вчерá бы́л**о** хóлодн**о.**	*It was cold yesterday.*
Зáвтра бýдет хóлодн**о.**	*It will be cold tomorrow.*

Pay special attention to the stress shift that sometimes occurs from adjectives to adverbs.

холóдн|ый	*cold*	хóлодн**о**	*it is cold*
тёпл|ый	*warm*	тепл**ó**	*it is warm*

Упражнéние

1. Change the sentences from impersonal to adjective + noun constructions and vice versa.

Model: Сегóдня теплó.　　　　　　**Сегóдня тёплая погóда.**
　　　　　Вчерá былá тёплая погóда.　**Вчерá бы́ло теплó.**

1. Сегóдня хóлодно.
2. Вчерá былá тёплая погóда.
3. Зáвтра бýдет теплó.
4. Зáвтра бýдет прохлáдно.
5. Вчерá бы́ло хóлодно.
6. В Сиби́ри зимóй холóдная погóда.
7. На Чёрном мóре лéтом жáрко.
8. Вчерá бы́ло сóлнечно и теплó.
9. В суббóту былá óблачная погóда.
10. Сегóдня сóлнечно.

B. *Nouns* are used to express *windy* and *freezing* conditions, as well as *thunderstorms.*

Сего́дня си́льный **ве́тер.**	*It is windy today.*	
За́втра бу́дет **моро́з.**	*It will be freezing tomorrow.*	
Вчера́ был **си́льный ве́тер.**	*It was windy yesterday.*	(agrees with the masculine noun)
Вчера́ была́ **гроза́.**	*There was a thunderstorm yesterday.*	(agrees with the feminine noun)

Nouns are also used to express *raining* and *snowing.* The verb **идти́** is used mostly in the *present* and *past* tenses.

Сего́дня **идёт** дождь.	*It is raining today.*
В Москве́ ча́сто **идёт** снег зимо́й.	*It snows often in Moscow in winter.*
Вчера́ **шёл** си́льный дождь.	*It rained hard yesterday.*
Пошёл дождь.	*It **began to** rain.*

In the future tense, the verb **идти́** is replaced by the verb **быть.**

По ра́дио говори́ли, что за́втра **бу́дет** снег.
They said on the radio that it will snow tomorrow.

C. To express *frequent* or *typical* weather conditions in the present tense, the verb **быва́ть** (*to be* [*frequently*]) is often used.

Ле́том ча́сто **быва́ет** хоро́шая пого́да.	*The weather is often nice in the summer.*
В Москве́ ча́сто **быва́ет** хо́лодно.	*It is often cold in Moscow.*
В Санкт-Петербу́рге ча́сто **быва́ет** ве́тер.	*It is often windy in St. Petersburg.*

The verb **быва́ть** can also replace the verb **идти́** to express frequent or typical raining or snowing.

В а́вгусте **ча́сто быва́ют** дожди́.	(The noun *rain* is in the plural.)
It often rains in August.	
or: В а́вгусте ча́сто **идёт** дождь.	

Упражне́ние

2. How would you say the following in Russian?

1. What's the weather like today?
2. The weather is nice today.
3. The weather was awful yesterday.

4. It will be cold tomorrow.

5. Is it sunny today?

6. It was warm yesterday.

7. Is it windy today?

8. It is raining.

9. Does it often snow in Murmansk in winter?

10. What was the weather like in Moscow?

11. Does it often rain in Moscow?

12. Is it cold in Moscow in winter?

13. It rained all day (весь день) yesterday.

14. It will be sunny tomorrow.

15. The weather is often very cold in St. Petersburg.

14.2 Comparative of Adjectives and Adverbs

You have already learned that the *comparative* of adjectives and adverbs is usually formed with the ending **-ee** (Chapter 5, grammar section 5.2). You have also learned that the adverb **намно́го** (*by far, much*) is used to emphasize a comparison of two items (Chapter 10). Do not confuse **намно́го** with **немно́го** (*a little*).

В Му́рманске **намно́го** холодне́е, чем в Оде́ссе.
*It is **much** cold**er** in Murmansk than in Odessa.*

Many adjectives and adverbs, however, have irregular comparative forms. Most of these end in a single vowel, **-e**, and some have a consonant mutation in the stem. The following irregular comparatives are introduced in this lesson.

вы́ше	*higher*	**жа́рче**	*hotter*
ни́же	*lower*	**я́рче**	*brighter*
коро́че	*shorter*		

Упражне́ние

3. Rewrite each sentence twice using the comparative. Some forms are regular and some irregular.

Model: В Кана́де зимо́й хо́лодно, а в Теха́се тепло́.
В Кана́де зимо́й намно́го холодне́е, чем в Теха́се.
В Теха́се зимо́й намно́го тепле́е, чем в Кана́де.

1. Температу́ра зимо́й ни́зкая, а ле́том высо́кая.

2. В Москве́ зимо́й хо́лодно, а в Оде́ссе тепло́.

3. Дни ле́том дли́нные, а зимо́й коро́ткие.

4. Но́чи зимо́й тёмные и дли́нные, а ле́том све́тлые и коро́ткие.

5. Ве́тер в Чика́го си́льный, а в Са́нта-Фе́ сла́бый.

6. На ю́ге жа́рко, а на се́вере хо́лодно.

14.3 Impersonal Constructions

Several predicative adverbs are used in impersonal constructions referring to a person's physical or emotional state. Among them are **хо́лодно, тепло́,** and **жа́рко,** as well as **хорошо́, пло́хо, ве́село** (*fun*), **интере́сно, ску́чно** (*boring*), and many others. The *dative case* is used to denote the logical subject of sentences with predicative adverbs.

Тебе́ жа́рко?	*Are you hot?*
Серге́ю пло́хо.	*Sergei is feeling bad.*
Ле́не бы́ло ве́село на уро́ке.	*Lena had fun in class.*
Ему́ бу́дет тепло́.	*He will be warm.*

Note: There is a difference in meaning between sentences that use adverbs and those that use adjectives.

Ему́ хо́лодн**о.**	but:	Он холо́дн**ый** (челове́к).
He is (feels) cold.		*He is a cold person.*
(It is cold for him.)		
Иго́рю ску́чн**о.**		Игорь ску́чн**ый.**
*Igor is **bored**.*		*Igor is **boring**.*

Упражне́ние

4. How would you say the following in Russian?

1. I'm fine.
2. I was cold yesterday.
3. Are they bored?
4. He is boring.
5. We had fun yesterday.
6. Professor Vodkin is an interesting person.
7. You will be cold in Moscow.
8. Are you hot?
9. Your brother will be bored here.
10. We felt bad yesterday.

11. Are you (*pl.*) cold?

12. Did you have a good time at the movies last night?

13. Were you bored at the party (на вечери́нке) on Saturday?

14. Do you feel bad?

15. It was very interesting for me at the museum.

14.4 Necessity with на́до

Necessity can be expressed using **на́до** (*must, have to*) as follows: *dative* + **на́до (бы́ло/бу́дет).**

Мне на́до идти́ домо́й.	*I have to go home.*
Игорю на́до бо́льше занима́ться.	*Igor must study more.*
Ле́не на́до бы́ло снять пальто́.	*Lena had to take off (her) coat.*
Тебе́ на́до бу́дет бо́льше спать.	*You will have to sleep more.*

Упражне́ние

5. Supply the missing phrases.

1. _____ (*You will have to*) бо́льше занима́ться.

2. _____ (*Lena had to*) идти́ домо́й.

3. _____ (*I will have to*) купи́ть но́вую футбо́лку.

4. _____ (*You'd better*) слу́шать внима́тельно (*carefully*).

5. _____ (*They had to*) пое́хать в Нью-Йо́рк.

6. _____ (*Ivan must*) снять пальто́.

7. _____ (*You [formal] have to*) наде́ть ша́пку. На у́лице хо́лодно.

8. _____ (*We will have to*) бо́льше занима́ться.

9. _____ (*My brother had to*) лежа́ть в больни́це две неде́ли.

10. _____ (*Tanya had to*) купи́ть но́вые перча́тки.

14.5 *If* Clauses

In this lesson you will learn to express the dependence of one future action on another. Note that the future tense is used in *both parts* of the complex sentence.

	я **бу́ду чита́ть** кни́гу в па́рке.
Е́сли за́втра **бу́дет** хоро́шая пого́да,	я ***пойду́** в бассе́йн.
	я ***пое́ду** на пляж.

The choice between the imperfective or perfective future in either part of the sentence depends on the context.

Éсли ты *прочита́ешь э́ту кни́гу сего́дня, я бу́ду чита́ть её за́втра.

If you read (and finish) this book today, I'll read (be reading) it tomorrow.

Éсли ты бу́дешь чита́ть рома́н, я *пойду́ в библиоте́ку.

If you'll be reading a novel, I'll go to the library.

Упражне́ние

6. A. Say where the following people will *go* tomorrow under the following weather conditions. Use either **пойти́** or **пое́хать** as appropriate.

> **Model:** тепло́   мы/лес
> **Éсли за́втра бу́дет тепло́, мы пое́дем в лес.**

1. хо́лодно   мы/никуда́
2. хоро́шая пого́да   они́/парк
3. со́лнечно   я/да́ча
4. жа́ркая пого́да   Серге́й/пляж

B. Say what the following people will *do* tomorrow under the following weather conditions.

1. си́льный ве́тер   Ни́на и Андре́й/ката́ться на па́русной ло́дке
2. дождь   я/сиде́ть до́ма
3. снег   Ми́тя/ката́ться на лы́жах
4. плоха́я пого́да   мой брат/убира́ть кварти́ру

14.6 Syntax: тако́й Versus так

Так and **тако́й** (*so, such*) can be used to emphasize a statement. **Так** is used with short adjectives and adverbs, whereas **тако́й** is used with long adjectives that modify a noun.

Сего́дня **так** хо́лодно!	*It is so cold today!*
Она́ поёт **так** краси́во!	*She sings so beautifully!*
Он **тако́й** симпати́чный челове́к!	*He is such a nice person!*
Сего́дня так**а́я** хоро́шая пого́да.	*The weather is so beautiful today!*

To compare two parallel items, you use **так(о́й) же..., как...** (*as . . . as*).

Е́сли за́втра бу́дет **так же** жа́рк**о**, **как** сего́дня, я пое́ду на пляж.
If it is as hot tomorrow as (it is) today, I will go to the beach.

Е́сли в суббо́ту бу́дет **така́я же** жа́рк**ая** пого́да, **как** вчера́, я
никуда́ не пойду́.
*If the weather is as hot on Saturday as it was yesterday, I will not go
anywhere.*

In negative sentences, the particle **же** is omitted.

Е́сли за́втра **не** бу́дет **так** жа́рко, **как** сего́дня, я пое́ду на пляж.
If it is not as hot tomorrow as it is today, I will go to the beach.

Упражне́ние

7. A. Emphasize the statements with **так** or **тако́й.**

    1. Она́ _____ ску́чная преподава́тельница.

    2. Ему́ бы́ло _____ хо́лодно.

    3. Он написа́л мне _____ дли́нное письмо́.

    4. В лесу́ о́сенью _____ краси́во.

    5. Нам бы́ло _____ интере́сно на уро́ке.

B. Compare the two items with **так** (**же**) or **тако́й** (**же**).

    1. За́втра бу́дет _____ плоха́я пого́да, как сего́дня.

    2. Сего́дня не _____ жа́рко, как вчера́.

    3. Моя́ маши́на не _____ дорога́я, как твоя́.

    4. Я не игра́ю на роя́ле _____ хорошо́, как мой брат.

    5. По ра́дио говори́ли, что за́втра бу́дет _____
си́льный ве́тер, как сего́дня.

14.7 Soft Adjectives

The adjectives **ле́тний, осе́нний, зи́мний,** and **весе́нний** are examples of
soft adjectives. In previous chapters, you have encountered the following:
дома́шний (*home*), **ли́шний** (*extra*), **после́дний** (*last*), **си́ний** (*blue*),
and **сре́дний** (*middle*). The Word Building section of this lesson lists
several other important soft adjectives.

    These adjectives are called soft because their stems end in the *soft
consonant* **н.** When declining soft adjectives the *stem must stay soft at all
times.* Therefore, instead of the regular adjective endings with the vowels
ы, а, о, and **у** (before which the consonant is hard), the soft variants **и, я,
е,** and **ю** are used.

Some forms of soft adjectives coincide with those of hard adjectives conforming to the spelling rules. Compare the following:

хоро́ш**ий**	(ending -**ий** is determined by Spelling Rule 1)
си́н**ий**	(soft adjective, ends in -**ий,** but not because of the spelling rule)
хоро́ш**его**	(ending -**его** is determined by Spelling Rule 3)
си́н**его**	(soft adjective, ending -**его** keeps the stem soft)

Soft adjectives are declined as follows. The case forms in parentheses have not been introduced yet.

	Masc.	Fem.	Neuter	Plural
Nom.	ле́тний	ле́тняя	ле́тнее	ле́тние
Gen.	ле́тнего	ле́тней	ле́тнего	(ле́тних)
Dat.	ле́тнему	ле́тней	ле́тнему	ле́тним
Acc.	ле́тний/ле́тнего	ле́тнюю	ле́тнее	ле́тние/(ле́тних)
(Instr.	ле́тним	ле́тней	ле́тним	ле́тними)
Prep.	ле́тнем	ле́тней	ле́тнем	ле́тних

Упражне́ние

8. Supply the correct endings.

1. Я дала́ тебе́ мой после́дн_____ до́ллар.

2. У вас нет ли́шн_____ биле́та?

3. Владивосто́к нахо́дится на Да́льн_____ Восто́ке.

4. У меня́ есть си́н_____ маши́на.

5. Кака́я в ва́шем го́роде сре́дн_____ температу́ра?

6. Каки́е стра́ны нахо́дятся в Сре́дн_____ Ази́и?

7. Ма́ма купи́ла мне но́вое весе́нн_____ пальто́.

8. Мой друг Са́ша живёт в Ни́жн_____ Но́вгороде.

9. Тебе́ на́до наде́ть зи́мн_____ сапоги́.

10. Что подари́ть 5-ле́тн_____ ма́льчику?

Vocabulary

Note: The core vocabulary is **boldfaced.**

Nouns
Weather

ве́т(е)р	*wind*
gen. sg. **ве́тра**	
вла́жность	*humidity*
во́здух	*air*
гра́дус	*degree*
гроза́	*thunderstorm*
до́ждь *m.*	*rain*
кли́мат	*climate*
моро́з	*frost*
пого́да	*weather*
прогно́з	*forecast*
снег	*snow*
температу́ра	*temperature*
Фаренге́йт,	*Fahrenheit,*
по Фаренге́йту	*on the Fahrenheit scale*
Це́льсий,	*Celsius,*
по Це́льсию	*on the Celsius scale*

Nature

берёза	*birch*
де́рево,	*tree*
pl. **дере́вья**	
звезда́, *pl.* **звёзды**	*star*
земля́	*land, ground*
луна́	*moon*
не́бо	*sky*
о́блако, *pl.* **облака́**	*cloud*

приро́да	*nature*
пти́ца	*bird*
со́лнце [сонце]	*sun*
трава́	*grass*
цветы́, *sg.* **цвето́к**	*flowers*

Clothing

ва́режки *pl.*	*mittens*
ку́ртка	*jacket*
ма́йка	*sleeveless T-shirt*
пальто́ *indecl.*	*overcoat*
перча́тки *pl.*	*gloves*
плащ	*raincoat*
сапоги́ *pl.*	*boots*
сви́тер	*sweater*
футбо́лка	*T-shirt*
ша́пка	*hat*
шарф	*scarf*
шо́рты	*shorts*

Other nouns

зоопа́рк	*zoo*
пляж	*beach*

Adjectives and Adverbs

весёлый, ве́село	*happy, fun-loving*
высо́кий, высоко́	*high, tall*
вы́ше *comp.*	*higher, taller*
жа́ркий, жа́рко	*hot*

жа́рче *comp.*	*hotter*
коро́ткий, ко́ротко	*short*
коро́че *comp.*	*shorter*
ни́же *comp.*	*lower*
ни́зкий, ни́зко	*low*
о́блачный, о́блачно	*cloudy*
па́смурно	*overcast*
прекра́сный	*wonderful*
прохла́дный, прохла́дно	*cool*
све́тлый, светло́	*light*
си́льный, си́льно	*strong*
ску́чный, ску́чно	*boring, dull*
сла́бый, сла́бо	*weak*
со́лнечный, со́лнечно	*sunny*
тако́й, так	*so, such*
тёмный, темно́	*dark*
тёплый, тепло́	*warm*
холо́дный, хо́лодно	*cold*
я́ркий, я́рко	*bright*
я́рче *comp.*	*brighter*
я́сный, я́сно	*clear*

Verbs

быва́|ть (I)	*to be frequently*
надева́|ть (I) **надеть* **наде́ну, наде́нешь, наде́нут**	*to put on (of clothes)*
разгова́рива|ть (I)	*to talk, to chat*
све́тит; *past* **свети́л**	*is shining; was shining*
снима́|ть (I) **снять (I)* **сниму́, сни́мешь, сни́мут**	*to take off (of clothes)*

Other

дово́льно *adv.*	*fairly, rather*
е́сли	*if*
ми́нус	*minus, below zero*
на́до *adv.*	*must*
намно́го *adv.*	*by far, much*
ноль, нуль *m.*	*zero*
плюс	*plus, above zero*
почти́	*almost*
ра́зве	*I wonder (if)*
тогда́	*in that case, then*

Уро́к 15 (Пятна́дцатый уро́к)
Куда́ вы пое́дете ле́том?

THEMES

- Making travel plans
- Packing your suitcase
- Discussing modes of transportation and travel routes
- Arriving at your destination
- Making requests

CULTURE

- The resort of Sochi
- Transportation in Russia
- Hotels and dormitories
- The writer Anton Chekhov

STRUCTURES

- Conditional mood
- Genitive plural of nouns, adjectives, and possessive and demonstrative pronouns
- Animate accusative: Plural
- Time expressions: че́рез две неде́ли, на три дня
- The short adjective ну́жен
- Verbs of motion with prefixes: пое́хать/пойти́; уе́хать/уйти́; прие́хать/прийти́
- Imperative

Студе́нты прие́хали в Санкт-Петербу́рг.

Как вы лю́бите отдыха́ть?

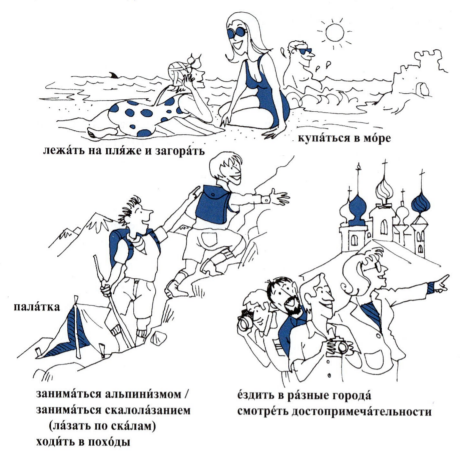

лежа́ть на пля́же и загора́ть

купа́ться в мо́ре

пала́тка

занима́ться альпини́змом /
занима́ться скалола́занием
(ла́зать по ска́лам)
ходи́ть в похо́ды

е́здить в ра́зные города́
смотре́ть достопримеча́тельности

- По результа́там опро́са, како́й **вид о́тдыха предпочита́ют**
  ру́сские? *(prefer)*
- А вы? Вы бо́льше лю́бите акти́вный и́ли споко́йный **о́тдых**?
- Вы лю́бите загора́ть?
- А купа́ться в мо́ре вы лю́бите?
- Или, мо́жет быть, вы предпочита́ете э́ти заня́тия:
  - ката́ться на лы́жах/конька́х/ло́дке
  - е́здить верхо́м
  - танцева́ть и гуля́ть всю ночь
  - лови́ть ры́бу
  - ходи́ть в музе́и, теа́тры, рестора́ны...
- В ва́шем шта́те мо́жно занима́ться скалола́занием?
- Вы лю́бите ходи́ть в похо́ды? А спать в пала́тке?
- Каки́е в ва́шем го́роде достопримеча́тельности?

ОПРОС
Какой вид отдыха вы предпочитаете?
39.8% – пляжный
35.3% – активный
21% – спокойный
3.8% – не знаю, что это такое
Всего проголосовало: 5121

Вы лю́бите **путеше́ствовать?** _to travel_ Вы бы́ли **за грани́цей?**	Да, о́чень. Да, два го́да **наза́д** я был/а́ в Англии.

> The phrases **за грани́цей** and **за грани́цу** (_abroad_) are formed with the preposition **за** (_behind_) and the noun **грани́ца** (_border_) in the instrumental case for location and in the accusative case for direction.

А вы?

• Вы лю́бите путеше́ствовать?
• В каки́х стра́нах вы уже́ бы́ли? Когда́?

Куда́ **бы** вы **пое́хали,** **е́сли бы** у вас **бы́ли** де́ньги?	**Е́сли бы** у меня́ **бы́ли** де́ньги, я **бы пое́хал за грани́цу** / в Ита́лию.

15.1 Conditional Mood

1. Е́сли бы у меня́ бы́ли де́ньги...

A. Where would these people like to go if they had money? Select the most appropriate activities.

S1: Куда́ бы пое́хала Ли́за, е́сли бы у неё бы́ли де́ньги?

S2: Е́сли бы у Ли́зы бы́ли де́ньги, она́ бы пое́хала в Ло́ндон. Там она́ бы ходи́ла в музе́и.

кто	куда́	что

Ни́на
Серге́й
Све́та
Ви́ктор
	Пари́ж
	Колора́до
	Ту́рция
	Аля́ска (на)
	Да́льний
	  Восто́к (на)
	Южная
	  Аме́рика
		лежа́ть на пля́же, загора́ть
		ката́ться на лы́жах
		купа́ться в мо́ре
		ла́зать по ска́лам
		лови́ть ры́бу
		обе́дать в хоро́ших рестора́нах
		смотре́ть достопримеча́тельности
		ходи́ть по магази́нам

B. А вы?

1. Е́сли бы у вас бы́ли де́ньги, куда́ бы вы пое́хали? Ле́том, зимо́й, о́сенью и́ли весно́й?

2. Что бы вы там де́лали?

2. Ско́лько сто́ит пое́здка?

A. Look at the travel advertisements and answer the questions below.

1. В каки́е стра́ны э́ти пое́здки?

2. Ско́лько они́ сто́ят?

3. Кака́я пое́здка вы́годнее (*better deal*): пое́здка в Гре́цию и́ли в Ту́рцию? Почему́?

4. Почему́ морско́й круи́з деше́вле, чем о́тдых в А́встрии?

5. Вам на́до заплати́ть (*pay*) в рубля́х и́ли в до́лларах?

B. Select your own destination and answer the questions.

1. Куда́ вы е́дете?

2. Ско́лько дней вы бу́дете там?

3. Что вхо́дит в сто́имость ва́шей пое́здки?

4. Что вы бу́дете там де́лать?

ГРЕЦИЯ / РОДОС $315

Отель: MEDITERRANEAN ＊＊＊＊
Условия проживания: ПОЛУПАНСИОН
Полёт и гостиница
Отдых на 4 ночи

ТУРЦИЯ / СТАМБУЛ $269

Отель: GRAND EMIN ＊＊＊
Условия проживания: ЗАВТРАК
Полёт и гостиница
Отдых на 3 ночи

ЦВЕТЫ КИТАЯ (экскурсия по Китаю) $980

Маршрут: Пекин – Шанхай
В стоимость входит: полёт и гостиница, все экскурсии
Условия проживания: ЗАВТРАК
Дней: 8

АКТИВНЫЙ ОТДЫХ В АВСТРИИ $560

Направленность тура: горные лыжи, сноуборд
В стоимость входит: полёт и гостиница
Условия проживания: без питания
Дней: 5

МОРСКОЙ КРУИЗ ПО СРЕДИЗЕМНОМОРЬЮ от $449

8 дней / 7 ночей
В стоимость круиза включено: проживание в каюте выбранной категории, питание по программе "всё включено" (кроме напитков)
Дополнительно оплачивается: авиаперелёт Москва - Милан - Москва

Оплата производится только в рублях по курсу ЦБ РФ +2%

Го́род-куро́рт Со́чи

Sochi is one of the most popular resorts (**куро́рт**) on the Black Sea coast. Every year millions of Russian and foreign tourists come to this city for recreation or for medical treatment in the mineral springs of Matsesta. Sochi also attracts sports enthusiasts. Activities range from tennis, water sports, and swimming to mountain skiing and climbing. In the course of a day, vacationers can ski in the breathtakingly beautiful Caucasus Mountains and afterward swim in the warm Black Sea.

After the fall of the Soviet Union, other Black Sea resorts, such as Yalta and Odessa, became foreign territory, which further enhanced Sochi's popularity as a true Russian resort. The president of the Russian Federation has a да́ча in Sochi called **Бочáров Ручéй**, originally built by Nikita Khrushchev. The most important Russian film festival **Кинотáвр** takes place in Sochi every June. And the ski resort near Sochi, **Кра́сная Поля́на**, is one of the most popular ones in the country.

> В на́шем го́роде **мно́го** краси́**вых** па́рк**ов**, музе́**ев**, пля́ж**ей**, у́лиц и площад**е́й**.

15.2 Genitive Case: Plural
15.3 Animate Accusative: Plural

3. Со́чи – го́род-куро́рт.

A. You and your friend are trying to decide where to go on vacation. You are looking at a travel brochure, which includes some statistics about the city of Sochi. Answer your friend's questions.

1. Ско́лько в Со́чи жи́телей?

2. Э́то большо́й го́род? Ско́лько квадра́тных киломе́тров?

3. Ско́лько тури́стов ка́ждый год приезжа́ет (*arrive*) в Со́чи?

4. Ско́лько киломе́тров занима́ют пля́жи?

5. Ско́лько в Со́чи пансиона́тов и гости́ниц? А санато́риев?

6. Ско́лько в Со́чи рестора́нов и кафе́? А теа́тров?

7. Ско́лько в Со́чи со́лнечных дней в году́?

8. Како́й там кли́мат?

9. Кака́я в Со́чи сре́дняя температу́ра во́здуха в а́вгусте?

10. А сре́дняя температу́ра воды́?

11. Ско́лько ме́сяцев дли́тся пля́жный сезо́н?

12. В Со́чи мо́жно занима́ться альпини́змом? А лы́жным спо́ртом?

Со́чи

- крупне́йший в России куро́рт
- 330 тысяч жителей
- площадь 3500 квадратных километров
- 3 миллиона туристов в год
- пляжей 118 километров
- 230 пансионатов и гостиниц
- 50 санаториев
- 500 ресторанов и кафе
- 5 летних театров
- 240 солнечных дней в году
- субтропический климат
- средняя температура воздуха (август) 23°C
- средняя температура морской воды (август) 26°C
- пляжный сезон – 6 месяцев (май – октябрь)
- центр горного туризма
- лыжных трасс 25 км

B. Е́сли бы вы пое́хали в Со́чи в о́тпуск, что бы вы там де́лали?

4. Какие там гостиницы?

A. Skim through the hotel section of the Sochi travel brochure and answer the questions based on the information provided.

Какую гостиницу вы бы выбрали, если...

1. вы хотите проводить время в гостинице по вечерам

2. вы хотите комнату с видом на Кавказские горы

3. вам нравится парковая атмосфера

4. вы хотите видеть Чёрное море и морскую даль[1]

5. вы не можете жить без кондиционера

[1]distance (*here:* as far out to the sea as possible)

◆ В девятнадцатиэтажной гостинице «Жемчужина» тысяча номеров, многочисленные службы сервиса, много ресторанов, коктейль-баров, казино, благоустроенный пляж, плавательный бассейн с морской водой. По комфорту «Жемчужина» стоит на уровне лучших мировых стандартов.

◆ Гостиница «Приморская» – одна из популярных на Сочинском курорте. Её окружают магнолии, пальмы, розы и другие виды цветов. Морской воздух перемешан здесь с ароматом цветов.

◆ Гостиница «Сочи-Магнолия» расположена в центре Сочи в живописной парковой зоне, в пяти минутах ходьбы от моря. Каждый номер оснащён санузлом, мини-баром, телевизором, телефоном, кондиционером.

◆ Гостиница «Кавказ» расположена в самом центре города-курорта. Из окон гостиницы открывается живописный вид на Чёрное море и великолепные Кавказские горы. В пятиэтажном здании гостиницы 150 уютных номеров.

B. You and your friend finally decided to spend your vacation in Sochi. You are now trying to select the most suitable hotel for you. Look at the hotel descriptions again and answer your friend's questions.

1. Сколько в гостинице «Жемчужина» номеров?

2. Сколько этажей (*floors*) в «Жемчужине»?

3. В «Жемчужине» есть ресторан?

4. «Жемчужина» находится на берегу моря?

5. Я не люблю плавать в море. В «Жемчужине» есть бассейн?

6. «Приморская» – это хорошая гостиница?

7. У гостиницы «Сочи-Магнолия» есть пляж?

C. You still have several questions about the hotels and Sochi in general. Compile a list of questions you would ask a travel agent. Start with the following and continue with your own ideas.

1. Which month would be the best for travel?

2. When is the Кинотáвр festival and where are they showing films?

3. Are the hotel rooms usually air-conditioned?

D. Which hotel did you finally choose? Why? Compare your selections with your classmates.

Когдá вы поéдете в Москвý?				
Я поéду **чéрез**	(1) день недéлю мéсяц год	2,3,4 дня (две) недéли мéсяца гóда	5,6,... дней недéль мéсяцев лет	полгóда
Я поéду	**в э́том годý.** **в слéдующем годý.** **в начáле** **в середи́не** ноября́. **в концé**			
На какóй срок? **На скóлько?**	**На** 5 дней. **На всё лéто.** **На** полгóда.			

15.4 Time Expressions: чéрез and на

Когда́	ты **верне́шься** вы **вернётесь**	из Москвы́?	Я **верну́сь че́рез** 5 дней.
Ни́на уже́ **верну́лась из-за** грани́цы? **из** Пари́жа?			Ещё нет. Она́ вернётся в конце́ января́.
			Да, она́ верну́лась 5 дней **наза́д**.

> The preposition **из** (*from*) requires the genitive case; hence the phrase из-за грани́цы (*from abroad*; literally, *from behind the border*).

верну́ться

я верну́сь	мы вернёмся
ты верне́шься	вы вернётесь
он/она́ вернётся	они́ верну́тся

5. **Они́ уже́ верну́лись из-за грани́цы?** Working with a partner, find out which of the people listed have already returned from abroad.

S1: Алексе́й уже́ верну́лся из Калифо́рнии?

S2: Да, он верну́лся три дня наза́д. / Нет, ещё не верну́лся.

S1: А когда́ он вернётся?

S2: Он вернётся че́рез семь дней.

кто	отку́да	верну́лся/верну́лась	вернётся
Лари́са	Пари́ж	2 дня наза́д	
Серге́й	Ло́ндон		че́рез 4 дня
Алла	Оде́сса	5 дней наза́д	
Ни́на	Берли́н		че́рез 6 дней
Воло́дя	Нью-Йо́рк		в конце́ сентября́

6. Кто куда́ пое́дет? Use the chart below to have a discussion with a partner.

S1: Куда́ пое́дет Игорь?

S2: Он пое́дет в Ирку́тск.

S1: На ско́лько?

S2: На семь дней.

S1: Когда́ он пое́дет?

S2: В сре́ду, трина́дцатого января́.

S1: А когда́ он вернётся из Ирку́тска?

S2: В сре́ду, двадца́того января́.

S1: Как ты ду́маешь, что он бу́дет там де́лать?

S2: Я ду́маю, что он бу́дет...

кто	куда́	когда́ пое́дет	когда́ вернётся
1. Игорь	Ирку́тск	ср. 13.01	ср. 20.01
2. Лари́са	Ло́ндон	пн. 25.02	чт. 28.02
3. Дми́трий	Рим	вт. 02.04	пт. 05.04
4. Лёна	Вашингто́н	пн. 22.06	вс. 28.06
5. Ива́н	Акапу́лько	вт. 22.08	пн. 29.08

7. Check your skills. How would you . . .

1. ask Larisa if her parents have already returned from abroad
2. say that Lena returned from Vladivostok five days ago
3. say that your brother will return from St. Petersburg in three weeks
4. say that you are going to the south for the whole summer
5. ask Sergei if his sister will go to Moscow this year or next year
6. say that your friends are going to Odessa in the middle of May
7. ask Olya when she is going abroad
8. say that you will return from Russia at the end of August

8. Диало́ги.

A. It is the end of the spring semester. Your friend wants to know what you are planning to do in the summer.

S1: Ты куда́-нибу́дь[1] пое́дешь ле́том?

[1]somewhere

S2: Да, я пое́ду в Со́чи.

S1: Когда́ ты пое́дешь?

S2: Че́рез 2 неде́ли.

S1: На ско́лько?

S2: На ме́сяц.

S1: Когда́ ты вернёшься?

S2: В конце́ ию́ня.

S1: Что ты там бу́дешь де́лать?

S2: Бу́ду лежа́ть на пля́же, загора́ть, купа́ться в мо́ре, по вечера́м ходи́ть в рестора́ны...

S1: А достопримеча́тельности ты не бу́дешь смотре́ть?

S2: Коне́чно бу́ду, но не ка́ждый день.

S1: Ну что ж,[2] счастли́вого пути́![3]

S2: Спаси́бо.

> The adjective счастли́вого is pronounced [щасли́вава].

[2]Oh, well! / [3]Have a nice trip!

Куда́ ты пое́дешь ле́том?

B. Examine the Sochi advertisement carefully and find out what else you can do there other than lie on the beach. Also pay attention to the tourist sights. Then modify the conversation in section **A** accordingly.

Отдых в Сочи – круглый год!

Летний отдых в Сочи – это самое тёплое в России Чёрное море, много солнца, длинные пляжи. Зимой в Сочи можно гулять вдоль морского берега, по вечнозелёным паркам, а потом поехать на горнолыжный курорт **Красная Поляна** кататься на санках, лыжах и сноуборде. Курорт Сочи – единственный в России город у моря, где такое возможно.

Экстремальный отдых в Сочи

Любителям активного отдыха курорт Сочи предлагает морские прогулки на яхте, рыбалки в открытом море, катания на водных лыжах. Здесь можно погружаться с аквалангом, заниматься кайт-серфингом, винд-серфингом и вейкбордингом, сплавиться по бурным горным рекам на надувных лодках (рафтинг), совершить экскурсии на внедорожниках, горных велосипедах.

Достопримечательности Сочи

Сад-музей «Дерево Дружбы»
Уникальное место, где растёт единственное в мире дерево, крона которого – это целый цитрусовый сад.

Башня на горе Ахун
С высоты 700 метров над уровнем моря виден практически весь Сочи. Говорят, что в ясную погоду с башни на горе Ахун можно увидеть далёкий турецкий берег.

source: www.sochiru.ru

Packing Your Suitcase

Что **вам нужно**?	**Мне**	**ну́жен**	па́спорт.
		нужна́	креди́тная ка́рточка.
		ну́жно	пальто́.
		нужны́	джи́нсы.

15.5 The Short Adjective ну́жен

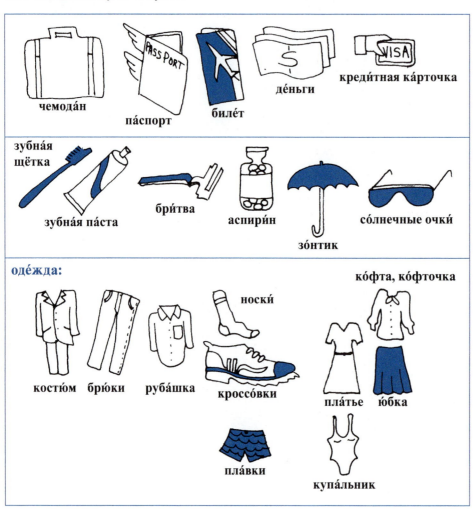

чемода́н

па́спорт

биле́т

де́ньги

креди́тная ка́рточка

зубна́я щётка

зубна́я па́ста

бри́тва

аспири́н

зо́нтик

со́лнечные очки́

оде́жда:

носки́

ко́фта, ко́фточка

костю́м   брю́ки   руба́шка   кроссо́вки

пла́тье   ю́бка

пла́вки

купа́льник

су́мка *bag, purse*
рюкза́к *backpack*

моби́льник *cell phone*
ада́птер *adapter (for outlets)*

ку́ртка *jacket*
пальто́ *coat (longer)*

шарф *scarf*
га́лстук *necktie*

ша́пка *hat*
перча́тки *gloves*

джи́нсы *jeans*
шо́рты *shorts*

футбо́лка *t-shirt*
сви́тер *sweater*

ту́фли *shoes*
сапоги́ *boots*

9. Что вам ну́жно?

A. Что вам ну́жно, е́сли вы идёте/е́дете...

  1. в теа́тр   **3.** в Росси́ю зимо́й

  2. на роде́о   **4.** на Чёрное мо́ре ле́том

B. What do you think these people need to take with them to the following places? Ask about several items.

  S1: Серге́ю нужны́ пла́вки?

  S2: Нет, пла́вки ему́ не нужны́.

   1. Серге́й пое́дет в Ирку́тск в нача́ле января́.

   2. Ни́на пое́дет в Ло́ндон в середи́не ма́я.

   3. Алла пое́дет в Ту́рцию в конце́ июня.

IMPORTANT VERBS				
*взять	*положи́ть	*откры́ть	*закры́ть	*забы́ть
возьму́ возьмёшь возьму́т	положу́ поло́жишь поло́жат	откро́ю откро́ешь откро́ют	закро́ю закро́ешь закро́ют	забу́ду забу́дешь забу́дут
возьми́/те	положи́/те	откро́й/те	закро́й/те	(не) забу́дь/те

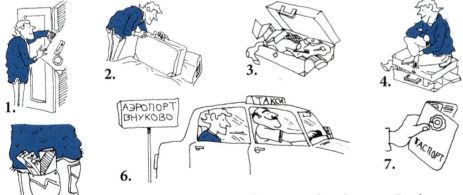

1. **2.** **3.** **4.** **5.** **6.** **7.**

10. Не забу́дь свой па́спорт!
Arrange the lines in the correct order.

__ Он положи́л де́ньги и биле́т в карма́н.

__ Пото́м он откры́л чемода́н и положи́л туда́ оде́жду, ка́рту, бри́тву, зубну́ю щётку и па́сту.

__ Пото́м он пое́хал в аэропо́рт.

__ Воло́дя взял чемода́н из шка́фа.

__ А что он забы́л до́ма?

__ Он положи́л чемода́н на крова́ть.

__ Пото́м он закры́л чемода́н.

11. Ты возьмёшь рюкзáк? You and your friend are getting ready to go to the beach for the weekend and you are deciding on the items to take with you. For some items, one may be enough.

S1: Ты возьмёшь эту сýмку?

S2: Да, возьмý.

S1: А рюкзáк?

S2: Нет, рюкзáк мне не нýжен. А где мой сóлнечные очкú? Ты взялá мои очкú?

S1: Ты ужé положúл их в сýмку.

S2: А-а, вот онú! А ты? Ты возьмёшь джúнсы?

S1: Нет, не дýмаю. Я возьмý тóлько шóрты и футбóлки. И эту бéлую юбку.

S2: Хорошó. А фотоаппарáт ты возьмёшь?

S1: Тóлько мой мобúльник. Твой фотоаппарáт лýчше. Ты возьмú фотоаппарáт, лáдно?

S2: Хорошó. И не забýдь...

S1: Не волнýйся! (*Don't worry!*)

Discussing Modes of Transportation and Travel Routes

Поездá и вокзáлы

Поездá (*trains*) offer an intriguing way to see Russian life from the inside. While traveling, you eat and sleep on the train, cramped in small compartments with your fellow travelers. Each car has a проводнúк or проводнúца (*conductor, attendant*) who serves you tea from a samovar and snacks for a small fee. You can eat in the restaurant car or you can buy food from farmers who sell their produce at train stations.

Railway stations are often named after the main destination or direction of the outgoing traffic. Thus, trains from the Кúевский вокзáл in Moscow go to Kiev in Ukraine and other southern destinations.

На чём вы éдете?	**На** пóезде. **На** маши́не. **На** метрó.

Натáша **лети́т на самолёте.**

Сергéй éдет **на пóезде.**

Ехать is a generic verb for transportation. Летéть is a more specific one.

Тáня éдет **на автóбусе.**

троллéйбус

На чём они́ éдут?

трамвáй

- Какóй вид трáнспорта сáмый популя́рный в США?
- На чём вы мóжете éздить, éсли вы **бои́тесь летáть**?
- Каки́е ви́ды трáнспорта есть в вáшем гóроде? Там есть метрó?

Летáть is a multidirectional verb. Cf., ходи́ть and éздить.

	куда́?	отку́да?
пое́хать	в Москву́	
уе́хать	в Москву́	из Москвы́
прие́хать	в Москву́	из Москвы́

15.6 Verbs of Motion with Prefixes: Introduction

Серге́й **прие́хал в** Москву́. **Отку́да** он прие́хал?

Ната́ша **уе́хала из** Москвы́. **Куда́** она́ **пое́хала?**

12. Маршру́т. *Itinerary.*

A. A group of American students visited Russia in the spring. Discuss their itinerary on the following page.

S1: Когда́ (како́го числа́ и во ско́лько) они́ уе́хали из Нью-Йо́рка?

S2: Они́ уе́хали из Нью-Йо́рка в понеде́льник, семна́дцатого ма́я, в семна́дцать со́рок.

S1: Когда́ они́ прие́хали в Санкт-Петербу́рг?

S2: Они́ прие́хали в Санкт-Петербу́рг во вто́рник, восемна́дцатого...

S1: Когда́ они́ уе́хали из...

числó	врéмя	откýда	кудá
пн. 17.5	17.40	Нью-Йóрк JFK, рейс АУ6	
вт. 18.5	15.50		С-Петербýрг
пт. 21.5	22.20	С-Петербýрг, пóезд № 237	
сб. 22.5	06.02		Москвá
ср. 9.6	20.45	Москвá, рейс ВА 334	
	21.45		Лóндон
чт. 10.6	10.35	Лóндон, рейс ВА 054	
	13.25		Нью-Йóрк

B. Вопрóсы и отвéты. One of your classmates participated in the program. Ask him/her . . .

1. what modes of transportation they used for the different portions of the trip
2. how long they were in the locations
3. which city he/she preferred and why
4. when he/she returned
5. if he/she is planning to go back and when

C. Óля опоздáла на самолёт. One student missed the group flight and had to travel directly to Moscow on a different flight. Get together in small groups to devise a story about Olya's adventure. Why did she miss the flight? How was the flight? What did she do in Moscow while waiting for the group? Then share your stories with the class.

Óля летéла на рéйсе
Вашингтóн – Москвá
авиакомпáнии «Аэрофлóт».

Arriving At Your Destination

| Отку́да вы? | Я из Аме́рики. |

> САНКТ-ПЕТЕРБУ́РГСКИЙ
> ГОСУДА́РСТВЕННЫЙ УНИВЕРСИТЕ́Т
> ЭКОНО́МИКИ И ФИНА́НСОВ

 13. Вы надо́лго прие́хали?

A. You decided to stop in St. Petersburg for a few days on your way to Moscow. You had made arrangements to stay at a student hostel in the center of the city.

Ты:	До́брый день. Я Джéссика Бéйкер из США.
Администра́тор:	Здра́вствуйте. Сейча́с посмотрю́... Да... Бéйкер... На ско́лько дней вы прие́хали?
Ты:	На пять дней.
Администра́тор:	К нам вчера́ прие́хала гру́ппа из Шве́ции, так что у вас бу́дет сосе́дка по ко́мнате.
Ты:	Сосе́дка по ко́мнате? Я ду́мала, что у меня́ бу́дет отде́льная ко́мната.
Администра́тор:	Ле́том у нас всегда́ о́чень мно́го иностра́нцев. Вот ваш ключ. Но́мер 45, на четвёртом этаже́.
Ты:	Хорошо́. Спаси́бо. А где лифт?
Администра́тор:	У нас нет ли́фта. Ле́стница вон там, спра́ва.

В ко́мнате:

Ты:	Здра́вствуй! Это ко́мната 45?
Инга:	Да. Меня́ зову́т Инга.
Ты:	Очень прия́тно. А меня́ Джéссика. Отку́да ты?
Инга:	Я из Шве́ции. А ты из Англии?
Ты:	Нет, из США. Из Калифо́рнии.
Инга:	Ты надо́лго прие́хала?
Ты:	То́лько на пять дней. А ты до́лго бу́дешь здесь?
Инга:	Мы бу́дем в Санкт-Петербу́рге две неде́ли, а пото́м пое́дем в Но́вгород. А-а, познако́мьтесь. Это Йоха́нна.
Ты:	Джéссика.
Йоха́нна:	Очень прия́тно.

B. Continue the conversation with Johanna. Find out where she is from and how long she is going to be in St. Petersburg.

C. Some students are staying in St. Petersburg for the whole summer and their names are listed on the doors. Assume the role of Johanna and explain to Jessica where the students are from. Also give some other details about them. (Áнглия, Герма́ния, Ита́лия, По́льша, Фра́нция, Япо́ния)

Jean-Pierre Dupont Giorgio Mastroianni	Katarzyna Grzegorczyk Yoko Kawasaki	Johanna Schwartz Jennifer Smith

14. На како́м этаже́?

A. You have been told that your hotel has a dry cleaner's, a hairdresser's, and currency exchange. Look at the sign and find out on which floors they are located. What other amenities does the hotel have?

B. Practice asking and answering questions about the location of various services.

S1: На како́м этаже́ нахо́дится медпу́нкт?

S2: На пя́том этаже́.

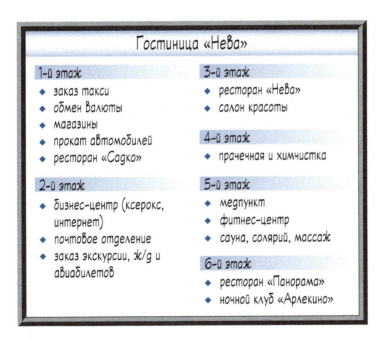

Гости́ница «Не́ва»

1-й этаж
- зака́з такси́
- обме́н валю́ты
- магази́ны
- прока́т автомоби́лей
- рестора́н «Садко»

2-й этаж
- би́знес-центр (ксе́рокс, интерне́т)
- почто́вое отделе́ние
- зака́з экску́рсии, ж/д и авиабиле́тов

3-й этаж
- рестора́н «Нева»
- сало́н красоты́

4-й этаж
- праче́чная и химчи́стка

5-й этаж
- медпу́нкт
- фи́тнес-центр
- са́уна, соля́рий, масса́ж

6-й этаж
- рестора́н «Панора́ма»
- ночно́й клуб «Арлеки́но»

15. В гости́нице «Нева́».

A. Read the dialogue and then have similar conversations asking about other amenities of the hotel.

Марк:	До́брый день. У меня́ заказ[1] на и́мя Те́йлор. На четы́ре дня.
Администра́тор:	Мину́точку... Да, зака́з есть... Из США... Вы хоти́те но́мер на двои́х?
Марк:	Нет, на одного́.
Администра́тор:	У нас, к сожале́нию, одноме́стных нет. Вы же заказа́ли двухме́стный но́мер.
Марк:	Да, я зна́ю, но мой друг переду́мал[2] и не пое́хал.
Администра́тор:	Так. Вы хоти́те взять двухме́стный? Это бу́дет подоро́же.
Марк:	Ну, ла́дно. Дава́йте двухме́стный тогда́.
Администра́тор:	Запо́лните[3] вот э́тот бланк. И вам ну́жно отда́ть свой па́спорт.
Марк:	Пожа́луйста.
Администра́тор:	Вот ваш ключ. Но́мер 378, на тре́тьем этаже́. Лифт там, спра́ва.
Марк:	Спаси́бо. А-а, я почти́ забы́л. Где мне мо́жно взять напрока́т[4] маши́ну?
Администра́тор:	В бюро́ обслу́живания, на пе́рвом этаже́.
Марк:	Большо́е спаси́бо.

[1] reservation
[2] changed his mind
[3] fill out
[4] взять напрока́т: rent

B. Ask and answer questions about the dialogue. Ask . . .

1. how long Mark will be at the hotel
2. why he wanted a single room
3. if he reserved a single or double room
4. (your own questions)

16. В гости́нице «Авро́ра». You are checking in at your hotel. (Your room is already reserved.) Your teacher plays the role of the администра́тор. How would you . . .

   1. offer a polite greeting
   2. give your first and last name
   3. say that you are from the United States
   4. hand in your passport politely
   5. ask on what floor your room is
   6. ask if there are restaurants in the hotel
   7. ask where you can buy ballet tickets
   8. find out where the closest metro station is
   9. ask if your room has a telephone and a TV
   10. ask how you can make local calls from your room

17. Пробле́мы. Unfortunately, things do not always go as smoothly as you would like. Using the following as a model, make up more complaints or requests.

   1. Я не могу́ откры́ть дверь.
   2. В ко́мнате о́чень хо́лодно.
   3. В ко́мнате нет холоди́льника.
   4. В ва́нной перегоре́ла (*burned out*) ла́мпочка.
   5. Туале́т не рабо́тает.
   6. У нас нет горя́чей (*hot*) воды́.
   7. Мне ну́жно одея́ло (*blanket*).
   8. Я потеря́л (*lost*) свой па́спорт.
   9. У меня́ укра́ли су́мку. *My purse was stolen.*
   10. Я забы́л мой про́пуск / студе́нческий биле́т (*student ID*).

You may also need the following:

кран   *faucet*
полоте́нце   *towel*
поду́шка   *pillow*

Making Requests

IMPORTANT COMMANDS

помолчи́/те *be quiet*	**поверни́/те** (нале́во, наза́д) *turn (left, back)*
включи́/те, вы́ключи/те *turn on, off*	**остановись, остановитесь** *stop*
вста́нь/те *stand up*	**не волну́йся, не волну́йтесь** *don't worry*
сади́сь, сади́тесь *sit down*	**не бо́йся, не бо́йтесь** *don't be afraid*
подожди́/те *wait*	

15.7 Imperative

Do not forget these:

да́й/те	скажи́/те
купи́/те	говори́/те
смотри́/те	откро́й/те, закро́й/те
слу́шай/те	возьми́/те
покажи́/те	положи́/те
помоги́/те	

Other useful vocabulary:

Бы́стро! Быстре́е! *Fast! Faster!*
Ме́дленнее! *Slower!*
Стоп! *Stop!*
Осторо́жно! *Careful! Watch out!*
Ти́хо! Ти́ше! *Quiet! Quieter!*
Гро́мко! Гро́мче! *Loudly! Louder!*
Дура́к! Ду́ра! *Fool!*

 **18. В такси́.**

A. You need to run some errands in Moscow. Your taxi driver does not seem to know the city too well. Give the driver directions as follows.

1. Turn left.

2. Stop here.

3. Wait here. I will be back in five minutes.

4. Turn back. I forgot my passport.

B. Your classmate assumes the role of the driver. Give him or her directions of your choice.

Chapter Review

A. *You should now be able to . . .*

1. say what kind of vacation activities you prefer, like, and dislike
2. describe what you would do and where you would go if you had money
3. give the dates of your travel using the following: in how many days/weeks/months/years; beginning/middle/end of month
4. say for how long you are going and when you will return from your destination
5. list what you need to pack in your suitcase and direct other people in packing
6. state your mode of transportation
7. say that you left a place, arrived at a place, and set off to go to a destination using appropriate verbs of motion and time expressions
8. check in at a student hostel and at a hotel
9. complain about some travel-related problems
10. make several commands and warnings regarding traffic in a city

For self-tests and additional practice, please go to the Book Companion Site, available at www.wiley.com/college/nummikoski

B. *Roleplay I.*
The teacher gives a ticket to each student. The tickets display a destination and dates of travel. Find out from all your classmates where they are going and try to find the one who is going to stay in the same city at the same time as you. Arrange to meet each other somewhere and to do something together.

C. *Roleplay II.*
You have won a prize of $10,000 and you want to use it on a trip abroad for two. Pick your traveling partner and discuss all the details of your trip, such as where to go, when, for how long, what to take with you, and what you will do there. *After the trip*: Talk to other students in the class and compare your vacations, including the weather.

D. *Interview Video.* Где вы лю́бите отдыха́ть?

E. *Cultural Video.* Пое́здка в Санкт-Петербу́рг.

Anton Pavlovich Chekhov (1860–1904) is mostly known as an author of plays and short stories. His stories are based on human behavior, mood, and atmosphere, rather than on action and plot. They are often humorous, but with a serious undertone. "The Winning Ticket," one of Chekhov's best-known stories, tells the tale of a husband and wife whose quiet and comfortable life is upset by the prospect of winning the lottery. Both spouses have their own individual dreams, which are overshadowed by growing jealousy and hatred.

Read the story, keeping the questions that follow in mind. Remember that it is not necessary to know every word in order to understand the gist of the text.

Выигрышный билет
The Winning Ticket

Иван Дмитрич, человек среднего достатка, после ужина сел на диван и стал читать газету.

— Посмотри, нет ли там таблицы тиражей[1]? — сказала его жена, убирая со стола.

[1]the lottery results

— Да, есть. Какой номер?

— Серия 9499, билет 26.

— Так-с... Посмотрим-с... 9499 и 26. Маша, 9499 есть! — сказал он.

— 9499? — спросила она.

— Да, да... Серьёзно есть!

— А номер билета?

— Ах, да! Ещё номер билета. Постой[2]. Всё-таки[3] номер нашей серии есть.

[2]Wait! / [3]at least

Иван Дмитрич улыбался[4] широко, как ребёнок. Жена тоже улыбалась.

[4]smiled

— Наша серия есть, — сказал Иван Дмитрич. — Выигриш 75 000. Это не деньги, а капитал! Послушай, а что если мы в самом деле[5] выиграли? Ведь это новая жизнь! Билет твой, но если бы он был моим, то я, конечно, купил бы за 25 тысяч имение,[6] 10 тысяч на путешествия... Остальные 40 тысяч в банк под проценты...

[5]in fact

[6]estate

— Да, имение — это хорошо, — сказала жена.

– Я, знаешь, Маша, за границу поехал бы, – сказал он.

И он стал думать о том, что хорошо бы поехать глубокой осенью за границу, куда-нибудь в Южную Францию, Италию... Индию.

– Я тоже бы за границу поехала, – сказала жена. – Ну, посмотри номер билета!

– Постой. Погоди! ...

Он ходил по комнате и продолжал думать: путешествовать приятно одному. А что если в самом деле жена поедет за границу? Она будет жаловаться,[7] что у неё разболелась голова,[8] что ушло много денег... Зачем ей за границу ехать? Что она там понимает?

[7]complain / [8]head hurt

И он первый раз в жизни обратил внимание[9] на то, что его жена постарела, пропахла[10] кухней, а сам он ещё молод, здоров, хоть женись во второй раз.

[9]paid attention

[10]smelled of

И он уже не с улыбкой,[11] а с ненавистью[12] смотрел на жену. Она тоже посмотрела на него и тоже с ненавистью. У неё были свои мечты,[13] свои планы; и она отлично понимала, о чём мечтает её муж.

[11]smile / [12]hatred

[13]dreams

Муж заглянул на четвёртую страницу газеты и сказал:

– Серия 9499, билет 46! Но не 26!

Ивану Дмитричу и его жене стало казаться,[14] что их комнаты темны, малы и низки, что вечера длинны и скучны...

[14]began to feel

По А. Чехову

Answer the questions in English.

1. At what time did the conversation take place?

2. What were the husband and wife doing?

3. What was the series number and ticket number on their lottery ticket?

4. Which number did the husband look up first?

5. How much was the jackpot?

6. Who bought the ticket?

7. What would the husband do with the money?

8. Where would he travel?

9. What time of year would he travel?

10. Why did the husband prefer traveling alone?

11. How did he rate himself compared with his wife?

12. Did they actually win?

13. How did the news affect their mood?

Word Building

Roots

-пут-   *travel*

путёвка   *travel voucher, package tour*

путешéствовать   *to travel*

спýтник   *traveling companion (also used in the Russian space program)*

путь   *road, travel, trip*

Счастлúвого путú!   *Have a nice trip!*

путеводúтель   *guidebook (for travelers)*

-лет-   *fly*

летáть, летéть   *to fly*

самолёт *from* сам (*self*) *and* лёт: *"self-flyer," i.e., airplane*

лётчик   *the "one who flies," i.e., pilot*

полёт   *flight*

вертолёт *from* вертéть (*to turn*) *and* лёт: *"turn-flier," i.e., helicopter.*

Note: the corresponding English word comes from the Greek words **heliko** (*spiral*) and **pteron** (*wing*).

летýчая мышь   *"flying mouse," i.e., bat*

ГРАММАТИКА

15.1 Conditional Mood

You have already learned to use the conditional mood to express a wish.

Я **хоте́л бы** пригласи́ть вас в рестора́н.
I would like to invite you to a restaurant.

The main use of the conditional mood is to denote an *action that may take place under a certain condition*, either implied or expressed.

A. Main clause. The conditional is formed with the *particle* **бы** and the *past tense* of the verb. Note, however, that the past-tense form *does not imply a past activity*, it implies a *condition*. The particle **бы** can either precede or follow the verb.

Игорь пошёл **бы** в кино́.	*Igor would go to the movies.*
Ле́на купи́**ла бы** да́чу.	*Lena would buy a dacha.*
Мы **бы** лежа́ли на пля́же.	*We would lie on the beach.*

B. *If* clause. The same construction with the *particle* **бы** is used in the *if* clause. The particle **бы** immediately follows **е́сли.**

Е́сли бы ты занима́лся бо́льше, ты **бы** знал бо́льше.
If you studied more, you would know more.

Е́сли бы я был моло́же, я **бы** ходи́л в похо́ды.
If I were younger, I would go hiking.

Many *if* clauses require the construction *if (I) had*. Pay attention to the *agreement* between the subject and the verb.

Е́сли бы у меня́ был **сын**,...	*If I had a son, . . .*
Е́сли бы у меня́ была́ **дочь**,...	*If I had a daughter, . . .*
Е́сли бы у меня́ бы́ло **вре́мя**,...	*If I had time, . . .*
Е́сли бы у меня́ бы́ли **де́ньги**,...	*If I had money, . . .*

Упражне́ния

1. Translate the following into Russian. The key vocabulary is given in parentheses.

   1. If I had money, I would go to Canada. (пое́хать/Кана́да)
   2. If I had a dog, I would go for a walk. (пойти́/гуля́ть)
   3. What would you do if you had money?
   4. If I had time, I would read more. (*Note:* вре́мя is neuter.)

5. If the tickets were cheaper, we would go to the theater. (дешéвле/пойти́)

6. If I lived in Paris, I would go to the museum every day. (жить/ходи́ть/музéй/кáждый день)

7. If Yura were older, he would know how to swim. (стáрше/умéть/плáвать)

8. If I lived in the mountains, I would often ski. (в горáх/катáться на лы́жах)

9. If these books weren't so expensive, I would buy them.

10. If my friends didn't live so far away, I would invite them to my house (to me). (далекó/пригласи́ть/ко мнé)

2. Change the following into conditional sentences according to the model. Some variations are possible.

Model: У меня́ нет дéнег. Я не куплю́ маши́ну.
Но éсли бы у меня́ бы́ли дéньги, я купи́л/а бы маши́ну.

1. У Игоря нет врéмени. Он не пойдёт в кинó. Но...

2. Сáша никогдá не занимáется. Он получáет плохи́е отмéтки. Но...

3. Я не живу́ во Фрáнции. Я не говорю́ по-францу́зски. Но...

4. У нас нет врéмени. Мы не пойдём на стадиóн. Но...

5. У Натáши нет дéнег. Онá не ку́пит нóвый телеви́зор. Но...

6. У меня́ нет маши́ны. Я не поéду зá город. Но...

7. У нас нет дéнег. Мы не поéдем за грани́цу. Но...

8. Мы не живём в горáх. Мы не занимáемся альпини́змом. Но...

9. Сегóдня плохáя погóда. Я не поéду на пляж. Но...

10. Водá в мóре холóдная. Я не могу́ купáться. Но... (past tense of мочь: мог/лá)

15.2 Genitive Case

A. **Use of the genitive case.** You have so far learned the *singular* use of the genitive case. The uses described here apply to both singular and plural.

1. **To denote possession, belonging to something, or connection between two things.**

Это маши́на мо**и́х** роди́тел**ей.**	*This is my parents' car.*
Это институ́т иностра́нн**ых** язык**óв.**	*This is the institute **of** foreign languages.*

2. **To denote part of a whole or of a substance.**

óкна мо**его́** до́м**а**   *the windows **of** my house*
буты́лка молок**а́**   *a bottle **of** milk*

3. **As a partitive.** The English language adds the words *some* or *any*.

Дай мне хле́б**а**!   *Give me **some** bread!*
Вы купи́ли молок**а́**?   *Did you buy **any** milk?*

4. **To express nonexistence, or absence, with нет, не́ было, or не бу́дет.**

Почему́ у вас **нет** иностра́нн**ых** журна́л**ов**?
Why don't you have foreign journals?

У меня́ никогда́ **не́ было** де́н**ег** и, наве́рно, никогда́ **не бу́дет**.
I have never had money, and probably never will.

Этих де́вуш**ек не́ было** на уро́ке вчера́.
These girls were not in class yesterday.

5. **With words of quantity.**   For example:

ско́лько   *how much, how many*
не́сколько   *some, a few* (with plural nouns only)
мно́го/бо́льше   *a lot, many/more*
немно́го   *some, a little*
ма́ло/ме́ньше   *few, little/less*
нема́ло   *quite a few*
килогра́мм/литр   *kilogram/liter*

Ско́лько здесь студе́нт**ов**?   *How many students are here?*
В кла́ссе бы́ло то́лько **не́сколько**   *There were only a few girls in*
    де́вушек.   *the class.*
У меня́ **мно́го/ма́ло** ру́сск**их** кни**г**. *I have a lot of/few Russian books.*
Я купи́ла **килогра́мм** апельси́н**ов**. *I bought a kilogram of oranges.*

6. **With numerals other than 1.**

2, 3, 4 + gen. sg.   два журна́л**а** / три сестр**ы́**
5, 6, ... + gen. pl.   пять журна́л**ов** / семь бра́т**ьев**

7. **With the comparative degree** (instead of чем + nominative).

Брат ста́рше сестр**ы́**.

8. **With some prepositions.**

у   *by*   по́сле   *after*
для *for*   без   *without*
из *from*

У **э́тих** студе́нт**ов** ско́ро бу́дет экза́мен.
These students will have an exam soon.

Я ничего́ не хочу́ де́лать **для** э́тих люд**е́й**.
I do not want to do anything for these people.

Воло́дя прие́хал **из** Ло́ндон**а**.
Volodya arrived from London.

По́сле экза́мен**ов** я пое́ду домо́й.
After the exams I will go home.

Что ты бу́дешь де́лать **без** сво**и́х** друз**е́й**?
What will you do without your friends?

B. Endings for the genitive plural of nouns.

NOMINATIVE SG.			GENITIVE PL.
Masc.			
hard stem	рестора́н		рестора́н**ов**
end-stressed **ц**	оте́ц		отц**о́в**
stem-stressed **ц**	ме́сяц		ме́сяц**ев**
soft stem	музе́й слова́рь	-й -ь	музе́**ев** словар**е́й**
four s-sounds (**ч, щ, ш, ж**)	мяч това́рищ каранда́ш нож		мяч**е́й** това́рищ**ей** карандаш**е́й** нож**е́й**
Fem.			
hard stem	шко́ла		школ
soft stem	неде́ля ло́шадь	-я -ь	неде́л**ь** лошад**е́й**
Neuter			
hard stem	сло́во	-о	слов
soft stem	учи́лище	-е	учи́лищ

SIMPLIFIED RULE FOR THE GENITIVE PLURAL OF NOUNS	
-consonant	**-ов/ев**
-й	**-ев**
-ь	**-ей**
-ч, щ, ш, ж	**-ей**
-а/я	**drop** (adjust for soft cons.)
-о/е	**drop**

Note 1: Nouns ending in -**ия** and -**ие** have the ending -**ий** in the genitive plural.

| лаборато́рия | лаборато́рий | *laboratory* |
| зда́ние | зда́ний | *building* |

Note 2: Some nouns drop the vowel **-е** or **-о** before all oblique case endings (not only the genitive).

оте́ц	+ ов	отц**о́в**	*father*
де́нь	+ ей	дн**ей**	*day*
городо́к	+ ов	городк**о́в**	*small city*

C. **Fleeting vowels.** As you already know, the genitive plural of feminine and neuter nouns is formed by dropping the last vowel. If the stem of these nouns ends in two consonants, the vowel **-о-** or **-е-** is usually inserted between the two consonants in the genitive plural forms.

1. Insert the vowel **-о-** if one of the consonants is a **к** and the other a consonant *other than* **ж, ч, ш, щ, й,** or **ь.**

су́мк-а	су́мок	*purse, bag*
ша́пк-а	ша́пок	*hat*
блу́зк-а	блу́зок	*blouse*

2. Insert the vowel **-e-** if one of the consonants is a **к** and the other one is **ж, ч, ш, щ, й,** or **ь**

ло́жк-а	ло́жек	*spoon*
ру́чк-а	ру́чек	*pen*
ко́шк-а	ко́шек	*cat*

or if neither of the consonants is a **к**.

пе́сн-я	пе́сен	*song*
письм-о́	пи́сем	*letter*
сестр-а́	сестёр	*sister*
де́ньг-и	де́нег	*money*

3. In some cases no vowel is added.

ка́рта	карт	*map*
ме́сто	мест	*place*
фи́рма	фирм	*firm, company*
лека́рство	лека́рств	*medicine*

D. Some exceptional endings.

	Nom. sg.	Nom. pl.	Gen. pl.	
Masculine	брат	бра́тья	бра́тьев	*brother*
	друг	друзья́	друзе́й	*friend*
	ребёнок	де́ти	дете́й	*child*
	сосе́д	сосе́ди	сосе́дей	*neighbor*
	сын	сыновья́	сынове́й	*son*
	муж	мужья́	муже́й	*husband*
Neuter	мо́ре	моря́	море́й	*sea*
	де́рево	дере́вья	дере́вьев	*tree*

Note: The word **лю́ди** (*people*) has two genitive plural forms. The form **челове́к** is used with all *numerals* 5 and above and with the word **(не́)ско́лько.** The form **люде́й** is used with the words **мно́го** and **ма́ло.**

де́сять челове́к
ско́лько челове́к
мно́го **люде́й**

Упражне́ние

3. Write the words in parentheses in the genitive plural form and underline the main word that calls for the use of the genitive case.

1. В на́шей шко́ле бо́льше _____ (учи́тельница), чем _____ (учи́тель).

2. Ско́лько _____ (студе́нт) в э́том университе́те?

3. На у́лицах Москвы́ сего́дня бо́льше _____ (маши́на) и ме́ньше _____ (авто́бус).

4. Почему́ на уро́ке не́ было _____ (студе́нтка)?

5. В Санкт-Петербу́рге о́чень мно́го _____ (теа́тр, музе́й и рестора́н).

6. В америка́нских города́х обы́чно нет _____ (трамва́й).

7. Финля́ндия – э́то страна́ ты́сячи _____ (о́зеро).

8. Ско́лько _____ (ме́сяц) вы бы́ли в Ки́еве?

9. Ма́ме ску́чно без _____ (де́ти).

10. У Оли о́чень мно́го _____ (друг).

E. Genitive plural of adjectives and possessive and demonstrative pronouns.

Examine the following sentences.

Мне ску́чно без мои́х друзе́й.	*I am bored without my friends.*
У на́ших роди́телей три ко́шки.	*Our parents have three cats.*
У э́тих но́вых студе́нтов ещё нет уче́бников.	*These new students don't have textbooks yet.*

SIMPLIFIED RULE FOR THE GENITIVE PLURAL OF ADJECTIVES	
M, F, N	-ых/их*

*Spelling Rule 1 is applied.

GENITIVE PLURAL OF POSSESSIVE AND DEMONSTRATIVE PRONOUNS
мои́х/твои́х/свои́х
на́ших/ва́ших
э́тих/тех

Упражнёние

4. Write the words in parentheses in the genitive plural form. Then underline the main word that calls for the use of the genitive case.

1. В нашем городе много _____ (хороший новый ресторан).

2. В Сибири больше _____ (длинная река), чем в европейской России.

3. В этом университете есть несколько _____ (хорошая библиотека), пять _____ (новое общежитие) и много _____ (интересное место) для _____ (наш студент).

4. В каком городе больше _____ (высокое здание): в Санкт-Петербурге или в Чикаго?

5. Нью-Йорк—интересный город. Там много _____ (современный театр и хорошая выставка) и, самое главное, очень много _____ (интересный человек).

6. У _____ (русский студент) обычно нет_____(своя машина).

7. В нашем университете несколько _____ (новый преподаватель и профессор).

8. В городе Сочи много _____ (прекрасный пляж и парк), пять _____ (летний театр) и несколько _____ (интересный музей).

9. Каждый год в Сочи приезжают тысячи _____ (иностранный турист).

10. В Сочи 240 _____ (солнечный день) в году.

F. **Adjective agreement with numerals: Introduction.** These rules apply to situations where numbers are the grammatical subject of the sentence.

The numeral 1 has all three genders. The adjective and noun are in the *nominative case*.

один новый журнал
одна маленькая собака
одно новое письмо

After the numerals 2, 3, and 4 the noun is in the *genitive singular*. Adjectives are in the *genitive plural* in masculine and neuter phrases and in the *nominative plural* in feminine phrases. Also note that the numeral 2 has a different form for the feminine.

два (три, четыре) но**вых** журна**ла** / письм**а**
две (три, четыре) маленьк**ие** соба**ки**

After the numerals 5 and up the nouns and adjectives are in the *genitive plural*, regardless of gender.

> пять (шесть, ...) но́в**ых** журна́л**ов/пи́сем**
> пять (шесть, ...) ма́леньк**их соба́к**

Remember that the rules above include all numbers that end in 1 (21, etc.) and 2, 3, 4 (22, etc.) when pronounced.

21 (два́дцать одна́) но́в**ая** шко́л**а**	but: 11 (оди́ннадцать) но́в**ых** школ
23 (два́дцать три) ма́леньк**ие** соба́к**и**	13 (трина́дцать) ма́леньк**их** соба́к

SIMPLIFIED RULE FOR ADJECTIVE AND NOUN AGREEMENT WITH NUMERALS		
	Adjectives	**Nouns**
1	nom. sg.	nom. sg.
2, 3, 4	gen. pl. (M, N) nom. pl. (F)	gen. sg.
5, 6, 7, ...	gen. pl.	gen. pl.

Упражне́ние

5. Supply the words in parentheses in the correct form.

1. У Ма́рка 3 _____ (чёрная ко́шка) и 6 _____ (бе́лая ко́шка).

2. В на́шем го́роде 2 _____ (госуда́рственный университе́т) и 5 _____ (ча́стный университе́т).

3. У Джо́на 3 _____ (ста́рая маши́на), 4 _____ (но́вый телеви́зор) и 2 _____ (дорого́й компью́тер).

4. В э́том го́роде 7 _____ (большо́й парк), 3 _____ (но́вый стадио́н), 2 _____ (интере́сный музе́й) и 4 _____ (хоро́шая библиоте́ка).

5. Ра́ньше у Лари́сы бы́ло 9 _____ (ко́шка) и 4 _____ (соба́ка), а тепе́рь у неё то́лько 2 _____ (ма́ленькая ко́шка) и 1 _____ (ста́рая соба́ка).

15.3 Animate Accusative: Plural

You have already learned that *singular animate masculines* have a special form in the accusative case (the case of the direct object), identical to the genitive case singular. You have also learned that feminine nouns have one form for both animate and inanimate nouns as direct objects.

Masc.	inanimate animate	Ле́на лю́бит **спорт.** Ле́на лю́бит Ма́рк**а.**	(acc. identical to nom.) (acc. identical to gen.)
Fem.	inanimate animate	Марк лю́бит му́зык**у.** Марк лю́бит Ле́н**у.**	(acc. ending in **-y**) (acc. ending in **-y**)

In the plural, *both masculine and feminine animate* objects have forms identical to the genitive plural.

Masc.	inanimate	Ле́на лю́бит **ша́хматы.**	(acc. identical to nom. pl.)
	animate	Ле́на лю́бит сво**и́х** друз**е́й.** Ни́на зна́ет мо**и́х** ро́дственник**ов.** Я люблю́ принима́ть гост**е́й.**	(acc. identical to gen. pl.)
Fem.	inanimate	Марк лю́бит кни́г**и.**	(acc. identical to nom. pl.)
	animate	Марк лю́бит э́т**их** де́вуш**ек.** Я люблю́ **соба́к, ко́шек** и **лошаде́й.**	(acc. identical to gen. pl.)

Упражне́ние

6. Translate into Russian. Some vocabulary help is given in parentheses.

1. Do you like dogs?
2. Not much. I prefer horses. (бо́льше люби́ть/ло́шадь)
3. Do you know my parents?
4. Did you invite my friends and neighbors? (пригласи́ть)
5. Do you like to receive visitors? (принима́ть/гость)
6. I do not know these women. (же́нщина)
7. Olga says that she does not understand men. (мужчи́на)
8. I did not invite these people.
9. I do not like very small children.
10. Did you already meet these new Russian (female) students? (встре́тить)

15.4 Time Expressions: че́рез and на

The preposition **че́рез** + *accusative* refers to the time in the future when something will be done. When numerals other than 1 are required, the noun that follows is in the genitive singular or plural.

Я пое́ду в Оде́ссу **че́рез** неде́лю / ме́сяц / год.   (acc.)
*I am going to Odessa **in** a week / month / year.*

Мы пое́дем в Со́чи **че́рез 3** неде́ли / ме́сяца / го́да.   (gen. sg.)
Ви́ктор пое́дет в Пари́ж **че́рез 5** неде́ль / ме́сяцев / лет. (gen. pl.)

The time expression **на** + accusative answers the question *For how long?* Whereas the expression with **че́рез** refers to the future only, **на** + accusative can refer to both *future and past.* Numerals other than 1 follow the same rule as with the preposition **че́рез.**

Я пое́ду в Оде́ссу **на** неде́лю.   *I am going to Odessa **for** a week.*
Ле́том я е́здила в Крым **на**   *Last summer I went to the Crimea*
  4 неде́ли.   *   **for** 4 weeks.*

15.5 The Short Adjective ну́жен

When you *need something* (or somebody) you use the short adjective **ну́жен (нужна́, ну́жно, нужны́).** The *thing needed is the subject* of the sentence, and the short adjective agrees with it in gender and number. The *person who needs* the item is in the *dative case.*

	Мне	**ну́жен**	**слова́рь.**	*I need a dictionary.*
Literally:	*For me*	*is needed*	*a dictionary.*	
	Ему́	нужна́	**ка́рта.**	*He needs a map.*
	Серге́ю	ну́жно	но́вое **пальто́.**	*Sergei needs a new coat.*
	Ма́ше	нужны́	но́вые **джи́нсы.**	*Masha needs new jeans.*

Questions: **Что** тебе́ **ну́жно?** *What do you need?* (**что** is neuter)
            Кто тебе́ **ну́жен?** *Whom do you need?* (**кто** is always masculine)

When the sentence includes quantifiers (numerals other than 1, **ско́лько, мно́го,** etc.), the *neuter* form **ну́жно** is used.

Мне **ну́жен** то́лько оди́н   *I need only one suitcase.*
  чемода́н.
But: Мне ну́жно **два** чемода́на.   *I need two suitcases.*
  Ско́лько креди́тных   *How many credit cards do*
    ка́рточек тебе́ ну́жно**?**   *   you need?*
  Нам ну́жно **мно́го** де́нег.   *We need a lot of money.*

Упражнёние

7. How would you say the following in Russian?

1. What does he need?
2. I need a new suitcase.
3. Do we need sunglasses?
4. I don't need a credit card.
5. He doesn't need an umbrella.
6. Do you need a razor?
7. Do you need shorts?
8. He doesn't need this book.
9. How much money do you need?
10. I need two skirts.

15.6 Verbs of Motion with Prefixes: Introduction

The verbs **идти** and **ёхать** can be used with or without prefixes. In this lesson you will learn to use them with three prefixes, all of which have a specific meaning. When a prefix is added to **идти** and **ёхать** they become *perfective aspect* verbs.

Note: When prefixes are added to the verb **идти**, some spelling changes occur.

пойти *– I will go*	***уйти*** *– I will leave*	***прийти*** *– I will arrive*
я пойду	я уйду	я приду
ты пойдёшь	ты уйдёшь	ты придёшь
он/она пойдёт	он/она уйдёт	он/она придёт
мы пойдём	мы уйдём	мы придём
вы пойдёте	вы уйдёте	вы придёте
они пойдут	они уйдут	они придут

A. **по-** means *to set off, to leave for* (with the destination mentioned).

Я **по**ёду в Москву лётом.	*I will go to Moscow in the summer.*
Завтра мы **по**йдём в зоопарк.	*We will go to the zoo tomorrow.*
Саша **по**ёхал в Эстонию.	*Sasha went to Estonia.* (He is still there.)
Папа **по**шёл в магазин.	*Father went to the store.* (He has not returned.)

B. **у-** means *to go away from a place, to leave, to depart*. Whereas the prefix **по-** emphasizes the new destination, the prefix **у-** emphasizes the place away from which you are going (**из** + gen.), either expressed or implied. Less frequently, the destination where a person is going (**в** + acc.) is also expressed.

| Мы уе́хали **из** Пари́ж**а** в конце́ ноября́. | *We left Paris at the end of November.* |
| Ольга **у**е́хала в Новосиби́рск. | *Olga went away to Novosibirsk.* |

C. **при-** indicates *to arrive*. You can arrive *to* (**в** + acc.) or *from* (**из** + gen.) a place. The corresponding question words are **куда́** (*where to*) and **отку́да** (*where from*).

Куда́ прие́хали тури́сты?
Where did the tourists arrive?

Они́ **при**е́хали **в** Москву́.
They arrived in Moscow.

Отку́да вы прие́хали?
Where did you come from?

Мы **при**е́хали **из** Москвы́.
We arrived from Moscow.

Ма́ма **при**шла́ домо́й в во́семь.
Mom came home at eight.

Упражне́ние

8. Translate the sentences into Russian.

   A. Use **прие́хать, уе́хать,** or **пое́хать.**

      1. Where did you come from?

      2. I came for two weeks.

      3. Sasha is going to Canada at the end of May.

      4. My brother went to Italy for a week.

      5. My friends left two months ago.

      6. When are you coming to see me? (When will you come to me? ко мне)

      7. I'll come in two months.

      8. Sasha left yesterday.

      9. Why did he leave?

     10. I'm going to Moscow in six months.

   B. Use **прийти́, уйти́,** or **пойти́.**

      1. Do you want to go to a restaurant?

      2. Where did Sasha go?

      3. Larisa arrived.

      4. Larisa went to the store.

      5. I'm not going anywhere tomorrow.

      6. Who came (arrived)?

7. Nobody came!

8. I'll come tomorrow.

9. Where is Sasha? – He left.

10. Why did he leave?

15.7 Imperative

To make a *request* or a *command* you use the *imperative* form of the verb. In English, the imperative does not differ from the present-tense form.

present tense	imperative
I **read** a lot of books.	**Read** a book!
I **go** to school.	**Go** to school!

You have already learned a few imperative forms: **Здра́вствуй/те! Извини́/те! Купи́/те! Да́й/те!** and so on. The imperative is formed from the *third-person plural* by replacing the ending with **й, и,** or **ь**.

A. Add **-й** when the stem ends in a vowel. Reattach the particle **-ся/сь** to reflexive verbs.

third-person pl.	informal	formal and plural
чита́|ют	чита́й	чита́йте
слу́ша|ют	слу́шай	слу́шайте
откро́|ют	откро́й	откро́йте
занима́|ются	занима́йся	занима́йтесь (**-сь** after a vowel)

B. Add **-й** when the stem ends in a consonant. Reattach the particle **-ся/сь** to reflexive verbs.

third-person pl.	informal	formal and plural
смо́тр|ят	смотри́	смотри́те
возьм|у́т	возьми́	возьми́те
ска́ж|ут	скажи́	скажи́те
сп|ят	спи	спи́те
ид|у́т	иди́	иди́те
сад|я́тся	сади́сь	сади́тесь

C. Add **-ь** when the stem ends in a consonant and when the *first*-person singular is not stressed on the ending. There are relatively few verbs in this category.

third-person pl.	informal	formal and plural
забу́д|ут (я забу́ду)	забу́дь	забу́дьте

Note: The same rules regarding the use of cases that apply to other verb forms apply to imperatives as well.

Покажи́те **мне** кни́гу.   *Show me the book.*
       dat.   acc.

Положи́ руба́шку в чемода́н.   *Put the shirt in the suitcase.*
      acc.   acc.

Упражне́ние

9. Supply the verbs in parentheses in the imperative form. Use the informal address, unless a formal form is indicated by the use of the name and patronymic.

1. Анна, _____ (смотре́ть)!
2. Ива́н, _____ (слу́шать)!
3. Ната́лья Ива́новна, _____ (говори́ть) ме́дленнее, пожа́луйста!
4. Игорь Андре́евич, _____ (купи́ть) мне биле́т, пожа́луйста!
5. Ле́на, _____ (закры́ть) дверь!
6. Са́ша, _____ (взять) твой фотоаппара́т!
7. В ко́мнате жа́рко. _____ (откры́ть) окно́!
8. _____ (положи́ть) э́ти джи́нсы в чемода́н!
9. _____ (написа́ть) мне!
10. _____ (позвони́ть) мне за́втра!

Vocabulary

Note: The core vocabulary is **boldfaced.**

Nouns

Travel-related nouns

автобус	*bus*
аэропо́рт	*airport*
биле́т	*ticket*
ви́за	*visa (travel document)*
вокза́л	*railway station*

грани́ца	*border*
за грани́цей	*abroad*
за грани́цу	*(to) abroad*
из-за грани́цы	*from abroad*
де́ньги	*money*
gen. pl. **де́нег**	
доро́га	*road, trip*
достопримеча́-тельность *f.*	*tourist sight*

кредитная карточка	credit card
номер *nom. pl.* номера	hotel room
отдых	rest, vacation
пансионат	resort hotel
паспорт	passport
поезд	train
поездка	trip
полёт	flight
проводник, проводница	train conductor
рейс	flight, route
самолёт	airplane
санаторий	health spa
станция	metro station
трамвай	streetcar
троллейбус	trolleybus
чемодан	suitcase

In your suitcase

адаптер	adapter (for outlets)
аспирин	aspirin
бритва	razor
брюки	pants
галстук	necktie
джинсы	jeans
зонт(ик)	umbrella
костюм	suit
кофта, кофточка	women's top
кроссовки	athletic shoes
купальник	swimsuit
куртка	jacket
носки	socks
очки	glasses
солнечные очки	sunglasses

пальто *indecl.*	coat
паста	paste
зубная паста	toothpaste
перчатки	gloves
плавки	men's swimsuit
платье	dress
рубашка	(men's) shirt
рюкзак	backpack
сапоги	boots
свитер	sweater
сумка	bag, purse
трусы/трусики	men's/women's underwear
туфли	shoes
футболка	t-shirt
шапка	hat
шарф	scarf
шорты	shorts
щётка	brush
зубная щётка	toothbrush
юбка	skirt

Time-related nouns and expressions

в следующем году	next year
конец	end
в конце	at the end
начало	beginning
в начале	at the beginning
середина	middle
в середине	in the middle
по вечерам	in the evenings
полгода	half a year
срок	period of time
на какой срок	for how long

Other nouns

альпини́зм	mountain climbing
бе́рег (на берегу́)	coast
во́здух	air
дура́к, f. **ду́ра**	fool
заня́тие	activity
иностра́н(е)ц	foreigner
карма́н	pocket
ключ	key
кран	faucet
куро́рт	resort
ла́мпочка	lightbulb
ле́стница	staircase
лифт	elevator
одея́ло	blanket
пала́тка	tent
поду́шка	pillow
полоте́нце	towel
похо́д	hiking
сад (в саду́)	garden
скалола́зание	rock-climbing
сто́имость	cost, price
шкаф (в шкафу́)	closet
эта́ж	floor, level, story

Adjectives

акти́вный	active
горя́чий	hot (about liquids)
да́льний	far
двухме́стный	double (room)
культу́рный	cultural
ну́жен, нужна́,	needed
ну́жно, нужны́	
одноме́стный	single (room)
отде́льный	separate
пасси́вный	passive

пля́жный	beach
ра́зный	various
сле́дующий	next
сре́дний	middle, central
счастли́вый	happy
Счастли́вого пути́!	Have a nice trip!

Adverbs

бы́стро	fast
гро́мко, гро́мче	loudly, louder
ме́дленно •	slowly
наза́д	ago
осторо́жно	carefully
отку́да	where from
ти́хо, ти́ше	quietly, quieter
туда́	(to) there

Prepositions

из + gen.	from
че́рез + acc.	in (in time expressions)
на + acc.	for (a period of time)

Verbs

бо|я́ться (II) боюсь, бои́шься, боя́тся	to be afraid
*взять (I) возьму́, возьмёшь, возьму́т	to take
возвраща́|ться (I) *верну́ться (I) верну́сь, вернёшься, верну́тся	to return

éхать (I) éду, éдешь, éдут	*to go, to travel*
забыва|ть **(I)**	*to forget*
*забы́ть (I) забу́ду, забу́дешь, забу́дут	
загора́|ть (I)	*to sunbathe*
закрыва́|ть (I)	*to shut, to close*
*закры́ть (I) закро́ю, закро́ешь, закро́ют	
занима́|ться (I) альпини́змом	*to climb mountains*
купа́|ться (I)	*to swim, to bathe (play)*
ла́зать по ска́лам	*to climb rocks*
лета́|ть (I)	*to fly*
лете́ть (II) лечу́, лети́шь, летя́т	*to fly*
отдыха́|ть (I)	*to rest*
открыва́|ть (I)	*to open*
*откры́ть (I) откро́ю, откро́ешь, откро́ют	
*пое́хать (I) пое́ду, пое́дешь, пое́дут	*to go, to leave (by vehicle)*
*положи́ть (II) положу́, поло́жишь, поло́жат	*to put*
*потеря́ть	*to lose*
предпочита́|ть (I)	*to prefer*

*прие́хать (I) прие́ду, прие́дешь, прие́дут	*to arrive*
путеше́ств|ова|ть (I) путеше́ствую, путеше́ствуешь, путеше́ствуют	*to travel*
*уе́хать (I) уе́ду, уе́дешь, уе́дут	*to go away (by vehicle)*
*укра́сть у меня́ укра́ли + acc.	*to steal*

Imperatives only

включи́/те	*turn on (the light, an appliance)*
не волну́йся, не волну́йтесь	*don't worry*
встань/те	*stand up*
вы́ключи/те	*turn off (the light, an appliance)*
останови́сь, останови́тесь	*stop*
поверни́/те	*turn*
(подо)жди́/те	*wait*
помолчи́/те	*be quiet*
сади́сь, сади́тесь	*have a seat*

Other

éсли *conj.*	*if*
ну, что ж *interj.*	*oh, well*
стоп *interj.*	*stop*

Уро́к 16 (Шестна́дцатый уро́к)
Где мы бу́дем обе́дать?

THEMES

- Talking about food
- Table manners and setting the table
- Deciding where to eat and drink
- Making reservations
- Ordering food

CULTURE

- Typical Russian ingredients and dishes
- Recipes for salads
- How food is served
- Home entertainment
- At the restaurant
- Toasting

STRUCTURES

- Instrumental case of nouns, adjectives, and possessive, demonstrative, and personal pronouns
- Substantivized adjectives
- Short adjectives

Де́вушки едя́т блины́ с ветчино́й и сы́ром. Это о́чень вку́сно!

Ру́сская ку́хня

- **Кефи́р** is a beverage of fermented cow's milk, sold either plain or with various fruit flavors.
- **Смета́на** is sour cream—an essential ingredient and a garnish of many Russian foods, including borscht soup and beef Stroganoff.
- **Тво́рог** is a kind of cottage cheese used often in dessert pies.
- **Пря́ники** are Russian gingerbread cookies. **Пече́нье** is any other type of cookie.

- A **пиро́г** is a filled pie. Fillings can include meat, potatoes, or cabbage. Dessert pies are filled with fruit or berries. A **пирожо́к** is a small pie or pastry.
- **Ватру́шка** is a flat sweet bread with a filling of тво́рог.
- **Бу́лка** is white bread. The word **бато́н** refers to the shape (*French bread*). **Бу́лочка** is a bun.

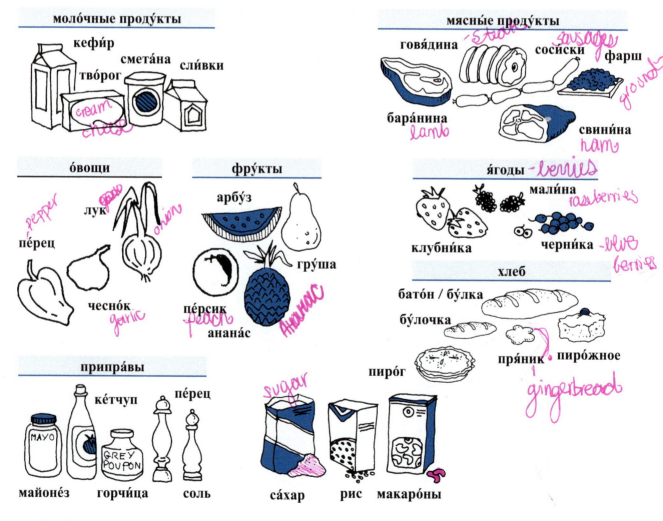

молочные проду́кты
кефи́р
смета́на сли́вки
тво́рог
cream cheese

мясны́е проду́кты
говя́дина *steak* соси́ски *sausages* фарш *ground*
бара́нина *lamb* свини́на *ham*

о́вощи
pepper лук *onion*
пе́рец чесно́к *garlic*

фру́кты
арбу́з груша
пе́рсик *peach* анана́с *Ananas*

я́годы – *berries*
мали́на *raspberries*
клубни́ка черни́ка – *blueberries*

хлеб
бато́н / бу́лка
бу́лочка
пиро́г пря́ник *gingerbread* пиро́жное

припра́вы
ке́тчуп пе́рец
майоне́з горчи́ца соль

sugar
са́хар рис макаро́ны

Review the following vocabulary from previous lessons:

молоко́	ку́рица	морко́вь	апельси́ны
сыр	ры́ба	сала́т	я́блоки (*sg.* я́блоко)
ма́сло	ветчина́	капу́ста	бана́ны
моро́женое	колбаса́	карто́фель/карто́шка	виногра́д
	я́йца (*sg.* яйцо́)	помидо́ры	
	икра́	огурцы́	
		грибы́	

- Каки́е проду́кты пита́ния **поле́зны** для здоро́вья? Каки́е проду́кты неполе́зны?
- Что мо́жно есть, е́сли вы на дие́те? А что **нельзя́**?
- А что мо́жно есть, е́сли вы вегетариа́нец/вегетариа́нка?
- Вы лю́бите мя́со? Если да, како́е мя́со вы лю́бите бо́льше: свини́ну и́ли говя́дину?
- Вы еди́те **све́жие** фру́кты и о́вощи ка́ждый день? Каки́е?
- Вы лю́бите я́годы? Каки́е?
- Вам нра́вится икра́? Кра́сная и́ли чёрная?
- Вы еди́те грибы́?

1. Ингредие́нты.

A. Igor works at the «Со́ле-Мио» pizza parlor. Below is his favorite pizza. How does it differ from your favorite?

Пицца Соле-Мио
сыр рикотта, сыр моцарелла, ветчина, помидоры, грибы, чеснок, лук, красный перец

B. Igor wants to know the basic ingredients of the following typical American dishes.

1. hamburger
2. milk shake
3. coleslaw
4. omelette

2. Интервью́. Interview a classmate about his or her attitude toward the items listed. Report the results to the class.

1. various milk products
2. red and white meats
3. cold cuts
4. bread
5. vegetables, fruit, and berries
6. rice, macaroni, and potatoes

3. Реце́пты.

A. You decided to try out some Russian recipes. Find out what ingredients you need for the Stroganoff meat dish. What do you think the abbreviation **ст. л.** stands for? See which items this measure is used for in these recipes. Another measure of the same type is **ч. л.** What do you think it means?

мука́ *flour*

Бефстроганов с грибами	
говядина	500 г
шампиньоны	1 кг
лук	2 средние луковицы
сметана	250 г
горчица	2 ст. л.
масло	4 ст. л.
мука	2 ст. л.
соль	по вкусу
перец чёрный	по вкусу

источник: http://www.gastronom.ru

B. This is a recipe for the Russian salad called **винегре́т**. Translate the list of ingredients into English. How might this salad look?

свёкла   *beet*

сельдь *f.*   *herring*

у́ксус   *vinegar*

Русский винегрет		
морковь	2	крупных
картофель	2	крупных
свёкла	2	крупных
солёный огурец	3	средних
сельдь слабосолёная	150 г филе	
Для горчичного соуса		
горчица	2	ст. л.
желток	2	
белое вино	2	ст. л.
уксус	2	ст. л.
сахар	2	ст. л.
бульон	2	ст. л.
растительное масло	2	ст. л.

источник: http://www.gastronom.ru

Что вам положи́ть?

Many Russian families eat a leisurely four-course sit-down meal together every day. The table is usually set in advance, and the food is brought to the table in serving or cooking dishes. Rather than the members of the family helping themselves, the person responsible for cooking places (**положи́ть**) the food on everybody's plates.

В гостя́х

Entertaining at home is casual and spontaneous. Friends and neighbors often drop in uninvited. If visitors happen to arrive at dinnertime, they are expected to join the family for the meal. Foreign visitors are treated with special hospitality. The hosts eagerly place food on their visitors' plates and do not easily take "no" for an answer. They encourage the guests with **Е́шьте! Е́шьте!** or **Ку́шайте!** (*Eat, please!*), and insist on giving second helpings the minute the plate is empty.

Drinking is a serious and indispensable part of social life. Some Russians may be offended if their visitors do not drink with them.

Some cultural hints for the visitor: Do not bring an even number of flowers, do not shake hands over the threshold (both are bad luck), and take off your coat, hat, and shoes when you come in. You may be offered slippers when you enter a Russian home. Russians generally take off their street shoes and put on slippers when they enter their home.

А как в Аме́рике?
How do the customs explained here differ from U.S. customs? Use the questions provided as a starting point for your discussion.

1. Где вы за́втракаете/обе́даете/у́жинаете? На ку́хне и́ли в гости́ной? За столо́м? Бы́стро и́ли ме́дленно? Если бы́стро, то почему́?

2. Вы смо́трите телеви́зор, когда́ вы за́втракаете/обе́даете/у́жинаете?

3. Когда́ к вам прихо́дят го́сти, вы сиди́те за столо́м весь ве́чер?

Ку́шайте!

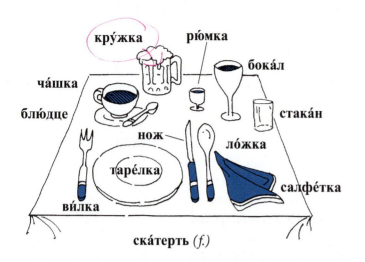

кружка   рюмка
чашка   бокал
блюдце   стакан
          нож   ложка
     тарелка   салфетка
вилка
          скатерть (f.)

A shot glass (usually for vodka) without a stem is called a **стопка**.

4. Чего у них нет? A waiter at the restaurant «Чайка» was very careless in setting the table. Working with a partner, discuss what is missing from each place setting.

S1: Чего у Сергея нет?

S2: У него нет ножа.

S1: Что ему нужно?

S2: Ему нужен нож.

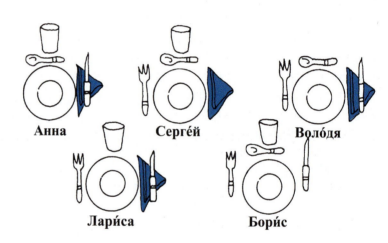

Анна   Сергей   Володя

Лариса   Борис

5. Что из чего пьют?

A. What do Russians drink coffee from? Look at the list provided and answer the questions.

Model: Из чего русские пьют кофе?
Кофе они пьют из чашки.

что	из чего
кофе	чашка
чай	стакан, чашка
молоко, сок, вода	стакан
водка	рюмка, стопка
вино	бокал
пиво	кружка, стакан

502 Урок 16

В. А как в Аме́рике?

1. Из чего́ америка́нцы пьют ко́фе: из ча́шки и́ли кру́жки?

2. А горя́чий (*hot*) чай? Из ча́шки, кру́жки и́ли стака́на?

3. Холо́дный чай?

4. Пи́во?

5. Пе́пси-ко́лу?

6. **Что на́до купи́ть для вечери́нки?** You and your Russian friend are planning a dinner party for 10 people—American style. Make a shopping list of the things you need to buy, including drinks and utensils. Remember to mention the quantity for each item. Keep the cost of your party moderate. Then compare your list with those of your classmates. Whose list sounds the best? Who got the most for the money?

Чем вы еди́те мя́со?	**Ножо́м** и ви́лк**ой.**
А моро́женое?	Ло́жк**ой.**
А пи́ццу?	Рук**а́ми.**

16.1 Instrumental Case: (A) Introduction; (B) Without Prepositions; (C) Nouns

Каки́**м** ножо́м?	Больши́**м** ножо́м.
Как**о́й** ло́жкой?	М**а́**леньк**ой** ло́жкой.
Каки́**ми** рука́ми?	Чи́ст**ыми** рука́ми.

16.1 Instrumental Case: (D) Adjectives

Ма́ша ест пи́ццу ножо́м и ви́лкой, а Та́ня – рука́ми.

Принима́ем госте́й

Find the recommended etiquette for eating various appetizers, soups, main dishes, salads, and desserts. In each bullet point, underline food items and the key information, with special attention to the instrumental case.

Also find out how to position the fork and knife on the plate at the end of the meal.

закýска *appetizer* рéзать *to cut* держáть *to hold*

- Холодные закуски обычно едят прибором, предназначенным для десерта. Если поданное блюдо не нужно резать (паштеты, суфле, яйца вкрутую и т.д.), достаточно одной лишь вилки, которую держат в правой руке.
- Некоторые виды супов, бульоны и фруктовые холодные супы, которые подают в чашке, едят десертной ложкой.
- Мясо едят ножом и вилкой. Нож держат в правой руке, вилку в левой. Некоторые блюда, которые можно не резать, например, омлет, блины, едят только вилкой. Её держат в правой руке и помогают при еде кусочком хлеба, который держат в левой руке. Зелёный салат ножом и вилкой разделяют на небольшие порции и вилкой кладут в рот.
- Торты, пирожные и другие кондитерские изделия едят вилочкой для пирожных. Пудинги, кремы и желе едят кофейной ложечкой.
- Твёрдые сорта сыра режут ножом и едят десертной вилкой. Мягкие сыры намазывают ножом на хлеб с маслом. Бутерброды (большие, многослойные, горячие) едят ножом и вилкой.
- Десерты, поданные в бокалах, едят маленькой вилочкой или ложечкой.
- Фрукты с мелкими косточками едят руками. Садовые и лесные ягоды едят ложечкой.
- Закончив еду, нож и вилку кладут на тарелку рядом друг с другом параллельно в знак того, что вы уже больше есть не будете.

По материалам корпоративной газеты «ЛАМИРА» №7

Чем ты бу́дешь есть пиро́жное?
Ви́лкой и́ли ло́жкой?

7. Что чем едят? What utensils would you use to eat the foods listed? Define the size of the spoon when appropriate. Also mention any possible cultural differences, if applicable. You may also need the word па́лочки (*chopsticks*).

Чем вы еди́те мя́со?
В како́й руке́ бу́дет ви́лка? А нож?

1. суп
2. бутербро́д
3. ры́бу
4. кита́йские блю́да
5. апельси́н
6. спаге́тти
7. ку́рицу
8. моро́женое
9. пиро́жное
10. га́мбургер
11. су́ши
12. йо́гурт
13. пи́ццу
14. торт

Чем обы́чно едя́т в э́том рестора́не? Ножо́м и ви́лкой или па́лочками?

8. Интервью́. Interview a classmate. Find out how he or she prefers to eat and drink the items in activities 5 and 7.

1. Из чего́ ты пьёшь...?
2. Како́й руко́й ты...?
3. Чем ты ешь...?

Я (о́чень) хочу́	есть.
	пить.

Hunger and thirst are usually expressed in Russian with the verb **хоте́ть** + the infinitive (есть and пить).

Где мы бу́дем обе́дать?

There are numerous kiosks (ларёк, *pl.* ларьки́) everywhere, especially around metro stations and bus stops, which sell various drinks and snacks. You can buy soft drinks (**ко́ка-ко́ла, фа́нта**, etc.), carbonated and non-carbonated water (**не/газиро́ванная вода́**), and beer. The snacks may include **пирожки́** (**с мя́сом, ри́сом, капу́стой**, etc.), **соси́ски в те́сте**, and meat pies from various ethnic cuisines, such as **чебуре́ки** (Crimea) and **самса́** (Uzbek, Tajik). If you prefer a sit-down meal, there are a number of specialized establishments: a **бли́нная** sells Russian pancakes called **блины́**, and a **шашлы́чная** sells **шашлыки́** (*shish kebabs*).

Among the most popular restaurants are those serving Georgian and Uzbek cuisines.

Чебуре́к – пирожо́к с начи́нкой из бара́ньего фа́рша, жа́ренный в ма́сле.

Самса́ – трёхуго́льный пирожо́к с начи́нкой из бара́ньего фа́рша и лу́ка.

Пирожки́

с ри́сом
с сы́ром
с капу́стой
с карто́фелем
с гриба́ми
с клубни́кой
с мали́ной

Место	Что они продают?
кафе́, столо́вая буфе́т бли́нная шашлы́чная	за́втрак, обе́д, у́жин заку́ски: пирожки́, бутербро́ды, ко́фе, чай блины́ шашлыки́

16.2 Substantivized Adjectives

Что здесь продаю́т?

Столо́вая and бу́лочная (*bakery*) are commonly used nouns in an adjective form. Numerous others are formed in the same way: **бли́нная, пивна́я, шашлы́чная**, etc. Many newer establishments have more creative names, often of foreign origin.

9. Куда́ пойти́?

1. Что продаю́т в бу́лочной?

2. Как вы ду́маете, где продаю́т пиро́жные и моро́женое?

3. В како́м рестора́не мо́жно есть шашлыки́?

4. Ру́сские студе́нты ча́сто обе́дают в университе́тской столо́вой. А вы?

5. Ско́лько в ва́шем университе́те столо́вых?

6. Ско́лько раз в неде́лю и́ли в ме́сяц вы обе́даете и́ли у́жинаете в рестора́нах?

7. Каку́ю ку́хню вы бо́льше лю́бите: италья́нскую, кита́йскую и́ли мексика́нскую?

8. В ва́шем го́роде есть ру́сский рестора́н?

9. Вам нра́вится ру́сская ку́хня?

<table>
<tr><td colspan="1" align="center">**С кем?**</td></tr>
</table>

с мо**и́м** (тво**и́м**, [со] сво**и́м**, на́ш**им**, ва́ш**им**) но́в**ым** дру́г**ом** Ива́н**ом**/Игор**ем**
с мо**е́й** (тво**е́й**, [со] сво**е́й**, на́ш**ей**, ва́ш**ей**) но́в**ой** подру́г**ой** Алл**ой**/Ма́ш**ей**/Та́н**ей**
с мо**и́ми** (тво**и́ми**, [со] сво**и́ми**, на́ш**ими**, ва́ш**ими**) но́в**ыми** друзь**я́ми**
с э́т**ими** ру́сск**ими** де́вушк**ами**

16.1 Instrumental Case: (E) Possessive and Demonstrative Pronouns

10. Кто с кем куда́ пошёл? Discuss the chart with a partner.

S1: С кем пошёл Пе́тя на бале́т?

S2: Он пошёл на бале́т со свое́й сестро́й Аллой.

кто	с кем	куда́
1. Пе́тя	сестра́ Алла	на бале́т
2. Ни́на	америка́нская подру́га Сюза́нна	на конце́рт
3. Андре́й	де́вушка Та́ня	в кино́
4. Ма́ша	знако́мый[1] Ди́ма	в теа́тр
5. Оля	брат Ко́стя	в рестора́н «Арара́т»
6. Игорь	лу́чший друг Серге́й	на стадио́н
7. Воло́дя	америка́нский друг Джон	в ночно́й клуб «Хулига́н»

[1]acquaintance

Ты хо́чешь (вы хоти́те) Ты хоте́л бы (вы хоте́ли бы) пойти́ в рестора́н **со мной**?	С удово́льствием.
Мы с Ле́ной идём в кафе́. Ты не хо́чешь пойти́ **с на́ми**?	
Дава́й/те (лу́чше) пойдём в на́шу студе́нческую столо́вую!	Дава́й!

С кем?	со мно́й с тобо́й с ним с ней	с на́ми с ва́ми с ни́ми	ни с кем

Note:
Lena and I = **Мы с Ле́ной**
Igor and I = **Мы с Игорем**

16.3 Instrumental Case of Personal Pronouns

11. Диало́ги

A. Practice conversations according to the model: you suggest an expensive place to eat, your friend would rather go to a cheaper place.

S1: Я о́чень хочу́ есть. Дава́й пойдём в рестора́н!

S2: В како́й рестора́н?

S1: Мо́жет быть в «Баку́»?

S2: Там сли́шком до́рого. У меня́ нет де́нег. Дава́й лу́чше пойдём в на́шу студе́нческую столо́вую.

S1: Ну, ла́дно. Дава́й.

B. Мы с Ле́ной. You and your roommate are going out for an evening snack. Call a friend to join you. Also agree on the time and where to meet. Review the following expressions:

Во ско́лько?   *At what time?*

Встре́титься: дава́й встре́тимся   *to meet: let's meet*

Договори́лись!   *Agreed!*

До ве́чера тогда́!   *See you tonight then!*

Making Reservations

Э́тот рестора́н **откры́т**?	Нет, он уже́ **закры́т**.
Э́тот сто́лик **свобо́ден**?	Нет, он **за́нят**.
Э́то ме́сто **свобо́дно**?	Нет, оно́ **за́нято**.

16.4 Short Adjectives

Э́тот рестора́н уже́ закры́т.

– Э́то ме́сто свобо́дно?
– Да, свобо́дно. **Сади́тесь**, пожа́луйста.

Ско́лько вас? Ско́лько челове́к?	Нас	дво́е. тро́е. че́тверо. пя́теро.
Проходи́те, пожа́луйста.		

Дво́е, тро́е, че́тверо and **пя́теро** are collective numbers. In this lesson, they are used to answer the question **Ско́лько вас?** (*How many people are in your group?*)

Как заказа́ть сто́лик в рестора́не?

Кристи́на:	Мы сего́дня ве́чером пойдём в «Садко́».
Алла:	В «Садко́»? Туда́ тру́дно попа́сть[1], осо́бенно в пя́тницу ве́чером. Лу́чше заказа́ть сто́лик зара́нее.
Кристи́на:	Хорошо́. Я позвоню́ им.
Метрдоте́ль:	Алло́! Рестора́н «Садко́».
Кристи́на:	Здра́вствуйте! Я хоте́ла бы заказа́ть сто́лик на пять челове́к сего́дня на ве́чер.
Метрдоте́ль:	Пожа́луйста. На кото́рый час?
Кристи́на:	На 7 часо́в.
Метрдоте́ль:	Как ва́ша фами́лия?
Кристи́на:	Бра́ун.
Метрдоте́ль:	Спаси́бо. Зака́з при́нят.[1]
Кристи́на:	Очень хорошо́. Спаси́бо. До свида́ния.
Метрдоте́ль:	Всего́ хоро́шего.

[1]get in

[1]taken

Ве́чером

Кристи́на:	До́брый ве́чер! У нас сто́лик зака́зан на фами́лию Бра́ун. Нас че́тверо, но придёт ещё оди́н челове́к.
Метрдоте́ль:	Проходи́те, пожа́луйста.

Отве́тьте на вопро́сы.

1. Ско́лько госте́й пригласи́ла Кристи́на Бра́ун?
2. На како́й день она́ заказа́ла сто́лик?
3. Как вы ду́маете, почему́ она́ заказа́ла сто́лик зара́нее?
4. Как вы ду́маете, почему́ их бы́ло то́лько че́тверо, а не пя́теро?

12. Игровы́е ситуа́ции.

A. Call a restaurant and reserve a table for your party. Your teacher will play the part of the maitre d'.

B. Your group is trying to get into a fancy nightclub. The doorman says it is full. Do not take *no* for an answer. Find out how long you have to wait and also explain where you are from. (It might help.)

13. Кто с кем ря́дом сиди́т?

A. Discuss the seating order in the picture below. Who is sitting next to or between whom?

> **Хозя́йка сиди́т во главе́ стола́.**
>
> Мари́я сиди́т **ме́жду** Игорем и Бори́**сом**.
>
> Юрий сиди́т **ря́дом с** Татья́**ной**.
>
> Никола́й сиди́т...

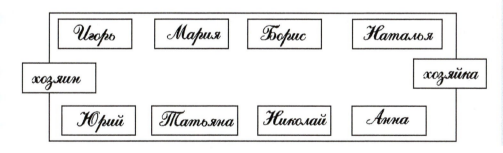

> If more people were to be seated at the table shown here, they would probably have to sit at the corners. According to an old Russian superstition, unmarried women and girls should not sit at the corners; otherwise they will never get married.

B. You and your Russian friend are hosting a semiformal dinner party for 10 people. Decide whom to invite and what the seating order should be and why. Sketch the seating order on paper.

Model: Дава́й приглаcи́м Игоря и...

Я бу́ду сиде́ть здесь. Игорь бу́дет сиде́ть ря́дом со мно́й, потому́ что он мне о́чень нра́вится...

Ordering Food

Чай	С лимо́ном, но **без** са́хар**а**.
Бутербро́д **с чем?**	С колбасо́й.
Пиро́г	С мя́сом.
Ко́фе	Со сли́вк**ами/без сли́вок**.

Бутербро́д «Америка́нский»

С чем э́тот бутербро́д?

Unlike the sandwich pictured here, typical Russian sandwiches are open-faced: they do not have another piece of bread on top to hold together a tower of toppings. Traditionally, the toppings consist of a few items only: cheese, salami, or ham, in addition to butter.

14. Бутербро́д с чем?

A. Each of the people listed ordered a sandwich, pastry, and tea. Discuss with a partner who ordered what. Also select your own order.

S1: Что заказа́л Воло́дя?

S2: Он заказа́л бутербро́д с сы́ром, пиро́г с тво́рогом и чай с са́харом, без лимо́на.

кто	бутербро́д с чем	пиро́г с чем	чай с чем/без чего́
1. Воло́дя	сыр	тво́рог	са́хар/лимо́н
2. Ни́на	мя́со	рис	лимо́н/са́хар
3. Ле́на	ветчина́	капу́ста	молоко́ и са́хар
4. Ви́ктор	икра́	мя́со	мёд/лимо́н
5. Алексе́й	колбаса́	я́блоки	варе́нье
6. Боб	огурцы́	грибы́	лёд (со льдо́м)/са́хар
7. Ли́нда	помидо́ры	пе́рсики	лимо́н и са́хар/лёд (бе́зо льда)
8. Я	_____	_____	_____

B. Answer the questions.

1. С чем вы пьёте чай и́ли ко́фе?

2. Како́й ко́фе вам бо́льше нра́вится: со сли́вками и́ли без сли́вок?

3. Ру́сские иногда́ пьют чай с мёдом и́ли с варе́ньем. Вам нра́вится тако́й чай?

4. Вы лю́бите холо́дный чай? С чем?

5. А с чем пьют чай в А́нглии?

15. **В бли́нной.** Order yourself a snack and a drink from the menu, using the dialogue as a model.

Же́нщина:	Что вам?
Воло́дя:	Блин с гриба́ми и буты́лку минера́льной воды́.
Же́нщина:	С га́зом?
Воло́дя:	Нет, без га́за.
Же́нщина:	Что ещё?
Воло́дя:	Это всё.

«Терем»

Блины и салаты

блин

    с ветчиной и сыром
    с грибами
    с красной икрой
    с клубничным вареньем
      и сливками

салат

    с крабовыми палочками и свежими
      овощами
    винегрет с солёными грибами

Напитки

квас «Терем»
чай чёрный/зелёный
кофе
сок апельсиновый
пиво «Клинское»
минеральная вода

Десерты

мороженое
    с лесной ягодой
    с бананом и шоколадом

Квас is a fermented beverage made from rye bread.

16. Что вы хотите на завтрак?

A. Here are some suggestions for a hearty Russian breakfast. Which would you choose?

1. бутерброд с ветчиной, маслом и сыром; кефир с печеньем; яблоко

2. яичница с колбасой; чай с булочкой и джемом; фруктовый салат

3. гречневая[1] каша с молоком; чай с мёдом; яблочный пирог   [1]*buckwheat*

4. овсяная[2] каша с маслом; творог со сметаной и сахаром; фрукты   [2]*oats*

B. How do the suggestions in A differ from the breakfast you usually eat?

хлопья (pl.)   *cereal* (кукурузные *corn*; овсяные *oat*)

бублик *bagel*   пончик *doughnut*

Традиционные русские блюда

The taste in Russian foods is based more on the natural flavor of the ingredients than on added spices. The most typical condiments include salt, pepper, and the herbs укроп (*dill*) and петрушка (*parsley*). Garlic is also widely used.

Закуски *Appetizers*
- Кулебяка is an oblong pie stuffed with meat or fish and rice. The top of the pie is usually braided or decorated with pieces of pastry.

Супы (первые блюда)
- Борщ is probably the most famous Russian soup. The main ingredients are red beets and fresh cabbage. It is also served with сметана.
- Щи is soup made with fresh cabbage or sauerkraut. It is often served with сметана.
- Рассольник is a soup with pickled cucumbers. It can be made with meat, kidneys, and so on.
- Солянка is soup made with fish, meat, or mushrooms.

- Окрошка is a cold soup made with fresh cucumbers in квас and garnished with green onions and сметана.

Вторые блюда *Main dishes*
- Пельмени are dumplings with meat, a Russian version of ravioli.
- Бефстроганов is a dish with cubed meat simmered in сметана.
- Котлеты по-киевски (*chicken Kiev*) are butter-filled chicken breasts.
- Голубцы are cabbage rolls stuffed with meat or vegetables and rice.
- Шашлык по-кавказски is a Georgian shish kebab with marinated meat (often lamb).
- Осетрина (*sturgeon*), лосось/сёмга (*salmon*), and форель (*trout*) are typical seafood.

Десерты
- Кисель is a jellylike dessert made of cooked berries or fruit creamed with potato starch.
- Компот is a dessert, a drink with fruit cooked in water.

Заку́ски
селёдка
икра́ чёрная / кра́сная
сала́т из помидо́ров
сала́т из огурцо́в
мясно́е ассорти́
ры́бное ассорти́
кулебя́ка

Пе́рвые блю́да
борщ украи́нский
щи
рассо́льник
соля́нка
бульо́н с пирожко́м

Вторы́е блю́да
пельме́ни
бефстро́ганов
котле́ты по-ки́евски

бифште́кс с лу́ком
голубцы́
шашлы́к по-кавка́зски
осетри́на по-моско́вски
форе́ль жа́реная с гриба́ми

Десе́рт
моро́женое
кисе́ль
компо́т

Напи́тки
минера́льная вода́
Пе́пси-ко́ла, Фа́нта
пи́во
вино́ кра́сное / бе́лое
шампа́нское сухо́е / полусла́дкое
во́дка
чай, ко́фе

> Note that **пе́рвое** (пе́рвые блю́да) refers to soups, not appetizers. You will often hear the question Пе́рвое бу́дете есть? (*Do you want soup?*)

17. Что ей заказа́ть? Using the menu above, select a full meal and a drink for your 16-year-old cousin who . . .

1. does not eat fish in any form
2. does not like beef
3. is allergic to milk products
4. likes vegetables, except for beets
5. does not drink anything fizzy or sweetened

Addressing the waiter	**Де́вушка! / Молодо́й челове́к!** (Официа́нт/ка!)
Asking for items	**Принеси́те**, пожа́луйста, меню́ / салфе́тку / ... ещё оди́н сала́т / ещё одну́ буты́лку пи́ва.
Asking for recommendations	Что вы **рекоменду́ете**? / Каки́е у вас **фи́рменные** блю́да?
Ordering food	**Мне, пожа́луйста,** чёрную икру́, (на пе́рвое) соля́нку, (на второе) осетри́ну и (на десе́рт) моро́женое.

Пожа́луйста, **одну́ по́рцию / две по́рции** чёрн**ой** икр**ы́** (соля́нки, осетри́ны, моро́жен**ого**). |
| **Ordering drinks** | Пожа́луйста,   буты́лку минера́льной воды́.

                     ру́сского пи́ва / кра́сного вина́.

                     шампа́нского.

100 грамм во́дки. |
| **Wishing** *bon appetit* | Прия́тн**ого** аппети́т**а**! |
| **Asking to pass items at the table** | **Переда́й/те,** пожа́луйста, икру́. |
| **Commenting on food** | Очень **вку́сно**!

Ры́ба о́чень **вку́сная**. |
| **Paying the bill** | (Мо́жно) **счёт**, пожа́луйста.

Вы **принима́ете** креди́тные ка́рточки? |

> Vodka is typically sold in portions of 100 grams per person, which is approximately 4 fluid ounces.

В рестора́не

Traditionally, only one menu was brought to the table and the "host" of the party ordered for everyone. Nowadays most restaurants do bring a separate menu for each customer, but one check per table is still the norm. Tips, **чаевы́е** (*colloq.* **на чай**), usually 5–10%, are optional.

18. В рестора́не.

A. Read the dialogue and answer the questions below.

Оле́г:	Де́вушка, мо́жно вас?
Официа́нтка:	Да?
Оле́г:	Это не мой счёт. Я заказа́л шашлы́к и сала́т, а не бли́нчики и борщ. И пи́ва то́же не́ было. Был то́лько квас.
Официа́нтка:	Ой, извини́те. Я перепу́тала. Вот ваш счёт. С вас 282 рубля́.
	... Ой, мы не принима́ем креди́тные ка́рточки.
Оле́г:	Вот 300.

1. Что заказа́л Оле́г? А друго́й клие́нт?

2. Ско́лько с него́?

3. Оле́г дал официа́нтке 300 рубле́й. Ско́лько он получи́л сда́чи?

4. Как вы ду́маете, ско́лько дал Оле́г официа́нтке на чай? А ско́лько вы бы да́ли? Почему́?

B. How would you do the following?

1. Ask the server if they take credit cards.

2. Ask for a new fork.

3. Order another bottle of beverage.

4. Ask somebody to pass you the butter.

5. Complain that you got the wrong dish.

6. Order yourself a complete meal, including drinks.

В э́том рестора́не мо́жно вку́сно пообе́дать.

```
        ЗАО  " Ланч "
    г. Москва 3-й Сетуньский
           пр-д  д.8

Операция: 149
Чек # 149   Стол # 11  Гостей   1
22-05-2010 Открыт 18:09 Закрыт 18:35
22-05-2010

Кассир:     Фомина Татьяна
Официант:   Степанова Маша

Блюдо                   Кол-во  Сумма

Борщ ЕП                    1    115.00
Блинчики с мясом ЕП        1    130.00
Старый Мельник 0,3л        1     50.00

Всего:                          295.00
Налог с продаж:                   0.00
Итого с налогом:                295.00
```

```
        ЗАО  " Ланч "
    г. Москва 3-й Сетуньский
           пр-д  д.8

Операция: 150
Чек # 150    Стол # 10  Гостей   1
22-05-2010 Открыт 18:09 Закрыт 18:35
22-05-2010

Кассир:     Фомина Татьяна
Официант:   Степанова Маша

Блюдо                   Кол-во  Сумма

Салат из семги с сельд     1     55.50
Шашлык из баранины         1    197.50
Квас 0.3                   1     29.00

Всего:                          282.00
Налог с продаж:                   0.00
Итого с налогом:                282.00
```

Тосты

Toasting is serious in Russia, more like a short speech than a simple "cheers." Depending on the eloquence of the speaker, the toast can last from one to ten minutes (and most Russians are born orators). The speech itself is usually very poetic and emotional. During the toast, the speaker is often standing. The guests are holding up their glasses in the expectation of the final sentence, after which they all take a sip from their glasses. In some instances, everyone is expected to drink **до дна** (literally: *to the bottom*), especially if toasting with vodka. The hosts normally propose the first toast, followed by each member of the party in the order of his or her importance.

Russians always eat (**закусывать, закусить**) while drinking. After a toast, they take a bite of bread, a pickle, or whatever else is available.

За ваше здоровье, дамы и господа!

Русские всегда **закусывают** сразу после тоста.

(Давай/те выпьем)	за нас / за тебя!
	за здоровье!
	за счастье!
	за успехи!
	за нашу встречу!
	за наше знакомство!
	за любовь!

19. Тосты. Read the two toasts and answer the questions.

1. What is the occasion of the first toast?
2. Who are the people listening to the first toast?
3. What is the occasion of the second toast?
4. Which occasion is probably more formal?

1. Дорогие мои друзья! Я хочу поднять бокал за то, чтобы Новый год был лучше старого, чтобы он был более счастливым, красивым и радостным, и чтобы все мы добились больших успехов в жизни. С Новым годом, с новым счастьем!

2. Предлагаю поднять тост за начало сотрудничества между нашими фирмами. До дна! За ваше здоровье, дамы и господа!

Диало́ги

Серге́й:	Де́вушка, мо́жно меню́, пожа́луйста?
Официа́нтка:	Вот, пожа́луйста. Что вы хоти́те заказа́ть?
Серге́й:	Мину́тку... Что у вас есть? Ры́ба есть?
Официа́нтка:	Да, ры́ба есть.
Серге́й:	Что вы рекоменду́ете?
Официа́нтка:	Осетри́ну по-моско́вски. Она́ о́чень вку́сная.
Серге́й:	Хорошо́, тогда́ оди́н сала́т из помидо́ров, сала́т «Столи́чный» – две по́рции и на второ́е две по́рции осетри́ны по-моско́вски.
Официа́нтка:	Пе́рвое бу́дете есть?
Серге́й:	Ни́на, ты пе́рвое бу́дешь есть?
Ни́на:	Нет, не бу́ду.
Серге́й:	Я то́же не бу́ду.
Официа́нтка:	А десе́рт бу́дете?
Серге́й:	Да, торт «Наполео́н».
Официа́нтка:	«Наполео́на» сего́дня нет. Есть моро́женое. Хоти́те?
Серге́й:	Хорошо́. Две по́рции моро́женого.
Официа́нтка:	А что вы бу́дете пить?
Серге́й:	Буты́лку сухо́го бе́лого вина́ и 200 грамм во́дки.
Официа́нтка:	Это всё?
Серге́й:	Да, спаси́бо.

Попо́зже

Серге́й:	Прия́тного аппети́та!
Ни́на:	Спаси́бо... М-м-м!!! О́чень вку́сно!
Серге́й:	Да, о́чень. Ну, дава́й вы́пьем за на́шу встре́чу!
Ни́на:	За нас!

Ещё по́зже

Серге́й:	Де́вушка, принеси́те, пожа́луйста, ещё 100 грамм во́дки. И счёт, пожа́луйста.
Официа́нтка:	Хорошо́. Сейча́с!

Отве́тьте на вопро́сы.

1. Как вы ду́маете, кто пригласи́л кого́ в рестора́н: Серге́й Ни́ну и́ли Ни́на Серге́я?
2. Что они́ е́ли из заку́сок?
3. Что они́ взя́ли на пе́рвое и на второ́е?

4. Что они́ е́ли на десе́рт?

5. Что они́ пи́ли? Ско́лько?

6. Им понра́вилась еда́ (*food*)?

7. Как вы ду́маете, они́ давно́ знако́мы? Почему́?

Chapter Review

A. *You should now be able to . . .*

1. list, categorize, and express your opinion about the ingredients of various foods

2. explain what utensils are used for eating different foods

3. say that you are hungry or thirsty

4. suggest a place to eat and make invitations

5. say with whom you go to a place or do something

6. reserve a table at a restaurant and get in

7. arrange a seating order for a dinner

8. order a complete meal including drinks for yourself and a whole group

9. ask for items to be passed at the table

10. complain about your order

11. comment on food quality

12. propose a toast

For self-tests and additional practice, please go to the Book Companion Site, available at www.wiley.com/college/nummikoski

B. *Roleplay.* Form groups of three or four students. Each group will be celebrating an occasion of its choice. The members agree in advance on what day and at what time to celebrate. One student calls a restaurant and reserves a table for the group and then calls everybody to give details.

Day of the event: Meet outside the restaurant, say that you have a reservation (one student is late), and go in.

At the restaurant: Ask for the menu, find out what they have, ask for recommendations; order complete meals; wish each other *bon appétit* and comment on the food; propose a toast; order some more food or drink; ask items to be passed; ask for the check.

C. *Interview Video.* Что тако́е традицио́нная ру́сская ку́хня?

D. *Culture Video.* Ларьки́, кафе́ и рестора́ны.

Долгожи́тель

This is a story about a man who wants to live to be a hundred years old. He intends to follow every diet plan that he reads about in various journal articles. Find out what happens to him. *Note:* You do not have to understand each word in order to follow the story. Just keep reading.

В после́днем но́мере журна́ла «Бу́дем здоро́вы»[1] напеча́тали большу́ю статью́ «Долголе́тие».

[1]healthy

Прочита́л и по́нял, что я до́лго не проживу́. Я ем всё и о́чень люблю́ хлеб. А хлеб есть – опа́сно[2] для здоро́вья,[3] потому́ что в нём мно́го тяжёлых веще́ств. А е́сли ешь тяжёлые вещества́, то у тебя́ бу́дет боле́ть се́рдце.[4] И я реши́л не есть хлеб.

[2]dangerous / [3]health

[4]heart

– Что с тобо́й? – спроси́ла меня́ жена́, когда́ уви́дела, что я ем борщ без хле́ба. – Мо́жет, заболе́л?[5] Ты о́чень похуде́л.[6]

[5]got sick / [6]lost weight

– Нет, я здоро́в. И ты, е́сли хо́чешь до́лго жить, не ешь хлеб.

Че́рез неде́лю выступа́л по ра́дио знамени́тый профе́ссор. Он сказа́л: «Ва́ше здоро́вье – в ва́ших рука́х.» По́сле его́ выступле́ния я по́нял, что нельзя́ есть мно́го ма́сла, от него́ быва́ет холестери́н в крови́. Я на́чал бо́льше есть мя́са и яи́ц. Но э́то была́ моя́ оши́бка.[7]

[7]mistake

В вече́рней газе́те напеча́тали статью́ «Мя́со – друг и́ли враг[8]?» Статья́ откры́ла мне глаза́.[9] И я реши́л не есть мя́со и я́йца. Ещё че́рез неде́лю я бро́сил[10] пить кефи́р. «Кефи́р о́чень опа́сен для здоро́вья», – сказа́л мне сосе́д.

[8]enemy

[9]eyes

[10]quit

Я на́чал есть то́лько помидо́ры и огурцы́ без со́ли, потому́ что соль – э́то яд.[11] Так писа́ли в одно́м иностра́нном журна́ле. В столо́вой на рабо́те я брал на обе́д то́лько капу́сту.

[11]poison

– Возьми́те стака́н ко́фе и́ли ча́ю, – сказа́ла мне одна́жды официа́нтка.

– Е́сли у вас нет де́нег, то бери́те беспла́тно.[12] Вы о́чень похуде́ли.

[12]free

– Но на́до ду́мать о здоро́вье, а ко́фе и чай с са́харом пить опа́сно для здоро́вья.

А че́рез неде́лю я по́нял, что могу́ прожи́ть 100 лет, е́сли сде́лаю ещё оди́н после́дний шаг.[13] В статье́ «Го́лод[14] – не тётя, а родно́й оте́ц» оди́н о́чень молодо́й, но уже́ знамени́тый в на́шем го́роде врач написа́л, что челове́к до́лжен голода́ть,[15] е́сли хо́чет быть здоро́вым и си́льным челове́ком. Тепе́рь я не ел да́же люби́мые помидо́ры, огурцы́, капу́сту.

[13]step / [14]hunger

[15]fast

Меня́ ждала́ до́лгая и счастли́вая жизнь.

Когда́ медсёстры принесли́ меня́ к врачу́, он посмотре́л на меня́ и сказа́л: «Ещё оди́н долгожи́тель.» В больни́це я лежа́л 10 дней. Когда́ я пришёл к врачу́, что́бы сказа́ть «До свида́ния», он сказа́л: «Е́шьте всё, не бо́йтесь.[16] Вот и бу́дете здоро́вы.»

[16]be afraid

Ура́! Я до́ма. Но́чью у меня́ заболе́л живо́т.[17] Мы взя́ли такси́ и поѐхали с женой в больни́цу. Врач посмотре́л на мой живо́т и спроси́л: «Что вы е́ли?»

^{17}stomach

— На обе́д сала́т из помидо́ров и огурцо́в, борщ, бифште́кс, хлеб, кефи́р, моро́женое и ко́фе. На у́жин бульо́н, шашлы́к, колбасу́, суп, я́блоки и апельси́ны и ещё чай с са́харом и с пиро́жным...

— Нельзя́ так мно́го есть, на́до ду́мать о здоро́вье. Осо́бенно не сове́тую есть хлеб и мя́со.

По материа́лам журна́ла «Спу́тник»

Answer the questions in English.

1. What food item was described in the first journal article?

2. After listening to the radio program, what did the man stop eating? What did he eat instead?

3. Why did he later stop eating those items as well? What milk product did he reject as being dangerous? What did he start eating instead?

4. Why did the waitress in the cafeteria offer him coffee for free?

5. What was described as the last step in order to live long?

6. Where was the poor man taken? What was the doctor's advice after he was treated?

7. Did he follow the doctor's advice? What was the problem?

8. Did the doctor's final advice offer any real help to the problem?

Word Building

Phrases in the Instrumental Case

You have already seen many expressions with instrumental case endings in previous chapters. Some of these are fixed phrases in the Russian language and are classified as adverbs of time, manner, etc.

С днём рожде́ния	*Happy Birthday!*	у́тром, днём, ве́чером, но́чью	
С Но́вым го́дом!	*Happy New Year!*	зимо́й, весно́й, ле́том, о́сенью	

с удово́льствием *with pleasure*

There are several more that express the manner in which something is done:

верхо́м	*on horseback*	Other expressions:	
пешко́м	*by foot*	каки́м о́бразом	*in what way*
шёпотом	*whispering*	гла́вным о́бразом	*mainly*
хо́ром	*as a chorus, all together*	одни́м сло́вом	*in a word*
гру́ппой	*as a group*	други́ми слова́ми	*in other words*
по́ездом	*by train*	тем бо́лее	*all the more, especially*

ГРАММАТИКА

16.1 Instrumental Case of Nouns, Adjectives, and Pronouns

A. Introduction. The instrumental case is used in several ways.

1. Without a preposition, to express the *instrument* for doing something, the means by which an action is accomplished.

Чем ты пи́шешь?	**What** are you writing **with?**
Я пишу́ карандашо́м.	I am writing **with a pencil.**
Я ем суп ло́жкой.	I eat soup **with a spoon.**

2. With some prepositions. For example:

с (со)	*with*
ря́дом с	*side by side, next to*
за	*behind, at (to express location)*
ме́жду	*between*

С кем ты ходи́ла в кино́?	**With whom** did you go to the movies?
Я ходи́ла в кино́ **с** Игор**ем** и Ната́ш**ей.**	I went to the movies with Igor and Natasha.
В кино́ я сиде́ла **ря́дом с** Ната́ш**ей**.	At the movies I sat next to Natasha.
Ли́за сиди́т **за** стол**о́м** и занима́ется.	Lisa is sitting at the table studying.
Ты бу́дешь сиде́ть **ме́жду** Игор**ем** и Ли́з**ой**.	You will be sitting between Igor and Lisa.

3. With certain verbs with or without a preposition.

*по/знако́миться с	*to get acquainted with*
*за/интересова́ться	*to be interested in*

В Москве́ мы **познако́мились с** интере́сными людьми́.
We got acquainted with interesting people in Moscow.

Я **интересу́юсь** ру́сским язык**о́м**.
I am interested in the Russian language.

B. Use of the instrumental case without a preposition. The English language uses the preposition *with* to denote both an instrument and parallel action. The Russian language, however, uses no preposition to denote an instrument. Compare the two sentences.

Я	ем	суп	ло́жк**ой**.	(instrument, no preposition)
I	*am eating*	*soup*	**with** *a spoon.*	(by means of a spoon)
Я	ем	суп	с до́чкой.	(parallel action,
I	*am eating*	*soup*	**with** *(my) daughter.*	preposition **с** used)

C. Noun endings.

<table>
<tr><th colspan="9">THE INSTRUMENTAL CASE OF NOUNS</th></tr>
<tr><th colspan="3">Nominative</th><th colspan="3">Instrumental singular</th><th colspan="3">Instrumental plural</th></tr>
<tr>
<td>**Masc.**
рома́н
музе́й
слова́рь</td>
<td>Ива́н
Серге́й
И́горь</td>
<td>—
-й
-ь</td>
<td>рома́н**ом**
музе́**ем**
словар**ём**</td>
<td>Ива́н**ом**
Серге́**ем**
И́гор**ем**</td>
<td>**-ом**
-ем
-ем</td>
<td>рома́н**ами**
музе́**ями**
словар**я́ми**</td>
<td>**-ами**
-ями
-ями</td>
</tr>
<tr>
<td>**Fem.**
маши́на
тётя
пло́щадь</td>
<td>А́лла
Та́ня</td>
<td>-а
-я
-ь</td>
<td>маши́н**ой**
тёт**ей**
пло́щад**ью**</td>
<td>А́лл**ой**
Та́н**ей**</td>
<td>**-ой**
-ей
-ью</td>
<td>маши́н**ами**
тёт**ями**
площад**я́ми**</td>
<td>**-ами**
-ями
-ями</td>
</tr>
<tr>
<td>**Neuter**
письмо́
зда́ние</td>
<td></td>
<td>-о
-е</td>
<td>письм**о́м**
зда́ни**ем**</td>
<td></td>
<td>**-ом**
-ем</td>
<td>пи́сьм**ами**
зда́ни**ями**</td>
<td>**-ами**
-ями</td>
</tr>
</table>

SIMPLIFIED RULE FOR THE INSTRUMENTAL OF NOUNS	
M, N	**-ом/ем**
F	**-ой/ей**[1]
Pl.	**-ами/ями**

QUESTION WORDS (INTERROGATIVE PRONOUNS)		
Nom.	кто	что
Instr.	**кем**	**чем**

[1]Spelling Rule 3 is applied.

Spelling Rule 3:	After **ж, ч, ш, щ,** and **ц,** write **o** in stressed singular endings, and **e** in unstressed singular endings.

нож *knife*	нож**о́м**	муж *husband*	му́ж**ем**
каранда́ш *pencil*	карандаш**о́м**	Серёжа	Серёж**ей**
яйцо́ *egg*	яйц**о́м**	Са́ша	Са́ш**ей**
госпожа́ *Mrs.*	госпож**о́й**	учи́тельница	учи́тельниц**ей**

The following nouns have the instrumental plural ending **-ьми** instead of **-ями.**

nom. sg.	nom. pl.	instr. pl.
ло́шадь	ло́шади	лошадь**ми́**
ребёнок	де́ти	дет**ьми́**
челове́к	лю́ди	люд**ьми́**

The following nouns have irregular plural forms.

nom. sg.	nom. pl.	instr. pl.
брат	бра́тья	бра́тьями
друг	друзья́	друзья́ми
муж	мужья́	мужья́ми
сосе́д	сосе́ди	сосе́дями
сын	сыновья́	сыновья́ми
стул	сту́лья	сту́льями
лист	ли́стья	ли́стьями

D. Endings for adjectives. Examine the following sentences.

Ма́ма ре́зала хлеб больш**и́м** ку́хонн**ым** нож**о́м.**
Mom cut the bread with a big kitchen knife.

Ле́на е́ла суп хоро́ш**ей** серебря́н**ой** ло́жк**ой**
Lena was eating soup with a good silver spoon.

Не ешь пи́ццу гря́зн**ыми** рук**а́ми.**
Don't eat pizza with dirty hands.

SIMPLIFIED RULE FOR THE INSTRUMENTAL OF ADJECTIVES	
M, N	**-ым/им**[1]
F	**-ой/ей**[2]
Pl.	**-ыми/ими**[1]

[1]Spelling Rule 1 is applied.
[2]Spelling Rule 3 is applied.

Упражне́ния

1. Finish the sentences with the words in parentheses in the instrumental case. Translate the resulting sentences into English.

карнда́ш *pencil*   ле́вый *left*

ру́чка *pen*   пра́вый *right*

1. Я ем мя́со _____ (большо́й нож).
2. Ты ешь моро́женое _____ (ма́ленькая ло́жка)?
3. Учени́к пи́шет _____ (но́вый каранда́ш).
4. Учи́тель пи́шет _____ (кра́сная ру́чка).
5. На да́че мы мо́ем посу́ду _____ (холо́дная вода́).
6. Ма́ма корми́ла (*fed*) ребёнка _____ (молоко́).
7. Ты пи́шешь _____ (пра́вая рука́) и́ли _____ (ле́вая рука́)?

2. Translate the sentences into Russian. Remember that you *do not need a preposition* in these sentences.

1. I write with (my) right hand.
2. Which hand do you write with?
3. I eat ice cream with a small spoon.
4. Do you eat pizza with (your) hands or with a fork and knife?
5. I do not like to eat pizza with (my) hands.
6. We eat meat with a knife and a fork.
7. Do you eat cake with a fork or a spoon?
8. Students write with a black or blue pen.

E. Endings for possessive and demonstrative pronouns. Examine the following sentences.

Óля была́ в кино́ **со свои́м** но́**вым** америка́н**ским** дру́г**ом**.
Olya was at the movies with her new American friend.

Я ходи́ла на вы́ставку **со** свое́**й** лу́чш**ей** подру́г**ой** Ната́ш**ей**.
I went to the exhibit with my best friend Natasha.

Лё́на гуля́ла в па́рке **с мои́ми** больши́**ми** соба́к**ами**.
Lena walked in the park with my big dogs.

Ты уже́ познако́милась **с э́тими** но́**выми** студе́нт**ами**?
Did you already get acquainted with these new students?

INSTRUMENTAL OF POSSESSIVE AND DEMONSTRATIVE PRONOUNS		
Masc./Neuter	**Fem.**	**Pl.**
свои́м/мои́м/твои́м	свое́й/мое́й/твое́й	свои́ми/мои́ми/твои́ми
на́шим/ва́шим	на́шей/ва́шей	на́шими/ва́шими
э́тим/тем	э́той/той	э́тими/те́ми

Note 1: The preposition **с** becomes **со** before the pronoun **свой:** со свои́м, со свое́й, со свои́ми.

Note 2: The pronouns **его́, её,** and **их** are not declined.

Note 3: Remember that masculine nouns ending in **-a** are declined as feminines. Their modifiers, however, are in the masculine form.

Упражне́ния

3. Answer the questions using the words in parentheses.

Model: С кем Ко́ля был в кино́?   **Он был в кино́ с Серге́ем.**
(Серге́й)

1. С кем Ле́на говори́т по телефо́ну? (Ива́н)
2. Ря́дом с кем сиди́т Ли́за? (Игорь)
3. С кем Лари́са ходи́ла в кино́? (Серге́й, Алексе́й, Ди́ма, Со́ня и Ле́на)
4. С кем вы бы́ли на стадио́не? (Са́ша, Ко́стя и Юра)
5. С кем вы е́здили на да́чу? (Воло́дя, Лари́са, Серёжа, Ми́ша, Ли́за, Ка́тя и Пе́тя)
6. С кем Джон и Марк познако́мились в Москве́? (Ни́на, Та́ня, Ма́ша, Ира, Ната́ша и Оля)

4. Finish the sentences with the words in parentheses in the *singular* form of the instrumental case.

1. Америка́нский профе́ссор познако́мился с _____ (изве́стный ру́сский писа́тель).
2. Англи́йские арти́сты познако́мились с _____ (хоро́ший америка́нский компози́тор).
3. Иностра́нные арти́сты познако́мились с _____ (изве́стная ру́сская балери́на).
4. Сюза́нна познако́милась с _____ (эта хоро́шая ру́сская арти́стка).
5. Юра познако́мился с _____ (моя мла́дшая сестра́ Ма́ша).

6. Андре́й был в кино́ с _____ (твой мла́дший брат Серёжа).

7. Ива́н Петро́вич е́здил за́ город с _____ (на́ша ба́бушка).

8. Ли́за и Ми́тя уже́ познако́мились с _____ (ваш де́душка)?

9. Я была́ на стадио́не с _____ (мой лу́чший друг Са́ша).

10. Серге́й пошёл в кино́ с _____ (на́ша сестра́ Ната́ша).

11. Вы уже́ познако́мились с _____ (э́та но́вая учи́тельница)?

12. Они́ уже́ познако́мились с _____ (э́тот молодо́й челове́к)?

13. Анна пошла́ в библиоте́ку с _____ (мой брат Серге́й).

14. Алла всегда́ бе́гает со _____ (своя́ больша́я соба́ка).

15. Ни́на приходи́ла к нам со _____ (свой но́вый муж Алексе́й).

5. Finish the sentences with the words in parentheses in the *plural* form of the instrumental case.

1. Профе́ссор Смит познако́мился с _____ (ру́сские фи́зики).

2. Я была́ на конце́рте с _____ (мой лу́чшие друзья́).

3. Твой роди́тели уже́ познако́мились с _____ (э́ти но́вые лю́ди)?

4. Ру́сские преподава́тели познако́мились с _____ (на́ши но́вые преподава́тели).

5. Я гуля́ла в па́рке со _____ (свой де́ти).

6. Америка́нские балери́ны познако́мились с _____ (изве́стные ру́сские балери́ны).

7. Вы уже́ познако́мились с _____ (э́ти но́вые ру́сские студе́нты)?

8. Мы стоя́ли у гости́ницы со _____ (свой больши́е чемода́ны).

16.2 Substantivized Adjectives

You have already seen several substantivized adjectives, such as **моро́женое** (*ice cream*), **ва́нная** (*bathroom*), and **дежу́рная** (*person on duty*). The following words are introduced in this lesson.

бли́нная	*pancake house*
пивна́я	*beer bar, pub*
столо́вая	*dining room, cafeteria*
шашлы́чная	*shish kebab house*

Remember that these words are declined as *adjectives*.

где (в + *prep.*)	куда́ (в + *acc.*)
в столо́в**ой**	в столо́в**ую**
in the cafeteria	*to the cafeteria*

6. How would you say the following?

1. Let's go to the cafeteria.
2. We went to a pancake house yesterday.
3. Would you like to go to the shish kebab house with me?
4. I don't like to eat dinner in the cafeteria.

16.3 Instrumental Case of Personal Pronouns

Review the following sentences.

Моя́ соба́ка лю́бит бе́гать. Я бе́гаю **с ней** ка́ждое у́тро.
My dog likes to run. I run with her every morning.

Ты хо́чешь пойти́ в теа́тр **со мно́й**?
Do you want to go to the theater with me?

С кем ты ходи́л в кино́? **Ни с кем**.
With whom did you go to the movies? With nobody.

INSTRUMENTAL CASE OF PERSONAL PRONOUNS							
Nom.	я	ты	он	она́	оно́	мы	вы	они́
Instr.	**мной**	**тобо́й**	**им**	**ей**	**им**	**на́ми**	**ва́ми**	**и́ми**

Note: The preposition **с** becomes **со** before the form **мной: со мной** (*with me*). When preceded by prepositions, the third-person forms add the consonant **н**.

им	с **н**им
ей	с **н**ей
и́ми	с **н**и́ми

7. Finish the sentences with the words in parentheses.

1. Игорь бу́дет сиде́ть ря́дом с _____ (ты).
2. Ты не хо́чешь пойти́ в кино́ с _____ (я)?
4. Я никуда́ не пойду́ с _____ (он).
4. Ты хо́чешь пойти́ гуля́ть с _____ (мы)?
5. Ира и Ле́на бы́ли с _____ (вы) в теа́тре?
6. Вы уже́ познако́мились с _____ (они́)?
7. Почему́ ты не хо́чешь сиде́ть ря́дом с _____ (она́)?

16.4 Short Adjectives

You have already learned some short adjectives, such as **согла́сен** *(in agreement)* and **ну́жен** *(needed)*. Short adjectives are formed from the corresponding long adjectives. If the stem ends in two consonants, a fleeting vowel **o/e** is added to the masculine form. Refer to grammar section 15.2 for the rule about fleeting vowels.

Long adjective	Short adjective			
	masc.	**fem.**	**neuter**	**pl.**
за́нят-ый	за́нят	занята́	за́нято	за́няты
краси́в-ый	краси́в	краси́ва	краси́во	краси́вы
откры́т-ый	откры́т	откры́та	откры́то	откры́ты
хоро́ш-ий	хоро́ш	хороша́	хорошо́	хоро́ши
свобо́дн-ый	свобо́ден	свобо́дна	свобо́дно	свобо́дны
лёгк-ий	лёгок	легка́	легко́	легки́

Two adjectives have an exceptional short form.

    большо́й   **вели́к/велика́/велико́/велики́**
    ма́ленький   **мал/мала́/мало́/малы́**

Short forms of adjectives are *not declined*. They are used *only as predicates*, as follows.

A. **To denote a temporary condition.**

    Это ме́сто свобо́дно?   *Is this place vacant?*
    Рестора́н уже́ закры́т.   *The restaurant is already closed.*

B. **To denote a relative value.**

    Эта ю́бка мне мала́.   *This skirt is too small for me.*
    Джи́нсы ему́ велики́.   *The jeans are too big for him.*

C. **With the words так and как.**

    Го́ры там так краси́вы.   *The mountains are so beautiful there.*

D. **When the subject of the sentence is э́то or всё.**

    Это пло́хо.
    Всё хорошо́.

Упражне́ние

8. How would you say the following?

1. Is this place vacant?
2. No, it's occupied.
3. Are you free tonight, Larisa?
4. No, I'm busy tonight.
5. Professor Vodkin is busy.
6. The cafeteria is already closed.
7. Why is the window open?
8. Liza and Lena, are you free tonight?
9. All places are occupied.
10. Is this table free?

Vocabulary

Note: The core vocabulary is **boldfaced.**

Nouns

Food items

анана́с	*pineapple*
арбу́з	*watermelon*
бара́нина	*lamb*
бато́н	*loaf (French bread)*
блины́	*Russian pancakes*
бу́блик	*bagel*
бу́лка	*white bread*
бу́лочка	*bun*
бутербро́д	*sandwich*
варе́нье	*jam, jelly*
ватру́шка	*Russian cheese pastry*
га́мбургер	*hamburger*
говя́дина	*beef*

горчи́ца	*mustard*
гру́ша	*pear*
квас	*kvas (fermented drink)*
ке́тчуп	*ketchup*
кефи́р	*buttermilk*
клубни́ка	*strawberry*
лёд (со льдом; бе́зо льда)	*ice*
лимо́н	*lemon*
лук	*onion*
майоне́з	*mayonnaise*
макаро́ны	*macaroni*
мали́на	*raspberry*
мёд	*honey*
мука́	*flour*
напи́ток, *pl.* напи́тки	*drink*
огуре́ц, *pl.* **огурцы́**	*cucumber*

пе́р(е)ц	pepper		

пе́р(е)ц — pepper
пе́рсик — peach
петру́шка — parsley
пече́нье — cookie
пиро́г, пирож(о́)к — pie, pastry
пиро́жное — pastry
пи́цца — pizza
помидо́р — tomato
по́нчик — doughnut
припра́вы — spices, condiments
пря́ник — gingerbread cookie
рис — rice
са́хар — sugar
свёкла — beet
свини́на — pork
селёдка — herring
сельдь f. — herring
сли́вки pl. only — cream
соль f. — salt
соси́ски — sausage links
спаге́тти — spaghetti
тво́рог — Russian cottage cheese
те́сто — dough
  соси́ски в те́сте — pigs in a blanket
укро́п — dill
у́ксус — vinegar
фарш — ground beef
хло́пья pl. — cereal
черни́ка — blueberry
чесно́к — garlic
шашлы́к — shish kebab

At a restaurant

блю́до — dish
блю́дце — saucer
бока́л — wineglass
ви́лка — fork
десе́рт — dessert
еда́ — food, meal
зака́з — order
заку́ска — snack, appetizer
креди́тная ка́рточка — credit card
кру́жка — mug
ло́жка — spoon
  столо́вая ~ — tablespoon
  ча́йная ~ — teaspoon
меню́ indecl. — menu
метрдоте́ль m. — maître d'
нож — knife
па́лочки pl. — chopsticks
по́рция — portion
рю́мка — shot glass
таре́лка — plate
салфе́тка — napkin
ска́терть f. — tablecloth
стака́н — glass
сто́лик — table
сто́пка — shot glass
счёт — check
тост — toast (drink)
чаевы́е subst. adj. pl. — tip
ча́шка — cup

Places to eat

блинная	*pancake house*
булочная	*bakery*
буфет	*buffet*
столовая	*dining hall, cafeteria*
шашлычная	*shish-kebab house*

Other nouns

аппетит	*appetite*
вегетариан|(е)ц, вегетарианка	*vegetarian*
вечеринка	*party*
встреча	*meeting*
глава	*head (here: of a table)*
во главе стола	*at the head of the table*
диета	*diet*
дружба	*friendship*
здоровье	*health*
знакомство	*acquaintance*
ингредиент	*ingredient*
питание	*nutrition*
продукты	*produce*
рецепт	*recipe*
рука	*hand*
хозяин, хозяйка	*host, hostess*

Adjectives

вкусный	*delicious*
газированный: ~ая вода	*carbonated water*
горячий	*hot (temperature of food)*
грязный	*dirty*
закрыт *short adj.*	*closed*
занят, занята, занято, заняты *short adj.*	*occupied, busy*
открыт *short adj.*	*open*
полезный	*good (for health)*
свежий	*fresh*
свободен, свободна, свободно, свободны *short adj.*	*free, vacant*
сладкий	*sweet*
сухой	*dry*
фирменный: ~ое блюдо	*house special*
чистый	*clean*

Adverbs

заранее	*in advance*
(по)позже	*later*
туда	*there (direction)*

Pronouns

мной *instr.*	*me*
тобой *instr.*	*you*
(н)им *instr.*	*him*
(н)ей *instr.*	*her*
нами *instr.*	*us*
вами *instr.*	*you*
(н)ими *instr.*	*them*

Prepositions

без + *gen.*	*without*
для + *gen.*	*for*
за + *acc.*	*here: to, for*
мéжду + *instr.*	*between*
рáдом с + *instr.*	*next to*
с + *instr.*	*with*

Verbs

***подо/ждáть (I)** жду, ждёшь, ждут	*to wait*
держ|áть (II) держý, дéржишь, дéржат	*to hold*
закáзыва|ть (I) ***заказáть (I)** закажý, закáжешь, закáжут	*to order, to reserve*
закýсыва|ть (I) *закусúть	*to snack*
корм|úть (II) кормлю́, кóрмишь, кóрмят	*to feed*
*перепýта|ть (I)	*to mix up*
***положúть (II)** положý, полóжишь, полóжат	*to put*
*попáсть	*to get in*
принимá|ть (I)	*to take* (here: credit cards)

Phrases

Давáй встрéтимся...	*Let's meet . . .*
давáть/*дать на чай	*to give a tip*
До вéчера тогдá.	*See you tonight then.*
До днá!	*"Bottoms up!"*
Договорúлись.	*Agreed.*
Прия́тного аппетúта!	*Bon appetit!*
Передáйте, пожáлуйста,...	*Please, pass . . .*
Принесúте, пожáлуйста,...	*Please bring me . . .*
Проходúте	*Come in*
Садúтесь!	*Sit down! Have a seat!*
С удовóльствием.	*With pleasure.*

Other

нельзя́	*may not*
двóе *collect. num.*	*two*
трóе *collect. num.*	*three*
чéтверо *collect. num.*	*four*
пя́теро *collect. num.*	*five*

Уро́к 17 (Семна́дцатый уро́к)
Каки́е у вас пла́ны на бу́дущее?

THEMES

◆ Talking about your plans and interests

◆ Discussing love and marriage

◆ Discussing family plans

CULTURE

◆ Typical professions

◆ Wedding ceremonies and traditions

◆ Birth of a child

◆ Popular names

STRUCTURES

◆ Use of the instrumental case with стать, быть, рабо́тать, интересова́ться, занима́ться, and the short adjective дово́лен

◆ The verb поступа́ть/ *поступи́ть

◆ хоте́ть + что́бы

◆ The reciprocal pronoun друг дру́га

◆ Verbs жени́ться and вы́йти за́муж

◆ Feminine nouns ending in a soft sign

Это молода́я семья́: муж и жена́ с ребёнком.

Каки́е у вас пла́ны на **бу́дущее**?	
Кем вы хоти́те **стать**? быть?	Я хочу́ **стать** врачо́м. быть медсестро́й.
Кем ты **ста́нешь**? вы **ста́нете**?	Я ста́ну учёным.
Кем вы бу́дете (рабо́тать)?	Я бу́ду (рабо́тать) медсестро́й.

Бу́дущее (*future*) is a neuter substantivized adjective: моё бу́дущее, в бу́дущем.

17.1 Use of the Instrumental Case: (C, D) With the Verbs стать, быть, and рабо́тать.

Когда́ Са́ша был ма́леньким, он хоте́л стать пожа́рным.

О чём он **мечта́ет**?

А тепе́рь он хо́чет стать космона́вт**ом** и́ли лётчик**ом**. Он **ещё не реши́л**.

Когда́ вы бы́ли ма́леньким / ма́ленькой, кем вы хоте́ли стать?

Баскетболи́ст**ом**?
Рок-музыка́нт**ом**?
Певцо́м / певи́ц**ей**?
Актёр**ом**?
Худо́жник**ом**?
Учи́тел**ем**?
Архите́ктор**ом**?
Врачо́м?
Ветерина́р**ом**?
Президе́нт**ом**?
Или мо́жет быть...

миллионе́р

полице́йский

вое́нный / солда́т

разве́дчик   **хиру́рг**

The Soviet Russian organization Мили́ция was changed into Поли́ция in 2011. Thus, the former милиционе́ры are now known as полице́йские.

- Кем обы́чно хотя́т быть ма́ленькие де́ти?
- Как вы ду́маете, каки́е профе́ссии прести́жные?

1. Кем они́ хоте́ли стать? Кто ещё не реши́л? Working with a partner, ask questions based on the chart.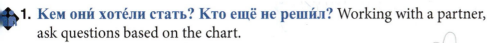

S1: Кем хоте́л стать Ми́тя ра́ньше?

S2: Он хоте́л стать знамени́тым футболи́стом.

S1: А тепе́рь кем он хо́чет стать?

S2: Он хо́чет стать преподава́телем физкульту́ры (*physical education*).

кто	ра́ньше	тепе́рь
1. Ми́тя	знамени́тый футболи́ст	преподава́тель физкульту́ры
2. Жа́нна	певи́ца	учи́тель му́зыки
3. Ната́ша	разве́дчик	диплома́т
4. Ко́стя	изве́стный рок-музыка́нт	хиру́рг
5. Лари́са	космона́вт	учёный
6. Ни́на	изве́стная актри́са	?

Чем	ты **интересу́ешься**? вы **интересу́етесь**?	Я **интересу́юсь**	ру́сским языко́м. класси́ческой литерату́рой. **междунаро́дными отноше́ниями.**

17.1 Use of the Instrumental Case: (E) With the Verb интересова́ться

2. Чем они́ интересу́ются? Кем они́ бу́дут? These students were asked to fill out a career-interest questionnaire. Based on their interests, what kinds of choices might they have?

S1: Чем интересу́ется Ната́ша?

S2: Она́ интересу́ется бале́том.

S1: Как ты ду́маешь, кем она́ бу́дет/ста́нет?

S2: Я ду́маю, что она́ бу́дет/ста́нет балери́ной.

и́мя	интере́сы	и́мя	интере́сы
1. Ната́ша	бале́т	**7.** Са́ша	иску́сство
2. Лари́са	иностра́нные языки́	**8.** Ле́на	иностра́нная рок-му́зыка
3. Серге́й	спорт, осо́бенно футбо́л	**9.** Оля	междунаро́дные отноше́ния
4. Та́ня	медици́на	**10.** На́дя	совреме́нная архитекту́ра
5. Воло́дя	класси́ческая му́зыка	**11.** Ко́стя	соба́ки и ко́шки
6. Ви́ктор	ста́рые маши́ны		

| Чем | ты занима́ешься?
вы занима́етесь? | Я занима́юсь | лы́жным спо́ртом.
класси́ческой му́зыкой.
фигу́рным ката́нием. |

17.1 Use of the Instrumental Case: (F) With the Verb занима́ться

Чем ты занимаешься?
спортом

Каки́м ви́дом спо́рта они́ занима́ются?

Каким видом спорта...?

Бори́с занима́ется **бодиби́лдингом**.

фехтова́ние

борьба́

ходьба́

бег

А вы?

- Каки́ми из э́тих ви́дов спо́рта вы занима́етесь?

йо́га, пила́тес	верхова́я езда́
велосипе́дный спорт	фигу́рное ката́ние
лы́жный спорт	ша́хматы
пла́вание	

3. Опро́с. Ты занима́ешься спо́ртом? This survey was taken by correspondents of the newspaper «Аргуме́нты и фа́кты».

A. Skim through the survey and find answers to the following questions.

1. Как их зову́т?

2. Ско́лько им лет?

3. Кем они́ рабо́тают сейча́с?

4. Они́ занима́ются спо́ртом? Каки́м ви́дом спо́рта?

ОПРОС

Ты занимаешься спортом?
Со спортом мы впервые сталкивались в школе. Это уроки физкультуры. Для одних – самые любимые, для других – наоборот.

Миша, 26, студент:
– Занимаюсь ли я спортом? Нет, мне в армии хватало.

Лена, 24, солистка рок-группы «Маркиза»:
– Я занимаюсь борьбой. Чисто для себя. До этого были лыжи и спортивная ходьба. А дочь мечтает получить пояс по таэквондо.

Сергей, 25, безработный:
– Только шахматами. Во-первых, это удовольствие, во-вторых – мой заработок, ведь я играю на каждом коммерческом турнире.

Андрей, 20, студент:
– Мне хотелось бы заняться бегом. Но не могу себя заставить. Был бы напарник...

Ольга, 21, студентка:
– Я мастер спорта по фехтованию. Ты даже не знаешь, как это здорово.

B. Отве́тьте на вопро́сы.

1. Почему́ Ми́ша не занима́ется спо́ртом?

2. Каки́м ви́дом спо́рта занима́лась Ле́на ра́ньше?

3. А каки́м ви́дом занима́ется её дочь?

4. Где Серге́й зараба́тывает (*earn*) себе́ на жизнь?

5. Почему́ Андре́й не занима́ется бе́гом?

C. Pretend to be the interviewer for «Аргуме́нты и фа́кты» and ask the participants several more questions. For instance, you can ask how long they have been involved in the sports, why they are not involved in their previous sports any more, etc.

Что вы бу́дете де́лать	по́сле оконча́ния университе́та?, когда́ вы око́нчите университе́т?

Я ещё не **реши́л/а**.
Я бу́ду рабо́тать учи́тел**ем** ру́сского языка́.
Я хочу́ **поступа́ть** в магистрату́ру.
Я хочу́ **поступи́ть** в магистрату́ру.
Я **поступлю́** в магистрату́ру.

> *After you graduate* can be expressed in two ways: (1) with the preposition по́сле (*after*) and the noun оконча́ние (*end*) in the genitive case: **по́сле оконча́ния шко́лы/ университе́та**, or (2) with the verb око́нчить: ...когда́ (or по́сле того́, как) вы **око́нчите** шко́лу/ университе́т.

17.2 The Verb поступа́ть/*поступи́ть

А вы?

- Че́рез ско́лько лет (и́ли семе́стров) вы око́нчите университе́т?
- Вы уже́ реши́ли, что́ вы хоти́те де́лать по́сле оконча́ния университе́та?

4. Диало́г. Read the dialogue and answer the questions below.

Ли́нда: На како́м факульте́те ты у́чишься?

Серге́й: На истори́ческом.

Ли́нда: Тру́дно бы́ло поступи́ть?

Серге́й: Нет, дово́льно легко́.

Ли́нда: А ты уже́ реши́л, что́ ты бу́дешь де́лать по́сле оконча́ния университе́та?

Серге́й: Нет, ещё не реши́л. Я ду́маю поступа́ть в магистрату́ру.

Ли́нда: А как ты ду́маешь, кем ты бу́дешь рабо́тать по́сле магистрату́ры?

Серге́й: То́чно не зна́ю. Мо́жет быть преподава́телем исто́рии.

Ли́нда: А сейча́с ты рабо́таешь?

Серге́й: Да, рабо́таю. Официа́нтом.

Ли́нда: Ка́ждый день?

Серге́й: Нет, то́лько по пя́тницам и суббо́там.

> Легко́ is pronounced [лехко́].

А. Отве́тьте на вопро́сы.

1. Что де́лал Серге́й по́сле оконча́ния сре́дней шко́лы?
2. А каки́е у него́ пла́ны на бу́дущее?
3. Где он зараба́тывает себе́ на жизнь?

B. Read the dialogue aloud with a partner and modify it to find out what his or her plans are. You may also need the following:

бу́ду **иска́ть** (*look for*) рабо́ту по специа́льности…

хочу́ **вступи́ть** (*join*) в а́рмию / ВВС / ВМС

ВВС = Вое́нно-возду́шные си́лы *Air Force (U.S.)*
ВМС = Вое́нно-морски́е си́лы *Navy (U.S.)*

5. **Каки́е у них пла́ны на бу́дущее?** Working with a partner, answer the following questions and then ask similar questions about the other teenagers.

1. Ско́лько лет Оле?
2. Что она́ де́лает сейча́с?
3. Она́ уже́ око́нчила шко́лу? Ско́лько ей ещё оста́лось (*remains*) учи́ться?
4. Каки́е у неё пла́ны на бу́дущее?
5. Чем она́ интересу́ется?
6. Кем рабо́тают её роди́тели?
7. Как ты ду́маешь, кем бу́дет рабо́тать Оля че́рез де́сять лет?

и́мя:	Оля
во́зраст:	15
что де́лает:	то́лько что (*just*) око́нчила 9-ый класс
пла́ны:	медици́нский университе́т
интере́сы:	лы́жный спорт
роди́тели:	оте́ц – кинорежиссёр[1], мать – журнали́ст

[1]movie director

и́мя:	Игорь
во́зраст:	18
что де́лает:	око́нчил эконо́мико-технологи́ческий ко́лледж
пла́ны:	?
интере́сы:	?
роди́тели:	о́ба инжене́ры

и́мя:	Вади́м
во́зраст:	17
что де́лает:	око́нчил спецшко́лу с англи́йским языко́м обуче́ния
пла́ны:	филфа́к Моско́вского университе́та
интере́сы:	англи́йский язы́к
роди́тели:	оте́ц – психиа́тр, мать – экономи́ст

> Я хочу́ **получи́ть вы́сшее образова́ние**.
> Я хочу́ **поступи́ть** в консервато́рию.

> Мои́ роди́тели хотя́т, **что́бы** я поступи́л в медици́нский университе́т.
> я стал врачо́м.

17.3 The Conjunction что́бы

> Мои́ роди́тели **(не)дово́льны мной**.

17.1 Use of the Instrumental Case: (G) With (не)дово́лен

Вы́сшее образова́ние (literally: *highest education*) refers to university-level education, as opposed to сре́дняя шко́ла or сре́днее образова́ние.

Ле́на хо́чет занима́ться спо́ртом, а её роди́тели хотя́т, **что́бы** она́ занима́**лась** му́зыкой.

6. **Роди́тели недово́льны и́ми.** These parents are not satisfied with the future plans of their children. Discuss their respective wishes according to the model.

S1: Что хо́чет де́лать Зи́на?

S2: Она́ хо́чет стать худо́жником.

S1: А почему́ роди́тели недово́льны ей?

S2: Они́ хотя́т, что́бы она́ поступи́ла в медици́нский университе́т.

кто	де́ти хотя́т	роди́тели хотя́т
1. Зи́на	стать худо́жником	поступи́ть в медици́нский университе́т
2. Ни́на	занима́ться фигу́рным ката́нием	интересова́ться матема́тикой
3. Ди́ма	рабо́тать автомеха́ником	получи́ть вы́сшее образова́ние
4. Воло́дя	поступи́ть в театра́льный институ́т	учи́ться в университе́те
5. Серге́й	игра́ть в футбо́л	стать музыка́нтом (роя́ль)
6. Лари́са	занима́ться борьбо́й	занима́ться му́зыкой (скри́пка)
7. Вади́м	рабо́тать в Голливу́де актёром	око́нчить университе́т

Диало́г.

Sergei is talking to his career counselor. Read the dialogue below.

Анна Андре́евна:	Серге́й, каки́е у тебя́ пла́ны на бу́дущее? Кем ты хо́чешь стать?
Серге́й:	Я ещё не реши́л. Мои́ роди́тели хотя́т, чтобы я поступи́л в медици́нский университе́т.
Анна Андре́евна:	Что́бы стать врачо́м?
Серге́й:	Да, а я сам не о́чень интересу́юсь профе́ссией врача́.
Анна Андре́евна:	А чем ты интересу́ешься?
Серге́й:	Я интересу́юсь иску́сством.
Анна Андре́евна:	Ты хо́чешь стать худо́жником?
Серге́й:	И да, и нет. Но не ду́маю, что э́то хоро́шая профе́ссия.
Анна Андре́евна:	А архитекту́рой ты интересу́ешься?
Серге́й:	Да, о́чень. Это почти́ как иску́сство.
Анна Андре́евна:	Тогда́ мо́жет быть ты ста́нешь архите́ктором?
Серге́й:	Г-м-м. Мо́жет быть... На́до поду́мать об э́том...

A. Отве́тьте на вопро́сы.

1. Каки́е пла́ны у роди́телей для Серге́я?
2. А как к э́тому отно́сится Серге́й? (*What does Sergei think about this?*)
3. Чем интересу́ется Серге́й?
4. Почему́ Серге́й не хо́чет стать худо́жником?
5. Что предложи́ла Серге́ю Анна Андре́евна?
6. А как отреаги́ровал (*reacted*) Серге́й?

B. You meet Sergei after the counseling session. Create a dialogue between the two of you.

7. Roleplay. Pretend to be a career counselor for unmotivated high school students. Try to find out what their interests are and what they might like to do after they finish high school. Then report the results of your counseling session to the class.

Оля и Андрей **познакомились** в пятом классе. Они **дружили друг с другом** много лет. После окончания школы они **поженились**. Это **ранний брак**. Оле было тогда 17, а Андрею 18 лет.

Через два года Оля **разлюбила** Андрея. Андрей **полюбил** Ларису. Оля и Андрей **развелись**. Андрей **женился** на Ларисе.

17.4 Verbs *полюбить, *разлюбить, and *развестись
17.5 The Reciprocal Pronoun друг друга

- Где познакомились Оля и Андрей?
- Когда они поженились?
- Почему они развелись?
- На ком женился Андрей?
- Как вы думаете, почему Оля разлюбила Андрея?
- Как по-вашему, важно дружить друг с другом много лет до брака?

жениться (на ком?)	выйти замуж (за кого?)
Виктор хочет **жениться на Нине**. Сергей **женился на Оле**.	Нина хочет **выйти замуж за Виктора**. Оля **вышла замуж за Сергея**.
Виктор и Нина **поженились**.	

17.6 Verbs жениться and *выйти замуж

8. Сло́жные отноше́ния. *Complicated Relationships.*

A. The male and female applicants for marriage licenses got all mixed up.

- Кто хо́чет жени́ться? На ком?
- А кто хо́чет вы́йти за́муж? За кого́?

	Фами́лия	Имя	Отчество	Фами́лия	Имя	Отчество
1.	Кузнецо́в	Макси́м	Серге́евич	Ма́льцева	Светла́на	Алекса́ндровна
2.	За́йцева	Анна	Никола́евна	Медве́дев	Дми́трий	Влади́мирович
3.	Рома́нов	Алекса́ндр	Алексе́евич	Ле́бедева	Ни́на	Дми́триевна
4.	Родио́нова	Еле́на	Юрьевна	Ивано́в	Михаи́л	Андре́евич

Note: Feminine last names ending in -a are declined as adjectives in the prepositional case, e.g. Ма́льце**вой**.

B. Discuss the relationships of the people shown. Use the following questions as a starting point.

1. Кто лю́бит Серге́я?
2. Кого́ лю́бит Серге́й?
3. Кто жени́лся? На ком?
4. Кто вы́шел за́муж? За кого́?

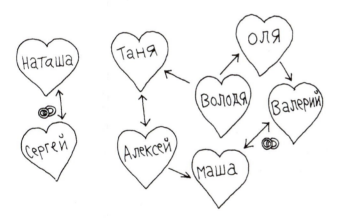

C. How do you think the situation will be different in ten years? Which couples stopped loving each other? Who got divorced? Whom did they marry?

1. Ната́ша разлюби́ла Серге́я?
2. Серге́й разлюби́л Ната́шу?
3. Серге́й и Ната́ша развели́сь?
4. Кого́ полюби́ла Ната́ша?
5. Ната́ша вы́шла за́муж? За кого́?

Wedding Vocabulary

сва́дьба *wedding*

це́рковь: обвенча́ться в це́ркви *to get married in a church*

ЗАГС: расписа́ться в ЗАГС *to get married in the a civil registry office*

Дворе́ц бракосочета́ния *wedding palace*

жени́х *groom*

неве́ста *bride*

свиде́тель *witness*

обменя́ться ко́льцами *to exchange rings*

молодожёны *newlyweds*

целова́ть(ся) *to kiss*

Ру́сская сва́дьба

Traditional Russian weddings often include an activity called **вы́куп неве́сты** (*buying of the bride*), where the **жени́х** has to perform various tasks in order to redeem the **неве́ста**. The actual ceremony takes place in a **Дворе́ц бракосочета́ния**, which is a branch of the civil registry office, ЗАГС. The ceremony is often performed by a woman. The ceremony ends with the exchange of rings and a kiss, as in many other countries. Religious ceremonies are growing in popularity, but they do not replace the official ceremony by the ЗАГС officials. A wedding at a Russian Orthodox Church is a long, elaborate ritual, involving a procession, singing, wedding crowns (cf. обвенча́ться from вене́ц *crown*), and candles.

Many features typical of an American wedding do not exist in Russia. There are no bridesmaids. Instead, there are two unmarried witnesses (**свиде́тель**), one from the bride's and the other from the groom's side. Until recently, they used to wear a red sash with the text "свиде́тель," but nowadays a white flower on the lapel is more common. The father of the bride does not give her away: the couple enters the room together.

After the ceremony the bride and groom climb into a vehicle decorated with colorful ribbons and rings. A teddy bear or a doll is sometimes tied to the front of the car for good luck and fertility. The **молодожёны** then visit some local landmarks (e.g., the Tomb of the Unknown Soldier, a park, etc.). The wedding ends with a lavish dinner at a restaurant. The party usually lasts for a long time and includes singing, dancing and games organized by a тамада́ (*master of ceremonies*).

Карава́й is a round bread with a small cup of salt on top, used in traditional welcoming ceremonies, which are also known as хлеб-соль. At a wedding, parents greet the newlyweds with a карава́й. The husband and wife each take a bite of the bread, and the one who gets a bigger piece will be the "head of the family."

Это жени́х и неве́ста во Дворце́ бракосочета́ния.

Это карава́й.

Сва́дьба

Расска́зывает Ната́ша:

Два ме́сяца наза́д моя́ подру́га Ольга вы́шла за́муж. Её му́жа зову́т Са́ша. Он о́чень хоро́ший па́рень.[1]

Я была́ свиде́телем у них на сва́дьбе. Регистра́ция состоя́лась[2] в городско́м Дворце́ бракосочета́ния. Всё бы́ло о́чень краси́во. Внача́ле все го́сти и роди́тели вошли́[3] в большо́й зал, где вско́ре заигра́л торже́ственный[4] сва́дебный марш. Пото́м две́ри откры́лись и вошли́ жени́х и неве́ста. Представи́тель[5] ЗАГС поприве́тствовала[6] Ольгу и Са́шу и начала́ церемо́нию бракосочета́ния. Она́ говори́ла о взаи́мной[7] любви́, роди́тельском до́лге[8] и пре́данности[9] друг дру́гу. А зате́м она́ спроси́ла жениха́ и неве́сту, согла́сны ли они́ быть му́жем и жено́й. Они́ отве́тили: «Да», а пото́м обменя́лись ко́льцами и поцелова́лись. Все го́сти поздра́вили молодожёнов, и все вме́сте пое́хали в рестора́н «Седьмо́е не́бо», чтобы отпра́здновать[10] там э́то ра́достное[11] собы́тие.[12] За пра́здничным столо́м все поздравля́ли молоду́ю па́ру и крича́ли: «Го́рь-ко! Го́рь-ко!».

[1]guy

[2]took place

[3]entered

[4]festive

[5]representative / [6]greeted

[7]mutual

[8]duty / [9]faithfulness

[10]celebrate / [11]happy / [12]event

A. Отве́тьте на вопро́сы.

1. Чья э́то была́ сва́дьба?

2. За кого́ она́ вы́шла за́муж?

3. Где они́ зарегистри́ровали брак?

4. Кто был свиде́телем?

5. Кака́я му́зыка там была́?

6. О чём говори́ла представи́тель ЗАГС?

7. Что де́лали жени́х и неве́ста по́сле того́, как они́ сказа́ли «да»?

8. Что де́лали го́сти по́сле регистра́ции?

9. Куда́ они́ пое́хали пото́м?

10. Что де́лали молодожёны, когда́ го́сти крича́ли «го́рь-ко»?

B. А вы?

1. Вы когда́-нибу́дь бы́ли на сва́дьбе? Кто вы́шел за́муж и́ли жени́лся? Где и когда́ была́ сва́дьба? Ско́лько госте́й бы́ло?

2. Ру́сские но́сят ко́льца на пра́вой руке́. А америка́нцы?

3. Кто получа́ет кольцо́ на америка́нской сва́дьбе: жени́х, неве́ста и́ли о́ба (*both*)?

4. Молодожёны целу́ются по́сле церемо́нии?

C. Pretend that you attended Olga's wedding. Tell your friend about it. Your friend asks questions in order to get as many details as possible.

Го́рько is a traditional wedding cheer to encourage the newlyweds to kiss. Literally, го́рько means *bitter*. It can be understood as *"life is bitter"* or *"the wine is bitter,"* and the young couple is expected to kiss in order to make life or wine sweet.

Рождéние ребёнка

Russians do not have baby showers for their unborn child. In fact, making preparations in advance, and sometimes even selecting a name, is considered bad luck. When the child is born, the hospital prepares a document stating the date of birth. The parents have up to one month to decide on the name and apply for the official birth certificate (свидéтельство о рождéнии) at the ЗАГС, which, in addition to marriages, registers births and deaths.

Traditionally, maternity hospitals (родúльный дом, роддóм) do not allow fathers or other family members in the birthing room, and the new mother normally stays in the hospital longer than in the United States. As in most European countries, all new mothers are guaranteed a government subsidized maternity leave (óтпуск по берéменности и рóдам) and they are entitled to a leave up to three years (óтпуск по ухóду за ребёнком) without losing their jobs.

Как вы дýмаете, кто у них родúлся: мáльчик или дéвочка?

Collective numbers are in nominative case (**двóе, трóе,** etc.) in the construction **у меня есть,** and in the accusative (**двойх, тройх,** etc.) after the verb **имéть**. All collective numbers are followed by the genitive plural (*here*: детéй).

The verb **имéть** *to have* is used mostly in abstract phrases (e.g., **имéть возмóжность** *to have the opportunity*) and also when preceded by another verb, such as хотéть. Hence: *I want to have* = **я хочý имéть**. Compare: Я хочý есть = *I want to eat.*

У вас есть дéти?	Нет, у меня нет детéй. Да, у меня есть **одúн ребёнок.** 　　　　　　　　**двóе/трóе/чéтверо детéй.**
Вы хотúте **имéть** детéй?	Нет, не хочý. Да, я хочý имéть одного ребёнка. 　　　　　　**двойх/тройх/четверы́х детéй.**

1.

Ната́ша **ждёт** ребёнка. У неё ско́ро бу́дет ребёнок.

2.

У Ната́ши и Игоря роди́лся ребёнок. Они́ **назва́ли** ребёнка Алекса́ндр. А как бу́дет его́ о́тчество?

Са́мые популя́рные имена́

В после́дние 5—7 лет са́мое популя́рное мужско́е и́мя в Москве́ – Алекса́ндр. За Алекса́ндром иду́т Макси́м, Ива́н, Артём, Дми́трий, Ники́та, Михаи́л, Дании́л, Его́р и Андре́й.

Среди́ де́вочек на пе́рвом ме́сте Анастаси́я, пото́м Мари́я, Да́рья, А́нна, Лизаве́та, Поли́на, Викто́рия, Екатери́на, Со́фья. Деся́тку замыка́ет Алекса́ндра.

Исто́чник: делова́я газе́та «Взгляд»

> The verb называ́ть/ *назва́ть means *to name somebody*. The name itself stays in the *nominative* or *instrumental* case form: **Они́ назва́ли ма́льчика Макси́м(ом).**

- Каки́е из э́тих имён вам нра́вятся?
- Как бы вы назва́ли своего́ сы́на /свою́ дочь?
- Каки́е мужски́е и же́нские имена́ сейча́с **мо́дны** в Аме́рике?

9. Ско́лько у них дете́й? Answer the following questions. Then ask similar questions about the other families.

1. Ско́лько у Ивано́вых дете́й?
2. Э́то ма́льчики и́ли де́вочки?
3. Как они́ назва́ли дете́й?
4. А как бу́дет их о́тчество и фами́лия?

семья́	Ивано́вы	Петро́вы	Медве́девы
роди́тели	Ири́на и Леони́д	Ни́на и Серге́й	А́нна и Никола́й
де́ти	А́нна Алекса́ндр	Мари́я	Вале́рий Валенти́н Дании́л

10. Рождéние, жизнь и смерть. Working with a partner, answer the questions based on Elena's family chart.

1. Когдá родúлся её дéдушка/родилáсь её бáбушка?
2. На скóлько лет дéдушка стáрше бáбушки?
3. Кто окóнчил шкóлу рáньше: бáбушка úли дéдушка? На скóлько лет рáньше? В какóм годý это бы́ло?
4. Что дéлала её бáбушка в 1957-ом годý?
5. Скóлько детéй у них родилóсь?
6. Как онú назвáли пéрвого ребёнка?
7. На скóлько лет пóзже родúлся вторóй ребёнок?
8. Как онú назвáли вторóго ребёнка?
9. Кем рабóтала бáбушка? Где?
10. А дéдушка кем рабóтал?
11. Кто ýмер рáньше: бáбушка úли дéдушка? На скóлько лет рáньше?
12. Скóлько лет бы́ло дéдушке, когдá он ýмер? А бáбушке?
13. Какóе óтчество бýдет у Алексáндра?
14. В какóм годý родúлся Алексáндр?
15. Что дéлал Алексáндр пóсле окончáния шкóлы?
16. Как вы дýмаете, в какóм институ́те он учúлся?
17. Что дéлал Алексáндр в 1984-ом годý?
18. Скóлько детéй у них родилóсь? В какóм годý?
19. Кем рабóтал Алексáндр пóсле окончáния институ́та? Где?
20. Как вы дýмаете, кем рабóтала его женá?

кто	моя́ бáбушка	мой дéдушка	мой отéц
úмя-óтчество	Анна Михáйловна	Ивáн Николáевич	**Алексáндр**
рождéние	1939	1937	1960
окончáние шкóлы	1954	1952	1977
университéт	—	—	1978–1984
брак	1957	1957	1984 (Натáлья Ю́рьевна)
дéти	Ларúса (р. 1958) **Алексáндр (р. 1960)**		Владúмир (р. 1985) Татья́на (р. 1988) **Елéна** (р. 1995) ← Это я.
рабóта	ткачúха (*weaver*)/ фáбрика	механик/ электростáнция	врач/больнúца
смерть	2010	1997	

17.7 Feminine Nouns Ending in a Soft Sign

A. Read the text and answer the questions between the paragraphs.

Отноше́ния ме́жду мужчи́ной и же́нщиной начина́ются с просто́й дру́жбы. Пери́од дру́жбы мо́жет продли́ться от двух неде́ль до не́скольких лет. Именно в э́то вре́мя молоды́е лю́ди узнаю́т друг дру́га и реша́ют, сто́ит ли им перейти́ на но́вый у́ровень отноше́ний. Сле́дующим пери́одом в отноше́ниях мо́жно назва́ть то вре́мя, когда́ лю́ди представля́ют друг дру́га свои́м знако́мым как «э́то мой молодо́й челове́к (па́рень)», и́ли «э́то моя́ де́вушка». В э́тот пери́од молоды́е лю́ди понима́ют, что они́ лю́бят друг дру́га. В да́нное вре́мя в Росси́и о́чень мо́дным стал так называ́емый «гражда́нский брак», когда́ ю́ноша и де́вушка реша́ют жить вме́сте без официа́льного оформле́ния отноше́ний. Мно́гие счита́ют, что «гражда́нский брак» помога́ет лю́дям поня́ть, смо́гут ли они́ жить вме́сте.

1. What are the three different stages in a relationship?

2. According to the text, what are the possible advantages of cohabitation?

В Росси́и нет тако́й тради́ции, как поку́пка дорого́го кольца́. Вопро́с о том, жени́ться им и́ли нет, мо́жет реши́ться просты́м предложе́нием «А дава́й поже́нимся», отве́том на кото́рое обы́чно слу́жит «Да» и́ли «Дава́й», потому́ что к э́тому вре́мени лю́ди уже́ прекра́сно зна́ют друг дру́га и понима́ют, хорошо́ им вме́сте и́ли нет.

В зави́симости от доста́тка и жела́ния жениха́, он мо́жет купи́ть пода́рок свое́й неве́сте. Это мо́жет быть ли́бо ювели́рное украше́ние, ли́бо что́-нибудь друго́е.

3. How does the Russian proposal tradition differ from the American one?

Очень ва́жным эта́пом в жи́зни влюблённых явля́ется знако́мство с роди́телями. Для неве́сты ва́жно понра́виться ма́ме жениха́ и показа́ть, что она́ хоро́шая хозя́йка, а у жениха́ стои́т зада́ча официа́льно попроси́ть разреше́ния на брак у отца́ неве́сты. По́сле э́того жениху́ и неве́сте предстои́т назна́чить да́ту сва́дьбы.

4. What is the next important step in the relationship?

5. What is the final step in the "getting acquainted" process?

Для того́, что́бы зарегистри́роваться в ЗАГС, снача́ла необходи́мо написа́ть заявле́ние. По́сле пода́чи заявле́ния молодо́й па́ре даётся оди́н ме́сяц на размышле́ние о том, действи́тельно ли они́ хотя́т жени́ться.

6. How long does the young couple have to wait after getting their marriage license before they can get married?

Свáдьбу обы́чно надóлго не отклáдывают. Как тóлько молоды́е решáют пожени́ться, начинáется акти́вная подготóвка. Подготóвка к свáдьбе мóжет дли́ться от одногó мéсяца до полугóда. Все расхóды на свáдьбу роди́тели женихá и невéсты обы́чно дéлят пополáм.

7. How does the length of the wedding preparation differ from the American one?
8. Who pays for the wedding?

За нéсколько дней до свáдьбы жени́х провóдит мальчи́шник и́ли «холостя́цкую пиру́шку» для свои́х нежена́тых друзéй. А невéста провóдит деви́чник – мероприя́тие тóлько для незаму́жних подру́жек и сестёр. На деви́чник обы́чно не дáрят подáрков.

9. What happens a few days before the wedding?
10. How is the corresponding American tradition different?

B. In Russian, make a list of all the differences between Russian and American customs regarding courtship and the steps leading to a wedding.

C. *Challenge:* Prepare an oral presentation about the corresponding American customs.

Chapter Review

A. *You should now be able to . . .*

1. ask and answer questions about what you want to be(come)
2. explain how your plans have changed since childhood
3. state what you are interested in and involved in
4. describe what you will do after you graduate
5. say how your parents' wishes differ from yours
6. explain what people are (dis)satisfied with
7. say how long people have been friends before marriage
8. say who fell in love, fell out of love, got married, or got divorced
9. compare Russian and American weddings
10. describe someone's plans for starting a family
11. say that somebody is expecting a child
12. announce the birth and name of a child

For self-tests and additional practice, please go to the Book Companion Site, available at www.wiley.com/college/nummikoski

B. Если не секрёт... Interview a classmate, asking the following questions in Russian. Do not attempt to translate them literally, however. Add any other questions necessary. Take short notes and prepare a written report as homework.

1. When you were little, what did you want to be?
2. Are you working now? As what?
3. What are you interested in?
4. Are you involved in any sports?
5. How about music?
6. Did you apply to other universities?
7. Have you already decided what you want to be?
8. When will you graduate?
9. What do you want to do after you graduate?
10. How did your parents react to your choice of career?
11. Do you want to get married? When?
12. Do your parents want you to get married?
13. What kind of weddings do you like?
14. Do you like children?
15. Do you want to have children? How many?

C. Пóмнишь Олю? Go back to activity 5. Select one of the people and tell your classmates everything that you know about his or her career and personal life. It is now fifteen years later.

D. Давнó не вúделись! You meet your high school friend after 20 years. Compare your lives since then. What have you been doing? Are you married? Do you have children? What is your profession? Also discuss some rumors that you have heard about other people in your class.

E. *Interview Video.* Как готóвятся к рождéнию ребёнка?

Да́ма с соба́чкой

Read the beginning of a story by Anton Chekhov, *The Lady with the Dog*.

Говори́ли, что на на́бережной появи́лось[1] но́вое лицо́:[2] да́ма с соба́чкой. Дми́трий Дми́трич Гу́ров, прожи́вший в Ялте уже́ две неде́ли, стал интересова́ться но́выми ли́цами. Одна́жды он уви́дел, как по на́бережной прошла́ молода́я да́ма, невысо́кого ро́ста[3] блонди́нка, в бере́те; за не́ю бежа́л бе́лый шпиц.

[1]appeared / [2]face

[3]height

И пото́м он встреча́л её в городско́м саду́ по не́скольку раз в день. Она́ гуля́ла одна́, в том же бере́те, с бе́лым шпи́цем; никто́ не знал, кто она́, и называ́ли её про́сто так: да́ма с соба́чкой.

«Если она́ здесь без му́жа и без знако́мых, − сообража́л Гу́ров, − то бы́ло бы не ли́шнее[4] познако́миться с ней.»

[4]*here*: would not be bad

Ему́ не́ было ещё сорока́, но у него́ была́ уже́ дочь двена́дцати лет и два сы́на гимнази́ста. Его́ жени́ли ра́но, когда́ он был ещё студе́нтом второ́го ку́рса, и тепе́рь жена́ каза́лась в полтора́[5] ра́за ста́рше его́. Она́ мно́го чита́ла, называ́ла му́жа не Дми́трием, а Дими́трием, а он счита́л её у́зкой, боя́лся её и не люби́л быва́ть до́ма.

[5]one and a half

И вот одна́жды,[6] под ве́чер, он обе́дал в саду́, а да́ма в бере́те подходи́ла не спеша́, что́бы заня́ть сосе́дний стол. Её выраже́ние,[7] похо́дка,[8] пла́тье, причёска[9] говори́ли ему́, что она́ из поря́дочного[10] о́бщества,[11] за́мужем, в Ялте в пе́рвый раз и одна́, что ей ску́чно здесь...

[6]once

[7]expression / [8]gait

[9]hairdo / [10]respectable / [11]society

Отры́вок из расска́за А. П. Че́хова «Да́ма с соба́чкой»

Answer the questions in English.

1. How long had Dmitri Gurov been at Yalta?
2. What did the newcomer look like?
3. What kind of dog did she have?
4. Where did Gurov see the lady and how often?
5. What was her name?
6. Was she with someone?
7. How old was Dmitri Gurov?
8. How many children did he have?
9. When had he married his wife?
10. What was his wife like?
11. What could Dmitri Gurov tell by the lady's appearance and behavior?

Word Building

Marriage Vocabulary

The phrase **за́мужем** is formed from the preposition **за** (*behind*) and the instrumental case form of муж (*husband*). Thus, married women are *behind* their husbands. And if a woman wants to get married, she goes behind the husband (вы́йти за́муж). Men, on the other hand, are *"wived"* (жена́т), and when they marry they *"get wived"* (жени́ться).

The noun **брак** (*marriage*) has an interesting second meaning, *defective goods, spoilage, wreck*. So if the marriage, in fact, becomes defective, some people may opt *to lead each other apart*, развести́сь, from the prefix **раз-** (*apart*), **вести́** (*to lead*), and the reflexive **-сь/ся** (*each other*).

Roots

-жен- *woman*

жена́ *wife*

же́нщина *woman*

жена́т *married (of a man)*

жени́х *bridegroom*

же́нский *women's*

же́нственный *feminine (in appearance or behavior)*

-муж- *man*

муж *husband*

мужчи́на *man*

за́мужем *married (of a woman)*

мужи́к *peasant*

мужско́й *men's*

му́жественный *masculine, manly, brave*

ГРАММАТИКА

17.1 Use of the Instrumental Case

In Chapter 16 you learned to use the instrumental case as follows.

A. Without a preposition, to denote an instrument, a means for doing something.

Я ем ло́жк**ой**.

B. With the prepositions с, ря́дом с, за, and ме́жду.

Я познако́милась **с** интере́сн**ым** молод**ым** челове́к**ом**.

In this lesson, you will learn several other uses of the instrumental case.

C. With the verbs стать (*to become somebody/something*) and быть (*to be somebody/something*).

Я хочу́ стать медсестр**о́й**.	*I want to become a nurse.*
Я хочу́ быть медсестр**о́й**.	*I want to be a nurse.*
Я ско́ро ста́ну врач**о́м**.	*I will soon become a physician.*
Я ско́ро бу́ду врач**о́м**.	*I will soon be a doctor.*
Кем ты хо́чешь стать?	*What do you want to become?*
Кем ты хо́чешь быть?	*What do you want to be?*

*Стать is a perfective aspect verb, conjugated as follows:

я ста́ну
ты ста́нешь
они́ ста́нут

In sentences with the verb **быть,** the predicate is in either *the nominative* or *the instrumental* case as shown in the chart.

infinitive	Я хочу́ **быть** врач**о́м**.	instrumental
present tense	Серге́й – врач.	nominative (implied verb **быть**)
future	Я **бу́ду** врач**о́м**.	instrumental
past tense	Его́ ма́ма **была́** ру́сская. Во вре́мя войны́ она́ **была́** медсестр**о́й**.	nominative (permanent condition) instrumental (nonpermanent condition)

D. With the verb рабо́тать (*to work as somebody*).

Кем ты рабо́таешь?	Я рабо́таю официа́нт**ом**.
What are you working as?	*I work **as** a waiter.*

You can ask about a person's profession in two ways, as the following examples show. Note also that the English language uses the pronoun *what*, whereas the Russian language uses the pronoun *who*.

Кем вы рабо́таете?	***What*** *are you working as?*
or: **Кто** вы по профе́ссии?	***What*** *is your profession?*

Упражне́ния

1. Finish the sentences by putting the words in parentheses in the instrumental case.

   1. Оля хо́чет стать (певи́ца).
   2. Ко́стя хо́чет быть (изве́стный рок-музыка́нт).
   3. Ле́на бу́дет (знамени́тый писа́тель).
   4. Серге́й рабо́тает (инжене́р) на заво́де.
   5. Воло́дя не хо́чет быть (вое́нный).
   6. Джон ра́ньше хоте́л стать (полице́йский).
   7. Когда́ Ива́н был (ма́ленький), он хоте́л стать (космона́вт).
   8. Когда́ Лари́са была́ (ма́ленькая), она́ хоте́ла стать (учёный).
   9. Ма́ма рабо́тала (продавщи́ца) в магази́не.
   10. Ната́ша рабо́тает (междунаро́дный корреспонде́нт) в журна́ле «Огонёк».

2. Translate the following sentences into Russian.

   1. What do you want to be?
   2. What does your sister want to become?
   3. Nina will be an actress.
   4. Lena will become a veterinarian.
   5. In the summer Misha worked as a waiter.
   6. What are you working as now?
   7. Larisa wants to be a teacher.
   8. When Sasha was little, he wanted to become a firefighter.
   9. When I was little I wanted to be a nurse, but now I want to become a doctor.
   10. Sergei, when you were little, what did you want to become?

E. **With the verb интерес|ова́|ться** (*to be interested in somebody/ something*). Notice the change in the present-tense stem from **-ова-** to **-у-**.

в общем

я интересу́юсь
ты интересу́ешься
они́ интересу́ются

Я интересу́юсь спо́рт**ом**.	*I am interested in sports.*
Чем ты интересу́ешься?	*What are you interested in?*
Когда́ я был ма́леньким, я интересова́лся гимна́стик**ой**.	*When I was little, I was interested in gymnastics.*

F. **With the verb занима́ться** (*to be occupied with or involved in something, to study*).

Я занима́юсь ру́сск**им** язык**о́м**.
I am doing my Russian homework.   (actively involved)
I study Russian.

but: Я изуча́ю ру́сский язы́к.   (in general, but not
I study Russian.   necessarily now)

Note 1: Note the difference between the verbs **интересова́ться** and **занима́ться**.

Я интересу́юсь спо́ртом.	(I'm interested, but not involved)
Я занима́юсь спо́ртом.	(I play football, tennis, etc.)

Note 2: The question **Чем ты занима́ешься?** can mean several things.

Чем ты занима́ешься?   *What are you doing right now?*
                                   What are your hobbies?
                                   What kind of sports are you involved in?

Упражне́ния

3. Чем интересу́ются э́ти лю́ди? Write complete sentences with the given words.

1. вы/америка́нская рок-му́зыка/?
2. Анна/испа́нский язы́к
3. я/иностра́нная литерату́ра
4. Ле́на и Ли́за/совреме́нное иску́сство
5. мой брат/ша́хматы

6. ты/плáвание/?

7. Сергéй/междунарóдные отношéния

8. мы/фигýрное катáние

9. я/междунарóдный бúзнес

10. вы/истóрия/?

4. Translate the following sentences into Russian. Use the verbs **интересовáться** or **занимáться**, as appropriate.

1. What are you interested in?

2. I'm interested in classical music.

3. What is Lena interested in?

4. She is interested in Russian movies.

5. Are you involved in sports?

6. What kind of hobbies do you have?

7. My hobbies are swimming, tennis, and skiing.

8. Does your brother do bodybuilding?

9. Igor does fencing and wrestling.

10. I jog.

G. **With the short adjective довóлен/довóльна/довóльно/довóльны** *(satisfied, pleased)* **and its opposite недовóлен.**

Note: Unlike the English, there is *no* preposition *with* in the Russian sentence.

Мой родúтели довóльны **мной.**	*My parents are pleased **with** me.*
Кáтя недовóльна тво**éй** рабóт**ой**.	*Katya is not satisfied **with** your work.*

Упражнéние

5. How would you say the following in Russian?

1. I'm not pleased with him.

2. Is Anna Pavlovna satisfied with my work?

3. Are your parents pleased with you?

4. The professor is not satisfied with these students.

5. My parents are not satisfied with my decision (решéние).

17.2 The Verb поступа́ть/*поступи́ть

Remember that the imperfective aspect denotes action without implying result, whereas the perfective aspect implies that the action had or will have an intended result. Examine the following sentences and pay close attention to the English translation.

поступа́ть   *to apply*
*поступи́ть   *to get accepted, to get in, to enroll*

Я бу́ду поступа́ть в магистрату́ру.   (I will be taking entrance
I will apply to graduate school.   exams.)

Ты поступа́л в магистрату́ру?
Did you apply to graduate school?

Ты поступи́л в магистрату́ру?   (Did they accept you?)
Did you get accepted to graduate school?

Я хочу́ **поступи́ть** в магистрату́ру.   (I want to get accepted.)
I want to go to graduate school.

Если я поступлю́, мне **на́до бу́дет** о́чень
    мно́го занима́ться.
If I get accepted, I will have to study a lot.

Упражне́ние

6. Supply the correct form of the verb поступа́ть/поступи́ть.

1. Что ты бу́дешь де́лать, е́сли ты не _____ в магистрату́ру?
   – Не зна́ю. Бу́ду рабо́тать, мо́жет быть.

2. Америка́нские шко́льники ча́сто _____ в ра́зные
   университе́ты, когда́ они́ ещё у́чатся в двена́дцатом кла́ссе.

3. В конце́ апре́ля они́ уже́ зна́ют, в каки́е университе́ты они́
   _____.

4. Лу́чше _____ в не́сколько университе́тов, так как вы
   не зна́ете, в каки́е университе́ты вы _____. Ко́нкурс
   (*competition*) о́чень большо́й.

5. В каки́е америка́нские университе́ты тру́дно _____?

6. Ли́нда сказа́ла, что е́сли она́ _____ в Га́рвардский
   университе́т, она́ бу́дет о́чень сча́стлива (*happy*).

17.3 The Conjunction чтóбы

You have already learned to use the verb **хотéть** to express what a person wants to do.

Я хочý поступи́ть в консерватóрию.
I want to enroll in the conservatory.

To express what a person wants *somebody else* to do, the conjunction **чтóбы** *(that)* with the *past tense* of the verb is used.

Мои́ роди́тели хотя́т, **чтóбы я** поступи́л в университéт. *My parents want **me to enroll** in a university.*	(refers to another person)
literally: *My parents want that I should enroll in a university.*	
Мы не хоти́м, чтóбы **вы** бы́ли здесь. *We do not want you to be here.*	(refers to another person)

Note 1: Remember that as with other clauses with **бы, чтóбы** requires the *past tense* of the verb.

Note 2: Pay close attention to translations from English into Russian. In English you can use the object forms of personal pronouns. In Russian, however, you have to use two separate clauses, both of which have a *subject in the nominative case.*

*I want **him** to read.*	Я	хочý, чтóбы	**он**	чита́л.
	subject	verb	subject	verb
*My parents want **me** to study.*	Мои́ роди́тели	хотя́т, чтóбы	**я**	занима́лся.
	subject	verb	subject	verb

Упражнéние

7. Translate the sentences into Russian. Remember to use the past tense of verbs.

1. Mother wants you to go to the store.
2. I want you to go to the movies with me.
3. I do not want my sister to become an actress.
4. I want my son to finish school.
5. My sister wants me to be involved in sports.

6. My parents want me to become a doctor.

7. Parents want children to get a college education.

8. Our teacher wants us to study more.

9. I do not want you to buy a new car.

10. We want you to go to graduate school. (*say*: to enroll in a graduate program)

17.4 Verbs *полюби́ть, *разлюби́ть, and *развести́сь

When added to the verb **люби́ть,** the prefix **по-** denotes the beginning of an action and the prefix **раз-** cancellation of an action. Thus, the verbs *полюби́ть** and **разлюби́ть** can best be translated as *to fall in love* and *to fall out of love,* respectively. Both verbs govern the *accusative* case.

Ма́ша полюби́ла Ма́рк**а**.
Masha fell in love with Mark.

Дени́с разлюби́л Ни́н**у**.
Denis fell out of love with Nina.

The verb **разводи́ться/*развести́сь с** + instrumental (*to get divorced*) is needed mostly in the perfective aspect form. The past-tense forms of the verb **развести́сь** are as follows.

развёлся
развела́сь
развели́сь

Когда́ Игорю бы́ло 28 лет, он раз**вёлся с** жен**о́й.**
Игорь и Ле́на раз**вели́сь**.

Упражне́ние

8. Write complete sentences with the words given.

Model: Алексе́й/18/полюби́ть/Оля
    Когда́ Алексе́ю бы́ло 18 лет, он полюби́л Олю.

1. Дени́с/14/полюби́ть/Та́ня

2. Андре́й/24/развести́сь/Лари́са

3. Ната́ша/32/разлюби́ть/Воло́дя

4. Ольга/35/развести́сь/Ви́ктор

5. Ма́ша/21/разлюби́ть/Игорь/и че́рез год/развести́сь/он

17.5 Reciprocal Pronoun друг дрýга

The reciprocal pronoun **друг дрýга** (*each other*) is declined like the noun **друг**. Only the second word is declined, however. The pronoun does not have a nominative case form. When a preposition is needed, it falls between the two words.

	Without preposition	With preposition	
Nom.	—		
Gen.	друг дрýга	друг без дрýга	*without each other*
Dat.	друг дрýгу	друг к дрýгу	*to(ward) each other*
Acc.	друг дрýга	друг на дрýга	*at each other*
Instr.	друг дрýгом	друг с дрýгом	*with each other*
Prep.	*	друг о дрýге	*about each other*

* The prepositional case is not used without a preposition.

Лúза и Мúтя полюбúли **друг дрýга**.	*Lisa and Mitya fell in love with each other.*
Онú не мóгут жить **друг без дрýга**.	*They cannot live without each other.*
Онú всегдá помогáют **друг дрýгу**.	*They always help each other.*

Упражнéние

9. Supply the missing words.

1. Эти мáльчики чáсто ссóрятся (*fight*) _____ (*with each other*).
2. Дéвочки говорýт _____ (*to each other*) секрéты.
3. Нáстя и Кóля чáсто помогáют _____ (*each other*).
4. Нúна и Волóдя разлюбúли _____ (*each other*).
5. Мы всегдá покупáем _____ (*each other*) подáрки.
6. Мы не мóжем жить _____ (*without each other*).
7. Лéна и Лúза мнóго знáют _____ (*about each other*).
8. Алла и Сергéй поздравлýли _____ (*each other*) с Нóвым гóдом.
9. Джон и Волóдя давнó знáют _____ (*each other*).
10. Онú чáсто пúшут пúсьма _____ (*to each other*).

17.6 Verbs жени́ться and *вы́йти за́муж

You have already learned to express the current marital status of people. For masculines, you use the short adjective **жена́т/жена́ты** and for feminines, the phrase **за́мужем**.

Ко́ля, **ты** жена́т?	Нет, я хо́лост (*single*).
Анто́н Па́влович, **вы** жена́ты?	Да, я жена́т. (Notice the formal form, identical to the plural)
Ле́на, **ты** за́мужем?	Нет, я не за́мужем.
Анна Па́вловна, **вы** за́мужем?	Да, я за́мужем.

The corresponding *verb* referring to masculines is **жени́ться на** + *prepositional*. The same verb is both imperfective and perfective.

В про́шлом году́ Серге́й жени́лся.	*Sergei got married last year.*
За́втра я женю́сь.	*I will get married tomorrow.*
Са́ша жени́лся **на** Ни́не.	*Sasha married Nina.*

For feminines, the verbal phrase **выходи́ть/*вы́йти за́муж за** + *accusative* is used.

Note: The past-tense forms of **вы́йти** are **вы́шла, вы́шли**.

Ле́на вы́шла за́муж 2 го́да наза́д.	*Lena got married two years ago.*
Та́ня вы́йдет за́муж ле́том.	*Tanya will get married in the summer.*
Оля вы́шла за́муж **за** Игоря.	*Olya married Igor.*
Ли́за хо́чет вы́йти за́муж **за** Са́шу.	*Lisa wants to marry Sasha.*
В како́м во́зрасте же́нщинам лу́чше **выходи́ть** за́муж?	(in general; hence the imperfective aspect)
What is the best age for women to get married?	

When you want to say that *a couple* got married, you use the verb *****пожени́ться**.

Са́ша и Ле́на пожени́лись.	*Sasha and Lena got married.*

Упражне́ния

10. Write two sentences for each item according to the model.

Model: Ви́ктор/Ольга   **Ви́ктор жени́лся на Ольге.**
                                  Ольга вы́шла за́муж за Ви́ктора.

1. Игорь/Та́ня
2. Серге́й/Оля
3. Ми́ша/Ле́на
4. Дени́с/Ли́за
5. Са́ша/Ната́ша

11. Translate the following sentences into Russian. You will need both the verbs and the expressions for current marital status.

1. My sister is married.
2. She got married two weeks ago.
3. She married Nina's brother.
4. Lena has been married for a long time.
5. My older brother is married.
6. Katya and Yura got married last year.
7. My best friend Mark married a Russian woman.
8. Natasha says that she does not want to get married.
9. All her friends (female) are already married.
10. Aleksei Alekseevich, have you been married for a long time?

17.7 Feminine Nouns Ending in a Soft Sign

You have already learned several feminine nouns that end in a soft sign.

дверь *door*	ночь *night*	соль *salt*
крова́ть *bed*	о́сень *autumn*	
ло́шадь *horse*	пло́щадь *square*	

The following nouns are introduced in this lesson.

жизнь *life*	смерть *death*
люб(о́)вь *love*	

The complete declension of feminine nouns ending in a soft sign is given in the following chart. You can see that the singular instrumental case has the ending **-ью,** (но́чью, о́сенью). The accusative and nominative are identical, and all other singular case forms end in **-и**. The plural is identical to that of masculine nouns ending in a soft sign.

	Singular		Plural
Nom.	пло́щадь	любо́вь	пло́щади
Gen.	пло́щади	**любви́**	площаде́й
Dat.	пло́щади	**любви́**	площадя́м
Acc.	пло́щадь	любо́вь	пло́щади
Instr.	пло́щадью	любо́вью	площадя́ми
Prep.	пло́щади	**любви́**	площадя́х

Note: The noun **любо́вь** (*love*) drops the fleeting vowel **-о-** in the genitive, dative, and prepositional forms.

Упражнéние

12. Supply the missing words in the correct form.

1. В э́том су́пе сли́шком мно́го _____ (соль).
2. Ты ничего́ не зна́ешь о _____ (любо́вь).
3. По́сле _____ (смерть) отца́ сын уе́хал в Москву́.
4. Каки́е зда́ния нахо́дятся на _____ (Кра́сная пло́щадь)?
5. На э́той фе́рме нет _____ (ло́шадь *pl.*).
6. В Москве́ я купи́л мно́го интере́сных _____ (вещь)(*thing*).
7. Вчера́ я весь день лежа́л в _____ (крова́ть).
8. Что ты зна́ешь о _____ (жизнь) э́того худо́жника?
9. С днём рожде́ния, Ната́ша! С _____ (любо́вь), И́горь.
10. Почему́ ты интересу́ешься _____ (жизнь) э́той балери́ны?

Vocabulary

Note: The core vocabulary is **boldfaced.**

Nouns

Family Life

брак	*marriage*
дворе́ц	*palace*
Дворе́ц бракосочета́ния	*marriage palace*
де́вочка	*(little) girl*
жени́х	*bridegroom*
ЗАГС (Отде́л за́писи а́ктов гражда́нского состоя́ния)	*civil registry office*
и́мя *n.* (*pl.* **имена́**)	*name, first name*
кольцо́, *pl.* **ко́льца**	*ring*
люб(о́)вь *f.* *gen.* любви́	*love*
ма́льчик	*(little) boy*
молодожёны	*newlyweds*
неве́ста	*bride*

ребён(о)к *gen.* **ребёнка,** *pl.* **де́ти**	*child*
рожде́ние	*birth*
сва́дьба	*wedding*
свиде́тель *m.*	*witness*
смерть *f.*	*death*
церемо́ния	*ceremony*
цер(о)вь *f.* (в це́ркви)	*church*

School

образова́ние	*education*
обуче́ние	*schooling, teaching*
оконча́ние	*finishing*
план	*plan*
спецшко́ла	*special school*
филфа́к (= филологи́ческий факульте́т)	*department of languages and literatures*

Professions

военный *subst. adj.*	soldier
дипломат	diplomat
кинорежиссёр	movie director
лётчик	pilot
певец, певица	singer
пожарный *subst. adj.*	firefighter
полицейский *subst. adj.*	police officer
психиатр	psychiatrist
разведчик	intelligence officer
рок-музыкант	rock musician
солдат	soldier
хирург	surgeon

Sports

бег	running
бодибилдинг	bodybuilding
борьба	wrestling
велосипедный спорт	bicycling
верховая езда	horseback riding
фехтование	fencing
физкультура	physical education
ходьба	walking

Other nouns

армия	army
будущее	the future
ВВС, Военно-воздушные силы	Air Force
ВМС, Военно-морские силы	Navy
возраст	age
интерес	interest

каравай	a round bread (for ceremonies)
мечта	dream
миллионер	millionnaire
опрос	survey
отношение	relation(ship)
парень *m.*	guy

Adjectives

высший	highest (here: college level)
доволен, довольна, довольны + *instr.*	satisfied with
знаменитый	famous, well-known
легко	(it's) easy
лыжный	ski(ing)
международный	international
модный	fashionable
престижный	prestigious
ранний *soft. adj.*	early
сложный	complicated

Adverbs

довольно	fairly, rather
скоро	soon
только что	just
точно	exactly

Pronouns

друг друга	each other
оба *m., n.;* обе *f.*	both
сам, сама, сами	myself, yourself, etc.

Prepositions

до + *gen.*	*before*
после + *gen.*	*after*

Conjunctions

чтобы	*that, so that, in order to*
или ... или	*either . . . or*

Verbs

*вступи́ть (II) — *to join (a party, military, etc.)*

выходи́ть за́муж (II)
*вы́йти за́муж (I) — *to get married (of a woman)*
за + *acc.*
вы́йду, вы́йдешь, вы́йдут;
past **вы́шла за́муж**

дружи́ть (II) с + *instr.* — *to be friends with*
дружу́, дру́жишь, дру́жат

ждать (I) + *gen.* — *to wait, to expect*
жду, ждёшь, ждут

жени́ться (II) на — *to get married (of a man)*
+ *prep.*
женю́сь, же́нишься, же́нятся

иска́ть (I) — *to look for*
ищу́, и́щешь, и́щут

занима́|ться (I) — *to study, to be occupied with*
+ *instr.*

име́|ть (I) — *to own, to have*

интерес|ова́|ться (I) — *to be interested in*
+ *instr.*
интересу́юсь, интересу́ешься, интересу́ются

мечта́|ть (I) о + *prep.* — *to dream*

называ́|ть (I) — *to name*
*назва́ть (I)
назову́, назовёшь, назову́т

носи́ть (II) — *to carry, to wear*
ношу́, но́сишь, но́сят

*око́нчить (II) — *to finish, to conclude*
око́нчу, око́нчишь, око́нчат

*поду́ма|ть (I) — *to think (for a little while)*

*пожени́ться — *to marry (each other)*

*полюб|и́ть (II) — *to fall in love with*
+ *acc.*

поступа́|ть (I) — *to apply*
*поступи́ть (II) — *to enroll, to enter (a university, school)*
поступлю́, посту́пишь, посту́пят

*по/цел|ова́|ть (I) — *to kiss*
целу́ю, целу́ешь, целу́ют

*по/цел|ова́|ться (I) — *to kiss each other*

*развести́сь — *to get divorced*
с + *instr.*
развёлся, развела́сь, развели́сь

*разлюб|и́ть (II) — *to fall out of love with*
+ *acc.*

реша́|ть (I) — *to decide, to solve*
*реши́ть (II)
решу́, реши́шь, реша́т

*стать (I) + *instr.* — *to become*
ста́ну, ста́нешь, ста́нут

Урóк 18 (Восемнáдцатый урóк)
Как вы себя́ чу́вствуете?

THEMES

- Describing your physical appearance
- Complaining about your health
- Making health recommendations
- Expressing feelings and empathy
- Going to the doctor

CULTURE

- Health care in Russia
- Folk medicine
- The Russian bathhouse – бáня

STRUCTURES

- Syntax: Expressing resemblance or similarity with похóж and такóй же
- The reflexive pronoun себя́
- Impersonal constructions хóчется and спи́тся
- Impersonal constructions with нáдо, ну́жно, мóжно, and нельзя́

Холóдная водá уси́ливает иммунитéт.

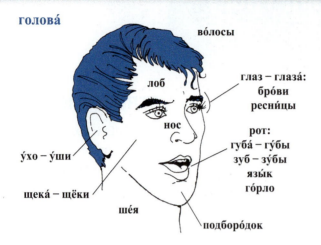

Describing Your Physical Appearance

голова́

волосы

лоб

глаз – глаза́:
бро́ви
ресни́цы

нос

рот:
губа́ – гу́бы
зуб – зу́бы
язы́к
го́рло

у́хо – у́ши

щека́ – щёки

ше́я

подборо́док

> The noun подборо́док (*chin*) is formed from the preposition под (*under*) and the noun борода́ (*beard*).

Я высо́кого / сре́днего / невысо́кого ро́ста.

У меня́...
по́лная / стро́йная фигу́ра.

веснушки

У меня́...
кру́глое / ова́льное / у́зкое лицо́.

чёлка

У меня́...
дли́нные / коро́ткие во́лосы.

У меня́...
прямы́е / волни́стые / кудря́вые во́лосы.

У меня...
прямо́й/курно́сый/горба́тый нос.

усы́
борода́

У меня́...
серьёзные/весёлые/гру́стные глаза́.

во́лосы	глаза́
све́тлые тёмные чёрные ру́сые *dark blond* ры́жие *red* седы́е *grey*	голубы́е се́рые зелёные ка́рие *brown*

Я ношу́ очки́.

1. Как они́ вы́глядят? *How do they look?*

A. Give a short physical description of the following people.

Model: Анна высо́кого ро́ста. У неё дли́нные, прямы́е, све́тлые
во́лосы...

кто	рост	во́лосы	лицо́	глаза́
Анна	5'11"	long, straight, blond	narrow face, small nose	blue
Марк	5'1"	short, curly, red	round face with freckles	green
Са́ра	5'5"	long, wavy, dark, with bangs	dark eyebrows wears glasses	brown

B. Describe Pushkin's portrait in as much detail as possible.

C. Describe a relative or a friend.

Алекса́ндр
Серге́евич Пу́шкин.

2. Как я вас узна́ю?

A. Your friend John knows several people in Moscow. He wants you to meet Mitya, who has promised to show you around. Now you are calling Mitya for the first time.

Вы:	Здра́вствуйте. Это Са́ра, знако́мая Джо́на.
Ми́тя:	Здра́вствуйте, Са́ра! Вы уже́ в Москве́?!
Вы:	Да, я вчера́ прие́хала.
Ми́тя:	Отли́чно. Ну, сего́дня встре́тимся?
Вы:	Хорошо́. Где и когда́?
Ми́тя:	Дава́йте в метро́ «Кропо́ткинская». Внизу́, в це́нтре за́ла. Часо́в в 7.
Вы:	А как я вас узна́ю?
Ми́тя:	Я бу́ду в чёрной ко́жаной ку́ртке. Я высо́кий. В очка́х. У меня́ коро́ткие тёмные во́лосы.
Вы:	А я невысо́кая. У меня́ дли́нные ру́сые во́лосы. Я бу́ду в кра́сной ку́ртке.
Ми́тя:	Хорошо́. Уви́димся ве́чером тогда́.
Вы:	Хорошо́. До свида́ния.

B. Act out the dialogue again, changing the place, time, and your personal descriptions.

те́ло

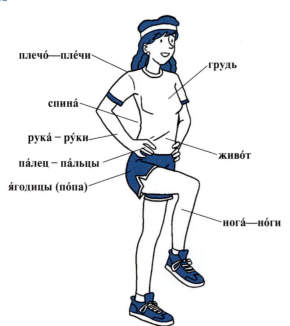

плечо́—пле́чи

грудь

спина́

рука́ – ру́ки

па́лец – па́льцы

ягоди́цы (по́па)

живо́т

нога́—но́ги

The Russian language does not differentiate between *an arm* and *a hand* (рука́) or *a leg* and *a foot* (нога́). Similarly, there is only one word for *fingers* and *toes*: па́льцы (*sg.* па́лец).

Small children's body parts (and those of adults in humorous talk) are often in the diminutive: но́жка, ру́чка, по́пка.

<table>
<tr><td>На кого ты похо́ж/а?
вы похо́жи?</td><td>Я похо́ж/а на ма́му (мать).
на па́пу (отца́).</td></tr>
<tr><td colspan="2">Я тако́й же высо́кий, как мой оте́ц.
У меня́ таки́е же све́тлые во́лосы, как у ма́мы.</td></tr>
</table>

18.1 Syntax: похо́ж and тако́й же

3. На кого́ они́ похо́жи? Discuss whom these people resemble and how.

S1: На кого́ Оля похо́жа?

S2: Она́ похо́жа на ма́му. У неё така́я же стро́йная фигу́ра, как у ма́мы.

кто	на кого́ похо́ж/а	чем похо́ж/а
1. Оля	ма́ма	стро́йная фигу́ра
2. Са́ша	де́душка	тёмные бро́ви
3. Ната́ша	па́па	больши́е, ка́рие глаза́
4. Серёжа	оте́ц	большо́й, горба́тый нос
5. Ни́на	ма́ма	у́зкое лицо́
6. Анна	ма́ма	волни́стые, ры́жие во́лосы
7. Я	_____	_____

Complaining About Your Health

<table>
<tr><td>Вы больны́?</td><td>Да, я бо́лен / больна́.</td></tr>
<tr><td>Что у тебя́
у вас боли́т?</td><td>У меня́ боли́т го́рло.

У меня́ боля́т глаза́.</td></tr>
<tr><td>Что с тобо́й?
Что с ва́ми?</td><td></td></tr>
<tr><td>Почему́ вас не́ было на заня́тии вчера́?</td><td>У меня́ боле́л живо́т.
боле́ла голова́.
боле́ло се́рдце.
боле́ли у́ши.</td></tr>
</table>

The question **Что с тобо́й/ва́ми?** always implies that the person asking either knows or sees that there is something wrong with you.

Other vocabulary:

ко́жа	*skin*	мозг	*brain*
кость (*f.*)	*bone*	нерв	*nerve*
кровь (*f.*)	*blood*	се́рдце [серце]	*heart*
лёгкие [лёхкие]	*lungs*	слеза́ – слёзы	*tear*

◆4. Что у них боли́т?

A. Explain what is wrong with these people.

> **S1:** Что боли́т у Та́ни?
>
> **S2:** У неё боли́т спина́.

Та́ня   Серге́й Андре́евич   Лари́са Па́вловна   Бори́с Миха́йлович   Са́ша   Ни́на

B. Working with a partner, practice conversations according to the model.

> **S1:** Та́ня больна́?
>
> **S2:** Да, она́ больна́.

> **S1:** Что с ней?
>
> **S2:** У неё боли́т спина́.

C. The students listed missed class yesterday. What was wrong with them?

> **S1:** Почему́ Лёны не́ было на заня́тии вчера́?
>
> **S2:** У неё боле́ли у́ши.

	кто	что боле́ло
1.	Дени́с	го́рло
2.	Ви́ктор	пра́вое у́хо
3.	Аня	голова́
4.	Ни́на	се́рдце
5.	Серёжа	живо́т

Как	ты **себя чу́вствуешь?** вы **себя чу́вствуете?**	**Я чу́вствую себя**	пло́хо. ху́же/лу́чше. норма́льно. хорошо́.

Чу́вствуешь is pronounced [чу́ствуешь].

18.2 The Reflexive Pronoun себя́

Что с ва́ми? **Что случи́лось?**	Ничего́ **стра́шного**. Я то́лько **простуди́лся**. Я **заболе́л**.

Что с ва́ми?

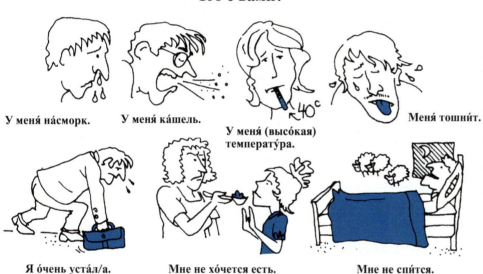

У меня́ на́сморк.

У меня́ ка́шель.

У меня́ (высо́кая) температу́ра.

Меня́ тошни́т.

Я о́чень уста́л/а.

Мне не хо́чется есть.

Мне не спи́тся.

The current state of being tired is expressed with the past tense of the verb *уста́ть: Алёша уста́л (*Alyosha is tired*); Ле́на уста́ла. (*Lena is tired*); мы уста́ли (*we are tired*).

18.3 Impersonal Constructions хо́чется and спи́тся

Other Illnesses:

аппендици́т *appendicitis*

аллерги́я *allergy*

анги́на *strep throat*

а́стма *asthma*

бессо́нница *insomnia*

грипп *flu*

ревмати́зм *rheumatism*

стресс *stress*

Ты **ещё** бо́лен/больна́?	Нет, я **уже́ здоро́в/а**.
Ты **уже́ здоро́в/а**?	Нет, я **ещё** бо́лен/больна́.

5. Он уже́ здоро́в? Working with a partner, have conversations according to the model. If the person is already well, ask what *was* wrong.

S1: Ни́на уже́ здоро́ва?

S2: Нет, она́ ещё больна́. / Да, она́ уже́ здоро́ва.

S1: Что с ней? / Что с ней бы́ло?

S2: Ничего́ стра́шного. У неё анги́на. / У неё была́ анги́на.

кто	здоро́в/а	бо́лен/больна́	что случи́лось
Ни́на		✓	анги́на
Алексе́й	✓		грипп
Аня		✓	просту́да
Ми́ша	✓		глаза́
Лёна	✓		на́сморк, ка́шель
Серге́й	✓		у́ши
Ната́ша		✓	спина́

6. Больны́е и диа́гнозы. Working with a partner, match the diagnoses with the correct patients. Read the diagnoses first.

Model: Мне ка́жется, что у Ива́на Ива́новича...

Диа́гнозы

грипп

стресс

ревмати́зм

аппендици́т

анги́на

похме́лье   *hangover*

влюблён, влюблена́, влюблены́ (*short adj.*)   *in love*

бере́менна, бере́менны (*short adj.*)   *pregnant*

1. **Ива́н Ива́нович:** До́ктор, я о́чень пло́хо себя́ чу́вствую. У меня́ си́льно боли́т голова́. Меня́ тошни́т.

2. **Алла Серге́евна:** У меня́ си́льно боли́т пра́вая сторона́ живота́. И высо́кая температу́ра.

3. **Са́ша:** У меня́ всё боли́т: го́рло, глаза́, у́ши и да́же ру́ки и но́ги. У меня́ ка́шель, на́сморк и о́чень высо́кая температу́ра.

4. **Лари́са:** Но́чью я не могу́ спать. Я всё вре́мя ду́маю о свое́й рабо́те.

5. **Ни́на:** После́дние две неде́ли я себя́ о́чень пло́хо чу́вствую по утра́м.

6. **Ба́бушка:** У меня́ всё вре́мя боля́т но́ги, ру́ки и па́льцы.

7. **Оля:** У меня́ мно́го рабо́ты, а я ничего́ не хочу́ де́лать. Я не хочу́ есть и всё вре́мя ду́маю о моём дру́ге Серге́е.

8. **Воло́дя:** Я ничего́ не могу́ есть, потому́ что у меня́ си́льно боли́т го́рло. И температу́ра есть.

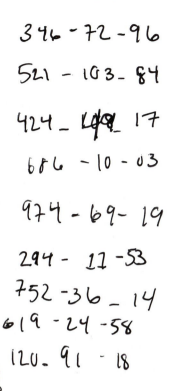

167-58-32

346-72-96

521-103-84

424-498-17

686-10-03

974-69-19

294-11-53

752-36-14

619-24-58

120-91-18

Алексе́й пло́хо **ви́дит**. У него́ плохо́е **зре́ние**. Он **близору́кий**. Ему́ нужны́ очки́ и́ли **конта́ктные ли́нзы**.

Что?

Де́душка о́чень пло́хо **слы́шит**. Ему́ ну́жен **слухово́й аппара́т**.

У Оли а́стма. Ей тру́дно **дыша́ть**. Ей ну́жно **лека́рство**.

7. Реклáмы. Which doctor would you call if . . .

1. you thought you needed a face-lift
2. your grandmother needed dentures
3. you were having vision problems
4. your child had an ear infection
5. you were expecting a baby
6. you needed help with your insomnia

✚ МЕДИЦИНСКИЙ ЦЕНТР «ЧЕРЁМУШКИ»

Лин Вонг Иглоукалывание. Лечение артрита, астмы, аллергии, бессонницы, импотенции, снятие всех болей, привычки к курению. Тел. (495) 588-22-28.	**Климов Валерий Борисович** Кашель, насморк и ушные инфекции. Бронхиальная астма, аллергические заболевания кожи. Тесты на аллергены. Иммунотерапия. Тел. (495) 588-18-31.
Асимов Борис Константинович Лечение глазных болезней, подбор очков и контактных линз. Хирургия глаза. Тел. (495) 588-13-49.	**Гулина Марина Владимировна** Все виды зубоврачебных работ. Изготовление зубных протезов за 4 дня. Тел. (495) 588-18-28.
Оселкин Евгений Васильевич Новый метод удаления жировых отложений на бедрах, ягодицах и других частях тела. Омоложение лица, коррекция формы носа, ушей. Изменение недостатков фигуры (бюст, живот). Тел. (495) 588-13-48.	**Близнецова Татьяна Андреевна** Беременность и роды, гинекологические заболевания. Бесплодие, предупреждение беременности. Гинекологическая хирургия. Тел. (495) 588-13-26.

Здравоохранéние в Россúи

Health care in the former Soviet Union was free to all citizens, but it has now been replaced by a two-tiered system of public and private health care. Health insurance policies (пóлис медицúнского страховáния) are now provided by the employer, or, if the person is not employed, by the government. Insurance policies guarantee free access to government-run health care, but private clinics and hospitals will charge a fee for their services.

Although official health care is mostly based on modern technology, traditional folk medicine remains very popular, as it offers many inexpensive alternative options for curing different ailments. For instance, treatment for a flu might include mustard plasters, steam baths, and herbal teas, whereas a runny nose might be treated with a mixture of onion juice and honey.

8. **Побе́да над просту́дой за три дня.** Find out how you can beat a bad cold in three days with herbs and other ingredients. Then make a list of all the staples you should keep at home in case of illness. Categorize them according to their intended use.

cleaning the air:

stuffy nose:

sore throat:

cough:

vitamins and liquids:

1. **Во-первых, избавьте от микробов воздух в вашей комнате.** Расставьте в комнате блюдца с разрезанной луковицей и чесноком.

2. **Во-вторых, ароматерапию можно использовать и для ингаляций при насморке.** В широкую чашку налейте горячую воду и 1–2 капли одного из масел: аниса, базилика или розмарина. Можно добавить четверть ложки кайенского перца.

3. **В-третьих, необходимо как можно больше пить** (до 10 стаканов в день) чая и морсов (с брусникой, клюквой, малиной). Очень полезен крепкий зелёный чай.

4. **В-четвёртых, если у вас болит горло,** хорошо помогает «морская вода»: 1 чайная ложка соды, 1 чайная ложка соли, 1–2 капли йода на 200 мл тёплой воды. Если у вас плохая реакция на йод, то полоскать горло можно свежим капустным соком.

5. **В-пятых, если у вас кашель,** пейте свежий капустный сок с сахаром. От сухого кашля помогает гоголь-моголь (яичные желтки, сбитые с сахаром и ромом).

6. **В-шестых, необходимо принять ударную дозу витамина C.** Ешьте больше цитрусовых фруктов и кислой капусты.

Автор: Дина Сереброва http://medland.ru/health/a-43.html

Источник: Женский Журнал «StyleHive.ru»

		бро́сить кури́ть. изме́рить температу́ру. принима́ть лека́рство 2–3 ра́за в день. приня́ть аспири́н. вы́звать ско́рую по́мощь.

Тебе́	**на́до...**
	ну́жно...
	мо́жно...
	нельзя́...
		пойти́ к врачу́.
		пойти́ в поликли́нику.
		    в больни́цу.
		    в лаборато́рию.
		    в роддо́м.
		
		купи́ть лека́рство.
		    витами́ны.
		    аспири́н.
		    снотво́рное.

18.4 Impersonal Constructions with на́до, ну́жно, мо́жно, and нельзя́

Что́бы вы́звать ско́рую по́мощь с дома́шнего телефо́на, ну́жно набра́ть «03».

Ле́на **ку́рит**. Кури́ть сигаре́ты – **вре́дно**. Ей на́до **бро́сить** кури́ть.

> **01 – пожа́рная**
> **02 – поли́ция**
> **03 – ско́рая по́мощь**
> **112 – еди́ный телефо́н спасе́ния (да́же по моби́льному телефо́ну)**

- Что вам на́до де́лать, е́сли...
    вы простуди́лись? Ру́сские пьют горя́чее молоко́ с мёдом. А вы?
    у вас высо́кая температу́ра?
    вам не спи́тся?
- Как мо́жно снять (*reduce*) стресс?
- Вы ку́рите? Е́сли да, вы хоти́те бро́сить? Почему́ (нет)?
- Куре́ние вре́дно для здоро́вья. Каки́е други́е привы́чки (*habits*) вре́дны?

Ко́ля хо́чет **похуде́ть**. Ему́ на́до есть **поме́ньше**.

А Ли́за хо́чет **попра́виться**. Ей на́до есть **побо́льше**.

Recommendations containing comparatives can be softened by adding the prefix **по-**, e.g., побо́льше (*a bit more*) and поме́ньше (*a bit less*).

The verb попра́виться (*to gain weight*) literally means *to get right/correct*. Russians have traditionally equated fuller figures with strength and healthiness and considered skinny people sickly.

9. Что вы им посове́туете? Give recommendations to the following people.

1. Лари́са ку́рит 3 па́чки сигаре́т в день.
2. Серге́й хо́чет попра́виться.
3. Ната́ша хо́чет похуде́ть.
4. Алла не хо́чет принима́ть снотво́рное ка́ждый ве́чер.
5. У де́душки в крови́ о́чень мно́го холестери́на.
6. Ма́ме ка́жется, что у неё стресс.
7. У Ни́ны всегда́ боля́т глаза́, когда́ она́ чита́ет.
8. Ле́на всегда́ о́чень устаёт.
9. У Алексе́я уже́ неде́лю высо́кая температу́ра.
10. Андре́й ка́ждую суббо́ту хо́дит в бар.

Expressing Feelings and Empathy

pitying		Мне жаль тебя́/вас. Всё быва́ет. Бе́дный/бе́дная! Бедня́жка!
understanding		Я тебя́/вас понима́ю.
encouraging		Всё бу́дет хорошо́.
asking someone	to calm down	Успоко́йся/успоко́йтесь.
	not to worry	Не волну́йся/волну́йтесь. Не беспоко́йся/беспоко́йтесь.
	not to lose hope	Не па́дай/те ду́хом.
	to get hold of himself or herself	Возьми́/те себя́ в ру́ки.
	not to blame himself or herself	Ты не винова́т/а. / Вы не винова́ты.
	to get well	Поправля́йся/поправля́йтесь.

10. Очень жаль! How would you offer emotional support to the following people?

    1. Larisa's final exams are approaching and she is very nervous. She thinks she will not have enough time to study and will therefore fail the exams.

    2. Volodya has missed a lot of school lately. You hear that his mother has been seriously ill (but you know she'll probably be all right).

    3. Dmitri's roommate was suddenly taken to the hospital. He had been complaining about stomach pain all week, but Dmitri had brushed it off as nonsense. Now he feels guilty.

    4. Natasha has been sick for the whole week. Now she is worried about catching up with her schoolwork. You understand her because the same thing happened to you.

582 Уро́к 18

11. Диало́ги. Read the dialogues and answer the questions that follow. Then have similar conversations with a partner.

1.

Са́ша: Алло́!

Пе́тя: Са́ша? Это Пе́тя говори́т. Как жизнь?

Са́ша: Так себе́[1].

Пе́тя: Что случи́лось?

Са́ша: Я о́чень пло́хо себя́ чу́вствую. У меня́ боли́т го́рло и температу́ра есть.

Пе́тя: Ты к врачу́ ходи́л?

Са́ша: Ну что ты, я про́сто простуди́лся. За́втра я, наве́рно, бу́ду уже́ здоро́в.

Пе́тя: Ты лека́рство принима́л?

Са́ша: Да, я принима́л аспири́н.

Пе́тя: Ну, хорошо́. Поправля́йся. И пей мно́го ча́я с мёдом. Я позвоню́ тебе́ за́втра.

Са́ша: Хорошо́. Пока́.

[1]so-so

1. Что с Са́шей?

2. Что порекомендова́л ему́ Пе́тя?

2.

Ле́на: Почему́ тебя́ не́ было на заня́тии вчера́?

Ни́на: Я... пло́хо себя́ чу́вствовала. Голова́ боле́ла.

Ле́на: Ты простуди́лась?

Ни́на: Нет. Про́сто о́чень хоте́лось спать. Я весь день спала́.

Ле́на: Тебе́ на́до бо́льше занима́ться спо́ртом.

Ни́на: Мо́жет быть. Но э́то так ску́чно. Ох, я так уста́ла!

Ле́на: Кака́я ты лени́вая![1] Возьми́ себя́ в ру́ки! За́втра бу́дем вме́сте бе́гать, ла́дно?

Ни́на: Ла́дно, дава́й попро́буем.

[1]lazy

1. Почему́ Ни́ны не́ было на заня́тии вчера́?

2. Как вы ду́маете, почему́ Ни́на так уста́ла?

3. Что бы вы порекомендова́ли Ни́не?

12. Игровы́е ситуа́ции.

1. Call your instructor saying that you are sick and cannot come to class. Be polite.

2. Call your instructor and explain what is wrong with your roommate.

13. **В поликли́нике.** Read the dialogue. Then have similar conversations with a partner.

Серге́й:	Скажи́те, пожа́луйста, где принима́ет до́ктор Виноку́ров?
Медсестра́:	Пря́мо, кабине́т но́мер 10.
Серге́й:	Спаси́бо.

В кабине́те врача́:

Врач:	На что вы жа́луетесь?
Серге́й:	У меня́ боли́т го́рло.
Врач:	Посмо́трим. Откро́йте рот. Скажи́те «а-а-а».
Серге́й:	А-а-а.
Врач:	Г-м-м. Раздева́йтесь... Дыши́те глубоко́. Я послу́шаю ва́ши лёгкие и се́рдце. Г-м-м. Температу́ра есть?
Серге́й:	Я не зна́ю. У меня́ до́ма нет термо́метра.
Врач:	Тогда́ на́до изме́рить температу́ру... Г-м-м. Три́дцать семь и шесть.
	У вас анги́на... Вот вам реце́пт. Принима́йте э́ти табле́тки 4 ра́за в день.
Серге́й:	Спаси́бо. А где апте́ка?
Врач:	За угло́м.[1] На у́лице Левита́на.

Sergei's temperature 37.6°C, is approximately 100°F.

[1]around the corner

14. **До́ктор, у меня́ стресс.** Assume the role of Larisa and continue the dialogue. Your instructor will play the role of the doctor.

Врач:	Что вас беспоко́ит?
Лари́са:	Я не зна́ю. Ка́жется, стресс.
Врач:	Вы мно́го рабо́таете?
Лари́са:	Я пишу́ дипло́мную рабо́ту.
Врач:	Ах, вот как. Вы ра́но встаёте?
Лари́са:	Часо́в в шесть.
Врач:	А когда́ ложи́тесь спать?
Лари́са:	В двена́дцать и́ли ещё по́зже.
Врач:	Вы хорошо́ спи́те?
Лари́са:	Нет, обы́чно я лежу́ всю ночь и ду́маю о свое́й рабо́те.
Врач:	Пита́ние у вас регуля́рное?
Лари́са:	Я бы не сказа́ла. Я обы́чно не за́втракаю и пью о́чень мно́го ко́фе.

Ру́сская ба́ня

The tradition of bathhouses goes back over a thousand years. Bathhouses in rural areas were used for many purposes, from weekly baths to childbirth. Although the bathhouse has now lost much of its original use (and some people consider it backward), it is still popular as a social establishment. Important business and political decisions are often made in the ба́ня.

The ба́ня is heated by wood-burning or electric stoves topped with natural rocks to a temperature of 40–60°C (cf. the Finnish sauna 80–100°C). Water is thrown lightly onto the stove to produce soft steam (**[лёгкий] пар**). There are usually up to three wide shelves of varying heights for bathers to sit or lie on. In order to relax and increase blood circulation, bathers sometimes beat themselves or each other with a bundle of birch twigs (**берёзовый ве́ник**).

No clothing is worn to the ба́ня. According to Russian folklore, traditional bathhouses were inhabited by an evil spirit **ба́нник**, who cast a spell on anybody who wore clothing into the bathhouse.

«С лёгким па́ром» is a wish of good health to a person who has just emerged from the steamy ба́ня. It is also used in the title of a popular Soviet era movie (also known as «Иро́ния судьбы́, и́ли с лёгким па́ром» (*Irony of Fate, or Enjoy your Bath*).

С лёгким па́ром!

How would you translate and explain the following Russian sayings?

пра́вить   *to rule, to lead*
попра́вить   *to fix*

Русские пословицы

«Баня – вторая мать.»

«В бане веник – дороже денег.»

«Баня парит, баня правит, баня всё поправит.»

---

15. С лёгким па́ром!

A. Before reading the story, examine the vocabulary below and translate the verb column into English.

adjective	noun	verb
сла́бый *weak*	расслабле́ние *relaxation*	расслабля́ть(ся)/*рассла́бить(ся)
чи́стый *clean*	очище́ние *cleaning*	очища́ть(ся)/*очи́стить(ся)
холо́дный *cold*	охлажде́ние *cooling*	охлажда́ть(ся)/*охлади́ть(ся)
кре́пкий *strong*	укрепле́ние *strengthening*	укрепля́ть(ся)/*укрепи́ть(ся)
второ́й *second*	повторе́ние *repetition*	повторя́ть(ся)/*повтори́ть(ся)

B. Read the text and correct the statements that follow. The boldfaced words refer to the table above.

В Росси́и ба́ня име́ет о́чень ва́жное значе́ние. Э́то ме́сто для **расслабле́ния**, о́тдыха и **очище́ния** те́ла и души́[1]. [1]soul

Снача́ла на́до окати́ться водо́й и́ли приня́ть душ. На го́лову лу́чше наде́ть специа́льную ба́нную ша́почку. Пото́м вы бу́дете сиде́ть в пари́лке 5–10 мину́т.

По́сле пари́лки ну́жно мы́ться. Пото́м вы опя́ть вхо́дите в пари́лку, но на э́тот раз вы бу́дете хлеста́ть[2] себя́ берёзовым [2]whip ве́ником по плеча́м, спине́ и нога́м. Э́то как дома́шний масса́ж. Говоря́т, что э́та процеду́ра **укрепля́ет** здоро́вье.

По́сле э́того облива́ются[3] холо́дной водо́й, и́ли обтира́ются[4] [3]rinse off / [4]rub oneself сне́гом (зимо́й), и́ли пры́гают[5] в холо́дную ре́ку, о́зеро и́ли [5]jump бассе́йн.

Ба́нный ритуа́л состои́т из трёх фаз: пари́лка, **охлажде́ние** и о́тдых. Вы мо́жете **повторя́ть** э́ти фа́зы сто́лько раз, ско́лько хоти́те.

1. В ба́не нельзя́ рассла́биться.

2. Вам на́до наде́ть мехову́ю ша́пку.

3. В ба́не мо́жно хлеста́ться ба́нником.

4. По́сле ба́ни мо́жно мы́ться в бассе́йне.

5. Фа́зы ба́нного ритуа́ла – э́то расслабле́ние, укрепле́ние и охлажде́ние.

6. Ба́нный ритуа́л нельзя́ повторя́ть.

18.4 Impersonal Constructions with на́до, ну́жно, мо́жно, and нельзя́

Chapter Review

A. *You should now be able to . . .*

1. name the parts of a human body

2. describe your physical appearance, including your height and figure; shape of face and nose; length, type, and color of hair; color of eyes

3. say whom you resemble

4. explain in what way you look like your parents

5. say that you are sick or well

6. inquire about a person's health

7. state what is wrong with a person, including fatigue

8. say what hurts

9. say how well a person can see or hear

10. give health recommendations by saying what a person must, need, may, and may not do regarding quitting a habit, sending for a doctor, calling for emergency medical help, going to a medical facility, and taking a medicine

11. say to what extent a person should do something

12. say that you want to lose or gain weight

13. offer empathy by feeling sorry and understanding; asking a person not to worry or to blame himself or herself; asking a person to calm down; asking a person to get well

For self-tests and additional practice, please go to the Book Companion Site, available at www.wiley.com/college/nummikoski

B. *Roleplay.*

1. Your mother calls to check on how you are doing. Tell her that you are sick (complain a lot). She offers you her best Doctor Mom advice.

2. Your non-Russian-speaking roommate got sick. Call the doctor and explain what is wrong. Get the time for an appointment and then take him or her to the doctor. When you get to the clinic, ask where the doctor's office is, fill out all the necessary paperwork, and act as an interpreter in the examining room. Then go to the pharmacy to buy the medicine. (The patient should complain a lot, and the doctor should ask a lot of detailed questions.)

C. *Interview Video.* Как лечи́ться наро́дными сре́дствами?

Word Building

Roots

боль- *ill, hurt, pain, ache*

боле́ть   *to hurt*

     У меня́ боли́т голова́.

боле́ть   *to be sick*

     Де́ти ча́сто боле́ют.

     also, *to be fan of*

     Ми́тя боле́ет за «Дина́мо».

*заболе́ть   *to get sick*

     Ната́ша заболе́ла.

больно́й   *sick, sickly*

     Больна́я же́нщина не зна́ла что́ де́лать.

     also, *patient*

     В больни́це бы́ло мно́го больны́х.

бо́лен, больна́, больны́   *sick*

     Она́ больна́.

Бо́льно!!!   *It hurts!!!*

боле́знь, заболева́ние   *illness*

больни́ца   *hospital*

боль   *pain, ache*

     лека́рство от головно́й бо́ли   *headache medicine*

боле́льщик   *fan*

здоро́в-, здрав- *health*

здоро́вый   *healthy*

здоро́в, здоро́ва, здоро́вы   *healthy, well*

     Бу́дь/те здоро́в/а/ы!   *Bless you! (said to a person who sneezes)*

     здоро́во   *Hello!*

     здо́рово *colloq.*   *good, well, «cool»*

здоро́вье   *health*

     За (ва́ше) здоро́вье!   *Cheers! (a toast)*

Здра́вствуй/те!   *Hello!*

*по/здоро́ваться   *to greet, to shake hands*

поздравля́ть/*поздра́вить   *to congratulate*

ГРАММАТИКА

18.1 Syntax: похо́ж and тако́й же

Resemblance can be expressed with the short adjective **похо́ж/а/и** and the preposition **на** + accusative. Remember that the accusative singular of *animate masculines* is identical to the *genitive case*. The accusative plural of *all animate nouns* (masculine and feminine) is identical to the genitive case.

Ди́ма похо́ж на Макси́м**а.**	*Dima looks like Maksim.*
Макси́м похо́ж на (сво**его́**) отц**а́.**	*Maksim looks like (his) father.*
Ле́на похо́жа на (сво**ю́**) ма́м**у.**	*Lena looks like (her) mother.*

Де́ти обы́чно похо́жи на роди́тел**ей**, но иногда́ они́ бо́льше
   похо́жи на сво**и́х ба́бушек** и **де́душек.**
*Children usually resemble (their) parents, but sometimes they look
   more like their grandparents.*

Тако́й же (*same kind*) agrees with the noun it modifies in gender, number, and case. The two items compared need to be in the same grammatical format.

<u>Я</u> така́я же высо́кая, как <u>моя́ ма́ма.</u>   *I am as tall as my mother.*
(nominative)   (nominative)

<u>У меня́</u> таки́е же голубы́е глаза́, как <u>у (мо**е́й**) ма́мы</u>.
(у + genitive)   (у + genitive)
I have the same kind of blue eyes as (my) mother.

Упражне́ние

1. Translate the following sentences.

1. Sergei is as handsome as his father.
2. He is as tall as his father.
3. Lena looks like her aunt.
4. She has the same kind of curly hair as her aunt.
5. Mitya has the same kind of round face as his brother.
6. I look like my grandmother.
7. I have the same kind of slender figure as my grandmother.

18.2 The Reflexive Pronoun себя

The pronoun **себя** (-*self*) refers to the subject of the sentence and therefore does not have a nominative.

Он лю́бит то́лько **себя**.	*He likes only himself.*
Я купи́ла **себе́** цветы́.	*I bought myself flowers.*
(Ты) возьми́ меня́ с **собо́й**.	*Take me with you.*
Ви́ктор говори́т то́лько о **себе́**.	*Victor talks only about himself.*

When the verb **чу́вствовать** (*to feel*) is used to inquire about a person's health, the pronoun **себя** is needed. The corresponding English translation does not have the pronoun -*self*.

Как ты **себя** чу́вствуешь?	*How do you feel?*

Nom.	—
Gen.	себя
Dat.	себе́
Acc.	себя
Instr.	собо́й
Prep.	(о) себе́

Упражне́ние

2. Supply the correct form of the pronoun **себя**.

1. Мой брат купи́л _____ но́вую маши́ну.
2. Что ты возьмёшь с _____ на юг?
3. Серёжа лю́бит то́лько _____.
4. Не говори́ так мно́го о _____.
5. Ле́на ка́ждый ве́чер сиди́т у _____ до́ма.

18.3 Impersonal Constructions хо́чется and спи́тся

You have already learned to express need and want with the verb хоте́ть. The impersonal construction with **хо́чется/хоте́лось** is similar in meaning, but also implies what a person *feels like* doing. The verb **хо́чется/хоте́лось** has one form only in each tense. The person who feels like doing something is in the *dative* case.

Ему́ не хо́чется есть.	*He does not feel like eating.*
Мне о́чень хоте́лось спать.	*I really felt like sleeping.*
	I felt very sleepy.

The verb form **спи́тся/спало́сь** (from спать) denotes the ability to fall asleep.

Ребёнку не спи́тся.	*The child cannot fall asleep.*
Мне хорошо́ спало́сь на да́че.	*I slept well at the summer house.*

Упражне́ние

3. Rewrite the sentences using the construction **хо́чется/хоте́лось**.

1. Ва́ря хо́чет спать.
2. Ма́ша не хоте́ла идти́ в кино́.
3. Лари́са не хо́чет убира́ть кварти́ру.
4. Ты хо́чешь игра́ть в ша́хматы.
5. Мы не хоти́м гуля́ть.

18.4 Impersonal Constructions with на́до, ну́жно, мо́жно, and нельзя́

You have already learned impersonal constructions such as:

Где в Теха́се мо́жно ката́ться на лы́жах?	*Where can one/you ski in Texas?*

The "logical subject" in constructions with **на́до, ну́жно, мо́жно,** and **нельзя́** + infinitive is in the *dative case.*

Тебе́ на́до наде́ть пальто́. (dat.)	*You have to put on your coat.*

На́до (*must, have to, should*) and **ну́жно** (*need to*) are close in meaning and often interchangeable.

Тебе́ на́до бро́сить кури́ть.	*You must quit smoking.*
Мне ну́жно бо́льше занима́ться спо́ртом.	*I need to exercise more.*

Мо́жно is used to expess what someone may or is allowed to do.

Здесь мо́жно кури́ть?	*Is smoking allowed here?*
Мне мо́жно принима́ть аспири́н.	*I am allowed to take aspirin (in general).*
Мне мо́жно *приня́ть аспири́н.	*I can take an aspirin (right now).*

Whereas **мо́жно** can be used with both imperfective and perfective aspect verbs, the corresponding negative construction, to denote what one *should not* or *may not* do, requires the *imperfective aspect* verb with **нельзя́**.

Мне нельзя́ принима́ть аспири́н.	*I may not take aspirin.* (due to an allergic reaction, etc.)

Note: нельзя́ + a *perfective* aspect verb often means *cannot, it is impossible.* Compare the following examples.

Мне нельзя́ принима́ть душ.	*I am not allowed to shower.* (due to a medical problem, etc.)
Мне нельзя́ *приня́ть душ.	*I can't take a shower.* (due to water being cut off, etc.)

The following two examples refer to activity 15 (С лёгким па́ром!) in the main text.

В ба́не нельзя́ расслабля́ться.	*Relaxing in the banya is not allowed.*
В ба́не нельзя́ рассла́биться.	*It's impossible to relax in the banya.*

Упражне́ние

4. Translate the sentences using **на́до, ну́жно, мо́жно,** and **нельзя́,** as appropriate.

   1. He shouldn't buy sleeping pills.
   2. You need to take vitamins.
   3. We should call the EMS.
   4. You shouldn't smoke here!
   5. Sergei needs to buy new glasses.
   6. You need to take your temperature.
   7. Katya must eat more fruit and vegetables.
   8. You shouldn't drink so much beer.
   9. I need to go to the doctor.

Vocabulary

Note: The core vocabulary is **boldfaced.**

Nouns

Ailments

аллерги́я	allergy
анги́на	strep throat
аппендици́т	appendicitis
а́стма	asthma
бессо́нница	insomnia
грипп	flu
ка́шель *m.*	cough
на́сморк	runny, stuffy nose, head cold
похме́лье	hangover
просту́да	cold
ревмати́зм	rheumatism
стресс	stress

Human body

борода́	beard
бровь *f.*	eyebrow
весну́шка	freckle
во́лосы	hair
глаз, *pl.* **глаза́**	eye
голова́	head
го́рло	throat
грудь *f.*	breast, chest
губа́, *pl.* гу́бы	lip
живо́т	stomach
зуб	tooth
ко́жа	skin
кость *f.*	bone
кровь *f.*	blood
лёгкие [лёхкие]	lungs
лицо́, *pl.* **ли́ца**	face
лоб (на лбу́)	forehead
мозг	brain
нерв	nerve
нога́, *pl.* **но́ги**	foot, leg
нос	nose
па́лец, *pl.* па́льцы	finger, toe
плечо́, *pl.* плéчи	shoulder
подборо́д(о)к	chin
по́па *colloq.*	"butt"
ресни́цы	eyelashes
рост	height, growth
рот (во рту́)	mouth
рука́, *pl.* **ру́ки**	hand
се́рдце [сéрце]	heart
слеза́, *pl.* слёзы	tear
спина́	back
тéло	body
усы́	mustache
у́хо, *pl.* **у́ши**	ear
фигу́ра	figure
чёлка	bangs
шéя	neck
щека́, *pl.* щёки	cheek
я́годицы	buttocks
язы́к	tongue

Other nouns

аппара́т	gadget
слуховой аппара́т	hearing aid
аспири́н	aspirin

ба́нник	bath-house spirit
ба́ня	banya, Russian bath house
больно́й subst. adj.	patient
ве́ник	broom; here: a bundle of birch twigs
витами́н	vitamin
диа́гноз	diagnosis
душа́	soul
зал	hall
здоро́вье	health
здравоохране́ние	health care
значе́ние	meaning
зре́ние	vision
кабине́т	office
куре́ние	smoking
ку́ртка	jacket
лека́рство	medicine
ли́нза	lens
конта́ктные ли́нзы	contact lenses
охлажде́ние	cooling
очище́ние	cleaning
пари́лка	steam room
па́чка	package
пита́ние	nutrition
побе́да	victory
повторе́ние	repetition
пожа́р	fire
поликли́ника	clinic
по́лис	policy
поли́ция	police
по́мощь f.	help
ско́рая по́мощь	ambulance, emergency medical service

привы́чка	habit
расслабле́ние	relaxation
реце́пт	prescription
род(и́льный) дом	maternity ward
сигаре́та	cigarette
снотво́рное	sleeping pill
страхова́ние	insurance
медици́нское ~	medical ~
табле́тка	pill
термо́метр	thermometer
у́гол (в/на углу́)	corner
укрепле́ние	strengthening
фа́за	phase
холестери́н	cholesterol

Adjectives

бе́дный	poor
берёзовый	(made of) birch-tree
бере́менна, бере́менны	pregnant
близору́кий	nearsighted
бо́лен, больна́, больны́	sick
ва́жный	important
весёлый	cheerful
винова́т, винова́та, винова́ты	guilty
влюблён, влюблена́, влюблены́	in love
волни́стый	wavy (of hair)
вре́дный	harmful, bad for you
высо́кий	high, tall
глухо́й	deaf
горба́тый	aquiline, eagle's (of a nose)

горя́чий	hot (of liquid)
гру́стный	sad
здоро́в, здоро́ва, здоро́вы	well (not sick)
ка́рий, -яя, -ее, -ие	brown (of eyes)
кре́пкий	strong
ко́жаный	(made of) leather
кру́глый	round
кудря́вый	curly
курно́сый	pug(-nosed)
лени́вый	lazy
немо́й	mute
ова́льный	oval
по́лный	full, full-figured, plump
похо́ж, похо́жа, похо́жи на + acc.	similar, resembling
прямо́й	straight
регуля́рный	regular
ру́сый	dark blond
ры́жий	red (of hair)
све́тлый	light(-colored)
седо́й	gray (of hair)
серьёзный	serious
сла́бый	weak
слепо́й	blind
ско́рый	fast
сре́дний	average, middle
стра́шный	awful, horrible, scary
стро́йный	slim
тако́й же	same kind
тёмный	dark
у́зкий	narrow
чи́стый	clean

Adverbs

внизу́	downstairs
глубоко́	deeply
да́же	even
наве́рно(е)	probably
dat. + нельзя́	must not, cannot
про́сто	simply
так себе́	so-so

Verbs

беспоко́ить (II) беспоко́ю, беспоко́ишь, беспоко́ят	to worry, to disturb
боле́|ть (I)	to be sick
*заболе́|ть (I)	to get sick
боле́ть (II) боли́т, боля́т	to hurt
*бро́сить (II) бро́шу, бро́сишь, бро́сят	to throw, to quit
ви́деть (II) ви́жу, ви́дишь, ви́дят	to see
вы́гляд|еть (II) вы́гляжу, вы́глядишь, вы́глядят	to look (of appearance)
вызыва́ть (I) *вы́звать (I) вы́зову, вы́зовешь, вы́зовут	to call
дыша́ть (II) дышу́, ды́шишь, ды́шат	to breathe

жа́ловаться (I) to complain
на + *acc.*
жа́луюсь,
жа́луешься,
жа́луются

*измéрить (II) to measure
измéрю, измéришь,
измéрят

казáться: *dat.* + to seem
ка́жется

мне ка́жется it seems to me

кури́ть (II) to smoke
курю́, ку́ришь,
ку́рят

набра́ть to dial (a telephone number)

носи́ть (II) to wear, to carry
ношу́,
но́сишь, но́сят

поправля́|ться (I) to get well
*попра́виться here: to gain weight
попра́влюсь,
попра́вишься,
попра́вятся

*по/пробо́|ова|ть (I) to try
про́бую, про́буешь,
про́буют

принима́ть (I) to take; also:
*приня́ть (I) to receive patients
приму́, при́мешь,
при́мут

*простуди́ться (II) to catch a cold
простужу́сь,
просту́дишься,
просту́дятся

слы́шать (II) to hear
слы́шу, слы́шишь,
слы́шат

снять стресс to reduce stress

*узна́|ть (I) to recognize, to find out

уста|ва́ть (I) to get tired
устаю́, устаёшь,
устаю́т

*уста́ть *past* уста́л, to be tired
уста́ла, уста́ли

худé|ть (I) to lose weight
*похудéть

чу́вств|ова|ть себя́ (I) *to feel*
чу́вствую,
чу́вствуешь,
чу́вствуют
*почу́вствовать себя́

Verbal Phrases

Возьми́/те себя́ Get a grip on
в ру́ки! yourself!
dat. + жаль + *acc.*
Мне жаль тебя́. I feel sorry for you.
Не беспоко́йся/ Don't worry!
беспоко́йтесь.
Не па́дай/те ду́хом. Do not lose hope!
Поправля́йся/ Get well!
поправля́йтесь.
dat. + спи́тся
мне не спи́тся I can't sleep!
acc. + тошни́т
меня́ тошни́т I feel nauseated.
Успоко́йся/ Calm down!
успоко́йтесь.
dat. + хо́чется I want to eat;
мне хо́чется есть I am hungry.
Что случи́лось? What happened?
Что с тобо́й? What is wrong with you?

Other Phrases

Бедня́жка Poor thing!
С лёгким па́ром! Enjoy your bath!

Grammar Reference

INDEFINITE PRONOUNS AND ADVERBS				
кто́-то	**кто́-нибудь**	some-/anybody	**никто́**	nobody
что́-то	**что́-нибудь**	some-/anything	**ничто́**	nothing
како́й-то	**како́й-нибудь**	some/any kind	**никако́й**	no kind
чей-то	**чей-нибудь**	some-/anybody's	**ничей**	nobody's
где́-то	**где́-нибудь**	some-/anywhere	**нигде́**	nowhere
куда́-то	**куда́-нибудь**	(to) some-/anywhere	**никуда́**	(to) nowhere
ка́к-то	**ка́к-нибудь**	some-/anyhow	**ника́к**	in no way
когда́-то	**когда́-нибудь**	ever	**никогда́**	never

-то ending pronouns and adverbs are usually used in answers and in affirmative sentences, **-нибудь** endings in questions and requests.

USE OF CASES

This section reviews only the most important uses of cases. Refer to the grammar sections within the chapters for more details.

Nominative (кто? что? *who? what?*)

1. As the *subject* of a sentence, answering the question who or what does or is something.

Кни́га лежи́т на столе́.
Я учу́сь в университе́те.
Мой **оте́ц** – инжене́р.

Note that the subject is not necessarily the first word in a sentence.

У меня́ есть **кни́га**.
Мне нра́вится ру́сская **му́зыка**.
Кни́гу ей подари́ла **ма́ма**.

2. As a *predicate*, i.e., as a complement of the verb *to be* (быть), expressed or implied.

Он **инжене́р**.
День **тёплый**.
Это мой **брат**.

When the verb быть is in the past tense, the predicate can be in either nominative or instrumental. The nominative expresses a permanent condition; the instrumental a temporary condition.

Моя́ ба́бушка была́ **ру́сская**.

But:

Моя́ ба́бушка была́ **арти́сткой**. (instr.)
Когда́ я был ма́леньким **ма́льчиком**, мы жи́ли в Ту́ле. (instr.)

Genitive (кого́? чего́? *of whom? of what?*) **(10.2, 11.3, 15.2)**

1. To express possession

Чья э́то кни́га? Это кни́га **Ната́ши**.
Это маши́на моего́ ру́сского **дру́га** Макси́ма.

2. To modify a noun with another noun or noun phrase. (*Note:* These modifiers always *follow the main noun*. Only adjective modifiers can precede the noun they modify.)

Это ка́рта За́падной **Евро́пы**.
Ли́нда у́чится в институ́те иностра́нных **языко́в**.
Анна Серге́евна – преподава́тель ру́сского **языка́**.

Ни́на купи́ла буты́лку <u>кра́сного</u> **вина́**, ба́нку <u>чёрной</u> **икры́**, килогра́мм **мя́са** и литр **молока́**.

3. With the preposition y, to denote possession

У <u>**кого́**</u> есть мотоци́кл? У **Ива́на**.
У <u>**меня́**</u> есть соба́ка.
У <u>моего́</u> **бра́та** есть но́вая кварти́ра.
У <u>мое́й</u> **сестры́** бу́дет ребёнок.
У <u>на́ших</u> **сосе́дей** ра́ньше была́ да́ча.

4. To express nonexistence or absence with нет (не + есть), не́ было, не бу́дет

У меня́ нет **вре́мени**.
У И́горя нет **маши́ны**.
В э́том магази́не не́ было <u>францу́зского</u> **сы́ра**.
У меня́ никогда́ не бу́дет **де́нег**.

Кого́ нет на уро́ке?
Почему́ **Ле́ны** не́ было на вечери́нке вчера́?
И́горя нет до́ма.

5. With numerals 2 and higher. *Note:* The noun is in genitive singular after numerals 2, 3, 4 as well as after any compound numerals ending in 2, 3, or 4 when pronounced. Nouns after numerals 5 and higher are in the genitive plural.

два́дцать два **рубля́**
двена́дцать **рубле́й**

6. With the words of quantity ско́лько, не́сколько, сто́лько, мно́го, немно́го, бо́льше, ма́ло, ме́ньше.

Ско́лько в Москве́ **жи́телей**?
В стака́не мно́го **воды́**. (genitive **singular** with substance or liquid)

7. With collective numerals дво́е, тро́е, че́тверо, пя́теро, ше́стеро, се́меро (genitive plural only)

У Ната́ши дво́е **дете́й**.
У на́шей ко́шки ше́стеро **котя́т**.

8. To denote part of a substance or liquid (partitive genitive). The English translation often includes the word *some*, or *any*.

Он вы́пил **ча́я**.
Да́йте ребёнку **молока́**.

Note: The accusative is used to denote whole rather than part.

Серге́й вы́пил молоко́. На́до сходи́ть в магази́н.

9. With comparatives

Андрей на два года старше **Нины**.
Мой брат моложе **меня**.

Cf. Nominative is used in comparatives with чем.

Андрей на два года старше, чем Нина.

10. In time expressions with day+month and in expressions modified by the year.

Мой день рождения первого **февраля**.
Сергей родился четвёртого **мая** тысяча девятьсот девяносто первого **года**.
В сентябре 1998-го **года**.
Летом 1942-го **года**.

11. After several prepositions (see Prepositions and Their Cases)

Откуда ты? Я из **Далласа**.

Dative (кому? чему? *to/for whom? to/for what?*) (13.1, 13.5–8, 14.3–4)

1. To express the *indirect object* of the sentence, to answer the question to whom, for whom something is given, bought, said, sent, etc.

Мама дала **сыну** денег.
Алла подарила **родителям** собаку.
Я сказал **Сергею**, что я его люблю.
Я позвоню **тебе** завтра.
Оля пишет письмо **бабушке**.
Передай привет **жене**.

2. In age expressions

Сколько **тебе** лет? **Мне** 22 года.
Моему младшему **брату** Сергею 21 год.
Когда моей **сестре** Лене было 25 лет, она вышла замуж.

3. With the verb *по/нравиться to appeal*, to denote the person.

Мне не нравится эта книга.
Мальчику нравится эта собака.
Вам понравился Лондон?

4. In impersonal constructions, to denote the person.

A. With predicative adverbs **надо, нужно, можно,** and **нельзя.**
Сергею надо надеть пальто.

Ему́ ну́жно бо́льше занима́ться.

Мо́жно **мне** сдава́ть э́ту контро́льную рабо́ту за́втра?

Тебе́ нельзя́ кури́ть. Э́то вре́дно.

B. With the short adjective **ну́жен, нужна́, ну́жно, нужны́** *needed*.

Мне нужна́ креди́тная ка́рточка.

Мое́й **сестре́** нужны́ но́вые очки́.

C. With predicative adverbs referring to a person's physical or emotional state. Among them are **хорошо́, пло́хо, лу́чше, ху́же, интере́сно, ску́чно, ве́село, тепло́, жа́рко, хо́лодно**.

На уро́ке **студе́нту** бы́ло пло́хо.

Тебе́ уже́ лу́чше?

Студе́нтам бы́ло интере́сно на вечери́нке.

Нам бы́ло ве́село.

Тебе́ бу́дет жа́рко в э́том сви́тере.

5. With several verbs, such as помога́ть/*помо́чь, предлага́ть/*предложи́ть and *по/сове́товать.

Помоги́ **мне** вы́брать пода́рок ма́ме.

6. To address letters to a person.

Петро́ву, Анто́ну Васи́льевичу

7. With several prepositions (see Prepositions and Their Cases).

Тебе́ на́до идти́ к **врачу́**.

Accusative (кого́? что? *whom? what?*) (7.6, 7.7)

1. As the *direct object of an action verb*, to answer the question *whom* or *what* about the action of the verb.

Он чита́л ру́сскую **газе́ту**. (read what?)

Ко́ля убира́ет свою́ **кварти́ру**. (cleans what?)

Ле́на купи́ла но́вую **маши́ну**. (bought what?)

Мы пригласи́ли на вечери́нку **Ма́рка и Ни́ну**. (invited whom?)

Ты зна́ешь э́того **студе́нта**? (know whom?)

Я люблю́ больши́х **соба́к**. (like what?)

Note also the following:

Меня́ зову́т Ольга. (call whom?)

Мою́ **сестру́** зову́т Да́рья.

2. In some time expressions (see also the grammar reference Time Expressions)

Мы рабо́тали там **неде́лю**. (for how long?)
Она́ жила́ на да́че **всю** зи́му.
Мой друг **всё** вре́мя рабо́тает.

Я хожу́ в спортза́л **ка́ждую** суббо́ту. (how often?)
Я рабо́таю **ка́ждый** день.

Мы пое́дем в Росси́ю **че́рез** неде́лю. (when?)

3. With the word жаль *pity*

Мне жаль **ма́му**.

4. With the following prepositions, expressing *direction to a location*:

в, на, за, под, над

Мы е́дем в **Москву́**.
Алексе́й идёт на **рабо́ту**.
Положи́ чемода́н под **крова́ть**.

Instrumental Case (кем? чем? *with whom? with what?*) (16.1, 17.1)

1. To express the *instrument* for doing something, the *means* by which an action is accomplished.

Чем ты пи́шешь? Я пишу́ **карандашо́м**.
Я ем суп большо́й **ло́жкой**.
Мы е́хали в Москву́ **по́ездом**.

2. In some time expressions

зимо́й, весно́й, ле́том, о́сенью
у́тром, днём, ве́чером, но́чью

3. In several expressions

каки́м **о́бразом** *in what way*
други́ми **слова́ми** *in other words*

4. With the following frequently used prepositions

с(о)	Я был в кино́ с **И́горем** и **Ната́шей**.
ря́дом с(о)	В теа́тре я сиде́л ря́дом с **Ле́ной**.
за	Ли́за сиди́т за **столо́м**.
ме́жду	В самолёте она́ сиде́ла ме́жду **Сти́вой** и **Го́шей**.

5. With several verbs, such as:

быть *to be*	Он был хоро́шим <u>**арти́стом**</u>.
стать *to become*	Андре́й хо́чет стать **врачо́м**.
занима́ться *to occupy oneself*	Ты занима́ешься **спо́ртом**?
интересова́ться *to be interested in*	Она́ интересу́ется <u>класси́ческой</u> **му́зыкой**.

Prepositional Case (о ком? о чём? *about whom? about what?*) (4.4, 5.1)

1. with the prepositions в and на

   A. to express *location*

      Я живу́ в <u>большо́м</u> **го́роде**.
      Тури́сты стоя́ли на <u>Кра́сной</u> **пло́щади**.

   B. in some time expressions

      в **нача́ле** *at the beginning*
      в **середи́не** *in the middle*
      в **конце́** *at the end*
      в **де́тстве** *in childhood*
      в **январе́,** в **феврале́,** etc.
      В **како́м году́**? В <u>2011-ом</u> **году́**.
      В <u>XIX-ом</u> (девятна́дцатом) **ве́ке**.

2. with the preposition о(б) *about*

   О **ком** вы говори́те? О <u>твоём</u> **бра́те**.
   О **чём** вы ду́маете? Об <u>э́том</u> <u>но́вом</u> **фи́льме**.

	acc.	gen.	prep.	dat.	instr.
PREPOSITIONS AND THEIR CASES					
без without		X			
благодаря́ thanks to				X	
в in, at/into, to[1]	X		X		
вме́сто instead of		X			
вне outside		X			
внутри́ inside		X			
вокру́г around		X			
для for		X			
до to, until, before		X			
за behind[1]	X				X
из from (cf. в)[1]		X			
из-за from behind[1]		X			
к to, toward				X	
кро́ме except		X			
ме́жду between					X
на on, at/onto, to[1]	X		X		
над above					X
о about			X		
о́коло near		X			
от from[1]		X			
пе́ред in front of					X
по along, on				X	
под below[1]	X				X
по́сле after		X			
посреди́ in the middle of		X			
про́тив against		X			
ра́ди for the sake of		X			

(continued)

	acc.	gen.	prep.	dat.	instr.
ря́дом с next to					X
с from (cf. на)[1]		X			
с with					X
согла́сно according to				X	
у by		X			
че́рез across, in[2]	X				

[1]See also Location and Direction chart.
[2]In time expressions.

LOCATION AND DIRECTION		
at a place	**to a place**	**from a place**
где where (at) **здесь** here **там** there **до́ма** at home	**куда́** where to **сюда́** to here **туда́** to there **домо́й** to home	**отку́да** where from **отсю́да** from here **отту́да** from there **и́з дому** from home
в + prep. in в Москве́	**в + acc.** in(to) в Москву́	**из + gen.** from (in) из Москвы́
на + prep. on, at на рабо́те	**на + acc.** (on)to на рабо́ту	**с + gen.** from (on) с рабо́ты
у + gen. at у Игоря	**к + dat.** to(ward) к Игорю	**от + gen.** from (on) от Игоря
за + instr. behind за столо́м	**за + acc.** (to) behind за стол	**из-за + gen.** from behind из-за стола́
под + instr. under под столо́м	**под + acc.** (to) under под стол	**из-под + gen.** from under из-под стола́

	cardinal	ordinal
	NUMBERS	

	cardinal	ordinal
0	ноль, нуль *m.*	
1	оди́н, одна́, одно́	пе́рвый
2	два, две	второ́й
3	три	тре́т|ий, -ья, -ье, -ьи
4	четы́ре	четвёртый
5	пять	пя́тый
6	шесть	шесто́й
7	семь	седьмо́й
8	во́семь	восьмо́й
9	де́вять	девя́тый
10	де́сять	деся́тый
11	оди́ннадцать	оди́ннадцатый
12	двена́дцать	двена́дцатый
13	трина́дцать	трина́дцатый
14	четы́рнадцать	четы́рнадцатый
15	пятна́дцать	пятна́дцатый
16	шестна́дцать	шестна́дцатый
17	семна́дцать	семна́дцатый
18	восемна́дцать	восемна́дцатый
19	девятна́дцать	девятна́дцатый
20	два́дцать	двадца́тый
21	два́дцать оди́н	два́дцать пе́рвый
30	три́дцать	тридца́тый
40	со́рок	сороково́й
50	пятьдеся́т	пятидеся́тый
60	шестьдеся́т	шестидеся́тый
70	се́мьдесят	семидеся́тый
80	во́семьдесят	восьмидеся́тый
90	девяно́сто	девяно́стый
100	сто	со́тый
200	две́сти	двухсо́тый
300	три́ста	трёхсо́тый
400	четы́реста	четырёхсо́тый
500	пятьсо́т	пятисо́тый
600	шестьсо́т	шестисо́тый
700	семьсо́т	семисо́тый
800	восемьсо́т	восьмисо́тый
900	девятьсо́т	девятисо́тый
1000	ты́сяча	ты́сячный
2000	две ты́сячи	двухты́сячный
3000	три ты́сячи	трёхты́сячный
5000	пять ты́сяч	пятиты́сячный
1,000,000	миллио́н	миллио́нный

TIME EXPRESSIONS

when? когда?

century	**в XX-ом ве́ке** in the 20th century	**в** + prep.
decade	**в 50-ых года́х** in the 50s	**в** + prep.
year	**в 1997-ом году́** in 1997 **в э́том году́** this year **в сле́дующем году́** next year **в про́шлом году́** last year	**в** + prep. **в** + prep. **в** + prep. **в** + prep.
month	**в январе́** in January **в э́том ме́сяце** this month **в сле́дующем ме́сяце** next month **в про́шлом ме́сяце** last month	**в** + prep. **в** + prep. **в** + prep. **в** + prep.
week	**на э́той неде́ле** this week **на сле́дующей неде́ле** next week **на про́шлой неде́ле** last week	**на** + prep. **на** + prep. **на** + prep.
day	**сего́дня** today **за́втра** tomorrow **послеза́втра** the day after tomorrow **вчера́** yesterday **позавчера́** the day before yesterday **в э́тот день** on this day	— — — — — **в** + acc.
dates with days/ months/years	**пе́рвого января́ 1997-го го́да** on the first of January 1997 **в январе́ 1997-го го́да** in January 1997	gen. **в** + prep./gen.
day of the week	**в суббо́ту** on Saturday **в суббо́ту у́тром** on Saturday morning	**в** + acc. **в** + acc.
time of day	**у́тром** in the morning **сего́дня ве́чером** tonight **вчера́ ве́чером** last night **за́втра у́тром** tomorrow morning	instr. instr. instr. instr.
season	**ле́том** in the summer **про́шлым ле́том** last summer	instr. instr.
clock time	**в два часа́** at two o'clock	**в** + acc.

how often? как ча́сто?		
	по вечера́м in the evenings	по + dat.
	ка́ждую суббо́ту every Saturday	acc.
	три ра́за в неде́лю three times a week	в + acc.
	три часа́ в день three hours a day	в + acc.

how long? как до́лго?		
	всю неде́лю all week	acc.
	неде́лю (for) a week	acc.
	два го́да (for) two years	acc.

in what time (in the future)? че́рез како́е вре́мя?		
	че́рез неде́лю in a week	че́рез + acc.
	че́рез два го́да in two years	че́рез + acc.

how long ago? ско́лько вре́мени наза́д?		
	неде́лю наза́д in a week	acc. + наза́д

(with)in what period of time (will an activity be completed)? за како́е вре́мя?		
	за неде́лю within a week	за + acc.

before what? до чего́? after what? по́сле чего́?		
	до обе́да before dinner	до + gen.
	по́сле обе́да after dinner	по́сле + gen.

Verb Conjugations

Note: This list contains more aspect pairs than were introduced in the lessons. The case used is given by means of question words (когó, кудá, etc.), as is done in most dictionaries.

бéга|ть (I) to run, 9

беспокó|ить (II) когó/что to worry, to disturb, 18
    беспокóю, беспокóишь, беспокóят;
    imp. не беспокóйся, не беспокóйтесь

болé|ть (I) to be sick, 18

болéть (II) to hurt, 18
    болúт, боля́т

бо|я́ться (II) когó/чегó to be afraid, 15
    боюсь, бойшься, боя́тся

брать (I) когó/что to take, 12, 15
    берý, берёшь, берýт
    *взять (I)
    возьмý, возьмёшь, возьмýт

брóсить (II) когó/что to throw, to quit, 18
    брóшу, брóсишь, брóсят

быва́|ть (I) to be frequently, 10, 14

быть (I) to be, 9, 11, 12
    бýду, бýдешь, бýдут

*вернýться (I) *See* возвраща́ться to return, 15

*взять (I) *See* брать to take, 15

вúдеть (II) когó/что to see, 12
    вúжу, вúдишь, вúдят

вис|éть (II) to hang, 4
    висúт, вися́т

включа́|ть (I) когó/что to turn on (*the light, and appliance*), 15
    *включ|úть (II)
    включý, включúшь, включа́т;
    imp. **включú/те**

водúть (II) когó/что to drive, 7
    вожý, вóдишь, вóдят

возвраща|ться (I) отку́да, куда́	to return, 15
*верну́ться (I)	
верну́сь, верне́шься, верну́тся	
волн|ова́|ться (I) о ком/чём	to worry, 15
волну́юсь, волну́ешься, волну́ются;	
imp. **не волну́йся, не волну́йтесь**	
вста|ва́ть (I)	to get up, 7, 15
встаю́, встаёшь, встаю́т	
*встать (I)	
вста́ну, вста́нешь, вста́нут;	
imp. встань/те	
встреча́|ть (I) кого́/что	to meet, 12
встре́тить (II)	
встре́чу, встре́тишь, встре́тят	
встреча́|ться (I) с кем	to meet, 12
*встре́титься (II)	
встре́тимся, встре́титесь, встре́тятся	
imp. дава́й встре́тимся	let's meet, 12
вступа́|ть (I) куда́	to join (*a party, military, etc.*), 17
*вступ|и́ть (II)	
вступлю́, всту́пишь, всту́пят	
выбира́|ть (I) кого́/что	to choose, to pick, 10, 13
*вы́брать (I)	
вы́беру, вы́берешь, вы́берут	
вы́глядеть (II) как, кем/чем	to look like, 18
вы́гляжу, вы́глядишь, вы́глядят	
вызыва́|ть (I) кого́/что	to call (*a doctor, an ambulance*), 18
*вы́звать (I)	
вы́зову, вы́зовешь, вы́зовут	
выключа́|ть (I) кого́/что	to turn off (*the light, and appliance*), 15
*вы́ключ|ить (II)	
вы́ключу, вы́ключишь, вы́ключат;	
imp. **вы́ключи/те**	
выходи́ть за́муж (II) за кого́	to get married (*of a woman*), 17
выхожу́, выхо́дишь, выхо́дят	
*вы́йти за́муж (I)	
вы́йду, вы́йдешь, вы́йдут;	
past **вы́шел, вы́шла, вы́шли**	

говор|и́ть (II) кому́, о ком/чём **говорю́, говори́шь, говоря́т**	to speak, 2

гото́в|ить (II) кого́/что
    гото́влю, гото́вишь, гото́вят
    приготовить
	to prepare, 7, 12

гото́в|иться (II) к чему́ **подготовиться**	to prepare oneself (*for an exam, etc.*), 12
гуля́|ть (I)	to be out playing, walking, strolling, 7

да|ва́ть (I) что, кому́
    даю́, даёшь, даю́т; *imp.* **дава́й/те**
    *дать irreg.
    дам, дашь, даст, дади́м, дади́те,
    даду́т; *imp.* **да́й/те**
	to give, 10, 12

дар|и́ть (II) что, кому́
    дарю́, да́ришь, да́рят
    подари́ть
	to give as a present, 13

де́ла|ть (I) что **сде́лать**	to do, 7, 12
держ|а́ть (II) кого́, что **держу́, де́ржишь, де́ржат**	to hold (*e.g., a fork*), 16
друж|и́ть (II) с кем **дружу́, дру́жишь, дру́жат**	to be friends with, 17
ду́ма|ть (I) о ком/чём	to think, 2, 3
дыш|а́ть (II) **дышу́, ды́шишь, ды́шат**	to breathe, 18
е́здить (II) куда́, на чём **е́зжу, е́здишь, е́здят**	to make round-trips by vehicle, 9, 12.5

есть *irreg.* кого́/что
    ем, ешь, ест, еди́м, еди́те, едя́т
    past **ел, е́ла, е́ли**
    съесть
	to eat, 11, 11.1

есть *predicative*	there is, there are, 3
е́хать (I) куда́, на чём **е́ду, е́дешь, е́дут**	to be going by vehicle, 12.5
жа́л|ова|ться (I) на что **жа́луюсь, жа́луешься, жа́луются**	to complain, 18

ждать (I) кого́/что (кого́/чего́)	to wait, to expect, 15, 17
жду, ждёшь, ждут	
__*подожда́ть__	
imp. **(подо)жди́/те**	
__*жен|и́ться (II)__ на ком	to get married *(of a man)*, 17
женю́сь, же́нишься, же́нятся	
жить (I) где	to live, 4
живу́, живёшь, живу́т	
__*заболе́|ть (I)__ чем	to get sick, 18
забыва́|ть (I) кого́/что	to forget, 15
__*забы́ть (I)__	
забу́ду, забу́дешь, забу́дут	
за́втрака|ть (I)	to eat breakfast, 7, 12
__*поза́втракать__	
загора́|ть (I)	to sunbathe, 15
зака́зыва|ть (I) кого́/что	to order, 16
__*заказа́ть (I)__	
закажу́, зака́жешь, зака́жут	
зака́нчива|ться (I)	to end, 12
закрыва́|ть (I) кого́/что	to shut, 15
__*закры́ть (I)__	
закро́ю, закро́ешь, закро́ют	
imp. **закро́й/те**	
заку́сыва|ть (I) что, чем	to snack, 16
__*закуси́ть (II)__	
закушу́, заку́сишь, заку́сят	
занима́|ться (I) чем	to study, to do homework, 7;
занима́юсь, занима́ешься, занима́ются	to be occupied with, 17
__*заня́ться (II)__ чем	
займу́сь, займёшься, займу́тся	
звать (I) кого́/что	to call, 1, 4.3
зову́, зовёшь, зову́т	
звон|и́ть (II) кому́	to call on the telephone, 12
звоню́, звони́шь, звоня́т	
__*позвони́ть__	
зна|ть (I)	to know, 2
игра́|ть (I) кого́/что	to play, 8
~ на чём	to play an instrument, 8
~ во что	to play a game, 8

идти́ (I) куда́ **иду́, идёшь, иду́т**	to go, to be going on foot, 7
измеря́|ть (I) кого́/что *измér|ить (II) измéрю, измéришь, измéрят	to measure, 18
изуча́|ть (I) кого́/что	to study a subject, 10
имé|ть (I) кого́/что	to own, to have, 17
интерес|ова́|ться (I) кем/чем **интересу́юсь, интересу́ешься, интересу́ются** *заинтересова́ться	to be interested in, 17
иска́ть (I) кого́, что/чего́ ищу́, и́щешь, и́щут	to look for, 17
каза́ться (I) кому́, кем/чем **ка́жется, ка́жутся**	to seem, to appear, 18
ката́|ться (I) на чём **ката́юсь, ката́ешься, ката́ются**	to roll, to ride, 9
класть (I) кого́/что, куда́ кладу́, кладёшь, кладу́т ***положи́ть (II)** **положу́, поло́жишь, поло́жат**	to put, 12, 15
конча́|ться (I) **конча́ется, конча́ются**	to end, 10
корм|и́ть (II) кого́, чем **кормлю́, ко́рмишь, ко́рмят**	to feed, 16
купа́|ться (I) где	to swim, to bathe, 15
купи́ть *See* **покупа́ть**	to buy, 9, 12
кури́ть (II) что **курю́, ку́ришь, ку́рят**	to smoke, 18
ла́за|ть (I) по чему́	to climb, 15
леж|а́ть (II) где **лежу́, лежи́шь, лежа́т**	to lie, 7
лета́|ть (I)	to fly, 15
лете́ть (II) на чём **лечу́, лети́шь, летя́т**	to fly, 15

лов|и́ть (II) кого́/что	to chase, to try to catch, 9
ловлю́, ло́вишь, ло́вят	
*пойма́|ть (I)	to catch
лож|и́ться (II) куда́	to lie down, 7
ложу́сь, ложи́шься, ложа́тся	
*лечь	
ля́гу, ля́жешь, ля́гут	
past лёг, легла́, легли́	
люб|и́ть (II) кого́/что	to like, to love, 3, 8
люблю́, лю́бишь, лю́бят	
мечта́|ть (I) о ком/чём	to dream, 17
молч|а́ть (II)	to be quiet, 15
молчу́, молчи́шь, молча́т	
imp. **молчи́/те**	
мочь (I)	to be able to, 12
могу́, мо́жешь, мо́жет, мо́жем, мо́жете,	
мо́гут	
past **мог, могла́, могли́**	
*смочь	
мыть (I) кого́/что	to wash, 7, 12
мо́ю, мо́ешь, мо́ют	
*вы́мыть	
надева́|ть (I) что	to put on *(clothes)*, 14
*наде́ть	
наде́ну, наде́нешь, наде́нут	
называ́|ть (I) кого́/что	to name, 17
*назва́ть (I)	
назову́, назовёшь, назову́т	
называ́ться (I)	to be called, 4
называ́ется, называ́ются	
находи́ться (II) где	to be located, 4
нахожу́сь, нахо́дишься, нахо́дятся	
нахо́дится, нахо́дятся	
начина́|ть (I) что	to begin *(to do something)*, 12
*нача́ть	
начну́, начнёшь, начну́т	
past **на́чал, начала́, на́чали**	
начина́|ться (I)	to begin, 10
начина́ется, начина́ются	

носи́ть (II) кого́/что **ношу́, но́сишь, но́сят**	to carry, to wear, 17, 18

нра́в|иться (II) кому́
  нра́влюсь, нра́вишься, **нра́вится, нра́вятся**
  *понра́виться
	to like, to please, 13, 13.6

обе́да|ть (I) ***пообе́дать**	to eat lunch, 7, 12
одева́|ться (I) одева́юсь, одева́ешься, одева́ются	to get dressed, 7

ока́нчива|ть (I) что
  *око́нч|ить (II)
  око́нчу, око́нчишь, око́нчат
	to finish, to conclude, 17

опа́здыва|ть (I) куда́ ***опозда́|ть (I)**	to be late, 7, 12

остана́влива|ться (I)
  *останов|и́ться (II)
  остановлю́сь, остано́вишься, остано́вятся
  imp. останови́сь, останови́тесь
	to stop, 15

отвеча́|ть (I) на что
  *отве́тить (II)
  отве́чу, отве́тишь, отве́тят
	to answer, 10, 12

отдыха́|ть (I)
  *отдохну́ть (I)
  отдохну́, отдохнёшь, отдохну́т
	to rest, 9

открыва́|ть (I) что
  *откры́ть (I)
  откро́ю, откро́ешь, откро́ют
	to open, 12, 15

отмеча́|ть (I) что
  *отме́тить (II)
  отме́чу, отме́тишь, отме́тят
	to celebrate, 13

переда|ва́ть (I) что, кому́
  передаю́, передаёшь, передаю́т
  *переда́ть *irreg.*
  переда́м, переда́шь, переда́ст,
  передади́м, передади́те, передаду́т
  imp. **переда́й/те**
	to convey, to pass, 12

петь (I) что **пою́, поёшь, пою́т**	to sing, 8

писа́ть (I) что, кому́ to write, 7, 12
  пишу́, пи́шешь, пи́шут
  *написа́ть

пить (I) что to drink, 11
  пью, пьёшь, пьют
  *вы́пить

пла́ва|ть (I) где to swim, 9

*поверну́ть to turn, 15
  imp. поверни́/те

плати́ть (II) что, чем to pay, 11
  плачу́, пла́тишь, пла́тят
  *заплати́ть

*подожда́ть (I) *See* ждать to wait, 16

*поду́ма|ть (I) to think *(for a while)*, 13

*пое́хать (I) куда́ to go, to set off by vehicle, 12, 12.5
  пое́ду, пое́дешь, пое́дут

*пожени́ться (II) to marry *(each other)*, 17
  пожéнимся, пожéнитесь, пожéнятся

*позва́ть (I) кого́/что to call, to ask, 12
  позову́, позовёшь, позову́т
  imp. **позови́/те**

поздравля́|ть (I) кого́ с чем to congratulate, 13
  *поздра́в|ить (II)
  поздра́влю, поздра́вишь, поздра́вят

*пойти́ (I) куда́ to go, to set off on foot, 12, 12.5
  пойду́, пойдёшь, пойду́т
  past **пошёл, пошла́, пошли́**

пока́зыва|ть (I) кого́/что, кому́ to show, 12
  *показа́ть (I)
  покажу́, пока́жешь, пока́жут

покупа́|ть (I) кого́/что, кому́ to buy, 3, 9, 11, 12
  *купи́ть (II)
  куплю́, ку́пишь, ку́пят
  imp. **купи́/те**

*положи́ть (II) *See* класть to put, 12, 15

*полюб|и́ть (II) кого́   to fall in love with, 17

получа́|ть (I) что, от кого́   to get, to receive, 10, 12, 13
   *получ|и́ть (II)
   получу́, полу́чишь, полу́чат

помога́|ть (I) кому́   to help, to aid, 7, 13
   *помо́чь (I) помогу́, помо́жешь, помо́гут
   past **помо́г, помогла́, помогли́**
   imp. **помоги́/те**

понима́|ть (I) кого́/что   to understand, 2
   *поня́ть (I)
   пойму́, поймёшь, пойму́т
   по́нял, поняла́, по́няли

*попа́сть (I) куда́   *here:* to get in, 16
   попаду́, попадёшь, попаду́т

поправля́|ться (I)   to get well, to gain weight, 18
   *попра́в|иться (II)
   попра́влюсь, попра́вишься, попра́вятся

поступа́|ть (I) куда́   to apply, 17
   *поступ|и́ть (II)   to enroll, to enter *(a school)*, 10, 17
   поступлю́, посту́пишь, посту́пят

*похуде́ть *See* худе́ть   to lose weight, 18

предлага́|ть (I) что, кому́   to suggest, 13
   *предлож|и́ть (II)
   предложу́, предло́жишь, предло́жат

предпочита́|ть (I) кого́/что   to prefer, 15

препода|ва́ть (I) кого́/что   to teach, 10
   преподаю́, преподаёшь, преподаю́т

приглаша́|ть (I) кого́, куда́   to invite, 12, 13
   *пригласи́ть (II)
   приглашу́, пригласи́шь, приглася́т

приезжа́|ть (I)   to arrive by vehicle, 15, 15.6
   *прие́хать (I)
   прие́ду, прие́дешь, прие́дут
   past **прие́хал, прие́хала, прие́хали**

принима́|ть (I) кого́/что   to take *(a shower, etc.)*, 7, 12, 18
   *приня́ть (I)
   приму́, при́мешь, при́мут
   past **при́нял, приняла́, при́няли**

приходи́ть (II) куда́
  прихожу́, прихо́дишь, прихо́дят
  imp. **приходи́/те**
  *прийти́ (I)
  приду́, придёшь, приду́т
  past пришёл, пришла́, пришли́
	to arrive on foot, 12, 15.6

про́б|ова|ть (I) что
  про́бую, про́буешь, про́буют
  *попро́бовать
	to try, 18

проводи́ть (II) кого́/что
  провожу́, прово́дишь, прово́дят
  *провести́ (I)
  проведу́, проведёшь, проведу́т
  past провёл, провела́, провели́
	to spend *(time)*, 7

прода|ва́ть (I) кого́/что, кому́ ** продаю́, продаёшь, продаю́т**	to sell, to be selling, 11
*прода́ть *irreg.*	to sell
прода́м, прода́шь, прода́ст, продади́м, продади́те, продаду́т	

проси́ть (II) кого́/что
  прошу́, про́сишь, про́сят
  *попроси́ть
	to ask for, 13

просма́трива|ть (I)	to browse *(the web, etc.)*, 7
простужа́|ться (I) ** *простуди́ться (II)** простужу́сь, просту́дишься, просту́дятся	to catch a cold, 18
просыпа́|ться (I) ** *просну́ться (I)** просну́сь, проснёшься, просну́тся	to wake up, 12
пу́та|ть (I) что *перепу́та|ть (I)	to mix up, 16

путеше́ств|ова|ть (I)
  путеше́ствую, путеше́ствуешь,
    путеше́ствуют
	to travel, 15

рабо́та|ть (I)	to work, 6

разводи́ться (II) с кем   to get divorced, 17
    развожу́сь, разво́дишься, разво́дятся
    *развести́сь
    разведу́сь, разведёшься, разведу́тся;
    past развёлся, развела́сь, развели́сь

разгова́рива|ть (I)   to talk, to chat, 9

раздева́|ться (I)   to get undressed, 7
    раздева́юсь, раздева́ешься, раздева́ются
    *разде́ться
    разде́нусь, разде́нешься, разде́нутся

*разлюб|и́ть (II) кого́   to fall out of love with, 17
    разлюблю́, разлю́бишь, разлю́бят

ре́зать (I) что   to cut, 11
    ре́жу, ре́жешь, ре́жут
    *наре́зать

реша́|ть (I) что   to decide, to solve, 17
    *реш|и́ть (II)
    решу́, реши́шь, реша́т

рис|ова́|ть (I) кого́/что   to draw, 8
    рису́ю, рису́ешь, рису́ют
    *нарисова́ть

рожда́|ться (I)   to be born, 13
    *роди́ться
    роди́лся, родила́сь, роди́ли́сь

сади́ться (II) во/на что   to have a seat, 15
    сажу́сь, сади́шься, садя́тся
    imp. **сади́сь, сади́тесь**
    *сесть
    ся́ду, ся́дешь, ся́дут
    imp. ся́дь/те

свети́ть (II)   to shine, 14
    свечу́, све́тишь, **све́тит**, све́тят

сда|ва́ть (I) что   to take (*an exam*), 10
    сдаю́, сдаёшь, сдаю́т
    *сдать *irreg.*   to pass (*an exam*), 10, 12
    сдам, сдашь, сдаст, сдади́м, сдади́те,
       сдаду́т

сиде́ть (II) где
  сижу́, сиди́шь, сидя́т
    to sit, 7

слу́ша|ть (I) кого́/что
  *послу́шать
    to listen, 2

слы́ш|ать (II) кого́/что
  слы́шу, слы́шишь, слы́шат
    to hear, 13, 18

смотр|е́ть (II) (на) кого́/что
  смотрю́, смо́тришь, смо́трят
  *посмотре́ть
    to watch, to look, 7, 12

снима́|ть (I) что
  *снять (I)
  сниму́, сни́мешь, сни́мут
    to rent, 10; to take off *(clothes)*, 14

собира́|ть (I)
    to collect, 9

сове́т|ова|ть (I) кому́
  сове́тую, сове́туешь, сове́туют
  *посове́товать
    to give advice, to advise, 13

сп|ать (II)
  сплю, спишь, спят
    to sleep, 7

станов|и́ться (II) кем/чем
  становлю́сь, стано́вишься, стано́вятся
  *стать (I)
  ста́ну, ста́нешь, ста́нут
    to become, 17

стира́|ть (I) что
  *вы́стирать
    to do laundry, 7, 12

сто́ить (I) что
  сто́ит, сто́ят
    to cost, 11

сто|я́ть (II)
  стою́, стои́шь, стоя́т
    to stand, 4, 7

танц|ева́|ть (I)
  танцу́ю, танцу́ешь, танцу́ют
    to dance, 8

теря́|ть (I) кого́/что
  *потеря́|ть (I)
    to lose, 15

тренир|ова́|ться (I)
  трениру́юсь, трениру́ешься, трениру́ются
    to train, 7

убира́|ть (I) что
  *убра́ть (I)
  уберу́, уберёшь, уберу́т
    to clean, 7, 12

уезжа|ть (I) куда́	to go away by vehicle, 15, 15.6
*уе́хать (I)	
уе́ду, уе́дешь, уе́дут	
у́жина|ть (I)	to eat supper, 7, 12
*поу́жинать	
*узна́|ть (I)	to find out, 12; to recognize, 18
*укра́сть (I) что у кого́	to steal, 15
украду́, украдёшь, украду́т	
украша́|ть (I) кого́/что, чем	to decorate, 13
укра́сить (II)	
укра́шу, укра́сишь, укра́сят	
улыба́|ться (I)	to smile, 12
улыба́юсь, улыба́ешься, улыба́ются	
*улыбн|у́ться (I)	
улыбну́сь, улыбнёшься, улыбну́тся	
уме́|ть (I)	to be able, to know how, 9
умира́|ть (I)	to die, to pass away, 13
*умере́ть (I)	
умру́, умрёшь, умру́т	
past у́мер, умерла́, у́мерли	
умыва́|ться (I) чем	to wash oneself, 7
*умы́ться	
умо́юсь, умо́ешься, умо́ются	
уста|ва́ть (I)	to get tired, 9, 12, 18
устаю́, устаёшь, устаю́т	
*уста́ть (I)	to be tired, 9, 12, 18
уста́ну, уста́нешь, уста́нут	
past уста́л, уста́ла, уста́ли	
устра́ива|ть (I) что	to organize, 13
учи́ться (I) где, как	to study, 6
учу́сь, у́чишься, у́чатся	
фотографи́р|ова|ть (I) кого́, что	to photograph, 9
фотографи́рую, фотографи́руешь,	
фотографи́руют	
*сфотографи́ровать	
ход|и́ть (II) куда́	to go (*on foot*), 7
хожу́, хо́дишь, хо́дят	

хоте́ть *irreg.* что (кого́/чего́) — to want, 3, 12
  хочу́, хо́чешь, хо́чет, хоти́м,
    хоти́те, хотя́т

худе́|ть (I) — to lose weight, 18
  *похуде́ть

цел|ова́|ть(ся) (I) — to kiss (*each other*), 17
  целу́ю, целу́ешь, целу́ют
  *поцелова́ть(ся)

чита́|ть (I) — to read, 2, 7, 12
  *прочита́ть

чу́вств|ова|ть себя́ (I) как — to feel, 18
  чу́вствую, чу́вствуешь, чу́вствуют
  *почу́вствовать

Russian-English Glossary

Note: The number indicates the chapter where the word first occurs. If the word is listed as core vocabulary later in the book, both chapter references are given. Grammar references are also listed, where appropriate. Conjugation of verbs is in the preceding section.

А

а	and, but, 1
А у тебя?	And (with) you?, 1
а́вгуст	August, 13
авто́бус	bus, 15
автомеха́ник	auto mechanic, 10
ада́птер	adapter (for outlets), 15
а́дрес	address, 6
Азия	Asia, 5
акаде́мия	academy, 10
актёр, актри́са	actor, actress, 1
акти́вный	active, 15
аллерги́я	allergy, 11, 18
альпини́зм	mountain climbing, 15
Аме́рика	America, 5
америка́нец	American (m.), 2
америка́нка	American (f.), 2
америка́нский	American, 1
америка́нский футбо́л	football, 8
анана́с	pineapple, 16
анги́на	strep throat, 18
англи́йский	English, 1
антрополо́гия	anthropology, 10
апельси́н	orange (fruit), 11
апельси́новый	orange (fruit), 11
аппара́т	gadget, 18
слухово́й ~	hearing aid, 18
аппендици́т	appendicitis, 18
аппети́т	appetite, 16
апре́ль m.	April, 13
апте́ка	drugstore, 4
ара́бский	Arabic, 10
арбу́з	watermelon, 16
аркти́ческий	arctic, 5
а́рмия	army, 17
арти́ст/ка	artist, 1
архите́ктор	architect, 6
архитекту́ра	architecture, 10
аспира́нт/ка	graduate student, 10
аспиранту́ра	(post) graduate program, 10
аспири́н	aspirin, 15, 18
а́стма	asthma, 18
астрона́вт	astronaut, 1
атле́тика	athletics, 8
аттеста́т	diploma (high school), 10
аэро́бика	aerobics, 8
аэропо́рт	airport, 15

Б

бы́вший	former, 5
ба́бушка	grandmother, 2
бакала́вр	bachelor's degree, 10
балала́йка	balalaika, 8
балери́на	ballerina, 1
бале́т	ballet, 8
балко́н	balcony, 4
Балти́йское мо́ре	Baltic Sea, 5
бана́н	banana, 11
банк	bank, 4
ба́нка	can, jar, 11
ба́нник	bathhouse spirit, 18
ба́ня	banya, Russian bathhouse, 9, 18
бар	bar, 6
бараба́н	drum, 8
бара́нина	lamb, 16
бармéн	bartender, 6
баскетбо́л	basketball, 8
баскетболи́ст/ка	basketball player, 1
баскетбо́льный	basketball, 8
бато́н	loaf (French bread), 16
бег	running, 8, 17
бе́га|ть (I)	to run, 9
бе́дный	poor, 18
Бедня́жка!	Poor thing!, 18

без + *gen.*	without, 16	бровь *f.*	eyebrow, 18
безрабо́тный	unemployed, 6	***бро́сить (II)**	to throw, to quit, 18
бейсбо́л	baseball, 8	**брю́ки** *pl.*	pants, 15
бейсболи́ст/ка	baseball player, 8	бу́блик	bagel, 16
бейсбо́льный	baseball, 8	буди́льник	alarm clock, 12
бе́лый	white, 3	**бу́дущее** *subst. adj.*	the future, 17
бе́рег (на берегу́)	coast, 5, 15	бу́дущий	future, 10
берёза	birch, 14	**бу́лка**	white bread, 16
берёзовый	*(made of)* birch, 18	**бу́лочка**	bun, 16
бере́менна, бере́менны *short adj.*	pregnant, 18	**бу́лочная** *subst. adj.*	bakery, 16
беспоко́|ить (II)	to worry, to disturb, 18	бу́сы *pl.*	necklace, beads, 13
бессо́нница	insomnia, 18	**бутербро́д**	sandwich, 16
библиоте́ка	library, 4	**буты́лка**	bottle, 11
библиоте́карь	librarian, 6	**буфе́т**	buffet, 16
бизнесме́н	businessman, 6	буха́нка	loaf, 11
биле́т	ticket, 10, 12	бухга́лтер	bookkeeper, 6
биологи́ческий	biology, 10	**быва́|ть (I)**	to be frequently, 10, 14
биоло́гия	biology, 10	**бы́стро**	fast, 2, 7
бли́зко	near, 4	**быть**	to be, 9
близору́кий	nearsighted, 18	быть в гостя́х	to be visiting, 13
бли́нная *subst. adj.*	pancake house, 16	бюро́ *indecl.*	bureau, 6
блины́	Russian pancakes, 16		
блю́до	dish, 16		
блю́дце	saucer, 16	**В**	
бодиби́лдинг	bodybuilding, 8, 17	**в** + *prep.*	in, at, 4
боеви́к	action film, 12	**в про́шлом году́**	last year, 9
бока́л	wineglass, 16	**в сле́дующем году́**	next year, 15
бокс	boxing, 8	**ва́жный**	important, 18
бо́лен, больна́, больны́ *short adj.*	sick, 18	**вам** *dat.*	to you, for you *(pl.)*, 13
боле́|ть (I)	to be sick, 18	**ва́ми** *instr.*	you *(pl.)*, 16
боле́ть (II), боли́т, боля́т	to hurt, 18	**вани́льный**	vanilla, 13
больни́ца	hospital, 4	**ва́нная** *subst.adj.*	bathroom, 4
больно́й *subst. adj.*	patient, 18	ва́режки *pl.*	mittens, 14
бо́льше	bigger, more, 5	**варе́нье**	jam, jelly, 16
бо́льше всего́	most of all, 13	**вас** *acc.*	you *(pl.)*, 1
большо́й	big, large, 3	ватру́шка	Russian cheese pastry, 16
борода́	beard, 18	**ваш, ва́ша, ва́ше, ва́ши**	your, 2, 3, 4.7
борьба́	wrestling, 17	ВВС, Вое́нно-возду́шные си́лы	Air Force, 17
бо|я́ться (II)	to be afraid, 15	веб-са́йт	website, 7
брак	marriage, 17	вегетариа́н|(е)ц, -ка	vegetarian, 16
брасле́т	bracelet, 13	**велосипе́д**	bicycle, 3
брат	brother, 2	велосипе́дный	bicycle, 8
брать (I)	to take, 12	велосипе́дный спорт	bicycling, 17
бри́тва	razor, 15	ве́ник	broom, 11

вéник	*here:* a bundle of birch twigs, 18	водá, *acc.* вóду	water, 9, 11
*вернýться (I)	to return, 15	водúть (II)	to drive, 7
верховáя ездá	horseback riding, 17	вóдка	vodka, 11
вéсело	fun, 9, 14	воéнный *subst. adj.*	soldier, 17
весёлый	happy, fun loving, cheerful, 14	возвращá|ться (I)	to return, 15
весéнний *soft adj.*	spring, vernal, 10	вóздух	air, 5
веснá	spring, 9	вóзраст	age, 17
веснóй	in spring, 9	Возьми/те себя в рýки!	Get a grip on yourself!, 18
веснýшка	freckle, 18	войнá	war, 3
весь, вся, всё, все	all, 12	Войстину воскрéс!	*response to "Happy Easter"* (Truly is risen!), 13
весь день	all day, 12	вокзáл	railway station, 15
вéтер, *gen. sg.* вéтра	wind, 14	волейбóл	volleyball, 8
ветеринáр	veterinarian, 6	волейболúст/ка	volleyball player, 8
ветчинá	ham, 11	волнúстый	wavy *(of hair)*, 18
вéчер	evening, 1	вóлосы *pl.*	hair, 18
по вечерáм	in the evenings, 15	вообщé	in general, generally, 13
вечерúнка	party, 13, 16	вопрóс	question, 3
вéчером	in the evening, 6	воскресéнье	Sunday, 6
*взять (I)	to take, 11, 15	востóк (на)	east, 5
вид спóрта	kind *(category)* of sport, 8	востóчный	east(ern), 5
видеокáмера	camcorder, 3	Восьмóе мáрта, Междунарóдный жéнский день	International Women's Day, 13
вúдеть (II)	to see, 12		
вúза	visa *(travel document)*, 15	восьмóй	eighth, 10
вúлка	fork, 16	вратáрь *m.*	goalkeeper, 8
винегрéт	Russian salad with beets, etc., 11	врач	physician, 6
винó	wine, 11	врéдный	harmful, bad for you, 18
виновáт, виновáта, виновáты *short adj.*	guilty, 18	врéмя *n.;* *gen. sg.* врéмени *pl.* временá	time, 7
виногрáд *collect.*	grapes, 11	врéмя гóда	season, 9
виолончéль *f.*	cello, 8	всегдá	always, 7
висúт, висят	is/are hanging, 4	Всегó хорóшего!	All the best!, 1
витамúн	vitamin, 18	вста|вáть (I)	to get up, 7
включú/те *imp.*	turn on *(the light, an appliance)*, 15	Встáнь/те! *imp.*	Stand up!, 15
		*встрéтиться (II)	to meet, 12
вкýсный	delicious, 13, 16	давáй встрéтимся	let's meet, 12
влáжность	humidity, 14	встрéча	meeting, 16
влюблён, влюбленá, влюбленý *short adj.*	in love, 18	встречá|ться (I)	to meet, 12
		вступúтельный	entrance *(e.g., exam)*, 10
вмéсте	together, 7	*вступúть (II)	to join *(a party, military, etc.)*, 17
ВМС, Воéнно-морскúе сúлы	Navy, 17		
внизý	downstairs, 18	всю жизнь	all one's life, 5
внук	grandson, 2	вся семья́	the whole family, 7
внýчка	granddaughter, 2	втóрник	Tuesday, 6
Во скóлько?	At what time?, 7		

второй	second, 10
вуз (вы́сшее уче́бное заведе́ние)	higher education institution, 10
вход	entrance, 12
вчера́	yesterday, 9
вы	you (pl.), 2
выбира́|ть (I)	to choose, to pick, 10
вы́бор	selection, choice, 13
вы́гляд|еть (II)	to look (of appearance), 18
*вы́звать (I)	to call, 18
вызыва́ть (I)	to call, 18
*вы́йти за́муж (I) за + acc.	to get married (of a woman), 17
вы́ключи/те imp.	turn off (the light, an appliance), 15
выпуск|ни́к, -ни́ца	high school graduate, 10
выпускно́й	exit, 10
высо́кий	tall, high, 5
высоко́	high, tall, 14
вы́ставка	exhibit, 12
*вы́стира|ть (I)	to do laundry, 12
вы́сший	higher, 10
вы́сший	highest (here: college level), 17
выходи́ть за́муж (II)	to get married (of a woman), 17
вы́ше comp.	higher, taller, 5, 14

Г

газе́та	newspaper, 3
газиро́ванный ~ая вода́	carbonated, 16 carbonated water, 16
га́лстук	necktie, 13
га́мбургер	hamburger, 16
гара́ж	garage, 4
гармо́шка	accordion, 8
гастроно́м	food store, 11
где	where, 4
геогра́фия	geography, 10
геологи́ческий	geology, 10
геоме́трия	geometry, 10
гимна́ст/ка	gymnast, 8
гимна́стика	gymnastics, 8
гита́ра	guitar, 8
гитари́ст/ка	guitarist, 8

глава́ во главе́ стола́	head (here: of a table), 16 at the head of the table, 16
гла́вный	main, 12
глаз, pl. **глаза́**	eye, 18
глу́бже comp.	deeper, 5
глубо́кий	deep, 5
глубоко́	deeply, 18
глухо́й	deaf, 18
гобо́й	oboe, 8
говор|и́ть (II)	to speak, 2
говя́дина	beef, 16
год, го́да, лет	year, years, 5
голова́	head, 18
голубо́й	light blue, 3
гольф	golf, 8
гора́, pl. **го́ры**	mountain, 5
горба́тый	aquiline, eagle's (of a nose), 18
го́рло	throat, 18
го́род, pl. **города́**	city, 4
городско́й	city, 6
горчи́ца	mustard, 16
горя́чий	hot (of liquid), 15
господи́н	Mr., 1
госпожа́	Ms., 1
гости́ная	living room, 4
гости́ница	hotel, 4
гость m.	guest, 13
госуда́рственный	state, public, 6
гото́вить (II)	to prepare (dinner, etc.), 7, 12
гото́в|иться (II): ~ к экза́мену	to prepare for an exam, 12
гра́дус	degree, 14
грамм	gram, 11
грани́ца	border, 15
гриб	mushroom, 9
грипп	flu, 18
гроза́	thunderstorm, 14
гро́мко	loudly, louder, 15
гро́мче comp.	louder, 15
грудь f.	breast, chest, 18
грузи́нский	Georgian (country), 11
грузови́к	truck, 13
гру́стный	sad, 18
гру́ша	pear, 16
гря́зный	dirty, 16

губа́, *pl.* гу́бы	lip, 18
гуля́|ть (I)	to be out playing, walking strolling, 7

Д

да	yes, 1
Дава́й встре́тимся…	Let's meet …, 16
Дава́й пойдём/пое́дем…	Let's go …, 12
Дава́й посмо́трим…	Let's watch …, 12
да|ва́ть (I)	to give, 10, 12
дава́ть/*дать на чай	to give a tip, 16
давно́	for a long time, 5
да́же	even, 9, 18
да́й/те *imp.*	give, 11
да́йвинг	diving, 8
далеко́	far, 4
да́льний *soft adj.*	far, 15
дар|и́ть (II)	to give as a present, 13
дать	to give, 12
да́ча (на)	dacha, summer house, 4
двена́дцатый	twelfth, 10
дверь *f.*	door, 4
дво́е *collect. num.*	two, 16
дво́йка	D (*a failing grade*), 10
дворе́ц	palace, 17
Дворе́ц бракосочета́ния	marriage palace, 17
двухме́стный	double (*room*), 15
де́вочка	(little) girl, 17
де́вушка	girl, young woman, girlfriend, 2
девя́тый	ninth, 10
Дед Моро́з	Grandfather Frost, 13
де́душка	grandfather, 2
дежу́рный/дежу́рная *subst. adj.*	person on duty, 10
дека́брь *m.* (-é)	December, 13
де́ла|ть (I)	to do, 7
день *m.*	day, 1
День незави́симости	Independence Day, 13
День Побе́ды	Victory Day, 13
день рожде́ния	birthday, 13
де́ньги *pl. only*; *gen.* де́нег	money, 10
де́рево, *pl.* дере́вья	tree, 14
держ|а́ть (II)	to hold, 16
дере́вня	countryside, village, 5
десе́рт	dessert, 16

деся́тый	tenth, 10
детекти́вы *pl.*	detective novels, 8
де́ти *pl.*	children, 1
де́тская *subst. adj.*	children's room, 4
де́тский	children's, 8
деше́вле *comp.*	cheaper, 10
дёшево	cheap, 10
дешёвый	cheap, 3
джаз	jazz, 8
джем	jam, 11
джи́нсы *pl.*	jeans, 12
дзюдо́ *indecl.*	judo, 8
диа́гноз	diagnosis, 18
дива́н	sofa, 4
дие́та	diet, 16
дипло́м	diploma (*university*), 10
диплома́т	diplomat, 10, 17
дипло́мная рабо́та	thesis, 10
дире́ктор	director, 6
длинне́е *comp.*	longer, 5
дли́нный	long, 5
для + *gen.*	for, 16
днём	in the afternoon, 6
до + *gen.*	before, 17
До ве́чера тогда́!	See you tonight then!, 16
До дна́!	"Bottoms up!", 16
До свида́ния!	Good-bye!, 1
Добро́ пожа́ловать!	Welcome!, 13
До́брое у́тро!	Good morning!, 1
До́брый ве́чер!	Good evening!, 1
До́брый день!	Good day! Hello!, 1
дово́лен, дово́льна, дово́льны *short adj. + instr.*	satisfied with, 17
дово́льно	fairly, rather, 14, 17
Договори́лись.	Agreed. It's a deal., 12, 16
до́ждь *m.*	rain, 14
докла́д	presentation, paper, 10
до́ктор	doctor (*in titles*), 1
до́лго	for a long time, 9
до́ллар	dollar, 11
дом	house, 4
до́ма	at home, 2, 6
дома́шний (-его) *soft adj.*	home, 12
дома́шний кинотеа́тр	home theater, 3
домо́й	(to) home, 7

домохозя́йка	housewife, 6
домрабо́тница	maid, 6
доро́га	road, trip, 15
до́рого	expensive, 10
дорого́й	expensive, 3
доро́же *comp.*	more expensive, 10
доста́точно	enough, 11
достопримеча́тельность *f.*	tourist sight, 15
доце́нт	docent, assistant professor, 10
дочь *f.*	daughter, 2
друг	friend, 2
друг дру́га	each other, 17
друго́й	other, 9
дру́жба	friendship, 16
дружи́ть (II) с + *instr.*	to be friends with, 17
ду́ма|ть (I)	to think, 2
дура́к, *f.* ду́ра	fool, 15
духи́ *pl. only*	perfume, 13
душ	shower, 7
душа́	soul, 18
дыша́ть (II)	to breathe, 18
дя́дя	uncle, 2

Е

его́	his, 2
его́ *acc.*	him, 1
ЕГЭ́ (еди́ный госуда́рственный экза́мен)	high school exit exam, 10
еда́	food, meal, 16
еди́нственный	only, sole, one and only, 3
её	her, 2
её *acc.*	her, 1
ежедне́вно	every day, 7
е́здить (II)	to go, to travel by vehicle (round-trip), 9
е́здить верхо́м	to ride on horseback, 9
ей *dat.*	to her, for her, 13
ёлка	fir tree, 13
ему́ *dat.*	to him, for him, 12, 13
е́сли	if, 7, 14
есть	there is, there are, 3
есть	to eat, 11
е́хать (I)	to go, to travel, 12

ещё	still, 2, 6
ещё не	not yet, 3, 12

Ж

жа́л|ова|ться (I) на + *acc.*	to complain, 18
жаль	pity, 18
Мне жаль тебя́.	I feel sorry for you., 18
жа́ркий	hot, 14
жа́рко	hot, 14
жа́рче *comp.*	hotter, 14
ждать (I) + *gen.*	to wait, to expect, 17
Жела́ю тебе́/вам уда́чи!	I wish you luck!, 10
жёлтый	yellow, 3
жена́	wife, 2
жена́т *short adj.*	married *(of a man)*, 3, 6
жени́ться (II) на + *prep.*	to get married *(of a man)*, 17
жени́х	bridegroom, 17
же́нский	women's, female, 6
же́нщина	woman, 6
живо́т	stomach, 18
жизнь *f.*	life, 5
жить (I)	to live, 4
журна́л	magazine, 3
журнали́ст	journalist, 6
журнали́стика	journalism, 10

З

за + *acc.*	in, within *(a period of time)*, 12; to, for, 16
за́ город	out of town, 9, 12
за грани́цей	abroad, 15
за грани́цу	(to) abroad, 15
за компью́тером	at the computer, 12
*****заболе́|ть (I)**	to get sick, 18
забыва́|ть (I)	to forget, 15
*****забы́ть (I)**	to forget, 15
заво́д (на)	factory, plant, 6
за́втрак	breakfast, 7
за́втрака|ть (I)	to eat breakfast, 7
загора́|ть (I)	to sunbathe, 15
ЗАГС (Отде́л за́писи а́ктов гражда́нского состоя́ния)	civil registry office, 17
зада́ние	assignment, 10

зака́з	order, 16
*заказа́ть (I)	to order, to reserve, 16
зака́зыва|ть (I)	to order, to reserve, 16
зака́нчива|ться (I)	to end, 12
закрыва́|ть (I)	to shut, to close, 15
закры́т *short adj.*	closed, 16
*закры́ть (I)	to shut, to close, 15
закуси́ть	to snack, 16
заку́ска	snack, appetizer, 16
заку́сыва|ть (I)	to snack, 16
зал	hall, 18
зали́в	gulf, 5
за́мужем	married (*of a woman*), 3, 6
занима́|ться (I)	to study, to do homework, 7
занима́ться (I) + *instr.*	to be involved in, to be occupied with, 17
~альпини́змом	to climb mountains, 15
за́нят, занята́, за́нято, за́няты *short adj.*	occupied, busy, 16
заня́тие (на)	class session, activity, 7, 10
за́пад (на)	west, 5
зара́нее	in advance, 16
зачёт	credit, 10
звезда́, *pl.* звёзды	star, 14
звон|и́ть (II)	to call on the telephone, 12
зда́ние	building, 4
здесь	here, 4
здоро́в, здоро́ва, здоро́вы *short adj.*	well (*not sick*), 18
здоро́вье	health, 16
здравоохране́ние	health care, 18
Здра́вствуй/те!	Hello!, 1
за́падный	west(ern), 5
зелёный	green, 3
земля́	land, ground, 14
зима́	winter, 9
зи́мний *soft adj.*	winter, 10
зимо́й	in winter, 9
зна|ть (I)	to know, 2
знако́мство	acquaintance, 16
знамени́тый	famous, well-known, 17
значе́ние	meaning, 18
золото́й	gold(en), 13
зо́нт(ик)	umbrella, 15
зоопа́рк	zoo, 14
зре́ние	vision, 18

зуб	tooth, 18
зубно́й врач	dentist, 6

И

и	and, 1
и ... и	both . . . and, 6
игра́|ть (I) в + *acc.*	to play a game, 8
игра́|ть (I) на + *prep.*	to play an instrument, 8
игру́шка	toy, 13
иде́я	idea, 13
иди́/те *imp.*	go, 4
идти́ (I)	to go, to be going (*on foot*), 7
из + *gen.*	from, 15
изве́стный	famous, 1
извини́/те *imp.*	excuse me, 4
из-за грани́цы	from abroad, 15
*изме́рить (II)	to measure, 18
изуча́|ть (I)	to study a subject, 10
ико́на	icon, 4
икра́	caviar, 11
и́ли	or, 1
и́ли ... и́ли	either . . . or, 17
им *dat.*	for them, 13
име́|ть (I)	to own, to have, 17
имени́нн|ик, -ица	person celebrating name day, 13
имени́ны	name day, 13
и́менно	exactly, 13
и́мя *n.*; *pl.* имена́	name, first name, 6
ингредие́нт	ingredient, 16
инде́йка	turkey, 13
инжене́р	engineer, 6
иногда́	sometimes, 6, 7
иностра́н(е)ц	foreigner, 15
иностра́нный	foreign, 10
институ́т	institute, 6
инструме́нт	instrument, 8
интере́с	interest, 17
интерес|ова́|ться (I) + *instr.*	to be interested in, 17
интере́снее *comp.*	more interesting, 5
интере́сно	interesting, 2
интере́сный	interesting, 3
иска́ть (I)	to look for, 17
иску́сство	art, 8

испа́нский	Spanish, 3
истори́ческий	history, 10
исто́рия	history, 10
италья́нский	Italian, 3
их	their, 2
их *acc.*	them, 1
ию́ль *m.*	July, 13
ию́нь *m.*	June, 13

Й

йо́га	yoga, 8

К

к + *dat.*	to, toward, 13
к сожале́нию	unfortunately, 12
К чёрту!	Go to hell!, 10
кабине́т	office, 4, 18
Кавка́з	Caucasus, 5
Кавка́зские го́ры	Caucasus Mountains, 5
ка́ждый	every, 7
ка́ждый день	every day, 6
каза́ться: *dat.* + ка́жется	to seem, 18
мне ка́жется	it seems to me, 18
как	how, 1
Как вас зову́т?	What is your name?, 1
Как дела́?	How are things?, How are you?, 1
Как тебя́ зову́т?	What is your name?, 1
како́й	what, what kind, 3
кана́дец	Canadian (*m.*), 2
кана́дка	Canadian (*f.*), 2
кана́дский	Canadian, 1
кана́л	channel, 12
кандида́т	candidate, 10
кани́кулы *pl.*	school holidays, 10
капу́ста	cabbage, 11
ква́шеная ~	sauerkraut, 11
цветна́я ~	cauliflower, 11
карава́й	round bread (*for ceremonies*), 17
карата́	karate, 8
ка́рий *soft adj.*	brown (*of eyes*), 18
карма́н	pocket, 15
ка́рта	map, 5
карти́на	painting, 4
карто́фель *m. collect.* (карто́шка)	potatoes, 11

Каспи́йское мо́ре	Caspian Sea, 5
ка́сса	*here:* box office, 12
ката́|ться (I)	to roll, to ride, 9
~ на во́дных лы́жах	to water-ski, 9
~ на ка́тере	to ride a motorboat, 9
~ на конька́х	to ice-skate, 9
~ на ло́дке	to ride in a rowboat, 9
~ на лы́жах	to ski, 9
~ на ро́ликах	to rollerskate, 9
~ на сноубо́рде	to snowboard, 9
ка́тер	motorboat, 9
като́к	skating rink, 12
кафе́ *indecl.*	cafe, 4
ка́федра	(university) department, 10
ка́шель *m.*	cough, 18
кварти́ра	apartment, 4
квас	kvas (*fermented drink*), 16
ке́тчуп	ketchup, 16
кефи́р	buttermilk, 16
килогра́мм	kilogram, 11
кино́ *indecl.*	cinema, 7
кинорежиссёр	movie director, 17
кинотеа́тр	cinema, 4
кита́йский	Chinese, 3
кларне́т	clarinet, 8
класс	class, 10
класси́ческий	classical, 8
класть (*impf. of* положи́ть)	to put, 12
кли́мат	climate, 5
клуб	club, 5, 12
клубни́ка	strawberry, 16
клю́ква	cranberry, 13
ключ	key, 15
клю́шка (хокке́йная)	(hockey) stick, 13
кни́га	book, 3
кни́жный	book (*adj*.), 4
~ ая по́лка	bookshelf, 4
~ ый шкаф	bookcase, 4
ковёр	rug, 4
когда́	when, 6
ко́жа	skin, 18
ко́жаный	(*made of*) leather, 18
ко́ка-ко́ла	Coca-Cola, 11
колбаса́	sausage, 11
колле́га	colleague, 10

ко́лледж	*in Russia:* junior college, 10
колумби́йский	Colombian, 11
кольцо́, *pl.* **ко́льца**	ring, 13
кома́нда	team, 8
коммуника́ция	communication, 10
ко́мната	room, 4
компа́ния	company, 6
компози́тор	composer, 1
компью́тер	computer, 3
компью́терная те́хника	computer science, 10
кому́ *dat.*	to whom, for whom, 13
кон(е́)ц	end, 15
в конце́	at the end, 15
коне́чно	of course, 2, 8
ко́нкурс	competition, 10
консервато́рия	conservatory, 10
конта́ктные ли́нзы	contact lenses, 18
контине́нт	continent, 5
контра́ктный	contract, 10
контро́льная рабо́та	quiz, 10
конце́рт (на)	concert, 7, 12
конча́|ться (I)	to end, 10
копе́йка	kopeck, 11
коре́йский	Korean, 10
коридо́р	corridor, 4
кори́чневый	brown, 3
корм|и́ть (II)	to feed, 16
коро́бка	box, 11
коро́ткий	short, 5
ко́ротко	short, 14
коро́че *comp.*	shorter, 14
космето́лог	cosmetologist, 10
космона́вт	cosmonaut, 1
костёр	campfire, 9
кость *f.*	bone, 18
костю́м	suit, 15
кото́рый	who, which, that, 9
Кото́рый час?	What time is it?, 7
ко́фе *m.*	coffee, 11
кофева́рка	coffeemaker, 11
ко́фта, ко́фточка	women's top, 15
ко́шка	cat, 3
кран	faucet, 15
краси́вее *comp.*	more beautiful, 5
краси́вый	beautiful, 2
кра́сный	red, 3

креди́тная ка́рточка	credit card, 11, 15
кре́пкий	strong, 18
кре́сло	armchair, 4
крова́ть *f.*	bed, 4
кровь *f.*	blood, 18
кро́ме	except, 10
кроссо́вки *pl.*	athletic shoes, 15
кру́глый	round, 18
кру́жка	mug, 16
кто	who, 1
кто тако́й, кто така́я	who, 1
ку́бики	building blocks, 13
куда́	where (to), 7
кудря́вый	curly, 18
ку́кла	doll, 13
кукуру́за	corn, 13
кулинари́я	delicatessen, 11
куло́н	pendant, 13
культу́рный	cultural, 15
купа́|ться (I)	to swim, to bathe *(play)*, 15
купа́льник	swimsuit, 15
*****купи́ть (II)**	to buy, 3, 9
куре́ние	smoking, 18
кури́ть (II)	to smoke, 18
ку́рица	chicken, 11
курно́сый	pug(-nosed), 18
куро́рт	resort, 15
курс	year level, 10
ку́ртка	jacket, 14
кусо́к	piece, 11
ку́хня	kitchen, 4

Л

лабора́нт	laboratory technician, 6
лаборато́рия	laboratory, 6
лава́ш	flatbread, 11
ла́дно	all right, 12
ла́зать по ска́лам	to climb rocks, 15
ла́мпа	lamp, 4
ла́мпочка	lightbulb, 15
ларёк, *pl.* ларьки́	kiosk, 11
лёгкие [лёхкие] *pl.* *subst. adj.*	lungs, 18
лёгкий	light, 8
легко́	(it's) easy, 17

лёд (со льдом; безо льда)   ice, 16
Ледови́тый океа́н   Arctic Ocean, 5
лежа́ть (II)   to lie, 7
лежи́т, лежа́т   is/are lying, 4
лека́рство   medicine, 18
ле́кция (на)   lecture, 7, 10
лени́вый   lazy, 18
лес (в лесу́)   forest, 5, 9
ле́стница   staircase, 15
лета́|ть (I)   to fly, 15
лете́ть (II)   to fly, 15
ле́тний *soft adj.*   summer, 10;
    here: -year-old, 13
ле́то   summer, 9
ле́том   in summer, 9
лётчик   pilot, 17
лимо́н   lemon, 16
лимона́д   lemonade, 11
лингви́стика   linguistics, 10
ли́нза   lens, 18
литерату́ра   literature, 8
литр   liter, 11
лифт   elevator, 15
лицéй   lyceum, 10
лицо́, *pl.* ли́ца   face, 18
ли́чно   personally, 10
ли́шний *soft adj.*   extra, 12
лоб (на лбу́)   forehead, 18
лови́ть (II)   to catch, 9
  ~ры́бу   to fish, 9
ло́дка   boat, 9
ложи́ться (II)   to lie down, 7
ло́жка   spoon, 16
  столо́вая ~   tablespoon, 16
  ча́йная ~   teaspoon, 16
ло́шадь *f.*   horse, 3
лук   onion, 11
луна́   moon, 14
лу́чше   better, 5
лы́жный   ski(ing), 8
люб|и́ть (II)   to like, to love, 3, 8
люби́мый   favorite, 8
любо́вь *f.*, *gen.* любви́   love, 17
лю́ди *pl.*   people, 5

M

магази́н   store, 4
маги́стр   master's degree, 10
магистрату́ра   master's program, 10
май   May, 13
ма́йка   sleeveless T-shirt, 14
майонéз   mayonnaise, 16
макаро́ны   macaroni, 16
ма́ленький   little, small, 3
мали́на   raspberry, 16
ма́ло   little, 11
ма́льчик   (little) boy, 17
ма́ма   mother, mom, 2
маргари́н   margarine, 11
март   March, 13
ма́ска   mask, 13
маскара́д   costume party, 13
ма́сло   butter, oil, 11
  расти́тельное ~   vegetable oil, 11
матема́тик   mathematician, 6
матема́тика   mathematics, 10
математи́ческий   mathematics (*adj.*), 10
матрёшка   Russian nesting doll, 9
матч   game (*sports event*), 12
мать *f.*   mother, 2
маши́на   car, 3
мёд   honey, 16
медици́на   medicine, 10
медици́нский   medical, 6, 10
ме́дленно   slowly, 2, 15
медсестра́/медбра́т   nurse, 6
ме́жду + *instr.*   between, 16
междунаро́дные   international relations, 10
  отноше́ния
междунаро́дный   international, 13, 17
мексика́нский   Mexican, 3
ме́неджер   manager, 6
ме́неджмент   management, 10
ме́ньше   smaller, less, 5
меню́ *indecl.*   menu, 16
меня́ *acc.*   me, 1
ме́сто, *pl.* места́   place, 6
ме́сяц   month, 7
метрдоте́ль *m.*   maitre d', 16
метро́ *indecl.*   subway, 4

меха́ник	mechanic, 6	мотоци́кл	motorcycle, 3
меховой	fur, 9	**мочь (I)**	to be able to, 12
мечта́	dream, 17	**муж**	husband, 2
мечта́|ть (I) о + *prep.*	to dream, 17	**мужчи́на**	man, 6
микроволно́вая печь, микроволно́вка	microwave oven, 11	**музе́й**	museum, 4
		му́зыка	music, 7
миллионе́р	millionnaire, 17	музыка́льный	musical, 6
минера́льный	mineral, 11	мука́	flour, 16
ми́нус	minus, below zero, 14	**мы**	we, 2
мину́т(оч)ка *dim.*	minute, 12	мыть (I)	to wash, 7
Мину́т(оч)ку!	Just a minute!, 12	**мя́со**	meat, 11
мину́та	minute, 12	мяч	ball, 13
мир	peace, 3		
мир	world, 5		
ми́шка *m.*	teddy bear, 13		
мла́дший	younger, youngest, 3, 13		

Н

мне *dat.*	to me, for me, 13	**на** + *prep.*	on, at, 4
мне на́до	I have to, 12	**на** + *acc.*	for *(a period of time)*, 15
мне́ние	opinion, 5	на вся́кий слу́чай	just in case, 11
мно́гие *pl. only*	many, 9	*набра́ть (I)	to dial *(a telephone number)*, 18
мно́го	a lot, 11		
мной *instr.*	me, 16	**наве́рно(е)**	probably, 11, 18
моби́льник	cell phone, 3	**надева́|ть (I)**	to put on *(of clothes)*, 14
моги́ла	grave, 9	*наде́ть (I)	to put on *(of clothes)*, 14
мо́дный	fashionable, 13	**на́до**	must, need, 11
мо́жет быть	may be, perhaps, 3	**наза́д**	ago, 9
мо́жно	one can/may; it is possible, 9	*назва́ть (I)	to name, 17
мозг	brain, 18	**называ́ется, называ́ются**	is/are called, 4
мой, моя́, моё, мои́	my, 2, 3, 4.7	называ́|ть (I)	to name, 17
Молоде́ц!	Well done!, 12	**наконе́ц**	finally, 7
молодожёны	newlyweds, 17	**нале́во**	to the left, 4
молодой	young, 2	**нам** *dat.*	to us for us, 13
молодо́й челове́к	young man, boyfriend, 3	**на́ми** *instr.*	us, 16
моло́же *comp.*	younger, 13	**намно́го**	a lot more *(with comparatives)*, 10
молоко́	milk, 11		
моло́чные проду́кты	dairy products, 11	напи́ток, *pl.* напи́тки	drink, 11
моло́чный	milk, milky, 11	**напра́во**	to the right, 4
молчи́/те *imp.*	be quiet, 15	наприме́р	for example, 10
мо́ре, *pl.* моря́	sea, 5	наре́зать	to slice, 11
морко́вь *f., collect.*	carrot, 11	**наро́дный**	folk, 8
моро́женое *subst. adj.*	ice cream, 11	**нас** *acc.*	us, 1
моро́з	frost, 14	**на́сморк**	runny, stuffy nose, head cold, 18
морози́льник	freezer, 11		
Москва́	Moscow, 5	насто́льный	table, 8
моско́вский	Moscow, 7	настоя́щий	real, 9
		нау́ка	science, 10
		нахо́дится, нахо́дятся	is/are located, 4

нача́ло	beginning, 15
в нача́ле	at the beginning, 15
*нача́ть	to begin (to do something), 12
начина́|ться (I)	to begin, 10, 12
наш, на́ша, на́ше, на́ши	our, 2, 3, 4.7
не	not (negative within a sentence), 1
Не беспоко́йся/ беспоко́йтесь.	Don't worry!, 18
Не волну́йся/ волну́йтесь.	Don't worry!, 15
не́ за что	you are welcome, 12 don't mention it
не за́мужем	single (of a woman), 6
Не па́дай/те ду́хом.	Do not lose hope!, 18
не́бо	sky, 14
неве́ста	bride, 17
неде́ля, в неде́лю	week, per week, 6, 7
нельзя́: dat. + нельзя́	may not, must not cannot, 16, 18.4
неме́цкий	German, 3
немно́го	a little, 2
немо́й	mute, 18
непло́хо	not badly, 1
неплохо́й	not bad, 1
нерв	nerve, 18
не́сколько	some, a few, 9
нет	no, 1
нехорошо́	not well, 2
Ни пу́ха ни пера́!	Good luck!, 10
нигде́	nowhere, 6
ни́же comp.	lower, 5, 14
ни́зкий	low, 5
ни́зко	low, 14
ника́к	no way, 12
никогда́	never, 7
никуда́	(to) nowhere, 7
ничего́	nothing, 6
но	but, 2
но́вый	new, 3
нога́, pl. но́ги	foot, leg, 18
нож	knife, 16
ноль m.	zero, 7
но́мер, nom. pl. номера́	hotel room, 15
норма́льно	okay, 7
нос	nose, 18
носи́ть (II)	to carry, to wear, 17, 18

носки́ pl.	socks, 15
ноутбу́к	laptop computer, 3
ночно́й	night, 6
но́чью	at night, 6
ноя́брь m. (-é)	November, 13
нра́виться (II)	to like, to please, 13
Ну что ты!	Oh, come on!, 2
ну, что ж interj.	oh, well, 15
ну́жен, нужна́, ну́жно, нужны́ short adj.	needed, 15
ну́жно	is needed, 11
нуль m.	zero, 14
ня́ня	nanny, 6

O

о + prep.	about, 5
о́ба m., n. о́бе f.	both, 17
обе́д	lunch, dinner, 7
обе́да|ть (I)	to eat lunch/dinner, 7
о́блако, pl. облака́	cloud, 14
о́блачно	cloudy, 14
о́блачный	cloudy, 14
образова́ние	education, 10, 17
обуче́ние	schooling, teaching, 17
общежи́тие	residence hall, 4
обы́чно	usually, 6, 7
обяза́тельный	required, compulsory, 10
ова́льный	oval, 18
о́вощи pl.	vegetables, 11
огуре́ц, pl. огурцы́	cucumber, 11
одева́|ться (I)	to get dressed, 7
оде́жда	clothing, 13
одея́ло	blanket, 15
оди́ннадцатый	eleventh, 10
однокла́ссник	classmate (in schools), 10
одноку́рсник	classmate (at universities), 10
одноме́стный	single (room), 15
о́зеро, pl. озёра	lake, 5
океа́н	ocean, 5
океаноло́гия	marine science, 10
окно́	window, 4
оконча́ние	finishing, 17
*око́нчить (II)	to finish, to conclude, 17
октя́брь m. (-é)	October, 13

он	he, 2
она́	she, 2
они́	they, 2
оно́	it, 4
опа́здыва|ть (I) в/на + *acc.*	to be late, 7, 12
о́пера	opera, 8
опро́с	survey, 17
опя́ть	again, 7
ора́нжевый	orange, 3
оригина́льный	creative, 13
оркéстр	orchestra, 8
осéнний *soft adj.*	fall, autumn, 10
о́сень *f.*	fall, autumn, 9
о́сенью	in fall, 9
осо́бенно	especially, 8
останови́сь, останови́тесь *imp.*	stop, 15
осторо́жно	carefully, 15
о́стров, *pl.* **острова́**	island, 5
от + *gen.*	from, 13
*отвéтить (II)	to answer, 12
Отвéтьте на вопро́сы.	Answer the questions. 3
отвеча|ть (I)	to answer, 10
отделéние	division, 10
отдéльный	separate, 15
о́тдых	rest, vacation, 15
отдыха́|ть (I)	to rest, 9
отéц	father, 2
открыва́ть (I)	to open, 12
откры́т *short adj.*	open, 16
откры́тка	postcard, 13
*откры́ть (I)	to open, 12, 15
откры́ться (I)	to open, 12
отку́да	where from, 15
отли́чно	excellent, 1
отмéтка	grade, 10
отмеча́|ть (I)	to celebrate, 13
отношéние	relation(ship), 17
о́тчество	patronymic, 6
о́фис	office, 6
официа́нт/ка	waiter/waitress, 6
охлаждéние	cooling, 18
охра́нник	security guard, 10
о́чень	very, 1
Очень прия́тно!	Nice to meet you!, 1
очищéние	cleaning, 18
очки́ *pl.*	glasses, 15

П

пакéт	carton, 11
пала́тка	tent, 15
па́лец, *pl.* па́льцы	finger, toe, 18
па́лочки *pl.*	chopsticks, 16
пальто́ *indecl.*	overcoat, 14
пансиона́т	resort hotel, 15
па́па	father, dad, 2
па́р: С лёгким па́ром!	steam: Enjoy your bath!, 18
па́рень *m.*	guy, 17
пари́лка	steam room, 18
парк	park, 4
па́русный	sail, 9
па́смурно	overcast, 14
па́спорт	passport, 15
пасси́вный	passive, 15
па́ста	paste, 15
зубна́я ~	toothpaste, 15
Па́сха	Easter, 13
па́чка	package, 11
певéц, певи́ца	singer, 8, 17
пéнсия, на пéнсии	pension, retired (on pension), 6
Пéрвое ма́я	May Day, 13
пéрвый	first, 10
перево́дчик	translator, 6
Передáйте, пожáлуйста, ...	Please, pass . . . , 16
передáть, *imp.* **передáй/те**	to convey, to pass, 12
передáча	TV or radio broadcast, 12
перепу́та|ть (I)	to mix up, 16
переры́в	break, 7
пéрец	pepper, 16
пéрсик	peach, 16
перчáтки *pl.*	gloves, 14
пéсня	song, 8
петру́шка	parsley, 16
петь (I)	to sing, 8
печéнье	cookie, 16
пиани́но *indecl.*	piano, 8
пиани́ст/ка	pianist, 1

пи́во	beer, 11	поду́ма|ть (I)	to think (for a while), 13
пиро́г, пирожо́к	pie, pastry, 16	поду́шка	pillow, 15
пиро́жное	pastry, 16	по́езд	train, 15
писа́тель *m.*	writer, 1	пое́здка	trip, 15
писа́ть (I)	to write, 7	*пое́хать (I)	to go, to leave (by vehicle), 12
пи́сьменный	written, 10	пожа́луйста	please, you're welcome, 4
~ стол	writing desk, 4	пожа́р	fire, 18
письмо́	letter, 3	пожа́рный *subst. adj.*	firefighter, 17
письмо́	writing, 10	*пожени́ться	to marry (each other), 17
пита́ние	nutrition, 16	*поза́втракать (I)	to eat breatfast, 12
пить (I)	to drink, 11	по́здно	late, 7
пи́цца	pizza, 16	поздравля́|ть (I)	to congratulate, 13
пла́ва|ть (I)	to swim, 9	по́зже	later, 7
пла́вание	swimming, 8	позови́/те *imp.*	call, 12
пла́вки *pl.*	men's swimsuit, 15	по-испа́нски	in Spanish, 2
плака́т	poster, 4	*пойти́ (I)	to go, to leave (on foot), 12
план	plan, 17	Пока́!	Good-bye! See you later!, 1
плати́ть (нали́чными)	to pay (with cash), 11	*показа́ть (I)	to show, 12
пла́тье	dress, 15	пока́зыва|ть (I)	to show, 12
плащ	raincoat, 14	по-кита́йски	in Chinese, 2
пле́ер	player, 3	покупа́ть (I)	to buy, 12, 13
плечо́, *pl.* пле́чи	shoulder, 18	пол	floor, 4
плита́	stove, 11	полго́да	half a year, 15
плов	pilaf, 11	поле́зный	good (for health), 16
пло́хо, непло́хо	badly, not badly, 1	полёт	flight, 15
плохо́й	bad, 1	поликли́ника	health clinic, 6
пло́щадь *f.*	square, 4	по́лис	policy, 18
плюс	plus, above zero, 14	политоло́гия	political science, 10
пляж	beach, 14	полице́йский *subst. adj.*	police officer, 17
пля́жный	beach, 15	поли́ция	police, 18
по телеви́зору	on TV, 7	по́лка	shelf, 4
по телефо́ну	on the telephone, 7	полкило́	half a kilo, 11
по-англи́йски	in English, 2	пол-ли́тра	half a liter, 11
побе́да	victory, 18	по́лный	full, full-figured, plump, 10, 18
поверни́/те *imp.*	turn, 15	полови́на, с полови́ной	half, 6
повторе́ние	repetition, 18	положе́ние	status, 6
пого́да	weather, 14	*положи́ть (II)	to put, 12, 15
*подари́ть (II)	to give as a present, 13	полоте́нце	towel, 15
пода́рок, *pl.* пода́рки	gift, present, 13	полтора́ часа́	one and one half hours, 6
подборо́док	chin, 18	полуо́стров, *pl.* полуострова́	peninsula, 5
*подгото́виться (II)	to prepare for, 12		
*подожда́ть (I)	to wait, 16	*получ|и́ть (II)	to get, to receive, 12, 13
Подожди́/те!	Wait!, 15	получа́|ть (I)	to receive, to get, 10, 13
подру́га	friend (f.), 2	полчаса́	half an hour, 6, 12
по-друго́му	in another way, 10		

польский	Polish, 10	похо́ж, похо́жа, похо́жи на + *acc.*	similar, resembling, 18
*полюб|и́ть (II) + *acc.*	to fall in love with, 17	*похуде́ть (I)	to lose weight, 18
помидо́р	tomato, 11	*поцел|ова́|ть(ся) (I)	to kiss (*each other*), 17
помога́|ть (I)	to help, to aid, 7, 13	почему́	why, 5
по-мо́ему	in my opinion, 3	по́чта	post office, 4
*помо́чь (I)	to help, to aid, 13	почти́	almost, 9, 14
по́мощь *f.*	help, 18	почто́вые ма́рки *pl.*	stamps, 9
ско́рая ~	ambulance, emergency medical service, 18	*почу́вствовать себя́	to feel, 18
понеде́льник	Monday, 6	поэ́зия	poetry, 8
по-неме́цки	in German, 2	поэ́т	poet, 1
понима́|ть (I)	to understand, 2	поэ́тому	therefore, 9
*понра́виться (II)	to appeal, to please, 13	по-япо́нски	in Japanese, 2
по́нчик	doughnut, 16	пра́вда	truth, 3
*пообе́дать (I)	to eat lunch/dinner, 12	пра́здник	celebration, holiday, 13
по́па *colloq.*	butt, 18	пра́здничный	festive, 13
*попа́сть	to get in, 16	предлага́|ть (I)	to suggest, 13
попо́зже	a bit later, 16	предложе́ние	suggestion, 13
*попра́виться (II)	*here:* to gain weight, 18	*предлож|и́ть (II)	to suggest, 13
Поправля́йся! Поправля́йтесь!	Get well!, 18	предме́т	subject, 10
поправля́|ться (I)	to get well, 18	предпочита́|ть (I)	to prefer, 15
*попро́б|ова|ть (I)	to try, 18	президе́нт	president, 1
*попроси́ть (II)	to ask (*for*), 13	прекра́сно	wonderful, 7
популя́рный	popular, 8	прекра́сный	wonderful, 14
португа́льский	Portuguese, 10	препода|ва́ть (I)	to teach, 10
портфе́ль *m.*	briefcase, 12	преподава́тель *m.*	teacher, 2
по-ру́сски	in Russian, 2	прести́жный	prestigious, 6
по́рция	portion, 16	Приве́т!	Hi!, 1
по́сле + *gen.*	after, 12	привы́чка	habit, 18
после́дний *soft adj.*	last, 13	*пригласи́ть (II)	to invite, 12, 13
*посове́т|ова|ть (I)	to give advice, to advise, 13	приглаша́|ть (I)	to invite, 12
поступа́|ть (I)	to apply, 17	приглаше́ние	invitation, 12
*поступи́ть (II)	to enroll, to enter (*a university, school*), 10, 17	*прие́хать (I)	to arrive (*on vehicle*), 15
		*прийти́ (I)	to arrive (*on foot*), 12
посу́да	dish(es), 7	Принеси́те, пожа́луйста, ...	Please bring me . . . , 16
посудомо́ечная маши́на	dishwasher, 7	принима́|ть (I)	to take (*e.g., a shower*), 7
*потеря́|ть (I)	to lose, 15	принима́ть (I)	to take (*here:* credit cards), 16; *also:* to receive patients, 18
потоло́к	ceiling, 4		
пото́м	then, 4	при́нтер	printer, 3
потому́ что	because, 5	*приня́ть (I)	to take, 12, 18
*поу́жинать (I)	to eat supper, 12	припра́вы *pl.*	spices, condiments, 16
по-францу́зски	in French, 2	приро́да	nature, 14
похме́лье	hangover, 18	приходи́ть (II)	to arrive, 13
похо́д	hiking, 15	Прия́тного аппети́та!	Bon appétit!, 16

про́б|ова|ть (I)	to try, 18	раз, ра́за	time (counting), 7
пробле́ма	problem, 13	ра́зве	I wonder (if), 14
провод|и́ться (II)	to continue, 10	разведён, разведена́,	divorced, 6
проводи́ть (II)	to spend (time), 7	разведены́ short adj.	
проводни́к, проводни́ца	train conductor, 15	разве́дчик	intelligence officer, 17
прогно́з	forecast, 14	*развести́сь с + instr.	to get divorced, 17
програ́мма	program, 12	разгова́рива|ть (I)	to chat, to talk, 9
программи́ст	programmer, 6	раздева́|ться (I)	to get undressed, 7
прода|ва́ть (I)	to sell, 11	*разлюб|и́ть (II) + acc.	to fall out of love with, 17
продаве́ц, pl. продавцы́	salesman, 6	ра́зный	different, various, 15
продавщи́ца	saleswoman, 6	раке́тка (те́ннисная)	(tennis) racket, 13
про́дан, про́дана,	sold out, 12	ра́нний soft adj.	early, 17
про́даны short adj.		ра́но	early, 7
проду́кты	produce, 11, 16	ра́ньше	earlier, before, 7
про́пуск	ID card, 10	распоря́док дня	daily schedule, 7
проси́ть (II)	to ask (for), 13	расслабле́ние	relaxation, 18
просма́трива|ть (I)	to browse, 7	ребён(о)к, gen.	child, 3, 17
*просну́ться (I)	to wake up, 12	ребёнка, pl. де́ти	
проспе́кт	avenue, 4	ревмати́зм	rheumatism, 18
про́сто	simply, 9, 18	регуля́рный	regular, 18
просту́да	cold, 18	ре́дко	seldom, 7
*простуди́ться (II)	to catch a cold, 18	рейс	flight, route, 15
профе́ссия, по	profession, by profession, 6	река́, pl. ре́ки	river, 5
профе́ссии		рекла́ма	advertisement, 6
профе́ссор	professor, 1	религио́зный	religious, 13
прохла́дно	cool, 14	репети́тор	tutor, 10
прохла́дный	cool, 14	ресни́цы	eyelashes, 18
*прочита́ть	to read, 12	респу́блика	republic, 5
пря́мо	straight ahead, 4	рестора́н	restaurant, 4
прямо́й	straight, 18	рефера́т	report, paper, 12
пря́ник	gingerbread cookie, 16	реце́пт	recipe, prescription, 16, 18
психиа́тр	psychiatrist, 17	реша́|ть (I)	to decide, to solve, 17
психоло́гия	psychology, 10	*реши́ть (II)	to decide, to solve, 17
пти́ца	bird, poultry, 11	рис	rice, 11, 16
путеше́ств|ова|ть (I)	to travel, 15	рис|ова́ть (I)	to draw, 8
пылесо́с	vacuum cleaner, 11	род(и́льный) дом	maternity ward, 18
пятёрка	A (grade), 10	роди́тели pl.	parents, 2
пя́теро collect. num.	five, 16	роди́ться, роди́лся,	to be born, 13
пя́тница	Friday, 6	родила́сь, родили́сь	
пя́тый	fifth, 10	родно́й	native, 10
		ро́дственник	relative, 13
		рожде́ние	birth, 17
Р		Рождество́	Christmas, 13
		ро́зовый	pink, 3
рабо́та (на)	job, work, 6	рок-гру́ппа	rock group, 8
рабо́та|ть (I)	to work, 6	рок-му́зыка	rock music, 8
ра́дио	radio, 3		

рок-музыка́нт	rock musician, 17	сапоги́ *pl.*	boots, 14
рома́н	novel, 3	са́хар	sugar, 16
Росси́я	Russia, 5	сва́дьба	wedding, 17
росси́йский	Russian (*referring to the country and its citizens*), 7	све́жий	fresh, 16
		свёкла	beet, 16
рост	height, growth, 18	све́тит; *past* свети́ло	is shining; was shining, 14
рот (во рту́)	mouth, 18	светло́	light, 14
роя́ль *m.*	grand piano, 8	све́тлый	light, light-colored, 14
руба́шка	(*men's*) shirt, 15	свиде́тель *m.*	witness, 17
рубль *m.*	ruble, 11	свини́на	pork, 16
рука́, *pl.* ру́ки	hand, 16	сви́тер	sweater, 13
ру́сский	Russian, 1	свобо́ден, свобо́дна, свобо́дно, свобо́дны *short adj.*	free, vacant, 16
ру́сский/ру́сская	Russian man/woman, 2		
ру́сый	dark blond, 18		
ры́ба	fish, 9, 11	свобо́дно	fluently, 2
ры́жий	red (*of hair*), 18	свобо́дное вре́мя	free time, leisure time, 9
ры́нок (на ры́нке)	farmers' market, 11	свобо́дный	free, 9
рюкза́к	backpack, 15	свой	one's own, 5, 13
рю́мка	shot glass, 16	сда|ва́ть (экза́мен) (I)	to take (an exam), 12
ря́дом	close by, 4	*сдать (экза́мен)	to pass (an exam), 12
ря́дом с + *instr.*	next to, 16	*сде́лать (I)	to do, 12
		сеа́нс	show (*in movie theaters*), 12
		себе́ *dat.*	for oneself, 13
		себя́	oneself, 10

С

с + *instr.*	with, 16	се́вер (на)	north, 5
С днём рожде́ния!	Happy Birthday!, 13	сего́дня	today, 6
С новорождённым!	On your new baby!, 13	седо́й	gray (*of hair*), 18
С новосе́льем!	On your new house!, 13	седьмо́й	seventh, 10
С Но́вым го́дом!	Happy New Year!, 13	сейча́с	now, 7
С пра́здником Восьмо́го ма́рта!	Happy Women's Day!, 13	секрета́рь *m.*	secretary, 6
		селёдка	herring, 16
С пра́здником!	Happy holiday!, 13	сельдь *f.*	herring, 16
с роди́телями	with parents, 10	семе́стр	semester, 10
С Рождество́м!	Merry Christmas!, 13	семина́р	seminar, 10
с удово́льствием	with pleasure, 12, 16	семья́	family, 2
сад (в саду́)	garden, 4, 15	сентя́брь *m.* (-é)	September, 13
Сади́сь!/Сади́тесь! *imp.*	Sit down! Have a seat!, 15	се́рдце [се́рце]	heart, 18
саксофо́н	saxophone, 8	сере́бряный	silver, 13
сала́т	salad, 11	середи́на	middle, 15
салфе́тка	napkin, 16	в середи́не	in the middle, 15
сам, сама́, са́ми	myself, yourself, *etc.*, 10, 17	серёжка	earring, 13
самова́р	samovar, 9	се́рый	grey, 3
самолёт	airplane, 13	серьёзный	serious, 18
са́мый	the most, 5	се́ссия	exam period, 10
санато́рий	health spa, 15	сестра́	sister, 2
Санкт-Петербу́рг	St. Petersburg, 5	Сиби́рь *f.*	Siberia, 5

сигаре́та	cigarette, 18
сиде́ть (II)	to sit, 7
си́льно *adv.*	strong, 14
си́льный	strong, 14
симпати́чный	nice (looking), 2
си́ний *soft adj.*	blue, 3
сиро́п	sauce, syrup, 13
скажи́/те *imp.*	say, tell, 4
ска́зка	fairy tale, 8
скалола́зание	rock-climbing, 15
ска́терть *f.*	tablecloth, 16
ско́лько	how much, how many, 5
Ско́лько сейча́с вре́мени?	What time is it?, 7
ско́лько часо́в	how many hours, 6
ско́ро	soon, 13
ско́рый	fast, 18
скрипа́ч/ка	violinist, 8
скри́пка	violin, 8
ску́чно	boring, dull, 14
ску́чный	boring, 3
сла́бо	weak, 14
сла́бый	weak, 14
сла́дкий	sweet, 11, 16
сла́дости *pl. only*	sweets, 13
сле́ва	on the left, 4
сле́дующий	next, 15
слеза́, *pl.* слёзы	tear, 18
слепо́й	blind, 18
сли́вки *pl. only*	cream, 16
сли́шком	too (*much, etc.*), 11
слова́рь *m.*	dictionary, 3
сло́жный	complicated, 17
случи́лось: Что случи́лось?	What happened?, 18
слу́ша|ть (I)	to listen, 2
слы́шать (II)	to hear, 13, 18
се́верный	north(ern), 5
смерть *f.*	death, 17
смета́на	sour cream, 11
смотр|е́ть (II)	to watch, 7
СМС	SMS (short message service) text message, 7
снача́ла	at first, 7
снег	snow, 9, 14
Снегу́рочка	Snow maiden, 13
снима́|ть (I)	to take off (*of clothes*), 14
снима́|ть (I)	to rent, 10
снотво́рное	sleeping pill, 18
*снять (I)	to take off (*of clothes*), 14
~ стресс	to reduce stress, 18
со мной	with me, 12
соба́ка	dog, 3
собира́|ть (I)	to collect, 9
сове́т|ова|ть (I)	to give advice, to advise, 13
сово́к	dustpan, 11
совреме́нный	modern, contemporary, 8
согла́сен, согла́сна, согла́сны с + *instr.*	in agreement with, 3
сок	juice, 11
солда́т	soldier, 17
со́лнечно	sunny, 14
со́лнечные очки́ *pl.*	sunglasses, 15
со́лнечный	sunny, 14
со́лнце [со́нце]	sun, 14
соль *f.*	salt, 16
сосе́д/ка по ко́мнате	roommate, 7
соси́ски *pl.*	sausage links, 16
социоло́гия	sociology, 10
сочине́ние	essay, 10
сп|ать (II)	to sleep, 7
спаге́тти *n., indecl.*	spaghetti, 16
спа́льня	bedroom, 4
спаси́бо	thank you, 1
специали́ст	specialist, 10
специа́льность *f.*	specialty, major, 10
специа́льный	special, 9
спецшко́ла	special school, 17
спина́	back, 18
спи́сок	list, 12
спи́тся: *dat.* + спи́тся мне не спи́тся	I can't sleep!, 18
Споко́йной но́чи!	Good night!, 1
споко́йно	(it is) peaceful, 5
спорт	sport, 8
спорти́вный	sport, 8
спортсме́н/ка	athlete, 1
спра́ва	on the right, 4
среда́	Wednesday, 6
сре́дний *soft adj.*	average, middle, 15, 18

срок	period of time, 15
на какой ~	for how long, 15
стадио́н	stadium, 4
стака́н	glass, 16
ста́нция	metro station, 15
старе́е *comp.*	older, 5
ста́рше *comp.*	older, 13
ста́рший	older, oldest, 3, 13
ста́рый	old, 3
стати́стика	statistics, 10
****стать (I)** + *instr.*	to become, 17
стекля́нный (*from* стекло́)	glass (*material*), 11
стена́	wall, 4
стереосисте́ма	stereo system, 3
стира́|ть (I)	to do laundry, 7
стира́льная маши́на	(clothes) washer, 11
сто|я́ть (II)	to stand, 7
сто́имость	cost, price, 15
сто́ит, стоя́т	is/are standing, 4
сто́ить (II)	to cost, 11
стол	table, 4
сто́лик	(small) table, 16
столи́ца	capital, 5
столо́вая *subst. adj.*	dining room, 4
столо́вая *subst. adj.,* (в столо́вой)	dining hall, cafeteria, 7, 16
стоп *interj.*	stop, 15
сто́пка	shot glass, 16
страна́, *pl.* **стра́ны**	country, 5
странове́дение	area studies, 10
страхова́ние	insurance, 18
медици́нское ~	medical insurance, 18
стра́шный	awful, horrible, scary, 18
стресс	stress, 18
стро́йка (на)	construction site, 6
стро́йный	slim, 18
строи́тель *m.*	construction worker, 6
студе́нт/ка	student, 1
студе́нческий	student, 10
стул	chair, 4
суббо́та	Saturday, 6
субтропи́ческий	subtropical, 5
сувени́р	souvenir, 9
су́мка	bag, purse, 12, 13
суперма́ркет	supermarket, 11

сухо́й	dry, 16
счастли́вый	happy, 15
Счастли́вого пути́!	Have a nice trip!, 15
сча́стье [ща́стье]	happiness, 3
счёт	check, 16
США	U.S.A., 5
сын	son, 2
сыр	cheese, 11

Т

табле́тка	pill, 18
так как	because, 9
так себе́	so-so, 18
та́кже	also, in addition (*one person doing or being something else*), 2
тако́й же	same kind, 18
тако́й, так	so, such, 14
там	there, 4
танц|ева́|ть (I)	to dance, 8
танцо́р	dancer, 1
таре́лка	plate, 16
твой, твоя́, твоё, твои́	your (*sg.*), 2, 3, 4.7
творо́г	Russian cottage cheese, 16
теа́тр	theater, 4
театра́льный	theater, 12
тебе́ *dat.*	to you, for you, 12, 13
тебя́ *acc.*	you (*sg.*), 1
телеви́зор	television, 3
телефо́н	telephone, 3
те́ло	body, 18
темно́	dark, 14
тёмный	dark, 14
температу́ра	temperature, 14
те́ннис	tennis, 8
тенниси́ст/ка	tennis player, 1
тепло́	warm, 14
тёплый	warm, 14
тепе́рь	now, 5
термо́метр	thermometer, 18
те́сто	dough, 16
соси́ски в те́сте	pigs in a blanket, 16
тётя	aunt, 2
те́хникум	technical college, 10

Ти́хий океа́н	Pacific Ocean, 5
ти́хо	quietly, 10, 12, 15
ти́ше *comp.*	quieter, 10, 15
тишина́	quiet, silence, 5
тобо́й *instr.*	you, 16
тобо́й: Что с тобо́й?	What is wrong with you?, 18
това́ры	goods, 13
тогда́	in that case, then, 11, 12
то́же	also, 1
то́лько	only, 2
то́лько что	just, 17
торго́вый центр	shopping center, 6
торт	cake, 11
тост	toast *(drink)*, 16
то́стер	toaster, 11
тот, та, то, те	that/those, 4
то́чно	exactly, 12
тошни́т: **Меня́ тошни́т.**	I feel nauseated., 18
трава́	grass, 14
трамва́й	streetcar, 15
трениp|ова́|ться (I)	to train, to exercise, 7
тре́тий, тре́тья, тре́тье	third, 10
тро́е *collect. num.*	three, 16
тро́йка	*here:* "C" grade, 10
тролле́йбус	trolleybus, 15
тромбо́н	trombone, 8
труба́	trumpet, 8
труд	labor, 13
тру́дно	difficult, 10
тру́дный, трудне́е	difficult, more ~, 10
трусы́, тру́сики	men's/women's underwear, 15
туале́т	toilet, 4
туда́	(to) there, 9, 15
тури́ст/ка	tourist, 1
ту́фли	shoes, 15
ты	you *(sg.)*, 2
ты́ква	pumpkin, 13

У

у + *gen.*	by, at, 12
у меня́ есть	I have, 3
убира́|ть (I)	to clean, 7
*убра́ть (I)	to clean, 12

у́гол (в/на углу́)	corner, 18
***уе́хать (I)**	to go away *(by vehicle)*, 15
уже́	already, 5, 6
уже́ не	not any more, 6
у́жин	supper, 7
у́жина|ть (I)	to eat supper, 7
у́зкий	narrow, 18
***узна́|ть (I)**	to recognize, to find out, 12, 18
украи́нский	Ukrainian, 10
*укра́сть: у меня́ укра́ли + *acc.*	to steal, 15
украша́|ть (I)	to decorate, 13
укрепле́ние	strengthening, 18
укро́п	dill, 16
у́ксус	vinegar, 16
у́лица	street, 4
улыба́|ться (I)	to smile, 12
*улыбну́ться (I)	to smile, 12
уме́|ть (I)	to be able, to know how, 9
***умере́ть (I)**	to die, to pass away, 13
умира́|ть (I)	to die, to pass away, 13
умыва́|ться (I)	to wash (oneself), 7
универма́г	department store, 4
университе́т	university, 4
упражне́ние	exercise, 7
Ура́л	Urals, 5
Ура́льские го́ры	Ural Mountains, 5
уро́к	lesson, *also:* homework, 7
Успоко́йся/Успоко́йтесь.	Calm down!, 18
уста|ва́ть (I)	to get tired, 18
***уста́ть: я уста́л/а**	to be tired, to get tired, 9, 12
у́стный	oral, 10
устра́ива|ть (I)	to organize, 13
усы́ *pl.*	mustache, 18
у́тренник	morning party, 13
у́тром	in the morning, 6
у́хо, *pl.* **у́ши**	ear, 18
уче|ни́к, -ни́ца	pupil, 10
уче́бник	textbook, 3
уче́бный	study, school, 10
уче́бный год	school year
учёный, *subst. adj.*	scientist, 6
учи́лище	vocational college, 10

учи́тель *m.*, *pl.* учителя́	teacher (*elementary, secondary school*), 6
учи́тельница	teacher, 6
уч|и́ться (II)	to study at a place, 6

Ф

фа́брика (на)	factory (*light industry*), 6
фа́за	phase, 18
факт	fact, 5
факульте́т	department, 10
фами́лия	last name, 6
фанта́стика	science fiction, 8
Фаренге́йт: **по Фаренге́йту**	on the Fahrenheit scale, 14
фарш	ground meat, 16
фарширо́ванный	stuffed, 13
февра́ль *m.* (-é)	February, 13
фе́рма (на)	farm, 6
фе́рмер	farmer, 6
фехтова́ние	fencing, 17
фигу́ра	figure, 18
фигури́ст/ка	figure skater, 8
фи́зик	physicist, 6
фи́зика	physics, 10
физи́ческий	physics (*adj.*), 10
физкульту́ра	physical education, 10, 17
филологи́ческий	philology (*language and literature*), 10
филоло́гия	philology (*language, 10 and literature*)
филосо́фия	philosophy, 10
филосо́фский	philosophy (*adj.*), 10
филфа́к	department of philology (филологи́ческий факульте́т), 17
фина́нсы	finance, 10
фиоле́товый	purple, 3
фи́рма	company, 6
фи́рменный: ~ое блю́до	house special, 16
фи́тнес-зал	fitness center, room, 7
фи́тнес-клуб	fitness club, 7
фле́йта	flute, 8
флейти́ст/ка	flutist, 8
фотоаппара́т	camera, 3

фотографи́р|ова|ть (I)	to take photographs, 9
фотогра́фия	photograph, 2
францу́зский	French, 3
фрукт	fruit, 11
футбо́л	soccer, 8
футболи́ст/ка	soccer player, 1
футбо́лка	T-shirt, 14
футбо́льный	football, soccer (*adj.*), 8

Х

хи́мик	chemist, 6
хими́ческий	chemistry, 10
хи́мия	chemistry, 10
хиру́рг	surgeon, 17
хлеб	bread, 11
хло́пья *pl.*	cereal, 16
ход|и́ть (II)	to go, 7
~ в го́сти	to go for a visit, 13
ходьба́	walking, 8
хозя́йка	hostess, 13, 16
хозя́ин	host, 13, 16
хокке́й	hockey, 8
хокке́йный	hockey, 8
хоккеи́ст/ка	ice-hockey player, 1
холестери́н	cholesterol, 18
холоди́льник	refrigerator, 11
хо́лодно	cold, 14
холо́дный	cold, 9, 14
хо́лост	single (*of a man*), 6
хоро́ший	good, 1
хорошо́	well, 1
хоте́ть	to want, 3, 12
хотя́	although, 10
хо́чется: *dat.* + хо́чется **Мне хо́чется есть**	I want to eat; I am hungry., 18
Христо́с воскре́с!	Happy Easter! (*literally: Christ is risen!*), 13
худе́|ть (I)	to lose weight, 18
худо́жник	artist, painter, 8
цветы́, *sg.* цвето́к	flowers, 13, 14
цел|ова́|ть(ся) (I)	to kiss (each other), 17
Це́льсий: **по Це́льсию**	on the Celsius scale, 14
цена́, *pl.* це́ны	price, 9

цент	cent, 11
центр	center, 6
центра́льный	central, 6
цепо́чка	chain, 13
церемо́ния	ceremony, 17
це́рк(о)вь *f.* (в це́ркви)	church, 4

Ч

чаевы́е *subst. adj. pl.*	tip, 16
чай	tea, 11
ча́йник	teakettle, 11
час, часа́, часо́в	hour, 6
ча́стный	private, 6
ча́сто	often, 7
часы́ *pl. only*	watch, clock, 7, 13
ча́шка	cup, 16
чей, чья, чьё, чьи	whose, 3, 4.7
чёлка	bangs, 18
челове́к	person, 11
чем	than, 5
чемода́н	suitcase, 15
че́рез + *acc.*	in (in time expressions), 15
черни́ка	blueberry, 9
Чёрное мо́ре	Black Sea, 5
чёрный	black, 3
чесно́к	garlic, 16
четве́рг	Thursday, 6
четвёрка	"B" grade, 10
че́тверо *collect. num.*	four, 16
четвёртый	fourth, 10
че́тверть *f.*	quarter, 10
число́	date, number, 13
чи́стый	clean, 5, 16
чита́|ть (I)	to read, 2
чте́ние	reading, 10
что	what, 3
что *conj.*	that, 2, 3
что тако́е	what is, 3
что́бы	that, so that, in order to, 17
что-нибу́дь	something, 12
чу́вств|ова|ть себя́ (I)	to feel, 10, 18
чуть-чуть	just a little, 2

Ш

ша́йба	puck, 8
шампа́нское *subst. adj.*	champagne, 11
ша́пка	hat, 9, 14
ша́рик, возду́шный ~	balloon, 13
шарф	scarf, 13
шахмати́ст/ка	chess player, 1
ша́хматы	chess, 8
шашлы́к	shish kebab, 16
шашлы́чная	shish-kebab house, 16
шве́дский	Swedish, 11
швейца́рский	Swiss, 11
шесто́й	sixth, 10
ше́я	neck, 18
шкаф (в шкафу́)	closet, 4
шко́ла	school (elementary and secondary), 4
шко́ль|ник, -ница	schoolboy, -girl, 6, 10
шокола́д	chocolate, 11
шокола́дный	chocolate, 13
шо́рты *pl.*	shorts, 14
штат	state, 5
шу́мно	noisy, 9

Щ

щека́, *pl.* щёки	cheek, 18
щётка	brush, 15
зубна́я ~	toothbrush, 15

Э

экза́мен	exam, 10
эконо́мика	economics, 10
экономи́ст	economist, 6
экономи́ческий	economics, 10
эта́ж	floor, level, story, 4, 15
э́то	this is, 1
э́тот, э́та, э́то, э́ти	this/these, 4

Ю

ю́бка	skirt, 15
ювели́рные изде́лия *pl.*	jewelry, 13

юг (на)	south, 5	**язы́к**	language, 10
юриспруде́нция	law, 10	**язы́к**	tongue, 18
юри́ст	lawyer, 6	**яйцо́**, *pl.* **я́йца**	egg, 11
ю́жный	south(*ern*), 5	**янва́рь** *m.* **(-é)**	January, 13
		янта́рь *m.*	amber, 13
		япо́нский	Japanese, 3
Я		я́ркий	bright, 14
		я́рко	bright, 14
я	I, 2	я́рче *comp.*	brighter, 14
я́блоко, *pl.* **я́блоки**	apple, 11	я́сно	clear, 14
я́года	berry, 9	я́сный	clear, 14
я́годицы	buttocks, 18		

English-Russian Glossary

Note: Complete verb conjugations are given in a separate section.

A

a few, some	не́сколько, 9
a little	немно́го, 2
a lot	мно́го, 11
a lot more (*with comparatives*)	намно́го, 10
about	о + *prep.*, 5
abroad	за грани́цей, 15
from~	из-за грани́цы, 15
to~	за грани́цу, 15
academy	акаде́мия, 10
accordion	гармо́шка, 8
acquaintance	знако́мство, 16
action film	боеви́к, 12
active	акти́вный, 15
activity, class session	заня́тие (на), 7, 10
actor, actress	актёр, актри́са, 1
adapter (*for outlets*)	ада́птер, 15
address	а́дрес, 6
advertisement	рекла́ма, 6
advise	*по/сове́т|ова|ть (I), 13
aerobics	аэро́бика, 8
after	по́сле + *gen.*, 12
afternoon: in the afternoon	днём, 6
again	опя́ть, 7
age	во́зраст, 17
ago	наза́д, 9
agree: in agreement with	согла́сен, согла́сна, согла́сны с + *instr.*, 3
Agreed. It's a deal.	Договори́лись., 12, 16
Air Force	ВВС, Военно-возду́шные си́лы, 17
air	во́здух, 5
airplane	самолёт, 13
airport	аэропо́рт, 15
alarm clock	буди́льник, 12
all	весь, вся, всё, все, 12
all day	весь день, 12
all one's life	всю жизнь, 5
all right	ла́дно, 12
All the best!	Всего́ хоро́шего!, 1

allergy	аллерги́я, 11, 18
almost	почти́, 9, 14
already	уже́, 5, 6
also	то́же, 1
also, in addition (*one person doing or being something else*)	та́кже, 2
although	хотя́, 10
always	всегда́, 7
amber	янта́рь *m.*, 13
ambulance	ско́рая по́мощь, 18
America	Аме́рика, 5
American	америка́нский, 1
American (*person*)	америка́нец (*m.*) америка́нка (*f.*), 2
and (*parallel*)	и, 1
and, but	а, 1
answer	отвеча́|ть (I), 10; *отве́т|ить (II), 12
answer the questions	отве́тьте на вопро́сы, 3
anthropology	антрополо́гия, 10
apartment	кварти́ра, 4
appendicitis	аппендици́т, 18
appetite	аппети́т, 16
apple	я́блоко, *pl.* я́блоки, 11
apply	поступа́|ть (I), 17
April	апре́ль *m.*, 13
aquiline (*of a nose*)	горба́тый, 18
Arabic	ара́бский, 10
architect	архите́ктор, 6
architecture	архитекту́ра, 10
Arctic Ocean	Ледови́тый океа́н, 5
arctic	аркти́ческий, 5
area studies	страноведе́ние, 10
arm, hand	рука́, *pl.* ру́ки, 16
armchair	кре́сло, 4
army	а́рмия, 17
arrive (*by vehicle*)	*прие́хать (I), 15
arrive (*on foot*)	приходи́ть (II), 13; *прийти́ (I), 12
art	иску́сство, 8
artist, painter	худо́жник, 8

artist (*performing*)	арти́ст/ка, 1	bank	банк, 4
Asia	Азия, 5	banya, bathhouse	ба́ня, 9, 18
ask (*for*)	*по/проси́ть (II), 13	bar	бар, 6
aspirin	аспири́н, 15, 18	bartender	барме́н, 6
assignment	зада́ние, 10	baseball	бейсбо́л; бейсбо́льный, 8
assistant professor, docent	доце́нт, 10	baseball player	бейсболи́ст/ка, 8
asthma	а́стма, 18	basketball	баскетбо́л; баскетбо́льный, 8
astronaut	астрона́вт, 1		
at	в + *prep.*, на + *prep.*, 4, 4.4	basketball player	баскетболи́ст/ка, 1
at first	снача́ла, 7	bathhouse, banya	ба́ня, 9, 18
at home	до́ма, 2, 6	bathhouse spirit	ба́нник, 18
at night	но́чью, 6	bathroom	ва́нная, 4
at the beginning	в нача́ле, 15	be	быть (I), 9
at the computer	за компью́тером, 12	be able to	мочь (I), 12
at the end	в конце́, 15	be able, know how	уме́|ть (I), 9
At what time?	Во ско́лько?, 7	be afraid	бо|я́ться (II), 15
at, by	у + *gen.*, 12	be born	роди́ться (II), 13
athlete	спортсме́н/ка, 1	be frequently	быва́|ть (I), 10, 14
athletic shoes	кроссо́вки *pl.*, 15	be friends with	дружи́ть (II) с + *instr.*, 17
athletics	атле́тика, 8	be interested in	интерес|ова́|ться (I) + *instr.*, 17
August	а́вгуст, 13		
aunt	тётя, 2	be late	опа́здыва|ть (I), 7, 12 в/на + *acc.*
auto mechanic	автомеха́ник, 10		
avenue	проспе́кт, 4	Be quiet!	Молчи́/те!, 15
average, middle	сре́дний *soft adj.*, 15, 18	be sick	боле́|ть (I), 18
awful	стра́шный, 18	be tired, to get tired	уста́ть: я уста́л/а, 9, 12
		be visiting	быть в гостя́х, 13
		beach	пляж, 14
B		beach	пля́жный, 15
		beard	борода́, 18
bachelor's degree	бакала́вр, 10	beautiful	краси́вый, 2
back	спина́, 18	because	потому́ что, 5; так как, 9
backpack	рюкза́к, 15		
bad	плохо́й, 1	become	*стать (I) + *instr.*, 17
badly, not badly	пло́хо, непло́хо, 1	bed	крова́ть *f.*, 4
bag, purse	су́мка, 12, 13	bedroom	спа́льня, 4
bagel	бу́блик, 16	beef	говя́дина, 16
bakery	бу́лочная, 16	beer	пи́во, 11
balalaika	балала́йка, 8	beet	свёкла, 16
balcony	балко́н, 4	before	до + *gen.*, 17
ball	мяч, 13	before, earlier	ра́ньше, 7
ballerina	балери́на, 1	begin	начина́|ться (I), 10, 12
ballet	бале́т, 8	begin (*to do something*)	*нача́ть, 12
balloon	возду́шный ша́рик, 13	beginning	нача́ло, 15
Baltic Sea	Балти́йское мо́ре, 5	berry	я́года, 9
banana	бана́н, 11	better	лу́чше, 5
bangs	чёлка, 18		

between	**ме́жду** + *instr.*, 16
bicycle	**велосипе́д**, 3; велосипе́дный, 8
bicycling	велосипе́дный спорт, 17
big, large	**большо́й**, 3
bigger, more	**бо́льше**, 5
biological	биологи́ческий, 10
biology	**биоло́гия**, 10
birch	берёза, 14
bird, poultry	пти́ца, 11
birth	**рожде́ние**, 17
birthday	**день рожде́ния**, 13
black	**чёрный**, 3
Black Sea	**Чёрное мо́ре**, 5
blanket	одея́ло, 15
blind	слепо́й, 18
blood	**кровь** *f.*, 18
blue, light blue	**голубо́й**, 3
blue	**си́ний** *soft adj.*, 3
blueberry	черни́ка, 9
boat	ло́дка, 9
body	те́ло, 18
bodybuilding	бодиби́лдинг, 8, 17
Bon appétit!	**Прия́тного аппети́та!**, 16
bone	кость *f.*, 18
book	**кни́га**, 3; кни́жный, 4
bookcase	кни́жный шкаф, 4
bookkeeper	бухга́лтер, 6
bookshelf	кни́жная по́лка, 4
boots	**сапоги́**, 14
border	грани́ца, 15
boring	**ску́чный**, 3; **ску́чно**, 14
both	**о́ба** *m.*; *n.*, **о́бе** *f.*, 17
both . . . and	**и…и**, 6
bottle	**буты́лка**, 11
box	коро́бка, 11
boxing	бокс, 8
box office	ка́сса, 12
boy *(little)*	**ма́льчик**, 17
boyfriend	**молодо́й челове́к**, 3
bracelet	брасле́т, 13
brain	мозг, 18
bread	**хлеб**, 11
break	переры́в, 7
breakfast	**за́втрак**, 7
breast, chest	**грудь** *f.*, 18
breathe	**дыша́ть (II)**, 18
bride	**неве́ста**, 17
bridegroom	**жени́х**, 17
briefcase	портфе́ль *m.*, 12
brighter	я́рче *comp.*, 14
broom	ве́ник, 11
brother	**брат**, 2
brown *(of eyes)*	ка́рий *soft adj.*, 18
brown	кори́чневый, 3
browse	просма́трива|ть (I), 7
brush	щётка, 15
toothbrush	**зубна́я щётка**, 15
buffet	**буфе́т**, 16
building	**зда́ние**, 4
building blocks	ку́бики, 13
bun	**бу́лочка**, 16
bureau	бюро́ *indecl.*, 6
bus	**авто́бус**, 15
businessman	**бизнесме́н**, 6
but	**но, а**, 2
butt	по́па *colloq.*, 18
butter, oil	**ма́сло**, 11
buttermilk	кефи́р, 16
buttocks	я́годицы, 18
buy	**покупа́ть (I)**, 12, 13; ***купи́ть (II)** 3, 9
by, at	**у** + *gen.*, 12

C

cabbage	**капу́ста**, 11
café	**кафе́** *indecl.*, 4
cafeteria, dining hall	**столо́вая** *subst. adj.*, (в столо́вой), 7, 16
cake	**торт**, 11
call *(on the telephone)*	***по/звон|и́ть (II)**, 12
call *(e.g., someone to come)*	вызыва́ть (I); ***вы́звать (I)**, 18
call	**позови́/те** *imp.*, 12
call: is/are called	**называ́ется, называ́ются**, 4
Calm down!	Успоко́йся/Успоко́йтесь., 18
camcorder	видеока́мера, 3
camera	фотоаппара́т, 3
campfire	костёр, 9

can, jar	**ба́нка**, 11	chest, breast	**грудь** *f.*, 18
Canadian	**кана́дский**, 1	chicken	**ку́рица**, 11
Canadian (*person*)	**кана́дец** (*m.*), **кана́дка** (*f.*), 2	child	**ребён(о)к**, *gen.*, **ребёнка**, *pl.* **де́ти**, 3, 17
candidate	кандида́т, 10	children	**де́ти**, 1
capital	**столи́ца**, 5	children's	**де́тский**, 8
car	**маши́на**, 3	children's room	де́тская *subst. adj.*, 4
carbonated	газиро́ванный, 16	chin	подборо́док, 18
carbonated water	газиро́ванная вода́, 16	Chinese	**кита́йский**, 3
carefully	**осторо́жно**, 15	in Chinese	**по-кита́йски**, 2
carrot	морко́вь *f., collect.*, 11	chocolate	**шокола́д**, 11; шокола́дный, 13
carry, wear	**носи́ть (II)**, 17, 18	cholesterol	холестери́н, 18
carton	**паке́т**, 11	choose, to pick	выбира́|ть (I), 10
Caspian Sea	Каспи́йское мо́ре, 5	chopsticks	па́лочки *pl.*, 16
cat	**ко́шка**, 3	Christmas	**Рождество́**, 13
catch	лови́ть (II), 9	Merry Christmas!	С Рождество́м!, 13
catch a cold	*простуди́ться (II)**, 18	church	це́рк(о)вь *f.* (в це́ркви), 4
Caucasus (*Mountains*)	Кавка́з(ские го́ры), 5	cigarette	**сигаре́та**, 18
cauliflower	цветна́я капу́ста, 11	cinema	**кинотеа́тр**, 4; **кино́** *indecl.*, 7
caviar	**икра́**, 11	city	**го́род**, *pl.* **города́**, 4; городско́й 6
ceiling	потоло́к, 4		
celebrate	отмеча́|ть (I), 13	civil registry office	ЗАГС (Отде́л за́писи а́ктов, гражда́нского состоя́ния), 17
celebration, holiday	**пра́здник**, 13		
cello	виолонче́ль *f.*, 8	clarinet	кларне́т, 8
cell phone	**моби́льник**, 3	class	**класс**, 10
Celsius: on the Celsius scale	**Це́льсий: по Це́льсию**, 14	class session, activity	**заня́тие (на)**, 7, 10
		classical	**класси́ческий**, 8
cent	**цент**, 11	classmate (*at universities*)	однoку́рсник, 10
center	центр, 6	classmate (*in schools*)	однокла́ссник, 10
central	центра́льный, 6	clean	убира́|ть (I), 7; *убра́ть (I), 12
cereal	хло́пья *pl.*, 16		
ceremony	церемо́ния, 17	clean	**чи́стый**, 5, 16
chain	цепо́чка, 13	cleaning	очище́ние, 18
chair	**стул**, 4	clear	я́сный; я́сно, 14
champagne	шампа́нское *subst. adj.*, 11	climate	кли́мат, 5
channel	кана́л, 12	climb mountains	занима́|ться (I) альпини́змом, 15
chat, talk	разгова́рива|ть (I), 9		
cheap	дешёвый, 3; дёшево, 10	climb rocks	ла́зать по ска́лам, 15
		close by	**ря́дом**, 4
cheaper	**деше́вле** *comp.*, 10	closed	**закры́т** *short adj.*, 16
check	**счёт**, 16	closet	**шкаф (в шкафу́)**, 4
cheek	щека́, *pl.* щёки, 18	clothing	оде́жда, 13
cheese	**сыр**, 11	cloud	**о́блако**, *pl.* облака́, 14
chemist	хи́мик, 6		
chemistry	**хи́мия**; хими́ческий, 10		
chess	**ша́хматы** *pl.*, 8		
chess player	**шахмати́ст/ка**, 1		

cloudy	**о́блачный; о́блачно**, 14
club	**клуб**, 5, 12
coast	**бе́рег (на берегу́)**, 5, 15
Coca-Cola	ко́ка-ко́ла, 11
coffee	**ко́фе** *m.*, 11
coffeemaker	кофева́рка, 11
cold	**холо́дный**, 9, 14; **хо́лодно**, 14
cold (*sickness*)	просту́да, 18
colleague	колле́га, 10
collect	**собира́|ть (I)**, 9
Colombian	колумби́йский, 11
communication	коммуника́ция, 10
company	компа́ния, **фи́рма**, 6
competition	ко́нкурс, 10
complain	жа́ловаться (I) на + *acc.*, 18
complicated	сло́жный, 17
composer	**композитор**, 1
computer	**компью́тер**, 3
computer science	компью́терная те́хника, 10
concert	**конце́рт (на)**, 7, 12
conduct (*here: classes*)	провод|и́ться (II), 10
congratulate	поздравля́|ть (I), 13
conservatory	консервато́рия, 10
construction site	стро́йка (на), 6
construction worker	строи́тель *m.*, 6
contact lenses	конта́ктные ли́нзы, 18
contemporary, modern	**совреме́нный**, 8
continent	**контине́нт**, 5
continue	продолжа́|ть (I), 10
contract	контра́ктный, 10
convey, pass	*переда́ть, *imp.* **переда́й/те**, 12
cookie	пече́нье, 16
cool	**прохла́дный; прохла́дно**, 14
cooling	охлажде́ние, 18
corn	кукуру́за, 13
corner	у́гол (в/на углу́), 18
corridor	коридо́р, 4
cosmetologist	космето́лог, 10
cosmonaut	**космона́вт**, 1
cost	**сто́ить, сто́ит, сто́ят**, 11
cost, price	сто́имость, 15
costume party	маскара́д, 13
cottage cheese	творо́г, 16
cough	**ка́шель** *m.*, 18

country	**страна́**, *pl.* **стра́ны**, 5
countryside, village	дере́вня, 5
cranberry	клю́ква, 13
cream	**сли́вки** *pl. only*, 16
creative	оригина́льный, 13
credit (*for coursework*)	зачёт, 10
credit card	**креди́тная ка́рточка**, 11, 15
cucumber	**огур(е́)ц**, *pl.* **огурцы́**, 11
cultural	культу́рный, 15
cup	**ча́шка**, 16
curly	кудря́вый, 18

D

dacha, summerhouse	**да́ча**, 4
dad, father	**па́па**, 2
daily schedule	распоря́док дня, 7
dairy produce	моло́чные проду́кты, 11
dance	**танц|ева́|ть (I)**, 8
dancer	танцо́р, 1
dark	**тёмный; темно́**, 14
dark blond	ру́сый, 18
date, number	число́, 13
daughter	**дочь** *f.*, 2
day	**день** *m.*, 1
Good day! Hello!	**До́брый день!**, 1
deaf	глухо́й, 18
death	**смерть** *f.*, 17
December	**дека́брь (-е́)**, 13
decide, to solve	реша́|ть (I); *реши́ть (II)**, 17
decorate	украша́|ть (I), 13
deep	**глубо́кий**, 5
deeper	глу́бже *comp.*, 5
deeply	глубоко́, 18
degree	**гра́дус**, 14
delicatessen	кулинари́я, 11
delicious	**вку́сный**, 13, 16
dentist	зубно́й врач, 6
department (*at universities*)	ка́федра, **факульте́т**, 10
department store	**универма́г**, 4
dessert	**десе́рт**, 16
detective novels	**детекти́вы** *pl.*, 8
diagnosis	диа́гноз, 18
dial (*a telephone number*)	*набра́ть (I), 18
dictionary	**слова́рь** *m.*, 3

die, pass away	умира|ть (I); *умере́ть (I), 13
diet	дие́та, 16
different, various	**ра́зный**, 9, 15
difficult	**тру́дный; тру́дно**, 10
dill	укро́п, 16
dining hall, cafeteria	**столо́вая** *subst. adj.*, 7, 16 (в столо́вой)
dining room	**столо́вая** *subst. adj.*, 4
diploma (*high school*)	аттеста́т, 10
diploma (*university*)	дипло́м, 10
diplomat	**диплома́т**, 10, 17
director	**дире́ктор**, 6
dirty	гря́зный, 16
dish (*food*)	блю́до, 16
dish(es)	посу́да, 7
dishwasher	посудомо́ечная маши́на, 7
diving	да́йвинг, 8
division	отделе́ние, 10
divorced	**разведён, разведена́, разведены́** *short adj.*, 6
do	**де́ла|ть (I)**, 7; ***сде́лать**, 12
do laundry	*вы́/стира́ть (I) 7, 12
Do not lose hope!	Не па́дай/те ду́хом., 18
docent, assistant professor	доце́нт, 10
doctor (*in titles*)	до́ктор, 1
dog	**соба́ка**, 3
doll	**ку́кла**, 13
dollar	**до́ллар**, 11
Don't worry!	**Не беспоко́йся/ беспоко́йтесь!**, 18
Don't worry!	**Не волну́йся/ волну́йтесь!**, 15
door	**дверь** *f.*, 4
double (*room*)	двухме́стный, 15
dough	те́сто, 16
doughnut	по́нчик, 16
downstairs	**внизу́**, 18
draw	рис|ова́ть (I), 8
dream	**мечта́**, 17
dream	**мечта́|ть (I) о** + *prep.*, 17
dress	пла́тье, 15
drier	су́ше *comp.*, 14
drink	напи́ток, *pl.* напи́тки, 11
drink	**пить (I)**, 11

drive	води́ть (II), 7
drugstore	**апте́ка**, 4
drum	бараба́н, 8
dry	**сухо́й**, 16
dustpan	сово́к, 11

E

each other	**друг дру́га**, 17
ear	**у́хо**, *pl.* **у́ши**, 18
earlier, before	**ра́ньше**, 7
early	ра́нний *soft adj.*, 17
early	**ра́но**, 7
earring	**серёжка**, 13
east	**восто́к**, 5
east(ern)	восто́чный, 5
Easter	**Па́сха**, 13
easy	лёгкий; **легко́**, 17
eat	**есть**, 11
eat breakfast	***по/за́втрака|ть (I)**, 7, 12
eat lunch, dinner	***по/обе́да|ть (I)**, 7, 12
eat supper	***по/у́жина|ть (I)**, 7, 12
economics	**эконо́мика**, экономи́ческий, 10
economist	экономи́ст, 6
education	**образова́ние**, 10, 17
egg	**яйцо́**, *pl.* **я́йца**, 11
either . . . or	и́ли ... и́ли, 17
elevator	**лифт**, 15
end	кон(е́)ц, 15
end	конча́|ться (I), 10
end	зака́нчива|ться (I), 12
engineer	**инжене́р**, 6
English	**англи́йский**, 1
in English	**по-англи́йски**, 2
enough	доста́точно, 11
enroll, enter	***поступи́ть (II)**, 17 (*a university, school*)
entrance (*e.g., exam*)	вступи́тельный, 10
entrance	вход, 12
especially	**осо́бенно**, 8
essay	сочине́ние, 10
even	**да́же**, 9, 18
evening	**ве́чер**, 1
in the evening	**ве́чером**, 6
in the evenings	по вечера́м, 15
Good evening!	**До́брый ве́чер!**, 1

every	**ка́ждый**, 7	farmers' market	**ры́н(о)к (на ры́нке)**, 11
every day	**ка́ждый день**, 6; ежедне́вно, 7	fashionable	мо́дный, 13
		fast	**бы́стро**, 2, 7
every week	ка́ждую неде́лю, 6	fast	ско́рый, 18
exactly	**то́чно**, 12	father	**оте́ц**, 2
exactly (e.g., What exactly?)	и́менно, 13	dad	**па́па**, 2
		faucet	кран, 15
exam	**экза́мен**, 10	favorite	**люби́мый**, 8
exam period (end of semester)	се́ссия, 10	February	**февра́ль** m. (-é), 13
		feed	корм|и́ть (II), 16
excellent	**отли́чно**, 1	feel	**чу́вств|ова|ть (I) себя́**, 10, 18
except	кро́ме, 10		
Excuse me!	**Извини́/те!**, 4	fencing	фехтова́ние, 17
exercise	упражне́ние, 7	festive	пра́здничный, 13
exhibit	вы́ставка, 12	figure	фигу́ра, 18
exit (e.g., exam)	выпускно́й, 10	figure skater	**фигури́ст/ка**, 8
expensive	**дорого́й**, 3; **до́рого**, 10	finally	**наконе́ц**, 7
		finance	**фина́нсы** pl., 10
more expensive	**доро́же** comp., 10	finger, toe	па́лец, pl. па́льцы, 18
extra	ли́шний soft. adj., 12	finish, conclude	*око́нчить (II), 17
eye	**глаз**, pl. глаза́, 18	finishing	**оконча́ние**, 17
eyebrow	бровь f., 18	fire	пожа́р, 18
eyelashes	ресни́цы, 18	firefighter	пожа́рный subst. adj., 17

F

		first name	**и́мя** n. (pl. имена́), 6
face	**лицо́**, pl. ли́ца, 18	fir tree	ёлка, 13
fact	факт, 5	fish	лови́ть (II) ры́бу, 9
factory (light industry)	фа́брика (на), 6	fish	**ры́ба**, 9, 11
factory, plant	**заво́д (на)**, 6	fitness center, ~ room	фи́тнес-зал, 7
Fahrenheit: on the Fahrenheit scale	Фаренге́йт: по Фаренге́йту, 14	fitness club	фи́тнес-клуб, 7
		flatbread	лава́ш, 11
fairly, rather	**дово́льно**, 14, 17	flight	полёт, 15
fairy tale	ска́зка, 8	flight, route	рейс, 15
fall, autumn	**о́сень** f., 9; осе́нний soft adj., 10	floor	**пол**, 4
		floor, level, story	**эта́ж**, 4, 15
in fall	**о́сенью**, 9	flour	мука́, 16
fall in love with	*полюб|и́ть (II) + acc., 17	flowers	**цветы́**, sg. цвето́к, 13, 14
fall out of love with	*разлюб|и́ть (II) + acc., 17	flu	**грипп**, 18
family	**семья́**, 2	fluently	**свобо́дно**, 2
the whole family	вся семья́, 7	flute	фле́йта, 8
famous	**изве́стный**, 1; **знамени́тый**, 17	flutist	флейти́ст/ка, 8
		fly	лета́|ть (I); лете́ть (II), 15
far	**далеко́**, 4	folk	**наро́дный**, 8
far, distant	да́льний soft adj., 15	food store	гастроно́м, 11
farm	**фе́рма (на)**, 6	food, meal	еда́, 16
farmer	**фе́рмер**, 6	fool	**дура́к**, f. ду́ра, 15

foot, leg	нога́, *pl.* но́ги, 18	garage	гара́ж, 4
football, soccer	футбо́л; футбо́льный, 8	garden	сад (в саду́), 4, 15
(American) ~	америка́нский футбо́л, 8	garlic	чесно́к, 16
for	для + *gen.*, 16	geography	геогра́фия,
for (*a period of time*)	на + *acc.*, 15		географи́ческий, 10
for a long time	давно́, 5; до́лго, 9	geology	геоло́гия,
for example	наприме́р, 10		геологи́ческий, 10
for how long	на како́й срок, 15	geometry	геоме́трия, 10
forecast	прогно́з, 14	Georgian (*country*)	грузи́нский, 11
forehead	лоб (на лбу), 18	German	неме́цкий, 3
foreign	иностра́нный, 10	in German	по-неме́цки, 2
foreigner	иностра́н/(е)ц, -ка, 15	get, receive	*получ|и́ть (II), 12, 13
forest	лес (в лесу́), 5, 9	Get a grip on yourself!	Возьми́/те себя́ в ру́ки!, 18
forget	забыва́|ть (I); *забы́ть (I), 15	get divorced	*развести́сь с + *instr.*, 17
fork	ви́лка, 16	get dressed	одева́|ться (I), 7
former	бы́вший, 5	get in (*a school, university*)	*поступи́ть (II), 10
freckle	весну́шка, 18	get in	*попа́сть, 16
free	свобо́дный, 9	get married (*of a man*)	жени́ться (II) на + *prep.*, 17
free time, leisure time	свобо́дное вре́мя, 9	get married (*of a woman*)	выходи́ть за́муж (II)
free, vacant	свобо́ден, свобо́дна		*вы́йти за́муж (I)
	свобо́дно, свобо́дны		за + *acc.*, 17
	short adj., 16	get sick	*заболе́|ть (I), 18
freezer	морози́льник, 11	get tired	уста|ва́ть (I), 18
French	францу́зский, 3	get undressed	раздева́|ться (I), 7
in French	по-францу́зски, 2	get up	вста|ва́ть (I), 7
fresh	све́жий, 16	get well	поправля́|ться (I), 18
Friday	пя́тница, 6	Get well!	Поправля́йся/
friend	друг (*m.*), подру́га (*f.*), 2		Поправля́йтесь!, 18
friendship	дру́жба, 16	gift, present	пода́рок, *pl.* пода́рки, 13
from	от + *gen.*, 13;	gingerbread cookie	пря́ник, 16
	из + *gen.*, 15	girl, young woman,	де́вушка, 2
from abroad	из-за грани́цы, 15	girlfriend	
frost	моро́з, 14	girl (*little*)	де́вочка, 17
fruit	фрукт, 11	give	да|ва́ть (I), 10, 12;
full, full-figured, plump	по́лный, 10, 18		*дать, 12
fun	ве́село, 9, 14	Give!	Да́й/те! *imp.*, 11
fur	мехово́й, 9	give a tip	дава́ть; *дать на чай, 16
fur hat	мехова́я ша́пка, 9	give advice, advise	*по/сове́т|ова|ть (I), 13
future	бу́дущее *subst. adj.*, 17	give as a present	*по/дар|и́ть (II), 13
future	бу́дущий, 10	glass	стака́н, 16
		glass (*material*)	стекля́нный
			(*from* стекло́), 11
G		glasses	очки́, 15
gadget	аппара́т, 18	gloves	перча́тки *pl.*, 14
gain weight	попра́виться (II), 18	go away (*by vehicle*)	*уе́хать (I), 15
game (*sports event*)	матч, 12	go for a visit	ходи́ть в го́сти, 13

Go!	**Иди́/те!** *imp.*, 4	guilty	**винова́т, винова́та винова́ты** *short adj.*, 18
go, be going *(on foot)*	**ход|и́ть (II); идти́ (I)**, 7	guitar	**гита́ра**, 8
go, leave *(by vehicle)*	****пое́хать (I)***, 12	guitarist	**гитари́ст/ка**, 8
go, leave *(on foot)*	**пойти́ (I)**, 12	gulf	зали́в, 5
Go to hell!	К чёрту!, 10	guy	**па́рень** *m.*, 17
go, travel by vehicle *(one way)*	**е́хать (I)**, 12	gymnast	**гимна́ст/ка**, 8
go, travel by vehicle *(round-trip)*	**е́здить (II)**, 9	gymnastics	**гимна́стика**, 8
goalkeeper	врата́рь *m.*, 8		
gold(en)	золото́й, 13	**H**	
golf	гольф, 8	habit	привы́чка, 18
good	**хоро́ший**, 1	hair	**во́лосы** *pl.*, 18
good *(for health)*	поле́зный, 16	half	пол(ови́на), 6
Good-bye!	**До свида́ния!**, 1	1.5	полтора́, 6
Good-bye! See you later!	**Пока́!**, 1	2.5	два с полови́ной, 6
Good day! Hello!	**До́брый день!**, 1	half a kilo	**полкило́**, 11
Good evening!	**До́брый ве́чер!**, 1	half a liter	**пол-ли́тра**, 11
Good luck!	Ни пу́ха ни пера́!, 10	half a year	**полго́да**, 15
Good morning!	**До́брое у́тро!**, 1	half an hour	**полчаса́**, 6, 12
Good night!	**Споко́йной но́чи!**, 1	hall	зал, 18
goods	това́ры, 13	ham	ветчина́, 11
grade *(numeric)*		hamburger	**га́мбургер**, 16
A	пятёрка, 10	hand, arm	**рука́,** *pl.* **ру́ки**, 16
B	четвёрка, 10	hang: is/are hanging	**виси́т, вися́т**, 4
C	тро́йка, 10	hangover	похме́лье, 18
D	дво́йка, 10	happiness	сча́стье [ща́стье], 3
grade *(for exams, etc.)*	отме́тка, 10	happy	счастли́вый, 15
graduate program	аспиранту́ра, 10	happy, fun loving, cheerful	**весёлый**, 14
graduate student	**аспира́нт/ка**, 10	Happy Birthday!	**С днём рожде́ния!**, 13
gram	**грамм**, 11	Happy Easter! *(literally: Christ is risen!)*	Христо́с воскре́с!, 13
grand piano	**роя́ль** *m.*, 8	Happy holiday!	**С пра́здником!**, 13
granddaughter	**вну́чка**, 2	Happy New Year!	**С Но́вым го́дом!**, 13
grandfather	**де́душка**, 2	Happy Women's Day!	С пра́здником Восьмо́го ма́рта!, 13
Grandfather Frost	**Дед Моро́з**, 13	harmful, bad for you	**вре́дный**, 18
grandmother	**ба́бушка**, 2	hat	**ша́пка**, 9, 14
grandson	**внук**, 2	Have a nice trip!	Счастли́вого пути́!, 15
grapes	виногра́д *collect.*, 11	have: I have	**у меня́ есть**, 3
grass	трава́, 14	he	**он**, 2
grave	моги́ла, 9	head	**голова́**, 18
green	**зелёный**, 3	head *(here: of a table)*	глава́, 16
grey	се́рый, 3	health	здоро́вье, 16
grey *(of hair)*	седо́й, 18	health clinic	**поликли́ника**, 6
ground meat	фарш, 16	health care	**здравоохране́ние**, 18
guest	**гость** *m.*, 13		

health spa	санато́рий, 15	hotter	жа́рче *comp.*, 14
hear	слы́шать (II), 13, 18	hour	час, часа́, часо́в, 6
hearing aid	слухово́й аппара́т, 18	house	дом, 4
heart	се́рдце [се́рце], 18	house special	фи́рменное блю́до, 16
height, growth	рост, 18	housewife	домохозя́йка, 6
Hello!	Здра́вствуй/те!, 1	how	как, 1
help	по́мощь *f.*, 18	How are things?,	Как дела́?, 1
help, aid	помога́|ть (I), 7;	How are you?	
	*помо́чь (I), 13	how many, how much	ско́лько, 5
her	её, 1	how many hours	ско́лько часо́в, 6
here	здесь, 4	humidity	вла́жность, 14
herring	селёдка, сельдь *f.*, 16	hurt	боле́ть (II): боли́т,
Hi!	Приве́т!, 1		боля́т, 18
high school exit exam	ЕГЭ́ (еди́ный	husband	муж, 2
	госуда́рственный		
	экза́мен), 10		

I

high school graduate	выпускни́к, 10	I	я, 2
high, tall	высо́кий, 5;	ice	лёд (со льдом; безо
	высоко́, 14		льда), 16
higher education	вуз (вы́сшее уче́бное	ice cream	моро́женое *subst. adj.*, 11
institution	заведе́ние), 10	ice-hockey player	хоккеи́ст/ка, 1
higher	вы́сший, 10	ice-skate	ката́|ться (I) на
higher, taller	вы́ше *comp.*, 5, 14		конька́х, 9
highest (*here*: college level)	вы́сший, 17	icon	ико́на, 4
hiking	похо́д, 15	ID card	про́пуск, 10
him	его́, 1	idea	иде́я, 13
his	его́, 2	if	е́сли, 7, 14
history	исто́рия; истори́ческий, 10	important	ва́жный, 18
hockey	хокке́й; хокке́йный, 8	in, at (*location*)	в + *prep.*, 4
hold	держ|а́ть (II), 16	in, within (*a period*	за + *acc.*, 12
holiday, celebration	пра́здник, 13	*of time*)	
holidays, vacation (*school*)	кани́кулы *pl.*, 10	in (*future time*)	че́рез + *acc.*, 15
home	дом, 4	in advance	зара́нее, 16
at home	до́ма, 6	in another way	по-друго́му, 10
home	дома́шний *soft. adj.*, 12	in general, generally	вообще́, 13
home theater	дома́шний кинотеа́тр, 3	in that case, then	тогда́, 11, 12
honey	мёд, 16	Independence Day	День незави́симости, 13
horrible	стра́шный, 18	ingredient	ингредие́нт, 16
horse	ло́шадь *f.*, 3	insomnia	бессо́нница, 18
horseback riding	верхова́я езда́, 17	institute	институ́т, 6
hospital	больни́ца, 4	instrument	инструме́нт, 8
host, hostess	хозя́ин, хозя́йка, 13, 16	insurance	страхова́ние, 18
hot (*of liquid*)	горя́чий, 15	intelligence officer	разве́дчик, 17
hot	жа́ркий; жа́рко, 14	interest	интере́с, 17
hotel	гости́ница, 4	interesting	интере́сный, 3;
hotel room	но́мер, *nom. pl.* номера́, 15		интере́сно, 2

international	**международный**, 13, 17	key	ключ, 15
international relations	международные отношения, 10	kilogram	**килограмм**, 11
		kiosk	ларёк, *pl.* ларьки, 11
International Women's Day	**Восьмое марта** Международный женский день, 13	kiss *(each other)*	*по/цел|ова|ть(ся) (I), 17
		kitchen	**кухня**, 4
invitation	приглашение, 12	knife	**нож**, 16
invite	приглаша|ть (I), 12; *пригласить (II), 13	know	**зна|ть (I)**, 2
		kopeck	копейка, 11
island	**остров**, *pl.* **острова**, 5	Korean	корейский, 10
it	**оно**, 4	kvas *(fermented drink)*	квас, 16
It's a deal!	**Договорились!**, 12, 16		
Italian	**итальянский**, 3		
in Italian	**по-итальянски**, 3		

J

jacket	**куртка**, 14
jam	джем, 11; варенье, 16
January	**январь** *m.* **(-é)**, 13
Japanese	**японский**, 3
in Japanese	**по-японски**, 2
jar, can	**банка**, 11
jazz	**джаз**, 8
jeans	**джинсы** *pl.*, 12
jewelry	ювелирные изделия, 13
job, work	**работа (на)**, 6
join *(a party, military, etc.)*	вступить (II), 17
journalism	журналистика, 10
journalist	**журналист/ка**, 6
judo	дзюдо *indecl.*, 8
juice	**сок**, 11
July	**июль** *m.*, 13
June	**июнь** *m.*, 13
junior college *(in Russia)*	колледж, 10
just	только что, 17
just a little	**чуть-чуть**, 2
Just a minute!	**Минут(оч)ку!**, 12
just in case	на всякий случай, 11

K

karate	каратэ, 8
karavai: a round bread *(for ceremonies)*	каравай, 17
ketchup	кетчуп, 16

L

labor	труд, 13
laboratory	лаборатория, 6
laboratory technician	лаборант, 6
lake	**озеро**, *pl.* **озёра**, 5
lamb *(meat)*	баранина, 16
lamp	**лампа**, 4
land, ground	**земля**, 14
language	**язык**, 10
laptop computer	ноутбук, 3
large, big	**большой**, 3
last	последний *soft adj.*, 13
last name	**фамилия**, 6
late	**поздно**, 7
later	(по)позже *compr.*, 7, 16
law	юриспруденция, 10
lawyer	**юрист**, 6
lazy	**ленивый**, 18
lecture	**лекция (на)**, 7, 10
left	**левый**, 16
on the left	**слева**, 4
to the left	**налево**, 4
leg, foot	**нога**, *pl.* **ноги**, 18
lemon	**лимон**, 16
lemonade	**лимонад**, 11
lens	**линза**, 18
less, smaller	**меньше**, 5
lesson, *also:* homework	урок, 7
Let's go…	**Давай пойдём/ поедем…**, 12
Let's meet…	**Давай встретимся…**, 16
Let's watch…	**Давай посмотрим…**, 12
letter	**письмо**, 3
librarian	**библиотекарь**, 6

library	библиотéка, 4
lie	лежáть (II), 4, 7
lie down	ложúться (II), 7
life	жизнь *f.*, 5
light, easy	лёгкий, 8
light, light-colored	свéтлый, светлó, 14
lightbulb	лáмпочка, 15
like, love	люб|úть (II), 3, 8
like, please	*по/нрáвиться (II), 13
linguistics	лингвúстика, 10
lip	губá, *pl.* гýбы, 18
list	спúсок, 12
listen	слýша|ть (I), 2
liter	литр, 11
literature	литератýра, 8
little	мáло, 11
little, small	мáленький, 3
live	жить (I), 4
living room	гостúная *subst. adj.*, 4
loaf	бухáнка, 11; батóн (*French bread*), 16
location: is/are located	нахóдится, нахóдятся, 4
long	длúнный, 5
look (*of appearance*)	вы́гляд|еть (II), 18
look for	искáть (I), 17
lose	*потерáть (I), 15
lose weight	*по/худéть, 18
loudly, louder	грóмко, грóмче, 15
love	любóвь *f.* (*gen.* любвú), 17
in love	влюблён, влюбленá влюблены́ *short adj.*, 18
love, like	люб|úть (II), 3, 8
low	нúзкий, 5; нúзко, 14
lower	нúже *comp.*, 5, 14
luck: I wish you luck!	Желáю тебé/вам удáчи!, 10
lunch, dinner	обéд, 7
lungs	лёгкие [лёхкие], 18
lyceum	лицéй, 10

M

macaroni	макарóны, 16
magazine	журнáл, 3
maid	домрабóтница, 6

main	глáвный, 12
maitre d'	метрдотéль *m.*, 16
man	мужчúна, 6
management	мéнеджмент, 10
manager	мéнеджер, 6
many	мнóгие, 9
map	кáрта, 5
March	март, 13
margarine	маргарúн, 11
marine science	океанолóгия, 10
marriage	брак, 17
marriage palace	Дворéц бракосо-четáния, 17
married (*of a man*)	женáт, 3, 6
married (*of a woman*)	зáмужем, 3, 6
marry (*each other*)	*поженúться, 17
mask	мáска, 13
master's degree	магúстр, 10
master's program	магистратýра, 10
maternity ward	род(úльный) дом, 18
mathematician	математик, 6
mathematics	математика; математúческий, 10
May	май, 13
May Day	Пéрвое мáя, 13
may not	нельзя́, 16
maybe, perhaps	мóжет быть, 3
mayonnaise	майонéз, 16
me	меня́ *acc.*, 1
meaning	значéние, 18
measure	*измéрить (II), 18
meat	мя́со, 11
mechanic	механик, 6
medical	медицúнский, 6
medicine	лекáрство, 18
medicine (*science*)	медицúна, 10
meet	встречá|ться (I); *встрéтиться (II), 12
meeting	встрéча, 16
menu	меню́ *indecl.*, 16
metro station	стáнция, 15
Mexican	мексикáнский, 3
microwave oven	микроволнóвая печь, микроволнóвка, 11
middle	серединá, 15
in the middle	в середúне, 15

middle, average	**сре́дний**, 15, 18
milk	**молоко́**, 11
milk, milky	моло́чный, 11
millionnaire	миллионе́р, 17
mineral	минера́льный, 11
minus	**ми́нус**, 14
minute	мину́та, мину́т(оч)ка *dim.*, 12
mittens	ва́режки *pl.*, 14
mix up	*перепу́та|ть (I), 16
modern, contemporary	**совреме́нный**, 8
Monday	**понеде́льник**, 6
money	**де́ньги** *pl. only*; *gen.* **де́нег**, 10
month	**ме́сяц**, 7
moon	**луна́**, 14
more, bigger	**бо́льше** *comp.*, 5
morning	**у́тро**, 1
Good morning!	**До́брое у́тро!**, 1
in the morning	**у́тром**, 6
morning party	у́тренник, 13
Moscow	**Москва́**, 5; моско́вский, 7
most of all	**бо́льше всего́**, 13
most (*superlative*)	**са́мый**, 5
mother, mom	**мать** *f.*, **ма́ма**, 2
motorboat	ка́тер, 9
motorcycle	мотоци́кл, 3
mountain	**гора́**, *pl.* **го́ры**, 5
mountain climbing	альпини́зм, 15
mouth	**рот** (во рту́), 18
movie director	кинорежиссёр, 17
Mr.	господи́н, 1
Ms.	госпожа́, 1
mug	кру́жка, 16
museum	**музе́й**, 4
mushroom	гриб, 9
music	**му́зыка**, 7
musical	музыка́льный, 6
must, need	**на́до**: *dat.* + **на́до**, 11
must not, cannot	**нельзя́**: *dat.* + **нельзя́**, 18
mustache	усы́, 18
mustard	горчи́ца, 16
mute	немо́й, 18
my	**мой, моя́, моё, мой**, 2, 3, 4.7

N

name	называ́|ть (I); *назва́ть (I), 17
name day	имени́ны, 13
name, first name	**и́мя** *n.* (*pl.* **имена́**), 6
name, last name	**фами́лия**, 6
nanny	ня́ня, 6
napkin	**салфе́тка**, 16
narrow	**у́зкий**, 18
native	**родно́й**, 10
nature	приро́да, 14
nauseated: I feel nauseated.	тошни́т: **Меня́ тошни́т.**, 18
Navy	ВМС, Вое́нно-морски́е си́лы, 17
near	бли́зко, 4
nearsighted	близору́кий, 18
neck	ше́я, 18
necklace	бу́сы, 13
necktie	**га́лстук**, 13
needed	ну́жно, 11
needed	**ну́жен, нужна́, ну́жно, нужны́** *short adj.*, 15
nerve	нерв, 18
nesting doll	**матрёшка**, 9
never	**никогда́**, 7
new	**но́вый**, 3
newlyweds	молодожёны, 17
newspaper	**газе́та**, 3
next	сле́дующий, 15
next to	**ря́дом с** + *instr.*, 16
next year	**в сле́дующем году́**, 15
Nice to meet you!	**Очень прия́тно!**, 1
nice (*looking*)	**симпати́чный**, 2
night	ночь *f.*, 1
at night	**но́чью**, 6
Good night!	**Споко́йной но́чи!**, 1
night	ночно́й, 6
night club	ночно́й клуб, 6
no	**нет**, 1
no way	**ника́к**, 12
noisy	**шу́мно**, 9
north	**се́вер**, 5
north(*ern*)	се́верный, 5
nose	**нос**, 18

not (negative within a sentence)	**не**, 1	opera	**о́пера**, 8
		opinion	мне́ние, 5
not any more	уже́ не, 6	in my opinion	**по-мо́ему**, 3
not bad	**неплохо́й**, 1	or	**и́ли**, 1
not badly	**непло́хо**, 1	oral	**у́стный**, 10
not well	**нехорошо́**, 2	orange (color)	ора́нжевый, 3
not yet	**ещё не**, 3, 12	orange (fruit)	**апельси́н;**
nothing	**ничего́**, 6		апельси́новый, 11
novel	**рома́н**, 3	orchestra	орке́стр, 8
November	**ноя́брь** m. (-é), 13	order	**зака́з**, 16
now, right now	**сейча́с**, 7	order, reserve	**зака́зыва|ть (I);**
now	тепе́рь, 5		***заказа́ть (I)***, 16
nowhere	**нигде́**, 6	organize	устра́ива|ть (I), 13
number, date	число́, 13	other	друго́й, 9
nurse	**медсестра́/медбра́т**, 6	our	**наш, на́ша, на́ше,**
nutrition	пита́ние, 16		**на́ши**, 2, 3, 4.7
		out of town	**за́ город**, 9, 12

O

oboe	гобо́й, 8	oval	ова́льный, 18
occupied, busy	**за́нят, занята́, за́нято**	overcast	**па́смурно**, 14
	за́няты short adj., 16	overcoat	**пальто́** indecl., 14
ocean	**океа́н**, 5	own, one's own	**свой**, 5, 13
October	**октя́брь** m. (-é), 13	own, have	**име́|ть (I)**, 17
of course	**коне́чно**, 2, 8		
office	**кабине́т**, 4, 18;		
	о́фис, 6		

P

often	**ча́сто**, 7	Pacific Ocean	Ти́хий океа́н, 5
Oh, come on!	Ну что ты!, 2	package	**па́чка**, 11
Oh, well!	Ну, что ж!, 15	painter, artist	**худо́жник**, 8
oil, butter	**ма́сло**, 11	painting	карти́на, 4
okay	норма́льно, 7	palace	дворе́ц, 17
old	**ста́рый**, 3	pancake house	бли́нная, 16
older	**старе́е**, 5;	pancakes	**блины́** pl., 16
	ста́рше, 13	pants	**брю́ки** pl., 15
older, oldest	**ста́рший**, 3, 13	parents	**роди́тели** pl., 2
on, at	**на** + prep., 4	park	**парк**, 4
one can/may; it is possible	**мо́жно**, 9	parsley	петру́шка, 16
oneself	себя́, 10	party	**вечери́нка**, 13, 16
onion	лук, 11	pass (an exam)	***сдать (экза́мен)***, 12
only	**то́лько**, 2	pass, convey	***переда́ть***, imp.
only, sole, one and only	еди́нственный, 3		**переда́й/те**, 12
open	открыва́ть (I);	passive	пасси́вный, 15
	откры́ть (I), 12, 15	passport	**па́спорт**, 15
open	**откры́т** short adj., 16	paste	па́ста, 15
open	*откры́ться (I), 12	toothpaste	зубна́я па́ста, 15
		pastry	пиро́жное, 16
		patient (medical)	**больно́й** subst. adj., 18

patronymic	**о́тчество**, 6	plus	**плюс**, 14
pay *(with cash)*	плати́ть (нали́чными), 11	pocket	карма́н, 15
peace	мир, 3	poet	поэ́т, 1
peach	пе́рсик, 16	poetry	**поэ́зия**, 8
pear	гру́ша, 16	police	поли́ция, 18
pendant	**куло́н**, 13	police officer	**полице́йский**, 17
peninsula	**полуо́стров,** *pl.* **полуострова́**, 5	policy	по́лис, 18
pension; retired	пе́нсия; на пе́нсии, 6	Polish	по́льский, 10
(on pension)		political science	политоло́гия, 10
people	**лю́ди**, 5	poor	**бе́дный**, 18
pepper	пе́р(е)ц, 16	Poor thing!	Бедня́жка!, 18
perfume	**духи́** *pl. only*, 13	popular	**популя́рный**, 8
perhaps, maybe	**мо́жет быть**, 3	pork	свини́на, 16
period of time	срок, 15	portion	по́рция, 16
person	челове́к, 11	Portuguese	португа́льский, 10
personally	ли́чно, 10	possible: one can/may	**мо́жно**, 9
phase	фа́за, 18	post office	**по́чта**, 4
philology *(language*	филоло́гия;	postcard	откры́тка, 13
and literature)	**филологи́ческий**, 10	poster	плака́т, 4
philology	филосо́фия; филосо́фский, 10	potatoes	**карто́фель** *m. collect.,*
photograph	фотогра́фия, 2		(карто́шка), 11
physical education	**физкульту́ра**, 10, 17	poultry, bird	пти́ца, 11
physician	**врач**, 6	prefer	предпочита́|ть (I), 15
physicist	**фи́зик**, 6	pregnant	бере́менна, бере́менны, 18
physics	**фи́зика;** физи́ческий, 10	prepare *(dinner, etc.)*	*при/гото́вить (II), 7, 12
pianist	**пиани́ст/ка**, 1	prepare for an exam	*под/гото́в|иться
piano	**пиани́но** *indecl.*, 8		к экза́мену, 12
grand piano	**роя́ль** *m.*, 8	present, gift	**пода́рок,** *pl.* **пода́рки**, 13
pie, pastry	**пиро́г, пирожо́к**, 16	presentation, paper	докла́д, 10
piece	кусо́к, 11	president	**президе́нт**, 1
pilaf	плов, 11	prestigious	прести́жный, 6
pill	табле́тка, 18	price	**цена́,** *pl.* це́ны, 9
pillow	поду́шка, 15	printer	при́нтер, 3
pilot	**лётчик**, 17	private	ча́стный, 6
pineapple	анана́с, 16	probably	**наве́рно(е)**, 11, 18
pink	ро́зовый, 3	problem	пробле́ма, 13
pity	**жаль**, 18	produce	**проду́кты** *pl.*, 11, 16
pity: I feel sorry for you.	жаль: Мне жаль тебя́., 18	profession, by profession	**профе́ссия, по**
pizza	пи́цца, 16		**профе́ссии**, 6
place	ме́сто, *pl.* места́, 6	professor	**профе́ссор**, 1
plan	**план**, 17	program	**програ́мма**, 12
plate	**таре́лка**, 16	programmer	**программи́ст**, 6
play a game	**игра́|ть (I) в** + *acc.*, 8	psychiatrist	психиа́тр, 17
play an instrument	**игра́|ть (I) на** + *prep.*, 8	psychology	психоло́гия, 10
player *(electronics)*	плеер, 3	puck *(hockey)*	ша́йба, 8
please, you're welcome	**пожа́луйста**, 4	pug-nosed	курно́сый, 18

pumpkin	ты́ква, 13
pupil	уче|ни́к, -ни́ца, 10
purple	фиоле́товый, 3
purse, bag	**су́мка**, 12, 13
put on *(of clothes)*	**надева́|ть (I), *наде́ть (I)**, 14
put	класть, 12
	*положи́ть (II), 12, 15

Q

quarter	че́тверть *f.*, 10
question	вопро́с, 3
quiet, silence	тишина́, 5
quietly, quieter	**ти́хо, ти́ше**, 10, 15
quiz	**контро́льная рабо́та**, 10

R

radio	**ра́дио**, 3
railway station	**вокза́л**, 15
rain	**дождь** *m.*, 14
raincoat	плащ, 14
raspberry	мали́на, 16
rather, fairly	**дово́льно**, 14, 17
razor	бри́тва, 15
read	***про/чита́|ть (I)**, 2, 12
reading	чте́ние, 10
real	настоя́щий, 9
receive, get	**получа́|ть (I)**, 10;
	*получи́ть (II), 13
recipe, prescription	реце́пт, 16, 18
recognize, find out	***узна́|ть (I)**, 12, 18
red	**кра́сный**, 3
red *(of hair)*	ры́жий, 18
reduce stress	снять стресс, 18
refrigerator	**холоди́льник**, 11
regular	регуля́рный, 18
relation*(ship)*	отноше́ние, 17
relative	ро́дственник, 13
relaxation	расслабле́ние, 18
religious	религио́зный, 13
rent	**снима́|ть (I)**, 10
repetition	повторе́ние, 18
report, paper	**рефера́т**, 12
republic	респу́блика, 5
required, compulsory	обяза́тельный, 10

residence hall	**общежи́тие**, 4
resort	куро́рт, 15
resort hotel	пансиона́т, 15
rest	**отдыха́|ть (I)**, 9
rest, vacation	о́тдых, 15
restaurant	**рестора́н**, 4
return	возвраща́|ться (I);
	*верну́ться (I), 15
rheumatism	ревмати́зм, 18
rice	**рис**, 11, 16
ride a motorboat	**ката́|ться (I)** на ка́тере, 9
ride in a rowboat	**ката́|ться (I)** на ло́дке, 9
ride on horseback	**е́здить верхо́м**, 9
right	пра́вый, 16
on the right	**спра́ва**, 4
to the right	**напра́во**, 4
ring	**кольцо́,** *pl.* **ко́льца**, 13
river	**река́,** *pl.* **ре́ки**, 5
road, trip	доро́га, 15
rock-climbing	скалола́зание, 15
rock group	**рок-гру́ппа**, 8
rock music	**рок-му́зыка**, 8
rock musician	рок-музыка́нт, 17
roll, ride	**ката́|ться (I)**, 9
rollerskate	**ката́|ться (I)** на ро́ликах, 9
room	**ко́мната**, 4
roommate	сосе́д/ка по ко́мнате, 7
round	**кру́глый**, 18
ruble	**рубль** *m.*, 11
rug	ковёр, 4
run	**бе́га|ть (I)**, 9
running	**бег**, 8, 17
runny, stuffy nose, head cold	**на́сморк**, 18
Russia	**Росси́я**, 5
Russian *(person)*	**ру́сский** *(m.),*
	ру́сская *(f.)*, 2
Russian	**ру́сский**, 1
in Russian	**по-ру́сски**, 2
Russian *(referring to the country and its citizens)*	росси́йский, 7

S

sad	**гру́стный**, 18
sail	па́русный, 9

salad	**сала́т**, 11	shish kebab	шашлы́к, 16
salesman	**продаве́ц**, *pl.* **продавцы́**, 6	shish-kebab house	шашлы́чная, 16
saleswoman	**продавщи́ца**, 6	shoes	**ту́фли** *pl.*, 15
salt	**соль** *f.*, 16	shopping center	торго́вый центр, 6
same kind	**тако́й же**, 18	short	**коро́ткий**, 5;
samovar	**самова́р**, 9		**ко́ротко**, 14
sandwich	**бутербро́д**, 16	shorter	**коро́че** *сотр.*, 14
satisfied	**дово́лен, дово́льна,**	shorts	**шо́рты** *pl.*, 14
	дово́льны + *instr.*, 17	shot glass	рю́мка, сто́пка, 16
Saturday	**суббо́та**, 6	shoulder	плечо́, *pl.* пле́чи, 18
sauce, syrup	сиро́п, 13	show	пока́зыва|ть (I);
saucer	блю́дце, 16		*показа́ть (I), 12
sauerkraut	ква́шеная капу́ста, 11	show *(in movie theaters)*	сеа́нс, 12
sausage	**колбаса́**, 11	shower	душ, 7
sausage links	**соси́ски** *pl.*, 16	shut, close	закрыва́|ть (I);
saxophone	саксофо́н, 8		*закры́ть (I), 15
Say, tell!	**Скажи́/те!**, 4	Siberia	Сиби́рь *f.*, 5
scarf	**шарф**, 13	sick	**бо́лен, больна́, больны́**
scary	**стра́шный**, 18		*short adj.*, 18
school *(elementary	**шко́ла**, 4	sight	достопримеча́тельность
and secondary)*			*f.*, 15
school year	уче́бный год, 10	silver	сере́бряный, 13
schoolboy, -girl	**шко́ль|ник, -ница**, 6, 10	similar, resembling	**похо́ж, похо́жа**
schooling, teaching	обуче́ние, 17		**похо́жи на** + *acc.*, 18
science	нау́ка, 10	simply	**про́сто**, 9, 18
science fiction	**фанта́стика**, 8	sing	**петь (I)**, 8
scientist	учёный, *subst. adj.*, 6	singer	**певе́ц, певи́ца**, 8, 17
sea	**мо́ре**, *pl.* **моря́**, 5	single *(of a man)*	**хо́лост**, 6
season	**вре́мя го́да**, 9	single *(of a woman)*	**не за́мужем**, 6
secretary	**секрета́рь** *m.*, 6	single room	одноме́стный но́мер, 15
security guard	охра́нник, 10	sister	**сестра́**, 2
see	**ви́деть (II)**, 12	sit	**сиде́ть (II)**, 7
See you tonight then!	**До ве́чера тогда́!**, 16	Sit down! Have a seat!	**Сади́сь/Сади́тесь!**, 15
seem	каза́ться: *dat.* + **ка́жется**, 18	skating rink	като́к, 12
seldom	**ре́дко**, 7	ski	**ката́|ться (I) на лы́жах**, 9
selection, choice	вы́бор, 13	ski*(ing)*	лы́жный спорт, 8
sell	**прода|ва́ть (I)**, 11	skin	**ко́жа**, 18
semester	**семе́стр**, 10	skirt	**ю́бка**, 15
seminar	**семина́р**, 10	sky	**не́бо**, 14
separate	отде́льный, 15	sleep	**сп|ать (II)**, 7
September	**сентя́брь** *m.* **(-é)**, 13	sleep: I can't sleep.	**Мне не спи́тся.**, 18
serious	**серьёзный**, 18	sleeping pill	снотво́рное, 18
she	**она́**, 2	sleeveless T-shirt	**ма́йка**, 14
shelf	по́лка, 4	slice	наре́зать, 11
shine: is shining;	**све́тит; past све́тило**, 14	slim	**стро́йный**, 18
was shining		slowly	**ме́дленно**, 2, 15

small, little	**ма́ленький**, 3	sport, sporty	**спорти́вный**, 8
smaller, less	**ме́ньше** *comp.*, 5	spring	весе́нний *soft adj.*, 10
smile	улыба́|ться (I); *улыбну́ться, 12	spring	**весна́**, 9
smoke	**кури́ть (II)**, 18	in spring	**весно́й**, 9
smoking	куре́ние, 18	square	пло́щадь *f.*, 4
SMS (*short message service*), text message	СМС, 7	St. Petersburg	**Санкт-Петербу́рг**, 5
		stadium	**стадио́н**, 4
snack	заку́сыва|ть (I); *закуси́ть, 16	staircase	ле́стница, 15
snack, appetizer	**заку́ска**, 16	stamps	почто́вые ма́рки *pl.*, 9
snow	**снег**, 9, 14	stand	**сто|я́ть (II)**, 7
Snow maiden	**Снегу́рочка**, 13	stand: is/are standing	**стои́т, стоя́т**, 4
snowboard	**ката́|ться (I)** на сноубо́рде, 9	Stand up!	Встань/те! *imp.*, 15
so, such	**тако́й, так**, 14	star	**звезда́**, *pl.* **звёзды**, 14
soccer	**футбо́л**, 8	state	**штат**, 5
soccer player	**футболи́ст/ка**, 1	state, public	госуда́рственный, 6
sociology	социоло́гия, 10	statistics	стати́стика, 10
socks	**носки́** *pl.*, 15	status	положе́ние, 6
sofa	**дива́н**, 4	steal	*укра́сть: у меня́, укра́ли + *acc.*, 15
sold out	про́дан, про́дана про́даны *short adj.*, 12	steam: Enjoy your bath!	пар: С лёгким па́ром!, 18
soldier	вое́нный, **солда́т**, 17	steam room	пари́лка, 18
some, a few	не́сколько, 9	stereo system	стереосисте́ма, 3
something	**что-нибу́дь**, 12	still	**ещё**, 2, 6
sometimes	**иногда́**, 6, 7	stomach	**живо́т**, 18
son	**сын**, 2	stop	**стоп**, 15; останови́сь, останови́тесь, 15
song	**пе́сня**, 8		
soon	**ско́ро**, 13		
so-so	так себе́, 18	store	**магази́н**, 4
soul	душа́, 18	stove	плита́, 11
sour cream	смета́на, 11	straight	**прямо́й**, 18
south	**юг**, 5	straight ahead	**пря́мо**, 4
south(*ern*)	ю́жный, 5	strawberry	клубни́ка, 16
souvenir	**сувени́р**, 9	street	**у́лица**, 4
spaghetti	спаге́тти *indecl.*, 16	streetcar	**трамва́й**, 15
Spanish	**испа́нский**, 3	strengthening	укрепле́ние, 18
in Spanish	**по-испа́нски**, 2	strep throat	анги́на, 18
speak	**говор|и́ть (II)**, 2	stress	**стресс**, 18
special	специа́льный, 9	strong	кре́пкий, 18
special school	спецшко́ла, 17	strong	**си́льный; си́льно**, 14
specialist	специали́ст, 10	student	**студе́нт/ка**, 1
specialty, major	**специа́льность** *f.*, 10	student	студе́нческий, 10
spend (*time*)	проводи́ть (II) вре́мя, 7	study (*where?, how?*)	**учи́ться (II)**, 6
spices, condiments	припра́вы *pl.*, 16	study a subject	**изуча́|ть (I)**, 10
spoon	**ло́жка**, 16	study, do homework	**занима́|ться (I)**, 7
sport	**спорт**, 8	study, school	уче́бный, 10
kind (*category*) of sport	**вид спо́рта**, 8		

stuffed	фарширо́ванный, 13	take off (of clothes)	снима́|ть (I); *снять (I), 14
subject	предме́т, 10	take photographs	фотографи́р|ова|ть (I), 9
subtropical	субтропи́ческий, 5	tall, high	высо́кий, 5
subway	метро́ indecl., 4	tea	чай, 11
sugar	са́хар, 16	teach	препода|ва́ть (I), 10
suggest	предлага́|ть (I);	teacher	преподава́тель m., 2
	*предлож|и́ть (II), 13	teacher (elementary,	учи́тель m., pl. учителя́, 6
suggestion	предложе́ние, 13	secondary school)	
suit	костю́м, 15	teacher (f.)	учи́тельница, 6
suitcase	чемода́н, 15	teakettle	ча́йник, 11
summer	ле́то, 9	team	кома́нда, 8
in summer	ле́том, 9	tear	слеза́, pl. слёзы, 18
summer	ле́тний soft adj., 10	teaspoon	ча́йная ло́жка, 16
summerhouse, dacha	да́ча, 4	technical college	те́хникум, 10
sun	со́лнце [сонце], 14	teddy bear	ми́шка m., 13
sunbathe	загора́|ть (I), 15	telephone	телефо́н, 3
Sunday	воскресе́нье, 6	on the telephone	по телефо́ну, 7
sunglasses	со́лнечные очки́, 15	television	телеви́зор, 3
sunny	со́лнечный; со́лнечно, 14	on TV	по телеви́зору, 7
supermarket	суперма́ркет, 11	temperature	температу́ра, 14
supper	у́жин, 7	tennis	те́ннис, 8
surgeon	хиру́рг, 17	tennis player	тенниси́ст/ка, 1
survey	опро́с, 17	tent	пала́тка, 15
sweater	сви́тер, 13	textbook	уче́бник, 3
Swedish	шве́дский, 11	text message	СМС, 7
sweet	сла́дкий, 11, 16	than	чем, 5
sweets	сла́дости pl. only, 13	thank you	спаси́бо, 1
swim	пла́ва|ть (I), 9	that	что, 2
swim, bathe (play)	купа́|ться (I), 15	that, so that, in order to	что́бы, 17
swimming	пла́вание, 8	that/those	тот, та, то, те, 4, 4.7
swimsuit (men's)	пла́вки, 15	theater	теа́тр, 4;
swimsuit (women's)	купа́льник, 15		театра́льный, 12
Swiss	швейца́рский, 11	their	их, 2
		them	их acc., 1
		then	пото́м, 4
T		there	там, 4
		there is, there are	есть, 3
table	стол, 4;	therefore	поэ́тому, 9
	сто́лик, 16	thermometer	термо́метр, 18
tablecloth	ска́терть f., 16	thesis	дипло́мная рабо́та, 10
tablespoon	столо́вая ло́жка, 16	they	они́, 2
take	брать (I), 12;	think	ду́ма|ть (I), 2
	*взять (I), 11, 15	think (for a while)	*поду́ма|ть (I), 13
take (an exam)	сда|ва́ть (I) (экза́мен), 12	this is	э́то, 1
take (e.g., a shower)	принима́|ть (I), 7;	this/these	э́тот, э́та, э́то, э́ти, 1, 4.7
	*приня́ть (I), 12	three	тро́е collect. num., 16
take (here: credit cards)	принима́ть (I), 16		

throat	го́рло, 18	turn off *(the light, an appliance)*	вы́ключи/те, 15
throw, quit	*бро́сить (II), 18	turn on *(the light, an appliance)*	включи́/те, 15
thunderstorm	гроза́, 14		
Thursday	четве́рг, 6	tutor	репети́тор, 10
ticket	биле́т, 10, 12	TV or radio broadcast	переда́ча, 12
time	вре́мя *n; gen.* sg. вре́мени, *pl.* времена́, 7	two	дво́е *collect. num.*, 16
time *(counting)*	раз, ра́за, 7		
tip	чаевы́е *subst. adj. pl.*, 16	**U**	
to, for *(toasting)*	за + *acc.*, 16	U.S.A.	США, 5
to, toward	к + *dat.*, 13	Ukrainian	украи́нский, 10
toast *(drink)*	тост, 16	umbrella	зо́нт(ик), 15
toaster	то́стер, 11	uncle	дя́дя, 2
today	сего́дня, 6	understand	понима́|ть (I), 2
toe, finger	па́лец, *pl.* па́льцы, 18	underwear	трусы́, тру́сики *pl.*, 15
together	вме́сте, 7	unemployed	безрабо́тный, 6
toilet	туале́т, 4	unfortunately	к сожале́нию, 12
tomato	помидо́р, 11	university	университе́т, 4
tongue	язы́к, 18	Ural (Mountains)	Ура́л(ьские го́ры), 5
too *(much, etc.)*	сли́шком, 11	us	нас *acc.*, 1
tooth	зуб, 18	usually	обы́чно, 6, 7
toothbrush	зубна́я щётка, 15		
toothpaste	зубна́я па́ста, 15	**V**	
tourist	тури́ст/ка, 1		
tourist sight	достопримеча́тельность *f.*, 15	vanilla	вани́льный, 13
towel	полоте́нце, 15	vacation *(school)*, holidays	кани́кулы *pl.*, 10
toy	игру́шка, 13	vacation, rest	о́тдых, 15
train	по́езд, 15	vacuum cleaner	пылесо́с, 11
train conductor	проводни́к, проводни́ца, 15	various, different	ра́зный, 9, 15
train, exercise	тренир|ова́|ться (I), 7	vegetable oil	расти́тельное ма́сло, 11
translator	перево́дчик, 6	vegetables	о́вощи *pl.*, 11
travel	путеше́ств|ова|ть (I), 15	vegetarian	вегетариа́н|(е)ц, -ка, 16
tree	де́рево, *pl.* дере́вья, 14	very	о́чень, 1
trip	пое́здка, 15	veterinarian	ветерина́р, 6
trolleybus	тролле́йбус, 15	victory	побе́да, 18
trombone	тромбо́н, 8	Victory Day	День Побе́ды, 13
truck	грузови́к, 13	village, countryside	дере́вня, 5
trumpet	труба́, 8	vinegar	у́ксус, 16
truth	пра́вда, 3	violin	скри́пка, 8
try	*по/про́б|ова|ть (I), 18	violinist	скрипа́ч/ка, 8
T-shirt	футбо́лка, 14	visa *(travel document)*	ви́за, 15
Tuesday	вто́рник, 6	vision	зре́ние, 18
turkey	инде́йка, 13	vitamin	витами́н, 18
turn *(e.g., back)*	поверни́/те, 15	vocational college	учи́лище, 10
		vodka	во́дка, 11

| volleyball | волейбо́л, 8 |
| volleyball player | волейболи́ст/ка, 8 |

W

wait	*подо/жда́ть (I), 16
Wait!	(Подо)жди́/те!, 15
waiter/waitress	официа́нт/ка, 6
wake up	*просну́ться (I), 12
walk, stroll	гуля́|ть (I), 7
walking	ходьба́, 8
wall	стена́, 4
want	хоте́ть irreg., 3, 12
war	война́, 3
warm	тёплый; тепло́, 14
wash	мыть (I), 7
wash (oneself)	умыва́|ться (I), 7
watch	смотр|е́ть (II), 7
watch, clock	часы́ pl. only, 7, 13
water	вода́, acc. во́ду, 9, 11
watermelon	арбу́з, 16
water-ski	ката́|ться (I) на во́дных лы́жах, 9
wavy (of hair)	волни́стый, 18
we	мы, 2
weak	сла́бый; сла́бо, 14
weather	пого́да, 14
website	веб-са́йт, 7
wedding	сва́дьба, 17
Wednesday	среда́, 6
week, per week	неде́ля, в неде́лю, 6, 7
Welcome!	добро́ пожа́ловать!, 13
welcome: you're welcome	пожа́луйста, 4
well	хорошо́, 1
well (not sick)	здоро́в, здоро́ва, здоро́вы short adj., 18
Well done!	Молоде́ц!, 12
west	за́пад, 5
west(ern)	за́падный, 5
what	что, 3
what (kind)	како́й, 3
What happened?	Что случи́лось?, 18
What is wrong with you?	Что с тобо́й?, 18
What is your name?	Как вас зову́т? Как тебя́ зову́т?, 1

What is . . . ?	Что тако́е...?, 3
What time is it?	Кото́рый час?, 7 Ско́лько сейча́с вре́мени?, 7
when	когда́, 6
where	где, 4
where from	отку́да, 15
where (to)	куда́, 7
white	бе́лый, 3
who	кто, 1
who	кто тако́й, кто така́я, 1
who, which, that	кото́рый, 7, 9
whose	чей, чья, чьё, чьи, 3, 4.7
why	почему́, 5
wife	жена́, 2
wind	ве́т(е)р, gen. sg. ве́тра, 14
window	окно́, 4
wine	вино́, 11
wineglass	бока́л, 16
winter	зима́, 9
in winter	зимо́й, 9
winter	зи́мний soft adj., 10
with	с + instr., 16
with me	со мно́й, 12
with parents	с роди́телями, 10
with pleasure	с удово́льствием, 12, 16
without	без + gen., 16
witness	свиде́тель m., 17
woman	же́нщина, 6
women's, female	же́нский, 6
women's top	ко́фта, ко́фточка, 15
wonderful	прекра́сный, 14; прекра́сно, 7
work	рабо́та|ть (I), 6
work, job	рабо́та (на), 6
world	мир, 5
worry, disturb	*беспоко́ить (II), 18
wrestling	борьба́, 17
write	*на/писа́ть (I), 7
writer	писа́тель m., 1
writing	письмо́, 10
writing desk	пи́сьменный стол, 4
written	пи́сьменный, 10

Y

year, years	**год, го́да, лет**, 5
last year	**в про́шлом году́**, 9
year level	**курс**, 10
yellow	**жёлтый**, 3
yes	**да**, 1
yesterday	**вчера́**, 9
yoga	йо́га, 8
you *(pl.)*	**вас** *acc.*, 1
you *(pl.)*	**вы**, 2
you *(sg.)*	**тебя́** *acc.*, 1
you *(sg.)*	**ты**, 2
You are welcome!	**Пожа́луйста!**, 4;
Don't mention it!	Не́ за что!, 12
young	**молодо́й**, 2
young man	**молодо́й челове́к**, 11
younger	**моло́же** *comp.*, 13
younger, youngest	**мла́дший**, 3, 13
your *(pl.)*	**ваш, ва́ша, ва́ше, ва́ши**, 2, 3, 4.7
your *(sg.)*	**твой, твоя́, твоё, твой**, 2, 3, 4.7

Z

zero	**ноль**, 7; **нуль**, 14
zoo	**зоопа́рк**, 14

Grammar Index

Accusative case
  forms
    personal pronouns 1.6, 8.1
    singular and plural nouns (inanimate) 7.6
    singular and plural modifiers (inanimate) 8.2
    singular nouns and modifiers (animate) 12.4
    plural nouns and modifiers (animate) 15.3
  uses
    direct object 3.9, 7.6, 8.2, 12.4, 15.3
    to express direction with **в/на** 7.7
    with time expressions *see* time expressions

Addressing, formal and informal 1.7

Adjectives
  agreement 1.5, 3.2
    with numbers 15.2
  comparative 5.2
    with **более** 11.5
    irregular comparative 14.1
  long adjectives. *see also* accusative case, dative case,
      genitive case, instrumental case,
      prepositional case
  stem stressed and end stressed 2.9
  short adjectives
    forms and uses 16.4
    нужен 15.5
  soft stem 14.7
  substantivized 10.8
    в столовой/в столовую 16.2
  superlative 5.3

Adverbs
  forms 1.11, 2.6
  comparative 5.2
    irregular 14.1
    predicative adverbs **жарко, холодно** 14.3

Agreement
  of nouns and modifiers 1.5, 3.1
  of adjectives with numerals 15.2

Animate accusative
  singular 12.4
  plural 15.3

Aspect *See* Verbal aspect

Cases 4.4
See also Accusative case, Dative case, Genitive case,
      Instrumental case, Prepositional case

Comparative of adjectives and adverbs 5.2
  with **более** 11.5
  irregular 14.1

emphasis with **намного** 14.2
старше, чем я versus **старше меня** 15.2

Comparison with **так(ой) же** 14.6, 18.1

Conditional mood 15.1

Conjunctions
  and and *but* 2.5
  that **что** 3.6
  чтобы 17.3

Dative case
  forms
    personal and interrogative pronouns 13.4
    singular and plural nouns and modifiers 13.4
    irregular endings 13.4
  uses
    indirect object 13.1
    with **нравиться** 13.6
    with **к** 13.7
    age expressions 13.8
    with **надо** 14.4
    with **нужен** 15.5
    with predicative adverbs **жарко, холодно** 14.3
    with the verbs **помогать, предлагать,** and
      советовать 13.5
    with **хочется** and **спится** 18.3

Declension *See also* Cases
  feminine nouns ending in a soft sign 17.7

Dependent clauses 3.6

Direction with **в/на** + accusative 7.7

Emphasis
  with *too* **слишком** 11.5
  of comparatives with **намного** 14.2
  with **так(ой)** 14.6

есть, omission of 3.8

Fleeting vowels 15.2

Gender of nouns 1.2, 3.1
  professions 1.9

Genitive case
  forms
    personal pronouns 3.7, 11.3
    singular nouns and modifiers 10.6
    plural nouns and modifiers 15.2
    irregular plurals 15.2
  uses
    to express possession 10.6
    to modify another noun or phrase 10.6
    with numbers 11.3c

у кого́ есть/был/бу́дет 11.3D
    to express nonexistence or absence with нет/
        не́ было/не бу́дет 11.3E
    with words of quantity and measure ско́лько,
        мно́го, литр, etc. 11.3F
    with prepositions у, для, из, по́сле, без 15.2
    with the comparative ста́рше меня́ 15.2

Greetings, formal and informal 1.10

If clauses
    future 14.5
    conditional 15.1

Imperative, formation of 15.7

Impersonal constructions
    хо́чется and спи́тся 18.3
    мо́жно 9.4

Instrumental case
    forms
        personal pronouns 16.3
        singular and plural nouns and modifiers 16.1
        irregular endings 16.1
    uses
        without a preposition 16.1
        with prepositions с, ря́дом с, за, ме́жду 16.1
        with verbs
            знако́миться 16.1
            стать, быть, рабо́тать 17.1
            интересова́ться 17.1E
            занима́ться 17.1F
        with дово́лен 17.1G

Intonation, in questions 1.3, 2.4

Irregular comparatives 5.2, 14.1

Multidirectional verbs See Verbs of motion 7.9

Negative sentences
    with не 1.4, 2.3
    with *nowhere, nobody* 6.2

Nominative case 3.9, 4.4
    plural of nouns 4.5
    plural of adjectives 4.6
    plural of possessive and demonstrative pronouns 4.7

Nouns
    gender 1.2, 3.1
    declension *see* the declension tables on the back cover;
        see also accusative case, dative case, genitive
        case, instrumental case, prepositional case
        feminine nouns in soft sign 17.7
    of nationality 2.8
    with numbers 5.5, 11.3c
    with parallel modifiers 10.4

Numbers *See* the appendix
    declension of ordinal numbers 10.2
    with nouns and modifiers 11.3c, 15.2

Past tense 5.7, 9.5
    reflexive verbs 9.5

Plural *See* Accusative case, Dative case, Genitive case,
        Instrumental case, Prepositional case

Prepositional case
    forms
        personal pronouns 6.5
        singular nouns 4.4, 5.1
        singular modifiers 5.4, 6.4
        plural nouns 6.6
        plural modifiers 6.7
    uses
        to express location with в/на 4.4
        with the preposition *about* о 5.1

Pronouns
    declension *see* accusative case, dative case,
        genitive case, instrumental case,
        prepositional case
    demonstrative pronouns
        this/that 4.2
        these/those 4.7
    personal pronouns
        object forms 1.6
        subject forms 2.1
        it 4.1
    possessive pronouns 2.7, 3.4
        whose чей 3.4
        one's own свой 13.3
    reciprocal pronoun *each other* друг дру́га 17.5
    reflexive pronoun себя́ 18.2
    relative pronoun кото́рый 9.8

Questions
    with *who* 1.8
    intonation 1.3, 2.4
    with что э́то and что тако́е 3.3
    with *whose* 3.4

Reflexive verbs 7.4

Round-trips
    on foot 7.9
    by vehicle 9.6, 12.5

Short adjectives
    form and uses 16.4
    ну́жен 15.5

Soft adjectives 14.7

Spelling rules
    spelling rule 1 2.9
    spelling rule 2 7.4
    spelling rule 3 6.4

Substantivized adjectives 10.8
   в столо́вой/в столо́вую 16.2

Superlative of adjectives 5.3

Syntax
   accusative versus nominative
      Я люблю́ весну́./Моё люби́мое вре́мя го́да
         весна́. 9.1
      У меня́ есть ба́нка чёрной икры́./Я купи́ла ба́нку
         чёрной икры́. 11.4
      Моя́ специа́льность матема́тика./Я изуча́ю
         матема́тику. 10.7
   impersonal constructions 14.1
      хо́лодно 14.1
      тебе́ жа́рко 14.3
      на́до, ну́жно, мо́жно, нельзя́ 18.4
   ру́сский язы́к versus **по-ру́сски** 10.5
   тако́й versus **так** 14.6

Time expressions
   for how long, how many years, all one's life 5.6
   on Monday, in the morning, on Saturday morning 6.8
   for how many hours 6.8
   telling time 7.1
   at what time 7.3
   frequency of actions *every morning, twice a week* 7.8
   seasons 9.2
   how long, how long ago 9.7
   days, months, and years 13.10
   with **че́рез** and **на** 15.4

Verbal aspect
   form
      imperfective and perfective 12.1
   uses
      in the past tense 12.2
         consecutive action 12.2
      in the future tense 12.3
         imperfective and perfective future 12.3
         consecutive action 12.3

Verbs
   to be, omission of 1.1
   conjugation groups 2.2
   conjugation of verbs with the suffix **-ова-, -ева-** 8.6
   to have **у меня́ есть** 3.7
      omission of **есть** 3.8
   reflexive 7.4
   of motion *see* verbs of motion
   verb + verb constructions 9.3
   past tense 5.7, 9.5

Verbs of motion
   идти́ 7.7
   multidirectional and unidirectional **идти́** versus
      ходи́ть 7.9
   round-trips **ходи́л** and **е́здил** 9.6
   present and past tense of **идти́/е́хать, пойти́/пое́хать,**
      ходи́ть/е́здить 12.5
   with prefixes **по, у,** and **при** 15.6

Index by Topic and Function

**Cultural Differences and Proper
Behavior**

Addressing teachers 1
Baby showers and bridal showers 13
Bringing flowers 13
Formal and informal address 1
Home entertainment 16
How food is served 16
In a Russian classroom 10
Telephone etiquette 12
Unwrapping presents 13
Visiting Russian homes 13

Cultural Information

балала́йка 8
Бе́лые но́чи 14
«Вече́рний звон» 8
«Война́ и мир» 3

«Времена́ го́да» 14
«Вы́игрышный биле́т» 15
«Го́рько!» 14
ГУМ 4
Дед Моро́з 13
«Евге́ний Оне́гин» 8
Золота́я о́сень 14
имени́ны 13
«Кали́нка» 8
«Катю́ша» 8
Кремлёвские кура́нты 7
«Лебеди́ное о́зеро» 8
матрёшка 9
МГУ 4
«Подмоско́вные вечера́» 8
самова́р 9
Снегу́рочка 13
«Спя́щая краса́вица» 8

«Уж не́бо о́сенью дыша́ло…» 14
факульте́т 10
«Ша́йбу!» 8
«Щелку́нчик» 8
«Эй, у́хнем!» 8
янта́рь 13
Animals in various climatic zones 14
Apartments 4
Bathhouses 18
Berries and mushrooms 9
Birthday parties 13
Birthday songs 13
Borzoi, the Russian greyhound 3
Calendars, Julian and Gregorian 13
Cars 3
Caviar 11
Celsius temperatures 14
Cities 5

Climate, differences in various parts of Russia 14
Climatic zones and their characteristics 14
Countryside 5
Cyrillic alphabet Prelesson
Dachas 4
Easter celebration 13
Education system 10
European countries 5
Exams, typical Russian 10
Families 2
Famous Russian novels 3
Folk medicine 18
Folk songs 8
Food
    food stores, traditional Russian 11
    getting a snack 16
    Russian salads 16
    typical Russian foods 16
Former Soviet republics and capitals 5
Getting into a Russian university 10
Gifts, typical Russian 13
Grading system 10
Grandparents 2
Health care 18
Holidays 13
Hotels 15
Housing 4
Islands 5
Lakes and seas 5
Meals 7
Mealtimes 7
Metric system 11
Moscow 4
    airports 15
    railway stations 15
Moscow time 7
Mountains 5
Names
    diminutives of first names 1
    full first names 1
    last names 1
Naming a child 17
Nature 14
New Year's celebration 13
New Year's gifts, typical 13
Patronymics 2
Periodicals, newspapers 3
Professions, prestige and gender 6
Red Square 4
Rivers 5

Russian language around the world 2
Russians and money 11
Seasons in Russia 14
Shopping, traditional Russian style 11
Sochi, the resort 15
Souvenirs 9
Speaking Russian 2
St. Basil's Cathedral 4
St. Petersburg 4
Swimming in winter 9
Team names 8
Telephone etiquette 12
Television 12
Time zones 7
Toasting 16
Transportation in Russia 15
Wedding ceremonies 17
White Nights 14

Language Functions

Accepting an invitation or offer
    after hesitation 12
    willingly 12
Addressing
    formally and informally 1
    a salesperson 11
    teachers 1
    a waiter or waitress 16
Agreeing or disagreeing 3
Announcing
    the birth and name of a child 17
    that somebody is expecting a child 17
Asking
    a person's name 1
    what a place is called 4
    yes-or-no questions 1
Asking for...
    advice regarding gift giving 13
    the check 16
    the date 13
    the day of the week 6
    directions 4
    help 13
    items in a restaurant 16
    items in a store 11
    items to be passed at the table 16
    opinions 3
    recommendations for food at a restaurant 16
    suggestions 13
    the time 7
    the price 11

Buying
    food 11
    gifts 13
    tickets to a performance 12
Commenting on food quality 16
Comparing
    admission criteria of various universities 10
    age 13
    the amount of money that people have 11
    the difficulty of various foreign languages 10
    city and country living 5
    prices of food items 11
    prices of tours 15
    quantities of food 11
    school subjects 10
    several items in size, age, interest value, and quality 5
    the time of activities, using *earlier* and *later* 7
    two items in size, age, interest value, and quality 5
    weather conditions in different places 14
    weather conditions on different days 14
    your looks with somebody else's 18
Complaining that
    something hurts 18
    you are sick 18
    you are tired 18
Complimenting somebody's appearance 2
Congratulating and responding to congratulations on
    any occasion 13
    birthday 13
    Christmas 13
    Easter 13
    a new house 13
    New Year's 13
    a newborn 13
    Women's Day 13
Counting money, using numbers up to thousands 11
Declining an invitation or offer
    by making excuses 12
    less politely 12
    politely 12
Describing
    daily activities 7

foreign language skills 2
free-time activities 9
future activities 12
past activities (where you were/
went, what you did) 9, 12
past vacations (where you went,
what you did there) 9
a person's physical appearance,
including height, figure, face,
hair, eyes, nose 18
present activities 7, 12
relationships within a family 2
Russia and the former Soviet
Union (political and physical
geography) 5
tourist sights in your city 4, 5, 15
typical weather conditions of an
area 14
vacation activities in your
state 9, 15
with adjectives of nationality 1
with adjectives of quality, size,
age, price, color, and interest
value 3
with plural adjectives 4
your city 4
your country (political and physical
geography) 5
your health 18
Emphasizing
adjectives and adverbs 11
comparisons 11, 14
liking, with *very much* and
especially 8
Expressing
age 13
approximate time 12
frequency of actions 6
opinions 3
physical and emotional conditions
concerning temperature, well-
being, boredom, interest,
fun 14
quantity and measurement using
the metric system 11
temperature in Celsius and
Fahrenheit 14
time 7
Expressing ability
what you can or cannot do 12
what you know how to do 9
when and where certain activities
can be done 9

Expressing preference
for one kind in particular 8
of one kind over another 8
Expressing willingness 12
Giving directions
for packing a suitcase 15
to be quiet 15
to places 4
to stand up/sit down 15
to stop 15
to turn an appliance on or off 15
to turn to the right or to the left 15
to wait 15
Giving recommendations and advice
regarding
food at a restaurant 15
gift giving 13
health problems 18
proper clothing for the weather 14
smoking, taking temperature or
medicine, calling an ambulance,
sending for or going to the
doctor 18
Greeting and responding to greetings
in the morning, afternoon, and
evening (formal and informal) 1
second lines (*How are you
doing?*) 1, 7
Introducing and responding to
introductions
boyfriends and girlfriends 2
family members 2
famous people 1
friends 2
using nouns of nationality 2
Inquiring and responding to an inquiry
about a person's health 18
how a person is feeling 18
if a person is well already 18
what happened 18
Inviting somebody
to a cultural or sports event 12
to a food establishment 16
to a party 13
to your place 13
Leave-taking and responding to
leave-taking
anytime, at night (formal and
informal) 1
with a reference to a meeting at a
later time 12
Making reservations at a
restaurant 16

Naming and listing
colors 3
days of the week 6
food items and beverages 11, 16
free-time activities 9
geographical terms 5
months 13
musical instruments 8
nationalities 1
places in the city 4
points of the compass 5
professions 1, 6
seasons 9
things 3
landmarks. cities, states, and
countries 5
typical New Year's gifts 13
typical Russian dishes 16
typical Russian food items 11
Ordering
a complete meal, including
appetizers, soup, main dish,
dessert, and drinks 16
saying that you want to order 16
a snack with various toppings or
fillings and a drink with various
additives 16
Planning whom to invite to a party 12
Proposing a toast 16
Suggesting and agreeing to a suggestion
choosing a place and time to
meet 12
offering a counter-suggestion 12
Sympathizing by
asking somebody not to be
afraid 15
asking somebody not to worry 15
pitying, understanding, encouraging
in the event of loss or illness 18
Talking on the telephone
answering the telephone 12
asking for and stating a telephone
number 12
asking if you can leave a
message 12
asking if you can take a message 12
asking somebody else to the
telephone 12
asking to talk to a person 12
asking when a person will
return 12
ending a telephone conversation 12
saying that a person is not home 12

Thanking
    a person 4
    responding to a thank-you 4
Wishing and responding to wishes
    bonappetit 16
    get well 18
    good luck 10
    good night 1
    nice trip 16

Language Topics, Asking and Answering Questions and Making Statements About the Following:

Accommodations in a dorm, apartment, or house 4
Art and literature
    what kind of literature and art you like (classical, modern, from what country) 8
    your favorite author and artist (painter) 8
Birth and death
    age of a person at death 13
    in which month something happened 13
    when a person's birthday is 13
    when a person died 13
    when a person was born 13
Buying gifts
    for what occasions 13
    for whom gifts are bought 13
    from whom gifts are received 13
    typical gifts for different people 13
City, state, and country
    how long you have lived there 5
    location of your city 4
    where you live (what country, what state, what city) 5
    where you lived before 9
Daily schedules
    how often you are involved in various activities using the time expressions *always, usually, often, sometimes, seldom, never, every day, twice a week, 2 hours per week on Monday morning* 6
    how often you go to places (on foot) 7
    what activities you do simultaneously 7
    what you do first, next, and last during a typical day 7
    when you eat different meals 7

    when you get up and go to bed 7
    when you study 7
    where you are going (on foot) at a given moment 7
    who does household chores and when 7
Eating and shopping for food
    drinking vessels for various drinks 16
    what food items you like to eat and drink 11
    what utensils and dishes are used for eating and drinking 16
    what you want to buy 11
    which Russian stores carry various food items 11
Family
    ages and birthdays of relatives 13
    size 3
Free-time activities
    what activities you are involved in during different seasons 9, 17
    which seasons you prefer 9
Health
    how you are feeling 18
    saying that you want to lose or gain weight 18
    what health problems caused you to miss class 18
    who has hearing or vision problems 18
Likes and dislikes
    what you are interested in 17
    what you like and dislike 8, 13
    what you like to do 9
    what you liked before but do not like any more 13
Love and marriage
    how many children someone has 17
    what a person wants to name a child 17
    who fell in love and out of love 17
    who got acquainted with whom 17
    who got divorced from whom 17
    who married whom 17
    who wants to have children 17
    who was friends with whom 17
Money and cost
    how much and how much more money someone has 11
    how much things cost 11
    stating the exact difference in price between items 11

    stating your opinion about a price 11
Music
    what instrument you used to play 8
    what instrument you play and how well 8
    what kind of music you like 8
    what music groups you like 8
    who your favorite artists (musicians) and composers are 8
Past activities
    in what period of time you finished an activity 12
    what you did yesterday or any other day in the past 9
    which actions were completed before another action started 12
    which actions were done simultaneously 9, 12
    which actions were started 12
Personal plans
    how your wishes differ from your parents' wishes 17
    what plans you have for the future 17
    what you will do after you graduate 17
    whether your parents are satisfied with you 17
Physical appearance
    saying that a person wears glasses 18
    saying what you are wearing 18
    whom you look like and in what way 18
Plans for the weekend
    what needs to be finished before starting another activity 12
    what you will be doing next weekend 12
    where you will go 12
    which actions will be done simultaneously 12
    which actions will be finished 12
Possessions
    to whom things belong 3
    what people had and did not have 11
    what people have 3
    what people have and do not have 11
    what people will and will not have 11

Restaurants
  asking if a place is free or
    occupied 16
  how many people are in your
    group 16
  saying that you are hungry or
    thirsty 16
  what utensils are needed to eat
    various food items 16
  who is sitting next to or between
    whom 16
  with whom people do
    something 16
Sports
  what kind of sports you like 8
  what sports you play and used to
    play, how well, and for how
    long 8
  which teams you like 8
  who your favorite athletes are 8
Studies and students
  how well you know a foreign
    language 10
  on what days of the week you work
    and study 6
  what foreign languages you know,
    study, or have studied, how long,
    and where 10
  what subjects you studied while in
    high school, in what class, and
    for how many years 10
  what subjects you study 10
  what your college is 10
  what your major is 10
  what your native language is 10
  what your year level is 10
  where students normally work 6
  where you live and where students
    normally live 10
  where you study 6, 10
  which subjects you liked the best in
    high school 10
  who teaches the subjects you are
    currently taking 10
Travel (future)
  by what vehicle you are
    traveling 15
  for how long you are going to a
    place 15
  how you like to spend your
    vacation 15
  on what floor (of the hotel) certain
    establishments are 15

what items you need to take with
  you 15
what you would do if you had
  money 15
when you are leaving to go to a
  place (using various future time
  expressions) 15
when you will leave from a place,
  set off to go to a place, and arrive
  at a place 15
when you will return from your
  trip 15
where a person is from 15
where you would go if you had
  money 15
whether you like traveling 15
Travel (past)
  how many years/days/weeks/
    months ago you were in a
    place 9
  what places you have visited, when,
    and what you did there 9
  when you returned 15
  which foreign countries you have
    visited 15
Weather
  expressing weather conditions
    in the past, present, frequent
    action, and the future
  (sun, clouds, humidity,
    temperature, wind, freezing,
    snow, rain, thunderstorm) 14
  how your future actions relate to
    the current weather 14
  what you will do in the future
    under certain weather
    conditions 14
Work and professions
  how long a person has worked in a
    place 6
  stating that somebody is
    unemployed or retired 6
  what you are working as now 17
  what you want to be(come) 17
  what you wanted to be when you
    were small 17
  where you and your relatives work
    and what their professions are 6

Main Categories of Vocabulary
adjectives
  of national origin 3
  of nationality 1

of quality
  good/bad/famous 1
  height, depth, length 5
  size, price, age, interest,
    beauty 3
adverbs of time 7
ailments 18
art 8
athletes 1, 8
categories of literature, art, and
  music 8
celebrations 13
clothing 14, 15
colors 3
containers 11
daily activities 7
days of the week 6
dishes 16
dog breeds, translations of 3
electronics 3
exams 10
family life 17
family members 2
farewells 1
food items 11, 16
food stores 11
free-time activities 9
furniture 4
geographical terminology 5
gifts 13
grades and credits 10
greetings 1
health 18
hobbies and collections 9
holidays 13
household chores 7
houses 4
housing, types 4
human body 18
introductions 1
language skills 2
languages 2, 10
literature 8
love 17
marital status 6
marriage 17
meals 7
measures 11
medicine 18
months 13
musical instruments 8
musicians 8
nature 14

newspapers and other printed matter 3
nouns of nationality 2
pets 3
places in the city 4
places to eat 16
points of the compass 5
professions 1, 6, 17
restaurants 16
rooms, parts of 4

rooms in a house or apartment 4
school 10, 17
school subjects 10
seasons 9
sports 8, 17
students at various levels 10
suitcase, packing 15
teachers at various levels 10
transportation 15
travel 15

university departments 10
utensils 16
weather 14

Skills

Filling out applications with name, marital status, address, profession, and place of work 6
Writing postcards and letters 13 (Activities Manual)

Photo Credits

All photos were provided by Marita Nummikoski *except* the following:

Chapter 1
Page 15: ITAR-TASS Photo Agency/Alamy
Page 23: RIA Novosti/Alamy
Page 25: Timura/Shutterstock

Chapter 2
Page 37: Martha Williams/Courtesy of Marita Nummikoski
Page 44: ITAR-TASS/Igor Kubedinov/NewsCom
Page 52: Timura/Shutterstock

Chapter 3
Page 67: Natalya Onishchenko/Alamy
Page 69: Publishing House Eksmo, ©2007
Page 70 (top): Optic Delight/Alamy
Page 78: Timura/Shutterstock

Chapter 4
Page 93: Martha Williams/Courtesy of Marita Nummikoski
Page 105 (top): Martha Williams/Courtesy of Marita Nummikoski
Page 108: Alexey Gnilenkov/Alamy
Page 110: Timura/Shutterstock

Chapter 5
Page 130: Konstantin Mikhailov/©Photolibrary
Page 139: Martha Williams/Courtesy of Marita Nummikoski
Page 140: Timura/iStockphoto

Chapter 6
Page 165: Timura/Shutterstock

Chapter 7
Page 186: Martha Williams/Courtesy of Marita Nummikoski
Page 202: Timura/Shutterstock

Chapter 8
Page 232: Buddy Mays/Alamy
Page 233: Timura/Shutterstock

Chapter 9
Page 264 (bottom): Timura/Shutterstock

Chapter 10
Page 296: Timura/Shutterstock

Chapter 11
Page 315 (bottom right): Martha Williams/Courtesy of Marita Nummikoski
Page 324: Martha Williams/Courtesy of Marita Nummikoski

Page 326: Jean-Christophe Godet/Alamy
Page 329: Timura/Shutterstock

Chapter 12
Page 343: Mauro Galligani/Contrasto/Redux Pictures
Page 360: Timura/Shutterstock

Chapter 13
Page 383: Mary Ann Price/©John Wiley & Sons, Inc.
Page 395: Vladimir Godnik/Getty Images, Inc.
Page 397 (top left, top center, and bottom right): Public Domain
Page 397 (top right): ITAR-TASS Photo Agency/Alamy
Page 397 (bottom left): Library of Congress
Page 399: ITAR-TASS Photo Agency/Alamy
Page 400: Klimentyev Mikhail/ITAR-TASS/Landov LLC
Page 403: Timura/Shutterstock

Chapter 14
Page 425: Nick Schlax/iStockphoto
Page 433: Public Domain
Page 437: Timura/Shutterstock
Page 439: iStockphoto

Chapter 15
Page 457: Igor Yakunin/©AP/Wide World Photos
Page 463 (top): Oleg Kozlov/Alamy
Page 463 (bottom): Image Register 077/Alamy
Page 475: Timura/Shutterstock

Chapter 16
Page 497: Martha Williams/Courtesy of Marita Nummikoski
Page 506 (left): Martha Williams/Courtesy of Marita Nummikoski
Page 520: Timura/Shutterstock

Chapter 17
Page 535: Andrey Kekyalyaynen/Alamy
Page 546 (left): ITAR-TASS Photo Agency/Alamy
Page 546 (right): Olaj755/Fotolia
Page 548: Belinsky Yuri/Itar-Tass/Landov LLC
Page 552: Timura/Shutterstock

Chapter 18
Page 569: Ilya Naymushin/Reuters/©Corbis
Page 571: Vasiliy Mate/Public Domain via Wikimedia Commons
Page 585: AndreyPS/Fotolia
Page 587: Timura/Shutterstock

Demonstrative pronouns

	M	F	N	PL.
N	э́тот	э́та	э́то	э́ти
G	э́того	э́той	э́того	э́тих
D	э́тому	э́той	э́тому	э́тим
A	э́тот/э́того	э́ту	э́то	э́ти/э́тих
I	э́тим	э́той	э́тим	э́тими
P	э́том	э́той	э́том	э́тих

	M	F	N	PL.
N	тот	та	то	те
G	того́	той	того́	тех
D	тому́	той	тому́	тем
A	тот/того́	ту	то	те/тех
I	тем	той	тем	те́ми
P	том	той	том	тех

Interrogative pronouns

N	кто	что
G	кого́	чего́
D	кому́	чему́
A	кого́	что
I	кем	чем
P	ком	чём

	M	F	N	PL.
N	чей	чья	чьё	чьи
G	чьего́	чьей	чьего́	чьих
D	чьему́	чьей	чьему́	чьим
A	чей/чьего́	чью	чьё	чьи/чьих
I	чьим	чьей	чьим	чьи́ми
P	чьём	чьей	чьём	чьих

Definite pronouns

	M	F	N	PL.
N	весь	вся	всё	все
G	всего́	всей	всего́	всех
D	всему́	всей	всему́	всем
A	весь/всего́	всю	всё	все/всех
I	всем	всей	всем	все́ми
P	всём	всей	всём	всех

Reciprocal pronoun

N	—
G	друг дру́га
D	друг дру́гу
A	друг дру́га
I	друг дру́гом
P	друг о дру́ге

Prepositions are placed between the two parts of the pronouns: друг **с** другом. The prepositional case is not used without a preposition.

Reflexive pronoun

N	—
G	себя́
D	себе́
A	себя́
I	собо́й
P	(о) себе́

Numeral ОДИН

	M	F	N	PL.
N	оди́н	одна́	одно́	одни́
G	одного́	одно́й	одного́	одни́х
D	одному́	одно́й	одному́	одни́м
A	nom./gen.	одну́	nom.	nom./gen.
I	одни́м	одно́й	одни́м	одни́ми
P	одно́м	одно́й	одно́м	одни́х

Adjective ТРЕТИЙ

	M	F	N	PL.
N	тре́тий	тре́тья	тре́тье	тре́тьи
G	тре́тьего	тре́тьей	тре́тьего	тре́тьих
D	тре́тьему	тре́тьей	тре́тьему	тре́тьим
A	nom./gen.	тре́тью	nom.	nom./gen.
I	тре́тьим	тре́тьей	тре́тьим	тре́тьими
P	тре́тьем	тре́тьей	тре́тьем	тре́тьих

Spelling Rule 1:	After к, г, х, ж, ч, ш, and щ, write и, not ы.

Spelling Rule 2:	After к, г, х, ж, ч, ш, щ, and ц, write а and у, never я or ю.

Spelling Rule 3:	After ж, ч, ш, щ, and ц, write о in stressed singular endings and е in unstressed singular endings.